Antigos e Modernos

Antigos e Modernos
diálogos sobre a (escrita da) história

Francisco Murari Pires (org.)

Copyright 2009 © Francisco Murari Pires
Edição: Joana Monteleone
Editora assistente: Marília Chaves
Projeto gráfico, diagramação e capa: Marília Chaves
Revisão: Fábio Duarte Joly
Capa: Marília Chaves

CIP-BRASIL. CATALOGAÇÃO-NA-FONTE
SINDICATO NACIONAL DOS EDITORES DE LIVROS, RJ
A634

Antigos e modernos : diálogos sobre a (escrita da) história / Francisco Murari Pires (org.). -
São Paulo :   Alameda, 2009.
     il.
  Colóquio realizado na semana da Pátria de 2007 junto ao Departamento de História da
Universidade de São Paulo
  Inclui bibliografia
  ISBN 978-85-98325-92-7

  1. História antiga - Congressos. 2. História moderna - Congressos. 3. Historiografia - Congressos. I. Pires, Francisco Murari. II. Título: Diálogos sobre a (escrita da) história.
09-0915.   CDD: 930
            CDU: 94(100)".../05"

03.03.09   05.03.09   011302

ALAMEDA CASA EDITORIAL
Rua Conselheiro Ramalho, 694 – Bela Vista
CEP 01325-000 - São Paulo - SP
Tel. (11) 3862-0850
www.alamedaeditorial.com.br

Sumário

Apresentação — 9

Conquista e influências culturais. — 11
Escrever a história da época helenística
no século XIX (Alemanha, Inglaterra, França)
Pascal Payen

O Direito e os costumes: — 39
um exame comparativo
(Montaigne, Hotman e Pasquier)
Luiz Costa Lima

A construção do passado — 73
nas crônicas assiro-babilônicas
Marcelo Rede

Arqueologia como Arqueografia — 87
Marlene Suano

A nova "economia antiga" — 93
notas sobre a gênese de um modelo
Miguel Soares Palmeira

Antigos e Modernos — 109
Maquiavel e a leitura polibiana da história
Marie-Rose Guelfucci

Museus de História — 129
o desafio de ver com outros olhos
Cecília Helena de Salles Oliveira

Liberalismo, história e escravidão — 145
Presença dos antigos na argumentação
de Joaquim Nabuco
Izabel Andrade Marson

Antigos, modernos e "selvagens"   169
na obra de Francisco Adolfo de Varnhagen
Comparação e paralelo na escrita da
historia brasileira oitocentista
Temístocles Cézar

Borges e a tradição clássica   187
Hugo Francisco Bauzá

Maquiavel, a Corte dos Antigos e   201
(o diálogo com) Tucídides
Francisco Murari Pires

Piadas impressas e formatos da   231
narrativa humorística brasileira
de Pafúncio Pechincha a Sérgio Buarque dos Países Baixos
Elias Thomé Saliba

A heterogeneidade das fontes antigas   249
no debate sobre a escravidão moderna
Carlos Alberto de Moura Ribeiro Zeron

Gramsci e a escrita da História: 265
Uma leitura do Canto X do Inferno
Lincoln Secco

A redescoberta dos historiadores antigos   277
no Humanismo
e o nascimento da historiografia moderna
Gabriella Albanese

Mito, razão e enigma   331
André Malta

Vida e Sonho em Calderón de La Barca: 357
o espelho do político e do onírico na
tragicomédia de Segismundo
Luís Filipe Silvério Lima

Experiência e método: 371
introdução a uma entrevista
com Jean-Pierre Vernant

Como Um Barco à Deriva 377
Entrevista com Jean-Pierre Vernant
José Otávio Guimarães

Vistas Urbanas, doces lembranças 397
O "antigo" e o "moderno" nos álbuns
fotográficos comparativos
Solange Ferraz de Lima e
Vânia Carneiro de Carvalho

A sociologia comparada de Marcel Mauss: 427
da civilização ao dom
Marcos Lanna

Antigos e Modernos na historiografia 451
acadêmica portuguesa e brasílica
cronografias e representações do passado
Íris Kantor

A recuperação da antiguidade clássica e a 467
instalação da república nos Estados Unidos da América
(fins do XVIII e início do XIX)
Mary A. Junqueira

"Wie es eigentlich gewesen ist", 479
"Wie es eigentlich geschehen ist"
a percepção rankeana da história frente às
vicissitudes da subjetividade em Freud
Ana Lúcia Mandacarú Lobo

Apresentação

Francisco Murari Pires

Se Tucídides projeta que a obra por ele composta constitui uma "aquisição para sempre", pois veicula saber clarividente sobre os modos como os homens agem na História assemelhando o futuro ao passado; se Políbio proclama que é dever do historiador tecer o louvor da escrita da História, firmar e reiterar as virtudes mais os benefícios que a consagram; se Marx adverte que "a tradição" histórica é antes "um pesadelo que oprime o cérebro dos vivos", de modo que "a Revolução não pode tirar sua poesia do passado", mas "despojar-se de sua veneração supersticiosa ... e deixar que os mortos enterrem seus mortos"; e se Hannah Arendt almeja, por uma visada direta sobre a pólis grega, (re) inovar o fio do passado originário; em que ponto e situação estamos nós perante esse diálogo de antigos e modernos nesta virada de milênio?

A pensar a história entre o fardo e o fio, tradição mais autoridade, qual nosso presente neste nosso lugar-tempo de que falamos? Qual nosso passado? Dispomos mesmo, neste nosso presente, de "olhos desobstruídos de toda tradição, de visada direta sobre o passado antigo", como augurava Hannah Arendt a meio século atrás? Afinal, nos avatares de todos esses diálogos de antigos e modernos sobre a (escrita da) história, quem o sujeito, quem o objeto do(s) discurso(s) histó(riográfi)co(s)? Quais seus princípios? Que legados de autoridade herdamos? Para nós, o fio não é ainda o fardo? Mas também, sem o fardo, qual o fio? Somos nós, neste nosso lugar e tempo, os sujeitos que avolumam esse fardo dando corpo à História? Somos nós que tecemos os fios que atam os nós e amarram o fardo,

10   Francisco Murari Pires (org.)

compondo a tradição e firmando sua autoridade? Que obra nos resta e que competência podemos assumir? Então, sacudir o fardo ou (re)inovar o fio? Ou antes desfiar o fardo, desatar os nós que o (e também nos) prendem?

Que razões, ou pelo menos que motivações, ou ainda mesmo que apelos, teríamos, então, nós, já virada do segundo para o terceiro milênio, para também louvar(mos) a História? De que lugar social e por qual tempo histórico, discorriam os historiadores, antigo(s) mais moderno(s), acerca dessa modalidade de conhecimento e conscientização de mundo em que vivem e se movem os homens? Por qual lugar social e de qual tempo histórico ecoa(ría)mos nós, hoje, tais preceitos ressoados por vozes assim tão antigas quão modernas? Quão antigos ainda somos nós, os (pós?)modernos? Na travessia milenar da história humana, que afinidades nos aproximam, antigos e modernos, ou que descompassos nos distanciam?

A série de estudos que compõem este livro resulta do Colóquio realizado na semana da Pátria de 2007 junto ao Departamento de História da Universidade de São Paulo, congregando em uma reflexão conjunta uma plêiade de historiadores das mais importantes universidades brasileiras e alguns outros europeus e sul-americanos que expuseram os modos por que intentamos, em nosso presente histórico, equacionar modos de compreensão crítica sobre esse diálogo entre antigos e modernos que envolve a ideologia de nossas práticas científicas e acadêmicas.

O Colóquio foi possível graças ao patrocínio e apoio, além da própria FFLCH (Universidade de São Paulo), da FAPESP, do CNPq, da CAPES e do SESC-São Paulo (Avenida Paulista), a quem se agradece calorosamente em nome de todos os participantes.

Francisco Murari Pires (org.)

Conquista e influências culturais
Escrever a história da época helenística no século XIX (Alemanha, Inglaterra, França)[1]

Pascal Payen
(Universidade de Toulouse II - Le Mirail)

Introdução

Quando Heródoto inicia a narrativa do reinado de Ciro, ele imediatamente define a principal dificuldade que se apresenta ao historiador: como colocar por escrito o relato das conquistas do fundador do Império Persa?[2] Para o historiador, a resposta é unívoca: entre as tradições (*logôn hodous*) que coletou, ele escolheu expor a versão daqueles persas "que não querem exaltar as ações de Ciro" (*oi mè boulomenoi semnoun ta peri Kurou*). Assim, no projeto de Heródoto, a essência da narrativa histórica coincide com o olhar crítico sobre a conquista[3].

---

1 A tradução deste artigo para o português é de Marcelo Rede.

2 Heródoto I, 95. Colocar por escrito: *kata tauta grapsô*; o relato: *hèmin ho logos*; as conquistas: *tèn Kroisou arkhèn kateile, tous Persas hoteôi tropôi hègèsanto tès Asiès*.

3 *Ibid.*: *ton eonta legein logos*. Sobre esta expressão difícil, cf. C. Darbo-Peschanski, "Juger sur paroles. Oralité et écriture dans les *Histoires* d'Hérodote", *L'Inactuel*, IV, 1995, p. 169-172. David Asheri sublinha em seu comentário (*Erodoto, Le Storie*, volume I, libro I, La Lidia e la Persia, testo e commento a cura di David Asheri, traduzione di Virginio Antelami, Fondazione Lorenzo Valla, A. Mondadori Editore, 1988, 5ª ed. 1999, p. 326) que Heródoto constrói uma versão mediana, que não é nem a versão aquemênida oficial (aquela que, em Behistun, exalta Dario e mal menciona Ciro entre seus predecessores), nem a versão anti-aquemênida. É toda a tradição literária e historiográfica das *Vidas* de reis, desde a de Sargão, o Antigo, que seria necessário analisar aqui.

12   Francisco Murari Pires (org.)

Para os Antigos como para os Modernos, o esforço de conquista, sua natureza, sua amplitude, seus meios, sobretudo suas consequências, constituem um problema em relação ao qual – como se vê em Heródoto – o historiador se engaja e toma a palavra na primeira pessoa (*hèmin ho logos, grapsô*). Esta tradição historiográfica, que podemos observar, na Antiguidade, em outros grandes historiadores da conquista – Políbio, Tito Lívio ou Arriano -, não desaparece quando a história é construída e pensada como ciência, na Europa do século XIX. Como prova, temos os julgamentos que acompanham a análise do reinado e das conquistas de Alexandre. George Grote (1794-1871), no último volume de sua imponente *History of Greece*, publicada em Londres, em 1856, formula esta avaliação de conjunto sobre a ação do filho de Filipe:

> O desejo que absorvia Alexandre era a conquista a leste, a oeste, ao sul e ao norte (...), e, tanto quanto possamos ver, o príncipe nem mesmo sonhou com a ideia de helenizar a Ásia, muito menos a realizou (...). O helenismo, propriamente dito – o conjunto de hábitos, de sentimentos, de energias e de inteligência, manifesto pelos gregos durante o período de sua autonomia – jamais penetrou na Ásia, não mais do que as mais altas qualidades do espírito grego, e nem mesmo o caráter geral dos gregos comuns. Este verdadeiro helenismo não pôde subsistir sob a compressão dominante de Alexandre, e nem mesmo sob a pressão menos irresistível de seus sucessores[4].

Esta imagem de Alexandre como conquistador coveiro do helenismo é completada, na França, por Victor Duruy (1811-1894), historiador, leitor assíduo de Grote, ministro de Napoleão III a partir de 1863, que escreve em sua *Histoire des Grecs*:

> Mas o que teria ele dado ao universo dominado? Ninguém o sabe; provavelmente, a uniformidade da servidão em meio a uma grande prosperidade material. Eu imagino perfeitamente, em uma das mãos do conquistador, a terrível espada à qual ninguém resiste; não vejo, na outra, as ideias que é necessário semear na trincheira aberta pela guerra para escondê-la sob uma rica colheita[5].

Entretanto, esta imagem de um Alexandre violento, fomentador da guerra e obcecado pela conquista, não é a única disponível na historiografia europeia da primeira metade do século XIX. Alguns anos antes, Johann Gustav Droysen (1808-1884) havia renovado

---

4   G. Grote, *History of Greece*, London, 1856, trad. francesa A.-L. Sadous: *Histoire de la Grèce depuis les temps les plus reculés jusqu'à la fin de la génération contemporaine d'Alexandre le Grand*, Paris, A. Lacroix, 1864, tomo 18, p. 320-321.

5   V. Duruy: *Histoire des Grecs depuis les temps les plus reculés jusqu'à la réduction de la Grèce en province romaine*, Paris, Hachette, 1874, vol. 2, p. 338-339.

Antigos e modernos 13

profundamente a análise do sentido a ser dado às conquistas de Alexandre e ao período helenístico, do qual ele é o inventor no plano conceitual. Em sua *Geschichte Alexanders der Grossen*, publicada em Berlim, em 1833, Droysen desenvolve, ao contrário de Grote e de Duruy, a tese de um Alexandre criador de uma "civilização cosmopolita", realizando a fusão entre o Ocidente e o Oriente:

> Nessa época helenística (...) elaborou-se uma civilização cosmopolita que impunha, às margens do Nilo e do Iaxarte, as mesmas formas convencionais que constituíam o tom da boa sociedade, das pessoas cultivadas. A linguagem e os costumes áticos foram a regra das cortes de Alexandria e de Babilônia, de Báctria ou de Pérgamo; e, quando o helenismo perdeu sua independência política face ao Estado romano, começou a ganhar, em Roma, o império da moda e da civilização. É com justiça que se pode dizer que o helenismo foi a primeira unidade do mundo[6].

Como explicar as divergências radicais de interpretação entre Grote e Duruy, de um lado, e Droysen, de outro? Eles leram as mesmas fontes. Eles apoiaram-se sobre a mesma erudição, aquela construída pela universidade alemã sob o nome de "ciência da Antiguidade" (*Altertumswissenschaft*), desde que foi fundada a nova universidade de Berlim, em 1810. De início, esta foi concebida como uma arma contra a presença e a cultura do invasor napoleônico. Grote poderia ter estado ao lado de Droysen, como o inglês Wellington e o prussiano Blucher, em Waterloo, no 18 de junho de 1815, se podemos forçar a comparação.

O problema comum aos três historiadores diz respeito, para a Antiguidade, à natureza da articulação entre conquista e consequências culturais. Mas estes dados interagem profundamente com o contexto do século XIX. Ora, de um lado, a *História Grega*, de Grote, é escrita na Inglaterra vitoriana, quer dizer, em uma nação segura da superioridade de sua monarquia parlamentar, vigente há mais de dois séculos, e do poderio de seu império colonial em plena expansão; ao historiador conservador, familiarizado com os embates do Parlamento, Alexandre aparece, a partir daí, como "tão inconveniente como qualquer dos reis da Pérsia ou como o imperador dos franceses, Napoleão, tendo de suportar a impotência parcial, os compromissos e a dor causada por uma livre crítica, que são inseparáveis da posição de um chefe cujo poder é limitado"[7]. De outro lado, Droysen

---

6 J. G. Droysen, *Geschichte Alexanders der Grossen von Macedonien*, Berlin, Finke, 1833, trad. francesa sob direção de A. Bouché-Leclercq: *Histoire de l'Hellénisme*, tomo I: *Histoire d'Alexandre le Grand*, Paris, Leroux, 1883, p. 696, reedição integral com Prefácio, nota sobre a tradução e bibliografia de P. Payen, Grenoble, Jérôme Millon, 2005, vol. I, p. 560.

7 G. Grote, *op. cit.*, p. 318.

14   Francisco Murari Pires (org.)

estuda e torna-se historiador em um país saído do Congresso de Viena (1814-1815). A Confederação Germânica é, então, constituída por trinta e cinco Estados e quatro cidades livres, de modo que o problema principal, de natureza política, é saber como criar um Estado Nacional alemão unificado em torno da Prússia. Neste contexto, Droysen vê em Alexandre – sonho ou realidade? Verdade histórica ou erro? – um conquistador que não se limitou à escolha das armas, mas que pensou o problema da unidade: como unificar todas as regiões, as cidades, os impérios atravessados pelos exércitos macedônicos? Levando ao limite sua hipótese, e a partir das mesmas fontes de Grote ou Duruy, Droysen defende que a verdadeira unificação, resultante das conquistas, foi de ordem cultural: o helenismo foi a sua pedra angular (nós retornaremos à palavra e à noção de *Hellenismus*).

A visão renovada que Droysen oferece dos tempos posteriores a Alexandre não provém, portanto, apenas de um exame novo das fontes e da descoberta de novos documentos; ela se deve, antes de mais nada, às hipóteses nascidas da confrontação entre a época estudada e os tempos em que vive o historiador, entre Antigos e Modernos, no que diz respeito à Antiguidade. "A Antiguidade é moderna?"[8], certamente sim, ela o é sempre, mas as modalidades desta articulação, nos três historiadores, são complexas e diferentes.

O principal objeto deste artigo dirá respeito, então, a três problemas:

quais foram as incidências dos contextos que acabaram de ser lembrados sobre os modos de escritura da história grega no século XIX?

segundo problema: como se articulam, na obra dos historiadores, dois fenômenos históricos a princípio antinômicos: de um lado, a descrição de um projeto de conquista, de anexação, de sujeição ou de exploração e, de outro, a análise das trocas culturais que dele resultam?

terceiro problema: no período aqui considerado, desde o tempo de Filipe II da Macedônia e de Alexandre até a conquista romana, ou, para tomar dois eventos que constituem parâmetros com forte valor simbólico, entre a batalha de Queroneia, em 338, e a pilhagem de Corinto pelo cônsul Múmio, em 146 a.C., quais inflexões apareceram? Entre as conquistas de Alexandre e a conquista romana, foram, com efeito, o lugar e a função do helenismo que mudaram, passando do lado dos vencedores para aquele dos vencidos.

Estas questões presidem a escolha das obras e a abordagem escolhida. Em um primeiro momento, a análise debruçar-se-á sobre a maneira como os Antigos, de Heródoto a Plutarco, pensaram o problema da conquista e forjaram os paradigmas historiográficos herdados pelos Modernos. No entanto, nós veremos que os historiadores da Antiguidade

---

8   *Les Grecs, les Romains et nous. L'Antiquité est-elle moderne?*, textos reunidos e apresentados por R.-P. Droit, Paris, Le Monde-Editions, 1991.

Antigos e modernos 15

do século XIX não herdam diretamente esses problemas; o pensamento do Iluminismo e a Revolução Francesa introduziram um terceiro termo – a noção de comércio – que modifica a relação entre conquista e cultura. Isto será estudado em um segundo momento. A terceira e última parte desta exposição estudará, a partir dos contextos presentes e passados, modernos e antigos, como se escreve a história helenística no tempo da formação dos Estados Nacionais e dos impérios coloniais, na Europa Ocidental. Esse momento, o século XIX, é também aquele em que se constituem as ciências da Antiguidade. Para levar a bom termo esta pesquisa, eu privilegiarei quatro obras: a *History of Greece*, de George Grote (1846-1856); as três monografias que Victor Duruy consagra aos gregos (*Histoire grecque*, 1851; *Histoire de la Grèce ancienne*, 1862; *Histoire de la Grèce depuis les temps les plus reculés jusqu'à la réduction de la Grèce en province romaine*, 1874, 1887-1889[2]); enfim, o primeiro volume da *História da Grécia sob a dominação dos romanos* (*Die Geschichte Griechenlands unter der Herrschaft der Römer*), de Friedrich Hertzberg (1866). Nenhum debate sobre essas questões poderia, porém, ser conduzido sem mencionar que estes estudiosos são leitores de Droysen, de quem *Alexandre* e os dois primeiros volumes da *História do Helenismo* foram publicados, respectivamente, em 1833, 1836 e 1843.

Em resumo, como se escreveu a história da época helenística no diálogo entre Antigos e Modernos, mas também entre Modernos, a partir do problema levantado pela relação entre conquista e consequências culturais?

I. Escrever a história da conquista: os paradigmas antigos

A historiografia antiga retém como objeto principal de descrição e de análise as guerras e os empreendimentos de dominação. Entretanto, o ponto de vista adotado jamais se reduz a tomar partido dos vencedores ou a adotar a "visão dos vencidos", para retomar o título do grande livro de Nathan Wachtel, *La vision des vaincus. Les Indiens du Pérou devant la conquête espagnole* [*A visão dos vencidos. Os índios do Peru diante da conquista espanhola*]. Através da narração das guerras de conquista, os historiadores antigos estudam, antes, como se constrói uma relação com o outro, a um só tempo, objeto de conhecimento e sujeito sobre o qual se pode exercer uma influência. Nesta história das maneiras gregas de contar e compreender a conquista, reteremos três momentos, com Heródoto, Políbio e Plutarco.

1. No século V a.C., a narrativa de conquista constitui uma das linhas de força da *História* de Heródoto, tanto quanto as descrições de povos; estas não são, porém, o espelho invertido daquela. Quais são as principais modalidades de organização deste díptico?

16   Francisco Murari Pires (org.)

A trama da *História* de Heródoto, lembremos logo de início, é constituída, sem ruptura, pela narrativa da *Vida* de cinco conquistadores: Creso, Ciro, Cambises, Dario e Xerxes. A narrativa conta, de 561 a 479, seus incessantes empreendimentos de dominação sobre todos os povos conhecidos por Heródoto: no total, mais de uma centena é mencionada. É justamente porque eles são o objeto de um projeto de sujeição que, no mais das vezes, o autor os descreve. O fato vale tanto para os mais célebres, os egípcios visados por Cambises, no livro II, e os Citas perseguidos por Dario, no livro IV, como para outros, dos quais apenas o nome sobreviveu, graças, precisamente, a Heródoto. A agressão do conquistador desperta imediatamente a descrição etnográfica, como se a conquista levasse, necessariamente e quase malgrado ela mesma, a um conhecimento do outro.

Uma segunda característica estrutura a exposição. Para Heródoto, o conquistador é sempre aquele que é atormentado pelo "desejo" (*erôs, epithumiè*) de dominar e possuir mais. Ciro experimenta a "vontade" (*prothumiè*) de subordinar os massagetas[9]. Dario "concebe o desejo (*epithumeein*) de se vingar dos Citas"[10]. Artabanes, tio de Xerxes, define a essência do conquistador como "o fato de ter muitos desejos" (*to pollôn epithumeein*)[11]. Para aplacar este desejo, o conquistador não recua diante de nenhuma transgressão, cujo ato iniciador é a travessia de uma ponte, frequentemente construída para esta finalidade[12].

A este motivo é associada uma terceira constante, ligada ao motivo da velocidade. O conquistador experimenta a pressa de inscrever sua ação no tempo dos homens. Ciro incita Creso a "prosseguir o mais rápido possível (*hôs dunaito takhista*) para Sardes", resolução executada "prontamente" (*kata takhos*)[13]. Nas planícies da Cítia, Dario avança através de corridas retilíneas, apressadas para alcançar os nômades que, ao contrário, procedem por contornos para lhe escapar[14]. Escolher a lógica da conquista significa ir sempre além e sempre mais depressa. É ainda Xerxes que destaca esta outra lei da conquista: um país "fácil de conquistar" é um país em que se pode "ser senhor rapidamente" (*takhualôton*)[15].

---

9   Heródoto, I, 204.

10   *Ibid.*, IV, 1.

11   *Ibid.*, VII, 18.

12   Nós nos permitimos remeter a nosso estudo *Les Îles nomades. Conquérir et résister dans l'*Enquête *d'Hérodote*, Paris, Éditions de l'ÉHÉSS, 1997, p. 138-143.

13   Heródoto, I, 124.

14   *Ibid.*, IV, 124-125.

15   *Ibid.*, VII, 130. Trata-se de um hapax.

Uma quarta e última característica define e condensa a representação herodotiana da conquista. Na *História,* todo empreendimento de conquista conduz a um fracasso. Nenhum dos reis ou tiranos postos em cena por Heródoto chega a levar seus exércitos à vitória, pois a guerra o impede de possuir o justo conhecimento dos usos e costumes dos povos que ele tenta subordinar. O outro continua inacessível. Artabanes, que possui a *sunesis,* a "inteligência" que permite compreender o duplo sentido dos eventos, explica a Xerxes que o projeto de conquista suscita, em si mesmo, uma guerra que se voltará contra seu instigador: a terra "te será tanto mais hostil (*polemiôterè*) quanto mais tu avançarás"[16].

Heródoto, portanto, adota menos a visão dos vencidos do que demonstra que a lógica de conquista é uma lógica de fracasso. Esta visão crítica define um paradigma que se inscreve na oposição não apenas das *Crônicas* historiográficas do Oriente-Próximo antigo (babilônicas, assírias, persas), mas também da tradição épica grega, ambas voltadas para a exaltação do vencedor. Se o investigador estabelece como sua missão percorrer as "cidades dos homens" (*astea anthrôpôn*), é para preservá-los do esquecimento[17], não para lhes tomar para si, submetê-los ou destruí-los.

2. Para Políbio, é impossível não reconhecer a grandeza de um conquistador de um novo gênero: Roma. A conquista romana é um fenômeno sem equivalente na história[18], em comparação com a qual não se pode medir nenhuma potência do passado, mesmo a de Alexandre[19]. Isto se deve ao fato de que, pela primeira vez, foi concebido e executado um empreendimento de dominação universal, visando a quase totalidade da terra habitada (*skhedon hapanta ta kata tèn oikoumenèn*)[20]. Portanto, como dar conta desta totalidade[21] sem adotar conjuntamente o ponto de vista dos conquistadores? Como a "visão de conjunto" (*sunopsis*), à qual deve chegar o historiador concentrando todos os eventos concebidos pela Fortuna[22], poderia não se confundir com o olhar de Roma? A resposta dada por Políbio a este problema historiográfico consiste em destacar, na análise

---

16   *Ibid.,* VII, 49.

17   *Ibid.,* I, 5 e *Prooimion.*

18   Políbio, I, 1, 5 o} *ho proteron houkh eurisketai gegonos.*

19   *Ibid.,* I, 2, 1-6.

20   *Ibid.,* I, 1, 5; I, 2, 7-8, assim como I, 3, 6 e 10; VIII, 2, 6 e 11.

21   *Ibid.,* I, 4, 3: "Ninguém, ao menos que eu conheça, tratou de verificar a estrutura geral e total dos fatos passados, quer dizer, quando e de onde eles nasceram e como se desenrolaram".

22   *Ibid.,* I, 4, 1.

18   Francisco Murari Pires (org.)

das causas que conduziram à dominação universal de Roma, o que não é propriamente romano, o que há de não-romano na conquista romana.

A primeira causa que assegurou a superioridade e Roma é de natureza política; diz respeito ao seu "modo de constituição" (*tini genei politeias*).[23] Ora, esta remete a uma mistura de três regimes, gregos na origem: realeza, aristocracia, democracia[24], fusão a tal ponto perfeita "que ninguém, nem mesmo entre as pessoas do país, teria podido dizer com certeza se o conjunto do regime era aristocrático, democrático ou monárquico".[25] Na análise de Políbio, torna-se impossível distinguir o que é a herança grega do que constitui o aporte romano. O resultado é que "não é possível descobrir um sistema político (*politeias sustasin*) superior àquele".[26] Existe, portanto, uma parte grega nas causas políticas da conquista romana. O mesmo ocorre em um segundo registro, o da formação dos romanos que exercem os principais papéis na constituição do império, no século II a.C. Em uma passagem do célebre livro XXXI, Políbio, então deportado para Roma (a cena se passa em 167 ou 166 a.C.), conta como o jovem Cipião Emiliano dirige-se a ele para que o grego ensine ao jovem romano como "falar e agir" em público, quer dizer, ao serviço de sua cidade:[27] "O dia em que, argumenta o jovem Cipião, negligenciando todo o resto, tu te decidires a consagrar-te a mim e a associar tua vida à minha", então, eu estarei certo "de ser digno de minha família e de meus ancestrais".[28] A principal figura do círculo dos Cipiões, o destruidor de Cartago, reivindica, assim, que seu destino de homem público realizado seja moldado pela aprendizagem que ele receberá de um grego, de um vencido. A cena, observada com um olhar grego, significa também que, do próprio interior de Roma, os gregos podem exercer um papel histórico maior na conquista, como educadores dos romanos. Políbio define a natureza da participação grega na conquista romana. Quer se trate de instituições ou da aprendizagem para a vida política, Políbio analisa as modalidades de uma transferência cultural entre gregos e romanos, a qual defina a natureza da implicação dos primeiros na conquista.

3. Com Plutarco, e após cerca de três séculos de coabitação entre gregos e romanos, de experimentação das consequências da conquista por ambas as partes, chega a hora, se

---

23   *Ibid.*, I, 1, 5.

24   *Ibid.*, VI, 3, 5.

25   *Ibid.*, VI, 11, 11.

26   *Ibid.*, VI, 18, 1.

27   *Ibid.*, XXXI, 23-25.

28   *Ibid.*, XXXI, 24, 9-10.

Antigos e modernos 19

não de um balanço, ao menos de uma reflexão sobre a natureza do conhecimento sobre o outro, resultante de um encontro operado pela guerra.

Plutarco voltou a essas questões várias vezes, partindo da análise da figura de Alexandre. No tratado *A Fortuna ou a virtude de Alexandre* composto nos anos 70 ou no início dos anos 80, portanto bem antes das *Vidas*, Alexandre é apresentado sob duas características complementares. Ele é, para começar, o educador do gênero humano, pois correu o mundo "para civilizar reis bárbaros, fundar cidades no meio de povos selvagens, pregar o direito e a paz entre os populachos sem fé nem lei".[29] Como Pitágoras, Sócrates, Arcesilao ou Carnéades, ele pode, portanto, ser qualificado de filósofo, (*philosophôtatos)*", "o maior dos filósofos".[30] Em seguida, Alexandre faz figura de unificador do gênero humano, pois ele é um conquistador. Nenhum paradoxo ou jogo de retórica nesta tese: com efeito, para Plutarco, uma vez que a conquista expande a civilização grega, é preciso desejar ser um vencido por Alexandre; os verdadeiros vencedores são os vencidos: "Mais felizes foram os vencidos (*kratèthentes*) de Alexandre do que aqueles que escaparam de sua conquista"[31], pois "eles não teriam conhecido a civilização (*ouk an hèmerôthèsan*) se não tivessem sido vencidos".[32]

A *Vida de Alexandre* oferece uma imagem mais próxima da progressão e das realidades quotidianas da conquista, mas esta obra deve ser situada no interior do vasto projeto das *Vidas paralelas*. Plutarco não adota nem o ponto de vista do vencedor nem o do vencido. Comparando, na longa duração, a história dos gregos e a dos romanos, as *Vidas* mostram que, no início do século II, os romanos assimilaram a história, a cultura, as formas de sociabilidade gregas, e que os gregos integraram, por sua vez, os costumes e as constrições impostos por um Império doravante greco-romano. Se passarmos das *Vidas* para as *Conversações à mesa*, constataremos a que ponto, sob o efeito das conquistas – as de Alexandre, seguidas pelas de Roma – as culturas dos vencedores e dos vencidos adotaram referências, maneiras de fazer e de dizer comuns, em suma, modelaram uma mesma civilização a ponto de tornar obsoleta a polaridade entre vencedores e vencidos. Ocorre o mesmo para oposição entre gregos e bárbaros. Qual é, com efeito, o lugar exato dos romanos? Eles escapam da categoria de bárbaros sob o pretexto de que são os vencedores no Mediterrâneo há três séculos? Doravante, seja qual for a origem étnica dos conquistadores, as mesmas palavras e o termo englobante "bárbaro" descrevem seu comportamento. Alexandre se

---

29 Plutarco, *A Fortuna ou a virtude de Alexandre*, I, 328B, assim como 328F: "Alexandre fundou mais de setenta colônias entre os povos bárbaros, semeou por toda a Ásia magistraturas gregas…", 329A.

30 *Ibid.*, 328B, 329A.

31 *Ibid.*, 328E.

32 *Ibid.*, 328F.

20   Francisco Murari Pires (org.)

compraz em uma "arrogância de bárbaros".[33] Catão, o Jovem, qualifica de "bárbara" a intenção de seu aliado Cipião de massacrar todos os habitantes de Útica".[34] A barbárie não é mais uma denominação étnica. Mas, inversamente, ou paralelamente, por intermédio da conquista, a difusão do helenismo torna-se o atributo dos romanos, a ponto destes aparecerem como gregos. Marco Favônio, um "amigo e [...] discípulo de Catão, o Jovem, sentia por ele o que (...) Apolodoro de Falero sentia por Sócrates, o Antigo".[35]

Assim, Plutarco, explorando as relações entre conquista e cultura, convida a renunciar às polaridades tradicionais – gregos/bárbaros, vencedores/vencidos, conquistadores/resistentes – e a refletir sobre a maneira como se constituiu um terceiro termo, híbrido, tal como o descrevem, no século II, Dião de Prusa, Aálio Aristides, Arriano, e é encarnado por Marco Aurélio.

Tentemos traçar um balanço desta primeira etapa de nossa exposição.

Os três paradigmas que acabam de ser destacados entre os Antigos, principalmente a partir do modelo de Alexandre, foram frequentemente retomados pelos Modernos, por exemplo na historiografia bizantina ou na propaganda posta em marcha em torno de e por Luís XIV, na França dos anos 1660-1680[36]. Na Europa ocidental, foi, contudo, o contexto de formação dos Estados Nacionais, frequentemente associado ao da construção dos impérios coloniais, ao longo do século XIX, que modificou profundamente a visão que se tinha da época helenística, assim como as maneiras de escrever a gênese e o desenvolvimento das conquistas de Alexandre e do expansionismo de Roma, levando em consideração as consequências culturais. Ora, na época da formação de Grote, de Droysen e de Duruy, entre 1810 e 1830, estas questões adquiriram uma grande complexidade, pois o pensamento do Iluminismo e da Revolução Francesa introduziu um terceiro termo – a noção de comércio – que modifica a relação entre conquista e cultura. É por isso que é necessário expor os termos deste problema, a fim de medir, em seguida, a exata parcela de inovação de nossos historiadores.

Este desvio pelo século XVIII constitui a segunda parte de minha exposição.

---

33   Plutarco, *Vida de Pelópidas*, XXXIV, 3.

34   *Id.*, *Vida de Catão, o Jovem*, LVIII, 1.

35   *Ibid.*, XLVI, 1.

36   Cf. Ch. Grell e Chr. Michel (org.), *L'Ecole des princes ou l'Alexandre disgracié*, Paris, Les Belles Lettres, 1988.

II. A "paixão pelas conquistas" e o espírito de comércio

No que diz respeito à questão de se saber qual é o mais eficaz dos instrumentos para exercer uma dominação, a resposta tradicional foi, quase sempre, o poderio militar. Na Europa ocidental, este modelo impõe-se com o que se chamou de conquista das Américas, a partir das Antilhas, ao longo dos anos 1492-1519, posteriormente em direção ao Pacífico (1513), do país dos astecas (1519, Cortês) e do Peru (1536).[37] Ora, no século XVIII, esta evidência da superioridade das armas para assentar uma dominação é contrariada pela introdução, no debate, da questão do comércio[38]. A experiência do financista John Law (1671-1729), inventor, na França, sob a Regência (1715-1723), de um sistema de controle do comércio pelo Estado para aumentar a riqueza geral, não é estranha às reflexões que se desenvolvem sobre este tema. Seu secretário, Jean-François Melon, publica, em 1734, um ensaio anônimo que suscita muita atenção: *Essai politique sur le commerce*. Na comparação que ele propõe entre Esparta e Atenas, Roma e Cartago, a fim de saber qual cidade se sobrepõe e qual é a fonte de seu poderio, sua resposta é inesperada: o comércio representa um instrumento bem superior:

> A austera Lacedemônia não foi nem melhor conquistadora, nem melhor governada, nem produziu melhores homens que a voluptuosa Atenas. Entre os homens ilustres de Plutarco, há quatro lacedemônios e sete atenienses (…) As leis suntuárias de Licurgo não merecem mais atenção do que suas outras leis que tanto revoltam o pudor[39].

A afirmação de Melon faz do comércio um substituto e um equivalente da conquista. O comércio é a forma ateniense da conquista. Minha intenção não é lembrar, na sequência das análises de Nicole Loraux e de Pierre Vidal-Naquet, que isto diz respeito às premissas da inversão em favor de Atenas, como cidade modelo, de uma "Atenas burguesa" plenamente instalada ao longo da primeira metade do século XIX, particularmente na Inglaterra vitoriana de Grote e da França liberal de Duruy. Melon é um dos primeiros a contribuir para modificar a hierarquia no valor atribuído aos instrumentos de dominação e a forjar uma nova categoria, o "espírito de comércio", considerado como a versão

---

37   Cf. Th. Gomez, *L'invention de l'Amérique. Rêves et réalités de la conquête*, Paris, Aubier, 1992, p. 245s.

38   As observações que se seguem retomam, em uma perspectiva diferente, alguns dos elementos do dossiê analisado por N. Loraux e P. Vidal-Naquet em "La formation de l'Athènes bourgeoise: essai d'historiographie (1750-1850)" (1979), in: P. Vidal-Naquet, *La démocratie grecque vue d'ailleurs*, Paris, Flammarion, 1990, p. 161-209 e 362-383.

39   J.-F. Melon, *Essai politique sur le commerce*, s.l.n.d., [1734], p. 139, citado por N. Loraux e P. Vidal-Naquet em "La formation de l'Athènes bourgeoise", p. 170.

22   Francisco Murari Pires (org.)

moderna do "espírito de conquista". Montesquieu e Hume apropriam-se do debate,[40] mas ambos hesitam, no entanto, em ver em Atenas a cidade do comércio. Sua vida política lhes parece uma herança mais sólida. Montesquieu evoca "as belas instituições de Sólon". A propósito da ação de Alexandre, sobretudo em direção às Índias, o autor do *Espírito das Leis* questiona: "mas seria necessário conquistar um país para nele negociar?".[41] Sua resposta é, no fim da análise, positiva: "não se pode duvidar que seu desejo fora fazer comércio com as Índias, via Babilônia e Golfo Pérsico". Compreendamos que, no caso de Alexandre, espírito de conquista e espírito de comércio são equivalentes. As consequências e os aportes culturais passam tanto pela dimensão política, encarnada para as fundações de cidades, como pelo estabelecimento das rotas comerciais. Montesquieu não pode ser mais claro sobre este ponto:

> Ele [Alexandre] concebeu o desejo de unir as Índias com o ocidente por um comércio marítimo, como ele as tinha unido por colônias que estabelecera nas terras.[42]

Diderot reconhece, em 1772, que em algumas décadas, "o espírito de comércio [tornou-se], sem oposição, o espírito dominante do século", e é o substituto da "paixão pelas conquistas" e de sua dimensão política[43]. Benjamin Constant (1767-1830) exprime da melhor forma o pensamento da república termidoriana e dos liberais, quando afirma: "Nós chegamos à época do comércio, época que deve necessariamente substituir a da guerra"[44]. O comércio aparece assim como a forma policiada da conquista, mas nem por isso ele faz desaparecer o desejo de dominação que é seu fundamento. O que ele apaga é a dimensão propriamente política associada à conquista.

---

40   Montesquieu, *L'Esprit des Lois* (1748), livro XXI, capítulos VI: "Du commerce des Anciens", e VII: "Du commerce des Grecs" (ed. V. Goldschmidt, Paris, GF – Flammarion, 1979, vol. 2, p. 30-38); Hume, *On the Populousness of the Ancient Nations*, 1752.

41   Montesquieu, *op. cit.*, Livro XXI, capítulo VIII: "D'Alexandre. Sa conquête", ed. citada, p. 41.

42   *Ibid.* p. 39.

43   Diderot, "Pensées détachées ou Fragments politiques échappées au portefeuille d'un philosophe", citado por N. Loraux e P. Vidal-Naquet, "La formation de l'Athènes bourgeoise", p. 162. Na véspera da Revolução, são raros os pensadores, tais como Cornelius de Pauw, para quem a vida política e o regime democrático constituem a principal riqueza de Atenas. Cf. N. Loraux e P. Vidal-Naquet, *op. cit.*, p. 173-174.

44   *Ibid.*, p. 200-201, e Chr. Avlami, "La critique de la démocratie grecque chez Germaine de Staël et Benjamin Constant", in: S. Caucanas, R. Cazals, P. Payen (org.), *Retrouver, imaginer, utiliser l'Antiquité*, Toulouse, Privat, 2001, p. 91-113.

Antigos e modernos   23

A incidência dessas reflexões sobre a maneira de escrever a história antiga modifica-se quando, após a Revolução e a experiência napoleônica, impõe-se na cena europeia o contexto político dos Estados Nacionais. É na Alemanha que o problema se coloca primeiramente e, para o que nos interessa, em estreita ligação com o estudo da Antiguidade. Para responder à invasão napoleônica, em 1806 – Berlim é ocupada e o Sacro Império, dissolvido -, os patriotas alemães elaboram um conjunto de reformas políticas e sociais para fazer oposição à presença e à censura do ocupante. Os fundamentos da nova universidade de Berlim, ambicionados por Wilhelm von Humboldt, com o apoio de Fichte, o teórico das "guerras de liberação", opõem-se ao ensinamento utilitário, destinado a formar, antes de mais nada, cidadãos, tal como é ministrado nas faculdades francesas. A universidade prussiana ministrará uma cultura desinteressada (*Bildung*) e será a instituição em que se poderá elaborar uma ciência em construção, incessantemente posta à prova. Ora, é a filologia clássica que encarna este ideal em que o conhecimento dos textos clássicos e da história antiga, a "ciência da Antiguidade" (*Altertumswissenschaft*), dá à Alemanha uma dimensão universal, em razão da relação privilegiada que ela entretém com a Grécia antiga. Friedrich August Wolf, o autor dos *Prolegomena ad Homerum* (1795), é considerado seu fundador por Humboldt e Niebuhr. Este último publica, em 1811-1812, os dois primeiros volumes de uma *História Romana* verdadeiramente crítica, mas também vê na Grécia "a Alemanha da Antiguidade", segundo uma aproximação cujo anacronismo poderia parecer muito pouco científico. O historiador deve iluminar as razões pelas quais ele privilegia um problema histórico pela intersecção do passado e do presente.

Estes dois problemas inseparáveis – a analogia e o anacronismo – apresentam-se também em relação à história da época helenística, compreendida entre o tempo de Filipe II e o da conquista romana.

III. A escritura da história helenística, entre os modelos antigos e o tempo presente

Na historiografia do século XIX, no que concerne às transformações da época helenística, dois modelos de escritura prevalecem, resultantes de um confronto entre paradigmas antigos e contextos presentes. Em um primeiro caso, a narrativa histórica analisa a conquista enquanto fenômeno militar, emprego de força inédita, insistindo sobre as inovações táticas, estratégicas e diplomáticas trazidas pelos principais atores: Filipe, Alexandre, os Reis e, depois, Roma. Ao mesmo tempo, e quase mecanicamente, isto significa que a "aventura grega" é apresentada, em sua evolução, em termos de declínio e decadência. No segundo caso, a transformação da cultura grega, nos novos reinos, no Oriente, e em Roma, representa o fenômeno maior da época helenística; assim, a análise

24   Francisco Murari Pires (org.)

diz respeito a suas mutações e suas faculdades de adaptação, aos modos de transferência e de retomada nas mãos dos vencedores, ou de aceitação entre os vencidos, até chegar a formas novas.

Como estes paradigmas funcionam nos trabalhos de Droysen, Grote, Duruy e Hertzberg?

1. A escritura da história grega a partir do reino de Filipe II da Macedônia é profundamente renovada pela reflexão conduzida por Droysen acerca da conquista macedônica. É preciso chegar ao ponto de afirmar que todos os historiadores são influenciados por sua obra? Ao menos, eles não podem ignorar suas teses e sua contribuição.

Droysen, nascido em 1808, pertence a um meio de pastores protestantes muito engajados na luta contra o invasor napoleônico. O contexto historiográfico é dominado pelas teses de Winckelmann e de Hegel, que fazem da história da monarquia macedônica e dos reinos resultantes das conquistas de Alexandre uma época de decadência. Droysen concebe, nos anos 1829-1830 – sua correspondência é testemunha disso -, um projeto sobre "a história grega posterior a Alexandre"[45]. As principais linhas desse programa são traçadas em sua tese de doutorado em latim[46]. Ele sublinha que todo estudo de conjunto deverá debruçar-se sobre a recomposição dos grandes reinos resultantes da obra inacabada de Alexandre e sobre a difusão de uma cultura partilhada[47]. A *História de Alexandre, o Grande, da Macedônia* é publicada a partir do final do ano de 1833. O livro apresenta-se como sendo parte dos "trabalhos preparatórios" para uma vasta *História do Helenismo* (*Geschichte des Hellenismus*), cujo primeiro volume é publicado em 1836. No prefácio, Droysen precisa que as conquistas de Alexandre dão o impulso a uma ação cujas consequências estendem-se por vários séculos: estas são de natureza política e institucional, religiosa e cultural. O segundo volume aparece em 1843 e cobre o período dos Epígonos, até 221/220. Droysen inova profundamente. Ao contrário de quase todos os historiadores, ele louva a obra política de Filipe II, que permitiu "unificar todas as províncias da Macedônia e dar aos macedônios o sentimento de pertencer a uma nação homogênea"[48]; ele não considera a derrota das cidades gregas em Queroneia, em 338 a.C., como o fim

---

45   Cf. J. G. Droysen, *Briefwechsel* I: 1829-1851, Stuttgart, 1929, reedição Osnabruck, Biblio-Verlag, 1967, p. 24, carta a A. Heydemann, 10 de março de 1830: "*bevor ich an die grössere Arbeit* Hellenika meta tous peri Alexandron *gehe*".

46   Ela é apresentada à Universidade de Berlim: *De Lagidarum regno Ptolemaeo VI Philometore rege*, texto retomado em *Kleine Schriften zur Alten Geschichte von Johann Gustav Droysen*, vol. II, Leipzig, Veit, 1894, p. 351-430.

47   A tese principal de Droysen é que o período é marcado, antes de mais nada, pelo desaparecimento do paganismo, o que conduz ao cristianismo. Mas ela não concerne diretamente à nossa análise.

48   J. G. Droysen, *Histoire d'Alexandre le Grand*, trad. francesa de J. Benoist-Méchin (Paris, Grasset, 1934; redição Bruxelles, Ed. Complexe, 1991), p. 62, e *Histoire de l'Hellénisme*, I, p. 158-159 [= tomo I, p. 72-73].

Antigos e modernos   25

de um mundo e acusa Demóstenes por não ver que "uma era nova havia começado e que ela iria revolucionar o mundo"[49]. As conquistas de Alexandre, até sua morte na Babilônia, estão na origem de transformações maiores: os contatos prolongados entre orientais e gregos dão lugar a formas de unificação política nas monarquias resultantes da partilha das conquistas, e, mais ainda, constitui-se uma unidade cultural que repousa, antes de mais nada, na difusão dos valores das cidades gregas para fora de suas fronteiras tradicionais e, depois, na síntese de civilização, que abre aos gregos as contribuições do Oriente.[50] A este fenômeno de "fusão" entre Ocidente e Oriente, que gera uma unidade de civilização, Droysen dá o nome de *Hellenismus*. A palavra designa também o que ele chama de "terceiro período" da história grega e que nós traduzimos por "época helenística". São, portanto, as consequências culturais das conquistas, e não as conquistas em si, em seu componente militar, que constituem o ponto de observação a partir do qual se elabora uma nova escritura da história.

Na apreciação de conjunto que Droysen faz da ação de Filipe e de Alexandre, da configuração dos reinos, da natureza do "helenismo", a questão da unidade e a atenção conferida à maneira como se põe em marcha a unificação são fundamentais. Droysen examina como se opera a passagem de uma pluralidade de estruturas políticas e de comunidades humanas – as cidades, as federações, os reinos, o Império Aquemênida e suas satrapias – para um conjunto unificado tanto em suas instituições como em seus componentes culturais. Ora, tal problema histórico faz convergir e permite pensar conjuntamente o passado dos tempos helenísticos *e* o século XIX alemão. Existe, na escritura de Droysen, uma continuidade entre o passado e o presente, a partir da questão central da unidade. Assim apreendida, esta unidade é, ao mesmo tempo, uma hipótese de trabalho resultante das fontes e uma prova da constante relação de natureza analógica entre passado e presente em funcionamento no trabalho do historiador. A época helenística é um laboratório para o presente, e o presente fornece ao historiador hipóteses para renovar a compreensão que ele tem do passado. Com e a partir de Droysen, refletir sobre as conquistas de Alexandre não pode ser dissociado de uma análise sobre as consequências culturais que delas resultam. À interferência do passado e do presente, o historiador impõe um novo paradigma no campo da historiografia. Neste modelo de análise, é a questão da unidade que guia toda a interpretação. Esta repousaria sobre um indivíduo visionário? A unificação das terras conquistadas dever-se-ia a um plano concertado? A unidade, ao contrário, surgiria das contingências da ação militar? Todas estas questões são levantadas ao longo da exposição. Mas Droysen, atento tanto às sugestões do presente como à força das fontes, sustenta que

---

49   J. G. Droysen, *Histoire d'Alexandre le Grand*, p. 44.

50   *Id.*, *Histoire de l'Hellénisme*, vol. II, p. 1192, 1200-1201 [= tomo III, p. 5, 12-19] e *passim*.

26   Francisco Murari Pires (org.)

a própria natureza do Helenismo era estar "associado ao elemento bárbaro em vista de uma assimilação e de uma fermentação recíproca"[51], e que a fusão mais profunda deve se operar após o tempo das guerras: nesta monarquia, em que cada reino carregará os valores do *Hellenismus*, "não seria mais questão, após as vitórias obtidas, de falar de vencedores e de vencidos; ela deveria fazer esquecer a distinção entre gregos e bárbaros"[52].

Para a maioria dos grandes historiadores do século XIX, incluindo os maiores mestres e eruditos da *Altertumswissenschaft*, a história da Antiguidade não pode ser inscrita sem que intervenham diretamente na pesquisa os problemas do presente. Não nos enganemos a este propósito. Não devemos interpretar isto apenas como uma questão de engajamento do intelectual. Esta atitude também diz respeito à epistemologia da história[53]. De um lado, com efeito, as questões que o historiador coloca para as fontes são construídas a partir do presente, ao qual, faça o que faça, ele não pode subtrair-se. De outro lado, o que interessa ao historiador no passado não é o passado enquanto ele pertence somente ao passado "mas o que dele ainda não se esgotou, aqui e agora"[54]. O princípio dessa troca entre passado e presente é formulado desde a dissertação de doutorado de 1831: a época helenística, nascida das conquistas de Alexandre, é o ápice da "cultura" (*Bildung*) grega[55], do mesmo modo que a guerra de liberação, contra Napoleão, permitiu o triunfo do neo-humanismo humboltiano. No momento em que ele redige a *História de Alexandre*, em 1833, ele escreve, em uma resenha, que é necessário analisar a época de Alexandre "no espelho do presente"[56]. Em um texto chamado *Teologia da História*, prefácio do segundo volume da *História do Helenismo* (1843), Droysen precisa sua formulação: "a época helenística (*Hellenismus*) é a época moderna da Antiguidade pagã"[57].

---

51   J. G. Droysen, *Histoire de l'Hellénisme*, vol. II, p. 938-940 [= tomo II, p. 438-439].

52   *Ibid.*, I, p. 379 [= tomo I, p. 416].

53   Nós nos permitimos remeter ao prefácio da reedição integral da *Histoire de l'Hellénisme*: "Johann Gustav Droysen et l'*Histoire de l'Hellénisme*. L'époque hellénistique entre Alexandre et la Prusse", p. 43-48.

54   J. G. Droysen, *Précis de théorie de l'histoire*, Paris, Le Cerf, Ed. de A. Escudier, 2002, § 5, p. 41. Droysen "problematiza a questão da historicidade de toda enquete histórica " (A. Escudier, p. 18).

55   J. G. Droysen, *De Lagidarum regno Ptolemaeo VI Philometore rege*, p. 351. Cf. B. Bravo, *Philologie, histoire, philosophie de l'histoire. Etude sur J. G. Droysen historien de l'Antiquité*, Wroclaw-Varsovie-Cracovie, 1968, reimpressão: Hildesheim-Zurich-New York, Georg Olms Verlag, 1988, p. 227-251.

56   Cf. B. Bravo, *op. cit.*, p. 349.

57   Este texto, de 1843, não é retomado na edição de 1877-1878. Ele é publicado novamente em 1937 por R. Hubner: J. G. Droysen, *Historik. Vorlesungen uber Enzyklopädie und Methodologie der Geschichte*, Darmstadt (reedição de 1974), com o título *Theologie der Geschichte*, que não é originário de Droysen, citação p. 379 e 384 (ver as referências complementares em nossa introdução à reedição da *Histoire de l'Hellénisme*, vol. I, p. 46, nota 197).

Antigos e modernos   27

2. O título que Grote dá à sua obra a partir da nova edição de 1862, *History of Greece: from the Earliest Period to the Close of the Generation Contemporary with Alexander the Great*[58], indica, logo de início, qual é a principal diferença em relação à de Droysen. Grote é membro do grupo dos "filósofos radicais", discípulos de David Ricardo, de James Mill e de Jeremy Bentham. Ele admira a democracia das cidades gregas e seus costumes políticos, que ele assimila de bom grado aos da Inglaterra, a partir de sua própria experiência ao longo da década de 1831-1841. Por estas razões, a época helenística não faz parte, segundo Grote, da história grega. Se a ação do próprio Alexandre é o objeto, como veremos, de apreciações contrastantes, a Grécia da geração seguinte é condenada inapelavelmente e merece apenas o esquecimento do historiador:

> Após a geração de Alexandre, a ação política da Grécia se estreita e se avilta, não tendo mais interesse para o leitor, nem influência sobre os destinos do mundo futuro.
>
> No seu conjunto, o período que se estende entre o ano 300 a.C. e a absorção pelos romanos não representa em si mesmo nenhum interesse (...). Doravante, os gregos só têm valor e dignidade a título individual, como filósofos, professores, astrônomos (...) Todavia, como comunidade, eles perderam sua própria órbita, e se tornaram satélites de vizinhos mais poderosos.[59]

As conquistas de Alexandre não conduziram a nenhuma difusão do helenismo em contato com o Oriente. A conclusão de Grote é inapelável: "E um historiador da Grécia não pode mais ver essas últimas campanhas como estando compreendidas na esfera de seu tema".[60]

Tentemos, contudo, captar, às margens da época helenística e da obra de Grote, elementos de comparação com Droysen. De início, é certo que Grote e os historiadores ingleses, bons germanistas, conhecem perfeitamente os trabalhos da erudição alemã. Mas Grote não partilha das teses de Droysen relativas a Alexandre. Fazer dele um propagador da "civilização helênica para a melhoria da humanidade é, a meu ver, fazer uma apreciação de seu caráter contrária à evidência", e Grote precisa seu pensamento em uma nota: "Entre outros panegiristas de Alexandre, basta nomear Droysen, em suas duas obras,

---

58   A primeira edição, cujos doze volumes aparecem em Londres, de 1846 a 1856, leva o título clássico e esperado de *History of Greece*, o que permite a Grote situar seu empreendimento em relação a seus predecessores Mitford (1784-1790), Thirlwall (1835-1844). A edição de 1862 aparece em Londres, pela editora J. Murray, em oito volumes, consequentemente, ainda durante a vida de Grote.

59   G. Grote, *Histoire de la Grèce*, Prefácio, tomo I, p. XI. Cf. Ainda o tomo 17, p. 59: "As conquistas de Alexandre na Ásia não pertencem literal e diretamente à tarefa de um historiador da Grécia. Elas foram realizadas por exércitos cujo general, os principais oficiais e a maior parte dos soldados eram macedônios".

60   *Ibid.*, tomo 17, p. 221.

28 Francisco Murari Pires (org.)

ambas plenas de pesquisas históricas"[61]. Com efeito, Alexandre, assim como o paradigma do conquistador em Heródoto, é um ser atormentado pelo desejo: "o desejo que absorvia Alexandre era a conquista a leste, a oeste, ao sul e ao norte"[62]. Alexandre é "sobretudo devorado por uma disposição inextinguível de combater, por um desejo de conquista"[63], e mesmo no momento de sua morte "seu desejo de novas conquistas era igualmente insaciável"[64]. Tal domínio do irracional sobre ele somente pode ser justificado por um caráter bárbaro, que ele herda de seu pai. Filipe é descrito como o destruidor da liberdade e da independência do mundo helênico" e um "infatigável agressor"[65]. O Alexandre de Grote é um soldado, não o filósofo de Plutarco: ele é apresentado como um leitor da *Ilíada*, e apenas deste poema, não da *Odisseia*, "menos guerreira"[66], ocupado durante toda sua vida por "operações militares incessantes" e por "conquistas sempre multiplicadas"[67]. Neste ponto, Grote segue fielmente Arriano, para quem Alexandre é um estrategista, um organizador de exércitos: "Alexandre impõe-se à imaginação mais do que qualquer outro personagem da Antiguidade pelo desenvolvimento incomparável de tudo o que constitui uma força eficaz, como guerreiro individualmente e como organizador e chefe de massas armadas"[68]. Todo reconhecimento positivo de suas virtudes militares termina por levar ao seu lado negativo, pois, para Grote, não é aí que se situa o fim, o *telos* da atividade humana: é, ao contrário, no *ingenium civile*. Com efeito, Grote prossegue:

À parte os méritos de Alexandre como soldado e como general, alguns autores lhe conferem a honra de visões grandiosas e úteis acerca de um governo soberano e de intenções extremamente favoráveis para a melhoria da humanidade. Eu não vejo motivo para adotar esta opinião. Tanto quanto podemos nos permitir prever qual teria sido o futuro de Alexandre, não vemos nada em perspectiva, com exceção de anos de agressões e de conquistas sempre repetidas, que só terminariam quando ele tivesse atravessado e subjugado todo o globo habitado. A aquisição de uma dominação universal – concebida não metaforicamente, mas literalmente (…) – era a paixão dominante de sua alma.[69]

---

61 *Ibid.*, tomo 17, p. 316, nota 3.

62 *Ibid.*, tomo 17, p. 320.

63 *Ibid.*, tomo 17, p. 83.

64 *Ibid.*, tomo 17, p. 309-310.

65 *Ibid.*, tomo 17, p. 384 e 55.

66 *Ibid.*, tomo 17, p. 4, assim como p. 82-83: "ele era, sob vários aspectos, uma reprodução dos gregos heroicos, seus belicosos ancestrais da lenda, Aquiles, Neoptolomeo".

67 *Ibid.*, tomo 17, p. 5.

68 *Ibid.*, tomo 17, p. 311. Cf. Arriano, *Anábase de Alexandre*, VII, 1, 6, ao qual Grote remete, p. 310, nota 1.

69 *Ibid.*, tomo 17, p. 312.

Enquanto Droysen vê na conquista o ponto de partida de uma unificação em termos de cultura e de civilização, Grote considera que ela não poderia fornecer o quadro adaptado ao desenvolvimento da liberdade individual, a este *ingenium civile* ou sentimento de obrigações e de direitos recíprocos em sociedade com os demais, que caracterizam mais ou menos os membros mais poderosos de uma cidade grega, fossem eles oligárquicos ou democráticos"[70]. A cidade deve continuar sendo, com suas instituições, o horizonte de toda vida individual e coletiva. Ora, "nenhum pensador grego acreditava que os asiáticos fossem suscetíveis de receber esta constituição civil livre sobre a qual estava fundada a trajetória de toda comunidade grega".[71]

No geral, a fusão entre o aporte do conquistador e o Oriente permaneceu uma ilusão em virtude das intenções fundamentalmente belicosas de Alexandre, das quais a característica e a cultura helênicas eram pouco asseguradas; é por isso que, "ao invés de dar à Ásia o caráter helênico, ele tendeu a dar o caráter asiático à Macedônia e à Hélade". Seu comportamento é tão inadaptado à situação como aquele "dos reis dos persas ou do imperador dos franceses, Napoleão".[72] Das conquistas de Alexandre, nenhuma lição poderia, então, ser retida.

3. Para Victor Duruy (1811-1894), como para Droysen e Grote, a "modernidade" da Antiguidade não se presta a nenhuma dúvida. Em suas *Notes et souvenirs* redigidas ao final de sua vida, entre 1890 e 1892, ele escreve: "A história não é (…) uma simples distração de ordem superior, muito menos um 'ócio ocupado' (…), mas um ensinamento do qual muitos se beneficiam, mesmo sem saber".[73] A história é *magistra vitae*, na continuidade de Cícero.[74] No plano político, Duruy é um liberal termidoriano,[75] que vota contra os plebiscitos organizados por Napoleão III, em 1851-1852.[76] Mas ele se alinha ao Império,

---

70   *Ibid.*, tomo 17, p. 4.

71   *Ibid.*, tomo 17, p. 317.

72   *Ibid.*, tomo 17, p. 318, e p. 323: "Os gregos de Antioquia, de Alexandria ou de Selêucia não se pareciam com cidadãos de Atenas ou de Tebas, nem mesmo com homens de Tarento ou de Éfeso. Ao passo que comunicavam sua língua aos orientais, acabaram realmente assumindo eles próprios o caráter oriental"; p. 324: "O asiático helenizado não foi tanto um grego, mas um estrangeiro que falava o grego com um verniz exterior e manifestações superficiais emprestadas da Grécia, basicamente distinto daqueles cidadãos gregos de que se ocupou a presente história".

73   V. Duruy, *Notes et souvenirs*, Paris, Hachette, 1901, 2 vol.: citação, vol. 1, p. 49.

74   Cícero, *De Oratore*, II, 36. "A história à moda de Duruy se pretende edificante": N. Loraux e P. Vidal-Naquet, "La formation de l'Athènes bourgeoise", p. 206.

75   "A Revolução quebrou as cadeias nas quais, em 1789, estávamos enclausurados": *Notes et souvenirs*, vol. 1, p. 51.

76   Do mesmo modo que ele vota a favor do general Cavaignac, no 5 de dezembro de 1848.

30   Francisco Murari Pires (org.)

ou melhor, à pessoa do imperador quando este lhe pede para fazer parte do grupo de intelectuais encarregados de ajudá-lo na redação de sua *Histoire de Jules César*, em 1860, e, depois, o chama como "Ministro da instrução pública", de 1863 a 1869.[77] Ele marca a historiografia francesa da Grécia publicando, em 1851, uma *Histoire grecque*,[78] retomada e completada em 1862, em dois volumes[79] e, posteriormente, em uma edição ilustrada em três grandes volumes que aparecem de 1887 a 1889.[80]

Os limites cronológicos da *Histoire grecque* de Duruy, que chega até 146 e a "redução da Grécia a província romana", constituem a diferença mais importante em relação à obra de Grote. Quanto ao fundo, entretanto, Duruy, leitor assíduo de Grote, partilha suas teses principais. Ele declara sua admiração por Atenas e, antes de mais nada, pela Atenas de Péricles, "esta idade de ouro do espírito humano".[81] Em seguida, ele põe abaixo o modelo espartano, qualificando Esparta de "simples máquina de guerra, instrumento de destruição que termina por se destruir a si mesmo".[82] Isto valerá a Duruy uma polêmica com os meios oficiais no *Journal de l'instruction publique*. Enfim, como Grote, ele considera que o projeto de Alexandre conduziu à perda e à diluição da herança grega,[83] herança ateniense, seria preciso dizer, uma vez que, nos dois historiadores, a história helenística é apreciada apenas do ponto de vista de Atenas. Na expressão e na análise, opera-se sempre um deslocamento da "Grécia" para "Atenas": "Politicamente, a Grécia está morta", escreve Duruy a propósito do ano 146 a.C., e prossegue deslocando implicitamente para Atenas:

---

77   Ele não esconde do imperador os seus votos de 1848-1852. Ele é chamado para renovar a instituição escolar e fazer com que ela beneficie o maior número de pessoas, antes de mais nada porque ele é um moderado anticlerical. Ele próprio se apresenta como um "bom cidadão, amante da liberdade, que detesta a desordem, e partidário de todas as reformas oportunas, sem as reclamar a altos gritos na rua" (*Notes et souvenirs*, vol. 1, p. 68).

78   V. Duruy, *Histoire grecque*, Paris, Hachette, 1851, 780 p.

79   V. Duruy, *Histoire de la Grèce ancienne*, Paris, Hachette, 2 vol., 1862, retomada sob o título: *Histoire des Grecs depuis les temps les plus reculés jusqu'à la réduction de la Grèce en province romaine*, Paris, Hachette, 2 vol., 1874, XXXII-484 p. e 520 p.

80   V. Duruy, *Histoire des Grecs depuis les temps les plus reculés jusqu'à la réduction de la Grèce en province romaine*, Paris, Hachette, 2 vol., 1874; nova edição revista, aumentada e enriquecida por cerca de 2000 gravuras desenhadas segundo os antigos e por 50 mapas ou planos: Paris, Hachette, 3 vol., 1887-1889.

81   V. Duruy, *Histoire des Grecs*, 1874, vol. 1, Prefácio, p. IX: "Eu confesso minha simpática afeição por esta gloriosa república", e p. XII: "O grande século de Atenas é aquele ao qual, por uma justa homenagem, deram o nome de Péricles". Mesma formulação na edição de 1887-1889, vol. 3, p. 612. Sobre esta exaltação de uma Atenas da liberdade e do comércio, cf. N. Loraux e P. Vidal-Naquet, "La formation de l'Athènes bourgeoise", p. 204-209 e 380-383; C. Ampolo, *Storie greche. La formazione della moderna storiografia sugli antichi Greci*, Torino, Einaudi, 1887, p. 75-76.

82   *Id.*, *Histoire grecque*, 1851, Prefácio, p. XII, e p. 59-99; *Histoire des Grecs*, 1874, vol. 1, Prefácio, p. XIV.

83   V. Duruy, *Histoire des Grecs*, 1874, Prefácio, p. XVI.

"Na Ágora, nada de lutas tempestuosas e de sentenças de exílio contra a facção vencida; no Pireu, nada de galeras carregadas de soldados; no Partenon, nada de cantos de triunfo; no Cerâmico, nada de elogios fúnebres. Roma comanda a paz".[84] Uma vez que ainda se trata da Grécia, vale a pena prosseguir a narrativa histórica, mas, ele precisa através de uma nota sobre as fontes modernas, dentre as quais figura Droysen, "passarei rapidamente sobre essa história que já não é aquela da Grécia",[85] e o julgamento de conjunto sobre o período é tão severo como o de Grote:

Não é apenas Atenas que cai ao fim dessa luta fratricida: "a Grécia inteira vacila (…) (são os pretendentes) que triunfam: Filipe, de início (…), Alexandre, que a joga no imenso Oriente, onde ela se perde;[86] depois, seus indignos sucessores, que a estraçalham; e, finalmente, Roma, que, após ter jogado com ela durante algum tempo, a mata em um dia".[87]

Esparta, Filipe, Alexandre, os Diádocos e Roma, uma galeria de pretendentes que se precipitaram sobre a herança ateniense. Esta visão brusca parece com a visão constituída por Duruy e pela historiografia liberal sobre o período helenístico. Quando se entra na discussão que ele propõe sobre a conquista macedônica, sobre a formação dos reinos helenísticos e a intervenção de Roma, quais são as linhas de força de sua análise?

Alexandre aparece, antes de mais nada, como um grande chefe de empresa e um comerciante, digno de rivalizar com os atores da revolução industrial, promovidos por Napoleão III. Entre as "grandes coisas" que ele teria feito, se lhe fosse dado tempo, figuram:

O comércio, laço de nações, desenvolvido a uma escala imensa e tendo diante de si as rotas novas ou pacificadas que Alexandre lhe abriu, os portos, os canteiros (…);
A indústria vivamente solicitada por seus imensos tesouros, outrora estéreis, agora postos em circulação pela mão pródiga do conquistador.[88]

Nisso, Alexandre não é, porém, nem um político nem um civilizador. É impossível, sublinha Duruy, concordar com a *Geschichte Alexanders der Grossen*, obra muito importante, mas demasiadamente favorável a Alexandre", e é melhor apegar-se a um ceticismo crítico:

---

84   V. Duruy, *Histoire des Grecs*, 1874, vol. 2, p. 554.

85   V. Duruy, *Histoire des Grecs*, 1874, vol. 2, p. 292, nota 1.

86   Reencontramos, aqui, a tese do historiador inglês para quem, com Alexandre, não se trata mais de história da Grécia.

87   V. Duruy, *Histoire des Grecs*, 1874, Prefácio, p. XVI.

88   V. Duruy, *Histoire des Grecs*, 1874, vol. 2, p. 338.

32   Francisco Murari Pires (org.)

Mas o que teria ele dado ao universo dominado? Ninguém o sabe; provavelmente, a uniformidade da servidão em meio a uma grande prosperidade material. Eu imagino perfeitamente, em uma das mãos do conquistador, a terrível espada à qual ninguém resiste; não vejo, na outra, as ideias que é necessário semear na trincheira aberta pela guerra para escondê-la sob uma rica colheita (...) A que deu origem esta civilização helênica transportada por ele ao coração do Oriente? Enfraquecido por força de se estender e privado do sopro vivificador da liberdade, o espírito grego não carrega mais, em sua nova pátria, como poesia e arte, esses frutos (...) que ele havia tão liberalmente dado ao sopé do Hymeto e do Parnaso.[89]

Duruy é mais atento do que Grote à complexidade dos tempos helenísticos. Ele se mostra como leitor seja de Arriano seja de Plutarco, como historiador seja do conquistador estrategista seja do civilizador. Mas com o tempo dos Diádocos e a instalação dos reinos, até o advento de Antígono Gônatas e a morte de Pirro, a aura de Alexandre desaparece e o julgamento é, ao mesmo tempo, mais tradicional e mais decidido. O sentido da história é o da decadência:

A expedição de Alexandre e as rivalidades entre seus sucessores foram, portanto, apenas um interregno glorioso e, depois, sangrento. A situação volta a ser o que tinha sido um século antes, em 359; no entanto, falta a geração patriota, orgulhosa e brava, que a Grécia ostentava antes de Queroneia, e sobra uma corrupção dos costumes, um enfraquecimento dos caracteres, um esgotamento da grande vida política e intelectual que marca uma irremediável decadência.[90]

Duruy mostra-se preocupado em analisar, para cada momento e cada dossiê da história da época helenística, as duas constantes do díptico: conquista e influências culturais, assim como suas interferências. Diferentemente da ação de Alexandre, o balanço da herança dos Diádocos é mais profundamente negativo, como se, à medida que nos distanciamos da Atenas de Péricles, o helenismo perdesse toda sua força:

O Helenismo imposto por Alexandre à Babilônia, pelos Selêucidas na Síria, pelos Ptolomeus na nova capital, asfixia a antiga civilização dos vales do Eufrates e do Nilo. Graças a ele, é verdade, a Ásia menor e o Egito cobrem-se de cidades novas ou de velhas cidades exumadas de suas ruínas, algumas das quais se situaram entre as mais célebres do mundo, tais como Esmirna, Éfeso, Mileto, Selêucia, Antioquia, Pérgamo e a Alexandria egípcia. Aí, os gregos continuaram, pela arte e pela ciência, como discípulos dos velhos mestres, a obra da pátria-mãe, sem criar uma segunda Hélade.

---

89   V. Duruy, *Histoire des Grecs*, 1874, vol. 2, p. 339.

90   V. Duruy, *Histoire des Grecs*, 1874, vol. 2, p. 394.

Antigos e modernos 33

O comércio, a indústria, o luxo e, sobretudo, a lassidão e o prazer reinaram nessas cidades; mas, durante dois ou três séculos, nada de poderoso, de glorioso derivou delas (...); e toda essa prosperidade, que Roma herda, não valeu para o mundo tanto quanto alguns dias da vida de Atenas no tempo de Péricles.[91]

O tempo e o raciocínio históricos retraem-se sobre o helenismo clássico. De Atenas a Atenas, é como se nada tivesse acontecido. Mas é preciso notar que o último ator da aventura helenística, Roma, é introduzido como herdeiro desse nada, de uma "prosperidade" invertida. De fato, Roma é apresentada como "a cidade do gládio", que não pára de empregar "esta palavra enganosa, a liberdade dos povos".[92] Mesmo a proclamação de Flamínio, em 196 a.C., não encontra receptividade aos olhos de Duruy: "os romanos queriam parecer libertadores, e os gregos se prestavam a esta ilusão. Mostrando sua superioridade pelas armas, em Pidna e, depois, em 146, Roma retira a máscara de falsa candura" que havia vestido e "anun[cia] à Grécia e ao mundo o fim da dominação macedônica".[93] Sua dominação, contrariamente à de Alexandre e dos Diádocos, não pode apoiar-se sobre nenhuma lembrança de helenismo; ela é puro exercício de força, mal dissimulado aqui e ali por uma falsa aparência de generosidade que faria acreditar que a conquista traz também a verdadeira liberdade.[94] A realidade é bem diferente: a analogia com o presente é ainda a mais segura das provas. Quando, depois de Pidna, entre 167 e 150 a.C., o grego Calícrates aplica, no interior da Liga Aqueia, as ordens de Roma, isto significa dizer que os gregos encontram-se como súditos, os dominados no seio do império colonial inglês:

Deixar aos países vencidos ou submetidos à influência romana os seus chefes nacionais, governar pelos autóctones, como os ingleses o fazem na Índia, foi uma das máximas mais felizes da política romana. Contentes por esta aparente independência, por estas *liberdades municipais* que combinam tão bem com o despotismo político, os povos caíam sem ruído, sem estalido, na condição de súdito e o Senado os tinha completamente moldado ao jugo.[95]

---

91   V. Duruy, *Histoire des Grecs*, 1874, vol. 2, p. 556.

92   V. Duruy, *Histoire des Grecs*, tomo III, 1889, p. 487-488.

93   *Ibid.*, p. 488, 536-540.

94   Os mais lúcidos dos gregos, principalmente as grandes figuras da Liga Aquéia, Filopoemo e Lycortas, não se enganam, porém, a este respeito. Duruy relembra o argumento do primeiro: "Eu sei que virá um tempo em que seremos todos súditos de Roma", e as palavras do segundo: "Eu sei que nós estamos aqui como escravos que se justificam diante de seus senhores" (*Ibid.*, p. 544).

95   V. Duruy, *Histoire des Grecs*, tomo III, 1889, p. 545.

34   Francisco Murari Pires (org.)

A metáfora do jugo, utilizada desde Heródoto a propósito do comportamento dos orientais submissos a uma autoridade política, passa para os gregos, como se eles tivessem sofrido a influência "desse Oriente tão rico e corrompido"[96] no momento das conquistas de Alexandre.

4. A última figura da historiografia da época helenística que eu evocarei é muito menos conhecida. Duas razões convidam, entretanto, a levar em consideração a obra mais importante que Gustav Friedrich Hertzberg (1826-1907) consagrou à Antiguidade, uma vasta *Histoire de la Grèce sous la domination des Romains*, editada em três volumes, entre 1866 e 1875.[97] A primeira razão é o fato de que Hertzberg é o terceiro historiador que Auguste Bouché-Leclercq toma a iniciativa de traduzir, após Curtius, para a época arcaica e clássica, e Droysen, para o período helenístico. Assim, a historiografia alemã da Grécia antiga – este "impossível modelo alemão"[98] – passa a ser acessível ao público francês, para um período que cobre desde a guerra de Tróia até Justiniano, no século VI da nossa era. A segunda razão é Hertzberg colocar-se explicitamente na continuidade de Droysen. Embora sua obra comece em 194 a.C., com "o fim da luta entre Flamínio e o rei Filipe V, da Macedônia", sua introdução de oitenta páginas "vincula-se – explica ele em seu Prefácio – imediatamente ao fim do terceiro volume da *História do Helenismo* de Droysen".[99]

Desde 1860, Hertzberg é professor na universidade de Halle, refundada logo após a universidade de Berlim. Sua obra de historiador da Antiguidade, consagrada, desde sua tese de doutorado, à história da Grécia romana e imperial[100], não tem a amplidão de visão que se reconhece nas obras de Curtius e de Droysen. Mas seu interesse no plano historiográfico provém do fato de que – sobre a questão das relações entre a Grécia e

---

96   *Ibid.*, p. 452.

97   G. F. Hertzberg, *Die Geschichte Griechenlands unter der Herrschaft der Römer*, Halle, Buchhandlung des Waisenhauses, 3 vol., 1866-1875; vol. 1: *Von Flamininus bis auf Augustus*, 1866, XII-540 p.; vol. 2: *Von Augustus bis auf Septimus Severus*, 1868, VI-535 p.; vol. 3: *Von Septimus Sevenrus bis auf Justinian I – Der Untergang des Hellenismus und Universität Athen*, 1875, VIII-571 p.; trad. francesa sob a direção de A. Bouché-Leclercq: *Histoire de la Grèce sous la domination des Romains*, Paris, Leroux, 3 vol., 1887-1890; vol. I: De la conquête au règne d'Auguste, XVI-494; II: D'Auguste à Septime Sévère, II-528 p.; III: L'université d'Athènes, II-626 p.

98   Título da primeira parte do livro de Christophe Charle, *La république des universitaires (1870-1940)*, Paris, Seuil, 1994, p. 21-131.

99   G. F. Hertzberg, *Histoire de la Grèce sous la domination des Romains*, tomo I, Prefácio, p. XV, e p. 87, 89.

100   Em 1851, ele defende uma tese de habilitação na universidade de Halle: *De rebus Graecorum inde ab Achaici foederis interitu usque ad Antoninorum aetatem.*

uma potência dominante, Roma – ele retoma as teses e as problemáticas de seus grandes contemporâneos, Droysen, Mommsen, Peter.

Desde as primeiras palavras de sua obra, Hertzberg mostra-se fiel ao programa e às hipóteses de Droysen, de quem ele assegura a continuação, do mesmo modo que Xenofonte completa e prolonga a narrativa de Tucídides. Reencontramos o mesmo díptico interpretativo: "É verdade que o poderoso filho de Filipe da Macedônia havia conquistado, em grande parte com as forças da Grécia e as armas da civilização helênica, o mundo oriental"[101]. De um lado, é em termos de civilização, de cultura, que os gregos estenderam sua influência, mas, de outro, Hertzberg é obrigado a reconhecer que "essas forças consideráveis estavam apenas a serviço de interesses estrangeiros"; a história da civilização grega não coincidia mais, em grande parte, com a história da Grécia; o centro político do mundo helênico, durante todo o período tão agitado que transcorreu desde Alexandre, o Grande, não estava mais na velha Grécia.[102] É verdade que a hipótese de Droysen é posta à prova, mas sua tese não é mantida: o helenismo não triunfou sobre o conjunto das terras conquistadas por Alexandre.

Isto se deve ao fato de que o historiador observa os tempos helenísticos a partir do fenômeno da conquista romana. É verdade que os reinos antigônida, selêucida, lágida, a formação da Liga Eólica e da Liga Aqueia são rapidamente descritos como as peças matrizes da renovação da Grécia no século III, mas tudo, a partir de 196-194 a.C., é subordinado à diplomacia e ao jogo político de Roma; tudo é analisado a partir do *telos* da batalha de Actium, quer dizer, da transformação em províncias. A época helenística não é nem aquela da Grécia nem aquela dos reinos; ela é a cena da conquista romana, de sua extensão e de um jogo político e diplomático que visa a fragmentar os Estados gregos:

> Em uma palavra, os romanos libertadores não se preocupavam em considerar que a independência dos helenos fosse tão grande que estes últimos pudessem ter a ideia de utilizá-la, quando se apresentasse a oportunidade, contra a própria Roma. Daí decorre que os romanos (…) absolutamente não favoreciam uma extensão considerável dos Estados gregos confederados mais vigorosos da época em direção às regiões tomadas da potência macedônica Daí decorre também que a política romana na Grécia favorecia bem mais a autonomia de numerosos pequenos Estados e de ligas cantonais – que, apesar de toda sua liberdade, apoiavam-se, em função do sentimento de sua fraqueza material, na política itálica, sua protetora – que a formação de poderosos Estados militares.[103]

---

101 G. F. Hertzberg, *Histoire de la Grèce*, tomo I, p. 1.

102 *Ibid.*, p. 1-2.

103 *Ibid.*, p. 93.

36   Francisco Murari Pires (org.)

O ponto de vista adotado por Hertzberg não é, no geral, distante do de Políbio: sem concessão em relação a Roma, da qual ele sublinha a "terrível dureza" no tratamento infligido à Macedônia após Pidna ou a Corinto por ocasião da guerra aqueia; por outro lado, sem comiseração do vencido em relação aos gregos.[104] É verdade que, evocando o fim "lamentável" da "*esplêndida* Corinto", que "perece (...) sob os golpes dos *conquistadores romanos*", Hertzberg permanece fiel ao díptico conquista/cultura como instrumento de análise, mas ele retorna *in fine* aos dados imediatos da política romana confrontada com a pequenez dos gregos aprisionados pelas divisões, "as paixões mais vulgares, os interesses mais mesquinhos": "Esta última guerra dos helenos fica bem abaixo de todas as outras guerras de independência de sua própria história".[105] Esta preocupação não é distante da analogia tecida entre passado e presente, e apreendida como uma das modalidades da operação historiográfica. Para Hertzberg, com efeito, os vícios e defeitos dos gregos teriam tido menos incidência "desastrosa sobre a vida política da Grécia se ela fosse um Estado homogêneo ou, pelo menos, uma confederação solidamente constituída".[106] Esta é também a alternativa que se apresenta, depois do Congresso de Viena (1814-1815), aos alemães contemporâneos do historiador: seja um grande Estado alemão confundido com a Áustria dos Hohenzollern (a "grande Alemanha"), seja uma confederação dominada pela Prússia (a "pequena Alemanha"), encarnada na política de Bismarck.

Conclusão

Este percurso na historiografia dos Antigos e Modernos, a propósito de como narrar a conquista, conduz a lembrar que, em seu trabalho, o historiador ombreia incessantemente as regiões perigosas da analogia e do anacronismo. Perigosas mas fecundas, pois somente elas permitem explorar o jogo das trocas de problemas e das questões cruzadas entre o passado e o presente. Nós jamais teríamos chegado a uma compreensão renovada dos tempos posteriores a Alexandre se a historiografia do século XIX não tivesse associado às aquisições mais recentes das ciências da Antiguidade de então os questionamentos derivados da atualidade política: problema da constituição dos Estados Nacionais e questão da unidade, das relações entre modo de dominação e consequências culturais a longo termo.

O estudo da época helenística, desde as conquistas de Alexandre e em função das intenções e do sentido atribuído à sua ação, põe em jogo as relações entre Oriente e

---

104 *Ibid.*, p. 224-225 (sobre Políbio); 189-192 (Pidna); 252-257 (guerra da Aqueia).

105 *Ibid.*, p. 260.

106 *Ibid.*, p. 98 e 105 (citação).

Antigos e modernos   37

Ocidente, entre colonizadores e colonizados. É por isso que ela conduziu a historiografia europeia do século XIX a interpretar este período em duas direções complementares: de um lado, como o campo de exploração das relações entre si e o estrangeiro, em uma via que será alargada pela antropologia; de outro lado, como o laboratório de suas próprias experiências políticas. Questões ainda abertas para o presente.

O Direito e os costumes

um exame comparativo
(Montaigne, Hotman e Pasquier)

Luiz Costa Lima (PUC-RJ)

A Ricardo Benzaquen

1. A modo de introdução

Alguns fatos são indiscutíveis: embora dissesse que "a história é minha seara" (I, XXVI, 218 (146)[1] e o comprovasse pelas citações, ora mais ora menos frequentes, de Amiano Marcelino, Flávio Josefo, Heródoto, Júlio César, Suetônio, Tácito, Tito Lívio, estendendo-as a Guicciardini e Maquiavel, Montaigne, em nenhum de seus 102 ensaios deu a entender que pretendesse fazer história; o que não o impedia de usar como mais abundante matéria-prima historietas e relatos. Mas o indiscutível logo se torna embaraçoso: como explicar que, havendo sido contemporâneo de um movimento historiográfico saliente na França e amigo íntimo de um de seus mais ilustres representantes, Étienne Pasquier, de seus membros só haja se referido, e de passagem, a Jean Bodin (1529? -1596)? A questão parece ainda mais intrigante se se considera que, mesmo em um colóquio recente dedicado ao tema (*Montaigne et l'histoire*, 1989), ela sequer é levantada, embora o responsável por sua organização, Claude-Gilbert Dubois, seja conhecido pelo extenso *La Conception de l'histoire en France au XVIe siècle* (1977).

---

[1] Os números em romano referem-se ao Livro e ao ensaio citado; seguem-se em arábico as indicações da página em tradução e, entre parênteses, a do original. Utilizamos a edição de Pierre Villey (*Les Essais*, três volumes, PUF, Paris, 1988) e, salvo pequenas mudanças, a tradução de Rosemary Costhek Abílio (*Os Ensaios*, três volumes, Martins Fontes, São Paulo, 2000).

40   Francisco Murari Pires (org.)

Não podendo responder pelos participantes do colóquio,[2] nos contentemos com o testemunho mudo dos *Essais*, comparando seu andamento com o que fizeram François Hotman (1524 – 1590) e Étienne Pasquier (1529 –1615).

Será ainda oportuno recordar que, no fim do século XVI, os *Essais* não eram reconhecidos como pertencentes a um gênero específico, senão que eram vistos como próximos da carta e das reflexões ético-filosóficas dos renascentistas, e que sua exploração da subjetividade autoral ou causava estranheza a Pasquier – "jamais li um autor que se estimasse tanto quanto ele" –, que, ademais, escusava a maior insistência do amigo em detalhar sua vida pessoal, no Livro III, "à liberdade de sua velhice, quando a compôs" (Pasquier, É.: 1619, 1210) ou simplesmente essa exploração da subjetividade passava despercebida, enquanto, em troca, se ressaltavam seus regionalismos bretãos (ainda Pasquier) e sua diferenciação estilística, manifestada, por exemplo, no uso da citação: "Aos olhos de Camus, de Pasquier, de Baudius e de Gournay (…) a originalidade de Montaigne reside na maneira como soube confundir fontes e texto, em sua invenção de uma arte orgânica e revolucionária da citação (…)" (Brody, J.: 1982, 25-6). Não seria por isso cabível explicar a falta de interesse dos especialistas de hoje em Montaigne em aproximá-lo daqueles seus contemporaneos[3] pela alegação – por mais débil que ela seja – de que o autor dos *Essais* e estes contemporâneos se inscreviam em campos discursivos diferentes. Por certo, já seus primeiros comentadores – entre os quais se incluía sua filha natural, Mlle. de Gournay – compreendiam que Montaigne se punha à parte, porém mesmo à parte do que, *grosso modo*, corresponderia ao que veio a se chamar "literatura". Assim não caberia a ausência de aproximação entre eles por uma questão de especialidade. De um ponto de vista histórico, a explicação mais plausível está no descaso que vitimou a *escola histórica do direito*, por consequência do ceticismo pirronista do século XVII. Ante o avanço das ciências da natureza e da promoção epistemológica da razão geométrica cartesiana, a indagação histórica veio a ser desconsiderada pela incerteza de seus resultados. Basta lembrar o começo do *Discours de la méthode*, em que, com elegância porém não menor desprezo, Descartes declarava a inutilidade da aprendizagem de línguas, a leitura dos livros antigos, de suas histórias e suas fábulas. A isso se acrescenta, em termos atuais, a lentidão com que a história da historiografia tem recuperado os Budé, os Dumoulin, os Hotman e Étienne Pasquier.

---

2   É ainda mais intrigante verificar que a exploração das obras dos participantes da chamada escola histórica francesa do direito tem-se reservado a pesquisadores da história da historiografia de língua inglesa (Donald Kelley, J. G. A. Pocock, George Huppert).

3   A frase poderia se restringir aos historiadores da historiografia. Não o fazemos porque não é nada estranho que só se interessem por seu estrito objeto.

Para verificarmos qual a validade da comparação, o caminho será simples: destacaremos, nos *Essais*, os itens sobre a prática do direito porque são os que melhor se prestam à comparação com os citados contemporâneos, empenhados em desembaraçar a história do direito na França de uma derivação direta da lei escrita romana, substituindo-a pela relevância dos costumes da antiga Gália. Isso feito, viremos ao papel desempenhado por Lorenzo Valla (1407 – 1457), o humanista italiano que abrira o caminho para a pesquisa filológica dos textos da Antiguidade e, daí, ao estudo de Hottman e Pasquier. Só então, estando os dados lançados, poderemos extrair algumas conclusões.

2. Valla, um antecedente

Lorenzo Valla integra-se ao grupo dos estudiosos das várias cidades-estados italianas que, a partir do *Trecento*, se dedicava à redescoberta dos textos antigos, primeiro latinos, e, depois, também gregos. Mais precisamente ao "humanismo cívico", que encontrara seu primeiro grande marco no florentino Coluccio Salutati (1331 – 1406). Distinguia-se porém por seu apego à filologia, particularmente necessário pela condição de calamidade em que haviam sido transmitidos os manuscritos dos antigos. Entretanto, mesmo porque, para Valla, a filologia tinha uma função pública, política, cívica, seu estudo implicava não só o destaque da gramática como sua função retórica. Tal desdobramento o levaria ao estudo do direito romano, que o converteria em "um dos pais fundadores da erudição histórica moderna" (Kelley, D. R.: 1970, 39). É nesta condição que seus trabalhos ecoam e se desenvolvem no século XVI francês. O que não impede que a expressão *founding father* perca seu caráter unanimente positivo pela ênfase que Valla concedia ao retórico. É o que bem mostra a constituição de seu texto mais conhecido, *A Doação de Constantino* [*Declamatio de falso credita et ementita donatione Constantini* (1440)].

Justamente considerado "a fraude mais famosa na história europeia" (Coleman, C.: 1922, 1), Valla propunha-se demonstrar que a doação pelo imperador romano ao papa Silvestre dos territórios do Vaticano não passava de uma adulteração grosseira. Seu argumento é divisível em duas partes: (a) de ordem retórica, (b) de cunho filológico. Em (a), Valla procura mostrar como seria absolutamente inverossímil que Constantino, por haver se convertido ao cristianismo e de ter sido curado da lepra por Silvestre, houvesse transferido seu poder material na Itália e nas províncias romanas do Ocidente, junto com suas insígnias de soberano. Para que se perceba o calor retórico com que a fraude é denunciada, transcreve-se passagem de início:

> (…) Não parecem mentes vis e ignóbeis aquelas que supõem que Constantino abandonou a melhor parte de seu império? Nada digo de Roma, da Itália e do resto, mas as Gálias onde ele combateu em pessoa, onde, por longo tempo, fora o único mestre, e em que lançara as bases de sua glória e de seu

42   Francisco Murari Pires (org.)

império! Um homem que, sedento de domínio, lutara contra nações e, atacando amigos e parentes, numa guerra civil, deles tomara o governo, que tivera de lidar com os remanescentes de uma facção rival, ainda não de todo dominada, e os arrasara; que combatera contra muitas nações não só por inclinação e na esperança de fama e império mas pela própria necessidade pois os bárbaros o molestavam a cada dia; que tinha muitos filhos, parentes e aliados; que sabia que o Senado e o povo romano opor-se-iam a esse ato; que conhecera a instabilidade das nações conquistadas e suas rebelião ante quase cada mudança do soberano romano; que recordava que, conforme a maneira de outros Césares, chegara ao poder não pela escolha do Senado e o consentimento da populaça, mas pelo braço das armas; que causa poderia haver tão poderosa e urgente que ignorasse tudo isso e preferisse exibir tal prodigalidade? (Valla, L.: 1440, 33)

A veemência da denúncia demonstra com nitidez que a retórica ali não se mostrava apenas por respeito filológico à Antiguidade. Valla não pretendia competir com os dramaturgos: sua *Declamatio* foi escrita enquanto era secretário de Alfonso, rei de Aragón, da Sicília e de Nápoles, podendo, pois, "ser considerado parte da campanha que aquele rei conduzia contra o papa Eugênio IV, em favor de sua reivindicação por territórios italianos" (Coleman, C.B.: 1922, 4). Mas o libelo apenas começava. Se a decisão de Constantino por si já não era crível, o seria que contra ela se levantassem o Senado e o povo? Assim como o primeiro argumento, Valla não se limita a enunciá-lo, senão que o prolonga por páginas. Mas sua incisividade conclamatória caberia em uma única frase de um hipotético representante do povo: "Como veio-lhe à cabeça tomar tais liberdades com o Império romano, que foi construído não com o seu sangue mas sim com o nosso?" (Valla, L.: idem, 41). Mas tampouco aí concluiria o inacreditável da doação. O mero bom senso diria que o próprio papa teria reagido: aceitar o que lhe seria oferecido "macularia e anularia por completo minha honra, pureza e santidade e a de todos meus sucessores", além de significar a traição das palavras de Cristo: "Quando o Senhor Jesus Cristo, Deus e homem, rei e sacerdote, afirmou-se a si mesmo rei, escuta de que reino falava: Meu reino, disse ele, não é deste mundo; se meu reino fosse deste mundo, meus súditos teriam recorrido às armas" (ibidem, 49, 55).

O fato de a passagem assumir um clima espiritual não modificava o teor retórico da peça; a reação de Silvestre se estende por outras tantas páginas. Admita-se que toda essa verve não era apenas o "consumo conspícuo" de um humanista vaidoso de seu latim. É mesmo legítimo pensar que Valla subordinava a denúncia da fraude ao ataque à política pontifícia, peça então decisiva tanto na luta de uma cidade-estado contra outra, quanto na disputa que Espanha e França travavam pelo domínio da Itália. Enquanto personagem, Silvestre declara o que seria inconcebível em um pontífice renascentista:

Antigos e modernos   43

Ainda mais, [ao aceitar o que Constantino lhe ofereceria] deveria ter de usar de minha autoridade para derramar sangue, na punição de agressores, em travar guerras, em saquear cidades, em devastar países com ferro e fogo. De outro modo, não poderia provavelmente manter o que me destes. E, se assim fizesse, seria um sacerdote, um pontífice, um vigário de Cristo? (...) Não cumpra o papel do diabo quanto a mim , ordenando a Cristo, ou seja, a mim, que aceite os reinos do mundo em tuas mãos. Pois antes prefiro desprezá-los do que os possuir. (ib., 57, 59)

As razões atribuídas a Constantino, ao Senado romano, ao povo e ao papa, embora bem evidentes, cobrem cerca de 20 páginas do texto que consulto. Outras 60 serão necessárias para completar o arrazoado. Esgotada a guerra apenas retórica, Valla agora se vale de uma razão formal-jurídica: uma doação de tamanha monta não se faria sem um cerimonial preciso: entre as aclamações dos cidadãos romanos e sem que o novo imperador fosse posto em um trono de ouro, diante do Senado, sem o uso, na transmissão da posse, das palavras *tradere et accipere* (dar e receber) e sem a substituição dos antigos magistrados (ib., 62, 64). "A posse, comentava Valla, não é transferida quando permanece nas mãos daqueles que a tinham e o novo senhor não ousa removê-los" (ib., 64). Se a história, portanto, não registra nenhum desses atos formais, ainda que a doação houvesse se cumprido, seria ineficaz, porque Silvestre não a teria aceito. Noutras palavras, o argumento jurídico invocado vinculava-se indissoluvelmente aos costumes imperiais. Ao acentuá-lo, Valla abandonava o teatro retórico e fundava seu argumento na ausência dos usos e costumes vigentes, na antiga Roma, em situação semelhante. É a partir daí que seu raciocínio irá se basear em motivos puramente filológicos. No texto da *Doação*, se lia:

Juntos com nossos sátrapas, todo o Senado e meus nobres, e também com todo o povo sujeito ao governo da Roma gloriosa, consideramos aconselhável que, assim como o bem-aventurado Pedro foi constituído vigário de Deus na terra, assim também os pontífices, representativos daquele mesmo chefe dos apóstolos, receba de nós e de nosso império o poder de uma supremacia maior do que a clemência de nossa serenidade imperial terrena é passível de concedê-la, escolhendo aquele mesmo chefe dos apóstolos e de seus vigários para que sejam nossos constantes intercessores junto a Deus. (Valla, L.: 1440, 13)

Em seu comentário, Valla se perguntava: "Assim falavam os Césares? Os decretos romanos eram assim rascunhados? Quem jamais ouviu falar de sátrapas sendo mencionados nos conselhos dos romanos?" (idem, 85). [O editor do texto que lemos observa que o termo "sátrapa" veio a designar os altos funcionários em Roma apenas na metade do século VIII [Coleman, C. B.: 1922, nota 3, 85], data provável da falsificação]. Valla então acumula o emprego de barbarismos – *optimates* (nobres), *Romanae ecclesiae subiacens*

44   Francisco Murari Pires (org.)

(súditos da Igreja romana) – que não passariam de historicamente absurdos (cf. 86), assim como designar os pontífices de *vicarious Petri* dá a entender, por seu latim defeituoso, ou que Pedro estivesse vivo ou que Silvestre teria uma dignidade menor (cf. 90). A análise desce a minúcias como a de Constantino "imitar a linguagem das Sagradas Escrituras, às quais não lera" (ib., 72); para não falar em ser tão grosseira a fraude que chegava ao ponto de errar na própria localização da cidade que o imperador pretendia construir, em substituição a Roma, como nova sede do Império; em nomear-se a si próprio de *rex*, quando era *imperator*, em referir-se a *phrigium* (tiara), termo que jamais se ouvira em latim, e em chamar o pontífice de *papa*, quando a palavra ainda não era usada como título distintivo.

Pode-se entender que a parte propriamente filológica fosse guardada para o fim do texto porque ele não se destinava a circular apenas entre os eruditos. Isso não impugna a observação de G. Antonazzi: "(…) A *Declamatio* propõe um esquema incisivo e criticamente incontestável, mas o desenvolvimento se distancia da severidade da indagação filológica e histórica ao ponto de, na verdade, às vezes chegar à vulgaridade do libelo" (Antonazzi, G.: 1985, 75). Assim sucederia porque o autor partilharia do "pessimismo ateu", que o tornava precursor de Maquiavel ou pelo "laicismo do pensamento político" (idem, 76) (Ambas as qualificações apenas mostram como o texto de Valla continua a despertar paixões políticas.) De todo modo, nosso interesse na *Declamatio* se resume em mostrar que a lição de Valla, com sua evidente aplicação da filologia ao campo da política, seria ouvida pela escola histórica do direito. Em suma, do exame de seu texto ressalta a comprovação de que seu saber filológico o capacitava para distinguir o latim imperial de seu uso medieval, bem como seu conhecimento da correlação entre o princípio jurídico da transmissão do poder em Roma com o costume ritual com que era cumprido. É sua competência filológico-histórica que passará aos historiadores do século XVI. O mesmo não se dá quanto a seu gosto pelo retórica altissonante – no que não tinha nada a ver com Maquiavel. Pois, na passagem de Valla para os historiadores franceses do século XVI, os vetores que privilegiava mudavam de peso – enquanto a filologia continuava a ser uma aliada indispensável (cf. Kelley, D. R.: 1970, 28), seu romanismo extremo e sua apologia da retórica eram, progressivamente, postos de lado. Assim sucedia fosse porque se reconhecia o engano dos humanistas em cogitar na restauração da extinta sociedade imperial romana, fosse porque o papel que a retórica desempenhava nas pequenas cortes italianas já em nada se comparava à função que a história deveria desempenhar no centralismo absolutista francês, às voltas com o conflito religioso que atravessaria o século. A distinção entre o que se mantém ou se apaga, na travessia dos Alpes, nos leva a acentuar que, em toda a discussão a ser aqui desenvolvida, quatro são as variáveis decisivas: direito –

Antigos e modernos   45

indagação filológica – embasamento historiográfico – opção religiosa. Nelas, basear-se-á toda a argumentação.

3. Montaigne: a história e os costumes

> Há autores cujo objetivo é relatar os acontecimentos. O meu, se o conseguisse, seria falar sobre o que pode acontecer. Com toda razão, é permitido às escolas supor similitudes, que não existem. Eu entretanto não faço assim, e desse lado ultrapasso em escrúpulo toda fidelidade histórica. Nos exemplos que aqui trago daquilo que ouvi, fiz ou disse, proibi-me de alterar até as mais frívolas e inúteis circunstâncias. Minha consciência não falsifica um *a*; a minha ciência, não sei. [Montaigne: I, XXI, 157 (105-6)]

Será preciso demasiado cuidado para que aí não se veja uma contradição: ao passo que alguns optam por declarar o que houve, seu propósito seria dizer o que poderia suce-der. Mas a condicional intercalada – *si j'y sçavoye advenir* – indica que isso é impraticável. A seguir, referindo-se a um âmbito mais geral – *il est justement permis aux escholes de supposer des similitudes* – acentua sua proximidade com aqueles de que a primeira frase indicava divergir. A exploração das semelhanças entre os acontecimentos pressupõe uma homogeneidade na conduta humana, i.e., do ponto de vista da história, uma história potencialmente exemplar. Adverso à adequação de qualquer exemplaridade (cf. Costa Lima, L.: 2005, espec. 47-9), Montaigne afasta-se de seu modelo. E, com isso, da história retórica. Para ficarmos com um caso à mão: no exemplo da doação de Constantino, Mon-taigne acataria as provas filológicas da fraude, mas não consideraria suficientes as razões de sua incredibilidade pelos argumentos que Valla emprestava fosse ao imperador, fosse ao pontífice. Ao proibir-se, no relato de um fato, acrescentar a mais frívola circunstância, Montaigne, voluntária/involuntariamente, *aproximava a prática da história que preferia da exercida pelos contemporâneos a seguir examinados.*

O segundo destaque complementa o que o anterior declarava sobre sua história ideal:

> (…) Que meu guia se lembre do que visa sua missão; e não inculque tanto em seu discípulo a data de destruição de Cartago quanto os costumes de Aníbal e de Cipião, nem tanto o local onde morreu Marcelo quanto que lá morreu porque foi indigno de seu dever. Que não lhe ensine tanto as histórias quanto a julgar sobre elas. [I, XXVI, 234 (156)]

A história "simples" não se confunde com a história factual. Aquela não tem por lastro nem a semelhança, nem a mera pontualidade. Tal particularidade tem uma dimensão interior, que precisa ser interpretada. Em termos da comparação: não bastará assinalar

46   Francisco Murari Pires (org.)

que os costumes vigentes na antiga Gália davam outro respaldo às práticas jurídicas francesas, respaldo não fornecido pelo Código Justiniano. Ao afirmá-lo, não pretendemos
mais do que assinalar a correspondência entre o enunciado montaigniano e o exercício
historiográfico de contemporâneos seus.

No conhecido "Des Cannibales", Montaigne faz o elogio do homem comum que lhe
serve de informante, contrasta-o com o que é frequente entre os historiadores e descreve
as condições por que, para ele, é o mais apropriado:

> Este homem que eu tinha comigo era homem simples e grosseiro, o que é uma condição própria
> para dar testemunho verdadeiro; pois as pessoas finas observam muito mais cuidadosamente e
> mais coisas, porém as glosam; e, para fazerem valer sua interpretação e torná-la convincente, não
> conseguem evitar de alterar um pouco a História: nunca vos apresentam as coisas puras, curvam-
> nas e mascaram-nas de acordo com a feição que lhes viram; e, para dar crédito a seu raciocínio
> e atrair-vos para ele, facilmente forçam o material para esse lado, esticam-na e largam-na. Ou é
> preciso um homem muito confiável ou tão simples que não tenha com que construir invenções
> falsas e dar-lhes verossimilhança. [(I,XXXI, 306-7 (205)]

A frase imediatamente seguinte à transcrição – *et qui n'ait rien espousé* (e que não
tenha nenhum preconceito) – separa o historiador ideal montaigniano da condição humana. Sua declarada admiração pelos historiadores compreendia uma reserva capital,
que se manifestava diante da guerra religiosa que a França conhecia. Como supor que seu
historiador não tomasse partido e que sua opção não interferisse na interpretação de seu
objeto? Se a retórica dos humanistas italianos já se mostrava um peso para o historiador,
como supor que ele fosse menor que sua escolha entre católicos e huguenotes? Alegue-se
que nem todos se engajam na opção religiosa. Se em Hotman ela é indisfarçável, em
Pasquier, o simples fato de estar integrado ao serviço real não bastava para saber-se em
qual partido se encontrava. Assim se explica que tenhamos escolhido os dois para este
exame comparativo com os *Essais*.

> Nunca houve tantos historiadores. É sempre bom e útil ouvi-los, pois nos fornecem do depósito
> de sua memória um grande número de ensinamentos belos e louváveis; grande parte, certamente,
> em benefício da vida; mas agora não estamos buscando isso; estamos indagando se tais narradores
> e armazenadores são mesmos louváveis. [III, VIII, 218 (931)]

A passagem é menos relevante. Poderia até, a exemplo de outras, ser excluída. Mesmo
sem acentuar a provável ironia ante as *belles instructions* que fornecem, a selecionamos
pelo reconhecimento de ser então grande o número dos historiadores. Implicitamente,

Antigos e modernos   47

estaremos nos perguntando: se assim sucedia, por que sequer seus nomes aparecem nos *Essais*, se, ademais, declara serem *louables eux mesme*? Ou o qualificativo deveria ser entendido como antífrase?

Já a reflexão sobre Tácito não se presta a um entendimento de todo seguro. Transcrevo seu princípio:

> Acabo de percorrer de uma assentada a história de Tácito (…). Não sei de outro autor que acrescente a um registro público tanta análise dos hábitos e inclinações particulares. E me parece o contrário do que parece a ele, que, tendo para seguir especialmente as vidas dos imperadores de seu tempo, tão estranhas e extremas em toda espécie de atitudes, tantas ações notáveis que principalmente sua crueldade produziu em seus súditos, tinha um material mais forte e atraente para discorrer e narrar do que se tivesse de falar das batalhas e agitações gerais; tanto que amiúde o acho árido, passando por cima daquelas belas mortes como se temesse fatigar-nos com seu imenso número e extensão. Essa forma de história é de longe a mais útil. Os movimentos públicos dependem mais da conduta da fortuna; os privados, da nossa. É antes um julgamento do que narração (*deduction*) de história. [III, VIII, 232 (940-1)]

Se bem o entendo, a discordância que guarda quanto ao romano decorre de que esse teria dado preferência às ações externas dos imperadores, tornando secundária, embora sem as desprezar, a matéria de suas vidas. Pelo tesouro que Tácito então encerra, conquanto não explore seu melhor filão, essa forma de história é mais julgamento que narração. Por conseguinte, para Montaigne a "história perfeita" *menos narraria do que seria objeto de reflexão*. Essa inferência confirmaria que, para ele, uma história apenas factual não seria a perfeita. Mas como conciliar seu louvor do julgamento com o não tomar partido? Sem que Montaigne desenvolva o bastante, as duas posições não se confundem. É o que extraímos da continuação da leitura de Tácito: "Talvez se pudesse argumentar que suas narrativas são sinceras e honestas justamente porque nem sempre se aplicam exatamente às conclusões de seus julgamentos (…)" [III, VIII, 233 (941)]. E justifiquemos a diferença das duas posições com a alternativa do *homme tres-fidelle ou simple* (I, XXXI, 205). Parece evidente que, conforme Montaigne, para o historiador ser *un homme tres-fidelle* não se confundiria com ser alguém que não julga, *mas sim que seu julgamento não decorresse de uma posição previsível*. Exigência de cumprimento bastante difícil, que Montaigne acreditava encontrar em Tácito e de que ele mesmo estaria dispensado por não ser o propósito de seus *Essais*. Admiti-lo, contudo, se não nos enganamos, ainda o mantinha tributário de seu tempo. A crítica da linguagem ostensivamente retórica tanto o afastava dos renascentistas italianos, como a indistinção, estrepitosamente denunciada por Maquiavel, entre política e ética. A exclusão da objetividade absoluta, objetividade

48   Francisco Murari Pires (org.)

que assentava em uma raiz católica – Deus, porque também puro saber, comunica a seus fiéis sábios a visão do justo caminho – era facultada a Montaigne por seu ceticismo no poder da razão. Mas, apesar de ter aberta a possibilidade daquela exclusão, a exigência de um julgamento que ultrapassasse a tomada de posição do historiador (ou do autor, em geral) não era um resquício da objetividade religiosamente justificada? Entenda-se bem: a raiz religiosa da absoluta objetividade resultava de que, partindo do suposto que ser coerentemente cristão era tomar o partido da verdade, sua prática coerente seria a da objetividade. Assim o horror que Maquiavel provoca e continuará a provocar nos séculos próximos decorria de ele exprimir que, para manter-se no poder, o príncipe teria de dar à *virtù* uma valência própria. Desconheço quem acuse Montaigne de maquiavélico. Montaigne dele se defende por seu ceticismo quanto à razão. O que então chamamos de raiz religiosa da objetividade montaigniana se atualiza em sua apreciação de Tácito. Resumamos o argumento: a história de Tácito constitui a forma mais útil de escrita da história porque não é só narrativa, mas julgamento. Mas um julgamento que não se confunde com os seus próprios juízos porque, sendo sinceras e honestas, suas narrativas não apenas reduplicam o que ele próprio pensava.

A especulação a que nos entregamos tem um alcance imediato: em Tácito, Montaigne destacava dois pontos: (a) entre os antigos, é o historiador que mais acumulou o registro de "hábitos e inclinações particulares". Não soube, entretanto, aproveitá-las como poderia, por haver dado preferência aos feitos externos dos imperadores, (b) à medida que desenvolve sua reflexão, Montaigne submete a crítica aquele de quem fizera o elogio: eis alguém que, louvável por preferir o julgamento à narrativa, mais louvável se tornava por não submeter sua apreciação do que relatava a seu juízo pessoal. Ou seja, por haver alcançado um julgamento objetivo. Cada uma das conclusões leva a um resultado próprio. Que de (a) se extrai senão o realce da figura mesma do *essai*, divergente da escrita da história? de (b), ao contrário, se insinua porque os historiadores seus contemporâneos não terão seus nomes escritos: não alcançaram a objetividade além de seu próprio julgamento, em que Tácito primara.

A passagem que a seguir destacamos tem a vantagem de completar a frase acima: o contraste entre o que faz – a reflexão sobre a face privada do homem, condensada nos *Essais* – e o que fazem os historiadores não se confunde com um ato de autoglorificação ou de desprezo por aqueles cujo próprio nome não menciona:

> Eu que sou rei da matéria que trato e que não devo contas dela a ninguém, no entanto não acredito totalmente em mim: amiúde arrisco rasgos de espirituosidade de que desconfio e certas sutilezas verbais das quais puxo as orelhas; mas deixo-as correr ao acaso. Vejo que nos orgulhamos de coisas assim. Não cabe apenas a mim julgar sobre elas. [III, VIII, 236 (943)]

Curiosamente, o resquício da objetividade total perde seu vínculo religioso mesmo porque deixa de se justificar como *substância*. Queremos dizer, a objetividade religiosamente justificada supunha o alcance pela razão humana da verdade posta nas coisas pelo divino. A objetividade do texto dos *Essais* é absolutamente diversa. Desde logo, porque sua origem é a subjetividade de quem o elabora, a qual é retificada por quem o recebe (lê). E, no entanto, o resultado não é só subjetivo porque promove o que Kant chamaria de *sensus communis* – uma comunhão de sentido. Se ainda cabe falar a seu propósito em objetividade seria pois uma de ordem histórica, temporalmente variável. Recolhido em seu castelo, havendo renunciado aos encargos públicos, Montaigne assume liberdades que condenaria nos que se mantêm no palco do mundo e pretendem ser seus historiadores. Sua posição era motivada por um indisfarçável egocentrismo, que explica o tom de superioridade com que considera seus contemporâneos. Mas seria estupidez pensar que os *Essais* e/ou o tipo de narrativa que prenuncia seriam a manifestação de um individualismo extremado.

A última passagem a destacar é uma reflexão sobre seu próprio tempo:

> Numa época normal e tranquila, preparamo-nos para infortúnios moderados e comuns; mas nesta confusão em que estamos há trinta anos, todo homem francês, seja em particular, seja em geral, a todo momento se vê à beira da total reviravolta de sua fortuna. Por isso ele precisa manter seu ânimo munido de provisões mais fortes e vigorosas. Sejamos gratos à sorte por haver-nos feito viver num século que não é suave, lânguido nem indolente: quem não o ficaria por outros meios se tornará famoso por seu infortúnio. [III, XII, 393 (1046)]

Do ponto de vista da comparação em que nos empenhamos, o viver em um tempo de riscos é um desafio para si e para os historiadores, que se obrigam a lançar mão de recursos e astúcias desnecessários em outra quadra. Ele e os outros, porém, ocupam posições diversas. Montaigne não sofre apenas da inquietude derivada de si mesmo; os outros, não só dos perigos efetivos que os cercavam – frequentes e iminentes no caso de François Hotman (1524–1599). Nem seus lugares são superponíveis, nem seus textos comparáveis por uma medida comum. Se Hotman e semelhantes serão mergulhados em um silêncio de séculos, Montaigne, sem que o soubesse, menos por sua auto-exibição do que, dizendo-o grosseiramente, por *certaines finesses verbales*, prefigura o que, três séculos depois, será chamado "literatura". Mas a comparação é insuficiente. Aqueles estão mais próximos de sua inscrição na história da historiografia do que Montaigne, de qual seria a sua. Para começar, exceto pelo tom menor com que as compõe, suas sutilezas verbais caracterizavam a linguagem retórica de que se afastava. Porém, é a metáfora musical que

50   Francisco Murari Pires (org.)

permanece inadequada. A preocupação consigo mesmo, que tanto enervava Pasquier – *je me presente debout et couché, le devant et le derriere, à droite et à gauche, et en tous mes naturels plis* (III, VIII, 943) –, será o traço pelo qual se difundirá o que virá a ser o discurso literário. Mas, se isso fosse verdade, como alguém já disse, a vida de cada pessoa daria um romance. E então teria faltado ao menos o romance de... Montaigne. São as sutilezas verbais, das quais ele próprio não tem controle e das quais chega a desconfiar, que o inscreverá no campo literário. Aprofundar em que esse consistiria não ajudaria o exame comparativo em que nos empenhamos. Baste-nos pois assinalar: a intranquilidade do tempo comum cobria uma diferença acentuada entre suas obras. Tomemo-la apenas como dada e verifiquemos se ela é bastante para que mantenhamos seu não diálogo.

Comecemos por destacar as passagens, estritamente necessárias, dos *Essais* relativas aos costumes.

Depois de observar as adaptações que fizeram de seu corpo homens sem braços ou sem mãos, acrescentava: "(...) Não vem à imaginação humana nenhuma fantasia tão insensata que não encontre exemplo em algum uso público, e, consequentemente, que nosso raciocínio não escore e fundamente" [I, XXIII, 166 (111)].

Que confiança poderia Montaigne manter na razão se o homem parece capaz de adotar os mais estranhos costumes? Se a imaginação os concebe, ao convertê-los em *usage public* é a razão que os legitima. Não importa, portanto, que imaginação e razão fossem tradicionalmente tomadas como faculdades de qualificação bastante desigual: o uso público mostra que o mais bizarro não deixa por isso de ser escorado pela razão. Pouco também importa que o que mais interessa à indagação montaigniana fosse o particular e individual: ao se socializar, o costume se habilita a ser justificado pela razão. O que vale dizer: tanto o indivíduo quanto as coletividades estão mal servidos pela razão.

Ponhamos entre parênteses o libelo contra a razão. Ao ser visto como próprio à sociedade, o costume, de imediato, se habilita a ser historicizado. Mas por que restringirmos sua força a tornar-se objeto da história? Ao aceitá-lo, em sua gama sem limites, o discurso humano faz com que o costume assuma o peso de lei. Tão logo o infere, Montaigne volta a pensar em sua consequência, do ponto de vista do sujeito individual:

> As leis da consciência, que dizemos nascerem naturalmente, nascem do hábito: toda pessoa, venerando intimamente as ideias e costumes aprovados e aceitos ao seu redor, não pode desligar-se deles sem remorso, nem se aplicar neles sem aplauso. (...) Mas o principal efeito de seu poder é apoderar-se de nós e prender-nos em suas garras de tal forma que mal conseguimos libertar-nos de seu jugo e voltar a nós para refletirmos e raciocinarmos sobre suas ordens. (...) Disso advém que o que está fora dos gonzos do costume, julgamo-lo fora dos gonzos da razão. [I, XXIII, 173 (115-6)]

Antigos e modernos   51

É evidente que o foco da indagação incide sobre as consequências daquela imaginação desmedida e desta razão *a posteriori* sempre justificadora da conduta dos grupos humanos. Mas não é menos evidente, embora não explicitado, o paralelismo que traça entre a história e o direito. O historiador há de registrar os costumes, sem que possa selecioná-los – fazê-lo seria o oposto da "história perfeita" – e os juristas hão de adaptar suas normas aos costumes, assim os preparando para que sejam legitimados pela autoridade a que se subordinam. Se é patente o paralelismo entre o que sucede ao indivíduo, o dever que se impõe ao historiador e a motivação para a prática jurídica, não o é menos o desconforto de Montaigne em admiti-lo. Por mais que no íntimo de si ele proteste, Montaigne reconhece que o costume funciona como uma segunda natureza. Dado esse pressuposto, podemos entender que seu empenho estaria mais em desfazer os elogios acumulados sobre a inclinação humana para o bem e a verdade do que em reconstituir uma história do direito. É como se, reconhecendo a ingenuidade hipócrita dos "retratos dos príncipes", procurasse contrapô-la ao retrato de si – para, ao longo de sua travessia, compreender a impossibilidade de realizá-lo (cf. Costa Lima, L.: 2005, 79-89). Independente da ingenuidade ou hipocrisia que os motiva, aqueles retratos se adaptam à credulidade do homem de qualquer latitude: "Aceitamos como a um jargão o que é acreditado comumente por todos. (…) Assim o mundo se encha e confeita de tolice e mentira" [II, XII, 310 (539)]. No entanto, a acusação era tão genérica, atingindo a espécie, e não a esta ou aquela sociedade, que Montaigne não se indisporia com alguma classe profissional. Ou melhor, a única passível de sentir-se ofendida seria a dos oponentes aos gnósticos, pois estes não criam em um Deus não só onipotente mas bondoso. Mas assim só seria notado por uma leitura bastante minuciosa, que seria reservada aos textos passíveis de produzir impacto. Porque os *Essais* não pertenciam a essa categoria, só entrarão no *Index librorum prohibitorum* em 1676, quando o conflito com a concepção teológica do mundo atinge um degrau mais alto.

Uma síntese parcial já é então possível: por um lado, Montaigne constata a transitividade entre costume e lei. Visto que nela insistia a escola histórica do direito, praticada na França, pode-se afirmar que há aí uma manifesta convergência entre os autores comparados. Por outro lado, contudo, aquela transitividade a tal ponto revela a inanidade da *humaine condition* que podemos entender melhor por que Montaigne a explora por uma caminho discrepante. Citando, sem dar nomes, historiadores que se dedicavam à história dos francos, critica com veemência a prática jurídica de seus antepassados:

> Sou grato à fortuna porque, como dizem nossos historiadores, foi um fidalgo gascão e de minha
> região (*pays*) quem primeiro se opôs a Carlos Magno quando queria dar-nos as leis latinas e impe-
> riais. O que é mais selvagem do que ver uma nação onde por costume legítimo o encargo de julgar

52   Francisco Murari Pires (org.)

seja comprado (*vende*), e onde a justiça seja legalmente recusada a quem não tiver como pagá-la, e tenha essa mercadoria tão grande crédito que se forme em um governo um quarto estado de pessoas que manipulam os processos (…)? [I, XIII, 176 (117)]

Não é estranho que, a partir de uma linha de denúncia ética, Montaigne estabeleça a crítica alegórica do Estado francês (I, XXXI) e veemente da conquista espanhola (III, VI), ao passo que a escola histórica do direito procurasse a delimitação dos costumes, servindo para a melhor legitimação das normas em vigor. Como, no entanto, aquela crítica não lhe fora perigosa? Pode-se supor que lhe servira de defesa estar distante da corte, dos negócios públicos e sua repercussão reduzir-se a uns poucos letrados. Mesmo assim teria de se acautelar. Sua proteção maior viria de sua opção católica, estando sujeito a um rei que vira no catolicismo sua maior conveniência. Mas sua expressão é tão hostil ao espírito religioso que ainda deveria encontrar mais forte defesa. Daí a conveniência de seu conservadorismo, que seus melhores intérpretes continuam a afirmar. Ele se funda na própria desconfiança que guarda pela força dos costumes: "Somos cristãos a mesmo título que somos perigordinos ou alemães" [II, XII, 170 (445)]. Mas, ainda que eficiente como instrumento de defesa, ao se converter em regra geral, o conservadorismo tornar-se-ia nocivo, do ponto de vista dos *Essais*, por enrijecer o entendimento da condição humana. Por isso, ante a nocividade potencial do costume-como-lei valeria guardar a arma da astúcia, a exemplo do que lera haver sido feito pelos lacedemônios: a um de seus embaixadores, enviado aos atenienses para que mudasse uma certa lei, Péricles teria alegado que era proibido retirar o quadro em que uma lei fora afixada. Ele então "aconselhou-o a simplesmente virá-lo, já que isso não era proibido" [I, XXIIII, 184 (122-3)].

Seria então por astúcia defensiva que Montaigne se interditava de citar nominalmente historiadores ou que eram amigos seus ou pertenciam a seu mesmo círculo profissional? Isso é bastante verossímil no caso de Hotman, porém menos plausível quanto a Étienne Pasquier, funcionário real, e, enquanto autor de um libelo contra os jesuítas, reconhecido galicanista. Ou, para Montaigne, Pasquier, como historiador, teria contra si sua parcialidade declarada? Em suma, Montaigne não encontraria, entre os historiadores franceses do direito, nem o homem simples, que alega haver sido seu informante em "Des Cannibales", nem o isento de posições parciais, capaz da objetividade absoluta que exigia (cf. III, VIII).

Se a questão se resolvesse nestes termos, a pesquisa poderia dar-se por encerrada, sem precisarmos recorrer a Hotman e a Pasquier. Recordemos, porém, que, com independência das motivações político-religiosas, notara-se uma convergência entre os *Essais* e as pesquisas dos historiadores: a relevância que Montaigne concede aos costumes e a força de lei que são passíveis de assumir leva-o a concordar, implicitamente, com Hotman e Pasquier na secundariedade desempenhada pelo direito escrito romano. É só a partir daí que suas linhas divergem. *Para Montaigne, a legitimação da norma jurídica, respaldada pelas práticas consuetudinárias, não garantia senão a existência do poder.* O poder se apoia no direito, e esse só tem a ver com a justiça no sentido formal do termo – é justo o que se conforma à norma jurídica. A divergência, por conseguinte, se instala no próprio instante da convergência: "É próprio do costume dar forma a nossa vida, tal como lhe apraz; nisso ele pode tudo: é a beberagem de Circe" [III, XIII, 446 (1080)]. *Breuvage de Circé*, o costume é comparado à beberagem homérica, que convertia os homens em porcos. A partir daí, que podia Montaigne esperar do direito senão a prática da arbitrariedade legalizada? Como "há pouca relação entre nossas ações, (…) em constante mutação, e as leis fixas e imóveis", "a multiplicação de nossas invenções [legislativas] não alcançará a variação dos exemplos" [III, XIII, 424 (1066)]; "numa ciência tão infinita, dependente da autoridade de tantas opiniões e com um objeto tão arbitrário, não pode ser que não nasça uma extrema confusão de julgamentos" [II, XII, 375 (582)]; "nada é justo em si (…). As leis conservam seu prestígio não por serem justas mas porque são leis" [III, XIII, 432-3 (1071-2)]. A discrepância crescia tanto mais porque partia de um acordo. Quando, pois, Pocock afirma que a esperança na pesquisa do direito consuetudinário chocava-se com a percepção de que ele não impedia a arbitrariedade, senão que representava uma escalada na legitimação da mesma – "era negada qualquer legimitimdade a menos que formalmente reconhecida por uma corte real. (…) A codificação era um ato de soberania, uma afirmação de que a vontade e a razão do legislador eram superiores mesmo ao costume antigo e, em consequência, originou a alegação histórica de que o costume nunca tivera força senão pela permissão do rei (Pocock, J. G. A.: 1955, 25) – simplesmente sistematiza um conhecimento que, sem palavras tão diretas, já estava em Montaigne, e de que a posteridade tem-se descartado sob a alegação de que era produto de seu ceticismo. Se não nos contentarmos em repeti-lo, que passo haveremos de dar senão o de afirmar que *a verdade jurídica é de espécie distinta do que se entende por verdade científica? E que a história, de acordo com as pesquisas empíricas constituídas a partir da depuração de Valla, pertence à mesma espécie da verdade jurídica?* Em vez da constituição metafísica da verdade como algo que fala por si, uma substância inscrita na ordem das coisas, passamos a vê-la bipartida em dois campos: os campos da verdades científica e jurídica. A verdade científica concerne à formulação da regularidade que certo fenômeno apresenta. Ela não pretende dizer o que *é* o fenômeno, mas como, dadas certas condições, o fenômeno se apresenta. A verdade jurídica não aspira a essa regularidade. A norma jurídica estabelece a formulação que serve de princípio para a regulamentação dos casos, que nunca ou quase nunca são idênticos. Não que ela seja inferior, conforme sustenta o cientificismo comum aos cientistas mais fechados e às redes mediáticas. Sob seu ceticismo, Montaigne descobria o que hoje Merleau-Ponty enuncia em sua curta reflexão sobre Maquiavel: "Il

54 Francisco Murari Pires (org.)

n'y a pas de pouvoir absolument fondé, il n'y a qu'une cristalisation de l'opinion. Les hommes se laissent vivre dans l'horizon de l'Etat et de la Loi tant que l'injustice ne leur rend pas conscience de ce qu'ils ont d'injustifiable " (Merleau-Ponty, M.: 1960, 269).

Como conciliar as últimas considerações com o conservadorismo montaigniano? Não que dele se duvide, impondo-se até por sua ausência de quixotismo: "Toda minha pobre prudência, nestas guerras civis em que estamos, empenha-se para que elas não interrompam minha liberdade de ir e vir" [III, XIII, 433 (1072)]. Seriam facilmente localizáveis várias outras abonações. Mas o ceticismo, alimentador do conservadorismo, irá além do mero gosto pela cautela. Sua maior prova está na radicalidade com que Montaigne encara o que chamamos de objetividade de raiz religiosa, que, pelo cristianismo, reforçava a concepção grega do cosmo. Quer o "motor imóvel" de Aristóteles, quer o Deus cristão supunha que o mundo fora bem feito, sendo a verdade inerente às coisas. Os qualificativos que então se associavam ao nome de Montaigne, "ceticismo", "conservadorismo", em sua generalidade, eram tranquilizantes terminológicos. É o que vemos pelo exame de uma das conclusões de um de seus mais brilhantes intérpretes. Referindo à passagem do Livro III – "Assim que começam minhas febres e as doenças que me derrubam (...), reconcilio-me com Deus, por meio dos derradeiros deveres cristãos" [III, IX, 296 (982)] –, escrevia Hugo Friedrich:

> Esta morte cristã estava em "contradição" com os sentimentos acristãos sobre a morte, nos *Essais*, assim como todo seu conservadorismo estava em "contradição" com seu pensamento livre – em uma contradição bastante pensada, querida e assumida, que deriva de sua adaptação à debilidade humana e de sua separação necessária entre teoria e práxis. (Friedrich, H.: 1949, 371)

O notável romanista entendia a contradição aludida como procurada e necessária. A observação é correta mas incompleta. Compromete-a entender a independência de Montaigne como opção voluntária e, portanto, consciente por declarar o que não era de conveniência divulgar. Sucede porém que a opção ia muito além do que o próprio Montaigne poderia prever. Ela não se resume à sua adaptação à fraqueza humana porque antes tomava essa mesma fraqueza como responsável pela criação de mitos cuja destruição era por ele desejada. Refiro-me aos mitos da verdade como una, dos costumes como fundamento de uma ordem jurídica equitativa, do poder como algo racionalmente justificável. Se Montaigne os formulara em plena consciência, não poderíamos tê-lo como hábil e prudente. Por conseguinte, o silêncio dos especialistas sobre os historiadores seus contemporâneos tem uma razão mais considerável que simples motivos de conjuntura política. Será pois preciso complementá-los por uma argumentação vertical.

Antes de intentá-la, o que não será feito antes de virmos a Hotman e Pasquier, comprimamos o que já se mostrou, em uma pequena síntese: a indagação que levamos a cabo poderá parecer inspirada pelos antiquários: a leitura de historiadores franceses da história da historiografia do século XVI (George Huppert, D. R. Kelley, J. G. A. Pocock) nos levou a que nos perguntássemos por que os autores que abordavam (Guillaume Budé, Andrea Alciato, François Baudoin, François Hotman, Charles Desmoulins, Jacques Cujas, Jean de Tillet, os irmãos Pithou, Étienne Pasquier), embora fossem contemporâneos de Montaigne e participassem do grupo de juristas que, ao menos profissionalmente, conhecia, antes do recolhimento a seu castelo, para não falar do que fora seu amigo, Pasquier, não eram referidos nos *Essais*? A primeira hipótese levantada foi a de que, embora provável que Montaigne conhecesse a investigação pelo menos de alguns, não os referia porque estavam engajados na guerra civil que dilacerava o país. Eram então excluídos por cautela. No entanto, só a análise de algumas entradas reservadas aos costumes, nos *Essais*, nos fez verificar que aquela probabilidade era demasiado pobre. Daí, em vez de nos restringirmos a ela, levantou-se um caminho talvez mais fecundo: convergentes, em seu ponto de partida, pelo realce comum dos costumes para o direito francês da época, passam a divergir pela própria concepção do jurídico, que, em Montaigne, nada tem a ver com a satisfação da justiça. Por isso a aproximamos da ideia de poder, enunciada por Merleau-Ponty.

4. A escola histórica do direito

Até data recente, foi usual a afirmação de que, salvo a história, as ciências modernas brotaram de uma das três faculdades medievais – teologia, medicina, direito. Já há décadas, porém, J. G. A. Pocock mostrou que o "pensamento histórico se desenvolveu na faculdade de direito" (Pocock, J. G. A.: 1957, 8), afirmação depois reiterada por D. R. Kelley: "(...) Os advogados contribuíram mais do que qualquer outro grupo social ou profissional para a erudição histórica e suas preocupações foram decisivas para mudar a atenção da história de tambor e fanfarras para estudos institucionais, sociais e culturais" (Kelley, D. R.: 1970, 9). O lapso decorria do desconhecimento em que entrara, já no século XVII, a escola francesa de história do direito.

O primeiro passo da escola francesa fora dado pelos humanistas italianos. Até o pleno *revival* da Antiguidade, estimulada pelo exemplo de Petrarca (1304–1374), o estudo do direito concentrara-se na codificação escrita romana, onde os discípulos de Bartolo a sobrecarregara de glosas e comentários, que ocultavam e distorciam a codificação justiniana. Contra essa deformação, que, em regra, se estendia aos textos da Antiguidade, os humanistas se empenharam no desenvolvimento da filologia. Não se duvida que fossem então guiados pelo propósito de recuperar os tesouros perdidos ou encerrados nos mos-

56   Francisco Murari Pires (org.)

teiros. O que não impediu que o resultado de seu trabalho ultrapassasse seu propósito restaurador. Desde logo pela contraposição à escolástica aristotélica, a que acusavam de reduzir a linguagem à sua dimensão gramatical: "Foram precisamente os 'filólogos' do Renascimento que, com base em seu conhecimento aprofundado da linguagem, exigiram uma nova 'teoria do pensamento'" (Cassirer, E.: 1923, 127). Lembra-se Cassirer para um esclarecimento indispensável. Para que a designação "Renascimento" ainda faça sentido há de se concordar com Huizinga que "o espírito do Renascimento é, na verdade, *muito menos moderno do que se é levado a crer*" (Huizinga, J.: 1920, 271). Tem-se uma amostra disso exatamente no papel que desempenhava a filologia estimulada por Valla. Para que se perceba o clima a que ela se contrapunha, recorde-se a frase com que Giacozzo Manetti era referido: "Costumava dizer que nossa fé não se deve chamar fé, mas certeza" (apud Garin, E.: 1993, 70). Ora, Manetti não era apenas um rico comerciante florentino da segunda metade do século XV, como um humanista da estirpe de Colluccio Salutati, Leonardo Bruni e Poggio Bracciolini. O dogmatismo que a frase lhe confere exprimia uma contradição, entre os humanistas, que apenas apontamos. Assim, se, por um lado, "a filologia adquire (em Valla, depois em Poliziano) um particularíssimo valor: é a via para empreender o pensamento" (Garin, E., idem, 67), por outro, era reptada pelo dogmatismo envolvente. Tal caracterização é menos usual que a identificação do humanismo com o otimismo irradiante de Nicolau de Cusa: "Nada limita a atividade criadora do homem exceto o próprio homem." Sem o desmentir, a dedicação de Valla à filologia ainda continha sérios embaraços. Acusa-se, de imediato, manter-se presa ao purismo gramatical, que equivalia ao culto do latim clássico. Esse, por sua vez, era a base para a dicção retórica inflamada: "Estando a retórica para a elocução, assim como a gramática para a locução, ambas eram assim superiores e dependentes da arte mais elementar, pois implicava não só regras artificiais mas o uso erudito do passado" (Kelley, D. R.: op. cit., 34-5). Daí decorriam sérias consequências para os interessados no estudo da norma jurídica: o remédio contra as glosas a que eram sujeitadas as leis romanas terminava em uma emenda pior que o soneto – as glosas medievais sendo substituídas pelas de Bartolo e seus seguidores, deixando intacto o código romano, que se deveria fazer conhecer; a segunda consequência era ainda mais grave: a tentativa de reviver as estruturas gramaticais e mentais de uma sociedade extinta há séculos era o oposto da provocação para o surgimento de um espírito novo. Isso é evidenciado pela distinção de Francis Bacon, no prefácio a *Instauratio magna* (1620), entre *interpretatio naturae* e *anticipatio mentis*. A *anticipatio mentis* (ou lógica ordinária) é a do velho uso retórico, em contraposição à primeira, que procura abrir o caminho para a investigação científica:

Antigos e modernos   57

> A dialética agora em uso (…) não é absolutamente capaz de "alcançar a sutileza da natureza", mesmo se pode ser usada eficazmente no campo das "coisas civis e das artes que concernem ao discurso e à opinião". Quando, ao contrário, se queira triunfar não dos adversários, mas das obscuridades da natureza (…) então se torna necessário fazer uso da *interpretatio naturae* (…). Para as ciências é necessária (…) uma indução tal que permita "resolver e analisar a experiência e concluir necessariamente, mediante exclusões e eliminações". [Rossi, P.: 1957, 382-3]

A contraposição de Bacon e o prestígio que adquirirá o nome do autor ajudam a compreender a desfortuna que converterá os membros da escola histórica em quase anônimos. Não que ela houvesse acolhido a filologia humanista, em seu enlevo pelo latim clássico ou em sua tentativa de restaurar a antiga sociedade imperial. É certo que o texto mais famoso de Valla tampouco se restringia a estes aspectos. Como diz Kelley em seu louvor, "é precisamente em sua consciência da corrupção progressiva do estilo romano, paralelo ao da moral e da política romanas, que o sentido da história aparece da forma mais patente em Valla" (Kelley, D. R.: op. cit., 36). É certo, por fim, que Hotman e Pasquier não se preocupavam com Roma senão para mostrar como seu direito tivera pouca eficácia na antiga Gália. Mas a contraposição, como tampouco o método cartesiano, não tinha lugar para a história, mesmo aquela depurada da *anticipatio mentis*, que Bacon reservava para poetas e oradores. Em suma, os historiadores de além-dos-Alpes tiveram a má sorte de serem imediatamente seguidos pelo favorecimento de uma lógica dicotômica que não dava lugar para diferenciar sua tarefa do que faziam poetas, oradores (e teólogos), a qual, ademais, privilegiando a *interpretatio naturae*, não permitia, qualquer que fosse o aperfeiçoamento teórico que nela se introduzisse, incluir o estudo da história no campo favorecido da natureza. Assim, ainda quando os pirronistas do século XVII não se apoiassem em Bacon, nem por isso seu preconceito seria menor. Sua má sorte não se modificará quando séculos depois o estudo da história acentuar seu caráter de narrativa factual e, então, sua reivindicação de legitimar-se como uma ciência empírica a mais, possivelmente porque a escola histórica do direito pareceria demasiado comprometida com estruturas mentais, sob ataque desde a *Aufklärung*. Mas não entremos por onde não nos compete. Reiteremos apenas o que aqui importa. Para Hotman e Pasquier, os dois autores que passaremos a considerar, quatro vetores estavam em jogo: o caráter do antigo direito francês, – a necessária instrumentação filológica, – o embasamento histórico sobre que essa instrumentação se exerceria com o fim de esclarecer a norma jurídica em que assentara o reino, – a religião, que dividia não só a França, mas a Europa. Dos quatro vetores, é obviamente o último o que, contemporaneamente, criava maiores embaraços, fosse para a pesquisa, fosse para a circulação das obras. Como se poderia supor que um historiador pudesse ficar neutro quanto ao conflito? O próprio lugar que escolhesse para

58   Francisco Murari Pires (org.)

viver o candidatava para o martírio ou o estigmatizava. Aos olhos prudentes de Montaigne, portanto, haveria motivo suficiente para antes exercer sua ousadia a propósito de outros temas do que em referi-los. Porém, neste fim de item, cabe destacar o silêncio que a posteridade guardará sobre eles: do ponto de vista da mentalidade que começa a se preparar desde o início do século XVII, não bastaria nem que a historiografia se mantivesse à distância dos "retratos dos príncipes", nem que rompesse com o modelo retórico. Não seria por isso que deixaria de ser uma terra de ninguém. Considerando o que sucederá, importa observar que, para não recaírem nas sombras que logo se depositaram sobre os Hotman e os Pasquier, seus sucessores teriam de visualizar que seu inimigo mortal não era apenas a retórica, mas a poesia; *que a história só sairá do ostracismo à medida que saiba que o ficcional é seu inimigo* . Não pretendemos com isso indicar outra razão pela qual não se pratica a comparação de Montaigne com os historiadores seus contemporâneos: os *Essais* nunca pretenderam ser uma obra ficcional. Não, por certo. Mas não é menos certo que sua reserva quanto aos historiadores não se reduzia aos motivos de cautela a que nos temos referido. Uma outra razão é passível de ser intuída a partir de uma reflexão recente: "Fazendo prevalecer o critério de significância (em virtude do qual é "separado" o que "é digno de ser sabido" (II, X), contra o critério de autenticidade, Montaigne privilegia o insólito, ou seja, o que cria problema, o que não se integra sem dificuldade nas tipologias e nos tópicos, nem na experiência comum" (Tournon, A.: 1991, 38). Opondo o *critère de significance* ao *critère d'authenticité*, Montaigne não só distinguia o ensaio, como gênero – o que ainda não era –, não só o separava da escrita da história mas avançava sobre o que será o território da literatura. Adianta-se pois aos historiadores de depois acentuando que o seu território discursivo é outro; sem por isso o confundir com o que será, a partir da segunda metade do século XVIII, o território problemático: o da ficção romanesca.

Sem poder aprofundá-lo, o final deste item tem uma única justificativa: o que se desenrolará nos séculos XVII e XVIII mostra que a razão derradeira por que Montaigne e os historiadores franceses seus contemporâneos não são usualmente comparados está em que suas obras já participavam de uma *instabilidade epistemológica* resultante da passagem de uma concepção teológica para uma concepção científica de mundo; passagem que não afeta apenas a questão de como se entendem a objetividade, a utilidade das atividades intelectuais e a função do sujeito humano senão que implica que sempre uma produção discursiva sobra e é mal vista.

4.1. François Hotman (1524 – 1590): o huguenote

Embora contemporâneo de Pasquier e adepto, como ele, da pesquisa filológica que se estende em histórica, Hotman, na escola histórica do direito, é quase seu oposto. No

Antigos e modernos   59

fundo, assim sucede por suas diversas opções religiosas. Católico, Pasquier podia ser membro do Parlamento de Paris, pesquisar livremente e dedicar-se à sua obra principal. Huguenote, amigo de Calvino, Hotman vagou entre as universidades de Estrasburgo, Valence, Bourges, Genebra e Basileia, sujeito a mudanças intempestivas, relacionadas à fé que nunca renegou. Já a redação de seu livro mais famoso, o *Antitribonian*, escrito em 1567, resulta de, obrigado a fugir de Bourges, ter tido a proteção do chanceler Henri de l'Hopîtal, que o abriga em Paris. A tranquilidade de que aí usufrui era dependente do sonho acalentado pelo chanceler em reunir "profissionais reputados do direito", que trabalhariam em prol da reunifição do reino" (Duranton, H: 1980, III). Porque a facilidade dependia de fatores conjunturais, Hotman há de pesquisar e escrever com pressa: embora uma edição confiável só apareça postumamente (1603), seu *Antitribonian* é composto em poucos meses. São indícios da rapidez com que havia de redigir: a imperfeição de sua composição, em que os argumentos se repetem ou só se completam muitas páginas depois de introduzidos, e uma redação algumas vezes confusa. Seu título remete ao século VI e à iniciativa do imperador romano Justiniano, que, já em Constantinopla, estando pois o império em decadência, encomenda a um grupo de jurisconsultos, chefiados por Triboniano, a compilação do *corpus* jurídico romano. Triboniano trabalha com urgência e edita os *Digesta* (ou *Pandectas*), em 533. Posteriormente, foram reunidos o *Codex repetitae praelectionis*, as *Novelae constitutiones* e o manual *Institutiones*. Ao trabalho de Triboniano e sua equipe, Hotman parece louvar quando anota que converteram, em menos de três anos, a "grande mixórdia de dois mil volumes de jurisprudência (…) em cinquenta livros". Mas o aparente elogio se converte em pura ironia ao se notar que a condensação é comparada ao uso de um alambique que houvesse destilado a matéria inicial *au nombre de cinquante livres*, "que, na verdade, representou um termo bem curto, até mesmo para operários e amantes da abstração, de tamanha insolência" (Hotman, F.: 1603, 85).

Ao referir-se à síntese de Triboniano, Hotman, na verdade, empreendia uma tarefa que se iniciara com Valla e, passando à França, fora continuada por F. Baudoin, J. Cujas e outros, que haviam tratado de desfazer fraudes e mitos ligados ao prestígio até então concedido ao direito escrito de proveniência romana. Pouco importa que, entre Valla e a escola histórica do direito, a filologia se tornasse um instrumento para o conhecimento da história e que o culto da *romanitas* houvesse cedido a primazia à compreensão minuciosa dos primeiros tempos da França. Decisivo no *Antitribonian* é (a) a desmistificação de que "os restos e retalhos que nos chegaram nos livros de Justiniano" (idem, 18) representassem a suma do direito romano; (b) que seu conhecimento fosse útil ao ensino jurídico da França de então. Antes mesmo de considerar os dois argumentos, Hotman recorda que a derrocada final do império converteu o Código de Justiniano, por muitos séculos, em uma peça quase totalmente ignorada, e substituída "pelas leis dos godos, dos

60   Francisco Murari Pires (org.)

lombardos, dos vândalos e dos franceses", i.e., por suas normas consuetudinárias. Isso sucedeu até ao tempo do imperador Lotário de Saxe, que "começou (a reativá-lo), por volta de 1125, ou seja, cerca de 600 anos, desde as leis de Justiniano" (ibidem, 100). Para isso, indicara um certo Irnerius, para que restabelecesse "os livros das leis que haviam estado tão longamente nas trevas e sob desprezo", mesclando-os com "algumas palavras suas" (ib., 101). É evidente a crítica que Hotman reserva a Triboniano: que tais *tronçons et lopins* continham do direito vigente sob a república e o império romanos? Dois lados haveriam de ser considerados. O primeiro concerne à própria redução cumprida pelo jurista bizantino: que homem com um pouco de sentido e entendimento contentar-se-ia "com a extinção, supressão e abolição (…) de todas as leis antigas, dos éditos dos pretores e as resoluções do Senado" e sua substituição pelos "comentários e exposições feitos pelos antigos jurisconsultos" (ib., 86-7)? Hotman considera seu trabalho "digno do nome de sacrilégio" (ib., 87). Instituindo a prática da glosa, que seria desenvolvida pelo já mencionado Irnerius e continuada no século XIV por Bartolo, Triboniano teria apenas contribuído para as chicanas dos advogados e posto um pá de cal no efetivo conhecimento do direito romano: "(…) Os livros de Justiniano são quase desprovidos de todos os ensinamentos pertencentes ao conhecimento da república romana" (ib., 19). Mas haveria de se considerar o outro lado da questão: a culpa não seria exclusiva ao compilador. A tal ponto sucedera em Roma a coexistência de leis contraditórias que os próprios imperadores instituíram os "reescritos dos príncipes" (ib., 79), com o consequente aumento do caos na jurisprudência. O Código de Justiniano abrigará os reescritos de cerca de 25 príncipes, de Adriano a Constantino e dos que reinaram depois dele (cf. ib., 81). Em suma, a síntese oferecida pelas *Pandectas* e os livros que se seguiram não continham "semelhança alguma (…) com as leis dos imperadores romanos" (ib., 11). Em consequência, não se poderia supor que seu estudo, nas universidades de então, servisse ao propósito de transmitir o que teria sido o verdadeiro conteúdo da lei escrita romana. Desta maneira sua divulgação, autorizada apenas por Cosimo de Medici (1389 – 1464), havendo sido o original guardado como "santo e precioso relicário" (ib., 121), antes servirá para que se propaguem as querelas sobre o sentido exato das leis romanas, fosse pelos erros de transcrição, fosse pela insuficiência do latim do jurista bizantino e seus colaboradores. Além do mais, entre a Constantinopla de Justiniano e a França do século XVI se interpunham os séculos de dominação dos diversos povos bárbaros. Assim os francos, "tendo ocupado este país da Gália, para aí trouxeram suas leis, das quais vemos as relíquias traduzidas em língua latina e compreendidas no mesmo volume em que se imprimiam as leis dos godos, vândalos, lombardos e outros povos setentrionais" (ib., 138). Tais normas não só se diferenciavam das romanas como tinham por fonte os costumes. Daí Felipe o Belo (1268 – 1314) declarar "que não só seu reino se rege e governa por costumes e direito não escrito como que, nos lugares em que vigora o direito escrito, os habitantes não estão sujeitos ao dito direito senão aos costumes introduzidos pelo exemplo e imitação do direito escrito" (ib., 143).

Em conclusão, desde que os romanos foram derrotados na Gália, de sua "longa dominação, depois que os francos (dela) se assenhorearam, bem parece que (de suas leis) só restaram alguns traços" (ib., 136). E o uso da destilação operada por Triboniano serviria apenas para o poder dos Parlamentos, que "julgam e pronunciam sentenças entre si contraditórias", chegando ao ponto de que "em alguns Parlamentos, as câmaras fazem profissão de pronunciar, a respeito das mesmas matérias, julgamentos contrários entre si" (ib., 149). Isso era inevitável porque o prestígio arbitrariamente concedido ao direito escrito hipoteticamente romano apenas favorecia os interesses dos que podiam pagar as chicanas dos advogados – "aprovo fortemente a opinião de Isócrates que as melhores leis são aquelas que engendram menos processos" (ib., 148) –, além de supor que o verdadeiro estado da sociedade francesa fosse o mesmo que o da sociedade romana. Hotman, por conseguinte, condenava a aplicação do que se ensinava como a lei romana, tanto porque o Código Justiniano não o representava, como porque a tradição francesa se apoiava na fonte diversa do direito consuetudinário.

Que pretendia então o *Antitribonian* senão, atacando o ensino jurídico, alertar que a função das escolas de direito deveria ser, conforme o voto de l'Hopîtal, a de servir para a uniformidade da jurisprudência (cf. ib., 153)? Quando assim passassem a fazer, as escolas de direito estariam pondo em prática o propósito já enunciado por Luís XI, que "almejava que neste reino se usasse de um (só) costume, de um (só) peso e de uma (mesma) medida" (ib., 155). Só deste modo seria alcançada a verdadeira prática cristã, fundada na *raison et equité naturelle* (i., 154).

Cabe então perguntar que elo prende a tese do *Antitribonian* ao calvinismo do autor? Exposta em suas linhas gerais, pode-se pensar que nenhum. Com efeito, o leitor que ignorasse a opção religiosa de Hotman não teria, por isso, dificuldade de compreendê-lo. Há, no entanto, duas passagens a serem consideradas. No capítulo 12, o autor assinala que o exemplo de Triboniano serviu para que o papa Eugênio III confiasse a um beneditino a tarefa de, "a exemplo e imitação das *Pandectas*" fizesse "uma compilação de certas passagens recolhidas e extraídas parte dos Concílios, parte dos escritos dos doutores da Igreja, e parte também das epístolas de alguns papas, sendo o todo acomodado à amplificação, crescimento e autoridade da cúria romana". O livro dos decretos pontifícios foi publicado em 1550 (ib., 103). O exemplo foi seguido pelos papas que se seguiram, formando-se "pouco a pouco um corpo de direito canônico, para se opor ao direito civil de Justiniano", sob a justificativa de "que as leis da Igreja devem ser de mais peso e de mais autoridade que as dos príncipes seculares" (ib., 103). O exemplo bizantino aí não se encerrou. "(...)

62   Francisco Murari Pires (org.)

Se os imperadores tiveram o cuidado de entreter em suas escolas doutores e professores de direito civil, os papas, de seu lado, não se mostraram negligentes em recorrrer de todas as partes a pessoas de espírito pronto e excelente que fizessem profissão dos cânones pontifícios e tão bem que os mais excelentes doutores em leis foram aí atraídos por grandes e honoráveis salários (...)" (ib., 104-5). "Tanto o exercício dos livros de Justiniano serviu à Cúria romana" que vários dos convocados chegaram a ser cardeais e outros ascenderam à cadeira papal (ib., 105).

Embora Hotman não mais voltasse ao tema, é palpável que, para ele, o mau exemplo do imperador romano proliferara na Igreja. Assim a frase que acrescenta próximo ao fim do capítulo por certo a incluiria: "(...) Aqueles que nos recomendam tão afetuosamente o estudo dos livros de Justiniano como uma fonte de toda ciência política parecem, para falar de maneira ingênua, nos apresentar, para que nela bebamos, uma fonte de águas bem turvas" (ib., 107). Se, portanto, Triboniano fora a origem das tramoias que inundam os tribunais, encontrara nos construtores do Direito Canônico devotados discípulos. A passagem era suficiente para testemunhar o empenho huguenote.

Uma segunda passagem permite outra leitura. Já no fim do livro, Hotman relaciona diretamente seu tema com a divergência religiosa:

> É por permissão e vontade de Deus que há partidos contrários na religião: na mesma proporção que, para castigar a ingratidão dos maus, ele permite ao Diabo colorir e sombrear sua doutrina de algumas passagens da santa Escritura, de tal modo que não pode ser senão no campo de Deus que haja, como ele próprio o diz, boas e más ervas (...) ; e é necessário (como diz São Paulo) que haja heresias, a fim de que os eleitos sejam reconhecidos. Mas não é a vontade expressa e declarada de Deus que haja necessariamente conflito (*contention*) no estudo do direito, nem tampouco na arte da agricultura, da arquitetura ou da pintura ou no ofício de sapateiro ou de alfaiate. (ib., 134-5)

À declaração explícita de que seja teologicamente justificada a existência de heresias se contrapõe a adversativa (*mais ce n'est pas la volonté expresse & declarée de Dieu qu'il y ait necessaraiment contention en l'etude de droit*). Deveria então se concluir que o conflito de que trata o livro não se justifica necessariamente pela fé que o autor professe? Que, portanto, o *Antitribonian* houvesse de ser lido como uma discussão puramente profissional? Considerando a delicadeza de sua posição – na própria capa, depois da indicação de seu título, aparecia grifado: *Fait par l'aduis de feu Monsieur de l'Hospital Chancelier de France en l'an 1567* (Feito por conselho do finado Senhor de l'Hospital, chanceler da França, no ano de 1567) – entende-se que o *mais* funcionava como contraposição. Provavelmente, contudo, não seria lido assim. Imagine-se então como o veria o cauteloso Montaigne. De qualquer maneira, seu amplo propósito – contribuir para o debate profissional sobre a fonte do direito na França, sem disfarçar sua posição religiosa – se torna mais claro em livro publicado em Genebra, em 1573, em latim, e já no ano seguinte traduzido para o francês. Nele, estaremos atentos apenas para o que vai além de sua mais célebre obra.

No *Antitribonian*, o elogio do direito consuetudinário, vigente nos diversos reinos que formavam a Gália francesa, levara ao realce da *raison et equité naturelle* (ib., 154), passíveis de tornar efetivo o voto de Luís XI: um só reino, um só costume, um só peso e só uma medida. Em *La Gaule française*, a mesma indagação da prática gaulesa leva a resultado mais substancioso. Baseando-se nos *Commentarii de bello gallico*, de Júlio César, François Hotman lhe empresta uma deriva que não se encontrará em Étienne Pasquier: os reinos em que se dividia a Gália não eram hereditários, senão que deferidos pelo povo àquele que lhe parecesse coberto pela boa opinião em seu empenho pela justiça e na defesa da legalidade (cf. Hotman, F.: 1575, 25)[4]. Mais adiante, ainda reitera:

> Tudo que acabamos de deduzir agora tende ao ponto de nos fazer entender que o reino da França Gaulesa não costumava antigamente ser transferido dos pais aos filhos, como por direito de sucessão, mas ser concedido e deferido ao mais digno pelo conselho dos estados e pelos votos do povo. (idem, 73)

Em vez, portanto, de apenas ressaltar a importância dos costumes, Hotman particulariza seu caráter na legitimação dos reis. Daí vir à mesma tese ao assinalar a origem do nome "franco" – "os que tinham sido os principais autores de recuperação da liberdade se nomearam Francos: o que equivale a dizer em alemão, livres e fora da servidão…" (ibidem, 53-4) -, acrescentando, com base em Tácito, sua identificação com a prática da liberdade: assim como os alemães, os suevos, os dinamarqueses e os poloneses, os francos elegiam seus reis "na assembleia geral dos estados de sua nação" (ib., 63); princípio com que o autor se regozijava: "Por mim, penso que não se saberia inventar uma lei ou costume nem mais sabiamente regulado, nem mais proveitoso para a coisa pública (…)" (idem, ibidem). Igualmente porque ciosos da liberdade, esses povos seguiam o costume de depor seus reis "quando eles o tivessem desservido" (ib., 68). E, como se olhasse para o futuro distante da cena que analisava: " (…) Parecia ser uma advertência para o porvir: aqueles que eram chamados à coroa da França, eram eleitos para ser reis sob certas leis

---

4   Pocock acata uma interpretação diferente: "Para André Lemaire (em obra de 1907), a publicação do *Francogallia*, em 1572, marcava precisamente o momento em que os publicistas franceses deixavam de representar suas liberdades como fundadas no costume antigo e, ao invés, as derivavam de um ato original do povo soberano – uma ideia muito diferente, escolástica e civilista em sua origem e não enraizada no estudo do direito consuetudinário" (Pocock, J. G. A.: 1957, 20). A alternativa, muito interessante, aprofunda, do ponto de vista desta pesquisa, a divergência de Hotman quanto a Pasquier e Montaigne.

64   Francisco Murari Pires (org.)

e condições que lhes eram restritivas: e não como tiranos, com uma potência absoluta, excessiva e infinita" (ib., 68-9). Nega por isso que Childerico haja sido destituído e Pepino convertido em rei por decisão do papa, que, assim, teria "desonerado todo o povo da França da promessa e obrigação de fidelidade que lhe havia jurado guardar" (ib., 120). Os que o afirmam não compreendem o curso que os acontecimentos haviam tomado: "(...) A cópia da resolução do Parlamento dos Estados e do consentimento de todo o povo da França foi enviada à Sede apostólica; e, depois de haver compreendido seu conselho e autoridade, Pepino, pela eleição de todo o povo da França, foi estabelecido no assento do reino, com a consagração dos bispos e a homenagem dos príncipes" (ib., 120-1). E o combativo huguenote não perde a oportunidade de acrescentar: "(...) Tudo que os papas fazem crer do direito que têm de eleger ou depor os reis não passa de um conto criado por conveniência" (ib., 123). Daí, reiterando a crítica que já fizera, no *Antitribonian*, à instituição do Parlamento:

> Alguém que passasse apenas três dias em Paris julgaria incontinente que mais da terça parte dos habitantes não tem outro ofício que o de autos e processos. Vê-se igualmente que a assembleia destes práticos e litigantes (que se chama a Corte soberana do Parlamento) adquiriu tamanha autoridade e cresceu com tal excesso que não se julgaria que fosse um Senado e uma congregação de conselheiros, mas (...) que antes parece um consistório de muitos reis ou de vários sátrapas. (ib., 170)

Não cremos ser ocasional sua discordância com Pasquier, que, como notaremos, via na criação do Parlamento a instituição por excelência na monarquia. Ao passo que a profissão de fé de Pasquier o tornava um súdito confiável, para o qual a multiplicação dos Parlamentos assegurava a administração da justiça, para o calvinista, a instituição não passava da degenerescência da prática sadia de seus antepassados, que, em vez de uma monarquia hereditária e absoluta, tinham o direito de escolher e depor seus reis. Deste modo, o que fora, no *Antitribonian*, o louvor de um princípio abstrato e vago – a administração da "razão e da equidade natural" – concretizava-se em um princípio dinâmico, a envolver toda a comunidade.

É portanto evidente a divergência política entre os dois historiadores, originada das posições que suas opções religiosas os faziam assumir ante a monarquia absolutista. E que dizer de Montaigne? Já não falamos do silêncio que o calvinismo de Hotman o fará manter, mas sim de sua concepção sobre a história. Para Hotman, tanto no caso dos romanos, como no dos francos, a história supunha um processo de perda, contra o qual ele reagia por seu empenho em favor da razão e da equidade natural. Montaigne, ainda quando criticasse o poder europeu e visse o continente em um processo de degenerescência, não encarava o futuro com melhores cores. É, ao mesmo tempo, conservador e descrente no homem enquanto agente de justiça, razão e equidade. Em vez de amparado por uma fé, é a inquietude que potencializa os *Essais*.

4.2. Étienne Pasquier (1529 – 1615): Les Recherches de la France

Católico, Étienne Pasquier podia usufruir de sua condição de *avocat général* na *Chambre des comptes*, da confiança do rei católico a quem servia e assim dedicar quase sessenta anos à pesquisa das *Recherches*, sem, por isso, poder ser acusado de subserviência. Sua fidelidade ao absolutismo monárquico nunca o levou ao enobrecimento de personagens e ações do passado. Assim, sem ocultar os assassinatos encomendados por Clóvis, nos tempos remotos dos francos, não se furta de justificá-los recorrendo a nome pouco recomendado a cortesão e conselheiros: "Maior e mais sábio conselho não podia ser seguido por ele, conforme o mundo, do que, se falamos à maneira de Maquiavel e seus aprendizes" (Pasquier, É.: V, I, 998). Tampouco esconderá que a morte de Bernardo, rei da Itália, foi uma *mort d'État*, encomendada por seu tio, Luís, segundo filho de Carlos Magno (V, II, 1003). Tais crimes ainda podiam ser justificados pela rudeza dos tempos. E, no entanto, embora as cruzadas tivessem se dado em passado distante e seu exemplo continuasse a figurar entre os feitos exemplares e recomendáveis do heroísmo cristão – lembre-se que a *Gerusalemme liberatata*, de Tasso, é de 1593 – Pasquier, depois de lembrar o clichê – "Quem não celebra estas viagens, sobre todas as outras empresas, como feitas em louvor de Deus e de sua Igreja?" – acrescenta: "Quanto a mim, se me é permitido julgar, diria de bom grado (sob a correção e censura dos mais sábios) que aqueles que as empreenderam com um propósito, nelas ganharam, e a maior parte dos outros que aí seguiram por devoção, nelas perderam. Serei ainda mais ousado e direi que essas viagens quase causaram a ruína de nossa Igreja, tanto temporal como espiritual" (VI, XXV, 1272). E, a propósito da segunda cruzada, logo prossegue: comandada por Conrado, imperador da Alemanha, e por Luís, o Jovem, rei da França, logo o primeiro teve suas tropas desbaratadas, e o segundo, que se fazia acompanhar de sua mulher, dela se enfastiando, ao voltar se divorciara, o que provocou que Eleonora da Aquitânia tornasse a se casar com Henrique da Inglaterra, de que resultou a perda da Guyenne, da Gasconha e de Poitou. Pasquier apenas comenta: "eis o fruto que tiramos da devoção de Luís" (VI, XXV, 1274). Como se não bastassem os abusos que se cometem para o sustento material dos cruzados, Pasquier acrescenta que o próprio surgimento da rebelião iniciada por Lutero encontrara um de seus móveis nas arbitrariedades perpetradas pelo papa Alexandre VI (cf. idem, 1278).

Não é só frente aos acontecimentos políticos que Pasquier mostrava seu não servilismo. Ainda que seu interesse principal fosse mostrar a secundariedade do direito escrito romano

66   Francisco Murari Pires (org.)

como fonte para a legislação francesa, ao se apresentar a ocasião não deixa de notar que, na disposição relativa às sucessões, o direito romano era "coisa certamente muito gasta", enquanto a prática francesa, "coisa infinitamente rude ou mesmo cruel (...) e, no entanto, tão aprovada que se lhe observava na sucessão de nossa coroa" (IV, XX, 955).

Embora poucas, as atestações são bastantes para indicar o perfil de um pesquisador escrupuloso, que aproveita sim os litígios da coroa com a política pontifícia para enfatizar a parte que lhe cabia no surgimento do conflito religioso, em vez de, dizendo-se católico, lançar toda a culpa no lado adversário.

A partir da lição de seus mestres – François Hotman, François Baudoiun e Jean Cujas – e de contemporâneos como Charles Desmoulin, Jean de Tillet, Pierre Pithou, Pasquier se aprofunda na Idade Média, com propósito em princípio semelhante ao de Hotman: acentuar a articulação cerrada, passível de ser verificada pelos documentos históricos, entre os costumes dos habitantes da Gália e o direito então vigente.

Para afirmá-lo, começa pelos *Commentarii de bello gallico*, escritos por Júlio César, em 51 a.C. Das anotações do então general romano extrai que, entre os povos conquistados pela grande potência da Antiguidade, os gauleses se singularizavam por, embora divididos "em facções e potências", "possuírem uma justiça geral, pela qual era administrado o direito de cada um" (I, II, 261). "A justiça tinha curso e havia pessoas escolhidas (para exercê-la), sob a força das quais, malgrado os debates sobre suas primazias, eram submetidos os negócios dos particulares" (idem, ibidem). Do mesmo modo que sucederá no século XVI, com os territórios que constituirão o Império Germânico, já entre aqueles gauleses a justiça era exercida por assembleias diretas. Para não ser tido como defensor da origem germânica das práticas sociais dos seus antepassados, Pasquier se apressa em acrescentar que não supõe que seus costumes fossem os mesmos, senão que, nos velhos gauleses, "nada havia que não partisse do espírito favorável à manutenção de sua organização (*police*) comum" (I, II, 263). Das observações colhidas em César, Pasquier então exaltava que o princípio da *commune police* diferenciava *ces bons vieux peres François*, que tanto os distinguia do que sucedia na Itália contemporânea, "dividida em parcialidades e discórdias, sem segurança alguma de uma boa ordem" (I, II, 265). Daí, em observação próxima à de Hotman, o próprio nome de "francos", que substituiu o de gauleses, assim como o de "alemães" designaria serem homens vindos de todas as partes (*All + man*) (cf. I, VI, 278).

Embora as anotações registradas tivessem o escopo de insuflar estima aos membros de uma monarquia a braços com a guerra religiosa, o autor tinha o cuidado de afastar as *Recherches* de uma retórica patriótica. Daí, do dito popular "as casas nobres, por cem anos, são bandeiras e, por cem anos, padiolas" (I, VII, 283), extraía: "os reinos mudam de mãos em mãos, sem que por isso devam ser vilipendiados" (I, VIII, 284); máxima com que se opõe à tese germanista da origem da Gália francesa. As vitórias e as derrotas mu-

Antigos e modernos   67

dam com o dia-a-dia. Os gauleses primeiro usurparam uma parte da Germânia. Depois a sorte se inverteu. Ainda depois, "sob Clóvis (de origem germânica) e, muito tempo depois, sob Carlos Magno, a Germânia foi reduzida sob a mais a extrema obediência da Gália e essa monarquia durou até ao tempo dos Oton" (idem, ibidem).

Em contraposição à estabilidade com que a Gália fora vista ao longo do Livro I, no começo do II, Pasquier destaca a rapidez com que outros e muitos reinos se desfizeram. Embora as voltas da Fortuna não isentem povo algum, a favor da Gália contava "a boa conduta de nossos reis", que, "para perpetuar sua monarquia e ganhar a adesão de seus súditos não encontravam melhor meio que o de se acomodarem à justiça comum e à religião do país" (II, I, 323). (Em nota ao pé da mesma página, os editores se referem a conversão de Clóvis ao cristianismo, em 496). Assim continuará pelos descendentes de Clóvis até Childerico, destronado por julgamento do papa, ante demanda de Pepino o Breve, que se utilizou de uma "gentil invenção para aí empregar a santa autoridade papal" (II, I, 324). Pasquier aqui discorda evidentemente da interpretação de Hotman. A divergência avança com o que chama de *notable police*, introduzida por Pepino e Carlos Magno, "os quais, em suas questões mais urgentes, começaram a convocar assembleias sem disfarces (*sans feintise*) de seus barões" (idem, ibidem). *Sans feintise*, i.e., enquanto que os dirigentes dos corpos municipais por muito tempo haviam adotado essas assembleias, "para enganar o povo", Pepino e seu filho as legitimam, "como se, com a monarquia, tivessem querido mesclar a ordem de uma aristocracia e governo de vários personagens de honra" (idem, ibidem). Extremando sua discordância quanto a seu ex-professor, Pasquier ainda acrescenta: "O que foi um dos primeiros começos dos Parlamentos que tivemos nesta França (…)" (idem, ibidem). Enquanto víamos Hotman responsabilizar os parlamentos como responsáveis pelas chicanas jurídicas, Pasquier encontra, "em sua autoridade e grandeza, em sua capacidade de decidir as questões de justiça", a eles se submetendo mesmo "a majestade de nosso príncipe", uma das instituições responsáveis para que se mantivesse "em sua grandeza uma monarquia de marca" (II, II, 325). É bastante evidente que os ideais políticos de um e outro historiador interferem em sua reconstituição da história dos francos. Em consequência, a análise de Pasquier fragilizava a suposta unanimidade dos costumes dos francos: sua *commune police* sob Clóvis e seus sucessores passara depois a ter outro perfil. A administração do direito por toda a comunidade, reiterada por Hotman, passara a ser exercida pelo rei e a aristocracia.

Sem o afirmar explicitamente, Pasquier identifica no prestígio dos parlamentos, como órgãos de justiça, o equilíbrio entre o rei, os barões e mesmo os príncipes estrangeiros, pelo qual se buscavam encerrar as diferenças entre os grandes senhores e, sobretudo, julgar os acusados de traição, rebelião e crimes de lesa-majestade (cf. II, II, 327). Desta maneira, seguindo a tradição de um costume arraigado – obviamente, Pasquier não nota

68   Francisco Murari Pires (org.)

ou, ao menos não assinala, a distinção entre a prática merovíngea e a que Pepino, o Breve iniciara – não só a justiça dependia de uma conjunção de vontades, como "o rei, tornando-se pouco a pouco mais forte em seu reino, começou a reforçar a organização comum (*la commune police*), em vantagem de sua coroa" (II, II, 331). Em suma, os parlamentos constituem o *principal nerf de notre monarchie*; se, para eles, eram convocados apenas "os príncipes, os grandes senhores e os nobres", das "Assembleias dos três Estados" participava "o povo comum" (*le menu people*), além do clero e da nobreza. Ante, portanto, a representação de todos os segmentos da sociedade, não lhe parece necessário acrescentar que a origem e a força da lei na França se encontravam nos costumes, e não no direito romano escrito. Eram pois os costumes os responsáveis por uma estabilidade que o tempo não destruiria: "seus velhos traços permaneceram até nós" (II, IV, 354). Para tanto, contavam não só os parlamentos mas também o *Grand Conseil*. Se aquele era comparado ao Senado romano, o *Grand Conseil* o era "à organização (*police*) instituída por Adriano e, a partir de então, mantida por vários grandes imperadores de Roma, que tinham em sua Corte vários homens de elite, não só tirados do Senado como algumas outras pessoas de marca que aos imperadores aprazia escolher" (II, VI, 391).

Parece sintomático que Pasquier não haja levado em conta a própria diferença que estabelecera nas práticas da monarquia entre os tempos mais remotos de Clóvis e seus sucessores e o mais louvado de Pepino e Carlos Magno. Ainda que "o povo comum" fosse ouvido nas "assembleias dos três estados", o próprio Pasquier não considerara que os parlamentos, cujos começos associara à saliência do papel da aristocracia, eram o "principal nervo de nossa monarquia"? Nada disso seria ocasional ou provocado por descuidos de redação: o louvor dos costumes tinha uma perfeita função ideológica: "O costume era *tam antiqua et tam nova*, sempre imemorial e sempre perfeitamente atual" (Pocock, J. G. A.: op. cit., 15). Torna-se então patente a divergência com Hotman. Para o calvinista, atacar o Código Justiniano supunha combater o poder dos parlamentos e, portanto, da aristocracia, em nome da "razão e da equidade natural", enquanto, para Pasquier, significava defender a feição presente da monarquia francesa. Talvez mesmo porque estivesse consciente de seu papel, sente a necessidade de consignar uma crítica paralela, que não se resumiria aos tempos recentes. A convocação dos chamados "parlamentos ambulantes" era frequente em situações de guerra. Entre suas tarefas, estava o uso de um lenitivo protelatório: como sua função precípua era arrecadar fundos para a guerra, "o imposto que se concede ao rei é muito bem executado", ao passo que "algumas boas prescrições (*ordonnances*), em favor da reforma geral, são belos adornos (*belles tapisseries*), que servem tão-só para adoçar a pílula (*seulement de parade*) para a posteridade" ((II, VII, 399). É também sem rodeios que acrescenta:

Antigos e modernos   69

(…) Jamais se reuniu, nesta França, uma assembleia geral dos três Estados sem que crescessem as finanças de nossos reis, em detrimento das finanças do povo. O que é mais evidente nas províncias da Bretanha, do Languedoc, do Dauphiné, da Provence, onde, embora tais assembleias provinciais sejam frequentes, não se fazem sem que nossos reis peçam ajuda de dinheiro. (II, VII, 400)

Para o autor, essas admissões não seriam vistas como concessões legitimadoras do *status quo*; teriam sim o papel de concretizar sua recusa das teses aprioristicamente unas (cf. IX, XLI, 1935-1944), que o impediriam de investigar a origem das diferenças sociais. Daí a formulação que fundamentará o importante capítulo XVI, do Livro II:

Havendo então os franceses chegado à Gália e fazendo-se mestres e patrões, estabeleceram uma dupla organização na região: uma extraída dos romanos e outra, proveniente de seu próprio estoque. Eis por que dividiram as terras em de benefício (*beneficiales*) e alodiais, destinando as primeiras aos que faziam profissão de armas, e estas, para todos, indiferentemente. (II, XVI, 472)

Enquanto as primeiras eram concedidas em troca da prestação de certo serviço, dando lugar aos feudos, assim, "quando a Igreja começou a enriquecer pelas esmolas das gentes de bem, os bispados, abadias, prioratos e curatos foram chamados de benefícios" (II, XVI, 473-4), as terras alodiais eram hereditárias e livres de qualquer encargo. Não nos cabe detalhar como a doação em usufruto das propriedades *beneficiales* se converte em hereditárias, mas tão-só assinalar o entrecruzamento da prática consuetudinária com sua legitimação juridical, que dependia da aquiescência da autoridade monárquica. Ou seja, como Pocock já assinalara, a legalidade tinha por última palavra a vontade real. Levá-lo em conta importa para que se compreenda que a escola histórica se tornava "uma das armas mais poderosas da monarquia" (Pocock, J. G. A.: idem, 17). Sem que, portanto, Pasquier se definisse como um historiador servil, estava consciente do papel que assumia. Daí o ataque que lança aos jesuítas, em março de 1565, depois incorporado ao Livro III. É ainda à força dos costumes que recorre para justificar que as decisões dos pontífices não se aplicassem na França, sem a concordância do rei, justificando seu galicanismo com certa pitada de humor: "Não sei como sucede que, aspirando o ar (*humant l'air*) convertamos os efeitos de nossa religião aos costumes do país em que nos formamos" (III, IV, 533). A "aspiração do ar" do *pays* faria pois com que Pasquier apoiasse a reação da monarquia francesa aos rigores da Contra-Reforma, livrando-se a França dos efeitos nocivos que marcarão sobretudo, a Espanha mas também a Itália.

70   Francisco Murari Pires (org.)

5. Conclusão

A pergunta simples que esteve presente no início de nossa indagação – por que os *Essais* de Montaigne não explicitam a pesquisa da escola histórica do direito – nos levou por sendas imprevistas. Ainda não seria inesperada a primeira resposta: por cautela, ante o conflito religioso. Mas já o era a segunda: ao passo que os historiadores viam no combate ao direito escrito romano a justificação para suas posições políticas – Hotman combatendo o regalismo católico, Pasquier o justificando como herdeiro de tradições seculares –, para Montaigne, a diversidade dos costumes apenas servia tão só de prova para a infirmidade dos homens, que, para viver, se ajustam mesmo ao mais bizarro e extravagante. E, como não duvida que o direito tem por primeira base os costumes, para ele, o direito é tudo menos o equivalente ao exercício da equidade. A "verdade" do direito nada tem a ver com a exploração ou descoberta de propriedades inatas das coisas, como tampouco está o homem à procura do certo e justo. O direito remete ao exercício do poder, e "não há poder absolutamente fundado" (Merleau-Ponty).

Em que a escrita da história entra neste *imbroglio*? Superando os limites da filologia retórica de um Valla, a escrita da história se mostra, do ponto de vista da "verdade", como pertencente à mesma família do direito. O que vale dizer: o estatuto *substancialista* da verdade – a verdade como uma propriedade imanente às coisas – era válida apenas para a metafísica e para a afirmação de dogmas. Concretamente considerada, a verdade ou assumirá um estatuto de ciência ou atenderá à *parcialidade* própria do político e da jurisprudência.[5]

Não tanto porque seja ela necessariamente serviçal do poder, senão porque, ao contrário das ciências, há de sustentar sua argumentação em reconstituições e conjecturas e não em provas, ainda que sempre provisórias.

---

5   Resumimos nesta curta frase a remissão ao ensaio notável de Christian Meier sobre a reflexão que *As Eumênides*, de Ésquilo, permitem acerca do estatuto que o político assume, no nascimento da democracia ateniense. Meier mostra como a peça é concebida a partir da destituição recente do Areópago (entre 462-1 a.C., sendo a tragédia encenada em 458 a.C.) e dos conflitos implicados e resultantes. Na falta de uma remissão mais ampla, restringimo-nos a acentuar: "A decisão [a ser assumida pelo tribunal que julga o matricida Orestes] é então muito mais difícil porque concerne à ordem judicial, que, *de uma questão sobre a verdade, se tornou em uma questão de votação (Abstimmung)*(grifo meu)", Meier, C.: 1980, 190-1. Acrescento que minha motivação para escrever o presente ensaio esteve em tornar mais concreto o final da Seção A, referente à escrita da história, no recente *História. Ficção. Literatura* (2006).

Antigos e modernos 71

Referências bibliográficas

Antonazzi, G.: *Lorenzo Valla e la polemica sulla donazione di Costantino*, Edizioni di Storia e Letteratura, Roma, 1985.

Brody, J.: *Lectures de Montaigne*, French Forum, Publishers, Lexington, Kentucky, 1982.

Cassirer, E.: *Philosophie der symbolischen Formen: Die Sprache* (1923), trad. de R. Mannheim: *The Philosophy of symbolic forms*, vol. 1, Yale University Press, New Haven, 1953.

Coleman, C. D., Introdução à sua tradução de *The Treatise of Lorenzo Valla on the* Donation of Constantine, Yale University Press, New Haven, 1922.

Costa Lima, L.: *Limites da voz (Montaigne, Schlegel, Kafka)* (1993), 2ª ed., Topbooks, Rio de Janeiro, 2005.

Costa Lima, L.: *História. Ficção. Literatura,* Companhia das Letras, São Paulo, 2006.

Descartes, R.: *Discours de la méthode* (1637), ed. cit.: *Oeuvres de Descartes*, Adam, C. e Tannery (P.) (eds.), vol. VI, Vrin, Paris, 1996.

Duranton, H.: "Introduction" à edição facsimilar do *Antitribonian*, Publications de l'Université de Saint-Etienne, Paris, s/d, pp. III-XVII.

Friedrich, H.: Capítulo "Montaigne und der Tod", *in Montaigne*, A. Francke AG Verlag, Berna, 1949.

Garin, E.: *L'Umanesimo italiano* (1947), Editori Laterza, Roma - Bari, 1993.

Hotman, F.: *Antitribonian ou discours d'un grand et renommé jurisconsulte de notre temps, sur l'estude des loix*, Ieremie Perier, Paris, 1603, ed. facsimilar, Publications de l'Université de Saint-Etienne, Paris, s/d.

Hotman, F.: *Franco-gallia, sive Tractatus de regimine regum Galliae et de jure successionis* (1573), trad. de Simon Goulart: *La Gaule française*, reed. da Librairie A. Fayard, Tours, 1991.

Huizinga, J.: "Het problem der renaissance (1920), trad. de J. S. Holmes e H. van Marle: "The Problem of renaissance", *in Men and ideas. Essays on history, the Middle ages, the Renaissance*, Harper Torchbooks, New York, 1970, pp. 243 - 287.

Kelley, D. R.: *Foundations of modern historical scholarship. Language, law, and history in the French renaissance*, Columbia University Press, New York - Londres, 1970.

Mathieu-Castellani, G.: "Le Modèle de la vie", *in Montaigne et l'histoire*, Claude-Gilbert Dubois (ed.), Éd. Klincksieck, Paris, 1991, pp. 83 – 90.

Meier, C.: *Die Entstehung des Politischen bei den Griechen* (1980), Suhrkamp Verlag, Frankfurt a. M., 1983.

Merleau-Ponty, M: "Note sur Machiavel", *in Signes*, Gallimard, Paris, 1960.

Montaigne, M. E. de: *Les Essais*, Pierre Villey (ed.), 3 volumes, PUF, Paris, 1988.

Montaigne, M. E. de: *Os Ensaios*, trad. de Rosemary Cothek Abílio, 3 volumes, Martis Fontes, São Paulo, 2000.

72   Francisco Murari Pires (org.)

Pasquier, É.: *Les Recherches de la France* (1560 – 1621). Cito a edição crítica, estabelecida sob a direção de Marie-Madeleine Fragonard e François Roudaut, em três tomos, Honoré Champion, Paris, 1996. (Na referência, os algarismos romanos referem-se ao livro e ao capítulo, o arábico, à paginação)

Pasquier, É.: Carta a M. de Pelgé (1619), *in Les Lettres d'Estienne Pasquier,* tomo II, 1619, transcrita em "Apendice II", da edição de P. Villey de *Les Essais,* vol. III, op. cit.

Pocock, J. G. A.: *The Ancient constitution and the feudal law. A study of English historical thought in the seventeenth century* (1955), Cambridge University Press, Cambridge – New York – Melbourne, 1987.

Rossi, P.: *Francesco Bacone: dalla magia alla scienza* (1957), trad. de Aurora Fornoni Bernardini: *Francis Bacon. Da magia à ciência,* Editora da Universidade Federal do Paraná e Editora da Universidade Estadual de Londrina, Curitiba – Londrina, 2006.

Valla, L.: Texto latino e tradução para o inglês de *The Donation of Constantine,* Yale University Press, New Haven, 1922.

Tournon, A.: " 'Advenu ou non advenu…' ", *in Montaigne et l'histoire,* Claude-Gilbert Dubois (ed.), Éd. Klincksieck, Paris, 1991, pp. 31 – 38.

A construção do passado nas crônicas assiro-babilônicas

Marcelo Rede (DH/FFLCH/USP)

O tempo, diz a fórmula consagrada, é a matéria-prima da história e, consequentemente, da análise historiográfica. Mas é preciso acrescentar, na sequência, que, sob este rótulo amplo e singular, abriga-se uma enorme pluralidade de temporalidades, diferentes entre si, que ora se sobrepõem, ora se contradizem. Entre a temporalidade sentida e vivida pelas sociedades do passado e a temporalidade academicamente aceita e praticada pela historiografia moderna, interpõe-se um fluxo inesgotável de tempos que podem estabelecer, entre os dois pólos, quer continuidades, quer rupturas. Nada assegura, portanto, que os padrões temporais com que trabalham os historiadores sejam equivalentes ou compatíveis com aqueles que estabeleceram as balizas da experiência existencial dos indivíduos e grupos estudados. O que ocorre mais frequentemente é, pelo contrário, uma verdadeira incompatibilidade entre os sistemas de apreciação da temporalidade, gerando, consequentemente, a necessidade de um calibramento que permita ao estudioso analisar, a partir de suas próprias premissas temporais (inconscientes ou – como seria desejável – plenamente reconhecidas), os elementos de temporalidade que compuseram a experiência social em questão. Assim, o tempo, além de ser parte inerente da vida do homem em sociedade, deve tornar-se, igualmente, objeto de reflexão da operação historiográfica. É neste sentido que apresento, aqui, algumas reflexões preliminares acerca da concepção de tempo na antiga Mesopotâmia e de suas implicações para o próprio trabalho do historiador. Embora não se trate de respostas mais definitivas, são observações que, acredito,

74   Francisco Murari Pires (org.)

permitem delimitar alguns elementos importantes, que sinalizam um caminho adequado para o tratamento de uma problemática consideravelmente complexa[1].

Para tanto, eu gostaria de propor o seguinte roteiro: primeiramente, apresentar uma observação de caráter mais geral acerca do problema da concepção de tempo e de como ele tem sido tratado nas ciências sociais; em segundo lugar, alinhavar alguns elementos que, embora esparsos, são, a meu ver, representativos da concepção temporal mesopotâmica e das condições que ela delimita para a constituição da memória social na mentalidade dessas populações, desde o terceiro até o primeiro milênio a.c.; por último, procurar situar – diante desse quadro geral de referências – a especificidade das crônicas assírias e babilônicas, que são, grosso modo, um fenômeno tardio, do primeiro milênio a.C. Espero poder mostrar que esse novo gênero literário não significou uma ruptura inovadora em relação às concepções de passado que vigoraram até então, e que, pelo contrário, só pode ser entendido como um equilíbrio entre elementos temporais diversificados, até ambíguos, já presentes na mentalidade mesopotâmica há mais de dois milênios.

É preciso reconhecer que não foi no campo da historiografia, mas da antropologia, que a problemática da temporalidade se iniciou e alcançou o seu desenvolvimento mais profundo e interessante. A antropologia percebeu muito cedo que – para além do tempo como uma dimensão física do universo e do tempo como uma dimensão biológica do ser humano – também existia o tempo como uma dimensão fundamental dos fenômenos sociais. Intuiu também que esta temporalidade – à imagem de todos os demais ingredientes da organização social do grupo – não era um dado fixo, invariável, inerente a uma pressuposta natureza humana, mas um elemento construído culturalmente, cambiante de sociedade para sociedade. A ideia de que as sociedades humanas percebem e vivenciam a dimensão temporal de formas diversas foi, a partir de então, ganhando o favor dos especialistas[2].

No entanto, ao mesmo tempo, foi também a antropologia que, em seu empenho na formulação de teorias mais gerais, contribuiu decisivamente para o estabelecimento de uma dicotomia que, de certo modo, reduziu a infinita diversidade a dois padrões bási-

---

1   O melhor trabalho sobre o tema é G. Jonker, *Topography of remembrance. The dead, tradition and collective memory in Mesopotamia*. Leiden: E. J. Brill, 1995. Ver, igualmente, as considerações de D. Charpin, "L'évocation du passé dans les lettres de Mari" *in:* J. Prosecký (Ed.) – *Intellectual life of the ancient Near East*. 43e Rencontre Assyriologique Internationale. Prague: Oriental Institute, 1998, p. 91-109.

2   É. Durkheim, *Les formes élémentaires de la vie religieuse*. Paris: PUF, 1990 [or. 1915] já enfatizava a origem social da percepção temporal, embora insistisse em sua referência à realidade. Na antropologia francesa, o trabalho fundador é o de H. Hubert, "Étude sommaire de la représentation du temps dans la réligion et la magie" *in:* H. Hubert e M. Mauss, *Mélanges d'histoire des religions*. Paris, Alcan, 1909. Na vertente inglesa, citemos o trabalho precursor de E. E. Evans-Pritchard, "Nuer time-reckoning", *Africa*, 12, n° 2, 1939, p. 189-216.

cos de temporalidade. Procurando impor uma sistematização científica à miríade de casos possíveis, assumiu-se o risco de uma perda reducionista. Foi assim, então, que se estabeleceu uma oposição entre um tempo linear, fundado na sucessão dos eventos e na irreversibilidade, que é o tempo, grosso modo, que caracteriza a *nós*, os modernos, e, por outro lado, um tempo cíclico, repetitivo, não-cumulativo, propenso à reversão, que seria próprio do *outro*, o primitivo, o bárbaro, o antigo e, particularmente, o oriental (tendência presente em alguns clássicos, como C. Lévi-Strauss e E. Leach). Apresentada deste modo, a sugerida dicotomia foi, certamente, mais enfática nos primórdios da disciplina antropológica e os trabalhos posteriores procuraram ponderar a situação de modo mais equilibrado e preciso. Entretanto, permanece o fato de que ela foi um dos patamares do estudo da temporalidade enquanto fenômeno sócio-cultural. Na historiografia da antiguidade, por exemplo, ela serviu de pedra angular na distinção entre o *oriente* e o *ocidente*. E lembremos, ainda, a enorme influência que a ideia de um tempo cíclico teve no estudo das religiões e das mitologias (sobretudo nos trabalhos de M. Eliade e de seus discípulos), por oposição a um tempo linear próprio do pensamento racional, da política laica e da possibilidade de uma narrativa realmente histórica dos eventos.

Valeria a pena, portanto, tentar situar o caso específico da Mesopotâmia face a esses parâmetros já consagrados, sem, no entanto, tomá-los como uma camisa de força, mas apenas como balizas iniciais para o tratamento do problema.

Diante da longevidade e da diversidade da experiência histórica mesopotâmica, os elementos enumerados a seguir não podem pretender a exaustão, mas devem, creio, fornecer algumas pistas para avançar no terreno. São elementos esparsos – tanto do ponto de vista cronológico, como geográfico ou cultural (alguns são sumérios, outros remetem, sobretudo, à Assíria e à Babilônia), mas não são, absolutamente, aleatórios. Pelo contrário, foram escolhidos em função da representatividade que têm e do potencial que apresentam no sentido de mapear como, na mentalidade mesopotâmica mais geral, o tempo era concebido, de que modo ele se constituiu e foi intuído como uma dimensão da vida social.

Não se trata, portanto, de resgatar formalizações, isto é, reflexões mais sistemáticas e eruditas que os mesopotâmios, e particularmente a elite intelectual, tivessem feito acerca da dimensão temporal de sua existência. Tais reflexões, de tipo filosófico, dificilmente existiram e, se existiram, nós as desconhecemos completamente[3]. Não se trata, tampouco, de analisar a organização das repartições do tempo no calendário de base lunar: embora

---

3   Ver, no entanto, os elementos coletados por E. Robson, "Scholarly conceptions and quantifications of time in Assyria and Babylonia, c. 750-250 BCE" *in:* R. M. Rosen (Ed.) – *Time and temporality in the ancient world*. Philadelphia: University of Pennsylvania Museum of Archaeology and Anthropology, 2004, p. 45-90.

76   Francisco Murari Pires (org.)

importante e interessante, o estudo do calendário remete apenas a um aspecto secundário do problema e não será considerado aqui[4]. Trata-se, sobretudo, de tentar recompor uma certa modalidade – ao mesmo tempo muito abstrata, mas também muito concreta, cotidiana, vivenciada – pela qual as sociedades da antiga Mesopotâmia experimentaram o tempo e, mesmo sem buscar filosofar sobre ele, criaram categorias que permitiam lidar com o fluxo de eventos, que possibilitavam situar os atos e a memória dos atos (humanos, dos reis e mesmo dos deuses) em um quadro de referências.

A tarefa é difícil e permeada por enormes dificuldades documentais, mas, apesar de tudo, pode e deve ser tentada. Comecemos evocando um elemento bastante prosaico, situado no nível linguístico e que se manifesta pelas expressões de que as línguas mesopotâmicas faziam uso para indicar o tempo[5]. O exercício não é sem interesse, pois nos revela, justamente, algumas maneiras de dizer muito distantes daquelas com que nos habituamos em nossa própria lógica verbal. Não há, nem em sumério nem em acadiano, uma forma para indicar "o passado", como noção abstrata. Mas há expressões para se referir aos eventos ocorridos no passado, por exemplo, *pânânum* ou *mahrum*. O interessante é que ambas querem dizer "diante de", "em face de". Ambas remetem, portanto, para frente e não para trás. O termo *pânânum* está associado ao verbo *panûm*, que significa "ir adiante", "para frente". Já *pânum*, da mesma raiz etimológica, expressa a "face", a "fronte". Com acréscimo da preposição *ina* (*ina pani*), significa "na frente de" e indica o testemunho, aquele diante do qual algo é feito. O sinal cuneiforme, que deriva da figura do olho, podendo ser lido *igi* em sumério, precedia, justamente, cada nome próprio na lista de testemunhas no final de cada contrato mesopotâmico.

Do mesmo modo, *mahrum*, que pode ser grafado ideograficamente com o mesmo sinal cuneiforme *igi*, também quer dizer "diante de", "em face de". Mas é, igualmente, a palavra utilizada para denotar "o anterior", "o mais velho", "o que passou".

No pólo oposto, ocorre exatamente o mesmo: para indicar o futuro, essas línguas utilizavam expressões que remetem para trás, sobretudo *warkâtum*, em acadiano, *egir*, em sumério. *Warkâtum* indica a "parte de trás", o "traseiro" de uma pessoa ou de um animal, a "retaguarda" de um exército etc. E, no entanto, são palavras aparentadas que indicam

---

4   Para o calendário na Mesopotâmia, ver H. Hunger, "Kalender" in: *Reallexikon der Assyriologie und Vorderasiatischen Archaologie*, vol. 5, Berlin: Walter de Gruyter, 1976, p. 297-303, M. H. Cohen, *The cultic calendars of the ancient Near East*. Bethesda: CDL, 1993 e os artigos, particularmente o de B. Lafont, reunidos em "Astrologie en Mésopotamie", *Les Dossiers d'Archéologie*, 191, 1994.

5   Para o vocabulário, ver os respectivos verbetes nos dicionários: *The Chicago Assyrian Dictionary*, Chicago: The Oriental Institute, 1964 ss., W. Von Soden, *Akkadisches Handwörterbuch*, 3 volumes. Wiesbaden: Harrassowitz, 1985. e J. A. Halloran, *Sumerian Lexicon*. Los Angeles: Logogram, 2006. Para um estudo da terminologia, cf. J.-J. Glassner, "L'avenir du passé" *in: Chroniques mésopotamiennes*. Paris: Les Belles Lettres, 1993, p. 19-47.

o futuro: *warki* é o que vem "depois"; *warkiât ûmî* são os "dias futuros"; *ana warkâti* significa "para o futuro", "para sempre".

Assim, do ponto de vista do posicionamento espacial da temporalidade, os mesopotâmios concebiam os lugares do passado e do futuro em uma perspectiva que é, basicamente, a inversa da nossa, situando o passado para frente e o futuro para trás.

Um segundo elemento a ser considerado – ainda no âmbito linguístico – é o seguinte: a estrutura verbal com a qual nós estamos acostumados reflete de um modo bastante claro uma distinção e, ao mesmo tempo, uma organização sucessiva dos tempos verbais (passado, presente e futuro). Isso não ocorre nem no acadiano, língua da família semítica, nem no sumério. Não é necessário entrar em detalhes gramaticais, bastando lembrar que, por exemplo, não existe propriamente uma forma verbal de futuro nessas línguas: normalmente, o futuro é expresso pela mesma forma utilizada para o presente.

Na verdade, mesmo falar de "presente" e de "passado" não é exatamente adequado: essas línguas não têm tempos verbais, como o português, por exemplo. Elas têm aspectos verbais que recobrem os nossos tempos, mas também os recortam de um modo próprio, diferente. Assim, quando teorizaram sobre a gramática suméria, os próprios babilônios e assírios dividiram os "tempos" verbais sumérios em *hamtu* e *maru* (nomenclatura que as gramáticas conservam até hoje): *hamtu* quer dizer "rápido", ou seja, aquilo que é pontual, que pode ser situado em um intervalo delimitado (e que, por necessidade de aproximação, nós assimilamos e traduzimos pelas nossas formas de pretérito); já *maru* significa "pesado", "vagaroso", indicando a ação cujo efeito ainda perdura ou perdurará (é por isso que, por falta de melhor, nós geralmente traduzimos o *maru* por um presente ou por um futuro; é o que algumas teorias gramaticais chamam de "aspecto durativo" do verbo). Não há, portanto, uma exata coincidência entre os nossos tempos sucessivos e delimitados e a organização temporal do verbo sumério ou do verbo acadiano.

É bastante provável que as formas sumérias e acadianas de expressão verbal sejam representativas e exprimam, no nível da língua, uma certa concepção do tempo. Não se deve, entretanto, tirar daí consequências extremadas no sentido de considerar resolvida a questão pela simples afirmação de que, do ponto de vista temporal, os mesopotâmios concebiam o mundo, por assim dizer, de modo invertido em relação à nossa concepção de um tempo linear que evolui inelutavelmente de um antes, situado para trás, até um depois, posicionado para frente. Ou ainda que eles não possuíssem nenhuma demarcação que delimitasse as fronteiras entre as várias temporalidades, submergindo indistintamente todos os tempos em um amálgama homogêneo. É preciso, portanto, partir dos dados linguísticos para ir além e procurar ver como as percepções temporais se comportam no nível da ação social.

78 Francisco Murari Pires (org.)

Como um primeiro exemplo, vejamos um tópico bastante clássico da historiografia mesopotâmica: as chamadas "reformas sociais" dos reis mesopotâmicos. Trata-se de um assunto que mereceu tratamento abundante por parte dos historiadores, pois os decretos reais, de certo modo, encarnavam a manifestação concreta de um fenômeno, o da lei, de que a Mesopotâmia sempre foi considerada pioneira, como atesta, por exemplo, o prestígio conferido ao Código de Hammu-rabi. Uma vez que a classificação dos exemplares conhecidos (além do de Hammu-rabi, também os códigos de Ur-Nammu e de Lipit-Ishtar, as leis de Eshnunna e o *corpus* neo-assírio, para citar apenas os casos mais completos) é extremamente problemática e sua função social, objeto de acirrado debate, retenhamos somente que não se pode ver nos decretos a simples aplicação prática de princípios estabelecidos pela legislação codificada.

O fenômeno dos decretos reais – rótulo sob o qual abrigamos textos, na verdade, muito diferentes – é complexo e apresenta uma série de variantes interessantes para a história política, econômica e social[6]. Eu gostaria, porém, de me deter, aqui, sobre um aspecto mais cultural, que interessa diretamente ao nosso tema: qual é a concepção de temporalidade que lastreia as intervenções do soberano na vida social?

Modernamente, quando falamos de reforma, concebemos, em geral, um plano de mudança, a ser projetado para o futuro, das condições que imperam no presente ou que vinham operando desde um passado, remoto ou imediato, com o qual se quer romper. Em outros termos, normalmente, a nossa concepção de reforma – e mais enfaticamente ainda de revolução – implica uma ruptura e também um encadeamento progressista, que vai de um passado a ser superado, por uma ação no presente, visando o estabelecimento de uma nova ordem (melhor, superior ou, em todo caso, diferente) no futuro. Evidentemente, existem movimentos reformistas reacionários, como as revoluções milenaristas, que procuram a retomada de padrões do passado, mas eu diria que eles não dão a tônica da nossa concepção contemporânea de reforma ou de revolução.

Tanto é assim, que grande parte das interpretações sobre os casos mesopotâmicos de reforma foi feita sob a égide dessa perspectiva da mudança progressista, que, do ponto de vista temporal, supunha uma ruptura com um passado a ser superado e a criação de uma novidade renovadora no tempo futuro. Eu penso, sobretudo, nas primeiras teorias acerca das "reformas de Urukagina", soberano sumério do reino de Lagash, que governou por volta de 2330 a.C., cujos editos foram vistos sob esta ótica da renovação. Entretanto, atualmente, parece haver uma grande concordância entre os autores no sentido de interpretar essas "reformas" de outro modo, considerando que a ação do soberano

---

6 Tratei desses aspectos em M. Rede, " 'Decreto do Rei': por uma nova interpretação da ingerência do palácio na economia babilônica antiga", *Revista de História - USP*, 155, 2006, p. 283-326, com citação da literatura anterior.

Antigos e modernos   79

não buscou uma renovação das relações sociais, não propôs nenhuma inovação original, mas, pelo contrário, buscou um retorno, uma retomada dos padrões anteriormente vigentes na sociedade[7]. Assim, se Urukagina instituiu a propriedade dos templos sobre certas terras, não foi visando nenhuma inovação, mas apenas para restaurar a situação tradicional – que havia sido indevidamente alterada pelos próprios funcionários reais e pelos próprios membros da família real, que haviam se apossado das terras dos deuses, gerenciadas pelos templos.

Essa tendência restauradora será, aliás, a tônica de tudo o que chamamos de "legislação" ou "códigos" mesopotâmicos. E será ainda mais clara nos "decretos reais", o que, do ponto de vista das práticas sociais, é significativo, pois, ao mesmo tempo em que não temos nenhuma prova concreta da aplicação efetiva dos chamados códigos, os decretos reais tiveram, sem dúvida, repercussão jurídica: há centenas de contratos que mostram a sua vigência.

Para o que nos interessa, o que vemos é que a intenção do rei – quando anistia tributos, anula dívidas de mercadores em relação ao palácio ou empréstimos entre os particulares, ou ainda quando revoga vendas de escravos ou de imóveis – é fazer retornar a uma situação anterior, considerada de normalidade. A terminologia desses decretos é bastante variada: por vezes, são chamados de *simdat sharrim* ("decreto do rei") ou de *awat sharrim* ("palavra do rei"), mas a denominação suméria *ama.ar.gi* é a mais interessante para nosso propósito: o verbo *gi* significa "retornar", "voltar"; *ama* indica a "mãe". Portanto, *ama.ar.gi* significa, literalmente, retornar ao útero materno, ao princípio de tudo, à situação original. Assim, comete-se um equívoco ao traduzir o termo por "liberdade", supondo, por exemplo, a alforria de escravos; a medida implica apenas a volta do escravo à situação original anterior ao contrato de venda, ou seja, ao seu antigo proprietário[8].

Do ponto de vista temporal, ao intervir para reestruturar o tecido social esgarçado, o soberano volta-se para trás, portanto, em termos mesopotâmicos, para o futuro, que só pode ser entendido como uma situação original à qual retornar. A única proposta legítima de intervenção do rei só pode ser concebida em termos de retomada do padrão,

---

7   O trabalho que marca uma ruptura interpretativa a esse respeito é B. R. Foster, "A new look at the Sumerian Temple-State", *Journal of the Economic and Social History of the Orient*, 24, 1981, p. 225-241.

8   Para este entendimento, ver D. Charpin, "Les décrets royaux à l'époque paléo-babylonienne, à propos d'un ouvrage récent", *Archiv fur Orientforschung*, 34, 1987, p. 36-44 e D. Charpin, "Les édits de 'restauration' des rois babyloniens et leur application" *in:* Cl. Nicolet, *Du pouvoir dans l'Antiquité : Mots et réalités*. Cahiers du Centre Glotz, 1. Genève: Droz, 1990, p. 13-24. Mesmo antes da publicação dos editos, G. Driver e J. Miles haviam sugerido as mesmas implicações no contexto do código de Hammu-rabi: cf. G. Driver, e J. Miles, *Babylonian Laws*. Vol. 1: Legal Commentary. Oxford: Clarendon Press, 1952, p. 225 e 485 s.

80   Francisco Murari Pires (org.)

de restabelecimento de uma ordem, que não é humana, mas cósmica, e que existiu desde o início dos tempos e deve existir até o fim ou, segundo a mitologia local, até o próximo dilúvio. É desse modo que o soberano traduz, na prática, pelos seus atos, este que é um dos atributos essenciais, irrenunciáveis, da realeza: manter o equilíbrio cósmico, estabelecido pelas divindades, e pelo qual o rei é o responsável delegado no mundo dos homens. A *misharum*, a justiça do soberano, deve simplesmente garantir as condições para o predomínio da *kittum*, da ordem cósmica (uma noção muito próxima da *maat* egípcia). A figura do rei-pastor – que é tipicamente mesopotâmica e que, depois, conhecerá uma larga difusão no Oriente Próximo – remete exatamente a essa responsabilidade inerente à função régia: o soberano é aquele que apascenta o seu rebanho, as populações do país, em pastagens abundantes e seguras, no sentido de que garante a repetição eterna do que já é e deve continuar a sê-lo. E isso não é – como muitas vezes é tratado – apenas um elemento ideológico do discurso palaciano: ele corresponde, de um lado, à expectativa dos deuses, que instituem a soberania, e, de outro, à expectativa da população: nenhum sumério, nenhum babilônio, nenhum assírio espera do seu rei um projeto de mudança, um ímpeto de fazer tábua rasa do que existe e construir, sobre os escombros, uma nova sociedade. Pelo contrário, a expectativa é – na nossa concepção – profundamente conservadora. E, de fato, é exatamente isso: conservadora no sentido de que toda esperança no futuro está depositada numa repetição – a menos alterada possível – do padrão ancestral.

Mesmo nos textos em que nós esperaríamos a enunciação de um ineditismo, o que vemos é a evocação de um fato consumado e, no mais das vezes, amplamente conhecido. É o caso das chamadas "profecias históricas" – que aos nossos olhos parecem muito ilógicas em seu encadeamento temporal, porque nelas é profetizado um fato (a queda de um rei, por exemplo) que já ocorreu séculos atrás. Esta é, portanto, uma característica essencial da concepção de tempo na antiga Mesopotâmia: o passado sempre serve de ancoragem ao tratamento dispensado ao futuro pelo presente. Não é possível conceber o porvir sem uma remissão a um padrão de ocorrências já ancestral, que serve para lastrear a estabilidade do ordenamento das coisas.

Haveria, enfim, outros exemplos que apontariam nessa mesma direção, ou seja, indícios muito consistentes de uma temporalidade fundada num parâmetro cíclico. No entanto, seria muito precipitado concluir que o conjunto da concepção mesopotâmica do tempo fosse cíclico, pois uma outra série de indícios apontam no sentido inverso, de um parâmetro linear.

Como estamos mais acostumados a esta forma, podemos apenas enumerar rapidamente alguns exemplos.

Desde muito cedo, já no terceiro milênio, vemos um enorme esforço – inclusive intelectual dos escribas – em organizar as listas de reis sumérios (a "Lista Real Suméria"), que procuram estabelecer um encadeamento sucessivo dos vários soberanos[9]. É verdade que, nestes textos, há uma série de elementos que não coadunam com uma concepção linear estrita, mas que mostram justamente o caráter ainda precário, balbuciante da iniciativa: por exemplo, soberanos que governam 600 anos, 18.000 anos, 36.000 anos, sem nenhuma adequação à duração da vida biológica. Ou, ainda, o fato de a lista tomar como marco central de organização um evento mitológico, o dilúvio estabelecendo dinastias antediluvianas e pós-diluvianas. Além disso, a lista segue estritamente o postulado de que só pode haver um senhor no mundo, como representante do poder divino: assim, ela apresenta uma sucessão de cidades que teriam, a cada momento, o cetro da realeza: Eridu, Bad-tibira, Sippar e Shuruppak, que antecedem o dilúvio, e, depois, Kish, Uruk e Ur. Embora várias dessas dinastias tivessem sido, na verdade, contemporâneas, a Lista Real não admite a convivência.

No entanto, apesar dessas, digamos, hesitações lineares, o princípio já está bem presente desde o terceiro milênio. Posteriormente, só tenderá a se consolidar: nas listas de fórmulas de datação dos anos dos reis, que servirão inclusive para orientar a administração palaciana e para datar os contratos em geral; nas inscrições reais, que irão exaltar os feitos dos soberanos; finalmente, nos anais e nas crônicas, que além de vangloriar os atos régios, estabelecerão uma ordem cronológica extremamente precisa (que, muitas vezes, servem de base para os historiadores até hoje, particularmente quanto ao primeiro milênio a.C.).

Há, na Mesopotâmia, portanto, a convivência de, pelo menos, duas modalidades de temporalidade[10] – que muitas vezes foram consideradas não apenas opostas, mas também excludentes: um tempo retilíneo, contínuo e, por outro lado, um tempo circular. Não é à toa, aliás, que frequentemente constatamos a convivência, na mesma cidade reino, de dois calendários: um litúrgico, ritual, fundado no tempo cíclico da religião e da mitologia, e outro administrativo, basicamente linear.

---

9   Th. Jacobsen, *The Sumerian king list*. Assyriological Studies, 1. Chicago : The University of Chicago Press, 1939. Ver também W. W. Hallo, "Sumerian historiography" *in:* H. Tadmor e M. Weinfeld (eds.) – *History, historiography and interpretation. Studies in biblical and cuneiform literatures.* Jerusalem: The Magnes Press, 1984, p. 9-20 e M. Chavalas, "Genealogical history as 'charter': a study of Old Babylonian Period historiography and the Old Testament" *in:* A. R. Millard, J. K. Hoffmeier & D. W. Baker (eds.) – *Faith, tradition and history.* Winona Lake: Eisenbrauns, 1994, p. 103-127.

10   J.-J. Glassner, "Le devin historien en Mésopotamie" *in:* T. Abusch et alii (eds.) – *Historiography in the cuneiform world.* XLVe Rencontre Assyriologique Internationale, vol. 1. Bethesda, CDL Press, 2001, p. 181-193.

82   Francisco Murari Pires (org.)

Para além desses dois parâmetros polares, existiram, certamente, categorias inter-mediárias. Por exemplo, quando analisamos o problema expressão da temporalidade na imagem mesopotâmica, notamos claramente, de um lado, uma representação iconográfica propriamente narrativa, em que a sucessão de eventos é estabelecida de maneira clara, em que há uma série de dispositivos de marcação do tempo, que distribuem as figurações num antes e num depois[11]. Vemos exemplos disto desde o Estandarte de Ur, de meados do III° milênio, até os relevos dos palácios neo-assírios no primeiro milênio. Por outro lado, temos um tratamento figurativo, sobretudo de caráter religioso, particularmente na figuração das divindades, em que os marcadores temporais são esvaziados em benefício de uma suspensão da temporalidade, de uma transcendência ou, mais propriamente, da afirmação de uma temporalidade que é própria aos deuses, que não está sujeita à evolução mundana e corrosiva do tempo humano (biológico ou social). Nessas imagens, por exemplo, normalmente, não há elementos de situação, não há tratamento pictográfico do fundo, não há paisagem etc. No entanto, quando analisamos a imagem do rei[12], deparamos frequentemente com uma ambiguidade, com um discurso iconográfico que se situa entre esses dois pólos, que se constitui, do ponto de vista da temporalidade, seja aproveitando as indicações de um tempo transcendente, próprio de um universo divino de que compartilha o poder régio, seja, ao mesmo tempo, expressando um tempo mundano no qual os atos do soberano estão necessariamente integrados. A ambiguidade da imagem régia não é acidental, mas constitutiva. Ela tem a ver com a própria natureza do poder do soberano que, a um só tempo, é de origem divina, mas tem de se realizar no século, no tempo[13].

Então, nas imagens ou nas crônicas, o problema, no fundo, é o da narrativa: a narração dos eventos introduz um ingrediente desestabilizador, de degenerescência, de escoamento do tempo, que é, por excelência, deletério. O soberano vive o insidioso dilema de não se poder mostrar como tal a não ser confrontando a sua própria natureza temporal. Ele se expõe – no texto e na imagem – para afirmar os seus atributos de poder, mas, ao fazê-lo,

---

11   Para o problema da narrativa na imagem, ver, em geral, I. J. Winter, "After the battle is over: the stele of the vultures and the beginning of historical narrative in the art of the ancient Near East" *in:* H. L. Kessler e M. S. Simpson (eds.) – *Pictorial narrative in Antiquity and Middle Ages*. Washington, National Gallery of Art, 1985, p. 11-32. Ver também I. J. Winter, "Fixed, transcended and recurrent time in the art of ancient Mesopotamia" *in:* K. Vatsyayan (ed.) – *Concepts of time, ancient and modern*. New Delhi: Sterling, 1996.

12   Para a imagem do rei, ver o excelente estudo de Z. Bahrani – *The graven image. Representation in Babylonia and Assyria*. Philadelphia: University of Pensnsylvania Press, 2003.

13   Ver, a este propósito, as considerações de S. M. Maul, " 'Il ritorno alle origini': Il rinnovamento rituale della regalità nella festa babilonese-assiria del nuovo anno" *in:* VV.AA. *Il giubileo prima del giubileo*. Milano: Centro Studi Del Vicino Oriente, 2000, p. 23-34.

tem de se submeter a uma temporalidade que acaba por desnudar e corroer a pretensa atemporalidade do seu poder. Trata-se de uma terceira temporalidade, própria do universo da realeza, um tempo heroico, mas sabendo que, no caso mesopotâmico, os atributos de heroicidade são praticamente monopolizados pelo rei. Não tanto porque o rei seja um indivíduo excepcional, mas porque ele é a encarnação terrena da ordem cósmica. Ora, as crônicas são, fundamentalmente, um discurso heroico dos feitos régios. Portanto, não será surpresa constatar que, do ponto de vista da temporalidade, elas compartilhem da ambiguidade de que acabamos de falar.

Como gênero literário, as crônicas assírias e babilônicas são um fenômeno que já surge nos finais do II milênio, mas se consolidam no I milênio, perdurando até os períodos persa e selêucida[14]. Formalmente, apresentam-se como um relato, organizado, ano a ano, dos eventos mais importantes, sobretudo as guerras, do reinado, não apenas de um soberano, mas, às vezes, de dinastias inteiras. São construções literárias pontuadas por referenciais cronológicos muito precisos, por vezes, inclusive, observações astronômicas bastante exatas, como eclipses, por exemplo. Em comparação com os textos "historiográficos" anteriores, as crônicas avançam, sobretudo, no sentido de uma percepção mais decididamente linear, mais sequencial, na qual os eventos são percebidos uns em relação aos outros. Ao mesmo tempo, porém, elas não estabelecem, em geral, nenhuma relação consistente de causa e efeito, a não ser, justamente, a causalidade divina: se uma cidade é destruída, se um rei é vencido, se uma dinastia chega ao fim, é porque, de algum modo, o deus abandonou o seu templo, retirando a sua proteção e abrindo caminho para a desgraça. A leitura das crônicas dá a forte impressão de que, ao final das contas, a organização linear do tempo atua em favor de uma lógica subjacente informada pela eterna repetição dos padrões, assim como de que há uma teleologia, em que o *telos*, a finalidade, é o recomeço a partir de um ponto original. Portanto, há um equilíbrio entre os dois parâmetros de temporalidade.

Em sua forma literária, as crônicas favorecem a temporalidade linear, mas jamais se tornam autônomas em relação a uma temporalidade cíclica. Portanto, e isso é importante frisar, não há uma evolução inelutável de uma concepção cíclica do tempo para uma concepção linear, da qual as crônicas seriam o ápice: em primeiro lugar, as duas modalidades temporais estão presentes desde muito cedo, na verdade, desde que o fenômeno se torna visível para o historiador; em segundo lugar, uma modalidade jamais substitui a outra de modo decisivo. Há, ao contrário, zonas de compartilhamento, que se equilibram, enfatizando um ou outro aspecto, mas o equilíbrio nunca foi rompido decisivamente em favor

---

14   Para as crônicas, inclusive com edição dos textos, ver A. K. Grayson – *Assyrian and babylonian chronicles*. New York: J. J. Augustin Publisher, 1975 e J.- J. Glassner – *op. cit.*

84   Francisco Murari Pires (org.)

deste ou daquele parâmetro temporal. As crônicas assírias e babilônicas são as melhores amostras desse equilíbrio na ambiguidade.

Um exemplo, retirado das crônicas de Nabonido (556-539 a. C.), último rei da Babilônia, permitirá realçar alguns aspectos importantes[15]. Vimos que uma das características da situação de ambiguidade temporal é o fato de que toda tentativa de inserção de uma novidade deve ser feita a partir de um processo de ancoragem, significando não apenas remissão ao passado, mas também retomada dos padrões ancestrais. Quando Nabonido enfatiza o culto de Sîn, o deus da lua, inclusive em detrimento do culto tradicional de Marduk, procura, contudo, fazê-lo de acordo com os princípios religiosos aceitos desde sempre e, sobretudo, tomando os cuidados para não melindrar excessivamente a religiosidade associada a Marduk, tanto em sua dimensão administrada pelo clero, como o culto popular de que o deus se beneficiava há séculos. É isso que nós depreendemos das inscrições do próprio Nabonido[16].

Nas crônicas sobre o reinado de Nabonido, temos uma visão completamente diferente: a imagem de um rei quase herético, que descuida do culto de Marduk e acaba incorrendo na ira do deus, caindo, finalmente, em desgraça. Por que tal diferença? Porque, justamente, essa crônica é uma peça tardia, escrita posteriormente à conquista de Ciro e que faz uma releitura dos eventos cuja ambição é dupla: em primeiro lugar, legitimar o poder do novo rei, mostrado como um continuador da tradição babilônica e um conquistador que garante, sem interrupções, o culto de Marduk. Por isso mesmo, Ciro teria entrado triunfantemente na cidade da Babilônia sem encontrar resistências, com a aprovação da elite e da população locais. Em segundo lugar, é uma peça de propaganda escrita pelo clero de Marduk, em bom dialeto babilônico erudito, no sentido de preservar a sua posição e os seus privilégios junto ao novo governante, além, é claro, de aproveitar para se vingar, retrospectivamente, de um rei que havia diminuído a sua influência.

Para além do embate político, o que nos interessa frisar, porém, é que um ingrediente fundamental do discurso ideológico presente na crônica foi negar a Nabonido a capacidade de assegurar a ordem cósmica, a repetição do tempo cíclico na dimensão dos eventos mundanos, dos seus atos como rei. Em outros termos, recusa-se ao rei a capacidade de ser o operador entre as duas temporalidades, ao mesmo tempo que reconhece na figura do conquistador persa uma perspectiva de futuro, mas um futuro que consistia na

---

15   Sobre Nabonido, a obra fundamental continua sendo P. A. Beaulieu, *The reign of Nabonidus, king of Babylon (556-539)*. New Haven: Yale University Press, 1989. Ver, igualmente, os capítulos sobre Nabonido em D. Arnaud, *Nabuchodonosor II, roi de Babylone*. Paris, Fayard, 2004.

16   Edição completa em H. Schaudig, *Die Inschriften Nabonids von Babylon und Kyros' des Grossen*. Munster: Ugarit-Verlag, 2001.

recorrência e na continuidade do passado. A substituição do rei implica, portanto, não apenas astúcia estratégica e potencial bélico, mas também uma negociação face às várias concepções de tempo do país conquistado, no sentido de mostrar que o novo soberano é capaz de manter o equilíbrio entre parâmetros diferentes e construir, a partir deles, uma terceira modalidade temporal, própria do poder régio.

Arqueologia como arqueografia

Marlene Suano (DH/FFLCH/USP)

O britânico Christenson, em 1989, afirmava que "a Arqueologia é uma das disciplinas mais a-históricas entre as disciplinas históricas"[1]. Passados quase 20 anos, vejamos como a situação mudou... se mudou!

Mesmo com a "arqueologia" tendo tido espaço oficial, sobretudo na Europa, desde o século XVII, é no século XIX que seu ensino se formaliza, a partir de 1825, na Real Universidade de Pisa, na Itália, em um "Gabinete", gerido por Gerardo Gherardini, que ensinava "arqueologia experimental", praticando sobretudo em sítios etruscos da região.

Há inúmeras obras de boa qualidade tratando da história da Arqueologia, entre as quais podemos citar Trigger, Malina & Vašiček, Renfrew & Bahn e Bahn.[2]

Como historiadores, o que vemos, resumidamente, é que século XIX afora e pelo século XX, na Europa, a Arqueologia se abriga sob o chapéu da "história da arte" e, nos anos de 1930-60, a encontramos como uma das "ciências auxiliares" da História. O "auxílio", contudo, é sempre meramente ilustrativo. Sem dúvida a visão logocêntrica de Moses Finley,

---

1   Christenson, A. (1989), *Tracing Archaeology's Past. The Historiography of Archaeology*, Carbondale, Southern Illinois University Press.

2   Bahn, P.G. (ed.). (1996), *The Cambridge Illustrated History of Archaeology*, Cambridge, CUP; Malina, J. and Vašiček, Z. (1990), *Archaeology Yesterday and Today. The Development of Archaeology Science and Humanities*, New York, CUP; Renfrew, C. and Bahn. (1991), *Archaeology: Theories, Methods and Practices*, New York, Plenun Press; Trigger, B. (1989), *A History of Archaeological Thought*, Cambridge, CUP.

88   Francisco Murari Pires (org.)

considerado por muitos como um dos maiores historiadores da Antiguidade, influiu negativamente neste quadro.

Às vezes é difícil explicar a historiadores habituados prioritariamente a textos, o que significa o uso "ilustrativo" e como abandoná-lo. Se pensarmos em qualquer texto de Marx, por exemplo, e "descobrirmos" materialmente a casa onde ele vivia e onde escreveu o referido texto, casa e objetos nela contidos em pouco ou nada nos ajudarão a compreender seu texto. Mas essas casas e os objetos desses autores são sempre usados para que "conheçamos" a personagem que escreveu o referido texto. Isso não é absolutamente desprezível, desde que saibamos que se tratam de realidades documentais profundamente diversas.

Transposto para estudos de sociedades do passado, sobretudo aquelas do Mediterrâneo antigo, essa maneira de "ver" os objetos, construções, estruturas urbanas, "ilustrava" os textos antigos, espécie de cenário necessário para se entender onde circulavam, como se vestiam, como moravam aqueles gregos e romanos tão vivos nos textos clássicos.

Contudo, nos EUA, a situação é diferente já desde o início do século XX, onde a Arqueologia, em um relatório de 1919, apresenta-se ligada à Antropologia em três universidades e à Biologia, Geologia e Etnologia em outras cinco, claramente algo devido à associação inevitável entre grupos indígenas vivos e seus antepassados remotos, consistente objeto da prática arqueológica naquele país.

Mas foi nos anos de 1960-1970 que a Arqueologia americana estabeleceu claramente os parâmetros dessa aproximação, lançando apelos para que a arqueologia se dedicasse a entender o homem em seu meio-ambiente, como agente da cultura que o transformava, a entender o "processo" da formação e da mudança cultural. A arqueologia americana ignorava assim seu próprio passado, já que essa associação era clara nos anos de 1925-30 e reiniciava um de seus movimentos "renovadores".[3]

Chamada de "*Nova Arqueologia*", a tendência de fato fez escola em termos de alertar para que a arqueologia "do caco" não era ciência. Graças à *Nova Arqueologia* a ligação homem-ambiente e a necessidade de estudá-los em conjunto, buscando entender os processos de formação e mudança cultural, chegou às salas universitárias, onde, também, já estavam esquecidos os estudos pioneiros da Geografia Humana francesa do início do século e, mais ainda, o que Lucien Febvre – aliás geógrafo de formação – falava da questão.

A necessidade de "ser ciência" da *Nova Arqueologia* levou seus praticantes e defensores a extremos, logo ridicularizados, de "descoberta de *leis*" chamadas, com razão, de *mickey mouse laws*, definição que dispensa explicações: "o número de depósitos de grãos cresce na medida em que aumenta a produção"... foi uma entre tantas semelhantes.

---

3   Ribeiro, M.S., (2008), *Arqueologia das Práticas Mortuárias*, São Paulo, Alameda.

Antigos e modernos   89

O certo é que, defensores de métodos hipotético-dedutivos, usando métodos quantitativos, especialmente estatísticos, os praticantes da *Nova Arqueologia* deixaram o flanco aberto a críticas. Acusados de "deterministas geográficos" e de "a-históricos" e "positivistas", os defensores da *Nova Arqueologia* encontram forte oposição em uma ala de estudiosos britânicos, baseados em Cambridge nos anos de 1980.

A oposição à *Nova Arqueologia* foi chamada de Arqueologia Pós-Processual, que se afasta do "processualismo" da primeira e se aproxima da História. A surpresa é saber que isso se dá entre o final dos anos de 1980 (Hodder, 1987) e início dos anos de 1990 (Bintliff, 1991) e que a descoberta é a história dos Annales dos anos de 1930-40![4]

Não é este o momento de discutirmos a questão, mesmo porque há bons estudos a respeito (Ribeiro, 2002). O que nos interessa é saber que, a partir daí, várias tendências se articulam, como arqueologia dos gêneros, arqueologia das identidades, todas podendo se abrigar sob os nomes mais genéricos de "Arqueologia Interpretativa" ou "Reflexiva".

Curiosamente, essas tendências incorporaram uma das grandes contribuições da *Nova Arqueologia*, que é a discussão sobre contexto sistêmico e contexto arqueológico, que elucidava que o sítio escavado não era a "realidade do passado", já que tal realidade sofrera abandonos, manumissões, destruições. O arqueólogo, na realidade, encontra pálidos restos do antigo contexto "de uso" e, a partir daí, inicia o percurso até o presente[5]. A grande contribuição das tendências "reflexivas" ou "interpretativas" foi alertar que o que era visto, tido e encenado como uma "reconstrução", na realidade era *construção* e que nessa construção o arqueólogo *não era neutro*. Pelo contrário, ele era peça-chave, cuja formação, ideologia, capacidade de entendimento do que escavava e de expressão escrita, tudo contribuía para a referida construção.

Ter-se-ía tratado da última peça de descoberta tardia dos Annales, especificamente Lucien Febvre e a sua brilhante e jamais superada noção do "homem fruto do seu tempo" e da história que ele escreve como fruto desse próprio tempo, presente em sua obra de 1942, *Le Problème de l'incroyance au XVIème siècle, la religion de Rabelais*. A arqueologia "interpretativa" percebia-se, assim, a exemplo dos demais escritos historiográficos, um produto do presente, não uma apresentação "neutra" do passado...

Não foi esse, contudo, o trajeto da grande descoberta apenas exposta. Febvre passa totalmente esquecido já que o viés que levou os arqueólogos à tão óbvia, para nós historiadores, constatação, foi um *mix* da teoria da história como narrativa, de Hayden White dos anos de 1980, a fenomenologia alemã e francesa dos anos de 1950-60 e a hermenêu-

---

4   Hodder, I., (1987), *Archaeology as Long Term History*, Cambridge, CUP; Bintliff, J. (ed.) (1991), *The Annales School and Archaeology*, New York, New York University Press.

5   Schiffer, M. B. (1972), *"Archaeological Context and Systemic Context"*, in *American Antiquity*, 37 (2): 156-165.

90   Francisco Murari Pires (org.)

tica de Paul Ricoeur dos anos de 1970, e tudo também considerando o apetecível rótulo do "linguistic turn" do pós-modernismo.

O *mix* provocou uma desenfreada busca da teoria arqueológica pelo entendimento da maneira de "construir a narrativa" dos arqueólogos, como que buscando "onde colocaram juntas certas coisas que deveriam estar separadas".

A Universidade de Stanford, nos EUA, reduto, a partir dos anos de 1990, de grandes nomes da arqueologia pós-processual britânica, a começar pelo próprio Hodder, foi responsável, entre 2000 e 2003, por seminários e publicações sobre a construção de "narrativas arqueológicas".[6]

Deixando de lado as incongruências teóricas, parecia que, finalmente, a teoria arqueológica começava perceber construções e articulações explicativas que não tinham a ver apenas com o objeto estudado mas sim com o momento histórico em que se dava tal estudo. A arqueologia do Levante revelou-se o cenário ideal para muitos desses estudos, pelo caráter claramente ideológico das tentativas de dar um passado "bíblico" a Israel, correntes entre os anos de 1950-1980.

Essa questão, porém, por mais atenção que ainda esteja provocando, é antiga e já foi bastante estudada pela historiografia francesa e pela arqueologia que tem os Celtas como seu objeto de pesquisa. Nesse âmbito, era mesmo difícil deixar de analisar e entender os investimentos de Napoleão na arqueologia do território celta, com o que buscava demonstrar o alcance do território "francês" no passado!

O problema é não se ter percebido, ainda, que essa busca pelo entendimento da construção de narrativas arqueológicas nada mais é que *historiografia da arqueologia*, que bem poderia – aliás deveria – chamar-se *arqueografia*.

Essas ponderações podem soar estranhas, deslocadas e desnecessárias aos historiadores, já que a historiografia, compreendida como o estudo da produção historiográfica, é prática corriqueira, há mais de 50 anos, na profissão do historiador. No entanto, entre nós, embora a maioria dos arqueólogos receba formação básica em história, ao se dedicarem à arqueologia, deparam-se com os textos teóricos da disciplina e, de maneira geral, não conseguem rastrear as defasagens e os deslocamentos aí existentes.

Por um lado, os historiadores tendem a identificar claramente o campo onde Hayden White colecionou seguidores e desconsiderá-lo, juntamente com outras questões por ele propostas ou delas decorrentes. Os arqueólogos, no entanto, pouco afeitos à teoria da história, tendem a naufragar ao tentar usá-la.

---

6   *Narrative Pasts | Past Narratives*, Stanford University, Fevereiro 2001; cf. http://archaeology.stanford.edu/journal/ newdraft/pastnar/pastnarhome.html.

Antigos e modernos   91

No caso da arqueologia "interpretativa", as suas fontes teóricas são até que bastante claras para o historiador, que ali reconhece: a ideia de reconstrução do passado, mesmo que "imaginária", para que o leitor possa "ver-se" em tal passado, presente em Collingwood (1946); *experiência incorporante do passado*, com fortes referências a obras de Merleau Ponty dos anos de 1960, e a *fenomenologia* de Heidegger no início dos anos de 1950, presentes nos trabalhos de um dos grandes expoentes da teoria arqueológica, Tilley, meados dos anos de 1990.[7]

Mas, em termos de hermenêutica, Paul Ricoeur e Hayden White são combinados como os "gurus" de tal tendência e se, para historiadores, as implicações são claras, para os arqueólogos não. Sem contar que a grande necessidade de teorizar a arqueologia, para mantê-la como disciplina autônoma no âmbito acadêmico, leva à proliferação de novas vertentes. Recentemente, o mais sério teórico da arqueologia, Hodder, sugere que o trabalho arqueológico é *"ao mesmo tempo, objetivo e subjetivo"*... A partir disso já se começam a reunir, a partir dos EUA, os seguidores de uma nova *"arqueologia simétrica"*, que tem o filósofo Michel Serres como pilar. Não que os arqueólogos americanos sejam particularmente devotados à filosofia, mas Serres é professor de história das ciências na Universidade de Stanford desde 1984...

Da Austrália surgiu, em 2003, contribuição que busca trabalhar sítios arqueológicos a partir de Gadamer, em estudos da Flinders University, em Adelaide. Da Suécia, recentemente, uma contribuição propondo uma arqueologia post-humana, chamada de poli-agente, combinação de Bergson, Deleuze, Grosz, DeLanda, Pearson, Badiou, Sartre, Nietzsche, Darwin e Aijmer.

Caberia, portanto, a historiadores buscar essa aproximação, até hoje praticamente inédita, da história com a cultura material e, mais especificamente, com a arqueologia, na formação das novas gerações, introduzindo-as em universo conceitual disponível há mais de 20 anos e tão pouco difundido[8]. Só assim poderíamos ter esperança de começar a formar um corpo de considerações ao qual chamarmos de *arqueografia*: a escrita da cultura material das sociedades do passado.

---

7   Tilley, Ch. (1994), *A Phenomenology of Landscape: Places, Paths and Monuments*. Oxford: Berg.

8   Appadurai, A.(ed.), (1986), *The Social Life of Things, Commodities in Cultural Perspective*, New York, CUP.

92   Francisco Murari Pires (org.)

A história não mais logocêntrica mas considerando a materialidade da vida social, uma história também escrita "a partir das coisas", no feliz título de Lubar & Kingery,[9] revisto e comentado entre nós há 10 anos.[10]

Mais, só historiadores formados nas lides da produção do conhecimento histórico combinando textos e cultura material poderão, de fato, contribuir para tirar a arqueologia de seu poço sem fundo de novas teorias, já que...

> ... Só há, pois, uma ciência dos homens no tempo e que tem que vincular incessantemente o estudo do morto ao dos vivos. Como denominá-la? Já disse por que razão o nome antigo de "história" me parece o mais compreensivo, o menos excludente; o mais carregado também das emocionantes recordações de um esforço muito mais que secular; por conseguinte o melhor. (Marc Bloch, Introdução à História).

---

9   Lubar, S. & Kingery, W, (1993), *History from Things, Essays on Material Culture*, Washington, Smithsonian Institution Press.

10   Rede, M. (1996), "História a partir das Coisas: tendências recentes nos estudos de cultura material (*History from Things* de Steven Lubar & W. David Kingery)", in *Anais do Museu Paulista*, 4: 265-290.

A nova "economia antiga"

notas sobre a gênese de um modelo

Miguel Soares Palmeira (DH/FFLCH/USP)

"Escrita da História", "Antigos e Modernos": ambos os temas propostos para este seminário têm me ocupado em uma investigação sobre os debates acadêmicos travados na segunda metade do século XX a respeito da vida econômica de gregos e romanos antigos.[1]

Ao longo da história dos Estudos Clássicos, houve alguns momentos de institucionalização de debates acalorados entre classicistas a respeito da natureza da economia da Antiguidade greco-romana. Um desses momentos ocorreu nas décadas de 1960 e 1970. Nesse período, Moses Finley (1912-1986), historiador nascido nos Estados Unidos e emigrado para Cambridge, Inglaterra, em 1955, cumpriu, na definição de seus próprios pares, um papel de protagonista nos debates. A partir da década de 1970, a tomada de posição em relação às concepções de economia greco-romana antiga esposadas por Finley tornou-se um expediente comum entre os acadêmicos que tentassem se fazer ouvir a respeito da

---

1   Trata-se da tese de doutorado que defendi, sob orientação do Prof. Francisco Murari Pires, nos quadros do Programa de Pós-Graduação em História Social da Universidade de São Paulo. A pesquisa somente foi possível graças ao apoio financeiro concedido em diferentes momentos pela Fapesp e pela Capes.

Este texto corresponde *grosso modo* àquele lido por ocasião do Seminário – daí que se tenham conservado nele certas marcas de uma exposição oral. Pude, contudo, fazer algumas correções, tanto de forma como de conteúdo, graças às observações de Felipe Brandi, Rafael Benthien e Rodrigo Turin, a quem agradeço.

94   Francisco Murari Pires (org.)

história econômica da Antiguidade Clássica.[2] Com efeito, a produção e a reprodução (crítica ou encomiástica) das concepções de história econômico-social defendidas por Finley oferecem uma pista para um exame da gênese histórica de um dos modos modernos de se apreender a Antiguidade Clássica. Eu vou me valer portanto desse caso específico, a contribuição de Finley para o estudo da economia antiga, para tratar de "Antigos e Modernos"; ou, a bem da verdade, para tratar de certos "modernos" que têm em comum a produção de conhecimento acadêmico sobre os "antigos". Meu objetivo é chamar a atenção para alguns aspectos da historiografia da economia antiga que a meu ver têm escapado a seus comentadores (esses comentadores são, regra geral, partes interessadas na consagração de uma ou outra visão sobre a economia antiga, o que não é o meu caso; meu objeto são as discussões sobre a economia antiga, e não a economia antiga propriamente dita).

É impossível determinar uma origem precisa do interesse acadêmico moderno pela vida econômica dos antigos. Há registros de estudos nessa área entre os primeiros economistas e entre os pioneiros das chamadas "ciências da Antiguidade" na Alemanha, e alguns autores remontam aos eruditos do século XVI para marcar o começo desse capítulo de história intelectual.[3] Como objeto de disputas acadêmicas, no entanto, é geralmente aceito que os debates sobre a economia antiga conheceram um acirramento, um primeiro momento de institucionalização, no final do século XIX.[4]

---

2   É ilustrativa do protagonismo de Finley a recorrência com que se apontam seus trabalhos como ponto de partida de publicações coletivas sobre a economia antiga. Vejam-se, entre os muitos exemplos possíveis, os casos de uma compilação de textos sobre marxismo e sociedade antiga, na década de 1970 (M. Vegetti [org.]. *Marxismo e società antica*. Milão: Giangiacomo Feltrinelli Editore, 1977); de um livro sobre comércio na Antiguidade, nos anos 1980 (P. Garnsey, K. Hopkins, C. R. Whittaker [orgs.]. *Trade in the Ancient Economy*. Londres: Chatto & Windus / The Hoggart Press, 1983); de um dossiê sobre economia antiga em um periódico de historiadores franceses, em meados dos anos 1990 (*Annales HSS*, n. 5, 1995, com coordenação de Jean Andreau); e de uma coletânea sobre economia antiga publicada nesta década (W. Scheidel e S. von Reden [orgs.]. *The Ancient Economy*. Edimburgo: University of Edinburgh Press, 2002).

3   Veja-se, por exemplo, Cl. Nicolet. *Rendre à César. Économie et Société dans la Rome Antique*. Paris: Gallimard, 1988, pp. 13-40, para um recuo ao século XVI. A. Momigliano discorreu sobre os estudos de Barthold Niebuhr sobre o regime agrário romano em "New Paths of Classicism", *History and Theory*, vol. 21, n. 4, Beiheft 21, 1982 (esp. pp. 3-15); e N. Morley. "Political Economy and Classical Antiquity", *Journal of the History of Ideas*, vol. 59, n. 1, 1998, pp. 95-114, assinalou a importância da Antiguidade na construção das teorias de Adam Smith e seus contemporâneos.

4   Mesmo Nicolet (*op. cit*) o admite. Cf. ainda É. Will ("Trois quarts de siècle de recherches sur l'économie antique", *Annales ESC*, n. 9, 1954, pp. 7-22), para uma apreciação dos trabalhos de história econômica grega, e A. Schiavone (*Uma História Rompida. Roma Antiga e o Ocidente Moderno*, São Paulo, Edusp, 2005 [trad. F. Joly]), para uma visão a partir da história romana.

O episódio considerado fundador desse acirramento foi uma querela entre o economista Karl Bucher e o historiador-filólogo Eduard Meyer. Essa querela opunha duas visões sobre a vida econômica da Antiguidade (não apenas clássica): Bucher entendia que a organização econômica dos antigos correspondia a um primeiro estágio do desenvolvimento econômico da Humanidade, no qual predominava a economia doméstica, movida por um ideal de autarquia, com um nível baixo de trocas comerciais; já Meyer dizia que, ao contrário, certos períodos da Antiguidade testemunharam um esplendor comercial comparável ao das economias modernas.[5] A rigor, as teses de ambos os autores respondiam a diferentes ordens de preocupações. Bucher era um teórico, e reivindicava esse estatuto para seu trabalho. Sua preocupação inicial não era tanto com o que diziam os historiadores da Antiguidade, mas sim com as ideias de seus pares economistas (o texto de Bucher era atravessado por uma crítica aos economistas que não tinham pudores em fazer uso de categorias econômicas modernas em estudos sobre economias não-modernas). O problema de Meyer era outro. O que lhe dizia respeito no texto de Bucher era a associação dos antigos a uma sorte de primitivismo. À época em que escrevia era comum a muitos letrados da Alemanha e de outros países europeus o temor de que sua posição social e seus valores viessem a ser rejeitados por obsoletos na era da tecnologia. Numa época em que reformas educacionais do Imperador Guilherme II reduziam a importância do Grego e do Latim no currículo escolar, a localização dos antigos na parte de baixo de uma escala evolutiva da Humanidade foi sentida pelos historiadores da Antiguidade como um ataque a sua posição.[6] Daí Meyer ter iniciado seu texto sobre o desenvolvimento econômico da Antiguidade assumindo que se tratava ali de defender a importância da história antiga para a cultura moderna.

Desde o início do século XX, autores diversos manifestaram intenção de se afastarem dos pólos opostos da discussão. As tentativas de caracterização da vida econômica antiga mostravam-se, todavia, mais eficazes quando se faziam perceber como corolário da controvérsia Bucher-Meyer. Foi assim que se deu um segundo momento de acirramento das discussões sobre a economia antiga entre o final da década de 1920 e o início da década de

---

5   Ver K. Bucher, "Les origines de l'économie nationale", em seus *Études d'Histoire et d'Économie Politique*, Bruxelas/ Paris, Henri Lamertin/Féliz Alcan, 1901, pp. 43-114 (trad. A. Hansay); e E. Meyer, "La evolución económica de la Antiguedad", em seu *El historiador y la Historia antigua*, Cidade do México/Buenos Aires, Fondo de Cultura Económica, 1955, pp. 63-135 (trad. C. Silva). Os textos originais foram publicados, respectivamente, em 1893 e 1895 e depois republicados diversas vezes, com alterações.

6   Ver F. Ringer. *O Declínio dos Mandarins Alemães. A Comunidade Acadêmica Alemã, 1890-1930*. São Paulo: Edusp, 2000 (orig. 1968; trad. D. Abreu Azevedo); e H. Bruhns. "À propos de l'histoire ancienne et de l'économie politique chez Max Weber", introdução a M. Weber. *Économie et Société dans L'Antiquité*. Paris: La Découverte, 1998, p. 25, nota 38.

96   Francisco Murari Pires (org.)

1930. O mote então foi a publicação dos trabalhos do helenista alemão Johannes Hasebrök sobre a história econômica da Grécia. Em um universo profissional ainda muito marcado pela influência de Eduard Meyer, Hasebrök era possivelmente o primeiro a acolher as ideias caras aos economistas pelas quais os classicistas alemães sentiram vilipendiada sua matéria de estudo. Seu primeiro livro foi publicado, com uma vocação assumidamente polêmica, quando Meyer ocupava o cargo de reitor da Universidade de Berlim. Hasebrök defendia ali que o comércio grego do período clássico fora "relativamente primitivo" e que, ao contrário do que afirmava a "visão corrente" de Meyer e seus discípulos, não havia sido um fator preponderante na vida política.[7]

A polêmica suscitada pelo trabalho de Hasebrök marcou a redução do escopo das novas investigações ao desenvolvimento econômico da Antiguidade Clássica (sobretudo grega, naquele momento), ao invés de Antiguidade em sentido amplo. Em relação à controvérsia Bucher-Meyer, a polêmica do final da década de 1920 e início da década de 1930 também se distinguia por não mais envolver diretamente economistas: os classicistas monopolizariam dali em diante a história econômica antiga. O palco institucional era, contudo, semelhante. Assim como ocorrera na virada do século, a arena era demarcada por alemães, mesmo se acadêmicos britânicos, italianos e franceses nela fizessem incursões ocasionais. E havia continuidades entre os dois momentos alimentadas pelos usos e abusos dos textos "fundadores" dos debates. Finalmente, consagravam-se por Hasebrök os termos "primitivista", a designar opiniões associadas a Bucher, e "modernista", a rotular posições tidas por próximas a Meyer.

Ainda na década de 1930, as discussões sobre a economia antiga arrefeceram paralelamente às complicações vividas por professores universitários da Alemanha depois da promulgação das leis raciais hitleristas. Muitos dos classicistas judeus expulsos das universidades alemães procurariam abrigo profissional em instituições da Grã-Bretanha e dos Estados Unidos. Depois do armistício de 1945, uma nova geografia da excelência acadêmica europeia se apresentaria. Antiga guarnição da erudição histórica tradicional, a Alemanha tinha seu status depreciado quer em função do exílio de algumas figuras de proa, quer da desconfiança a pesar sobre aqueles dentre os remanescentes que haviam colaborado com o regime nazista. Nos Estudos Clássicos e na Historiografia, as inovações importantes dos anos seguintes teriam outras origens.[8]

---

7   J. Hasebrök, *Trade and Politics in Ancient Greece*, Nova Iorque, Biblo and Tannen, 1965 (orig. 1928; 1ª ed. em inglês em 1933), trad. L. M. Fraser e D. C. MacGreggor. Para um apanhado das discussões suscitadas por esse livro, ver P. Cartledge, "'Trade and Politics' revisited", em P. Garnsey, K. Hopkins e C. R. Whittaker (orgs.), *op. cit.*, pp. 1-15.

8   Por "inovações importantes", penso naquelas que foram capazes de influenciar naquelas circunstâncias a prática da pesquisa em diferentes centros, sem me preocupar propriamente com seu mérito. Sobre o rebaixamento da

Ainda hoje, é comum abrir-se um livro de história econômica da Antiguidade Clássica e deparar com referências a um debate secular entre "primitivistas" e "modernistas" (com algumas variações desses rótulos), um debate dito via de regra tão persistente quanto impertinente; um debate que carrega uma dessas oposições binárias que a cada dia cientistas sociais e historiadores se dizem dispostos a superar mas, paradoxalmente, não se cansam de reiterar. Os comentadores dos debates sobre a economia antiga tendem a fazer vista grossa para as descontinuidades das querelas aqui mencionadas, como as diferenças de escopo das discussões e a diversidade de suas personagens. Mas a inscrição dos trabalhos sobre a economia antiga em uma continuidade totalizadora está longe de ser um gesto desinteressado. Esse tipo de operação, ao desbastar as discussões de suas marcas de polêmica circunscrita para elevá-las à condição de uma controvérsia duradoura e insolúvel, tem o poder mágico de emprestar prestígio aos debatedores da economia antiga. E, se em seu propósito de fazer avançar seu campo de estudos, os historiadores da economia antiga denunciam o caráter estéril da cristalização dos opostos "primitivistas" e "modernistas" como irreconciliáveis, é preciso considerar, ao menos em termos de uma certa história intelectual que aqui me ocupa, os *efeitos catalisadores* das dicotomias, sua capacidade de conferir a determinadas teorias e a determinados teóricos atributos de perenidade ou, em outras palavras, um caráter de instituição.[9]

Eu dizia que a polêmica gerada pelos livros de Hasebrök arrefeceu ainda nos anos de 1930 no bojo de processos não diretamente relacionados à história econômica antiga propriamente dita. Na década de 1950, faltou pouco para a oposição entre "modernistas" e "primitivistas" morrer pelo silêncio. O trabalho de classicistas influentes dedicados a esse campo de estudos já não era necessariamente visto pelas lentes do debate alemão. Assim, quando faleceu em 1952 Michail Rostovtzeff, o historiador russo autor de duas monumentais histórias econômico-sociais (escritas em inglês) do Império Romano e do mundo helenístico, seus obituários não inscreveram sua contribuição no quadro de debates entre "primitivistas" e "modernistas", não obstante Rostovtzeff houvesse feito referências críticas à controvérsia e tais referências houvessem à época sido levadas em conta por gente como Hasebrök.[10]

---

erudição alemã, veja-se, por exemplo, o testemunho memorialísitico de E. J. Hobsbawm sobre a historiografia do período (*Tempos interessantes: uma vida no século XX*, São Paulo, Cia. das Letras, 2002, pp. 311-327).

9   Para restringir o campo de comparação aos Estudos Clássicos, a força das dicotomias se observa igualmente nas recepções modernas de Tucídides (F. Murari Pires. "*Ktema es aei*: a prolixidade do silêncio tucidideano", *Anos 90*, n. 17, 2003, p. 87-109) e da tragédia de Ésquilo (R. F. Benthien. "O Triunfo da Vontade: Ésquilo nos Limites da Imaginação Acadêmica", *Revista de História* (USP) 151, 2004, pp. 73-111).

10   Ver, por exemplo, A. H. M. Jones em *Proceedings of British Academy* 38, 1952, pp. 347-361; H. Last, em *Journal of Roman Studies* 43, 1953, pp. 133-34; S. Dow. "The Social and Economic History of the Roman Empire: Rostovtzeff's

98 Francisco Murari Pires (org.)

Os termos da oposição tornariam, contudo, a aparecer com força no início dos anos 1960. A ocasião era 2ª Conferência Internacional de História Econômica, realizada em Aix-en-Provence em 1962. A incorporação de classicistas à conferência de historiadores econômicos era por si só uma novidade: a primeira edição do evento, dois anos antes, não tivera uma seção sobre Antiguidade. À luz da história dos estudos sobre economia antiga, era também um dado novo que as mesas houvessem sido compostas sem qualquer acadêmico alemão. Os conferencistas trabalhavam na Inglaterra (Moses Finley e Peter Brunt) e na França (Édouard Will); os debatedores, na França (Claude Mossé) e nos Estados Unidos (Carl Roebuck); e os presidentes das sessões, nos Estados Unidos (Jacob Larsen), na Inglaterra (Arnaldo Momigliano) e na Polônia (I. Biezunska-Malowist). Há menções ainda a intervenções de professores do Japão (Murakawa) e de Oxford (A. Andrewes). A ausência dos alemães era tanto mais curiosa pela referência alemã do título da seção: *Comércio e Política no Mundo Antigo*. Ele remetia ao título da tradução inglesa de um dos livros de Hasebrök, *Comércio e Política na Grécia Antiga* (o original alemão seria, literalmente, *Comércio e Estado* etc.). O tom era mais ou menos o que se pode deduzir disso: tratava-se de um desagravo a Hasebrök, um autor esquecido, "repudiado e reduzido a pó", diria Finley nos anos seguintes.[11]

O congresso de Aix-en-Provence foi como que o ponto de partida de um discurso ritual sobre a economia antiga. O texto lido por Finley na ocasião começava com uma longa digressão sobre o legado inexistente de Hasebrök e terminava com a enunciação de programa de pesquisa desdobrado em nove tópicos possíveis de investigação sobre história econômica grega.[12] Esses tópicos não necessariamente seriam retomados pelo próprio Finley nos anos seguintes – fato raro, ele não republicou o texto de 1962 –, mas a referência a Hasebrök, acompanhada da crítica ao caráter "modernizante" dos trabalhos de história econômica antiga, parecia dar lastro às disposições de escrever uma história econômica da Grécia em termos ditos novos. Em livros, artigos, resenhas, comunicações em congressos, autores como Finley, G. E. M. de Ste Croix, Peter Brunt, Jean-Pierre Vernant, Pierre Vidal-Naquet, Claude Mossé, entre outros, entabularam naqueles anos uma

---

Classic After Thirty-Three Years", *The American Historical Review* 65, 3, 1960, pp. 544-53. M. I. Rostovtzeff referiu-se à controvérsia em *The Social and Economic History of Roman Empire*, Oxford, Claredon Press, 1957 (orig. 1926), pp. 349-51, 537-38. Ver ainda A. Marcone, "Una poco nota recensione di M. Rostovzev", *Athenaeum*, vol. 65, Fasc. III-IV, pp. pp. 541-42, a respeito de uma resenha de Hasebrök por Rostovtzeff (com a edição de uma carta enviada pelo primeiro ao segundo).

11 M.I. Finley, "Generalizations in Ancient History", em seu *Use and Abuse of History*, Londres, Chatto & Windus, 1975, p. 71 (orig. 1963).

12 M. I. Finley. "Classical Greece", em *Second International Conference of Economic History* I, Paris, Mouton/La Haye, 1965, pp. 11-35.

Antigos e modernos   99

espécie de fórmula para retratar o estado das pesquisas de história econômica antiga e prescrever soluções à situação que acreditavam caracterizada por um impasse entre concepções "modernizantes" e "primitivistas". Para avançar, diziam, era necessário descartar ambas as alternativas e reformular os termos conceituais da abordagem, assim valendo-se da contribuição "esquecida" de Hasebrök (1893-1957) e, por extensão, do autor que mais o teria influenciado, o sociólogo Max Weber (1864-1920); seria preciso ainda levar adiante as então recentes propostas de análise de economias não-capitalistas avançadas por Karl Polanyi (1886-1964); Marx e o marxismo corriam por fora nessa lista, pois as atitudes em relação a ambos variavam consideravelmente. A "necessidade" de se buscarem outras matrizes de entendimento da "economia antiga" que não a das economias capitalistas modernas era, portanto, um produto coletivo, mesmo que não generalizado. De modo a circunscrever um espaço específico de produção de discurso sobre a Antiguidade greco-romana, avaliava-se o estado da arte, constatavam-se suas insuficiências, propunham-se atitudes a seu respeito: três momentos de um ato reiterado, de gestos rituais reputados por quem lhe assistia e por quem o protagonizava como eficazes, não apenas em seu efeito à primeira vista sensível de situar os participantes do debate em um dos lados em disputa, mas também em produzir as circunstâncias socialmente aceitas de existência do debate e de tomada de posição dentro dele. A reconstituição do debate "secular", "sem solução", "preso em uma armadilha" e o desagravo a Hasebrök em 1962 tinham o valor de uma escolha; mas essa escolha instituía não apenas – ao contrário do que acreditavam e do que procuravam fazer crer aqueles que empreendiam a escolha – adesão ou oposição a Hasebrök, diferenças entre "primitivistas" e "modernistas" ou distanciamento da dicotomia, mas também, e fundamentalmente, um limite entre debatedores e não-debatedores, entre habilitados e não-habilitados a discutir a natureza da economia na Antiguidade Clássica e suas formas de caracterização.

Finley capitaneou a renovação dos estudos sobre economia antiga em parte porque, ao contrário de alguns de seus contemporâneos acima citados, investiu sistematicamente no campo da história econômica. Suas ideias foram desenvolvidas nos cursos, conferências e artigos preparados pelo autor desde fins da década de 1950. Esses trabalhos seriam sintetizados em *A Economia Antiga*, livro de 1973, que já não dizia respeito somente à história grega, tratando também de Roma. Assumindo os riscos da ultra-simplificação, vou deixar aqui de lado as teses substantivas de Finley para resumir as premissas do modelo de Finley e em seguida destrinchá-las.

O argumento central da síntese de 1973, que perpassava também trabalhos anteriores, era de que a vida econômica da Antiguidade greco-romana jamais foi percebida pelos

100   Francisco Murari Pires (org.)

antigos como um campo autônomo de experiências da vida social.[13] Isso, segundo Finley, tinha implicações práticas no modo pelo qual as atividades econômicas eram organizadas e institucionalizadas. A agricultura, as atividades comerciais, a escravidão, as clivagens sociais, as cidades – todas as instituições do mundo antigo deveriam ser pensadas a partir de conceitos "apropriados à economia antiga, e não (ou não necessariamente) à nossa".[14] A construção desses conceitos "apropriados à economia antiga" passava pela conjugação de, ao menos, três artifícios de método quase onipresentes na obra de Finley. Primeiro, havia ali um esforço constante de se levarem em conta os significados que gregos e romanos investiam em suas atividades econômicas. Esses significados incitavam certas condutas, por exemplo, nas relações de produção, nas políticas estatais, na maneira de acumular riquezas etc. Em segundo lugar, diante da natureza fragmentária das fontes e da inexistência de estatísticas confiáveis, a análise deveria se concentrar naquilo que Finley chamava de "padrões dominantes de comportamento", e não em casos particulares ou exceções (ou seja, uma cidade de intensa atividade comercial, por exemplo, não poderia sustentar o argumento de esplendor comercial; ao contrário, ela deveria ser pensada a partir de suas relações com outras cidades etc.). Finalmente, muitas das teses finleynianas estavam assentadas no comparatismo. Neste ponto, alguns comentadores reagiriam dizendo que Finley comparou mal e pouco. Boa ou má, a caracterização das sociedades ateniense e romana como as primeiras genuinamente escravistas da história estava associada ao recurso a dados de realidades tidas por externas a Atenas e Roma (sociedades próximo-orientais antigas e sociedades escravistas modernas).

Essas premissas eram fortemente informadas por questões da Antropologia e da Sociologia. Assim, o livro não estava organizado cronologicamente: o recorte da realidade dos antigos ali era temático, cada capítulo desenvolvido por meio de pares de opostos ("ordem e status", "mestres e escravos", "senhores e camponeses", "cidade e campo", "estado e economia"), cada par de opostos frequentado a partir de um diálogo entre leitura de fontes e questões da antropologia econômica, da sociologia rural, da historiografia da escravidão nas Américas etc. Essas eram, portanto, as premissas. Quem estaria pronto a aceitá-las? E por que o modelo finleyniano obteve um êxito parcial, convertendo-se em ponto de partida de virtualmente todos os trabalhos de história econômica antiga clássica a partir dos anos de 1970?

---

13   M. I. Finley, *The Ancient Economy*, Nova Iorque, Penguin, 1992 (orig. 1973). O autor havia tateado o problema em uma série de artigos que precederam o livro: "Classical Greece", *op. cit.*; "Technical Innovation and Economic Progress in Ancient World", *Economic History Review*, 2nd ser., XVIII, 1965, pp. 29-45; "Aristotle and Economic Analysis", *Past and Present* XLVII, 1970, pp. 3-25.

14   *The Ancient Economy*, p. 27.

Muitos críticos já observaram que os trabalhos de Finley se ocupam antes de mostrar o que a economia antiga *não é* do que de dizer o que ela *efetivamente é*. O próprio autor assumia que seus argumentos eram atravessados pela tese negativa de que a economia antiga é radicalmente diferente da economia moderna (uma diferença de natureza, não de grau). "Crescimento econômico, progresso técnico, aumento da eficiência," dizia Finley, por exemplo, a respeito dos argumentos sobre a ineficiência do trabalho escravo, "não são virtudes 'naturais'... não representaram sempre possibilidades e/ou sequer aspirações".[15] Disto decorre, claro, que o sistema de mercado não pode ser entendido como eterno, como tampouco são eternas as condutas sociais que tal sistema favorece. Embora depois da publicação da *Economia Antiga* orientações distintas de estudo da vida econômica antiga tenham proliferado e mantido entre si relações de antagonismo, é precisamente esse ponto das premissas abraçadas (de modo algum inventadas, cabe lembrar) por Finley – o pressuposto da imersão das atividades econômicas em relações sociais não-econômicas – que constitui um ponto forte de acordo entre historiadores da economia antiga na década de 1960.

Tal pressuposto encontrava eco junto a classicistas críticos ao credo liberal da autorregulação e da presença ubíqua do mercado nas sociedades humanas. Não parece gratuito que os interlocutores preferenciais de Finley do início da década de 1960 tivessem, em comum com ele próprio, um passado ou presente de militância política de esquerda. Assim, o historiador estadunidense, sobre quem se sabia haver ido para Cambridge depois de ser demitido da Universidade onde lecionava nos EUA por razões políticas,[16] esteve próximo a Jean-Pierre Vernant, um ex-membro da Resistência francesa e militante do Partido Comunista Francês; a Geoffrey de Ste. Croix, que havia militado no Partido Trabalhista britânico na década de 1930 e ao longo da década de 1960 se identificaria mais e mais com o marxismo; a Pierre Vidal-Naquet, que antes de se notabilizar como classicista se fizera identificar como intelectual *dreyfusard*, engajado que era na campanha contra

---

15   *Ibid.*, p. 84.

16   Na década de 1930, Finley (ou Finkelstein, seu nome de família) esteve junto com o antropólogo Franz Boas à frente de um comitê de defesa da liberdade acadêmica nos Estados Unidos que congregou intelectuais estadunidenses anti-fascistas. Em 1952, um dos comitês do Senado dos Estados Unidos que investigava "atividades anti-americanas" convocou Finley a depor a respeito de suas atividades políticas nos anos de 1930. Tendo se recusado a responder se havia ou não sido membro do Partido Comunista, Finley terminou por perder seu posto na Universidade de Rutgers, e o caso ganhou publicidade em jornais dos Estados Unidos e da Inglaterra. Sobre o processo de sua demissão, ver E. Schrecker. *No Ivory Tower: McCarthyism and the Universities*. Nova York/Oxford: Oxford University Press, 1986; sobre sua militância política, ver D. P. Tompkins. "The World of Moses Finkelstein: The Year 1939 in M. I. Finley's Development as a Historian", em M. Meckler (org.). *Classical Antiquity and the Politics of America*, Waco, Baylor University Press, 2006, pp. 95-125 (197-207 para as notas).

102   Francisco Murari Pires (org.)

os abusos do Exército francês durante a guerra da Argélia.[17] Aceita a ideia de imersão da economia nas estruturas sociais, é como se todos esses autores se inclinassem *em um primeiro momento* a perceber a economia (grega) a partir da política, o que, no caso da história grega, traduzia-se em um entendimento das atividades econômicas a partir da pólis. Contra o postulado de que o mercado e a racionalidade econômica são dados naturais, apontavam para as sociedades tidas por berço da civilização ocidental para indicar um quadro – inteiramente distinto do capitalismo – que não tinha como arrimo ideológico a ideia da disposição inata e universal à maximização dos resultados de uma ação através da economia dos meios para realizá-la. Estabelecia-se um corte profundo entre antigos e modernos – uma diferença de natureza, e não de grau, conforme havia insistido Finley na conferência de 1962 –, cabendo aos últimos um esforço empático de compreensão dos primeiros, cuja imagem em princípio se preservava da intrusão de elementos (mercado, comércio em escala significativa, indústria, racionalidade econômica etc.) que a poderiam aproximar de uma auto-imagem moderna e, no limite, dissolver a Grécia como objeto distinto de história econômica.[18]

Finley, Vernant, de Ste. Croix e Vidal-Naquet não foram os únicos classicistas empenhados na renovação dos estudos sobre a economia antiga – no caso de Vernant, que em 1962 ainda publicaria sobre um tópico econômico-social como a "luta de classes", a economia não constituiria um de seus interesses principais ao longo dos anos de 1960. Esses autores me parecem, contudo, emblemáticos por anteciparem a emergência de um perfil novo de classicistas que ocupariam o topo da escala de prestígio dos Estudos Clássicos. Afinados entre si política e epistemologicamente, eles ocupavam ainda posições homólogas em partes distintas de seu universo profissional. Por razões diversas, todos eles ingressaram de fato na carreira universitária depois da Segunda Guerra Mundial, e na virada da década de 1950 para a de 1960 eram personalidades emergentes nos Estudos

---

17   Mais do que se engajarem politicamente, Vernant e Vidal-Naquet racionalizaram seus percursos intelectuais a partir do engajamento político: cf. J.-P. Vernant. *Entre Mito e Política*. São Paulo: Edusp, 2001 (trad. C. Murachco; orig. 1996); id., *La Traversée des frontiers. Entre Mythe et Politique II*. Paris: Seuil, 2004; P. Vidal-Naquet. *Mémoires II: le trouble et la lumière*. Paris: Seuil / La Découverte, 1998. Para Geoffrey de Ste. Croix, ver a introdução dos organizadores P. Cartledge e F. D. Harvey a *Crux: Essays presented to G. E. M de Ste. Croix on his 75th Birthday* (col. History of Political Thought). Londres: Duckworth, 1985, pp. xiii-xviii, e seu obituário escrito por R. Parker em *Proceedings of the British Academy* 111 (2001) pp. 447-78.

18   A despeito da complexificação dos estudos de história econômica clássica nos anos de 1970, com a consolidação do rótulo "economia antiga" a englobar em uma unidade conceitual as sociedades grega e romana, a centralidade da pólis como categoria fundamental de entendimento das atividades econômicas ainda repercutiria entre aqueles que produziram comentários sobre os trabalhos de Finley: ver, por exemplo, Cl. Mossé, resenha de *The Ancient Economy* em *Journal of Hellenic Studies* 94 (1974) pp. 222-224; e A. Momigliano. "The Greeks and Us", *The New York Review of Books*, vol. 22, 16 de Outubro de 1975, pp. 36-38.

Clássicos na Inglaterra e na França que, a partir da filiação a instituições centrais de pesquisa em ambos os países (Oxford, Cambridge e École Pratique des Hautes Études), nos anos seguintes viriam a se tornar personagens dominantes da produção de conhecimento acadêmico sobre o mundo clássico.

Esses classicistas emergentes eram afins ainda por não terem no domínio das línguas antigas, fundamento tradicional da profissão de classicista, o traço que os distinguia intelectualmente. Um conhecimento precário das línguas antigas me parece ser um dado especialmente significativo a respeito de Finley. Aí residiam simultaneamente seu *handicap* e seu trunfo como historiador da Antiguidade. Eu seus anos de estudante, Finley havia sido um prodígio. Ingressou na universidade aos 11 anos de idade (era o mais jovem universitário até então registrado na história dos Estados Unidos); formou-se em Psicologia aos 15; tornou-se Mestre em Direito aos 17. Enveredou pela História pouco depois, no início da década de 1930, quando se inscreveu no Doutorado em História Antiga na Universidade de Colúmbia. Fato então impensável para qualquer estudante de Estudos Clássicos na Grã-Bretanha, somente aos vinte e poucos anos, por imposição de seu orientador, Finley aprendeu Latim e Grego antigo. "Nunca tive uma única aula de Latim ou Grego em toda a minha vida", diria ele em uma entrevista concedida poucos meses antes de sua morte.[19] A frase zombava do *establishment* britânico, onde o sistema de ensino por muitos anos deu ênfase ao aprendizado de línguas antigas, e onde o domínio do Latim e do Grego constituía o elemento mais nobre da formação de classicista. O fato de Finley não ser um linguista de excelência não passou despercebido a seus colegas de Cambridge. A informação não consta explicitamente dos textos laudatórios convencionais, mas circula à maneira de anedota entre *classical scholars*, quer em conversas (a cultura oral dos letrados acadêmicos não é um dado a se desprezar no estudo de um universo como esse), quer por escrito. Um desses *scholars* fez questão de contá-la a mim imitando a pronúncia grega "bizarra" – palavras suas – de Finley; um outro associou essa bizarrice à aparência de Finley, que se assemelharia – a associação não me parece aleatória – à de um ator de filme de máfia.[20]

Finley chegou a Cambridge em um momento de deslocamentos abruptos dos Clássicos como conjunto de disciplinas no seio do sistema de ensino britânico (note-se que é na Faculdade de Clássicos, e não de História, como ocorre entre nós, que se forma um

---

19 *Sir Moses Finley Interviewed by Keith Hopkins, 18th October 1985*, 35 pp. datil., inédita (material gentilmente cedido pelo Dr. Paul Millett [Downing College, Cambridge]).

20 Neste último caso, isto foi feito em um texto publicado: trata-se da introdução de S. Hornblower a uma edição recente de *The World of Odysseus*, de Finley (Londres, Folio society, 2002; orig. 1954). Menções ao domínio frágil do Grego me foram feitas por dois ex-colegas de Finley (ambos próximos a ele), sem que eu os houvesse inquirido a esse respeito (entrevistas realizadas em Cambridge em Novembro de 2004).

104 Francisco Murari Pires (org.)

historiador de História Antiga em Oxford e Cambridge). Na expansão do ensino universitário na Grã-Bretanha do pós-guerra, o crescimento da população estudantil deu-se no caso dos Estudos Clássicos em números absolutos, mas houve uma diminuição relativa do total de estudantes que optavam pelas disciplinas clássicas. Havia ainda uma reorientação dos recursos das universidades para disciplinas científicas e tecnológicas, as quais, entendia-se, atendiam melhor às "necessidades do Estado britânico" (tanto mais importantes porque crescia o papel estatal no financiamento da educação).[21] Nas escolas, em relação ao período anterior à Segunda Guerra, menos estudantes que não estivessem em preparação para ingressar nos Estudos Clássicos adquiriam o conhecimento de Latim e de Grego além daquilo que se designava no sistema educacional britânico como "nível ordinário".[22] Numa expressão emblemática desses deslocamentos dos Clássicos, foi abolida em 1960 a obrigatoriedade do domínio do Latim como pré-requisito de ingresso dos cursos universitários de Cambridge e Oxford (o mesmo já havia ocorrido com o Grego em 1920).[23]

Vendo enfraquecido seu papel de formadores da elite intelectual de Oxford e Cambridge, os classicistas britânicos debateram intensamente ao longo dos anos de 1960 como proceder diante daquilo que sentiam como declínio institucional do saber que professavam.[24] Curiosamente, ao olhar estrangeiro, as discussões sobre o futuro da *classical scholarship* se davam em grande parte em fóruns não-acadêmicos. Os suplementos culturais de jornais de grande circulação abrigavam vez por outra debates a esse respeito; isso também acontecia em programas de rádio da BBC. Finley foi parte ativa na reação ao declínio dos Clássicos. Nos textos que publicou a respeito, batia forte no caráter técnico que havia assumido o trabalho dos historiadores de história antiga. Em 1966, ele ridicularizou no *The Times* o tipo de discussão que então se empreendia em torno do império ateniense: "atualmente, existe uma controvérsia impressionantemente ácida em periódicos especializados na qual os problemas e as questões do império foram reduzidos à data em que a letra sigma começou a ser gravada com quatro barras ao invés de

---

21 K. Murray. "The Development of the Universities in Great Britain", *Journal of the Royal Statistical Society* 121, n. 4, 1958, pp. 391-409.

22 Ver, por exemplo, W. B. Thompson. "Relevant or Irrelevant? Classics in the Curriculum Today", *Greece & Rome*, 2a sér., Vol. 5, n. 2, 1958, pp. 196-99.

23 Isso se aplicava aos estudantes de cursos outros que não os ministrados pela Faculdade de Clássicos; para esses, o Latim e o Grego permaneciam obrigatórios (o Grego deixaria de sê-lo em 1970).

24 A história dos Estudos Clássicos é toda ela marcada por "crises" sucessivas cuja enunciação é sempre dependente do jogo de forças acadêmico em que está inserido o enunciador. De modo a não reproduzir uma descrição que oculta intenções prescritivas, valho-me do termo *deslocamentos* para conferir especificidade à situação aqui tratada.

Antigos e modernos   105

três".[25] Atuando em uma arena não-acadêmica, opunha a formação dita ampla e livre das amarras convencionais que dizia haver recebido nos Estados Unidos ao caráter estreito, centrado no aprendizado de línguas, dos classicistas britânicos: "Como pós-graduando na Universidade de Colúmbia no início dos anos de 1930, eduquei-me com Weber e Marx, com Gierke e Maitland em história do Direito, com Charles Beard, Pirenne e Marc Bloch. A explicação é simplesmente que eu fui formado na Faculdade de História, e esses eram alguns dos escritores cujas ideias e métodos estavam na atmosfera do estudo de História, em parte nas aulas, porém ainda mais nas intermináveis conversas com outros estudantes".[26] A tais intervenções, Finley associou a militância no campo da educação. Em 1962, ajudou a fundar a *Joint Association of Classical Teachers*, uma organização que reunia professores de Clássicos das universidades e escolas britânicas com o objetivo de reformular o currículo e o método de ensino das línguas clássicas e da História Antiga na Grã-Bretanha. A salvação dos Clássicos, para Finley, estava em ministrá-los aos iniciantes por meio de traduções qualificadas.[27]

Eu indagava por que o modelo explicativo finleyniano obteve um relativo êxito a partir dos anos de 1970. Creio que parte da resposta se encontra nesses deslocamentos dos Clássicos no sistema de ensino europeu que venho de mencionar, com uma transferência de seu centro gravitacional para a Inglaterra e para a França e com o esvaziamento da língua como propriedade fundamental da profissão de classicista. O fato mesmo de Finley ter enveredado pela história econômica é significativo (o Direito era seu outro interesse principal quando chegou à Grã-Bretanha). Esse não era um campo que se prestasse de modo fácil à espécie simbolicamente mais rentável de trabalho intelectual entre classicistas britânicos, que eram edição, tradução e comentário de textos antigos. Não à toa, é difícil identificar entre os estudiosos do mundo antigo na Grã-Bretanha alguém que se pudesse identificar como "historiador econômico" na primeira metade do século XX. Na segunda metade, a história econômico-social contribuiu para emprestar aos Estudos Clássicos um novo amparo social. Ao inscrever gregos e romanos na categoria de "sociedades pré-capitalistas" (assim chamando ao debate profissionais outros que não helenistas e romanistas) e com isso frequentar questões na ordem do dia em outras áreas do conhecimento (como a Antropologia, a Sociologia e as historiografias dos mundos medieval, moderno e contemporâneo), preservando, no entanto, a história greco-romana como uma unidade de conhecimento específica (distinta, por exemplo, das sociedades médio-orientais, cujos especialistas

---

25   M.I. Finley. "Unfreezing the Classics", *The Times Literary Supplement*, 7 de abril de 1966, pp. 289-290.

26   M.I. Finley. "New Look at Ancient History for Six Formers", *The Times*, 22 de abril de 1966, p. 9.

27   M.I. Finley. "Classics in Crisis", *The Sunday Times*, 24 de março de 1963.

106   Francisco Murari Pires (org.)

eram à época agitados pela discussão em torno da noção de "modo de produção asiático"), a história econômico-social antiga parecia esboçar resposta ao desafio que era posto à disciplina História Antiga percebida como declinante. Para que, afinal, servia conhecer os Clássicos? Debater conceitualmente noções como "economia", "estado", "império", "classe", "escravidão" etc. possibilitava que classicistas repercutissem *ativamente* (e não de maneira irrefletida) noções que impregnavam o ar da época; ou, para ser mais preciso, tomassem parte na luta pela definição de noções-chave de um certo modo acadêmico (nos exemplos mencionados, também político) de dar sentido ao mundo. É como se determinar a natureza da economia antiga houvesse sido crucial para a carreira acadêmica de certos classicistas (Finley, em especial, mas muitos outros na Itália, na França e na Grã-Bretanha a partir dos anos de 1970) porque, justamente, passava pela caracterização da economia não apenas um dos principais vetores de atribuição de sentido à experiência histórica de Grécia e Roma antigas, mas também, fundamentalmente, um dos principais vetores de atribuição de sentido à própria atividade profissional dos classicistas.

De certa maneira, os debates travados em torno da economia antiga nos anos de 1960 e 1970 traduziam disputas por quem regularia a herança clássica em transformação. Historiadores como Finley, Vidal-Naquet, Vernant, Geoffrey de Ste. Croix lograram falar para fora do círculo de especialistas e assim se tornaram como que porta-vozes da História Antiga para letrados não-especialistas da Europa e nos EUA. Mas o discurso que assumiam não seria validado independentemente de quem se mostrasse disposto a propagá-lo. A perda da importância das línguas antigas nos sistemas de ensino europeus favoreceu a emergência de classicistas que, como Finley, despontassem intelectualmente em função de competências outras que não a linguística – em função, por exemplo, do manejo de conceitos da Antropologia, da Sociologia, da Economia etc. Com efeito, a consagração de um novo modelo explicativo da economia antiga se fazia acompanhar da consolidação de um certo modelo cognitivo de *prática* e de um modelo sociológico de *praticantes* de História Antiga, bem como da cristalização de novos critérios pelos quais os pares classicistas mediam-se uns contra os outros.

Eu quero encerrar com dois exemplos que sintetizam meu argumento. Os currículos das Faculdades de Clássicos de Cambridge e Oxford tinham em comum até os anos de 1970 a ênfase na formação linguística de seus estudantes. Em Cambridge, o aprofundamento do conhecimento linguísitico se concentrava na chamada Parte I da formação. Ao final dessa Parte I, os estudantes eram submetidos ao *Tripos*, um exame por cujos resultados eles eram publicamente hierarquizados entre os de "1ª classe", "2ª

Antigos e modernos   107

classe" (divisão I e II) e "3ª classe".[28] Um *first class* servia aos classicistas como distinção acadêmica suprema e os acompanharia pelo resto da vida. Sintomaticamente, o termo *first* designa tanto o resultado obtido quanto o estudante que o obtém.[29] A um estudante de "segunda classe" já não era dado a princípio sonhar com uma vaga de docente em Cambridge ou Oxford. Um resultado de "terceira classe" era quase a morte simbólica. Nesse caso, nem Oxford, nem Cambridge e, provavelmente, nenhuma outra universidade lhe abriria as portas.

Keith Hopkins (1934-2004), um dos principais estudiosos da economia romana na segunda metade do século XX, prestou o exame em 1957. Obteve uma nota de 2ª classe. Estava, portanto, excluído da via régia dos classicistas de Oxford e Cambridge, mesmo tendo obtido um *first class* na Parte II, quando o exame se concentrava na área de especialidade do aluno. Depois de formado, Hopkins se converteria na espécie de acadêmico propenso a assumir a prática e o discurso da interdisciplinaridade defendidos por Finley. Por longo tempo, lecionou em departamentos de Sociologia, embora continuasse a pesquisar e publicar sobre história romana. Depois de vinte anos como professor de Sociologia, Hopkins, acadêmico de 2ª classe em 1957, voltaria a atuar institucionalmente como historiador de História Antiga para ocupar o mais alto posto dos historiadores da Antiguidade na Universidade de Cambridge. Sua volta foi promovida por antigos colaboradores de Finley, à época já aposentado.

A trajetória por entre diferentes tradições disciplinares e espaços institucionais não era estranha aos jovens acadêmicos, que, como Hopkins, eram próximos a Finley. No final da década de 1960 – e eu entro aqui no meu segundo e derradeiro exemplo –, um deles seria recomendado por Finley para um posto acadêmico nos seguintes termos: "Desde sua formatura, [o candidato] tem recebido uma formação que vai muito além daquela de um potencial historiador da Antiguidade. Ele passou uma temporada de verão em Freiburg, trabalhando sobre historiografia...; cinco meses em Paris frequentando os seminários de Louis Robert, Vernant, Vidal-Naquet e outros, e [frequentou] durante o ano acadêmico um seminário semanal de sociologia da religião em Londres... Enfatizo tudo isso porque, como é sabido por muitos, eu mesmo acredito que o futuro da História Antiga está com esses jovens que estão preparados para olhar para fora da estrutura tradicional da disciplina".[30]

---

28   Os resultados são registrados no boletim administrativo da universidade (*Cambridge University Reporter*).

29   Cf. F. Stubbins, *Bedders, Bulldogs & Bedells: A Cambridge Glossary*, Cambridge, Cambridge University Press, 1995.

30   A carta foi preservada entre os documentos pessoais de Finley, atualmente sob guarda da seção de manuscritos da biblioteca da Universidade de Cambridge.

Na circulação de certas ideias e de seus portadores, redesenhava-se o espaço social de produção do conhecimento sobre a economia dos antigos. Dos anos de 1970 em diante, o classicista que pretendesse se fazer ouvir a respeito da economia antiga estava fadado a dominar um conjunto de referências não-clássicas ou, ao menos, a reagir contra elas.

Antigos e modernos

Maquiavel e a leitura polibiana da história[1]

Marie-Rose Guelfucci (Universidade de
Franche-Comté)

Em algumas passagens de *O Príncipe*, iniciado e redigido quase integralmente em 1513, Maquiavel parece emprestar exemplos de Políbio, bem como se inspirar no livro VI de suas *Histórias* em *A Arte da Guerra*, publicada em 1521. Mas é sobretudo nos *Discursos sobre a Primeira Década de Tito Lívio* que ele faz referência a este mesmo livro VI, longa e quase literalmente quando retoma a teoria polibiana da anaciclose para explicar a degenerescência dos regimes políticos simples e a conservação dos regimes mistos (I.2), de uma maneira algo mais frouxa em sua reflexão sobre a necessidade do juramento e de um temor religioso para manter as sociedades (I. 11 e 12), e muito mais livremente ainda em III.1, por exemplo. Sobre a degeneração dos regimes, Maquiavel se apoia também, por certo, em outras fontes diretas ou indiretas, já que ele não lê grego, dentre as quais se destacam os dois primeiros livros da *República* de Cícero, Platão, Aristóteles, entre outras; trata-se de um humanista (no sentido mais amplo do termo[2]) que, para retomar a expressiva tradução de J.-L. Fournel e J.-C. Zancarini, "faz seu mel" de suas leituras e de seus conhecimentos[3]. Ainda assim, ele não se remete necessariamente a estes autores, e Políbio não é nomeado nem nos *Discursos sobre a Primeira Década de Tito Lívio*, nem

---

1 ,Tradução do francês para o português por Rafael Faraco Benthien (Doutorando-USP).

2 Em 1512, data em que o termo aparece, *umanista* designa um professor de retórica.

3 Fournel e Zancarini (2000: 531). A referência a Hierão de Siracusa (*Príncipe*, VI.26-29, XIII.13-14) é significativa : em VI.28-29, Maquiavel se refere aos compiladores e cita Justino (XXIII.4), mas completo e com uma passagem

110   Francisco Murari Pires (org.)

em outros de seus escritos. Os comentadores de Maquiavel, sobretudo os editores dos *Discursos*, enfrentam então um enigma que, segundo a definição de Giorgio Inglese, não é a fonte do texto, absolutamente inequívoca, mas a maneira pela qual Maquiavel pôde ter acesso ao livro VI das *Histórias* e quando o fez.[4] Sobre a fonte do Secretário florentino, o leitor de Políbio pode apenas compartilhar esta mesma certeza, mas a questão – imensa e insolúvel – da transmissão do texto coloca a ele uma outra, a qual pode contribuir para esclarecer de outros modos os paralelos feitos entre os dois autores, nem sempre capazes de o satisfazer. Com efeito, mesmo quando as notas das edições comentadas são em geral muito precisas acerca do detalhe do livro VI das *Histórias*, a comparação ou a confrontação das duas obras visa sobretudo, o que é natural, colocar em evidência os traços originais do pensamento político de Maquiavel; e como a finalidade destas notas não é recolocar as fontes no contexto mais geral das *Histórias*, a obra do historiador grego é aí por vezes esquematizada, e mesmo falseada, especialmente no tocante à anaciclose. Isto é ainda mais válido para os estudos de caráter geral. Sem querer desprezar a importância e a contribuição científicas verdadeiramente notáveis destes trabalhos, nós gostaríamos então de partir da simples constatação de um paradoxo: ainda que Maquiavel pareça ter um conhecimento tão preciso e por vezes tão fino do livro VI das *Histórias* e de sua dimensão política, algo perceptível até em certas escolhas significativas de interpretação, ele adapta o texto muito singularmente em alguns pontos. Ora, em certas passagens, trata-se talvez menos das diferenças de fundo entre dois autores em geral concordantes, ou da influência de outras fontes, que de verdadeiras inovações, as quais, no texto grego, conduzem Políbio a jogar com a etimologia dos termos; mas tanto a compreensão de Maquiavel, como a tradução que ele leu ou ouviu podem os tornar imprecisos. Sem negligenciar a maneira pela qual as escolhas de filosofia política diferem em um autor e em outro,[5] bem como avaliando o problema metodológico,[6] nós nos propomos então a retomar o paralelo levando em conta também o modo de transmissão do texto, justo para não forçar as diferenças entre os dois filósofos da história. Nós faremos então referência – mas de um ângulo polibiano – ao estudo da anaciclose, cuja interpretação foi por vezes associada a

---

de Políbio (*Histórias*, I.9). Sobre o problema levantado pelo conhecimento que Maquiavel poderia ter de Políbio, ver Fournel e Zancarini (2000: 278 ; 386) e também Momigliano (1974: 358-362).

4 Sobre os três grupos de fontes de Maquiavel nos *Discursos*, veja-se a síntese de Inglese (2006: 107-109); sobre o conhecimento do livro VI de Políbio, veja-se p. 248, particularmente notas 59 e 60.

5 Lefort (1986²: 736).

6 Sobre o problema metodológico, Inglese (2006: 248, nota 65).

Antigos e modernos   111

um debate hoje datado entre analistas e unitaristas,[7] e retornaremos por este caminho a certos temas a ele relacionados, e que nós escolheremos mais em função do autor dos *Discursos*: o conflito político e a imagem que o poder dá de si mesmo, essencialmente, mas também as apostas no exercício do poder e a arte de governar, os meios de pressão exercidos, o lugar da Fortuna e sua relação com a virtude. Talvez este diálogo entre o autor moderno e o autor antigo, para retomar a imagem de Maquiavel na carta amplamente citada de Francesco Vettori,[8] mas também entre estes autores e nossas numerosas e diversas interpretações de seus textos, permitirá relê-los de modo diferente.

Lugar e função da anaciclose nos *Discursos* e nas *Histórias*

Maquiavel, como aponta Gennaro Sasso,[9] foi o primeiro a utilizar sistematicamente o livro VI de Políbio no Ocidente. Mas se a influência do historiador grego é evidente na teoria da anaciclose (*Discursos*, I.2), outras analogias, menos observadas, são também perceptíveis entre o projeto e a forma das duas obras. Assim, em sua intenção de fazer uma obra útil ao apresentar a seus contemporâneos a história de Tito Lívio, embora acompanhada de seus próprios comentários para que as lições de história (já que a natureza humana não muda) sejam completamente úteis a eles,[10] Maquiavel retoma o projeto das *Histórias*, até mesmo na forma de uma obra de nome explícito: isto porque os *Discursos*, obra dedicada aos dois homens que encomendaram sua redação, Cosimo Rucellai dentre eles, são formatados a partir de discussões verídicas ocorridas a partir de 1516 nos jardins Oricellari – os jardins dos Rucellai –, e parecem em alguns momentos guardar traços disto.[11] Ora, Políbio se propõe igualmente a informar seus leitores, independente da

---

7   A aparente contradição entre a teoria da anaciclose e a constituição mista esteve no centro deste debate, o qual parece pesar sobre a análise de G. Sasso (1987: 30-42 em especial).

8   «... entro nelle antique corti degli antiqui huomini, ... dove io non mi vergogno parlare con loro, et domandarli della ragione delle loro actioni ; e quelli per loro humanità mi rispondono; et non sento per 4 hore di tempo alcuna noia, sdimenticho ogni affanno, non temo la povertà, non mi sbigottisce la morte; tucto mi transferisco in loro.» (carta de 10 de dezembro de 1513).

9   Sasso (1980: 23, nota 20) ; ver também 1987 : 8-10.

10   *Discours*, final do Prefácio, §2.

11   É Bernardo Rucellai, o avô de um dos indivíduos a quem os *Discursos* são dedicados, que está na origem dos círculos de discussões literárias, filosóficas e políticas que se passam nestes jardins, os jardins Oricelari, e que se tornam em 1514, após sua morte e no momento em que Maquiavel lê aí seus comentários sobre Tito Lívio, mais políticos.

112   Francisco Murari Pires (org.)

época à qual eles pertençam (III. 4.7-8),[12] e de formar seu destinatário, o futuro homem de Estado, pela leitura da história, mas o faz também, ajudando deste modo a forjar seu julgamento e sua experiência, por meio de uma constante alternância de uma narrativa histórica e de um comentário instrutivo sobre esta – *ton epekdidaskonta logon* (XV.35) –, o que não exclui considerar possíveis interrogações ou objeções[13]. Ainda como Políbio, mas tomando seus exemplos de Tito-Lívio, Maquiavel opta por refletir sobre a ascensão de Roma, ainda que ambos aludam antes, desta maneira, à instabilidade dos regimes que eles conhecem e às causas da derrota de suas próprias pátrias, Florença para um, a Grécia – e a Confederação Acadiana mais ainda – para o outro. Passando pelo exemplo romano das instituições políticas, dos meios de conquista, de uma ação de mando eficaz, é sobre os defeitos contemporâneos e as reformas indispensáveis que ambos convidam seus leitores – e entre os dois autores, para Políbio, os romanos de seu tempo – a conduzir uma reflexão. Ora, nestas três questões reconhecer-se-á tanto os temas sucessivos dos três livros dos *Discursos*, ainda que o último seja mais complexo[14], como o essencial da composição do livro VI que nos resta: instituições políticas (VI. 2-10; VI. 11-18; VI. 43-58), instituições militares (VI. 19-42).

Qual é, nestes dois projetos associados com a história dos seus tempos, a função da ana-ciclose, ciclo fora do tempo histórico? Em uma primeira comparação e na opinião unânime dos críticos, o leitor avalia o projeto do texto das *Histórias* até, acrescentaríamos nós, na apresentação muito mais concisa da exposição dos *Discursos*, Maquiavel indo, segundo seu método, ao essencial de sua própria argumentação – "io ho notato quello di che per la loro conversatione ho fatto capitale" (Carta a Francisco Vettori de 10 de dezembro de 1513) –, e nós teríamos de retornar às variantes significativas. Para definir a perfeição da constituição romana, ele retoma, com efeito, nestas grandes linhas, a estrutura da demonstração de Políbio: classificação em seis regimes, com três bons que degeneram em suas formas viciadas; reconstituição lógica do ciclo destes regimes, com a passagem de um estado primitivo a uma sociedade política que se instaura e depois degenera; superioridade da constituição mista (dada de início nas *Histórias* – VI.3.7 – como o melhor regime), cuja constituição de Esparta, devido à excelência do raciocínio de Licurgo, fornece o melhor exemplo. Ao fim de seu capítulo, Maquiavel assinala, como Políbio, a diferença entre as constituições de

---

12   "Pois é evidente que, graças a este estudo, nossos contemporâneos verão com toda clareza se a dominação de Roma deve ser combatida ou, ao contrário, aceita, e as gerações seguintes, se elas devem considerar a potência romana como um objeto digno de elogio e emulação, ou de vergonha. A utilidade de nossa história para o presente e para o futuro consistirá essencialmente nisto."

13   Guelfucci (1994: 244-245). Sobre o diálogo possível entre Maquiavel e seu leitor, ver Inglese (2006: 98).

14   Sobre a composição dos *Discursos*, veja-se recentemente Fontana (2004: 12-13) ; Inglese (2006: 98-107), com uma tabela de concordância com o texto de Tito Lívio; Ménissier (2006: 178).

Esparta e de Roma, esta apenas se tornando mista e perfeita ao fim de "um grande número de lutas e desafios" – *dia pollôn agônôn kai pragmatôn* – e da aptidão dos Romanos de tirar lições de seus erros, segundo o texto das *Histórias* (VI.10.12-14). Mas Maquiavel precisa esses elementos (quais sejam, as longas lutas da plebe para conquistar sua parte do poder, objeto dos dois capítulos seguintes), e dá a desunião entre a plebe e o senado como a causa da perfeição de sua constituição. Ele rompe assim, segundo seus comentadores, com as teorias antigas da concórdia da cidade, e marca, com este tema de um conflito fecundo e salutar, a originalidade de um pensamento profundamente inovador[15]. Se esta análise é perfeitamente justa, ela não deixou de conduzir a outras conclusões em menor grau. Para melhor marcar a inovação de Maquiavel, desejou-se ver em seu parágrafo de transição entre a exposição da degeneração dos regimes simples e a solução representada pela constituição mista (§4)[16] o questionamento de uma filosofia da história finalista e antitética à sua: ao contrário das cidades inscritas no tempo da história, com um começo e um fim marcados, as cidades de Políbio estariam alienadas de toda realidade, seja porque o constante enca-deamento de regimes políticos conduz e reconduz os homens, segundo um ciclo imutável, de um estado primitivo a este mesmo estado, por vezes confundido – de resto, como no texto de Maquiavel – com a oclocracia, seja porque uma constituição mista lhes dá a eterna harmonia do equilíbrio. No quadro particular da re-elaboração dos *Discursos* a partir de discussões reais, trata-se sem dúvida aí de um comentário mais pontual, e que marca ain-da mais facilmente uma etapa dos seus debates nos quais a discussão sobre a constituição mista era um objeto frequente da reflexão política, e no círculo dos Rucellai mais ainda[17]. Se for verdade que Maquiavel constrói por seu turno uma interpretação da história muito nova a partir da reflexão polibiana, a qual carrega em potência, como nós o veremos, o risco do conflito, ainda assim não se pode ir a esta interpretação global das *Histórias* sem falsear a filosofia da história que elas exprimem e a função da anaciclose na obra. Pois esta,

---

15   Sobre o jogo de forças sociais em Roma e em Florença e a desunião como fator de progresso, ver Lefort (1986[2]: 471-487); Sasso (1980: 445-447); Inglese (2006: 117-122); ver também sobre o conflito positivo, Ménissier (2006: 181). Ainda assim, como assinala F. Bausi em sua edição dos *Discursos* (2001), há já em Cícero uma ideia análoga (*De Oratore*, II.199).

16   "E questo è il cerchio nel quale girando tutte le republiche si sono governate e si governano: ma rade volte ritor-nano ne' governi medesimi; perché quasi nessuna republica può essere di tanta vita, che possa passare molte volte per queste mutazioni, e rimanere in piede. Ma bene interviene che, nel travagliare, una republica, mancandole sempre consiglio e forze, diventa suddita d'uno stato propinquo, che sia meglio ordinato di lei: ma, posto che questo non fusse, sarebbe atta una republica a rigirarsi infinito tempo in questi governi."

17   Segundo A. Momigliano (1974: 360), Bernardo Rucellai, que falece em 1514, refere-se ao livro VI de Políbio em seu *Liber de urbe Roma*, escrito antes de 1505. Sobre o interesse de pensadores políticos acerca da constituição mista na Idade Média, ver Blythe (2005).

114   Francisco Murari Pires (org.)

como explica muitas vezes Políbio no livro VI, não é um resumo da realidade, mas antes um instrumento de compreensão cuja função é também permitir, tanto quanto possível, reformar Roma após as conquistas.

A perfeição da constituição romana e o lugar de sua descrição

O momento escolhido para mostrar a perfeição da constituição romana, historicamente muito delimitado por Políbio, ao contrário de Maquiavel, não é indiferente: já que se trata de fornecer um modelo apto a tornar compreensível "como, em decorrência de que espécie de regime, quase todo o mundo habitado foi conquistado e passou em menos de cinquenta e três anos a uma só autoridade, a de Roma"[18], é necessário examinar como este regime venceu os maiores obstáculos (VI.2.3). Primeira interrupção marcada da narrativa histórica, pois o livro VI é consagrado a ela, a análise da *politeia* romana aparece muito precisamente nos críticos desdobramentos dos fatos ocorridos em Canas, sobre os quais se resolvem os cinco primeiros livros. Ora, se Canas representa o momento em que Roma encontra na sua *politeia* a superação de sua derrota e o modo de recuperar o controle da situação (fim do livro XI), é também o instante no qual todos os Estados e os chefes de Estado que podem pretender a hegemonia fizeram a prova de sua potência, Cartago – com Aníbal – e Roma, no Ocidente (livros II e III), Filipe V e Antíoco III, no Oriente (livros IV e V). Todos os acontecimentos do mundo se encontram, ao fim do livro V, em estreita interdependência (V.105.4-8), e a hegemonia aceita por meio da guerra e das ambições se faz presente. Mas este momento de perfeição da *politeia* romana corresponde, por outro lado, a um apogeu (VI.11.1). Ele depende certamente dos recursos de sua constituição, mas também da qualidade dos seus cidadãos. Isto porque a *politeia*, que nós traduziremos mais por "regime" que por "constituição", repousa sobre dois princípios (*archai*), as leis e os costumes (VI.47.1), a moral dos indivíduos exercendo sua influência sobre a do Estado (47.2-4). Ora, duas virtudes são essenciais para a estabilidade interior do regime e para sua expansão hegemônica: a coragem e a moderação, às quais se soma para os dirigentes a *megalopsychia* (XXXI.25-30), desinteresse ao mesmo tempo quanto ao dinheiro e à clemência. Trata-se então para Políbio de mostrar o melhor regime, nos costumes e nas instituições, mas também os riscos intrínsecos que ele corre, de assinalar as diferenças da Roma de seu tempo frente ao modelo por ele apresentado, a força pequena do juramento e da integridade , por exemplo (XVIII.35, ao contrário de VI.56.14), do que decorrem a formação da constituição, as instituições militares, o encorajamento ao civismo que são a religião e a sedução da glória. Já que, simples ou compósitos, todos os regimes políticos são subjugados, como tudo o que existe, por uma

---

18   Todas as citações do livro VI são feitas a partir da tradução de R. Weil em sua edição da CUF (1977).

Antigos e modernos 115

lei natural inelutável: crença, *akmè*, mudança em sentido inverso (VI.9.10-13; VI.57, após o elogio dos costumes romanos)[19], é preciso permitir a avaliação do estado de um regime (VI.4.12, 9.11, VI.57.4) para produzir um paliativo reformando o que ele deve se tornar. Não há aí, a despeito do debate antigo entre analistas e unitaristas, qualquer contradição. Recusando-se a levar em conta tanto a variedade dos regimes reais (VI.3.9-12), quanto as construções filosóficas visando uma plenitude da cidade (tal como, mesmo se o autor reconhece sua influência[20], a *República* de Platão), Políbio se propõe então a estabelecer o que nós chamaríamos de um esquema operatório – *touto peirasometha kephalaiôdôs dielthein* (VI.5.2) – para tornar compreensíveis os mecanismos da degeneração lenta e insidiosa de uma sociedade[21]. O que ele quer estabelecer são abstrações de uma realidade singular qualquer, das melhores condições da conquista, do estabelecimento e da duração de todo poder ou, para o dizer nos termos com os quais Maquiavel define sua pesquisa sobre o *Príncipe* ou sobre o Estado, na carta a F. Vettori já citada, "o que é um principado, de que espécies eles são, como são adquiridos, como eles se mantêm, porque eles se perdem". Mas, malgrado tais centros de interesse comuns, a estilização operada pôde, com o que ela exige de teorização e de extrema precisão de vocabulário, incomodar um Maquiavel que não tinha diretamente acesso ao texto original[22].

Uma teorização extrema e o jogo das variantes

Na forma, com efeito, a diferença mais marcante entre os dois textos se deve à simplificação operada por Maquiavel, mesmo que seja difícil reconhecer em sua adaptação a influência dos três binômios polibianos (realeza-tirania, aristocracia-oligarquia,

---

19   Sobre o modelo biológico, R. Weil (1977: 50-52).

20   Sobre a recusa de se levar em conta a *Politeia* de Platão, VI.47.7-10, 9-10 em particular : "Mas por ora, se ela evoca uma comparação com os regimes de Esparta, de Roma e de Cartago, o desenvolvimento sugeriria uma comparação onde se apresentaria uma estátua defronte a homens de carne e de osso. Como uma estátua tem necessidade de ser uma arte absolutamente digna de elogios, a comparação de uma coisa sem vida e uma com seria naturalmente sentido como defeituosa e de todo inapropriada pelos espectadores." Dito de outro modo, Políbio não procura em absoluto, como fez Platão, estabelecer o vínculo entre justiça e felicidade ao estudar os regimes políticos como imagem aumentada das condições de harmonia da alma ou confrontando, no início como no fim do diálogo, a alma a mais serena, a do filósofo que governa no melhor regime humano, e sua antítese, o tirano.

21   Colonna d'Istria designa bem a teoria da anaciclose como "um instrumento de trabalho", mas este não teria como fim único a compreensão da constituição romana (1980: 159).

22   Sobre o conhecimento de um manuscrito do livro VI em Florença, sobre as traduções latinas de Janus Lascvaris e Francesco Zefi nos primeiros anos do século XVI, ou sobre a utilização de Maquiavel de traduções orais dos humanistas de seu círculo, veja-se Momigliano (1974: 360-361); Garin (2006: 27-31); Inglese (2006: 108-109; 248, nota 60).

116   Francisco Murari Pires (org.)

democracia-oclocracia). Tudo se passa como se, para controlar a demonstração e seguir em geral muito de perto o desenvolvimento do texto das *Histórias*, ele se referisse às indicações que lhe são mais conhecidas, notadamente via adaptação de Cícero, Aristóteles e Platão.[23] Ele vai então ao essencial: retoma a história da reflexão sobre os regimes da exposição preliminar de Políbio (VI.3.5 e VI.4.6), depois recupera os três componentes herdados de Heródoto (III.80-2) até a classificação em seis formas de governo, ainda que ele transcreva significativamente as três matrizes (realeza, aristocracia, democracia) em seus equivalentes latinos, "principado, governo dos *optimates* e governo popular", segundo uma classificação mais antiga de 1503, e simplifique em "três muito perversas, três outras boas em si" a definição no mínimo desconcertante do próprio Políbio, no tocante a duas das três formas viciadas: "deve-se dizer então que aí existem seis espécies de constituições, as três já mencionadas, das quais todos falam, e três outras que são ligadas a elas por natureza, a *monarquia*, a oligarquia, a *oclocracia*" (VI.4.6). Antes de colocar em evidência o nexo intrínseco dos bons e maus regimes, Maquiavel resume sua degenerescência: "o principado torna-se facilmente tirânico, o governo dos *optimates* transforma-se facilmente no governo do pequeno número; e o governo popular muda facilmente para um licencioso" (§2). Ele não faz questão de elucidar a diferença precisa entre "rei" e "monarca", e suprime mesmo, no ciclo, um dos elementos novos e fundamentais da anaciclose das *Histórias*, a passagem da oclocracia à monarquia inicial, que se torna novamente realeza.

Mas a primeira dificuldade, para um leitor não-helenista, vem precisamente da natureza do texto polibiano: ao estabelecer um esquema operatório, Políbio, para evitar a habitual confusão de termos que ele denunciou, impõe um quadro estrito de definição para os diferentes regimes (VI.3.9-4.10), como mostra o valor injuntivo dos adjetivos verbais ("é preciso considerar" – VI.3.7), ("não é mais possível aceitar" – VI.3.9), ("não é necessário nomear" – VI.4.2), ("não é preciso tomar por" – VI.4.3), até a classificação final já citada (VI.4.6): "nós devemos então dizer que há seis espécies de constituições, as três anteriormente mencionadas, das quais todos falam, e três outras que são ligadas a elas por natureza, a monarquia, a oligarquia, a oclocracia". A segunda dificuldade, como neste caso preciso no qual a "monarquia" remete à tirania, está ligada à redefinição de termos correntes segundo um duplo critério: o significado etimológico antes de qualquer coisa, sempre duplicado, como no exemplo precedente, do critério do nome ("poder de um só" por "monarquia", "poder de um pequeno número" por "oligarquia", "dominação de uma população" por "oclocracia", se nós queremos manter em português a ligeira diferença entre *archein* e *kratein*). O segundo critério, a natureza da autoridade, é ainda

---

23   Cícero, *República*, III.XXI.43-XXXV.48, Aristóteles, *Política*, 1279b, Platão, *Político* 301e-302e.

Antigos e modernos 117

mais importante, uma vez que esta pode ser exercida com razão, tendo sido consentida aos que dirigem o Estado por sujeitos que, então, a reconhecem. Ou, por outro lado, a autoridade pode ser imposta pelo medo e pela violência (VI.4.1). Uma vez estes princípios estabelecidos, a anaciclose é, nas suas duas descrições (VI.4.6-13; VI.7.4-9.11), uma teoria sem falha: o "monarca" inicial é aquele que, no estado primitivo, domina por ser o mais forte; deste estado pré-político (e a monarquia, nós insistimos, não tem na anaciclose seu sentido habitual, não é um dos regimes de uma sociedade política constituída), os homens passam à realeza (VI.4.7): "É deste modo que um monarca se torna imperceptivelmente rei – *basileus ek monarquou lanthanei genomenos* –, pois o arbítrio e a força cedem a supremacia à razão" (VI.6.12). Em todas as fases da degenerescência, o critério permanece o mesmo, aquele do número sem o valor: o rei torna-se monarca ou tirano (dependendo se ele recorreu ou não ao medo e à violência)[24] quando ele apenas considera seu interesse particular. Do mesmo modo, a aristocracia torna-se oligarquia, e a oligarquia, oclocracia, termo que aparece aí pela primeira vez, tomado talvez da Escola Peripatética por Políbio. Nesta classificação compacta e sobre este duplo critério do nome e do valor, Políbio distingue três bons regimes e, contrariamente ao que se pode pensar, a democracia, mais ainda que na *Política* de Platão (302d-e), ou mesmo em Aristóteles (*Política*, III.1279a-b), é claramente diferenciada de sua forma degenerada (VI.4.4-5), e seu valor, nesta passagem, mais marcado do que em Maquiavel: o próprio povo ajuda a aristocracia a derrubar o tirano (VI.8.1) antes de dar o poder a seus benfeitores e, desta vez como nos *Discursos*, de o tomar para si (VI.8.2, *Discursos,* I.2.3). O estabelecimento da democracia se faz da focalização interna: "já que a única esperança que resta intacta reside neles mesmos, é a si mesmos que eles se voltam" (VI.9.3), e Políbio define o regime assim instituído pelos princípios fundamentais da democracia nas suas *Histórias, isègorian* e *parrèsian*, "a igualdade e a liberdade cívica".[25] Quanto às poucas linhas que descrevem a anaciclose de modo preciso, uma vez a democracia transformada em oclocracia, "regime da violência e da força bruta" (*eis bian kai cheirocratian*), até que o povo (*to plèthos*), voltando a ser selvagem – *apotethèriômenon* –, "reencontra um mestre e um monarca" – *despotèn kai monarquon* – (VI.9.8), parece que Maquiavel não percebeu estas linhas, ou não as compreendeu: "Deste modo, cada um vivendo segundo seus critérios, fazia-se mil ofensas cada dia; ainda que, constrangidos pela necessidade ou por conselhos de algum homem bom, para evitar esta licenciosidade, volta-se ao principado". Mas o texto de Políbio joga

---

24   Daí as dificuldades dos comentadores ; veja-se, por exemplo, Larivaille (1982: 98).

25   Mesmo se é bem o povo que está na origem da ruptura do equilíbrio de forças (VI.57), não é possível atribuir a Políbio, como P. Larivaille, uma "aversão" ao povo (1982: 104-105).

118   Francisco Murari Pires (org.)

com três criações de termos, fundados sobre a etimologia ("oclocracia", "queirocracia"[26], "voltando a ser selvagem"), para marcar o retorno a um estado pré-político, após a passagem de uma sociedade sem lei ao poder de um só que, como no início do ciclo e antes da transformação em realeza, domina porque é o mais forte. "Monarca" recebe novamente seu pleno sentido etimológico, como é precisado pelo nuance marcado com "mestre" ao qual ele está agora associado: "até que o povo, estando novamente no estado primitivo, reencontra um monarca que o comanda só, tal como um mestre", glosando a tradução[27]. Além disto, o limite entre a oclocracia e o estado pré-político deve-se apenas a esta reinstitucionalização de um respeito ao poder.

Em sua leitura da anaciclose, por outro lado, Maquiavel conserva quase literalmente esta etapa inicial da formação do grupo social, a qual tem como um de seus traços essenciais o interesse próprio. É também o predomínio deste sobre o interesse coletivo, acentuado por um esquecimento dos princípios de governo sobre os quais Maquiavel retorna precisamente no livro III (III.1), que constituem, tanto para Políbio como para ele, dois dos fatores da evolução de uma sociedade, e até mesmo de sua degeneração por Políbio, seja mesmo sob uma constituição mista.

Interesse privado e interesse coletivo: o papel do conflito político e da doxa dos dirigentes

Com algumas diferenças[28], Maquiavel e Políbio mostram de maneira pouco clássica como a constituição do grupo social, o discernimento moral do bem e do mal e a instauração da justiça estão *a priori* ligados a uma tomada de consciência muito progressiva de um interesse bem compreendido. Mas, no esquema teórico da anaciclose, o estado de natureza jamais seria capaz de ser, como se acreditou de modo bastante amplo, uma realidade que retorna periodicamente. Trata-se de uma ficção que, fazendo tábula rasa do que existe, como aquela de Platão nas *Leis* (III.677a e seguintes), mas com razões

---

26   Sobre a *queirocracia*, "poder dos golpes de mãos" ou "poder dos piores", ver Casevitz (2001); ver também Guelfucci (2003: 276-277).

27   Sobre esta questão de precisão para marcar a exata realidade dos fatos e das noções, que por um longo tempo tornou crível um emprego de falsos cognatos, ver Dubuisson (1985: 292-293).

28   Em Políbio, é segundo um "processo espontâneo e natural" (VI.4.7) que se forma a "monarquia", os homens se reunem para superar suas fraquezas, o mais forte tomando a chefia do grupo (VI.5.7); em Machiavel, G. Sasso (1987: 9, nota 13 ; 469) mostrou, na dispersão sem qualquer forma de reagrupamento, a influência de Lucrécio, mas ele estuda também as contradições desta representação da humanidade primitiva, conceito antes de tudo operatório (1987: 166).

Antigos e modernos   119

diferentes, visa tornar compreensível a constituição e a evolução lógicas de um grupo social. Do processo em três etapas que imagina Políbio e que faz reprimir a ingratidão em relação aos pais, um benfeitor particular ou a defesa do grupo, para em seguida conduzir a usos normativos (descontentamento, irritação, reprovação ou, ao contrário, marcas de favor e de honra) até a escolha, como rei, daquele que faz respeitar o que parece justo, Maquiavel, reajustando sempre a exposição, retém apenas um exemplo representativo, o segundo caso. Como Políbio, porém, ele faz da aprendizagem da justiça o resultado da experiência, marcando ele também as reações face à ausência ou à manifestação de reconhecimento (ódio ou amor, vergonha ou honra). Nas *Histórias*, no entanto, são a experiência concreta e a comparação de duas maneiras de comandar, a do monarca e a de quem coloca, se necessário, sua força ao serviço da justiça (*synepischuê*, VI.6.10), que, na escolha do rei, tornam preferíveis o julgamento e a razão à força (VI.7.3). Nos *Discursos*, ao se escolher também por rei, "[o] mais sábio e [o] mais justo", são ainda assim os usos normativos que estão na origem da instauração concreta da justiça, anterior então a esta escolha, com leis associadas a punições para quem as transgredir.

Esta variante, se nós nos damos conta do papel central do conflito para Maquiavel, notavelmente iluminado por seus comentadores, mas também da filosofia da história proposta por Políbio, parece característica de um foco fundamentalmente diferente nos dois textos. Isto ocorre porque Maquiavel certamente segue o texto de Políbio quanto à degeneração dos regimes simples, embora o que o interesse em especial não seja, ao contrário do historiador grego, a maneira de governar e a natureza da relação de poder ou, uma vez a constituição mista estabelecida, o risco que apesar de tudo a ameaça, como ocorre com qualquer regime, e faz da perfeição da constituição romana um *akmè* temporário. Das diferenças estabelecidas por Políbio entre a constituição de Esparta e a de Roma, descritas de modo muito preciso na sequência, no estudo comparado dos três poderes da cidade (VI.11-18), Maquiavel mantém, como vimos, o contraste entre a reflexão prudente de Licurgo (*proidomenos* em VI.10.6 e VI.10.12 das *Histórias*), a qual permite estabelecer de início a constituição mista em Esparta, e a necessidade de uma série de lutas por Roma. Se Maquiavel exagera a duração da constituição mista de Licurgo, oitocentos anos (I.2.6), não é provavelmente para criticar um equilíbrio imóvel – pode-se reencontrar esta duração para a liberdade de Esparta em *A Arte da Guerra* (I.7) e em um contexto totalmente diferente –, mas porque ele está menos preocupado com a cronologia do que com o que, para ele, é o essencial. Pode-se pensar também que o livro VI faz mais que uma simples alusão às provações de Roma, mas o estado muito fragmentário da «arqueologia», segundo a denominação de Denis de Halicarnasso (*Ant. Rom.*, I.6), não permite mais precisões. Independente disto, Maquiavel faz de suas lutas um objeto de estudo fundamental. Significativamente, a evocação, feita em linhas muito gerais, das

120 Francisco Murari Pires (org.)

lutas da plebe para obter sua parcela do poder ao lado dos cônsules e dos *Optimates*, até os desdobramentos da instauração do tribunal, inicia-se com o termo *"desunião"* e tem seu fim, com o mesmo termo, sobre o resultado: "mas, continuando mista, Roma foi uma república perfeita. Ela atingiu esta perfeição em função da desunião entre a plebe e o senado – ma rimanendo mista, fece una republica perfetta: alla quale perfezione venne per la disunione della Plebe e del Senato". Maquiavel volta a isto com mais precisão nos capítulos III e IV: é a partir da oposição, em um Estado, de dois "humores" diferentes (I.4.1) que a desunião se faz agente de sua liberdade e de sua potência. Ao lado de tal tese tão profundamente inovadora, e paradoxal para seus contemporâneos,[29] o respeito ao pacto social inicial, indispensável, segundo Políbio, para não conduzir os regimes políticos à sua derrocada, pôde parecer desprovido de originalidade. Não obstante, fora do esquema teórico da anaciclose, esta necessidade não é, historicamente, inconsequente: isto porque Roma, detentora única da hegemonia do mundo após 168 a.C., corre um duplo risco, o de uma degeneração inelutável de suas instituições e o risco, mais ao plano internacional, da passagem de uma "realeza" à "tirania", seguindo uma propensão igualmente natural (XXIV.13.2).

Políbio faz então aparecer o risco institucional para a constituição mista da própria compensação de poderes: se esta é descrita com uma abundância de termos que remetem à precisão do mecanismo da balança, não é nada mais que um sentimento, o medo, que obriga cada um dos poderes a respeitar o campo de ação dos outros. Em Esparta, porém, os gerontes que, "selecionados em decorrência do mérito, tomariam todos e sempre o partido da justiça" (VI.10.9), não estão submetidos a qualquer controle, e é graças ao *phobos*, o medo instintivo, que o equilíbrio é mantido (medo do rei quanto ao povo, medo do povo quanto aos gerontes). Em Roma, ao contrário, nenhum dos poderes é deixado sem controle, e Políbio descreve de modo bastante preciso o papel de cada um antes de concluir sobre a eficácia do sistema (VI. 11; VI. 18). Mas aí ainda, é o pavor relativo a suas próprias prerrogativas, o *deos* (medo certamente raciocinado, o qual permite prever as consequências de seus atos, de acordo com uma variante clássica), que restringe as ambições dos três corpos e os mantém no seu próprio campo de competência. Ainda assim, como demonstram melhor ainda os capítulos 15 a 17, este controle de um corpo por outro não exclui nem o excesso de ambição, nem a desconfiança.[30] É apenas para a ameaça estrangeira na cidade, cimento da coletividade como em Maquiavel, que o termo *phobos* é empregado.[31] Ora, a situação da "supremacia e da potência incontestes", segundo

---

29 Guichardin em particular; ver Dotti (2006: 421).

30 Sobre as relações de força entre os três poderes, ver Nicolet (1974: 222-243 em especial).

31 Guelfucci (1986: 235-237). Sobre o *metus hostilis*, veja Weil (1977: 153, nota 18).

Antigos e modernos 121

os termos do final do livro VI (VI.57.5) e seus ecos exatos em XXXI.25.6, que descreve os anos que se seguem a 168, não é mais aquela dos riscos da conquista. Se o equilíbrio institucional é então em verdade bem-sucedido (*harmogèn* em VI.18.1), mas também o resultado de forças continuamente instáveis, compreende-se a reserva que aparece na conclusão do livro e a passagem da constituição mista à oclocracia (VI.57), onde poder-se-ia marcar uma diferença fundamental com Maquiavel: isto porque é precisamente o povo, em sua legitimidade institucional, como assinala o emprego do termo *dèmos*[32], que é o agente da degenerescência. Mas parece que a razão, somente em parte ideológica, pode ser o ascendente dos demagogos, "o esfacelamento dos poderes entre um número excessivo de pessoas", para retomar os termos do diálogo *Político* de Platão (303a). Ainda sobre este ponto, não se sabe, de outro modo que não por alusões, se Maquiavel está interessado precisamente nestes capítulos, nem como seus mediadores, traduções latinas ou tradutores do texto, poderiam dar conta de suas sutilezas. Mas ao fazer surgir o equilíbrio da constituição mista, ele talvez tenha tido a intuição do risco eventual, como sugere em sua descrição o emprego do verbo "guardare" ("observar" e "vigiar") em uma oração causal destacada: "perché l'uno guarda l'altro, sendo in una medesima città il Principato, gli Ottimati, e il Governo popolare" ("Com efeito, como em uma mesma cidade há um principado, *Optimates* e um governo popular, cada um vigia o outro").

O segundo fator de risco presente no esquema da anaciclose é aquele que enfraquece todos os poderes sucessivos: o esquecimento do interesse coletivo em proveito do interesse particular não é mais, como para o Estagirita na *Política* (III.1279a), a causa da degenerescência, mas o efeito que acompanha a causa única e verdadeira, a *pleonexia*, a avidez sobre todas as formas (VI.7.7, 8.5, 9.5-9). Nos regimes deturpados, os herdeiros, indiferentes ao interesse geral e aos deveres dos governantes, inclinados à violência do arbitrário, atêm-se apenas às marcas concretas e exteriores do poder (vestimentas excepcionais, cardápios variados, satisfação de todo desejo por tiranos; avidez, cupidez, gula por aristocratas; "desejo de glória" (*doxophagia*) dos demagogos que torna o povo "venal" e "desejoso de presentes"[33]). Por outro lado, o avanço das gerações favorece, como para Maquiavel, o esquecimento ou a ignorância dos princípios dos bons governos (VI.7.6; VI.84-5; VI.9.4-5). Ora, o pacto social (VI.6.10-12) repousa precisamente sobre o reconhecimento da autoridade do rei fundada sobre a força da razão (*tè gnômè eudokountes*), pois esta parece justa (*otan doxê...*). Nas *Histórias*, a dupla *dokein* para o governante (dar uma certa imagem) e *eudokein*, ou mesmo *dechesthai*, segundo o estudo de Pierre Chan-

---

32 Diferindo de outros termos cujo emprego é menos definido, *dèmos* evoca sempre, em Políbio, e na descrição da constituição romana em particular (VI.12.17), uma legitimidade institucional.

33 Reminiscência de Hesíodo (*Os Trabalhos e os Dias*, versos 39, 221, 264).

122   Francisco Murari Pires (org.)

traine em seu *Dicionário Etimológico*[34], para o governado (reconhecer e acertar – mais ou menos – este poder) é fundamental e complementar. Mas o alerta diz também respeito à política estrangeira de Roma, pois se uma constituição mista é um paliativo, nenhum dos regimes mistos é destinado a durar, nem o lacedemônio que praticou uma política de opressão na conduta da hegemonia (*philotimôtatous kai philarchotatous kai pleonekti-kôtatous* – 48.7-8 –, retomado em 49.1-3), nem Cartago, a qual, por ocasião da guerra de Haníbal, negligencia os valores fundamentais. Sobre isto, ela emprega mercenários em seus exércitos, e Maquiavel, como já o fizera no *Príncipe* (XII), retoma a crítica nos *Discursos* (III.32) emprestando seu exemplo da tradução do livro I de Políbio (I.65 e seguintes) – ainda assim, com um erro sobre o mediador, o qual permite pensar, como o erro cronológico anteriormente notado sobre Esparta, que ele trabalha também de memória. Além do mais, Cartago adota, quanto ao exterior, uma conduta de opressão (I.71-2; X 36; X. 37-8), ainda que a moderação e a clemência de Cipião ganhem a Espanha aos romanos, e Maquiavel retoma, embora na versão menos política de Tito Lívio, o *topos* da bela cativa (III.20): "eles imaginam, diz Políbio (X.36), haver uma maneira de conseguir o império e outra de o guardar; eles não compreenderam que os que preservam melhor sua supremacia são os que mais se atém aos princípios que lhes permitiram o instaurar". Mesmo se, na realidade histórica, a decisão de provocar uma "queda de braço" com possível degradação de seus direitos pode ser tomada apenas como último recurso,[35] uma potência tirânica se corrompe dela mesma e se vê finalmente vencida por um estado que possui as virtudes primeiras (coragem, moderação, generosidade e clemência). Eis aí a lei que rege o sentido da história ou, nas palavras de Políbio, a *Tychè*. Os comentadores de Maquiavel – como, por vezes, os de Políbio – fizeram em geral uma leitura mais finalista que política de Políbio, mas há uma grande distância entre sua filosofia e a de Posidônio.[36] Trata-se pois de refletir sobre a conservação das formas de governo político (poder ou hegemonia), e não sobre conceitos fora do tempo da história e eternos.

Por meio da anaciclose, são então dois filósofos da história que, a despeito de um mesmo distanciamento forçado de toda atividade pública que os conduziu a refletir sobre as transformações de seus tempos, constroem-se também, e talvez sobretudo, em função de duas situações históricas profundamente diferentes. Nós gostaríamos ao menos de

---

34   Chantraine (1968: 269 e 291).

35   *Histórias*, IV.31.3-8, mas o risco deve ser levado em conta e a diplomacia privilegiada (XXIV.13), de onde provém a condenação das condições da guerra da Acaia, iniciada de modo inconsequente e com o risco de uma derrota, ainda que, ao menos em seu início, uma solução diplomática era possível.

36   Ver Guelfucci (2003: 275-279).

Antigos e modernos 123

concluir abordando alguns exemplos do realismo político que aproximam um do outro, o que por vezes se chamou, em alguns casos, de seus "maquiavelismos".[37]

O realismo político

Na variedade de regimes, Políbio desmascara o jogo de suas aparências: "nós já vimos constituições monárquicas e tirânicas que, muito diferentes da realeza, parecem ser muito próximas sob certa perspectiva; é por isto que todos os monarcas recorrem ao seu equivalente e usam este nome de realeza tanto quanto podem", e tanto os oligarcas como os falsos democratas estão no mesmo caso (VI.3.9-12). Ele acaba mesmo desvelando, sob os pretextos que alega o Senado romano para tomar certas medidas ou envolver-se em guerras, as razões de interesse (XXXII.13; XXXVI.2). Em todo caso, o respeito das formas nada mais é que um mal necessário, que ele recomenda porque aí há um freio (XXXVI.2). Mas este realismo político não o impede de procurar, como Maquiavel, corrigir o esquecimento dos princípios. Para conduzir novamente um Estado aos seus primórdios, Maquiavel distingue entre o "acidente extrínseco", a tomada de Roma por Gauleses ("Franciosi"), e a "prudência intrínseca", um *colocar-se em questão* necessário vindo, a Roma, das instituições com o conjunto de leis "que se opõem à ambição e à insolência dos homens" ou, para fazer respeitar as mesmas, da coragem e determinação de um homem virtuoso. Mas ele não exclui "as simples virtudes de um homem": "elas são ainda assim de uma tal reputação e de um tal exemplo que os homens bons as desejam imitar e que os maus têm vergonha de levar uma vida que lhes seja contrária" (III.1.2-3). Políbio também, para formar os futuros homens de Estado e reformar os costumes, recorre à força do exemplo, a emulação criada pela conduta de Cipião Emiliano, para os homens futuros (XXXI.30.1) e mais efetivamente, no momento da guerra contra os Celtiberos, para todos os que se esquivaram da mobilização: "enquanto uns relataram aos cônsules que eram voluntários para servir como legados, outros iam por grupos ou entre amigos se inscrever nas listas de recrutamento"[38] (XXXV.4.14). Na prática política, Políbio exemplifica os meios colocados em ação para preservar as virtudes tanto sociais, quanto morais, pois o Estado, agregado de povo e magistrados, não se compõe de sábios (VI.56.10-11), e ele é talvez uma fonte para Maquiavel. Ele interpreta nesse sentido, e

---

37 Sobre a impropriedade do termo, veja-se Eckstein (1995: 1-27).

38 Segundo a tradução de Denis Roussel (1970), Polybe, *Histoires*, Paris, Gallimard.

124   Francisco Murari Pires (org.)

dentro da tradição clássica,[39] a religião romana, chamada de *deisidaimonia* – "superstição" e, etimologicamente, "medo dos deuses" –, a qual faz respeitar o juramento feito e garantir a integridade. Ele também enfatiza fortemente sua "dramatização", *tragôdia* (VI.56.11), e cria o verbo correspondente (VI.56.8) que ele emprega igualmente para designar a pompa do triunfo (VI.15.7). A mesma manifestação pública de glória adquirida, a qual incita à imitação, aparece também na cerimônia das *imagines* (VI.53). No exército, em função do respeito ao juramento realizado, os dois meios conjugados do medo de um castigo severo (VI.36.7-37) e da ambição das glórias e de suas consequências (VI.39.1-11) garantem a disciplina e confortam a coragem. Em *A Arte da Guerra* (VI.5), muito antes da primeira edição oficial do livro VI, consagrada unicamente às instituições militares (VI.19-1-42.6) e publicada na Florença de 1529 por Janus Lascaris, Maquiavel retoma os capítulos anteriormente citados de Políbio, embora os inverta para se ater ao exemplo da bastonada e comentar, de uma maneira totalmente diferente, seu uso entre os suíços. Quanto ao papel social da religião, destacado neste mesmo capítulo e nos *Discursos* (I.11), a inspiração é menos claramente polibiana a não ser talvez, mas por uma tradição indireta, no exemplo de Licurgo que, como Cipião, usa da religião como um estratagema para chegar a seus fins (*Histórias*, X.2.8-13).[40] Isto porque nas *Histórias* como no *Príncipe*, o responsável político, se ele age no interesse de todos, pode escolher os meios; a clemência, como vimos, é uma arma política tanto quanto uma virtude, e ela não exclui o rigor: na Primeira Guerra Púnica, Hamílcar se mostra sem piedade frente aos mercenários que recusaram sua oferta de paz (I.84.7), e Hierão, aprovado pelo historiador grego, deixa morrer em combate os mercenários que se tornaram uma ameaça e recruta sua própria milícia (I.9.4-6). Ora, tanto um quanto outro são exemplos para Políbio, e o segundo para Maquiavel que, quando ele associa ao episódio sua citação latina de Justino sobre as origens modestas de Hierão (*Príncipe*, VI.29), antes de abordar isto com maior clareza mais adiante (XIII.13-14), parece ter se inspirado no texto das *Histórias*.[41] Isto parece provável na medida em que, como assinalamos de início, depois de sua redescoberta por Leonardo Bruni, em aproximadamente 1418-1419, como uma fonte para a história da Primeira Guerra Púnica, e de sua tradução para o italiano entre 1450 e 1454, os cinco primeiros livros eram conhecidos e suscitavam interesse. Mas a fonte permanece ainda muito discutida.

---

39   Para a estratégia que estabelece o respeito das leis a partir da ameaça de um vingança divina em caso de infração, veja-se o mito de Sísifo que se atribui a Crítias, ou o elogio da piedade egípcia, feito por Isócrates em *Busiris* (24-27).

40   Sobre a função política do juramento e do *timor di Dio* em Maquiavel, cf. Larivaille (1980: 125-134); e também Cutinelli (2006: 207-211; quanto às variantes citadas, ver também: 211-214).

41   Ver *supra*, nota 2.

Maquiavel leu, ao menos na tradução, o texto de Políbio? Como e quando teve acesso ao historiador grego? Nós retornamos ao enigma inicial da mediação das fontes. Maquiavel mantém relação com os humanistas apaixonadamente envolvidos com a descoberta, o estudo e a tradução de manuscritos. Ele mesmo, ainda que o historiador grego não seja ainda uma de suas fontes, parece fazer de seu texto uma fonte privilegiada, e a hipótese de Alessandro Fontana, segundo a qual o núcleo primitivo dos *Discursos* seria um trabalho de Maquiavel iniciado ainda muito cedo sobre as instituições políticas e militares do livro VI, é bastante sedutora.[42] Pode-se pensar também que Maquiavel está interessado em outros trechos das *Histórias*. Independente da resposta, muito depois de sua morte, um de seus discípulos que declarou considerá-lo um pai, Bartolomeu Cavalcanti, continua a se interessar pela constituição mista de Políbio, realiza a tradução dos manuscritos das *Histórias*, traduzindo em especial os capítulos do livro XVIII sobre a diferença entre a falange macedônica e a formação romana, e faria o mesmo pelos *Excerpta antiqua*, obtidos por ele em uma transcrição completa[43]. Pode ser o sinal, por certo inverificável, de uma paixão herdada. Ainda assim, a pesquisa sobre a mediação das fontes merece ser realizada de modo muito preciso.

Referências bibliográficas

1. Sobre Políbio :

Casevitz M., "Hommes de mains ou, pires, hommes de moins", in *Revue de philologie de littérature et d'histoire anciennes* 2001- 1 (Tome LXXV), p. 23-26.

Dubuisson M., 1985, *Le latin de Polybe*, Paris, Klincksieck.

Eckstein A. (1995), *Moral Vision in the Histories of Polybius*, University of California Press, Londres.

Guelfucci M.-R.,
1986, "La peur dans l'œuvre de Polybe", in *Revue de Philologie*, LX, 2, p. 227-237.
1994, "Des mots et des manières de lire : le 'lecteur' de Polybe", in *Nomina Rerum, Hommage à Jacqueline Manessy-Guitton*, p. 241-257.
2003, "Pouvoir politique et crise de société dans les *Histoires* de Polybe", in *Fondements et crises du pouvoir*, S. Franchet d'Espèrey, V. Fromentin, S. Gotteland et J.-M. Roddaz éd., p. 271-280.

---

42 Fontana (2004: 11).

43 Sobre B. Cavalcanti, cf. Garin (2006: 31, note 1); cf. também Momiglano (1974: 362-363).

126 Francisco Murari Pires (org.)

MOMIGLIANO A., 1974, "Polybius' Reappearance in Western Europe", in *Polybe, Entretiens sur l'Antiquité classique*, XX, Vandœuvres-Genève, p. 347-372 e 1983, "La redécouverte de Polybe en Europe occidentale", in *Problèmes d'historiographie ancienne et moderne*, Paris, p. 186–209 [tr. fr. A. Tachet].

NICOLET C., 1974, "Polybe et les institutions romaines", in *Polybe, Entretiens sur l'Antiquité classique*, XX, Vandœuvres-Genève, p. 209-265.

VON FRITZ K., 1954, *The theory of the mixed constitution in Antiquity, a critical Analysis of Polybius' political Ideas*, New York : Columbia University Press.

WALBANK F.W., *A historical Commentary on Polybius*, Oxford, I (1957: 635-697); II (1967: 645-647).

WEIL R., 1977, *Polybe Histoires VI*, Paris, CUF.

2. Temas relativos à comparação entre Políbio e Maquiavel:

BLYTHE J.M. (2005), *Le gouvernement idéal et la constitution mixte au Moyen Age*, Fribourg, Cerf Academie Press.

COLONNA D'ISTRIA G. et FRAPET R., 1980, *L'art politique chez Machiavel*, Paris, Vrin e, em particular, capítulo III, "Machiavel lecteur de Polybe. La théorie cyclique du temps et de la Fortune", p. 135-205.

CUTINELLI-RENDINA E., "Eglise et religion chez Machiavel", in GAILLE–NIKODIMOV M. et MÉNISSIER Th. (dir), 2006, p. 193-225.

DOTTI U., 2006 pour la traduction française (Rebecca Lenoir), *La révolution Machiavel*, Grenoble, éd. Jérôme Million.

FONTANA A, 2004, Introduction à l'édition des *Discours sur la première décade de Tite-Live*, tr. d'A. Fontana et X. Tabet, Paris, Gallimard: 7-38.

GAILLE–NIKODIMOV M. et MÉNISSIER Th. (dir), 2006, *Lectures de Machiavel*, Paris, Ellipses.

GAILLE–NIKODIMOV M., "Machiavel, penseur de l'action politique", in GAILLE–NIKODIMOV M. et MÉNISSIER Th. (dir), 2006, p. 259–292.

GARIN E., 1989, "Polybe et Machiavel", leçon inaugurale de l'année académique de l'Université de San Marin, in *Machiavel entre politique et histoire* [tr. fr. de F. Del Lucchese et F. Gabriel], Paris, Allia, 2006 (trad. de *Machiavelli fra politica e storia*, Turin, 1993^2 [1992]), p. 9-45.

INGLESE G., 2006, *Per machiavelli, L'arte dello stato, la cognizione delle storie*, Roma, Carocci éd., e sobretudo "La vera cognizione delle storie", ch.3, p. 93-155.

ION CR. , "Conquérir, fonder, se maintenir", in GAILLE–NIKODIMOV M. et MÉNISSIER Th. (dir), 2006, p. 93-128.

LARIVAILLE P., 1982, *La Pensée politique de Machiavel: les Discours sur la première décade de Tite-Live*, Presses universitaires de Nancy, cop. 1982 (Impr. en Italie).

Antigos e modernos   127

"Chapitre IX du *Prince*: la crise de la principauté civile", in ZARKA Y.ch. et MÉNISSIER Th. (dir.), 2001, p. 81-103.

LEFORT Cl., 1986² [1972], *Le travail de l'œuvre Machiavel*, Paris, Tel Gallimard.

Machiavel:

De Principatibus – Le Prince, traduction et commentaire de J.-L. Fournel et J.-C. Zancarini, texte italien en regard établi par G. Inglese, Paris, PUF, 2000.

Discorsi sopra la prima deca di Tito Livio, texto original de 1531.

Discours sur la première décade de Tite-Live, tr. d'A. Fontana et X. Tabet, Paris, Gallimard, 2004.

Œuvres complètes, Edm. Barincou, Paris, Gallimard, 1952.

MÉNISSIER Th.,

2006, "République, ordre collectif et liberté civile", in GAILLE–NIKODIMOV M. et MÉNISSIER Th. (dir), 2006, p. 151-191.

2003, "De la perspective au perspectivisme: Machiavel et la nouvelle conception de l'espace de la Renaissance", in *Symboliques et dynamiques de l'espace,* Jérôme Dokic, Philippe Drieux, René Lefebvre (dir.), Rouen, Presses Universitaires, p. 63-79.

2001, "Chapitre XV du *Prince*: la vérité effective de la politique et les qualités du prince", in ZARKA Y. ch. et MÉNISSIER Th. (dir.), 2001, p. 105-131.

SASSO G., 1987, *Machiavelli e gli Antichi e altri saggi,* I, Milan-Naples, Riccardo Ricciardi Editore.

   "Machiavelli e la teoria dell'anacyclosis;" 5-65.

   "Machiavelli e Polibio, Costituzione, potenza, conquista;" 67-118.

SASSO G., 1980 [1958], *Niccolò Macchiavelli, Storia del suo pensiero politico,* Bologne, il Mulino.

VATTER M.E. , "Chapitre XXV du *Prince*: l'histoire comme effet de l'action libre", in ZARKA Y.ch. et MÉNISSIER Th. (dir.), 2001, p. 209-244.

ZARKA Y.ch. et MÉNISSIER Th. (dir.), 2001, Machiavel, *Machiavel : Le Prince ou le nouvel art politique,* Paris, PUF.

Museus de História

o desafio de ver com outros olhos

Cecília Helena de Salles Oliveira (Museu Paulista/USP)

Depuis longtemps, sinon la nuit des temps, l´histoire n´est-elle pas une « évidence » ? on en raconte, on en écrit, on en fait. L´histoire, ici et là, hier comme aujourd´hui, va de soi. Portant, dire l´ « évidence de l´histoire », n´ést-ce pas dejá ouvrir un doute, laisser place à un point d´interrogation : est-ce si évident, après tout ? Et puis, de quelle histoire parle-t-on?

François Hartog[1]

Os Museus de História enfrentam atualmente tensões e contradições. Por um lado, como tem observado Dominique Poulot[2], os vínculos entre as representações do passado expostas nessas instituições e o debate historiográfico contemporâneo são controversos e fluidos, pois é flagrante o descompasso entre as imagens ali projetadas e o desenvolvimento da pesquisa nos vários campos de conhecimento histórico. Por outro lado, as dissonâncias se apresentam, também, entre aquilo que os museus oferecem em termos da

---

1   Hartog, François. *Évidence de l´histoire*. Ce que voient les historiens. Paris, Éditions de l´École de Hautes Études em Sciences Sociales, 2005, p. 11.

2   Poulot, Dominique. Museu, Nação, Acervo. Trad. F R Willaume. In: Bittencourt, José Neves, Tostes, Vera & Benchetrit, Sara (org) *História representada: o dilema dos museus*. Rio de Janeiro, Museu Histórico Nacional, 2003, p. 25-62.

130 Francisco Murari Pires (org.)

"presentificação da história", para usar uma expressão de Stephan Bann[3], e as demandas do público visitante que muitas vezes espera encontrar em seu espaço a "história que realmente aconteceu".

Nesse sentido, a proposta deste artigo é problematizar alguns dos fundamentos das representações do passado inscritas em museus de História, explorando particularmente o Museu Paulista da USP, o conhecido Museu do Ipiranga, instituição centenária, marcada em sua trajetória por profunda ligação com a celebração da história nacional. Que princípios e práticas sustentam as "visões do passado" ali expostas? Por que ainda conseguem exercer fascínio sobre parcela considerável do público que o visita? Em que medida os museus de História poderiam se transformar em lugares de reflexão sobre o ofício do historiador e a escrita da História?

Museu Paulista: marcos de uma trajetória

Incorporado à Universidade de São Paulo em 1963, o Museu Paulista é instituição voltada para o campo de conhecimentos da História, em particular a História da Cultura Material no Brasil, com ênfase especial na história de São Paulo.

Trata-se de instituição científica e cultural centenária, cuja trajetória iniciou-se em 1893. Naquela ocasião, e simultaneamente à organização do regime republicano, o edifício-monumento, erguido pelo governo imperial na capital paulista nas proximidades do riacho do Ipiranga, para celebrar a Independência e a fundação do Império, foi apropriado pelas autoridades do novo regime para abrigar coleções de história natural, dando origem ao primeiro museu público de São Paulo, o Museu Paulista, oficialmente inaugurado a 7 de setembro de 1895. O fato de estar situado no palácio-monumento do Ipiranga fez com que, entre outras razões, o Museu se tornasse popularmente conhecido como Museu do Ipiranga.

Ao longo dos anos, o caráter de museu de ciências naturais foi sendo modificado com o crescimento de coleções de documentos textuais, objetos e iconografia. Além disso, em função das obras de ornamentação interna do prédio, o acervo passou a incorporar também essas alegorias. As obras de decoração interna foram inicialmente idealizadas para as comemorações do Centenário da Independência, em 1922, mas sua realização prolongou-se por mais de uma década. Em 1937, a parcela maior da decoração estava pronta, mas os últimos nichos na parede do edifício foram preenchidos apenas no início dos anos de 1960.

---

3 Bann, Stephan. *As invenções da história. Ensaios sobre a representação do passado.* Trad. Flávia Villa-Boas. São Paulo, Unesp, 1994, p. 153-180.

Antigos e modernos   131

A decoração ocupou os espaços previamente definidos do palácio-monumento para a montagem de um panteão nacional. Em linhas gerais, projetou um panorama do percurso da história do Brasil do século XVI até o século XX, do qual a grandiosidade do Museu era uma das expressões. A isso se somaram as demais salas de exposição compostas à época, destinadas a expor aspectos da sociedade brasileira e paulista, em especial. Da colonização, representada pelos retratos de Martim Afonso de Souza, de Tibiriçá, de D. João III e de João Ramalho alocados no saguão, envereda-se pelo período em que teria ocorrido a configuração do território, simbolizada na figura de bandeirantes e nas ânforas de cristal contendo águas de rios brasileiros, ornamentos da escadaria em mármore que leva ao piso superior da edificação. Ali, adentra-se, então, ao momento da independência e soberania, evocado por meio da escultura monumental de D. Pedro I e por retratos e registros nominais em bronze daquelas personagens consideradas, nas décadas de 1920 e 1930, como os fundadores da nação, aos quais foram integradas as figuras de Da. Leopoldina, Maria Quitéria e Sóror Angélica[4]. Essa construção historiográfica e visual pode ser considerada como complemento e confirmação do painel "Independência ou Morte", confeccionado por Pedro Américo, entre 1886 e 1888. Idealizado especialmente para decorar o salão de honra do edifício-monumento ainda durante sua construção, ao longo do século XX, veio a se tornar a representação emblemática do episódio do "grito do Ipiranga".[5]

Esse direcionamento em direção ao campo da História se verificou no período da gestão de Afonso d´Escragnolle Taunay, entre 1917 e 1945, sendo reforçado com a transformação do Museu em Instituto complementar à Universidade de São Paulo, já em 1934[6].

Especialmente a partir da década de 1990, as áreas de atuação do Museu Paulista foram redefinidas, buscando-se uma maior integração institucional à Universidade, bem como sua projeção científica como ponto de referência no campo da Cultura Material.

---

4   Descrição detalhada da ornamentação interna do edifício pode ser encontrada em: Taunay, Afonso d´Escragnolle. *Guia da Secção Histórica do Museu Paulista*. São Paulo, Imprensa Oficial, 1937.

5   Sobre o painel concebido por Pedro Américo e suas implicações historiográficas e artísticas, consultar: Oliveira, Cecilia Helena de Salles & Valladão, Cláudia (org). *O brado do Ipiranga*. São Paulo, Edusp, 1999.

6   Sobre a trajetória do Museu Paulista, consultar, entre outros, os seguintes estudos: Elias, Maria José. *Museu Paulista: memória e história*. Tese de doutoramento. São Paulo, FFLCH/USP, 1996; Brefe, Ana Cláudia. *O Museu Paulista*. Affonso de Taunay e a memória nacional. São Paulo, Unesp/Museu Paulista da USP, 2005; Alves, Ana Maria de Alencar. *O Ipiranga apropriado*. Ciência, política e poder. O Museu Paulista, 1893/1922. São Paulo, Humanitas/ Programa de Pós-Graduação em História Social da USP, 2001; *Anais do Museu Paulista*. História e Cultura Material. Nova Série, volume 10/11, 2002/2003; Witter, José Sebastião & Barbuy, Heloisa (org). *Um Monumento no Ipiranga*. São Paulo, FIESP/Imprensa Oficial, 1997; Oliveira, Cecilia Helena de Salles. *O espetáculo do Ypiranga: mediações entre história e memória*. Tese de Livre-Docência, São Paulo, Museu Paulista da USP, 1999.

132   Francisco Murari Pires (org.)

Procurou-se evitar, entretanto, que o Museu ficasse circunscrito a núcleo de pesquisas, sem compromissos com o enorme público não especializado que o visita; ou que se tornasse um centro cultural e pedagógico, sem ligação com pesquisas inovadoras; ou, finalmente, que se restringisse ao papel de agente conservador de patrimônio histórico.[7] Foi precisamente esse desejado entrelaçamento entre preservação de bens culturais, produção e socialização de conhecimentos que provocou a problematização das tradições historiográficas e das representações do passado inscritas naquele espaço.

Memória, Imaginação, História

Numa primeira aproximação, seria possível considerar o Museu Paulista como "lugar de memória"[8], em virtude das injunções do edifício e de parcela de suas coleções com o delineamento da memória nacional. "Lugar de memória", expressão que se tornou tão banalizada entre nós, foi noção criada por Pierre Nora, na década de 1980, em meio ao debate que cercou o bicentenário da Revolução Francesa e encontra-se ligada à reflexão sobre delineamento da nação na França e aos modos pelos quais poder-se-ia escrever uma história nacional no momento daquelas comemorações.

Ao utilizá-la procuro, entretanto, seguir as críticas feitas por François Hartog a Pierre Nora. Hartog apontou os vínculos entre o conceito, a obra *Les Lieux de Mémoire* e aquilo que denominou "presentismo", uma relação específica com o tempo e o passado. O "presentismo" seria um regime de historicidade[9] assinalado por uma "progressiva invasão do

---

7   Meneses, Ulpiano Toledo Bezerra de. Do teatro da memória ao laboratório da história: a exposição museológica e o conhecimento histórico. *Anais do Museu Paulista*. História e Cultura Material. Nova Série,volume 2, 1994, p. 9-42.

8   Nora, Pierre Apresentação. In:_____(dir). *Les Lieux de Mémoire*. Paris, Gallimard, 1984, volume 1, p. VII-XLII.

9   A expressão "regime de historicidade" remete às reflexões desenvolvidas por François Hartog acerca do tempo e das diferentes maneiras pelas quais foi apropriado, compreendido e exercido no âmbito da escrita da História. Trata-se, simultaneamente, de instrumento heurístico e de categoria histórica de pensamento que permite interrogar, segundo o autor, os modos pelos quais, ao longo do tempo, configuraram-se articulações específicas entre passado, presente e futuro. Combatendo qualquer simplificação de ordem linear ou evolutiva, o que Hartog investiga são os fundamentos da atual relação com o tempo, o que denominou "presentismo", e seu entrelaçamento com a escrita da História. Ver: Hartog, François. *Regimes d'historicité. Presentisme et expériences du temps*. Paris, Éditions du Seuil, 2003. Cabe lembrar que as reflexões de Hartog estão inscritas em amplo debate do qual fazem parte, entre outras, as contribuições essenciais de: Febvre, Lucien, *Combats pour l'histoire*. Paris, Armand Colin, 1965; Koselleck, Reinhart. *Futuro Passado. Contribuição à semântica dos tempos históricos*. Trad. W.P.Maas & C. A. Prado. Rio de Janeiro, Contraponto/PUC-Rio, 2006; Certeau, Michel de. *A escrita da História*. 2ª. edição. Trad. M. L. Menezes. Rio de Janeiro, Forense Universitária, 2006.

Antigos e modernos 133

horizonte por um presente mais e mais ampliado [e] hipertrofiado", o que teria se tornado visível a partir dos anos de 1970/80. Para o historiador, "a força motriz foi o crescimento rápido e as exigências sempre maiores de uma sociedade de consumo, onde as descobertas científicas, as inovações técnicas e a busca de ganhos tornam as coisas e os homens cada vez mais obsoletos. A mídia, cujo extraordinário desenvolvimento acompanhou esse movimento que é sua razão de ser, deriva do mesmo: produzindo, consumindo e reciclando cada vez mais rapidamente mais palavras e imagens"[10]. Essas circunstâncias se expressariam, também, por intermédio da valorização da memória (voluntária, provocada, reconstruída), do patrimônio e das comemorações. Nesse sentido, conforme Hartog, a noção "lugar de memória" não poderia ser lida apenas de forma literal, mostrando-se mais como instrumento de investigação e interpretação que remete a preocupações específicas de como escrever uma história da nação francesa na atualidade.

Penso, entretanto, que em razão disso mesmo é que se torna pertinente sua relação com o Museu Paulista. Afora o fato de que atualmente, através de várias iniciativas de pesquisa, núcleos de historiadores procuram caminhos historiográficos para escrever uma nova história da nação no Brasil[11], a expressão refere-se a lugares de natureza material, funcional e simbólica nos quais o passado se encontra recuperado no presente. Designa manifestações da tradição nacional, feixes de representações e redutos da história-memória autenticada pela política e por produções historiográficas do século XIX. O lugar não é simplesmente dado, como observa Hartog; é construído e reconstruído sem cessar, podendo ser interpretado como encruzilhada onde se encontram ou deságuam diferentes caminhos de memória. Tanto Nora quanto Hartog ponderam, porém, que um lugar de memória pode perder sua destinação e reconheceram que, atualmente, os elos com esses lugares tornaram-se tênues, apontando para duas situações: primeiro, a clivagem entre a história ensinada nas escolas e as expectativas de crianças e jovens motivados pelas experiências de aceleração do tempo que a cultura virtual pode proporcionar; e, segundo, os questionamentos acadêmicos em torno da maneira pela qual as histórias nacionais foram escritas.

Quanto a esse ponto é importante lembrar algumas das observações de Dominique Poulot, para quem na atualidade e contrariamente às aparências, "os trabalhos

---

10   Hartog, François. Tempo e História. Como escrever a história da França hoje? *História Social*. Campinas, Unicamp/ Programa de Pós-Graduação em História, n.3, 1996, p. 127-154.

11   Refiro-me, em particular, ao grupo de pesquisadores de universidades fluminenses, liderado por José Murilo de Carvalho e Gladys Ribeiro, que compõe o Centro de Estudos do Oitocentos e o Projeto Temático "Nação e Cidadania no Brasil", bem como aos pesquisadores que formam o Projeto Temático "A fundação do Estado e da nação brasileiros,1750/1850", coordenado por István Jancsó e sediado na Universidade de São Paulo.

134   Francisco Murari Pires (org.)

de confirmação entre museus de História e historiografia ou ensino da História são bastante fracos".

> O museu de história trabalha com o repertório das fontes do historiador, sanciona a emergência de novas curiosidades, tem seu próprio peso nas vicissitudes dos interesses sábios, enquanto vulgariza mais ou menos bem os conhecimentos eruditos junto aos visitantes... Passa por momentos de maior intensidade ou de fervor, quando o sentimento nacional o exige.... No entanto, o museu situa-se à margem da escrita da história, ao lado da compilação e da preservação de indícios do passado. Isolado da invenção intelectual dos escritos e dos reescritos, o museu também não constituiu uma matriz cultural, como a escola.... O espetáculo do museu ilustra... a discrepância entre a escrita da história e uma representação do passado capaz de evocar, de outro modo que o da memória, o reconhecimento do passado como tendo sido, embora já não mais seja[12]

Mas os problemas apontados relacionados aos nexos entre história e memória, bem como as implicações decorrentes do descolamento entre as representações do passado projetadas em espaços museológicos e o debate em torno da escrita da História desenvolvido contemporaneamente, não esgotam a fisionomia matizada de instituições como essas.

Em concomitância às mediações entre história e memória, reflexões de Paul Ricouer e Fernando Catroga[13] sugerem que museus podem ser vistos, também, como locais para articulações entre memória e imaginação. Ambas evocam um "objeto ausente" (ou uma presença ausente). Mas se o "objeto ausente" pode ser ficcional para a imaginação, para a memória ele já não existe embora tenha existido anteriormente. No caso dos museus de história nacional, e especialmente no percurso do Museu Paulista, esse aspecto adquire relevância, pois pinturas, esculturas, imagens e objetos reescrevem a história, evocam acontecimentos e personagens, representando o passado e ensejando sua "visualização", como observou Stefan Bann[14]. Ou seja, tornam-se espaços *de* e *para* a imaginação do diversificado público que o frequenta e que necessariamente não compartilha as mesmas preocupações dos historiadores, tampouco observa o museu pela mediação do lugar social, da prática investigativa e da escrita que caracterizam, segundo Michel de Certeau, a operação historiográfica[15].

Assim, não se trata tão somente de indicar que o Museu abriga um imaginário no sentido mais literal do termo, como conjunto de imagens visíveis e simbólicas. Trata-se

---

12   Poulot, Dominique. op. cit., p. 43-44.

13   Ver Catroga, Fernando. *O céu da memória*. Coimbra, Minerva, 1999, p. 9-37.

14   Bann, Stephan. *op. cit.*, p. 153-180.

15   Certeau, Michel de. *op. cit.*, p. 65-106.

Antigos e modernos   135

de refletir sobre a complexidade de um ambiente que, ao mesmo tempo, mediatiza e confere tangibilidade ao universo contraditório e multifacetado das representações por meio das quais os sujeitos históricos constroem suas vidas, estabelecem relações com o tempo, projetam interpretações sobre seu próprio percurso e sobre a trajetória da nação à qual pertencem.

Talvez uma das razões do fascínio e do interesse que o Museu Paulista desperta esteja no fato de reunir objetos e emblemas que permitem imaginar tanto a vida e os costumes de tempos pretéritos como o cotidiano de personagens da história, que ainda habitam manuais escolares e *sites* sobre história do Brasil disponíveis na *internet*. Mas, ao contrário desses meios, o Museu oferece algo que não pode ser desconsiderado: a experiência da releitura, o que abre a possibilidade da recriação e atualização tanto da memória da Independência quanto de outros temas afeitos à instituição. Como observou Ecléa Bosi: "lembrar não é reviver, mas refazer, reconstruir, repensar, com imagens e ideias de hoje, as experiências do passado...a memória não é sonho, é trabalho...".[16] Nesse sentido, cada visita ao Museu sugere uma experiência peculiar ensejada pelas circunstâncias do momento, o que pode promover percepções diversas sobre a própria instituição e sobre o que ela reserva, assim como outras inferências sobre o passado ali representado.

Beatriz Sarlo apontou a coexistência, em um mesmo momento histórico, de diferentes "passados", construídos por intermédio de registros e preocupações de variada natureza. Assim, ao lado da sensação de um tempo acelerado e da vertigem gerada pela rapidez com a qual patrimonização, rememoração e obsolescência se alternam no mundo contemporâneo, a História de corte acadêmico convive com sínteses históricas que visam a atender o mercado de consumo cultural e com reconstituições do passado pautadas nos trabalhos da memória[17]. Esse entrelaçamento entre dimensões díspares e mesmo incongruentes do saber histórico é problema que diz respeito tanto à disciplina da História, de modo geral, quanto aos museus em particular, instituições que, operando acervos materiais, congregam funções científicas, documentais, educativas e culturais[18], interagindo cotidianamente com públicos de matizada feição, que esperam, procuram ou idealizam nesses espaços visões *do* e *sobre* o passado.

---

16   Bosi, Ecléa. *Memória e Sociedade*. Lembranças de velhos. 3ª. edição. São Paulo, Companhia das Letras, 1994, p. 53-63.

17   Sarlo, Beatriz. *Tempo passado: cultura da memória e guinada subjetiva*. Trad. R F d´Aguiar. São Paulo/Belo Horizonte, Companhia das Letras/UFMG, 2007, p. 9-22.

18   Meneses, Ulpiano Toledo Bezerra de. op. cit., p. 9-42. Ver, também, a entrevista que o mesmo historiador concedeu à *Revista de História da Biblioteca Nacional*. Rio de Janeiro, Biblioteca Nacional, n. 19, abril de 2007, p. 78-81.

136 Francisco Murari Pires (org.)

Entretanto, seja por meio da concepção de lugar de memória, seja por meio da imaginação, é possível chegar-se, a meu ver, a um ponto nodal da discussão sobre o papel dos museus de História, indicado tanto por Chantal Georgel quanto por Manoel Luiz Salgado Guimarães[19] – a imbricação entre o delineamento do campo de conhecimento da História, no século XIX, os procedimentos que fundamentaram a prática de historiar e o surgimento da instituição museu, espaço de história, considerada aqui em seu sentido etimológico, a "visão-pensamento" de que tratou Alfredo Bosi ao estudar a fenomenologia do olhar[20]. Também Hartog, ao referir-se a Heródoto, frisou que "historía" remete etimologicamente ao nexo ver-saber. Comenta que Heródoto, historiador, "não pode ser mais o aedo que a musa inspira, mas também não é um árbitro. É aquele que reivindica um lugar para seu saber, o qual se encontra inteiramente por construir. Para ver é preciso arriscar-se – ir ver – e aprender a ver...".[21]

Ver a História, representar o passado

Ao abordar de que modo, durante o século XIX, a instituição museu encontrava-se imbricada à produção da escrita da História, bem como à concepção de que esta se tornaria acessível por meio da arte e de imagens, Chantal Georgel recorreu a anotações de Michelet em sua *História da Revolução Francesa*, editada entre 1847 e 1853, relacionadas à visita que realizou, quando criança ao Museu de Monumentos Franceses, criado por Lenoir nos fins do século XVIII. Diz o autor:

> ...Eu me lembro ainda da emoção, sempre a mesma e sempre viva, que me fazia bater o coração, quando, pequeno, eu entrava sob esses arcos sombrios e contemplava esses rostos pálidos, quando ia e procurava ardente, curioso, criativo de sala em sala e de época em época. Eu buscava o quê? Não sei, a vida de então sem dúvida e o gênio do tempo...[22]

---

19 Chantal, Georgel. L'histoire au musée. In: Amalvi, Christian (org). *Les lieux d'Histoire.* Paris, Armand Colin, 2005, p. 118-125; GUIMARÃES, Manoel Luiz Salgado. Vendo o passado: representações e escrita da História. Artigo inédito, apresentado no Seminário de Pesquisa *A escrita da História nos Museus*, realizado no Museu Paulista da USP, em 5 de dezembro de 2006. O artigo deverá ser publicado nos *Anais do Museu Paulista*.

20 Bosi, Alfredo. Fenomenologia do Olhar. In: Novaes, Adauto. *O Olhar.* São Paulo, Companhia da Letras, 1988, p. 65-88.

21 Hartog, François (Org). *A História de Homero a Santo Agostinho.* Trad. J. L. Brandão. Belo Horizonte, Editora da UFMG, 2001, p. 51-52. Consultar, também, do mesmo autor, a obra já citada *Évidence de l'histoire,* especialmente, p. 11-16 e p. 135-152.

22 Cf. Georgel, C. *op. cit.*, p.120.

Para Georgel, as palavras de Michelet registram como a História se configurou para ele a partir das experiências provocadas por esse museu. Sublinham, igualmente, a maneira pela qual se considerava que em um museu, por meio do apelo visual de imagens, ruínas e objetos, a História seria não só ensinada como teria a capacidade de ressuscitar. Em trabalhos recentes,[23] também Manoel Luiz Salgado Guimarães se preocupou com os vínculos entre museus de História e formas de visualização do passado, tomando como ponto de partida as relações entre o visível e o invisível, que estão "na raiz mesma do trabalho do historiador", conforme observou. Para problematizar o tema recorreu, entre outras referências, a duas citações – extraídas de um romance de Madame de Stäel e de uma carta de Freud – que, a despeito de se referirem, respectivamente, ao início do século XIX e ao início do século XX, considero pertinente retomar, pois permitem desdobrar o registro de Michelet.

Na obra *Corinne ou l´Italie,* escrita por Madame de Staël, e publicada pela primeira vez em 1807, a protagonista em dado momento da visita à cidade de Roma, observou:

> ...É em vão que se confia na leitura da história para compreender o espírito dos povos; aquilo que se vê excita em nós muito mais ideias que aquilo que se lê, e os objetos exteriores provocam uma emoção forte, que confere ao estudo do passado o interesse e a vida que se encontram na observação dos homens e dos fatos contemporâneos... [24]

No romance, é a visão das ruínas da antiga Roma, mais do que a leitura de textos eruditos, que sustenta o entendimento dos nexos entre passado, presente e futuro, bem como o saber sobre a História. Cabe lembrar, nesse sentido, retomando Hartog, que no regime de historicidade moderno há uma nítida quebra entre passado e presente e a História passa a ser compreendida enquanto processo único, como narrativa do unívoco. Além disso, os acontecimentos ocorrem *pelo* tempo e faz-se premente e necessário visitar o passado para antever o futuro.[25]

Mas, a essa experiência de conhecimento detalhada por Madame de Staël, poder-se-ia acrescentar uma outra também proporcionada pela observação de sítios erguidos e habitados na Antiguidade. Encontra-se em um texto de Freud que descreveu, em 1936, a lembrança de uma situação vivenciada, em 1904, quando realizou viagem de férias a

---

23 Ver, especialmente, Guimarães, Manoel Luiz Salgado. Expondo o passado: imagens construindo o passado. *Anais do Museu Histórico Nacional*. Rio de Janeiro, Minc/IPHAN, 2002, volume 34, p. 71-86.

24 Ver nota 45 do artigo inédito de Salgado Guimarães já citado.

25 Hartog, François. *Regimes d´historicité*, p. 77-162.

138   Francisco Murari Pires (org.)

Atenas.[26] O contato direto com a Acrópole e as ruínas gregas era um sonho de há muito alimentado por ele e uma das sensações provocadas por esse cenário foi a de que "existia mesmo tudo aquilo, da maneira como aprendêramos na escola", do modo como os livros ensinavam e ajudavam a imaginar. Enquanto, para a personagem Corinne, a fruição imediata e visível do passado inaugura o caminho para a imaginação e para o conhecimento, revelando-se muito mais preciosa que qualquer livro, para Freud é a percepção sensorial das ruínas de Atenas que veio comprovar o que os livros continham, legitimando o saber conservado em suas páginas.

Ambas as experiências não se contradizem, ao contrário se completam, apontando por vias singulares as relações entre visão e escrita e, sobretudo, a importância atribuída ao olhar como mediação para o conhecimento. Não foi, portanto, aleatória a escolha de versos escritos por Paul Valéry para epígrafe do capítulo dedicado aos museus, incluído na obra *L´Histoire et ses méthodes* organizada por Samaran:

> *Coisas raras ou coisas belas*
> *Aqui sabiamente arrumadas*
> *Instruindo o olho a olhar*
> *Como jamais ainda vistas*
> *Todas as coisas que estão no mundo* [27]

Estas citações remetem à noção da História como "visão-pensamento do que aconteceu", inspirada nos antigos e atualizada, acompanhando no século XIX o delineamento do campo de saber da História. Desde pelo menos o início do século XX esta noção vem sendo interrogada por diferentes vertentes téoricas, a exemplo de Lucien Febvre e Walter Benjamin.[28] Entretanto, as observações registradas por Madame de Stäel, Michelet e Freud podem ser interpretadas como referências enriquecedoras para a compreensão dos modos pelos quais parcelas do público do Museu Paulista confere significado à sua visita e ao papel desempenhado por um museu de História. O que implica recordar observações de Sarlo sobre a produção concomitante de diferentes visões de passado nas

---

26   Foi Manoel Luiz Salgado Guimarães que analisou e traduziu a experiência de Freud no já citado artigo publicado nos *Anais do Museu Histórico Nacional*, p. 71-72.

27   Pradel, Pierre. Les Musées. In: Samaran, Charles (org). *L´Histoire et ses méthodes*. Paris, Gallimard, 1961, p. 1024-1060. Grifos e tradução feitos por mim (CHSO).

28   Ver a obra de Lucien Febvre já citada e Benjamin, Walter. Teses sobre filosofia da História. In: Kothe, Flávio (org). *Walter Benjamin*. São Paulo, Ática, 1985, p. 153-164.

Antigos e modernos 139

sociedades contemporâneas, bem como inferências feitas por Poulot sobre a defasagem entre museus de História e o atual debate sobre escrita da História.

Há algum tempo tive oportunidade de entrevistar visitantes do Museu Paulista e dos depoimentos que colhi restaram poucas constatações e muitas perguntas[29]. Nas falas que registrei foi recorrente a noção de que o Museu é um símbolo da cidade de São Paulo e um lugar de referência da História do Brasil, dada sua vinculação com a data de 7 de setembro e o movimento de construção da memória da Independência. Mas, nos relatos sua relevância advém, igualmente, do fato de ser um espaço cultural e lúdico que não somente "guarda" coisas e lembranças do passado como permite "ver", "rever" e "reviver" a história. Ressalte-se, sobre esse ponto, que os entrevistados por vezes sobrepuseram os eventos e as narrativas construídas sobre eles. Perceberam a história ora como processo ininterrupto e inelutável do transcurso do tempo ora como conjunto de episódios e de protagonistas que aconteceram e viveram em tempos anteriores e que, mesmo situados em um passado nebuloso e de difícil precisão, influenciam o presente.

Palavras como "ver" e "rever", contudo, não estão necessariamente associadas a uma ação contemplativa ou passiva frente àquilo que é possível observar. Tampouco aparecem como sinônimos da compreensão de que no Museu o passado possa ser vislumbrado tal como foi, a despeito de haver manifestações nesse sentido.

Não resta dúvida que o Museu surge nos depoimentos que tive a oportunidade de registrar como local que possibilita a "visualização do passado como realidade experiencial", como denominou Stephen Bann ao referir-se a empreendimentos museológicos do século XIX[30]. Ou seja, os acervos ali expostos, particularmente a decoração interna, parecem conduzir a uma aproximação em relação a épocas que existiram antes de nós. Foram interpretados como relíquias e vestígios históricos cuja observação supera o que livros e ensino escolar poderiam proporcionar em termos de conhecimento e imaginação, sendo considerados, também, como legitimação daquilo que não apenas os manuais mas, principalmente, os meios de comunicação divulgam e exploram especialmente por ocasião de comemorações cívicas, a exemplo do dia da fundação da cidade de São Paulo e da data da Independência. Em ambos os movimentos, o liame entre ver e saber se manifesta por meio de complexas mediações que exigem, para sua identificação e entendimento, estudos sistemáticos e abrangentes sobre as concepções e práticas culturais compartilhadas pelos diferenciados segmentos de público que frequentam a centenária instituição.

---

29   Ver: Oliveira, Cecilia Helena de Salles. *O espetáculo do Ypiranga: mediações entre história e memória*, p. 8-113. Consultar, também o artigo Museu Paulista: espaço de evocação do passado e reflexão sobre a História. *Anais do Museu Paulista*. Nova Série. São Paulo, Museu Paulista/Imprensa Oficial, volumes. 10/11, 2003, p. 105-126.

30   Bann, Stephan. *op. cit.*, p. 153-180.

140   Francisco Murari Pires (org.)

Entretanto, as entrevistas que realizei permitiram mapear não só esses aspectos, mas algo extremamente importante para quem trabalha em museus de História. Refiro-me ao fato de que os apelos políticos, historiográficos e estéticos mobilizados nos espaços do Museu Paulista, particularmente no âmbito dos marcos de sua configuração como memorial nacional receberam múltiplas reelaborações. Permaneceram em aberto tanto a compreensão daquilo que os visitantes vêem, ou julgam ver, quanto a capacidade da releitura das aparências e dos significados atribuídos a objetos e imagens, pois vários depoentes mencionaram que haviam percorrido o Museu diversas vezes, descobrindo sempre aspectos antes não apreciados, o que mostra a atração que exercem a instituição e as possibilidades de visualização do passado ali inscritas, notadamente a decoração interna idealizada nas décadas de 1920 e 1930.

É necessário reconhecer que os depoimentos que colhi foram obtidos sob condições precisas e datadas, o que impede generalizações bem como a transposição para o momento atual daquilo que foi registrado. Evidenciam, porém, um conjunto de questões ainda hoje significativas a respeito do que o Museu representa no universo de alternativas culturais da cidade e do país e, sobretudo, do espaço que ocupa no âmbito da construção e da divulgação de saberes históricos. Deste ângulo, cabe sublinhar que os depoimentos captaram impressões fragmentadas de objetos, pinturas e detalhes seja das exposições existentes à época em que foram produzidos seja, particularmente, do prédio e de sua decoração interna.

Essa visão fragmentada contribuiu, a meu ver, para nuançar e mesmo arrefecer, do ponto de vista do visitante, o peso da memória inscrita no edifício e os desígnios políticos e celebrativos que configuraram o conjunto ornamental exposto no saguão, na escadaria e no salão de honra, como já observado. Mas, essa percepção, ao mesmo tempo em que dissolve o sentido de conjunto e marca diferenças entre passado e presente, sustenta contraditoriamente fortes ligações entre ambos, já que os visitantes que entrevistei foram ao Museu em busca de história – personagens, situações e episódios passados que teriam marcado a biografia do Brasil e de São Paulo – e da História, saber consolidado sobre a vida e os costumes nacionais.

A famosa definição de Cícero, segundo a qual a história é "testemunha dos séculos, luz de verdade, vida da memória, mestra da vida, mensageira do passado"[31], encontra franca acolhida em parcela importante dos depoimentos, lembrando-se que o orador nesse caso não é um autor propriamente, mas uma instituição centenária, reconhecida e autorizada. A isso se alia o apelo ainda exercido pelos "grandes homens" ali representados em sua glória ou em painéis e esculturas que registram-nos em ação, como no caso dos bandeirantes

---

31   Hartog, François (org). *A história de Homero*, p. 181-182.

e de D. Pedro I. Mas, a admiração ou curiosidade que suscitam encontra-se mediatizada pela certeza de que seus traços e gestos foram refinados e ampliados, pois afinal não poderiam aparecer de outra forma em um museu. Isso, no entanto, não compromete sua influência tampouco altera os fatos que podem ser ordenados e apresentados de modos diferentes, mas que não podem ser estabelecidos, uma vez que são compreendidos como dados preexistentes às interpretações que tornaram possível sua imortalidade.

Se é a imediatez da experiência do presente e das motivações mais voláteis da visita ao Museu que confere sentido à "visão do passado" ali procurada e concebida, os depoimentos revelaram a atualização de premissas que entrelaçam a exemplaridade de outras épocas; a utilidade do passado em relação ao presente e ao futuro; e a certeza de que aquele passado, tornado visível e autenticado particularmente pela ornamentação interna, efetivamente existiu e é imutável, ainda que possam ser ampliados ou modificados os conhecimentos sobre ele.

Elegendo-se como horizonte as considerações de Hartog, é possível propor a hipótese de que os depoimentos estejam constituídos por ruínas, fiapos e reelaborações de diferentes regimes de historicidade. Deste modo, à percepção da história como mestra da vida, agregam-se o regime moderno em que o futuro ilumina o passado e uma relação muito imediata e consumista com o tempo e a História, expressão da superficialidade de informações e imagens, que assinala nosso dia-a-dia. Ou seja, as substâncias que conformam os temas e problemas com os quais o historiador reflete sobre as operações historiográfica e "museográfica" que realiza em seu cotidiano, emergem nos depoimentos transformadas em noções que a princípio não carecem de questionamento.

Assim, as contradições e distanciamentos apontados por Poulot entre a escrita da História atual e os museus de História apresentam várias dimensões, não se restringindo ao campo dos especialistas. Abrangem, também, os modos pelos quais os diferentes segmentos de público do Museu interpretam o passado e o presente da instituição, tornando complexas as mediações entre demandas diferentes de História.

No entanto, poder-se-ia indagar se o interesse e a curiosidade despertados ainda pelo Museu Paulista não estariam ancorados na possibilidade da instituição oferecer releituras de experiências visuais e sensoriais do passado, promovendo uma singular concomitância entre novidade e permanência. A instituição seria um contraponto à vivência do tempo premente, marcado pela rapidez, pela sucessão veloz de eventos e situações e pela representação da ausência de durabilidade de referências. Essa percepção também atinge os historiadores e os que militam nos museus, ganhando contornos específicos nos dias atuais, particularmente nas práticas relativas às decisões quanto ao que guardar, ao que denominar patrimônio e ao que ver.

142   Francisco Murari Pires (org.)

A despeito do entrelaçamento da tradição dos séculos XVIII e XIX com nosso modo de pensar, um dos traços que nos distinguem do regime de historicidade moderno, é colocar em discussão a maneira pelo qual o conhecimento histórico foi e é produzido. Isso representa questionar o estatuto dos documentos, as concepções e práticas de saber que fundamentaram a seleção e sobrevivência das fontes, e principalmente o lugar ocupado pelo historiador na "teia" que envolve o movimento da história e a construção da memória, bem como as mediações entre acontecimentos, sua narração e suas interpretações posteriores.[32]

Se esses podem ser considerados procedimentos próprios ao ofício do historiador hoje, como essas práticas podem ser exercidas e explicitadas em um museu de História? Mesmo reconhecendo-se que nas sociedades contemporâneas há exigências por saberes e visões do passado que não se circunscrevem ao campo acadêmico, os museus de História poderiam harmonizar distintas narrativas? Como encaminhar as expectativas de diferentes públicos e ao mesmo tempo as demandas de historiadores e especialistas que pensam os museus e suas exposições por meio das nuançadas lentes da historiográfica atual?

Como observou Dominique Poulot, o museu de História hoje deixou de ser o legislador do tempo, o lugar de partilha entre passado e futuro, podendo tornar-se espaço para um diálogo entre tipos de saber histórico fundados no conhecimento sobre os objetos. Não seria, então, o momento de se pensar na construção de narrativas que não só exteriorizassem seus fundamentos e as tradições com as quais se articulam, mas explicitassem os procedimentos pelos quais em um museu a História pode ser "visualizada"?

Neste ponto, parece-me enriquecedor voltar ao poema de Paul Valéry, para destacar o verso em que sublinha a importância dos museus como espaços dedicados a "instruir o olho a olhar". No âmbito do Museu Paulista a frase poderia significar, entre outras acepções, a prática de proporcionar a visão e o entendimento de como os saberes históricos podem ser construídos, o que implica privilegiar os trabalhos da "atenção", como apontou Alfredo Bosi ao debruçar-se sobre a obra de Simone Weil. O olhar atento vence a angústia da pressa, desapega-se das ilusões compensadoras da apropriação consumista, enseja o trabalho da percepção e "se exerce no tempo: colhe por isso as mudanças que sofrem homens e coisas".[33] A "educação pelo olhar", na expressão de Bosi, apresenta-se, assim, como proposta enriquecedora para vencer a imediata exterioridade entre ver e conhecer, um convite para *aprender a observar* nos museus não apenas coisas belas ou

---

32   A esse respeito consultar Vesentini, Carlos Alberto. *A teia do fato*. Uma proposta de estudo sobre a memória histórica. São Paulo, Hucitec/ Programa de Pós-Graduação em História Social da USP, 1997, p. 15-126; Murari, Francisco. *Mithistória*. São Paulo, Humanitas/FAPESP, 1999, p. 9-33.

33   Bosi, Alfredo. *op. cit*, p. 82-86

Antigos e modernos 143

"visões do passado", mas dimensões da vida humana nem sempre percebidas e imaginadas. Seria possível, por meio dessa prática, interrogar nossas relações com os antigos e modernos historiadores que deixaram seu legado no Museu Paulista e em outros museus e atualizar sugestões feitas por Walter Benjamin, em 1930, quando, ao descrever com entusiasmo uma exposição que o encantara[34], sublinhou a tarefa libertadora de uma experiência como essa, da qual o visitante não sai necessariamente mais erudito porém, sem dúvida, modificado.

---

34 Benjamin, Walter. *Documentos de Cultura, Documentos de Barbárie.* Seleção e apresentação de Willi Bolle. Trad. Celeste de Sousa et al. São Paulo, Cultrix/ Edusp, 1986, p.179-181.

Liberalismo, história e escravidão

Presença dos antigos na argumentação de Joaquim Nabuco

Izabel Andrade Marson (IFCH/Unicamp)

A questão da democracia brasileira não é a monarquia, é a escravidão.
(Joaquim Nabuco, Discurso no teatro Santa Isabel, Recife, 11/08/1878).

Observai essa Roma (...) por que todo esse edifício, da mais bela civilização que o mundo já viu desabou com a chegada dos bárbaros? Porque estava fundada na escravidão, e a multidão de escravos e um povo de libertos não foram capazes de defender a pátria romana contra homens livres. (Joaquim Nabuco, Discurso na solenidade de encerramento da Conferência sobre Direito Internacional de Milão, outubro de 1883).

Personagens, eventos e instituições da Roma republicana e imperial, da Grécia clássica e do Antigo Regime são argumentos proeminentes nos discursos e obras de Joaquim Nabuco, pois possibilitaram analogias e representações sensíveis e impactantes dos problemas sociais e políticos do Brasil do século XIX – a escravidão, as revoluções e a tirania imperial –, esta última remetida às intervenções do poder moderador no desempenho dos gabinetes durante o Segundo Reinado. Também foram presenças frequentes nos projetos apresentados pelo político-escritor visando solucionar tais problemas, por ele considerados como os grandes empecilhos à moldagem da nação brasileira. Conforme bem apontaram seus interlocutores no Parlamento ao ironizar as abundantes referências históricas inscritas nas falas do jovem deputado; e sua biógrafa Carolina Nabuco ao tecer louvores às habilidades

146   Francisco Murari Pires (org.)

do orador, figuras e situações de um amplo passado foram engenhosamente associadas na tecitura de eficiente e pragmática retórica que, dentre outras realizações, concebeu o *Abolicionismo*, uma proposta de extinção do cativeiro por meios parlamentares e sem riscos à ordem pública, e de instauração de uma monarquia federativa, exigências consideradas indispensáveis à implementação de um "verdadeiro" liberalismo no Império.

Dentre os recursos de retórica utilizados por Nabuco em seus trabalhos mais conhecidos – *O Abolicionismo, Um Estadista do Império* e *Minha Formação*[1] – nota-se o argumento "feudalismo, *latifundia*, servidão, escravidão", essencial na demonstração do descompasso entre as instituições brasileiras e as europeias do século XIX e no convencimento da necessidade e viabilidade de projetos liberais reformadores do regime monárquico. Na composição das categorias desse argumento Nabuco projetou imagens da escravidão, da servidão, da grande e pequena propriedades, da aristocracia e da decadência das civilizações grega e romana inspiradas em escritores latinos (particularmente nos *Anais* e *Germânia*, de Tácito) e na *História de Roma*, do jurista, político e historiador liberal alemão Theodor Mommsen[2]. Acompanhando a discussão de seu tempo sobre as melhores formas de propriedade, de trabalho, de sociedade e de Estado para o Brasil, e moldando argumentações liberalmente maleáveis às circunstâncias inspiradas em escritores de matiz romântico, Nabuco (re)significou continuamente aquelas expressões de forma a adequá-las a pontuais exigências[3]. Assim, em 1870, no texto *A Escravidão*[4]

---

1   Araujo, Joaquim Aurélio Barreto Nabuco de. *Um Estadista do Império: Nabuco de Araujo, sua vida, suas opiniões, sua época*. 1ª ed. Rio de Janeiro/Paris: H. Garnier, livreiro-editor, 1897-99. 3 v.; *O Abolicionismo*. Londres: Typ. de Abraham Kingdon, 1883; *Minha Formação*. 1ª ed. Rio de Janeiro/Paris:H. Garnier, 1900. As citações deste artigo estão remetidas a Nabuco, J. *Um Estadista do Império: Nabuco de Araujo – sua vida, suas opiniões, sua época*. 2ª ed. S. Paulo: Cia Ed. Nacional; R. de Janeiro: Civ. Brasileira, 1936. 2 v.; *O Abolicionismo*. Introdução de Marco Aurélio Nogueira. 5ª ed. Petrópolis: Vozes, 1988; e *Minha Formação*. Introdução de Gilberto Freyre. 5ª ed. Brasília: Ed. da UNB, 1963.

2   Tácito, Cornélio. *Anales* (libros XI-XVI). Trad. José Moralejo. Madrid:Editorial Gredos, 1986; *Germânia*. Trad. J.M.Requejo. Madri: Editorial Gredos, 1999; Mommsen, Theodor. *El Mundo de los Césares*. Trad. Wencelao Roces. México: Fondo de Cultura Económica., 1995.(*História de Roma*, libro V) Nabuco citou especialmente trechos do cap. 1 desse volume, de título "Las províncias bajo Julio César", p. 7-50.

3   Dentre as matrizes historiográficas românticas de Nabuco destacam-se, além de Mommsen, Renan, Macaulay, Burckhardt, Ranke e Taine, referências mencionadas pelo historiador em sua autobiografia, *Minha Formação* e por outros autores, dentre eles Faoro, Raymundo. "Prefácio" in: Nabuco, J.- *Um Estadista do Império*. 5ª. ed. R. de Janeiro: Topbooks, 1997, v. 1, p.21. Para Peter Gay, em Ranke, Macaulay, Burckhardt, o exercício do estilo na confecção da história era também um ofício - ou seja, aprendido e praticado com método, disciplina e garantia de sobrevivência de seu autor – mediado pela política e pela história. GAY, Peter. *O Estilo na História*. Trad. Denise Bottmann. S. Paulo: Cia das Letras, 1990, p. 17, 25, 29

4   Nabuco, J. *A Escravidão*. Compilação de José Antonio Gonçalves de Mello; apresentação de Leonardo Dantas Silva; prefácio de Manuel Correia de Andrade. Recife: Fundaj/Ed. Massangana, 1988 (2ª. ed. comemorativa).

Antigos e modernos   147

reconheceu diferentes formas de cativeiro – uma expressivamente negativa (a romana), e outras mais aceitáveis (a grega e a germânica) – para defender a finalização gradativa da escravidão por intermédio de uma lei que concedesse a liberdade ao ventre escravo, o direito ao pecúlio e ao resgate forçado expedientes que em seu entender, naquele momento, preservariam o Estado afastando riscos de uma guerra civil e servil como a recentemente ocorrida nos Estados Unidos. Noutra ocasião, em 1883, no texto de *O Abolicionismo* reiterou experiências da escravidão antiga (a romana especialmente, na imagem a ela conferida por Mommsen) e da servidão do Antigo Regime para projetar valorações exclusivamente negativas da relação servil. E, ainda tendo em vista razões de Estado, propor a extinção rápida do cativeiro sem ressarcimento aos proprietários e ônus aos cofres públicos, além do incentivo aos investimentos estrangeiros e à imigração europeia. Contudo, na década de 1890, após a queda da monarquia, ao escrever *Um Estadista do Império* e *Minha Formação* retomaria imagens nuançadas do trabalho servil providenciais na valorização do desempenho de Pedro II, do Império e de seus estadistas; e também na reconciliação de Nabuco com a memória da monarquia e com antigos correligionários monarquistas e republicanos.[5]

É justamente o conteúdo e percurso dessa argumentação, suas matrizes históricas e vínculos com a política partidária das décadas finais da monarquia que nosso artigo pretende tangenciar. A abordagem desse estreito vínculo entre política, história e conhecimento, ou a percepção do procedimento historiográfico, ao mesmo tempo, como apropriação e (re)significação de figuras e argumentos, ato discursivo e intervenção política se referencia em reflexões de estudiosos que, com diferentes preocupações e perspectivas o privilegiaram, dentre os quais destaco Karl Marx, Claude Lefort, Michel de Certeau, François Hartog, Quentin Skinner e John Pocock.[6]

---

5   Avaliando as mudanças de opinião e o desempenho político de Nabuco ao longo de seu percurso, Faoro o identifica como um "liberal utilitário" (entre 1880 e 1889) e um "nostálgico da monarquia" após a queda do regime. Faoro, Raymundo. *Existe um pensamento político brasileiro?* S. Paulo: Ática, 1994, p.135. O estreito vínculo entre a política e os escritos de Joaquim Nabuco, inclusive em *Um Estadista*, já havia sido divulgado por ele e por seus contemporâneos, dentre os quais Machado de Assis e José Veríssimo. Veríssimo, José. "Um historiador político. O sr. Joaquim Nabuco". in: "Apêndice". *Um Estadista do Império*. 5ª. ed. R. de Janeiro: Topbooks, 1997, vol 2, p. 1303. ASSIS, Machado – "Machado de Assis comenta Um Estadista do Império", in: "Apêndice". *Um Estadista do Império*, p. 1285.

6   Marx, Karl. "O Dezoito Brumário de Luis Bonaparte". in: *Manuscritos Econômicos e Filosóficos e outros Textos Escolhidos*. Seleção de textos de José A. Giannotti. Trad. José Carlos Bruni [et al.] 2ª. ed. S. Paulo: Abril Cultural, 1978; Lefort, Claude. *As Formas da História*. Trad. Luiz Roberto S. Fortes e Marilena Chauí. S. Paulo: Brasiliense, 1979; *Pensando o Político. Ensaios sobre democracia, revolução e liberdade*. R. de Janeiro: Paz e Terra, 1991; Certeau, Michel de. *L'Écriture de l'Histoire*. Paris: Gallimard, 1975; Hartog, François. *O Espelho de Heródoto. Ensaio sobre a Representação do Outro*. Belo Horizonte: Ed. da UFMG, 1999; Pocock, John G.A. *The Machiavellian Moment*. Princeton: Princeton University Press, 1975; Skinner, Quentin. *Liberdade antes do Liberalismo*. S. Paulo: Ed.

148   Francisco Murari Pires (org.)

1. "Antigo Regime, Feudalismo, Latifundia, Servidão e Escravidão" – o projeto político e pedagógico do Abolicionismo

> O Abolicionismo é, assim, uma concepção nova em nossa história política, e dele, (...) há de resultar a desagregação dos atuais partidos. Até bem pouco tempo a Escravidão podia esperar que a sua sorte fosse a mesma no Brasil que no Império Romano.(...) O Abolicionismo é um protesto contra esta triste perspectiva, contra o expediente de entregar à morte a solução de um problema, que não é só de justiça e consciência moral, mas também de previdência política.[7]

O argumento que associa os termos "antigo regime, feudalismo, *latifundia*, servidão, escravidão" é corrente entre políticos e autores que desde o final do XVIII e ao longo do XIX opinaram sobre as origens dos costumes e os problemas políticos do Brasil. A mais evidente razão dessa recorrência talvez tenha sido sua eficácia na explicação da singularidade da sociedade brasileira – remetida à presença de instituições ultrapassadas e a dificuldade em transitar da "barbárie à civilização"– e das revoluções indesejáveis ocorridas no Império e no início da República. Tal diagnóstico tornou-se o primeiro passo na montagem de projetos liberais reformadores e substitutivos de revoluções "jacobinas", a exemplo da Confederação do Equador (1824), da abdicação de Pedro I (1831), da Revolta Farroupilha (1835-45), da Revolução Praieira de 1848, do movimento republicano e dos episódios de guerra civil ocorridos nos primeiros governos da República.

Os vários programas de mudanças "pacíficas" e moderadas remetidos à sociedade brasileira do século XIX formularam-se a partir de quatro pressupostos: a) a certeza de que era necessário "conciliar" a tradição com o progresso e a monarquia com o liberalismo; b) a determinação de (re)modelar o Estado e a sociedade reconhecendo a origem de todos os males nas heranças do passado, invariavelmente remetidas à escravidão, à servidão ou a ambas; c)a consciência da eficácia da história – através da rememoração de experiências do mundo greco-romano e do feudalismo europeu –6. para argumentar a necessidade de superar o atraso[8]; d) e a convicção de que saber e poder se confundiam num mesmo ato

---

Unesp/Cambridge University Press, 1999; *Razão e Retórica na Filosofia de Hobbes*. S. Paulo: Ed. Unesp/Cambridge University Press, 1999.

7   Nabuco, J. *O Abolicionismo*. p. 27-28.

8   A convicção de que as civilizações antigas constituíam a "infância" da humanidade, experiência a ser respeitada mas, também, superada foi um dos mais importantes argumentos da concepção liberal de progresso inscrita em textos clássicos de Francis Bacon, Adam Smith e Montesquieu. Desde a segunda metade do século XVIII, tornou-se um argumento recorrente em discursos de políticos liberais franceses e ingleses, a exemplo dos britânicos Edmund Burke, William Wilberforce e Thomas Macaulay. Sobre o engendramento do conceito de progresso ver: Bury, John B. *La Idea de Progreso*. Madrid: Alianza Ed., 1971, cap. 4, 8, 12, 13; Franco, M. Sylvia

Antigos e modernos   149

e que, portanto, cabia aos homens ilustrados a missão de intervir na política e direcionar a história evitando os riscos de ameaçadoras convulsões populares potencializadas pela escravidão e suas decorrências.[9]

Para os idealizadores de reformas nas instituições brasileiras, a sociedade monárquica se diferenciava das nações civilizadas pela sobrevivência de "monopólios" herdados do Antigo Regime, dos quais decorriam o "despotismo" dos senhores e a "servidão" dos homens livres: o monopólio *da terra* – o "feudalismo" – ou a posse de grandes áreas territoriais, designadas – pelo espelhamento em imagens da Roma republicana ou imperial – como *latifundia*; e do trabalho, referido à "escravidão" africana ou indígena, porém comumente lidas à luz dos textos que abordaram a escravidão na Grécia e em Roma.[10] Dentre as experiências históricas importantes na lapidação desse argumento no Brasil destaca-se aquela da sociedade pernambucana do século XIX, tanto porque Pernambuco testemunhou, nesse século, revoluções liberais de cunho republicano ou monarquista quanto porque sua história ensejou a criação de vários projetos político-pedagógicos desse teor – nos quais a "escravidão" assumiu significados diversos, testemunhando diferentes historicidades, contingências políticas e perfis para as relações entre liberalismo e escravidão. Dentre eles podemos lembrar as proposições de Henry Koster (em 1816), da revista *O Progresso* (em 1846)[11] e, especialmente, as reflexões de Joaquim Nabuco em

---

Carvalho. "Teologia, adeus". *Folhetim. Folha de S. Paulo*, 8/6/1986; "Universidade e Modernização". *Revista USP*. 39:18-37, set/nov. 1998; Gay, Peter. *O Estilo na História* e *The Enlightenment: an interpretation*. New York: W.W. Norton&Company, 1977. 2 v.

9   Verdadeiros programas político-pedagógicos estendidos a toda a sociedade, ou "revoluções sociais", eles se vincularam a uma tradição ilustrada emergente no século XVIII na França e Inglaterra, que elaborou preciso conceito de "civilização" – definido em contraponto a uma dada concepção de "feudalismo" – que reuniu tradição e progresso conciliando comportamentos da sociedade de corte (polidez, civilidade, domínio de si – o *savoir-faire*) com preceitos burgueses do *laissez-faire* – o direito de opinião nos negócios de Estado, de livre circulação de ideias e de mercadorias e de autonomia na realização de empreendimentos. Norbert Elias destaca o quanto o conceito de civilização na França, Inglaterra e Alemanha é tributário dos costumes aristocráticos. Elias, Norbert. *O Processo Civilizador. Uma história dos costumes*. Trad. Ruy Jungmann. Revisão e apresentação de Renato Janine Ribeiro. R. de Janeiro: Jorge Zahar Ed. 1994, v. 1, p. 63. Acompanhando Elias, Claudine Haroche aponta a dimensão disciplinar e autoritária desse conceito: Haroche, Claudine. *Da Palavra ao Gesto*. Trad. Ana Montoya e Jacy Seixas. Campinas: Papirus, 1998, p. 43.

10   Os traços do "feudalismo" são o oposto daqueles da civilização: desconhecimento dos hábitos disciplinadores do corpo e da mente; o abuso e desrespeito em relação ao outro. Elias, N. *op. cit.* A dimensão histórica e política do conceito de "feudalismo", divulgado no século XVIII pela Ilustração, e definido em oposição ao de civilização, foi demonstrada por Marc Bloch em suas obras maiores.Bloch, Marc. *La Societé Féodale*. Paris: Ed.Albin Michel, 1940; *Les Rois Thaumaturges*. Paris: Éditions Gallimard, 1983.

11   Koster, Henry. *Viagens ao Nordeste do Brasil.*(Travels in Brazil). 2ª ed. Trad. e Prefácio de Luiz da Câmara Cascudo. Recife: Secretaria da Educação e Cultura, 1942. *O Progresso. Revista Social, Litterária e Scientífica*. Pernambuco: Typographia de M.F. de Faria, l846-l848. Recife: Imprensa Oficial, l950.

150   Francisco Murari Pires (org.)

A Escravidão (1870), *O Abolicionismo* (1883), *Um Estadista do Império* (1893-97) e em *Minha Formação*(1900).[12]

Joaquim Nabuco criou a versão mais difundida daquele argumento – em *O Abolicionismo* e nas *Conferências* e comícios proferidos durante a campanha eleitoral de 1884. Inspirando-se em Gladstone, no problema irlandês e na política abolicionista inglesa – divulgada pela British and Foreign Anti-Slavery Society – concebeu a abolição do cativeiro como ponto de partida da grande "reforma regeneradora e pacífica" da sociedade, dos partidos e da monarquia. Propôs que a finalização da escravidão não fosse abandonada ao movimento natural da história como acontecera no Império Romano, nem ao alvedrio dos proprietários de escravos. Também não concordou com soluções extremas a exemplo da "guerra civil" ocorrida nos Estados Unidos; da "guerra servil", uma "incitação ao crime", remetido à desorganização do trabalho nos engenhos e fazendas incentivada por grupos abolicionistas que já instigavam fugas e revoltas nas senzalas. Tampouco admitiu "insurreições" ou rebeldias por iniciativa escrava.[13]

Contrapondo-se a tais iniciativas, o *Abolicionismo* propôs uma intervenção ponderada e pacífica no tempo e lugar adequados: um projeto de emancipação do monopólio do cativeiro, uma "segunda independência" do país a ser realizada por um partido político no âmbito do Parlamento por meio de leis. A primeira delas, a emancipação dos escravos existentes sem qualquer ressarcimento, era "urgente" e significava uma "nova" concepção de Abolicionismo que sucedia a "ideia de suprimir a escravidão entregando-lhe um

---

12   O tema foi exaustivamente abordado em Marson, I. A . *Política, história e método em Joaquim Nabuco: tecituras da revolução e da escravidão.* Uberlândia: EDUFU, 2007.

13   Mais frequentes nos últimos anos do Império em virtude da transferência de trabalhadores do norte para as áreas de café, da formação de grandes plantéis e do rigor ao qual estava submetido o trabalho escravo. A questão servil já vinha sendo encaminhada e o processo de trabalho escravo sensivelmente transformado pelo direito à alforria garantido na lei de 1871, e a manumissão sob o compromisso de prestação de serviços por tempo determinado, procedimentos sugeridos pelo próprio Nabuco no texto de *A Escravidão*. Havia ainda formas decorrentes da pressão dos escravos e o apoio dos curadores explorando "brechas da lei" ou a força das fugas e revoltas. Cf. Eisenberg, Peter. *Homens Esquecidos.* Campinas: Ed. da Unicamp, 1990; Costa, Emília V. da. *Da Senzala à Colônia.* 3ª. ed. S. Paulo: Brasiliense, 1989; Azevedo, Célia M.M. *Onda negra medo branco. O negro no imaginário das elites do séc. XIX.* R. de Janeiro:Paz e Terra, 1987; Chalhoub, Sidney. *Visões da Liberdade. Uma história das últimas décadas da escravidão na corte.* S. Paulo: Cia das Letras, 1990; Machado, Maria Helena. *O Plano e o Pânico. Os movimentos sociais na década da abolição.* R. de Janeiro: Ed. da UFRJ; S. Paulo: Edusp, 1994; *Crime e Escravidão. Trabalho, luta, resistência nas lavouras paulistas. 1830-1881.* S. Paulo: Brasiliense, 1987; Mattos, Hebe M. *Das Cores do Silêncio. Os significados da liberdade na sociedade escravista. Brasil século XIX.* 2ª. ed. R. de Janeiro: N. Fronteira, 1978; Gomes, Flávio dos S. *Histórias de Quilombolas. Mocambos e Comunidades de Senzalas no R. de Janeiro. séc. XIX.* R. de Janeiro: Arquivo Nacional, 1993.

milhão e meio de escravos (...) e deixando-a morrer com eles".[14] A segunda lei, apenas insinuada no livro, foi divulgada em comícios populares realizados no Recife. Tratava-se de uma "lei agrária", símile daquela apresentada na década de 1840 pela Revista *O Progresso*, instituindo um "imposto territorial" sobre terras incultas, expediente capaz de impelir seus proprietários a negociá-las e assim concretizar a pequena propriedade e uma "classe média" de lavradores de cana fornecedores dos engenhos centrais.[15]

Mas a tarefa mais ambiciosa do *Abolicionismo* se condensava num programa político-pedagógico de reeducação da elite política visando a sua recondução à prática do "verdadeiro liberalismo". Aos liberais, conseguiria "por a descoberto os alicerces mentirosos do liberalismo entre nós", exemplarmente demonstrados na política dos clubes da lavoura e "finanças" do cativeiro executada pelo ministério Sinimbu, ao qual Nabuco fizera insistente oposição.[16] E convenceria a um grande número de republicanos que sua obrigação mais urgente não era "mudar a forma de governo com o auxílio de proprietários de homens mas que a elevação dos escravos a homens era tarefa que precedia toda a arquitetura democrática", cabendo a eles auxiliar a monarquia a solucionar a questão da escravidão.[17] Em Conferência proferida no teatro Santa Isabel (a 16 de novembro de 1884), explicou sua atuação no Parlamento em favor do Abolicionismo (1879 - 1880) como decisão coerente com os fundamentos universais do liberalismo – "liberdade e nacionalidade" – e o desempenho dos grandes estadistas da história universal, homens que tinham "a vista longa do futuro": Péricles, os Gracos, Lutero, os revolucionários franceses, Washington, os Inconfidentes, os revolucionários de 1817, os Andradas, Evaristo da Veiga :

> Senhores, a bandeira liberal é a mesma em todos os países, com a divergência natural que há entre o grau de civilização de cada um (...) A bandeira liberal tem tido na história grandes transformações (...) mas ela é ainda a mesma bandeira que Péricles arvorou no Pnyx, a mesma que os Gracos levantaram no Forum; é a bandeira da Reforma; do Édito de Nantes; (...) dos direitos do Homem. Em um país que luta pela sua independência, é a bandeira da nacionalidade; em um país que já chegou a grande desenvolvimento, é a bandeira das liberdades políticas (...) É a bandeira, senhores, da emancipação dos servos na Rússia, assim como é a bandeira de Washington defronte

---

14   Nabuco, J. *O Abolicionismo*, p. 25.

15   Nabuco, J. "Discurso num meeting popular no Bairro de S. José". Recife 5.11.1884. IN: *O Abolicionismo. Conferências e Discursos Abolicionistas*. S. Paulo: IPÊ, 1949, p. 285.

16   "Terceira Conferência no teatro Santa Isabel". Recife, 16.11.1844. Ibidem, p. 293-347. Nesta longa conferência, Nabuco prestou contas de sua atuação parlamentar como deputado pelo Partido Liberal de Pernambuco, no período de 1879-1880.

17   Nabuco, J. *O Abolicionismo*, p. 31.

152 Francisco Murari Pires (org.)

os muros de Richmond. Em nosso país foi a bandeira da Inconfidência, a bandeira de 1817, a bandeira do Ipiranga, a bandeira do Ato Adicional, até que hoje volta a ser de novo a bandeira da Constituição.[18]

Universal e eterno porque pertencente aos domínios da natureza, o "instinto/sentimento" liberal também se amoldava ao "grau de civilização" ou à historicidade de cada Estado.[19] Por tais motivos, a Constituição brasileira poderia integrar a "reforma/revolução social" que permitiria que os ministérios representassem os partidos; o governo fosse efetivamente de Gabinete e não do presidente do Conselho; os grandes negócios do Estado fossem decididos em conferência de ministros e não em despacho imperial; o eixo parlamentar passasse pela Câmara e não pelo Senado vitalício; as províncias se vinculassem federativamente à União; e que, finalmente, fossem implantadas a eleição direta (com o sufrágio estendido a todos os alfabetizados e com maior representação das grandes cidades), a liberdade religiosa e a emancipação dos escravos *sem* indenização, em um prazo estipulado.

2. Perfil histórico e figurações da Escravidão em *O Abolicionismo*

Nesse livro preparado em Londres especialmente para o embate eleitoral de 1884, Nabuco associou argumentos jurídicos, políticos e morais apropriados a várias historicidades e fontes para, inspirando-se em outros historiadores de seu tempo, tecer uma imagem gigantesca e nefasta, ao mesmo tempo histórica e universal da escravidão, a quem atribuiu todas as dificuldades enfrentadas pelo país.

Analisando-a segundo uma perspectiva histórica brasileira, concebeu-a como um grande "crime", sintomático de muitas infrações – era uma ilegalidade perante o direito internacional, a legislação brasileira, a ética e as práticas econômicas liberais. Em primeiro lugar, o tráfico no continente africano – a origem da escravidão no século XIX – constituía um "contrabando de sangue" e um atentado contra o direito das sociedades civilizadas que, após longa trajetória, haviam banido o cativeiro do mundo ocidental. Assim, solitário na prática escravista, o Império destoava profundamente delas.[20] Em segundo, a escravidão desafiava a legislação brasileira pois, pela lei de 7 de novembro

---

18   Nabuco, J. "Terceira Conferência no teatro Santa Isabel" 16.11.1884 in: *O Abolicionismo. Conferências e Discursos Abolicionistas*, p. 294, 297, 302-304.

19   Ibidem, p. 299-300.

20   Nabuco, J. *O Abolicionismo*, p. 89. Especialmente após a abolição do cativeiro nos Estados Unidos e a estipulação de uma data para o seu fim em Cuba.

de 1831 (que decretou a ilegalidade do tráfico), todos os africanos aqui chegados a partir daquela data deveriam ser declarados livres. Em terceiro, a instituição tornara-se uma infração do ponto de vista da propriedade – tanto porque expropriava o cativo dos frutos de seu labor, quanto pelo fato da maior parte dos escravos haver cumprido um tempo de trabalho suficiente para ressarcir seus senhores e obter o direito à alforria, não havendo, portanto, nenhuma justificativa para indenizações públicas ou privadas.[21] Em quarto, a escravidão constituía, invariavelmente, um crime de "usura", pois os proprietários de escravos pagavam literalmente com carne humana os juros exorbitantes cobrados por agiotas inescrupulosos e financiadores da lavoura do Império.[22] Nessas circunstâncias, o escravo "remia" injustamente os problemas do "sistema da escravidão", o único responsável pela subordinação dos senhores às hipotecas e à avidez de traficantes astutos e imorais, e a uma classe influente e poderosa do Estado particularmente identificada com "a democracia escravagista de S. Paulo", desafiadora da lei, do Estado e da cidadania. A maior "chaga" da escravidão era a "violação da lei" que constrangia os estadistas a criarem meios de validar os africanos escravizados ilegalmente, a reduzir reféns estrangeiros ao cativeiro e de torná-los propriedade legítima.[23]

Além de crime, a escravidão constituiu um tentacular e asfixiante "fato social" que fundamentou uma sociedade sem ordem e hierarquia. Enquanto monopólio da terra e do trabalho estruturou a grande propriedade territorial com "trabalhadores enclausurados" e "proletários" dependentes e miseráveis, verdadeiros "servos da gleba", formando uma sociedade com "algumas famílias transitoriamente ricas e dez milhões de proletários", na medida em que impediu a formação de pequenas propriedades e de uma "classe média".[24]

---

21   "Pense entretanto a lavoura, faça o agricultor a conta dos seus escravos; do que eles efetivamente lhe custaram e do que lhe renderam, das *crias* que produziram – descontando os africanos importados depois de 1831 e seus filhos conhecidos, pelos quais seria um ultraje reclamarem uma indenização pública – e vejam o país, depois de grandes e solenes avisos para que descontinuassem essa indústria cruel, não tem o direito de extingui-la, de chofre, sem ser acusado de os sacrificar. Se eles não conseguem remir as suas hipotecas, pagar suas dívidas, a culpa não é dos pobres escravos, que os ajudam quanto podem, e não devem responder pelo que o sistema da escravidão tem de mau e contrário aos interesses do agricultor." Ibidem, p.157-158. Nabuco se refere à prática do pagamento das hipotecas que recaíam sobre a lavoura, especialmente nas províncias do norte, com bens móveis dos quais, os escravos e o gado, eram os mais valiosos.

22   Ibidem, p. 89, 98. Na definição desse significado, inspira-se na peça de Shakespeare, O Mercador de Veneza, Ibidem, p.157-158.

23   Ibidem, pg. 45-101, *passim*.

24   Nabuco, J. "Segunda Conferência no Teatro Santa Isabel", 1.11.1884. in: *O Abolicionismo. Conferencias e Discursos Abolicionistas*, p. 271. Nabuco aproxima a situação do Brasil das difíceis circunstâncias políticas e sociais do Império Romano no tempo de César descritas por Mommsen, que atribuiu ao predomínio de uma "oligarquia capitalista" e à expansão do trabalho escravo na Itália a decadência política, social e moral de Roma, na medida

154   Francisco Murari Pires (org.)

Além disso, esgotou o solo, aviltou o trabalho, criou uma riqueza estéril e efêmera rea-plicada em escravos e no luxo e criou um sistema que arruinou o país por "não fomentar nenhuma indústria, não empregar máquinas, não concorrer para o progresso da zona circunvizinha".[25] Sua hegemonia não abriu horizontes, não criou consumidores, não de-senvolveu cidades, tornou o comércio servo de uma classe, a dos produtores de café.[26]

Assim, o desenvolvimento social do Brasil fora o oposto ao ocorrido nos Estados Unidos, já que a escravidão não afetara a constituição social daquele país "mantendo a parte superior do organismo intacta" e os negros fora da sociedade. Aqui, todavia, fora mais hábil e não desenvolvera a prevenção de cor nem "uma divisão fixa", criando "um caos étnico" e "degradando as classes" pois, no dia seguinte à alforria, o escravo tornava-se um cidadão como qualquer outro, podendo mesmo comprar escravos, casar com pessoas livres, participar das eleições e ascender na sociedade: "Entre nós a escravidão não exerceu toda a sua influência apenas abaixo da linha romana da libertas; exerceu-a, também, dentro e acima da esfera da civitas (...) a unidade nacional faz pensar na soberba desordem dos mundos incandescentes".[27]

Por outro lado, tornou lavradores e moradores "proletários" sem "independência alguma vivendo ao azar do capricho alheio" e impedindo a formação de classes operárias. Sem uma "classe média", fez crescer artificialmente o contingente de empregados públi-cos e tornou-os "servos da gleba do Estado"; dificultou a formação de uma verdadeira aristocracia, pois "a aristocracia territorial não é nem aristocracia do dinheiro, nem de nascimento, nem de inteligência, nem de raça"; e neutralizou as forças sociais: cooptou a Igreja, degenerou o patriotismo ("ser patriota é ser escravagista"), repeliu a imprensa e a escola, e impediu a emergência da opinião pública.[28]

---

em que haviam alicerçado a grande propriedade territorial e ocasionado o empobrecimento dos pequenos pro-prietários, a formação de imenso contingente de proletários e as guerras civis do final do período republicano. Em suma, a sociedade romana passara a caracterizar-se pela presença ostensiva da riqueza e da pobreza, pela hegemonia de comerciantes e especuladores, pela ociosidade, servilismo, corrupção política e moral. "Panorama bien triste, por cierto, este de Itália, bajo el régimen de la oligarquia. Nada graduaba ni atenuaba el funesto contraste entre el mundo de los mendigos y el mundo de los potentados (...) Estos dos mundos tan díspares en lo externo contribuían por igual a socavar y destruir la vida de família (...) a fomentar la ociosidad y la opulência, a desarticular la economia, a sembrar el servilismo y la abyección, a estimular una corrupción idêntica ". Momm-sen, T. *op.cit.*, p. 49.

25   Nabuco, J. "Segunda Conferência no Teatro Santa Isabel", 1.11.1884. in: *O Abolicionismo. Conferencias e Dis-cursos Abolicionistas*, p. 120.

26   Nabuco, J. *O Abolicionismo*, p. 129-130.

27   Ibidem, p. 126-127.

28   Ibidem, p. 138-139, *passim*.

Em virtude de todas essas decorrências, a escravidão desvirtuara a verdadeira política liberal. Ao fundar "um Estado dentro do Estado" impusera ao Império "as suas finanças" e sua política, usufruídas por uma minoria e apoiada "em quatro pilares econômicos carcomidos": a apólice do governo, a dívida externa, o câmbio baixo e o papel-moeda. Eram eles os responsáveis pelo "déficit colossal" do país e por um sistema extorsivo de impostos que arruinava a lavoura, o comércio, o artesanato e, principalmente, a monarquia escravizando toda a nação aos proprietários de escravos e aos "Correspondentes" reunidos nos Clubes da Lavoura.[29] Assim, ela também desvirtuara a monarquia parlamentar criando uma "paródia de democracia", degenerando os partidos – tornando-os veículos de interesses e ambições pessoais de uma "casta de senhores"–, e fazendo do sistema representativo um "enxerto de formas parlamentares num governo patriarcal", onde ministros, senadores e deputados viviam subjugados pelo poder pessoal do Imperador absoluto "como o Czar e o Sultão". Era isso o que efetivamente ocorria, embora o monarca estivesse no centro de um governo moderno e provido de todos os órgãos superiores e de Parlamento:

> Ministros, sem apoio na opinião, que ao serem despedidos caem no vácuo; presidentes de Conselho que vivem, noite e dia a perscrutar o pensamento esotérico do Imperador; uma Câmara cônscia de sua nulidade e que só pede tolerância; um Senado, que se reduz a ser um pritaneu; partidos que são apenas sociedades cooperativas de colocação ou de seguro contra a miséria. Todas essas aparências de um governo livre são preservadas por orgulho nacional, como foi a dignidade consular no Império Romano; mas, no fundo, o que temos é um governo de uma simplicidade primitiva, em que as responsabilidades se dividem ao infinito, e o poder está concentrado nas mãos de um só. Este é o Chefe do Estado (...). Olhando em torno de si, o Imperador não encontra uma só individualidade que limite a sua, uma vontade, individual ou coletiva, a que se deva sujeitar (...) Foi a isso que a escravidão, como causa infalível de corrupção social, e pelo seu terrível contágio, reduziu a nossa política. O povo como que sente um prazer cruel em escolher o pior (...) esse chamado governo pessoal é explicado pela teoria absurda de que o Imperador corrompeu um povo inteiro (...) a verdade é que esse governo é o resultado, imediato, da prática da escravidão pelo país. Um povo que se habitua a ela não dá valor à liberdade, nem aprende a governar-se a si mesmo.[30]

---

29   Ibidem, pg. 138-139; 34; "Segunda Conferência no teatro Santa Isabel," Recife. 1º.11.1884 in: *O Abolicionismo. Conferências e Discursos Abolicionistas*. p. 273.O liame entre escravidão e monopólio inspirou-se em Augustin Cochin, que considerava a escravidão "um dos privilégios assegurados pelas metrópoles às colônias" e "pedra principal do pacto colonial". Cochin, A. *L'Abolition de l'Esclavage*. Fort de France: Ed. Désormeaux, 1979, p. 228. A primeira edição é de 1861.

30   Nabuco, J. *O Abolicionismo*, p. 138-140.

156   Francisco Murari Pires (org.)

3. Perversidade e degenerescência: matrizes universais da escravidão brasileira

Assim como a palavra "Abolicionismo", a palavra "Escravidão" é tomada neste livro em sentido lato. (...) Quando emprego a palavra *escravidão*, sirvo-me de um termo compreensivo, – como é por exemplo em França, a expressão Antigo Regime – dos resultados de nosso sistema social todo, o qual é baseado sobre a escravidão.[31]

Nasceu ela com a humanidade, atravessou os longos séculos que essa percorreu até o dia em que ela extinguiu-se (...) Ao lado dos astros resplandecentes da Grécia e de Roma envolveu-se em sua noite e precipitou-lhes a queda. (...) Ao descobrir-se a América atravessou o oceano para alastrar-se num terreno virgem, cuja fertilidade alimentou-a; e ao passo que assim corrompia o mundo novo, ia na África cometer suas bárbaras depredações.[32]

Por outro lado, num sentido mais universal, em 1883, Nabuco também considerou a escravidão brasileira uma expressão do Antigo Regime, "um Imperium in Imperio" pois as práticas sociais e políticas do país espelhavam procedimentos "primitivos" pautados pela violência intrínseca às relações entre senhores e escravos: por um lado, monopólio, desregramento, desordem, prepotência, ociosidade, perversidade; por outro, subserviência, interesse pessoal, ressentimento e revolta. Ou seja, também reprisavam um "drama universal" originado em sentimento "bárbaro e perverso" do qual o escravo era "vítima indefesa" por ter a "consciência adormecida", "o coração resignado", "a esperança morta". Mas, a perversidade da escravidão se denunciava ainda em situações de desespero, quando o cativo se tornava um agressor, tornando a ambos – escravo e senhor – vítimas, "dois tipos contrários mas, no fundo os mesmos", sujeitos a "um estado violento no qual não pode deixar de haver uma explosão". Assim, por "impelir o escravo ao crime", ela ameaçava continuamente o senhor e os seus agentes, razão pela qual os abolicionistas não desejavam insuflar os cativos, evitando expor ao perigo a classe mais influente e poderosa do Estado – à "vindita bárbara e selvagem de uma população mantida ao nível dos animais e cujas paixões, quebrado o freio do medo, não conheceria limites".[33]

Desse ponto de vista, e negando qualquer traço particular ou suavidade à escravidão praticada no Brasil no século XIX, considerou-a a mesma havia 300 anos, e igual

---

31   Ibidem, p. 28; "Conferência no Teatro Politeama". in: *O Abolicionismo. Conferências e Discursos Abolicionistas.* p. 243.

32   Nabuco, J. *A Escravidão*. p. 67.

33   Nabuco, J. *O Abolicionismo*, p. 39-40; 103.

"a qualquer outro país da América".[34] Além disso, ao reiterar esse sentimento bárbaro, a escravidão brasileira reverberava um repetitivo episódio da história da humanidade flagrado no "Antigo Regime" na França, Rússia, Estados Unidos e na antiga Itália. Em todas aquelas ocasiões resultara em "ruína, intoxicação e morte", reafirmando a clássica sentença latina *Latifundia perdidere Italiam*:

> Para qualquer lado que se olhe, esses efeitos foram os mesmos. *Latifundia perdidere Italiam*, é uma frase que soa como uma verdade tangível aos ouvidos do brasileiro (...) Onde quer que se estude, a escravidão passou sobre o território e os povos que a acolheram como um sopro de destruição. (...) nos ergástulos da antiga Itália, nas aldeias da Rússia, nas plantações dos Estados do sul, ou nos engenhos e fazendas do Brasil, ela é sempre a ruína, a intoxicação e a morte(...).[35]

Assim, de certa maneira, repetia-se aqui a "terrível pintura" do Império Romano sob o governo da oligarquia", magistralmente desenhada por Mommsen, "o grande historiador alemão de Roma":

> "Como os rios brilham com cores diferentes, mas a cloaca é sempre a mesma", escreve Mommsen estudando a invariável pintura da escravidão antiga, "assim a Itália, da época ciceroniana, parece-se essencialmente com a Helas de Políbio e, mais ainda, a Cartago do tempo de Aníbal", onde exatamente do mesmo modo, o regime onipotente do capital arruinou a classe média, elevou o negócio e a cultura da terra ao maior grau de florescimento, e por fim produziu a corrupção moral e política da nação.[36]

---

34   Ibidem, p. 39-50 *passim*.

35   Ibidem, p. 122-123.

36   Ibidem, p.165-166. Na verdade Nabuco fez recortes no texto de Mommsen para adequá-lo à argumentação essencialmente focada na crítica da escravidão. Dessa forma, o historiador alemão aproximara a experiência romana da economia europeia do século XIX para enfatizar outros problemas, especialmente os efeitos nefastos do regime capitalista para a sobrevivência da "classe média", embora destacasse também o quanto, em virtude da vigência da escravidão, a experiência antiga fora muito mais arrasadora do que a moderna: "Espantoso panorama este pero nada original ni caracteristico; es la misma desolación que se abate sobre el hermozo mundo creado por Dios dondequiera que el régimen capitalista alcanza su pleno desarollo dentro de un estado basado en la esclavitud. Asi como las águas de los rios espejan en diversos colores mientras que las de la cloaca tienen sempre el mismo, asi la Italia de Políbio, y más ainda la de Cartago de los tiempos de Aníbal, donde vemos cómo, de un modo muy parecido, el capital enseñoreándose poco a poco de la sociedad, arruína y mata a la clase media, hace florecer esplendorosamente el comercio y la agricultura de las grandes haciendas, hasta que por último provoca una descomposición moral y política de la nación entera cuberta de un reluciente barniz. Los más horribles pecados que el capitalismo del mundo moderno haya podido cometer contra la nación y la civilización palidecen ante los horrores de los estados capitalistas de la antiguëdad por la

158 Francisco Murari Pires (org.)

Embora lembradas em *O Abolicionismo* através da obra de Mommsen, sobretudo para vincar o perfil de "ruína moral" e econômica, imagens mais precisas da escravidão antiga haviam sido apresentadas no texto *A Escravidão*, escrito em 1870, quando o abolicionista finalizava o curso de direito no Recife. Peça que originalmente previa três partes – o crime, a história do crime e a reparação do crime – da qual só foram escritas as duas primeiras,[37] seu conteúdo compôs-se, na primeira parte, com argumentos criados para livrar da pena de morte o escravo Tomás, autor de dois assassinatos. Intentando comprovar a inocuidade daquela pena quando o objetivo era prevenir atos de violência dos cativos, Nabuco faz severa denúncia contra a escravidão demonstrando-a como "a opressão de uma raça sobre a outra sob o domínio da força", e razão maior dos atos da agressão de escravos contra os senhores e a ordem pública. Ainda considerou-a um crime contra a moral, a propriedade, o cristianismo, a caridade e os direitos naturais do homem.

A segunda parte apresentou uma história da escravidão antiga e moderna marcando diferenças formais e históricas entre os dois momentos – tanto porque a escravidão antiga se extinguira juntamente com o Império Romano, quanto porque o cativeiro moderno desenvolvera procedimentos próprios definidos pelo costume de um outro tempo –, e ressaltando, portanto, a impropriedade da recorrência à regulamentação romana para negar duas cláusulas do projeto da lei do ventre livre (então discutida no Parlamento) – o direito do escravo ao pecúlio próprio e ao resgate forçado.

Ao conceituar a escravidão na Antiguidade, Nabuco enfatizou seu perfil bárbaro e princípios superados pelos argumentos da razão, particularmente apreendidos nos escritos de Montesquieu e Rousseau: a diferença de raças (na Grécia) e, em Roma, o direito das gentes – o direito de posse sobre os vencidos na guerra ou na pirataria, e de execução de dívidas. Apresentando figuras em parte depois retomadas no *Abolicionismo*, demonstrou o quanto a escravidão romana se constituía num "vício" expressivo "da sanha , egoísmo" e "luxo" dos senhores, incentivado pelo desequilíbrio das práticas e instituições, no caso, o número excessivo de escravos domésticos obtidos nas conquistas – pois "a escravidão pessoal desenvolve o luxo e a corrupção"; a concentração de muitos escravos em poder de um só proprietário; o poder sem limites do senhor sobre o escravo – poder de vida e de morte; a desvalorização absoluta do cativo equiparado

---

misma razón por la que el hombre libre, por pobre que sea y por bajo que caiga, está siempre muy encima del esclavo". Mommsen, T. *op. cit.*, p. 50.

37   O texto permaneceu inédito até 1949, quando foi publicado pela revista do I.H.G.B. As teses nele utilizadas e defendidas provinham de fontes contemporâneas, destacando-se entre elas a obra do político e jurista Perdigão Malheiro publicada originalmente em 1866-67. Cf. Malheiro, Perdigão. *A Escravidão no Brasil: ensaio histórico, jurídico, social.* Intr. de Edison Carneiro. 3ª. ed. Petrópolis: Vozes, Brasília: INL, 1976.

Antigos e modernos   159

aos objetos, aos animais, aos corpos mortos, e sujeitos a castigos aviltantes e penalidades rigorosas e injustas.

Todos esses atributos explicavam a forma cruel como os escravos eram tratados na vida cotidiana e nas leis; a desorganização da sociedade que os incorporou e dissolução de seus costumes; o caos político e social e a decadência do império romano. Nessa argumentação, foi essencial um episódio apreendido do relato de Tácito (*Anais*, Livro 14, 42-45): o assassinato do prefeito de Roma, Lucio Pedânio Segundo, ocorrido em 61.d.C., durante o reinado de Nero, e seus desdobramentos – a divisão dos membros do Senado na decisão de aplicar a pena de morte prevista na lei aos 400 escravos que habitavam a casa daquela autoridade, sob a acusação de cumplicidade no assassinato de seu proprietário; e a reação da plebe romana à execução daquela sentença. O evento, no qual Nabuco destaca o discurso recriminador do senador Caio Cássio, foi providencial para o trato de vários temas: a demonstração da ineficácia da pena de morte quando aplicada isoladamente a cativos pelo crime de assassinato; a reiteração do risco representado pela escravidão à segurança pessoal dos senhores e à ordem pública o que a tornava, portanto, uma questão de Estado; e a certeza da inevitável decadência moral e política a que estavam condenadas as sociedades que praticavam a escravidão:

> O que aconteceu em Roma, quando o número de escravos depois de guerras sucessivas tornou-se tão considerável? "Uma população desenfreada, mistura de todas as nações da terra, de costumes os mais opostos, de religiões diferentes e grotescas, às vezes mesmo sem religião". (Anais XIV, 43) como dizia por ocasião do assassinato de Pedanius um senador, Caius Cassius, soltou-se na grande cidade de Roma; o que foi esse foco de dissolução diz o seu imortal analista. Foi preciso dominar a multidão pelo medo, e os escravos foram atirados a uma morte certa contra as feras, nos circos, às dezenas de milhares. Tomaram-se essas grandes medidas, (...) que abrangiam a muitos, fazendo a todos solidários no menor crime de um só. Como se vê uma sociedade que chegava a essas violências extremas estava a dois passos de desaparecer no abismo. Procurando nós as causas que apressaram, na transição do mundo antigo para o mundo moderno, a extinção da escravidão pessoal; outra não achamos senão esse mesmo caos, que então se fez e no qual as instituições todas se precipitaram.(...)Então os elementos de dissolução, que a decadência tinha amontoado, por sua mesma inércia foram se estendendo e logo no corpo do império não houve mais uma parte sã, o mais leve prognóstico de vida. Os escravos, os libertos, os estrangeiros, todos esses em que em seu exclusivismo a aristocracia não quis fazer cidadãos, foram outros tantos inimigos que o império achou em seu seio. Esse grande estado que havia vivido não com o ideal de justiça, como Atenas, mas com um sangrento ideal de glória; que havia feito uma religião à sua imagem, e desprezado a cultura das letras e das artes, sentiu então quanto a educação moral

160   Francisco Murari Pires (org.)

vale nas horas de perigo. A dissolução dos costumes, o luxo ilimitado, espetáculos sanguinários, grandes crimes, eis o que foi a vida da decadência romana.[38]

Contudo, apesar de condenar o cativeiro por seus riscos à moral, à ordem pública e à sociedade; e problematizar como inadequado e inoportuno o uso indiscriminado que os juristas brasileiros faziam do código romano, o texto de *A Escravidão* também admitiu a existência de práticas mais humanas de trabalho escravo reconhecidas na Grécia clássica e entre os povos da Germânia, experiências que contrapõe à romana. Referindo-se à Grécia comenta: "Nessa civilização eminentemente artística, havia na escravidão certos detalhes que salvavam a dignidade do homem; assim a avaliação dos seus talentos, cuja manifestação era plenamente permitida". Quanto à escravidão existente entre os germanos, mencionando Tácito, considera-a "mais uma servidão que um cativeiro". As razões dessa opinião possivelmente se relacionam às circunstâncias de sua moldagem e aos objetivos para os quais o texto foi escrito. Diante das expectativas da lei sobre o elemento servil em debate no Parlamento – abolir gradualmente o trabalho escravo – Nabuco considerou que a escravidão era um fato "que deve ter vida longa" e, assim como muitos outros defensores do direito escravo ao pecúlio e ao resgate forçado, sinaliza formas alternativas de cativeiro inspiradas na escravidão ateniense e na servidão da Germânia, categorias que assumiram o perfil de importantes metáforas em sua argumentação.[39] Assim descreveu a escravidão entre os gregos e os germanos:

---

38   Nabuco, J. *A Escravidão*, p. 75. Ressalte-se que Nabuco inverteu o objetivo da fala do senador pois, naquele pronunciamento, a crítica ao número exagerado de escravos existentes em Roma foi realizada para defender os termos da lei na punição dos cativos da casa de Pedânio Segundo, ou seja, a pena de morte para todos (Tácito, *Anais* XIV, 43). Noutra direção, Nabuco lembra o episódio para negar a eficácia daquela punição quando isoladamente aplicada no caso do crime de assassinato contra os senhores. *Os Anais* de Tácito também sinalizaram outros temas e argumentos políticos importantes nos textos de *A Escravidão* e *O Abolicionismo*: a abordagem da escravidão como uma questão de Estado, tanto pela ameaça dos cativos à ordem pública quanto e, sobretudo, por ser aquela instituição, quando desregradamente utilizada, a origem e o alicerce da tirania imperial, do servilismo dos políticos (especialmente do Senado) e da corrupção política. Sobre os temas e mensagens políticos imbricados na narrativa das obras de Tácito ver: Boissier, Gaston. *Tacite*. Paris: Hachette, 1904; Mellor, Ronald. *Tacitus*. N. York, Routledge, 1994. Sobre os sentidos e usos políticos da categoria escravidão naquele autor ver Joly, Fábio Duarte. *Tácito e a metáfora da escravidão*. Um estudo de cultura política romana. S. Paulo: Edusp, 2004.

39   Segundo alguns estudiosos da obra de Tácito, a narrativa da escravidão praticada em Roma e entre os povos da Germânia constituiu importante metáfora para construir "um discurso sobre os valores morais e políticos romanos. Tácito teria representado o bárbaro como antítese do homem romano a fim de apresentar um espelho crítico da sociedade romana e imperial". Martin, R. *Tacitus*, p. 57 ; e Joly, F.B. *op.cit.* especialmente os capítulos 3 e 4.

O fundamento da escravidão na Grécia, segundo Aristóteles, era a diferença das raças. O meio de fazer escravos era fazer prisioneiros de guerra: a pirataria, (...) A escravidão na Grécia era todavia, mais branda que a de Roma, sobretudo quanto aos casamentos; (...) Nessa civilização eminentemente artística, havia na escravidão certos detalhes que salvavam a dignidade do homem; assim a avaliação dos seus talentos, cuja manifestação era plenamente permitida.(...) na Grécia as faculdades de cada um eram desenvolvidas com a animação do senhor, e escravo houve que tocaram entre os gregos de maior glória. Esopo, Phedro, Epicteto são nomes ilustres do país. Lá se a corrupção estava nos costumes, havia pelo menos certa elegância: a escrava não era apenas, como entre nós, o instrumento grosseiro da sensualidade: comprava-se caro a beleza, prestando-lhe assim o seu culto.

(...)Em frente, porém, [de Roma] e bem perto desse corpo que definhava, havia as hordas indômitas da Germânia. Entre essas havia a escravidão, mas que diferença no quadro: a de Roma pessoal, a dos germânicos, real, uma própria de uma raça dissoluta, outra de uma raça forte: a de Roma exercendo-se sobre homens sujeitos ao açoite, que viviam nas ocupações domésticas, a dos germânicos sobre homens que cultivaram o solo, sendo mais uma servidão que um cativeiro. Na verdade Tácito descreve (...) Quanto essa servidão é um progresso sobre a escravidão antiga dí-lo a Idade Média, com sua instituição dos servos da gleba, que não é outra coisa senão a escravidão dos germânicos. Assim um povo bárbaro tinha mais noção da dignidade da alma e do homem, que o povo romano e mostrava desde então quanto uma sociedade que trabalha é superior a uma que faz trabalhar, quanto a escravidão pessoal desenvolve o luxo e a corrupção.[40]

Todavia, para além dessas razões circunstanciais, a expressiva tolerância e mesmo a admiração para com a Grécia clássica perduraram e sinalizaram a sintonia de Nabuco com pressupostos de historiadores ingleses, alemães e franceses da Terceira República a propósito das instituições, sobretudo, atenienses.[41] Nesse sentido, nos dois trabalhos

---

40 Nabuco, J. A Escravidão, p. 72-74. Mommsen também partilha dessa tese, considerando a escravidão romana mais degradante e nefasta do que a grega. Comentando a expansão do trabalho escravo nas manufaturas de Roma comentou: "La situación de estos esclavos tenia, naturalmente, poco de envidiable y era en todo más desfavorable que la de los griegos"; Mommsen, T. op. cit., p. 527. Entretanto, assim como outros expoentes da historiografia alemã do século XIX, não reconheceu as obras de Tácito como fontes confiáveis para o estudo dos povos da Germânia: "Los orígenes del desarrollo del estado entre los germanos llegan a nosotros a través de la obra de Tácito, llena de tornasoles, calcada sobre el patrón de pensamiento de la antiguedad ya decadente y propensa con harta frecuencia a omitir los factores verdaderamente decisivos, o bien tenemos que reconstruirlos a base de aquelos estados híbridos nacidos en suelo que antes fuera de Roma y empapados en todas partes de elementos romanos". Ibidem, p. 155. Sobre a recepção da obra de Tácito na Europa e nos Estados Unidos durante a época moderna e contemporânea ver: Boissier, Gaston. op.cit.; Mellor, R. op.cit.

41 Contrapontuando leituras francesas criadas no contexto da revolução de 1789 favoráveis ou críticas dos antigos – jacobinas e termidorianas – com as dos historiadores de outros países, Hartog destaca a boa acolhida das

162   Francisco Murari Pires (org.)

aqui mencionados, sua avaliação da Grécia é muito positiva – apesar da presença da escravidão fundada na "diferença de raças" – até por concebê-la como expressão exemplar da beleza, da tolerância, da democracia e da razão. Não por acaso, a atuação de Péricles foi importante para referenciar a origem do abolicionismo e do verdadeiro liberalismo. Ainda, o embate entre Odisseu e Polifemo tornou-se metáfora privilegiada no esclarecimento do significado histórico do movimento abolicionista e na indicação de um dos pseudônimos assumidos por Nabuco na imprensa: *Ninguém*.[42]

Em conferência no Recife durante a campanha eleitoral de 1884, o então candidato a deputado explicitou as razões da menção àquele episódio da *Odisseia*: ele poderia justificar os avanços do movimento abolicionista no Brasil (as conquistas alcançadas com a abolição no Ceará, Amazonas e Rio Grande do Sul), e dissolver a responsabilidade dos militantes e os compromissos específicos da grande causa com o imperialismo britânico. Num gesto ambíguo de retórica e falsa modéstia, atribuiu a expansão da campanha ao "espírito do tempo", ou seja, a todos e a "Ninguém" mas, sem esquecer a especial importância dos líderes, dele em particular. Para isso, espelhou as vitórias abolicionistas no golpe desfechado pelo herói Odisseu [Udeis/Ninguém] contra o gigante Polifemo, explicando-as como vitória da astúcia e da razão contra a barbárie. Odisseu impusera uma múltipla derrota ao gigante – cegando-o, eximindo a si e aos companheiros da responsabilidade do ato e evitando a vingança dos cíclopes. Da mesma forma, no caso do sucesso do abolicionismo, "Ninguém" deveria ser responsabilizado pelos prejuízos

---

instituições atenienses em Grote, Winckelmann, Hegel; e mesmo algumas romanas (o direito e o Estado) em Mommsen. Destaca também a politização dos antigos – pela valorização da "democracia ateniense"– a partir do período da Terceira República francesa. HARTOG , François. "O confronto com os antigos" in: *Os antigos, o passado e o presente*. Org. de José Otávio Guimarães. Trad. Sonia Lacerda, Marcos Veneu e José Otávio Guimarães. Brasília: Ed, da UnB, 2003, p. 151-153. A partir das colocações de Hartog e de outros estudiosos da historiografia antiga e moderna (dos séculos XIX e XX) – dentre eles Pascal Payen que escreve neste volume –, é possível perceber o quanto as motivações políticas do século XIX intervieram duplamente no trato dos personagens e eventos antigos. Nesse sentido, se por um lado, as instituições gregas e romanas auxiliaram na elucidação e encaminhamento dos problemas contemporâneos (a exemplo da escravidão tratada por Nabuco) por outro, as diferentes expectativas políticas nacionalistas europeias inspiraram leituras e delinearam perfis e avaliações contraditórios (positivos ou negativos) de episódios da história de gregos e romanos.

42   Essa figura literária, pseudônimo providencial na crítica a partidos e autoridades, foi reiteradamente utilizada nos discursos abolicionistas. Informa-nos Carolina Nabuco sobre seu provável primeiro registro escrito. Aconteceu no jornal *A Época*, de 1875, publicação de quatro números escrita juntamente com Machado de Assis. "Machado de Assis assina os seus escritos (contos, crônicas) como *Manassés*, Nabuco conduz a parte política sob o pseudônimo *Ninguém*, sem se afastar do tom picante e espirituoso que o jornal exige. Cingindo-se ao estilo de farsa, critica as carreiras e os atos dos ministros com a malícia jocosa, por vezes cruel, de um colegial exuberante." Nabuco, Carolina. *A vida de Joaquim Nabuco, por sua filha Carolina Nabuco*. 3ª ed. S. Paulo: América edit., s/d, p. 42-43.

Antigos e modernos   163

da emancipação, atitude que, posteriormente, permitiria uma "conciliação" entre todos os envolvidos:

> Eu cheguei à única posição que podia tentar-me: a de simples particular que é escutado por todo o país. Na Câmara ou fora da Câmara, no Brasil ou na Europa, julgo pertencer hoje a um Parlamento maior e mais alto que a Assembleia Geral, o Parlamento da opinião (...) Não viso nesta questão da emancipação glória pessoal. Permiti que eu vos repita o que disse a respeito em S. Paulo: "Há na Odisseia, um episódio que pode servir de parábola, a nós abolicionistas. É Ulisses dizendo a Polifemo que se chamava Ninguém, e depois o Cíclope com a pupila abrasada, atroando os ares com os gritos da sua cegueira e respondendo aos gigantes que lhe perguntavam quem lhe causara tais sofrimentos e lhe arrancava tais clamores no sossego da noite divina: 'Foi Ninguém'. Se não é ninguém, respondiam os cíclopes, se estás só, não te podemos valer contra o golpe com que Júpiter te fere!". Senhores, não é nenhum de nós que mata a escravidão, é o espírito do nosso tempo, e por isso o nome verdadeiro do Abolicionismo é Ninguém; e eu não quero outro para mim nesta causa. Sim senhores, o que eu desejo é que depois da luta terrível entre abolicionistas e escravocratas a emancipação seja realizada entre as alegrias da nação unida, e que nós todos, como os atenienses para conciliar as divindades inimigas, levantemos no lugar da discórdia o altar do Esquecimento.[43]

4. Considerações Finais: nuances da Escravidão e a tecitura do Esquecimento

> (...) o que resulta é que as reformas, (...) serão governadas por algumas regras elementares. Uma delas será conservar do existente tudo o que não seja obstáculo invencível ao melhoramento indispensável; outra, que o melhoramento justifique (...) o sacrifício da tradição (...) Dessas regras resulta o dever de demolir com o mesmo amor e cuidado com que outras épocas edificaram (...)
>
> (Joaquim Nabuco, *Minha Formação*) [44]

---

43   Nabuco, J. "Terceira Conferência no teatro S. Isabel.". Recife, 16.11.1884. in: *O Abolicionismo. Conferências e Discursos Abolicionistas,* p. 345. Analisando o episódio do embate entre Ulisses e Polifemo, Olgária Matos comenta: "Odisseu tem como raiz Udeis, que significa em grego ninguém (...). Os cíclopes são gigantes de um único olho no meio da testa, o que significa que eles desconhecem a tridimensionalidade do espaço, desconhecem o universo da cultura. Ulisses havia sido advertido por Circe de que não deveria amanhecer na ilha dos Cíclopes para não ser por eles atacado. Porém, sua curiosidade faz com que imagine um estratagema para poder explorar a ilha sem correr risco de vida. Embriaga Polifemo e, enquanto este se encontra adormecido, fere seu olho, cegando-o. Polifemo desperta com a dor, gritando "Udeis me feriu". Os demais cíclopes acorrem, mas quando ouvem, "ninguém me feriu" recolhem-se novamente, como Ulisses havia calculado. Portanto, uma vez consolidada esta racionalidade astuciosa, Ulisses ganha este nome." Matos, Olgária. "A melancolia de Ulisses: a dialética do iluminismo e o canto das sereias". in: Cardoso, S. et alii. *Os Sentidos da Paixão*. S. Paulo: Cia. Das Letras, 1986, p. 144, 156.

44   Nabuco, J. *Minha Formação*, p. 111-112.

164   Francisco Murari Pires (org.)

Além da defesa dos dispositivos da lei do ventre livre em 1870, a dupla imagem da escravidão seria (re)utilizada posteriormente na década de 1890, particularmente em *Um Estadista do Império* e *Minha Formação*. Adequando-se novamente às circunstâncias, Nabuco tentaria atenuar a "luta terrível entre abolicionistas e escravocratas" no passado e no presente.

Escrito entre 1893 e 1897, *Um Estadista* teve o declarado intuito de homenagear a monarquia – nas figuras do imperador e de seus mais importantes estadistas – e, sobretudo, reconhecer naquela experiência histórica princípios e procedimentos políticos significativos de um liberalismo autêntico. Nesse livro, a dupla imagem da escravidão foi providencial na justificativa da atuação ponderada e prudente de Pedro II e dos estadistas do Império no trato da abolição do trabalho servil, exemplarmente identificada no percurso político do personagem biografado no livro, o senador José Tomaz Nabuco de Araújo, pai do autor. Sensível ao progresso, porque sempre sintonizado com o "espírito do tempo", mas também atento às razões de Estado e às forças e necessidades da escravidão, aquele estadista procurara solucionar gradualmente a questão servil respeitando as leis, a ordem e os direitos da propriedade e, especialmente, defendendo os direitos do governo de vigiar o poder senhorial e coibir abusos. Nesse sentido, como ministro da justiça, primeiro atacara o tráfico, depois intentara normatizar os castigos cruéis e por fim, organizara os dispositivos da lei do ventre livre que, ao mesmo tempo, criaram disposições para um cativeiro mais suportável e garantiram sua lenta superação: o direito ao pecúlio, ao resgate forçado, à integridade da família escrava. Por outro lado, segundo Nabuco, fora ele o responsável também pela tentativa de entronização na lei de 1871 de princípios abolicionistas, particularmente a ideia de que "a propriedade do escravo não é uma propriedade natural, se não apenas uma propriedade legal que a lei pode regular ou restringir", princípio que sustentava "a qualidade do ingênuo que nasceu livre" e vedava a " indenização pela liberdade dos que ainda hão de nascer".[45]

---

45   Ibidem, p. 165-166. Discordando de falas mais ousadas em favor da supressão do cativeiro (que propunham a abolição imediata) e lembrando o exemplo de outros países, de 1866 a 1878, Nabuco de Araújo argumentou em favor da ordem pública e da propriedade, defendendo a abolição gradual com indenização: "No Brasil o perigo é mais sério e mais grave, está conosco; o perigo está dentro do país, pode surpreender-nos, afetar a ordem pública e a sociedade civil. Daí a urgência de conjurá-lo, pela previsão e pela providência; daí a necessidade de tomar a iniciativa da grande questão; de evitar que ela se torne uma questão política, e presa dos demagogos. Impedir a torrente é impossível; dirigi-la para que se não torne fatal é de alta política. Não é conclusão do que digo, a abolição simultânea e imediata. Está bem longe do meu pensamento. É preciso fazer o que é possível. Assim damos satisfação ao mundo civilizado. (...) Assim que essas nações poderosas [Inglaterra, França, Dinamarca] posto que longe do perigo, temeram a transição brusca do estado de escravidão para o estado de liberdade. Não pode o mundo civilizado censurar o Brasil pela prudência de que deram exemplo as outras nações. Não se pode querer que pereça uma nação tanto quanto que se salve um princípio." Nabuco, J. *Um Estadista*, v. II, p. 30-31.

Em *Minha Formação*, autobiografia publicada em 1900 quando Nabuco tinha 50 anos, o historiador reiterou sua missão apaziguadora. Embora tenha comentado no *Prefácio* que: "A política não foi a minha impressão dominante ao traçar estas reminiscências... Eu já me achava então fora dela",[46] suas considerações contrastam com a história e o conteúdo do texto. Seus capítulos foram originalmente criados como artigos para o debate político na imprensa (entre 1893 e 1899), numa das circunstâncias mais decisivas para a causa monárquica no Brasil, quando o partido monarquista se revigorava após intensa perseguição ocorrida nos anos seguintes à proclamação da república.[47] Além disso, trata de questões delicadas do presente e do passado: quais as razões para a perseverança na opção monárquica? Quais as responsabilidades do movimento abolicionista na queda da monarquia? O que significaria ser efetivamente um liberal? No que consistia o exercício da verdadeira "Política" com P maiúsculo?

Ao justificar sua opção monárquica explicita o quanto a convivência com a sociedade inglesa, assim como os vínculos hereditários com o "espírito liberal", levaram-no a concluir ser a monarquia o regime mais afinado com o "verdadeiro liberalismo" – permitia o desfrute da liberdade e da igualdade contemplando com vantagem a principal característica do republicanismo. Além disso, acolhia a política na sua forma mais larga e nobre, "a *Política* com P" inspirada por um ideal universal acima de partidos e nações, voltado para os problemas da humanidade, referência que o direcionara para o abolicionismo,[48] uma aspiração da sociedade brasileira e do tempo. Uma vez deflagrado nos recintos parlamentares, o abolicionismo recebera o apoio de quase toda a nação, testemunho de sua sintonia com o movimento natural da história, obra de todos e de "Ninguém" em particular: podia ser reconhecido na propaganda dos jornais, no Parlamento, nos *meetings*, no púlpito, nas sociedades responsáveis por fugas em massa; nos proprietários que alforriavam em grande escala; na ação política dos estadistas, na atuação dinástica.[49] Assim, Nabuco nega com vigor qualquer responsabilidade da abolição na queda da monarquia e da dinastia. Pelo contrário, interpreta-a como a última grande missão dos Braganças na história do país: a primeira geração fizera a independência, a segunda consolidara o Império e a terceira concretizara a abolição da escravatura:

---

46   Nabuco, J.A. *Minha Formação*, p. 4.

47   Sobre a atuação dos monarquistas após o 15 de novembro ver Janotti, M.L. *Os subversivos da República*. S. Paulo: Brasiliense, 1986.Para uma análise mais detida de *Minha Formação* cf. Marson, Izabel Andrade. "Minha Formação: autobiografia, política e história".*Revista Brasileira de História* (Biografia, biografias), 33(17): 78-97, 1997.

48   Nabuco, J.A. *Minha Formação*, p. l74.

49   Ibidem, p. 193- 194.

166   Francisco Murari Pires (org.)

...A tendência do meu espírito é colocar-se no ponto de vista definitivo...Deste o 15 de Novembro não é uma queda, é uma assunção...Decerto o exílio do Imperador foi triste, mas também foi o que deu à sua figura a majestade que hoje a reveste...Não, não há assim nada que me faça olhar para a fase em que militei na política com outro sentimento que não seja o de uma perfeita gratidão...Não devo à dinastia nenhuma reparação; não lhe armei uma cilada; na humilde parte que me coube, o que fiz foi acenar-lhe com a glória, com a imortalidade, com a perfeição do seu traço na história...[50]

Sobre as origens do engajamento na "grande causa" abolicionista apresenta três grandes "influências": a experiência do liberalismo inglês ("sentia-se como se militasse sob as ordens de Gladstone"), as motivações de seu "liberalismo hereditário" e "instintivo" (Nabuco considerou-se um "continuador da obra do pai" na causa da abolição) e a "identificação humana e perene com os escravos" guardadas da infância no engenho *Massangana*. Na rememoração desse último período, alterou imagens conferidas tanto para a "casta de senhores" quanto para a escravidão no texto de *O Abolicionismo* e nos discursos da campanha eleitoral de 1884, retomando duas formas de cativeiro: uma, a do "jugo cruel", fixada no semblante do escravo maltratado pelo senhor;[51] e observada "nas novas e ricas fazendas do sul onde o escravo, desconhecido do proprietário, era somente um instrumento de colheita"; e outra, a do "jugo suave, orgulho exterior do senhor, mas também orgulho íntimo do escravo", flagrada por ele no engenho *Massangana*, propriedade de sua madrinha D. Rosa Falcão de Carvalho e nas propriedades do norte, "pobres explorações industriais, onde os escravos existiam apenas para a conservação do estado de senhor, e administradas durante gerações seguidas com o mesmo espírito de humanidade por uma aristocracia de maneiras", dotada de "um pudor, um resguardo em questão de lucro próprio das classes que não traficam". Ali se poderia observar "uma longa hereditariedade de relações fixas entre o senhor e os escravos" tornando-os "uma espécie de tribo patriarcal isolada do mundo":

> Nessa escravidão da infância não posso pensar sem um pesar involuntário...Tal qual o pressenti em torno de mim, ela conserva-se em minha recordação como um jugo suave, orgulho exterior do senhor, mas também íntimo do escravo, alguma coisa parecida com a dedicação do animal que nunca se altera porque o fermento da desigualdade não pode penetrar nele. Também eu receio que essa espécie particular de escravidão tenha existido somente em propriedades muito antigas, administradas durante gerações seguidas com o mesmo espírito de humanidade, e onde uma longa hereditariedade de relações fixas entre o senhor e os escravos tivessem feito de um e outros

---

50   Ibidem, p. 212-213.

51   Ibidem, p. 184.

uma espécie de tribo patriarcal isolada do mundo. Tal aproximação entre situações tão desiguais perante a lei seria impossível nas novas e ricas fazendas do sul onde o escravo, desconhecido do proprietário, era somente um instrumento de colheita. Os engenhos do norte eram pela maior parte pobres explorações industriais, existiam apenas para a conservação do estado de senhor, cuja importância se avaliava pelo número de seus escravos. Assim, também se encontrava ali, com uma aristocracia de maneiras que o tempo apagou, um pudor, um resguardo em questão de lucro próprio das classes que não traficam.[52]

A dupla imagem do cativeiro lembrada nesse capítulo de *Minha Formação* seria providencial na homenagem e reconciliação do abolicionista com seus antepassados aqui tornados "uma aristocracia de maneiras". E, cumprida a homenagem, também o libertava para uma aproximação com a república aristocrática dos progressistas fazendeiros de café e dos senhores das usinas que trocaram a escravidão pelos capitais provindos da tradicional Inglaterra e da jovem república norte-americana, a qual ofereceu a Nabuco um cargo diplomático no governo Campos Sales[53]. Para a aceitação do cargo, uma discreta adesão à república, também contribuíram a ideia de que a essência do liberalismo não prendia necessariamente seus adeptos ao regime monárquico mas, ao "espírito do tempo" e ao dever de zelar pela pátria.[54] Assim, Nabuco respondia, à altura da "Política com P", aos correligionários de véspera, com quem rompera por discordar da adesão aos inciviliza-

---

52   Ibidem, p. 186.

53   Nabuco partilhava muitas concepções com os republicanos paulistas mais aristocráticos, a exemplo dos Prados e sua "entourage". Sobre os projetos civilizadores dos republicanos paulistas: Bresciani, M. Stella. *Liberalismo e Controle Social*. Tese de Doutoramento. S. Paulo, FFCH-USP, 1976. (mimeo); "As voltas de um parafuso". *História; Cadernos de Pesquisa*. n. 2. S. Paulo: Brasiliense/AUPHIB, 1978, p. 7-20;Blanco, Silvana Mota. *República das Letras: discursos republicanos na província de S. Paulo.1870-1889*. (Dissertação de Mestrado) Campinas: Unicamp, 1995. Sobre os negócios que envolveram a elite paulista e os empresários ingleses ver: Graham, Richard. *Grã-Bretanha e o início da modernização no Brasil. 1850-1914*. Trad. Roberto M. de Almeida. S. Paulo: Brasiliense, 1973, cap. 2: Café e ferrovias. p. 59-78. SAES, Flávio A. M.. "Estradas de ferro e diversificação da atividade econômica na expansão cafeeira em S. Paulo, 1870-1900" in: Smerecsányi, T. e Lapa, J.R. do A. *História Econômica da Independência e do Império*. S. Paulo: HUCITEC/FAPESP, 1996, p. 177-196.

54   "...Por outro lado, durante os anos que trabalhei na Vida de meu pai a minha atitude foi insensivelmente sendo afetada pelo espírito das antigas gerações que criaram e fundaram o regime liberal que a nossa deixou destruir...O que eu respirava naquela vasta documentação não era um espírito monárquico inconcebível, bastando como uma religião...A monarquia para aquelas épocas de arquitetos, pedreiros e escultores políticos incomparáveis, era uma bela e pura forma, mas que não podia existir por si só; o interesse, o amor, o zelo, o fervor patriótico deles dirigia-se à substância nacional, o país; sua vassalagem ao princípio monárquico era apenas um preito rendido à primeira das conveniências sociais...Para tais homens, verdadeiramente fundadores, um terremoto poderia subverter as instituições, mas o Brasil existiria sempre, e à sua voz seria forçoso acudir...Eles não estabeleceram nunca o dilema entre a monarquia e a pátria, porque a pátria não podia ter rival." NABUCO, J. *Minha Formação*, p. 256-257.

168   Francisco Murari Pires (org.)

dos métodos jacobinos na restauração da monarquia[55]. Nessa medida, a dupla imagem da escravidão presente em *Um Estadista* e, especialmente em *Minha Formação*, parece ter sido, a um só tempo, homenagem respeitosa e artística à monarquia e aos monarquistas do passado e adesão ao progresso republicano aristocrático e às novas questões políticas por ele desdobradas, dentre elas o pan-americanismo. Nessa solução conciliadora, o liberalismo universalista e pragmático de Nabuco imperou soberanamente sobre a nostalgia monárquica e arquivou conjuntamente tanto as imagens da escravidão dos antigos quanto as dos modernos.

---

55   Em 1899, os monarquistas se decidiram pela política do "quanto pior melhor", ou seja, pela conspiração e revolução contra o governo Campos Sales. Preservando sua independência, Nabuco recusou a estratégia (por considerá-la contrária à sua concepção da política e do liberalismo), rompeu com o partido monarquista e aceitou representar o Brasil na questão da Guiana Inglesa. Seu apoio ao governo provocou veementes protestos dos ex-aliados; rompimentos definitivos (por exemplo, com João Alfredo) e grande repercussão na imprensa. Explicando-se com Eduardo Prado, um amigo antigo, comentou: "desde a tal fundação da liberdade aqui separei-me, isolei-me. Hoje estou me retirando mesmo desta posição, porque minha consciência me impede o uso de explosivos, mesmo sob a forma de ideias, mesmo por simples processos de insinuação, e eu não encaro mais indiferentemente hipóteses de guerra civil, revolução, golpes de Estado, etc." Carta de Joaquim Nabuco a Eduardo Prado. R. de Janeiro, 3.1.1899. Coleção particular de Olynto Moura. *apud* Janotti, M. de Lourdes M. *op.cit.*, p. 171-172.

Antigos, modernos e "selvagens" na obra de Francisco Adolfo de Varnhagen

Comparação e paralelo na escrita da história brasileira oitocentista

Temístocles Cézar (UFRGS)

"Notre monde vient d'en trouver un autre. (...) C'était un monde enfant."
Montaigne, *Essais*, «Des coches», 1588

I.

Em seu tratado sobre *Les figures du discours*, publicado entre 1821 e 1830, Pierre Fontanier assim definia a *comparação*: uma das sete figuras de estilo por aproximação, a *comparação* consiste em um recurso linguístico capaz de aproximar um objeto a um objeto estranho ou a ele mesmo, para assim esclarecê-lo, reforçá-lo, através de relações de semelhança ou de diferença. Quando as relações são de semelhança a comparação se chama *similitude*; e *dissimilitude* quando as relações são de diferença. A mais comum é a primeira, comparar por similitudes. A comparação se faz tanto entre homens e animais, ou de animais aos homens, tanto de um objeto moral a um físico, ou vice-versa, tanto de objetos de arte à natureza, tanto entre pequenos e grandes. Assim, de acordo com a natureza do objeto, a comparação pode ser *moral, animal, física, histórica, mitológica* etc. Finalmente, ela deve reunir as seguintes condições: 1. ela deve ser *justa* e *verdadeira* em seus fundamentos; 2. que o objeto de onde ela é retirada seja mais

170 Francisco Murari Pires (org.)

conhecido do que aquele que ela quer tornar mais conhecido; 3. que ela apresente à imaginação algo novo e interessante.[1]

Em relação à noção de *paralelo*, Fontanier é mais econômico. Figura do pensamento *por desenvolvimento* o *paralelo* consiste em duas descrições, consecutivas ou compósitas, pelas quais se pode aproximar um objeto do outro, a partir de suas relações físicas ou morais, que se quer mostrar a semelhança ou a diferença.[2]

Em termos heurísticos o *paralelo* é uma forma particular da comparação, e ambas categorias constituíram-se em instrumentos fundamentais à querela entre os antigos e modernos e a inserção reflexiva do *selvagem*.

II.

Podemos afirmar com certa segurança, que desde sempre houve antigos, mas nem sempre houve modernos. É preciso que os primeiros existam para que os segundos adquiram fisionomia própria. É necessário que o tempo intervenha e marque a diferença entre o ontem e o hoje; é ele, ou através dele, que se decide o que é moderno e o que é antigo.[3] O par, no entanto, nem sempre constituiu uma antinomia: na Idade Média, o antigo podia ser equivalente à tradicional, significando simplesmente que pertencia ao passado ou à Antiguidade; e o moderno podia significar tão somente o "recente" ou o "novo".[4]

Assim, nas sociedades ditas "tradicionais" às noções de antiguidade, antigo, velho, eram percebidas como expressões depositárias da memória coletiva, garantias de autoridade e de propriedade. Porém, na mesma medida em que havia respeito pela velhice, existia também o desrespeito ou a desconfiança pela decrepitude, o que faz justiça à etimologia que aproxima a palavra grega *géron* (velho) do termo *geras* (honra). Nesse sentido, Benveniste lembra que *géron* devia ser relacionado com o sânscrito *jarati* (*ser decrépito*): "É certo – escreve Benveniste (no volume II do *Le Vocabulaire des institutions indo-européennes* – que a velhice está rodeada de respeito; os velhos formam o conselho

---

1 Fontanier, Pierre. *Les figures du discours* (1830), Paris, Flammarion, 1977, pp. 377-379.

2 *Idem*, pp. 429-431.

3 Lenclud, Gerard. "Traversées dans le temps", *Annales HSS*, septembre-octobre 2006, 5, p. 1060; Armogathe, Jean-Robert. "Une ancienne querelle", *in* Lecoq, Anne-Marie.(édition établie par) *La querelle des Anciens et des Modernes*, Paris, Gallimard, 2001, p. 801.

4 Le Goff, Jacques. "Antique (ancien)/ moderne", *Histoire et mémoire*, Paris, Gallimard, 1988, pp. 59-60.

dos antigos, o Senado, mas nunca lhe são prestadas honras reais, nunca um velho recebe um privilégio real, um *géras* no sentido rigoroso do termo".[5]

Na Grécia antiga, lemos em Hesíodo, as Idades do Ouro e da Prata são idades de vitalidade, as Idades do Bronze e dos Heróis são idades que ignoram a juventude e a maturidade, enquanto a Idade do Ferro é a da velhice. Nas metáforas das idades da vida, o "antigo" participa da ambiguidade de um conceito que oscila entre a sabedoria e a senilidade.[6]

Quanto à palavra "moderno", observa-se um uso mais constante a partir da queda do Império Romano no século V. Derivada do advérbio *modo, recentemente* – como *hodiernus, hoje*, derivava de *hodie* – o adjetivo *modernus, recente*, desliza em direção ao sentido de *agora, atual*, de *presente*.[7] A aparição da noção de *modernus* permite que se desenvolva o paralelo com o antigo, bem como as querelas que se sucedem em seus nomes. Segundo François Hartog, estes primeiros modernos são "gentes do momento", que se contentam simplesmente em estabelecer uma fronteira (móvel) com os antigos: aquela do atual. Já os modernos subsequentes serão habitados pela ideia de futuro.

Diferentemente do par grego/bárbaro, ou do par cristão/pagão, analisados por Koselleck, o par antigo/moderno – ainda de acordo com Hartog – não é suscetível a uma definição territorial (salvo nos espaços acadêmicos). Nele tudo depende da temporalidade: "ele traduz, para uma cultura, uma das formas de sua relação com o tempo, uma maneira de redistribuir o passado, próximo ou distante, de lhe dar lugar sem abandoná-lo totalmente".[8]

As diferentes querelas entre os partidários dos antigos e dos modernos (mais ou menos iniciada com Petrarca no século XIV e que se estende até o século XVIII, passando por nomes ilustres como Montaigne, Malebranche, La Bruyère, Perrault, Swift, Fénelon, Vico, Madame Dacier, chegando a Voltaire e a Winckelmann) onde os primeiros não viam senão a decadência nos segundos, enquanto esses ou proclamam a igualdade das duas épocas ou fazem os modernos beneficiarem-se da acumulação de conhecimento

---

5   Benveniste, Émile. *Le Vocabulaire des institutions indo-européennes*, II, Pouvoir, droit, religion. Paris, Ed. Minuit, 1969, pp. 48-49.

6   Hésiode, *Les travaux et les jours*, Paris, Arléa, 1995, pp. 91-95.

7   Curtius, Ernest Robert. *La littérature européenne et le Moyen Âge latin*, Paris, PUF, 1956, p. 399, *apud* Hartog, François. *Anciens, modernes, sauvages*, Paris, Galaade, 2005, p. 27.

8   Hartog, François. *op. cit.*, pp. 27-28. Koselleck, Reinhart. "La sémantique historico-politique des concepts antonymes asymétriques", *Le futur passé. Contribution à la sémantique des temps historiques*, Paris, Ed.EHESS, 1990, pp. 197-216.

172   Francisco Murari Pires (org.)

ou experiência, ou invocam a ideia de um progresso qualitativo, são assim também manifestações e interrogações sobre a escrita da história e as experiências temporais, cujos embates, quiproquós, recusam, negam ou instauram ordens do e no tempo.[9]

III.

"Notre monde vient d'en trouver un autre". Assim Montaigne reconhece, quase um século depois, o Novo Mundo.[10] Logo, um terceiro havia instalado-se entre os antigos e os modernos: o "selvagem". Para os partidários dos antigos, essa presença não era necessariamente incômoda, pois teriam sido os antigos os primeiros a descrever ou a pensar a selvageria. Com que olho ver os selvagens do Novo Mundo, senão, inicialmente, com o olhar antigo, reconhecendo-os nessa visão, através da mobilização do saber acumulado sobre os bárbaros e não-gregos de Heródoto a Plínio, o Antigo? Esta operação intelectual, "atenta às semelhanças e diferenças, e mais ainda às idades, acabaria por posicionar uns e outros em uma escala do tempo" determinada, aquela da evolução.[11] À questão, no entanto, mais precisa, se os antigos conheceriam a América corresponde uma nova controvérsia entre geógrafos, cosmógrafos, filólogos, eruditos e homens de letras em geral que atravessa os séculos XVI e XVII.[12]

O recurso aos antigos, independentemente das celeumas que possam causar, possibilita a inserção dos nativos do Novo Mundo em uma rede de referências conhecidas dos europeus que racionalizam o encantamento inicial, essa experiência com o maravilhoso,

---

9   Como bem demonstrou recentemente Yilmaz, Levent. *Le temps moderne. Variations sur les Anciens et les contemporains*, Paris, Gallimard, 2004. Sobre a querela fundamentei-me, entre as inúmeras referências sobre o tema, em: Hazard, Paul. *La crise de la conscience européenne*, Paris (1680-1715), Fayard, 1961, pp. 37-56; Fumaroli, Marc. "Les abeilles et les araigées" (pp. 7-218), e Armogathe, Jean-Robert. "Une ancienne querelle" (801-849), *in* Lecoq, Anne-Marie. *op. cit.*; ver também Kriegel, Blandine. "La querelle des Anciens et des Modernes et l'histoire philosophique», *L'histoire à l'Age classique*. II. *La défaite de l'érudition*, Paris, PUF, 1996, pp. 269-280; Dejean, Joan. *Ancients against Moderns: Culture Wars and the Making of a Fin de Siècle*, Chicago, The University of Chicago Press, 1997.

10   Montaigne, Michel. *Essais, Des Coches*, livre 3, chapitre 6, 1588.

11   Hartog, François. *op. cit.*, 2005, pp. 34-35.

12   Aujac, Germaine. "Les Anciens connaissaient-ils l'Amérique? Une question controversée aux XVIe et XVIIe siècles", *Anabases. Traditions et réception de l'Antiquité*, n° 1, 2005, pp. 163-191. Agradeço ao professor Pascal Payen a gentileza de enviar-me os dois primeiros volumes da revista *Anabases*.

Antigos e modernos 173

segundo Stephen Greenblat, provocado pela "descoberta", e que, de uma certa forma, contribui para "domesticar" os selvagens.[13]

Caracterizado por semelhanças ou afastamentos, o paralelo entre antigos e selvagens adquire a condição de instrumento heurístico, sobretudo para os modernos, cujo efeito é a ideia nova e importante que existe uma analogia entre o afastamento no espaço e no tempo: "pois, 'ver' os selvagens, descrevê-los mobilizando referências antigas, conduz, mesmo que imperceptivelmente, a colocar os antigos à distância. Uma distância que pode ser apreciada quase fisicamente, e que abre caminho para a diferença moderna dos tempos: entre os antigos e nós, há, agora, um oceano!"[14]

A entrada em cena dos selvagens não foi, portanto, totalmente desestabilizadora da relação entre antigos e os modernos. A integração do selvagem à disputa, passa, em resumo, pela querela, fundamentada na *Política* de Aristóteles, em torno da questão da escravidão por natureza àquela da natureza infantil dos índios, o que poderia lhes garantir um lugar na humanidade.[15] Enquanto Lafitau, Rousseau e Chateaubriand, de maneiras diferentes, refletem sobre essas condições desde as origens (a religião primordial, por exemplo) às possibilidades de assimilação ou de retorno à vida selvagem, Voltaire, na trilha de Descartes, afasta a possibilidade de o homem moderno não viver em um tipo de sociedade que não fosse regida pela razão, momento em que a selvageria passa, novamente, a opor-se à civilização.[16]

---

13   Greenblatt, Stephen. *Marvelous possessions. The wonder of the New World*, Oxford, Oxford University Press, 1991. O livro de André Thevet, *Les Singularités de la France Antarctique* de 1557, obra que foi redigida em companhia do helenista Mathurin Héret, é um exemplo notável do uso da comparação dos antigos e selvagens visando à incorporação desses no mundo daqueles. Procurei tratar do assunto em Cezar, Temístocles. "Thevet e Léry: visão, crença e história no Brasil do século XVI. Ensaio sobre historiografia e relatos de viagem", *Ciências & Letras*, Fapa, Porto Alegre, 37, jan./jun, 2005, pp. 27-43.

14   Hartog, François. *op. cit.*, 2005, p. 38.

15   Sobre estes debates ver Pagden, Anthony. *The fall of natural man*, Cambridge, Cambridge University Press, 1982, pp. 27-108.

16   Lafitau, Jean-François. *Moeurs des sauvages américains, comparées aux premiers temps* (1724), Paris, La Découverte, 1994; Rousseau, Jean-Jacques. *Discurso sobre a origem e os fundamentos da desigualdade entre os homens* (1754), São Paulo, Nova Cultural, 1987; Chateaubriand, François-René de. *Essai historique, politique et moral sur les révolutions anciennes et modernes considérées dans leurs rapports avec la révolution française* (1826), Paris, Gallimard, 1978; Descartes, René. *Discours de la méthode* (1637), Paris, Flammarion, 1966, pp. 36-37; Voltaire. *Essai sur les moeurs et l'esprit des nations* (1755), Paris, Garnier, 1963, t. 1, pp. 23-25.

174   Francisco Murari Pires (org.)

IV.

No Brasil não houve querela entre antigos e modernos. Pelo menos não nos termos esboçados nesta rápida recapitulação. Mas estamos implicados seriamente na introdução do elemento que define a assimetria do par. Nossos *selvagens*, nossos *índios*, reanimam a triangulação no século XIX, e participam da produção de um discurso destinado a convencer, a persuadir, os brasileiros que partilhavam de um passado em comum, bem como de um presente com a mesma identidade. Uma *retórica da nacionalidade* parece ser uma expressão cômoda para definir esse discurso, cuja característica é a dispersão de seus elementos constituintes.[17] A história e a geografia, que passavam por profundas e importantes alterações epistemológicas, na maior parte das vezes, tentativas de discipliná-las nos limites do que deveria ser a ciência no século XIX, em companhia da literatura, e um pouco mais tarde da etnografia, buscavam não apenas singularizar essa *retórica da nacionalidade*, ou seja, conter e resistir à dispersão do discurso, mas também procuravam constituir-se como campos de saber que explicassem a existência de uma nação ao longo do tempo formada por *brasileiros*.[18]

A definição da origem nacional, ou seja, quem somos e de onde viemos, era para a escrita da história brasileira oitocentista, simultaneamente, um problema teórico e uma aporia. Um problema teórico porque era preciso resolver as duas questões ao mesmo tempo; uma aporia porque uma e outra deslizavam constantemente para o início da cadeia cognitiva que deveria estabelecer as condições e os limites do debate. Assim, enquanto a primeira questão, "quem somos?", é vazada por polêmicas filosóficas, literárias ou pretensamente científicas, que inviabilizam a efetivação de uma proposição definitiva (ou uma "aquisição para sempre", de acordo com a máxima de Tucídides, modelo de historiador da maior parte desses artesãos da nacionalidade, e mesmo do imperador); a segunda, "de onde viemos", implicava em procedimentos que justificassem as especulações e mostrasse os caminhos "verdadeiros" da formação do *ser brasileiro*.

Em meados do século XIX, parecia difícil aos homens de letras negar a natureza compósita do que viam: uma sociedade efeito da presença e cruzamento do europeu, do africano e do indígena. Entretanto, antes de se narrar a história desse processo de mestiçagem que se impõe à revelia das vontades de uns e outros, e independentemente dos argumentos que conduzem a suposta preponderância do branco sobre os demais, à certeza de que os

---

17   Foucault, Michel. *A arqueologia do saber*, Rio de Janeiro, Forense-Universitária, 1987, p. 43.

18   Procurei analisar alguns dos elementos constitutivos desta *retórica da nacionalidade* em Cezar, Temístocles. *L'écriture de l'histoire au Brésil au XIXe siècle. Essai sur une rhétorique de la nationalité. Le cas Varnhagen*, Paris, EHESS/Paris, Tese de Doutorado, 2 tomos, 2002, 636 p.

Antigos e modernos   175

portugueses vieram da Europa e os negros da África, correspondia uma dúvida: e os índios? Eram autóctones ou imigrantes, ou ainda "invasores"? Eram antigos ou modernos?

Neste sentido, a *Dissertação* de Karl von Martius, sobre como deveria ser escrita a história do Brasil é um texto decisivo.[19] O plano previa a pesquisa de quatro grandes temas: 1. Ideias gerais sobre a história do Brasil; 2. Os índios e sua história como parte da história do Brasil; 3. Os portugueses e a sua parte na história do Brasil; 4. A raça africana em suas relações para com a história do Brasil. Esta ordem de exposição é por si só reveladora. Ela sinaliza um tempo: os índios teriam chegado antes dos portugueses.[20] A proposta de Martius não refletia, entretanto, um consenso intelectual em torno da questão. Excetuando-se, talvez, o *Résumé de l'histoire du Brésil*, publicado em 1825, por Ferdinand Denis, que consagra o primeiro capítulo "à nações selvagens encontradas no Brasil quando da conquista",[21] as demais histórias e tratados sobre o Brasil começavam com outra organização temática. Por exemplo, na *História do Brasil* (1500-1627) do frei Vicente do Salvador, de 1627, a história indígena aparece no capítulo 12 do primeiro volume.[22] A *História da América Portuguesa* de Sebastião da Rocha Pita, publicada em Lisboa no ano de 1730, seguia um modelo semelhante: inicialmente uma notícia sobre o "estado em que se achava o Império Lusitano", em seguida o "descobrimento do Brasil". Os "gentios" figuram no primeiro volume, mas somente após algumas observações geográficas, cartográficas e zoológicas.[23] Robert Southey, no volume inicial da sua *History of Brazil* (1810), embora forneça informações sobre os índios desde o primeiro capítulo, começa sua narração com a viagem de Vicente Pinzon e de Pedro Alvarez Cabral.[24]

---

19   Martius, K. F. Ph. von. "Como se deve escrever a historia do Brasil", *Revista do IHGB*, 1844, pp. 389-411 (tradução do Barão de Capanema), reproduzido na *Revista do IHGB*, 1953, pp. 187-205.

20   Cezar, Temístocles. "Como deveria ser escrita a história do Brasil no século XIX. Ensaio de história intelectual", *in* Pesavento, S. J. (org.) *História cultural. Experiências de pesquisa*, Porto Alegre, Editora da Universidade (UFRGS), 2003, p. 182. Ver também Guimarães, Manoel Salgado. "História e natureza em von Martius: esquadrinhando o Brasil para construir a nação", *História, Ciências, Saúde*, vol. VII (2), 2000, pp. 391-413.

21   Denis, Ferdinand. *Résumé de l'histoire du Brésil, suivi du résumé de l'histoire de la Guyane*, Paris, Lecointe & Durey, 1825.

22   Salvador, Frei Vicente do. *História do Brasil*, Belo Horizonte/São Paulo, Itatiaia /Edusp, 1982. Esta obra somente foi publicada integralmente em 1888 nos *Anais* da Biblioteca Nacional do Rio de Janeiro, vol. 13. A segunda edição foi organizada por Capistrano de Abreu em 1918.

23   Pita, Sebastião da Rocha. *História da América Portuguesa* (1730), Belo Horizonte/São Paulo, Itatiaia /Edusp, 1976, pp. 19-44.

24   Southey, R. *History of Brazil*, London, Longman, vol. I (1810). No primeiro capítulo o inglês descreve "the appearance of the natives" (pp. 12-14), e o "cannibalisme of the natives" (pp. 15-18).

176 Francisco Murari Pires (org.)

No entanto, o exemplo mais importante não vem do período anterior a Martius, mas da *Historia geral do Brazil* de Francisco Adolfo de Varnhagen, de 1854, que se inicia com "a origem do descobrimento da América central", aparecendo os índios apenas no oitavo capítulo.[25] Na segunda edição da obra, de 1877, provavelmente em função da polêmica com o geógrafo francês D'Avezac, que o severamente criticara por essa opção, Varnhagen alterou a ordem dos capítulos.[26] Assim, os capítulos VII, dedicado à "Descripção do Brazil", e o VIII, "Dos indios do Brazil em geral" da primeira edição tornam-se, na publicação de 1877, respectivamente os capítulos I e II. Varnhagen, entretanto, defende-se mostrando que havia prevenido seus leitores ainda na primeira edição da *Historia geral*, em uma nota ao final do tomo I, indicando que os capítulos compreendidos entre o VII e o X poderiam ser deslocados para o início sem alterar a harmonia da obra. A disposição original teria sido estabelecida pois lhe havia parecido o caminho mais correto para integrar o Brasil à história da humanidade.[27]

Para Varnhagen, entretanto, em 1877, os índios poderiam ser os figurantes iniciais de sua história sem nenhum problema, mesmo sabendo-se que a lógica da concessão não é um traço marcante da sua personalidade. É que, desde 1876, o historiador, então Visconde de Porto Seguro, acreditava ter finalmente resolvido o problema da origem dos índios brasileiros. Não se tratava mais nem de um problema teórico, muito menos de uma aporia. Varnhagen, tranquilo em sua consolidada postura anti-romântica e anti-indianista, havia, pelo menos para si mesmo, provado, com auxílio da história, da etnografia e da filologia comparada, a verdadeira origem de nossos "selvagens": ela estava lá, em algum lugar remoto do mundo antigo, possivelmente em companhia dos egípcios...

V.

A origem dos índios brasileiros é uma questão que acompanhou Varnhagen desde o começo de sua carreira. No início de 1840, de Portugal, ao tomar conhecimento que o poder legislativo estava discutindo uma lei que permitiria a repatriação de brasileiros que viviam no exterior, Varnhagen arruma as malas, e parte para o Brasil. Enquanto aguardava a votação da lei, o historiador aproveitou "o tempo para uma viagem ao interior

---

25   Varnhagen, F. A. *Historia Geral do Brazil*. Madrid, Imprensa da V. de Dominguez, 1854.

26   D'Avezac, Armand. "Sur l'histoire du Brésil. Examen critique d'une nouvelle Histoire Générale du Brésil", *Bulletin de la Société de Géographie*, Paris, Chez Arthus-Bertrand, agosto e setembro, 1857, pp. 97-98.

27   Ver Varnhagen, Francisco Adolfo de. *Historia geral do Brazil*, op. cit., 1854, nota no fim, n° 44, p. 446, e Varnhagen, Francisco Adolfo de. *Examen de quelques points de l'histoire géographique du Brésil, ou Analyse critique du rapport de M. D'Avezac sur la récente Histoire Générale du Brésil*, Paris, Imprimerie de L. Martinet, 1858, pp. 62-64.

Antigos e modernos 177

do Imperio, a qual não só me prestou muitos conhecimentos naturaes, como de novo me arraigou sentimentos de patriotismo ao ver os meus lares e amigos de infancia".[28] Nessa viagem, teve uma experiência que marcou decisivamente sua vida: o contato com os "selvagens". Ele tivera, até aquele momento, uma certa simpatia pelos índios provocada, sobretudo, pela carta de Caminha, essa "narração ingenua e circunstanciada, feita a elrei", por uma "testemunha ocular", diz ele na sua *Chronica do descubrimento do Brazil.*[29] Porém, confessa Varnhagen, "a minha conversão, o meu horror pela selvageria nasceu em mim em meio dos nossos sertões, e em presença, digamos assim, dessa mesma selvageria". Na companhia de tropeiros, ele teria sido ameaçado por índios "nada menos que na estrada real", explica na polêmica que teve com João Francisco Lisboa. O episódio foi tão impressionante para o historiador que

> as illusões com que havia embalado o espirito no seio das grandes cidades se dissiparam n'um só dia; à maneira do que se passou com alguns politicos franceses ultra-philantropicos por theoria, durante toda a sua vida, e que tiveram que converter-se a idéas mais positivas e reaes, em presença dos horrores de Robespierre e de Marat, e em nossos dias das proprias scenas de 1848.[30]

---

28 Carta a Joaquim Heliodoro da Cunha Rivara, datada de Lisboa em 2 de junho de 1843, Varnhagen, Francisco Adolfo de. *Correspondência ativa*, coligida e anotada por Clado Ribeiro Lessa, Rio de Janeiro, Instituto Nacional do Livro/Ministério da Educação e Cultura, 1961, pp. 100-101.

29 A "Chronica do descubrimento do Brazil" é um texto de ficção de Varnhagen, cuja base é a Carta de Caminha: "Deste documento, j'a impresso, conserva-se o veneravel original na Torre do Tombo. É o primeiro escripto de penna portugueza no Novo-Mundo, e nesta historia o seguimos por vezes textualmente", "Chronica do descubrimento do Brazil", *O Panorama: jornal litterario e instructivo da Sociedade propagadora dos conhecimentos uteis*, vol. 4, jan-dez, 1840, p. 21. Para uma análise da importância dessa ficção varnhageniana, ver os comentários, sempre perspicazes, de Flora Sussekind que situa o texto em uma perspectiva mais ampla: aquela da construção da figura do narrador de ficção na produção literária brasileira dos anos 30 e 40 do século XIX, Sussekind, Flora. *O Brasil não é longe daqui: o narrador, a viagem*, São Paulo, Companhia das Letras, 1990, pp. 19-20, 33-34, 179, 184-186. Sobre *O Panorama* e a obra de Varnhagen, ver Moreira, Thiers Martins. "Varnhagen e a história da literatura portuguesa e brasileira", *Revista do IHGB*, 275, 1967, pp. 155-169 (sobretudo pp. 157-158).

30 Varnhagen, Francisco Adolfo de. *Os Indios bravos e o Sr. Lisboa, Timon 3°*. Pelo autor da "Historia geral do Brazil". Apostilla e nota G aos numeros 11 e 12 do "Jornal de Timon", Lima, Imprensa Liberal, 1867, pp. 36-38. A crítica de J. F. Lisboa encontra-se em: Lisboa, João Francisco. "Sobre a escravidão e a *Historia geral do Brazil*", *Obras de João Francisco Lisboa*, v. 3, 1866, nota C, pp. 468-515. Para dados sobre a polêmica ver: Magalhães, Basílio. "Varnhagen", *Revista da Academia Brasileira de Letras*, anno XIX, vol. XXVIII, setembro, 1928, n° 81, pp. 92-136 (sobretudo pp. 123-129). Ver também a apreciação de Schwartz, Stuart B. "Francisco Adolfo de Varnhagen: diplomat, patriot, historian", *The Hispanic American Historical Review*, may, 1967, vol. XLVII, n° 2, pp. 185-202 (sobretudo pp.

178   Francisco Murari Pires (org.)

Descartando Rousseau, Varnhagen torna-se em seguida um duro crítico do romantismo indianista, ou do "perigoso brasileirismo caboclo", que ele dizia não adular "servilmente, como outros".[31]

Logo, desde os anos de 1840, Varnhagen começa uma verdadeira operação de desmonte dos argumentos indianistas: sobretudo de que os indígenas teriam direito de posse ao território americano por serem nativos à época da chegada do europeu. Para tanto, era necessário estudá-los, conhecê-los, saber quem eram e como chegaram aqui. Assim, nesse período, aparece na *Revista do IHGB*, o artigo "Memoria sobre a necessidade do estudo e ensino das línguas indígenas do Brasil", em que sugere que o governo dissemine por todo o país escolas das diversas línguas indígenas, além de propor ao IHGB a criação de uma seção de Etnografia indígena.[32] A partir da classificação das línguas poder-se-ia "deduzir a história das invasões e transmigrações dos povos aborígenes".[33] Em 1849, em uma carta publicada na *Revista do IHGB*, Varnhagen procura mostrar que as migrações dos índios tinham por coordenada de origem o Norte e não o Sul, como propunha Martius.[34] Em 1854, no primeiro volume da *História geral*, ele estabelece a seguinte comparação: "os tupis são os Jasões de nossa mitologia, são os fenícios de nossa história antiga, são os nossos invasores normandos dos tempos bárbaros".[35] Ou seja, eles participam de uma ordenação temporal análoga à evolução ocidental. Mas participariam da história? No segundo tomo da *Historia geral*, publicada em 1857, à guisa de introdução ao volume aparece "Os indios perante à nacionalidade brazileira", texto de contestação à concepção indianista, sobretudo à de Gonçalves de Magalhães, onde o historiador afirma categoricamente que "os Tupis nada mais eram do que os ultimos invasores do territorio, hoje brazileiro", fato evidenciado, segundo ele, pelas "mais antigas tradições que recolhemos".[36]

198-199); ver ainda Wehling, Arno. *Estado, história e memória: Varnhagen e a construção da identidade nacional*, Rio de Janeiro, Nova Fronteira, 1999, pp. 164-165.

31   Carta de Varnhagen a D. Pedro II, datada de Madri em 24 de setembro de 1856, *Correspondência ativa, op. cit.*, p. 235.

32   Sobre a questão ver Kodama, Kaori. *Os filhos das brenhas e o Império do Brasil: a etnografia no IHGB (1840-1860)*, PUC-RJ, Tese de Doutorado, 2005, pp. 74-81.

33   Varnhagen, Francisco Adolfo de. "Memoria sobre a necessidade do estudo e ensino das línguas indígenas do Brasil", *Revista do IHGB*, III, 1841, pp. 53-63.

34   Varnhagen, Francisco Adolfo de. "Ethnografia indigena, linguas, emigrações e archeologia – Padrões de marmore dos primeiros descobridores", *Revista do IHGB*, 1849, pp. 366-376.

35   *Historia geral do Brazil*, I, p. 96.

36   *Historia geral do Brazil*, II, 1857, p. XVI. A réplica de Gonçalves de Magalhães aparece em 1860: Magalhães, J. Gonçalves de. "Os indigenas do Brasil perante a historia", *Revista do IHGB*, 23, 1860, pp. 3-66. Sobre a questão ver:

Antigos e modernos   179

O problema de Varnhagen era como demonstrar o paralelo histórico com o mundo antigo, sem recorrer à história, mas à filologia e à etnografia, essa última, a ciência correta, de acordo com sua concepção teórica, para estudar os "selvagens", povos, segundo ele, "na infância", para os quais não havia história: "só ethnographia". "A infancia da humanidade na ordem moral – continua Varnhagen –, como a do individuo na ordem physica, é sempre acompanhada de pequenez e miserias. – E sirva esta prevenção para qualquer leitor estrangeiro que por si, ou pela infancia de sua nação, pense de ensoberbar-se, ao ler as poucas lisongeiras paginas que vão seguir".[37]

Situar a história e a etnografia como campos de saber distintos, por seus objetos, métodos e dimensão moral, é um primeiro movimento rumo à exclusão intelectual do selvagem do espaço atual e de sua inclusão em uma outra ordem do tempo, onde ele seria hipoteticamente compreensível, apreensível, dominável.

VI.

A resposta aparece no enigmático *L'Origine Touranienne des Américains Tupis-Caribes et des Anciens Egyptiens. Indiquée principalement par la philologie comparée: traces d'une ancienne migration en Amérique, invasion du Brésil par les Tupis, etc.*, publicado em Viena em 1876, portanto, dois anos antes de sua morte.[38]

Há duas edições diferentes da obra, inclusive com modificações no título, publicadas no mesmo ano. Uma delas, provavelmente, a primeira tiragem, está plena de erros de linguagem e sem conclusão.[39] Meu exemplar é uma reprodução dessa primeira tiragem, mas a revisei de acordo com segunda, o que me possibilitou verificar a pressa do autor em levar a público seu trabalho, pois apesar da revisão da introdução, de seus oito capítulos, e de ter acrescentado uma conclusão, continua escrita em um francês ainda passível de

---

Puntoni, Pedro. "A Confederação dos Tamoyos de Gonçalves de Magalhães. A poética da história e a historiografia do Império", *Novos Estudos Cebrap*, n° 45, julho de 1996, pp. 119-130.

37 *Historia geral do Brazil*, I, pp. 107-108. Contudo, como explica James Clifford, "ao fim do século XIX, nada garantia, *a priori*, o *status* do etnógrafo como o melhor intérprete da vida nativa", Clifford, James. "Sobre a autoridade etnográfica", *A experiência etnográfica: antropologia e literatura no século XX*, Rio de Janeiro, Editora da UFRJ, 2002, p. 22.

38 Vienne, Librairie I. et R. de Faesy & Frick, 1876.

39 Varnhagen em carta a D. Pedro II previne o monarca que esta enviando uma segunda versão da obra, pois a primeira estava comprometida e gostaria de evitar "discussões e prejudicar a doutrina". *Correspondência ativa, op. cit.*, pp. 441-442.

180   Francisco Murari Pires (org.)

muitos reparos.[40] Além disso, procurei verificar as fontes citadas por Varnhagen. Se para a etnografia indígena o Visconde de Porto Seguro se serve dos relatos de Jean de Léry, Gabriel Soares de Sousa, Hans Staden, d'Abbeville, d'Evreux etc., o "método" filológico provém, como não poderia deixar de ser da tradição de Humboldt. A bibliografia, contudo, não se restringe à alemã, mas também a fontes em inglês, francês e latim, cuja procedência tive a oportunidade de confirmar.[41]

Varnhagen estava então com 60 anos, e já tinha publicado praticamente toda a sua obra. De fato, a *Origem dos Tupis* insere-se assim em um quadro de pesquisas destinadas a provar argumentos esboçados ao longo de sua vida. Nesse sentido, *A questão da capital*, publicado em 1877, produto de sua viagem ao Brasil naquele ano, é uma resposta às indagações contidas no *Memorial Orgânico*, de 1849/1850, bem como na primeira edição da *Historia geral do Brazil*. É o caso ainda da sua *História da luta contra os holandeses*, igualmente dos anos 1870, e um aprofundamento do capítulo dedicado ao assunto no tomo I da *Historia geral*. Pode-se acrescentar também a *História da independência*, publicada postumamente, em 1916, porém provavelmente redigida nesse período, e que funciona como epílogo à grande história geral. Nesse contexto de publicações é preciso considerar a reedição realizada por Varnhagen de a *Arte de la lengua guarani, ó mas bien tupi*, do padre Montoya, em cuja introdução aponta mais uma vez o suposto equívoco de Martius sobre o sentido das migrações indígenas.[42] Ou seja, a origem dos Tupis não parece ser o produto de uma mente senil, mas a consequência de inquietações que acompanham, há muito tempo, sua trajetória como historiador.

Desde a primeira edição da *Historia* geral, Varnhagen via na língua a única fonte confiável para o estudo dos índios: "Essas gentes vagabundas, que guerreando sempre povoavam o terreno que hoje é do Brazil, eram segundo parece verdadeiras emanações de uma só raça ou grande nação; isto é, procediam de uma origem commum, e falavam todas dialectos da mesma lingua, que os primeiros colonos do Brazil chamaram *geral*, e era a mais espalhada das principaes da America Meridional", sendo a língua de fato a "unica fonte pura".[43] Tão pura, clara e distinta que através dela Varnhagen evita equívocos, muito comuns aos letrados, viajantes europeus e religiosos, que não percebiam que a

---

40 Agradeço ao professor Pedro Tórtima a gentileza de me ter passado uma cópia do seu exemplar.

41 Espero que esses elementos sirvam de base a um estudo introdutório à tradução da obra que estou realizando.

42 *Arte de la lengua guarani, ó mas bien tupi*, por el P. Antonio Ruiz de Montoya, Natural de Lima, missionario en la antigua reduccion de Loreto, junto al rio Paranapanema del Brasil, superior en otras y Rector del Colegio de Asunpcion, etc. Viena/Paris, 1876. Editor: Francisco Adolfo de Varnhagen.

43 *Historia geral do Brazil*, I, pp. 98-100.

Antigos e modernos   181

variedade linguística com as quais os selvagens brasileiros se autodesignavam nada mais eram do que "alcunhas":

> Alêm das alcunhas um nome geral havia com que cada gremio designava todos os outros que lhe eram absolutamente estranhos, – (...), – o de *Barbaro*, ou na lingua geral *Tapuy*. D'aqui a idéa dos primeiros colonos, transmitida pelos escriptores e ainda ultimamente por alguns acreditada, da existência de uma grande nação *Tapuya*; quando Tapuyas brancos chamavam os Indios aos Europeos que não eram seus aliados. Este uso barbaro nos dará direito a tratá-los tambem de Barbaros, não tanto por espirito de represalia; mas por variar o estilo, e muitas vezes para maior clareza, e para evitar o abuso, antes adoptado entre nós, de lhes chamarmos Indios *bravos* ou bravios. E com mais razão nos julgamos autorizados a seguir esta pratica, quando della nos dá exemplo o grande Antonio Vieira, patrono dos mesmos Indios. Alêm de quê: ninguem nos negará que temos mais direito para lhes chamar Barbaros, do que elles tinham para mimosearem com esse titulo, aos primeiros christãos emboabas e aos seus descendentes.[44]

Lá onde os incautos percebem a diversidade, Varnhagen, o atento e perspicaz Varnhagen, descortina, por detrás das nomenclaturas selvagens, uma unidade, uma mesma origem: a grande nação tupi. Embora fossem "favorecidos nos dotes do corpo e dos sentidos, outro tanto não succedia com os do espirito. Eram falsos e infieis; inconstantes e ingratos, e bastante desconfiados. Alêm de que desconheciam a virtude da compaixão. Não tinham ideas algumas de sã moral; isto é, da que nasce dos sentimentos do pudor e da sensibilidade, da moral que respeita o décoro e a boa fé; e eram dotados de uma quasi estupida brutalidade, e dificeis de abalar-se de seu genio fleugmatico".[45] O indígena descrito por Varnhagen parece incapaz de romper o estado de natureza em que está submerso e inapto à civilização moderna.

Logo, ele não entende como, "à vista do esboço" que traçou, ou seja da sua descrição etnográfica:

> sem nada carregar nas côres, (...) haja ainda poetas e até philosophos, que vejam no estado selvagem a maior felicidade do homem; quando nesse estado, sem o auxilio mutuo da sociedade, e sem terra a se cultivar suficientemente, ha sempre, numa ou noutra epocha, privações e fome; e esta ultima aos mais civilisados converte em canibaes, como nos provam as historias de tantos sitios e naufragios. Não: o Philosopho de Genebra guiado pelo seu gênio, e pelas suas philantropicas intensões, ideou, não conheceu o selvagem! Desgraçadamente o estudo profundo da barbarie

---

44   *Idem*, pp. 103-104.

45   *Idem*, pp. 130-131.

182   Francisco Murari Pires (org.)

humana, em todos os paizes, prova que, sem os vinculos das leis e da religião, o triste mortal propende tanto á ferocidade, que quasi se metamorphosea em fera...[46]

Somente o Estado poderia conter e regenerar essa condição. Sem citar Hobbes, ou outro contratualista do mesmo perfil, Varnhagen sustentava que sem um poder central constituído não haveria salvação possível: a anarquia selvagem somente fora detida pela Providência Divina que dispôs "que o christianismo viesse ter mão a tão triste e degradante estado!".[47] O Brasil desse modo é um herdeiro da civilização transladada pelo império português, cuja origem civilizacional encontrava-se nos fenícios, gregos e romanos.[48] A civilização não era exatamente uma opção de sociedade, mas o efeito de um longo itinerário que deveria ser repassado como uma herança mnemônica do ser humano, como um patrimônio cultural e político sem o qual não se poderia viver. A civilização é a evolução histórica da humanidade. Se a memória que guarda a ideia de civilização está contida em seus monumentos, pensadores antigos e modernos e na religião cristã, a barbárie, a selvageria, é o germe que a contamina, que pode desestabilizá-la, posto que está sempre em movimento, e com o qual a convivência é quase insuportável. Não se trata aqui da discussão de teses sobre a suposta *decadência* ou a possível *perfectibilidade* dos selvagens, pois a marcha dos selvagens foi imune à criação, à imaginação, ao saber. O único lugar da barbárie na linha da evolução é a ocupação de um espaço itinerante, sem centro, sem fixidez, desnecessário. Por isso, só é possível descrevê-lo nessa "estrutura" espacial apreendida pela etnografia ou, no limite, pela filologia comparada. A história, o historiador intervém apenas para situar o espaço na ordem do tempo.

VII.

Selvagens, antigos e modernos, barbárie e civilização cruzam-se e interagem em *L'Origine Touranienne des Américains Tupis-Caribes et des Anciens Egyptiens*. Varnhagen explica que ao estudar a língua tupi ficara surpreso de encontrar várias palavras "gregas puras", além de notar certas flexões de verbos para designar os tempos passado, futuro e futuro condicional que a aproximavam do latim.[49] Guiado por tais indícios, o historiador afirma dedicar-se, há mais de trintas anos, ao estudo da linguística. Seu objetivo, inicialmente, era o de comparar o tupi com os antigos dialetos gregos e latinos, o que

---

46   *Idem*, p. 133.

47   *Idem*, p. 132.

48   *Idem*, p. 134.

49   *L'Origine Touranienne des Américains Tupis-Caribes et des Anciens Egyptiens*, 1876, p. VII.

Antigos e modernos   183

acabou revelando-se um trabalho improdutivo. No entanto, a partir de uma inspiração encontrada em Lafitau sobre a designação que os tupis se auto-atribuiam, Varnhagen voltou-se para o estudo do hebreu, do fenício, do siríaco, do armênio, entretanto, também sem grandes resultados; estudou então o assírio, o babilônico (o antigo!, precisa o historiador-filólogo), mas logo reconheceu que as gramáticas eram muito diferentes; pensou que talvez uma língua anterior pudesse auxiliá-lo, foi assim em busca de elementos comparativos no acadiano, mas suas esperanças foram logo contidas pela "diversidade material das duas línguas, pela ausência de *similitudo verborum*". Convencido, mesmo assim, que estava no bom caminho, lançou-se ao zende (avéstico) ou iraniano antigo, ao armeniano e ao sânscrito: "em cada uma dessas línguas – explica Varnhagen – sem falar nas formas gramaticais, as palavras de uma natureza primitiva eram, em geral, diferentes do tupi", sendo que as eventuais coincidências apenas aumentavam suas dúvidas.[50]

Restava apenas o egípcio. Varnhagen consagra-se a partir de então à egiptologia. Foi nela que entreviu seus primeiros bons resultados, chegando a conclusão de que: "ambos, tupis e egípcios, pertenciam a estas raças uralo-altaicas que dizemos geralmente turanianas (bem como o basco, o turco e húngaro)". Essas conclusões somente foram possíveis devido à filologia comparada, "verdadeira ciência moral (...), cujos fatos e induções quando bem deduzidas são documentos tão importantes quanto aqueles fornecidos pela paleografia ou pela arqueologia". Além da filologia comparada, Varnhagen recorreu à análise etnográfica para através dela encontrar as semelhanças e analogias entre os tupis e os antigos egípcios.[51]

Em resumo, a hipótese de Varnhagen é que os tupis eram o produto de um cruzamento entre os Cários (sugestão encontrada em Lafitau), povo navegador da Ásia Menor, de filiação turaniana ou oral-altaica, que teriam em grande parte emigrado para a América central, e povos indígenas, pertencentes à grande família mongólica.

No primeiro capítulo, o historiador trata da língua geral e das migrações indígenas antes da chegada do europeu, ressaltando a semelhança entre os dialetos tupis, guaranis e caribenhos das Antilhas, e mais uma vez o sentido norte-sul do processo migratório. Nota ainda a frequência do uso do termo Cari, tanto para designar os indivíduos da sua própria raça, bem como os brancos europeus. Nesse capítulo, encontramos a explicação filológica da palavra tupi, composta de *ypi*, que significa *o começo da geração* e o prefixo *t*, que segundo Figueira, torna a palavra reflexiva dela própria. Com efeito, *T-ypi* significaria *os da geração primitiva*; estes, por sua vez, chamavam os antigos invasores, que com eles teriam vindo a se mesclar, de *Caris*. Assim, os *Cariyós* seriam os filhos de *Caris*, isto é,

---

50   *Idem*, pp. IX-X.

51   *Idem*, pp. X-XI.

184 Francisco Murari Pires (org.)

seus descendentes mais puros. O autor procura mostrar ainda as possibilidades desde o mundo antigo, de certos povos cruzarem o Atlântico ou de migrarem por via terrestre.

No segundo capítulo, o Visconde de Porto Seguro propõe o estudo das analogias mais evidentes entre vários termos tupis e suas relações com os idiomas do mundo antigo. No terceiro, analisa as analogias entre as indústrias e certas ideias dos tupis com suas supostas equivalências antigas. No quarto, emprega-se na comparação das superstições de uns e outros.

No quinto, procura pelos ascendentes dos tupis. Compara então a autodenominação que se atribuíam de *Cárys* às observações de Heródoto, Estrabão e Tucídides sobre os *Cários*, povo afeito às navegações, que teriam mantido relações com os egípcios. Varnhagen sugere que os Cários seriam assim os antepassados dos tupis. No sexto capítulo, o autor procura mostrar, através de certos vestígios, a hipotética "invasão" efetuada por via marítima pelos tupis, a ocupação do espaço e a formação da grande nação indígena.

No sétimo, retorna à filologia e estuda certas particularidades gramaticais do idioma tupi. O último capítulo é uma tentativa de descrever e classificar etnograficamente os antigos egípcios e os cários, comparando os resultados aos tupis.

Por fim, Varnhagen sintetiza sua tese em sete conclusões principais:

1. Entre os tupis, as canoas, as armas e um grande número de usos e instrumentos eram idênticos àqueles dos antigos povos do Mediterrâneo;

2. Os tupis devem suas conquistas principalmente as suas grandes canoas de guerra;

3. Nas Antilhas, a chegada inicial dos tupis, desacompanhados de mulheres, era uma viva lembrança nos tempos de Colombo;

4. Encontra-se na língua tupi um grande número de palavras dos antigos povos do Mediterrâneo, o que somente poderia ser a consequência de uma imigração, salvo à crença em algum milagre, ou a um concurso impossível de fatalidades que uma vez articuladas teriam induzido a humanidade a erro;

5. O nome de caris pelo qual os tupis se designavam, palavra que também usavam para denominar o branco proveniente do mar, o fato de serem grandes navegadores, os aproximam do mundo antigo;

6. Nesse caso, os Cários seriam um povo da família dos egípcios, tal como os tupis, após a constatação de um grande número de palavras idênticas nas duas línguas;

7. Por fim, apenas uma emigração pelo mar poderia explicar os fatos, seja pela suposição de que os navegadores tivessem sido atingidos e desviados da rota inicial por tempestades, seja pela possibilidade de que uma grande vitória inimiga os tivessem lançados à aventura para assim evitarem o extermínio ou a captura como escravos.[52]

---

52 *Idem*, pp. 156-157.

VIII.

Varnhagen teria deste modo comprovado que a ocupação tupi, efetuada em meio as maiores crueldades, sacrifícios e canibalismo, não foi mais do que uma invasão, cuja expiação teria chegado com Colombo e Cabral.

A repercussão ao trabalho não foi boa. A insistência de Varnhagen em publicar um livro, em francês, o que em princípio aumentaria sua capacidade de interpelação, baseado em um modelo explicativo em desuso e desacreditado na Europa desde os anos de 1850 (a tese de Karl Bunsen, por exemplo, da unidade linguística de americanos, malaios, polinésios e australianos através da categoria de "turaniana" ou do esquema *prichardiano* da era vitoriana que buscava a definição de uma grande família indo-europeia) encontrou poucos interlocutores tanto no Brasil como no exterior.[53]

Encontrei muito poucas resenhas da obra. No *Catálogo razonado de la Biblioteca Bartolomé Mitre*, segundo Lessa, consta uma crítica desautorizando vigorosamente o Visconde de Porto Seguro.[54] Sílvio Romero na sua *História da Literatura Brasileira*, diz que Varnhagen pertencia ao rol de "uns pretensiosos seus conhecidos", dotado de uma "charlatanesca afoiteza".[55]

Mais recentemente, Pedro Puntoni afirma que as conclusões do trabalho de Varnhagen era uma "projeção do seu delírio anti-indianista", e Armelle Enders situa a obra em meio a relatos de origem em que cidades perdidas e pedras rúnicas justificam a "mirabolante" tese do historiador. Michel de Certeau, em seu conhecido artigo sobre Jean de Léry, menciona o texto do Visconde de Porto Seguro como referência ao uso do vocabulário indígena estabelecido pelo viajante francês, sem maiores considerações.[56]

Além disso, por mais que Varnhagen tenha se preparado teoricamente, a relação com o método filológico é ainda primária e superficial: comparações de ordem etnográficas, significados dicionarizados e transliterações, são por vezes associadas

---

53 Stocking, George. *Victorian Anthropology*. New York, Free Press, 1987, pp. 46-77.

54 *Séccion lenguas americanas* – vol. II, pp. 77-92. Não tive ainda acesso a esta resenha, mas ela está referenciada em Lessa, Clado Ribeiro. "Vida e obra de Varnhagen", *Revista do IHGB*, 224, jul-set, 1954, p. 235.

55 Romero, Sílvio. *História da literatura brasileira* (1888), 6a. ed., Rio de Janeiro, José Olympio, 1960, T. I, p. 21.

56 Puntoni, Pedro. "O Sr. Varnhagen e o patriotismo caboclo: o indígena e o indianismo perante a historiografia brasileira", in: Jancsó, István. (org.) *Brasil: formação do Estado e da Nação*, São Paulo-Ijuí, Hucitec/Ed.Unijuí, 2003, pp. 633-675 (sobretudo p. 671); Enders, Armelle. *Les visages de la Nation. Histoire, héros nationaux et imaginaire politique au Brésil (1822-1922)*. Paris: Université Paris I – Panthéon – Sorbonne, 2004, p. 94; Certeau, Michel de. "Ethno-graphie. L'oralité, ou l'espace de l'autre: Léry", *L'écriture de l'histoire*, Paris, Gallimard, 1975, nota 7, p. 221.

186 Francisco Murari Pires (org.)

ou confrontadas a signos visuais e a significantes apreendidos unicamente por uma duvidosa dimensão fonética.

Por outro lado, independentemente do grau de excentricidade, a postura de Varnhagen em relação aos índios, talvez possa ser entendida a partir da sua inserção em uma querela não assumida e não declarada pela cultura histórica do Brasil do século XIX, mas nem por isto inexistente, entre antigos, modernos e selvagens. Os antigos aparecem na obra de Varnhagen como argumentos de prova ou de autoridade, como memória e tradição; porém, como Perrault, ele os vê "sem dobrar os joelhos". Já os modernos estão pouco representados em Varnhagen, eles tendem a desaparecer no emaranhado de fontes coligidas e citadas pelo historiador. Em alguns casos os modernos são um verdadeiro problema a se evitar ou a se contestar, sobretudo quando ameaçam a transmissão memorial da tradição. Paradoxalmente, os modernos, para Varnhagen como para La Bruyère, nem sempre percebem que "nós que somos tão modernos, seremos antigos em alguns séculos".

O selvagem é o ponto central da tríade, pois congrega elementos dos antigos e convertida em prática moderna. Assim, o índio seria, no início este moderno representante da disciplina histórica, até passível de certa simpatia (seria um exagero dizer *o bom selvagem*). Contudo, a experiência e a pesquisa lhe teriam demonstrado sua condição "selvagem" e seu estado decadente. Enfim, na publicação de 1876, tal como para a *Société des Observateurs de l'Homme* fundada em Paris em 1799, ele se torna uma figura quase neutra, documento de arquivo, objeto da ciência, sobretudo da etnografia e da filologia comparada: ele teria se tornado um *primitivo*, uma testemunha das origens da humanidade.[57] Varnhagen, o moderno historiador, lança os índios brasileiros, os tupis, agora antigos, para um passado remoto, supostamente histórico, de qualquer modo para um tempo que não mais lhes pertence.[58]

---

57 Hartog, François. *op. cit.*, pp. 215-219.

58 Ver também Fabian, Johannes. *Time and the other. How anthropology makes its object*, New York, Columbia University Press, 2002, pp. 76-77.

Borges e a tradição clássica[1]

Hugo Francisco Bauzá
(CONICET - Universidade de Buenos Aires)

I. Introdução

A maior parte dos trabalhos dedicados à obra de J. L. Borges sublinha seus laços com a vanguarda, seus estreitos vínculos com a literatura de língua inglesa, a herança de Kafka, a inovação em suas criações, seu contato com os *orilleros* (os marginais) e, entre outras tantas circunstâncias, o pós-modernismo de sua mensagem; descuidam, por outro lado, de um aspecto que também considero importante: seu vínculo com a tradição clássica – entendendo por tal a greco-latina. Esta, longe de ser um "lastro", opera nele como uma energia que dinamiza muitas de suas criações.

Borges, como todo criador, naturalmente não se atém de modo rigoroso à tradição, mas a *recria* de maneira original; nesta *o clássico*, mais que como obsoleto e pesado substrato museístico, se dá nele como incitação e estímulo para repensar e reelaborar antigos tópicos.

O clássico não é, para Borges, o estatuído de uma vez para sempre como norma ou paradigma, mas sob o rótulo de *clássico* o Poeta entende determinados momentos luminosos que aguardam uma releitura sempre renovada. Ademais, Borges parece retomar a

---

1 Tradução do espanhol para o português por Francisco Marshall.

188   Francisco Murari Pires (org.)

conhecida sentença unamuniana –"Para novidades, os clássicos"– à qual acrescenta: "sim, mas para recriá-los".

O presente trabalho não tem mais que a pretensão – modesta, humilde – de passar em revista aos autores e obras do classicismo grego que mais surpreenderam a Borges e que, de uma forma ou outra, sobrevivem – às vezes transfigurados, às vezes não – em seu mundo de ficção.

Meu propósito se vê enriquecido, ademais, por uma revisão minuciosa e metódica que realizei na biblioteca pessoal de J. L. Borges para ver que obras e autores clássicos manejava frequentemente, e atender de modo muito especial às notas e anotações que o mesmo Borges consignou com sua própria mão nos volumes de sua propriedade. Muitas destas anotações podem prestar-nos seu auxílio na hora de meditar sobre algumas de suas páginas mais célebres.

A respeito do vínculo de Borges com a tradição clássica, desejo começar destacando que Borges não sabia grego (o refere em várias passagens de sua obra); sabia, por outro lado, latim que havia aprendido durante seu *baccalauréat* no Liceu Jean Calvin, na cidade de Genebra. Embora declare tê-lo esquecido com os anos, o latim – que nunca chegou a ler com absoluta fluidez – serviu, em grande parte, de *background* para sua tarefa de escritor. É desta ordem a recordação dos hexâmetros de Virgílio, a que com mais intensidade se impõe a sua memória e a que, como uma presença incitante e cheia de vida, volta ela em reiteradas circunstâncias.

Dessa marca virgiliana nos "Fragmentos de um Evangelho apócrifo", Borges aponta: "Felizes os que guardam na memória palavras de Virgílio ou de Cristo, porque estas darão luz a seus dias" (pág. 1012[2]); no poema "Ao idioma alemão" reitera "Minhas noites estão cheias de Virgilio" (pág. 1116) e, entre outras muitas passagens em que alude ao poeta de Mantua, no relato "La otra muerte" - incluído em *El Aleph* - anota: "Até 1951 cri ter fabricado um conto fantástico e terei historiado um fato real; também no inocente Virgílio, faz dois mil anos, acreditou anunciar o nascimento de um homem e vaticinava o de Deus" (pág. 575); neste caso faz referência àqueles controvertidos e famosos hexâmetros da *Bucólica* IV que aludem ao nascimento de uma criança "divina": *iam nova progenies caelo demittitur alto* (Verg., *Buc.* IV 7).

Obviamente, Borges não acreditava na natureza divina da criança a que Virgílio alude na composição – seguramente Virgílio tampouco – , mas o que surpreende é a noção de *mistério* que alenta no verso e que é também a que, além da combinação de imagens, símbolos e cadências, constitui – na ótica borgeana –, a chave de um poema. Entre outras tantas referências ao poeta de Mantua, no "Prólogo" a *El hacedor*, falando da hipálage,

---

2   As citações das passagens de Borges correspondem a suas *Obras completas 1923-1972*, Buenos Aires, Emecé, 1974.

Antigos e modernos 189

recorda aquele verso memorável de Virgílio "que – segundo Borges – maneja y supera o mesmo artifício": *ibant obscuri sola sub nocte per umbras*, hexâmetro que, a propósito, o escutei declamar em uma conferência que proferiu sobre "Estudos dantescos" no Instituto Italiano de Cultura de Buenos Aires.

II. Sua biblioteca de autores clássicos

Meu itinerário implica uma revisão dos textos clássicos da biblioteca pessoal de J. L. Borges, assim como dos pensadores greco-latinos de que se sente devedor. O básico nesta pesquisa são as anotações que Borges, com sua própria mão, consignou em volumes de sua propriedade. Esta biblioteca se encontra no primeiro piso da Fundação Internacional "Jorge Luis Borges", situado na rua Anchorena 1660, em Buenos Aires.

Começarei pela referência aos textos clássicos anotados por Borges. Seus autores, em ordem de preferência, são: Platão, Virgílio, Lucrécio, Plínio, Plotino, Sêneca, Homero, Horácio, Píndaro, Propércio, Juvenal e os reunidos em *Minor Latin Poetry*[3].

De Platão, há várias edições com texto em inglês de diferentes diálogos: *Íon, Banquete, Menon, Fédon, Fedro*[4], – em tradução à língua inglesa de A. D. Lindsay; de *Timeu* e *Crítias*[5], a versão de Thomas Taylor. Minha escolha destes dois livros deve-se ao fato que estão anotados por Borges com numerosas indicações que aludem a temas e motivos que logo desenvolve em sua obra de ficção.

Vários volumes de Plotino em língua inglesa, junto ao estudo sobre a obra do citado filósofo, de William Ralph Inge, em dois tomos[6], com muitas anotações no reverso da contracapa.

De Homero, edições da *Odisseia*, as edições em língua inglesa de George Chapman[7] e William Morris[8], muito anotadas por Borges. Recordemos, de passagem, que a esta epopeia homérica Borges dedica um soneto ("Odisea, libro vigésimotercero", pág. 897) em que se pergunta

---

3   Translations of J. Wight Duff d Arnold Duff, London, W. Heinemann, 1944.

4   Plato, *Five Dialogues of Plato*, Introduction by A. D. Lindsay, London-New York, Everyman's Library, 1947.

5   Plato, *The Timaeus and the Critias or Atlanticus*, Thomas Taylor, translation, New York, Pantheon Books, 1944.

6   *The Philosophy of Plotinus*, London-New York-Toronto, Longmans, Green and Co., 1941.

7   *The Odyssey of Homer* by George Chapman, London, Reeves and Turner, 1897; nesta edição, entre outras traduções sugestivas, assinala "*golden Venus*", "*divino furor L.*", p. 185.

8   *The Odyssey of Homer done into english verse by William Morris*, London-New York-Bombay, Longmans, Green and Co., 1904.

190   Francisco Murari Pires (org.)

¿dónde estará aquel hombre
Que en los días y noches del destierro
Erraba por el mundo como un perro
Y decia que Nadie era su nombre?[9]

Há também diversos estudos sobre autores gregos. Pelo desgaste físico dos livros, assim como pelas diferentes notas – com tintas distintas –, é evidente que foram de consulta permanente os três volumes de *Greek Thinkers* de Theodor Gomperz,[10] *The Oxford Companion to Classical Literature*[11] e o monumental trabalho do professor Guthrie, *The Greek Philosophers. From Thales to Aristotle*.[12] Desejo destacar que no reverso da contracapa, escrito a caneta, lê se: "Heráclito negou os elementos da consciência grega. Sua missão foi obrigar a esta consciência a declarar e justificar estes elementos. A doutrina análoga de seu contemporâneo, o Buda; esta doutrina, no Industão, não era herética; declarava a fugacidade que todos sentiam". Abaixo, a mesma letra consigna: "Os paradoxos considerados historicamente. Os paradoxos considerados como eufemismos de uma perplexidade eterna", em óbvia alusão a Zenão de Eleia.

Entre outras anotações na obra de Guthrie, lê se: "Mergulhamos e não mergulhamos no mesmo rio; somos e não somos", com óbvia alusão a Heráclito (remete à pág. 81); "Deus é dia e noite, inverno e verão, guerra e paz, fartura e fome" (fragmento 36); em outra página está escrito: "O propósito dos paradoxos de Zenão seria fazernos recordar, cada tanto tempo, o que tendemos a esquecer – o que devemos esquecer para seguir vivendo ou sonhando (...) recordar-nos, repito, que tudo é um sonho".

As referências a Heráclito, a confrontação de sua doutrina com a de Buda, os paradoxos de Zenão manifestam os temas centrais em que estará elaborada a filosofia *sui generis* de sua obra; todavia, convém recordar que *o poeta não se filia a nenhum sistema doutrinário em particular, mas sim que atende a todos e a cada um deles como ponto de partida para suas criações literárias*; contudo, parece guardar certa preferência pelo epicurismo entendido não à maneira rigorosa de seu fundador, mas sim de uma forma "edulcorada" como pode ser a de Filodemo de Gadara ou a de Lucrécio, este último, um autor muito frequentado por Borges, cujos hexâmetros cita em várias ocasiões e imita em alguns casos.

---

9   Onde estará aquele varão / que nos dias e noites do desterro / errava pelo mundo como um cão / e dizia que seu nome era Ninguém?

10   London, J. Murray, 1931.

11   Compiled and edited by Sir Paul Harvey, Oxford, 1955.

12   London, Methuen and Co., 1950.

Encontra-se também um volume de Alfonso Reyes – *La filosofía helenística*[13] – com uma dedicatória em seu frontispício: "A Jorge Luis Borges, inolvidable, admirado y muy querido amigo. Alfonso Reyes, 1959" e, entre outros trabalhos significativos, a conhecida conferência de T. S. Eliot *What is a Classic?*[14] Na qual, apesar de suas poucas páginas, o autor de *El Aleph* consignou anotações a respeito de se existem ou não vínculos entre literatura e política – remete para isto às pp. 9 y 22 do trabalho de Eliot. Em outras referências ao citado Eliot, Borges se sente devedor desta dissertação já que, graças a ela, adverte que *Virgilio é o clássico por antonomásia*, pois – em que pese a noção de maturidade implícita em sua obra – considera que da semântica de sua língua derivam as românicas e, do conjunto deles, o conceito do universal.

Do variado catálogo, desejo destacar que Borges anota em inglês nos livros ingleses; em espanhol, nos espanhois; em alemão, nos alemães e em francês, nos franceses.

Ademais, seu interesse pela mítica e "simbólica" figura de Odisseu e seu gosto pela obra de Joyce o levaram a uma leitura ordenada e sistemática do *Ulisses*.

A passagem pelos textos vinculados ao classicismo greco-latino de sua biblioteca permitiu aproximar-me de um aspecto da "oficina" do escritor, ver de que maneira se foi construindo esta sólida formação intelectual que fundamenta suas obras. Uma rápida revisão dos termos consignados com maior frequência por Borges nestes volumes, revela suas preferências por reflexões sobre fazeres poético e filosófico que o autor de *El Aleph* compartilha com o classicismo grego. Eles são: *poeta insanus*, mistério, assombro, o tempo, a eternidade, a perplexidade, a metafísica, a imortalidade, idades míticas, a linearidade, a ciclicidade, pitagóricos, epicuristas, assim como os nomes de Virgílio, Odisseu, Nietzsche, Heráclito, Lucrécio, Zenão, Píndaro, Plínio, Cícero e, entre outros, Sêneca.

Quais são os temas e motivos do classicismo grego que influíram e, de certo modo, determinaram o mundo literário borgeano?

III. Temas e motivos do classicismo grego

Destaco: 1º *a reflexão sobre o tempo*; 2º *a vida como sonho*; 3º *Borges frente a certas ideias platônicas*.

---

13 México, FCE, 1959.

14 An address delivered before the Virgilian Society on the 16th of October 1944 by T.S. Eliot, London, Faber and Faber limited.

192   Francisco Murari Pires (org.)

1. A reflexão sobre o tempo

Entroncado em uma linha de pensamento que tem o *panta rhei* "tudo flui" – atribuído a Heráclito[15] como ponto de partida para uma reflexão sobre a fugacidade do temporal, Borges, em *Otras inquisiciones* (pág. 771), anota: "O tempo é a substância de que estou feito. O tempo é um rio que me arrebata, mas eu sou o rio; é um tigre que me destroça, mas eu sou o tigre; é um fogo que me consome. Mas eu sou o fogo. O mundo, desgraçadamente, é real; eu, desgraçadamente, sou Borges" (pág. 771). O tempo é, ademais, o motivo substancial de sua obra e o que, como fio condutor, permite religar toda sua produção literária. "Sentimos – diz Borges – a gravitação, a fadiga, a vasta e vaga acumulação do passado – o *dark backward and abysm of time* do verso de Shakespeare – 'oh, passado negro e abismo do tempo'"("Prólogo" a *Crónicas marcianas* de Ray Bradbury, pág. 34).

A noção de que estamos feitos de tempo, de que o tempo é "nossa substância", é uma ideia chave do pensamento helênico que, como *Leitmotiv*, aparece em grande parte da poesia e da filosofia gregas. A encontramos em diversas passagens da *Ilíada*, na *katábasis* descrita no canto XI da *Odisseia*, quando se descreve que no Averno a alma dos mortos não é mais que sombra vã, ou no *Fedro*, onde Platão sustenta que os corpos, uma vez esgotado o respectivo curso temporal, se tornam, na outra margem, espectros ou fantasmas; neste sentido o filósofo sublinha o efêmero da condição natural humana, pois somente dura um dia.

No mundo grego, esta elucubração sobre a fugacidade do ser alcança seu ponto mais alto no poeta Píndaro quem, em uma de suas memoráveis composições – a "Pítica VIII"–, nos diz: "A alegria dos mortais cresce tão rápida como cai a terra desviada por uma vontade inimiga. O homem não vive um só dia. O que é? O que não é? Não é nada mais que a sombra de um sonho".[16] A identificação da natureza do homem com a sombra é um *tópos* de sua obra, que Borges recolhe – além do exemplo pindárico aludido – de Quevedo, quando este diz "a fugitivas sombras dou abraços"; neste verso soam ecos do canto XI da *Odisseia* e do VI da *Eneida*.

De igual modo se percebe esta preocupação quando no soneto "A quem está lendo-me", Borges consigna no último terceto:

> *Sombra, irás à sombra que te aguarda*
> *Fatal no confín de tua jornada,*
> *Pensa que de algún modo já estás morto* (pág. 924).

---

15   Tal frase condensa a filosofia de Heráclito, ainda que em lugar algum conste que foi formulada pelo filósofo.

16   Cito a versão de Tomás Meabe, em Píndaro, *Obras completas*, Paris, Garnier, *s. d.*, p. 133.

Somos tempo, filhos do tempo e, ao mesmo tempo, vítimas do tempo. O mito grego expressa simbolicamente esta agonizante existência através da lenda de Cronos, o deus do tempo, que devora a seus próprios filhos.

É clássica também a ideia de conceber ao homem como pó, como terra (o termo *homo* procede de *humus*) o que, em ocasiões, em Borges constitui um *tópos*. Esta ideia, dentro do campo do poético, tem um antecedente preciso: a elegia I 19 de Propércio, onde se lê: *Vt meus oblito puluis amore uacet*, "de modo que minhas cinzas careçam de teu amor, por tê-lo esquecido".

A noção grega de tempo voraz – *tempus edax* –, retomada por Propércio em suas *Elegias* e revivida logo por Shakespeare, desponta em Borges no poema "El hambre" (A Fome), onde se lê:

> *Una de tus imágenes es aquel silencioso*
> *Dios que devora el orbe sin ira y sin reposo,*
> *El tiempo* (pág. 921).[17]

Essa reflexão sobre *o tempo voraz* se vincula com o pensamento existencialista que concebe ao homem como um ser para a morte e que Borges enuncia em seu *Evaristo Carriego* quando refere: "eu imagino que o homem é poroso para a morte" (pág. 120). A expressa também em "*Hombre de la esquina rosada*" onde se lê: "Tanta soberba o homem, e não serve mais que para juntar moscas" (pág. 334).

A preocupação com o tempo ecoa também em um de seus contos mais conhecidos –"El jardín de los senderos que se bifurcan"– que Borges concebe como "uma enorme adivinhação, ou parábola, cujo tema é o tempo" (pág. 479). Neste relato, refere que Ts'ui Pên, em sua "infatigável novela", dá a entender que "acreditava em infinitas séries de tempos, em uma rede crescente e vertiginosa de tempos divergentes, convergentes e paralelos" onde está a ideia do possível tempo compartilhado – que implicaria também nesta lente co-participar da substância –, é uma ideia que chegou a obcecar a Borges; assim, em *El otro, el mismo*, anota: "a contradição do tempo que passa e da identidade que perdura, meu estupor de que o tempo, nossa substância, possa ser compartilhado" (pág. 857), suposição que parece inquietá-lo toda vez que a reitera, assim, por exemplo, ao aludir a "uma variação de certa famosa doutrina dos cabalistas, que supunham que no corpo de um homem podem habitar muitas almas, como no corpo da mulher que está por ser mãe" ("Prólogo" *Mystical Works* de Emanuel Swedenborg, pág. 234).

---

17   Uma de tuas imagens é aquele silencioso / Deus que devora o orbe sem ira e sem repouso / o tempo.

194   Francisco Murari Pires (org.)

Borges, atento leitor de Platão e de Plotino, reflete sobre o problema do inapreensível fluir temporal frente à eternidade, perguntando-se, ao mesmo tempo, como, desde o tempo, é possível pensar a eternidade. Seguindo as *Confissões* de Santo Agostinho – especialmente o livro XI – toma consciência de que a Eternidade está no tempo e o tempo é, por sua vez, parte da eternidade; a chave radica então em captar o *kairós*, o momento propício, a eternidade no instante, que algumas vezes coincide com o arquétipo platônico, outras com "momentâneas identidades", outras com o deslumbramento fugaz. Assim, se vê, por exemplo, em seu *Evaristo Carriego*.

Adverte também que Plotino, em suas *Enéadas* (livro V), esclarece que quem queira definir a natureza do tempo deve "conhecer previamente a eternidade, que – segundo todos sabem – é o modelo e arquétipo daquele", diz Borges em sua *História da eternidade* (pág. 353)[18]. "O tempo – sustenta – é um problema para nós, um terrível e exigente problema, talvez o mais vital da metafísica; a eternidade, um jogo ou uma fatigada esperança. Lemos no *Timeu* platônico que o tempo é uma imagem móvel da eternidade; e ele é apenas uma lembrança que a ninguém distrai da convição de que a eternidade é uma imagem feita com substância de tempo" (pág. 353). Todavia, desenvolvendo linhas do pensamento cristão medieval – em particular do citado Santo Agostinho – e atento, mais tarde, às ideias de Dunne, nos diz que "os teólogos definem a eternidade como a simultânea e lúcida possessão de todos os instantes do tempo e a declaram um dos atributos divinos" (pág. 648), assim o explica no soneto que dedica a "Emanuel Swedenborg" (pág. 909), onde anota:

> *Sabía, como el griego, que los días*
> *Del tiempo son espejos del Eterno.*[19]

Em seu *Evaristo Carriego*, destaca com ênfase "que essas momentâneas identidades (não repetições!) que aniquilam o suposto correr do tempo, provam a eternidade" (pág. 120). Por sua parte, em sua *História da eternidade*, ao analisar "O tempo circular" dos antigos, sublinha que se trata de ciclos similares, *mas não idênticos*, tópico que desenvolve em numerosos exemplos de seu mundo de ficção.

Quanto à conjetura platônica vertida em *O político*, em relação às mutações enquanto ao temporal, em "*O milagre secreto*" reporta a história de um judeu condenado à morte

---

18   Em sua *História da Eternidade* (pág. 361) refere-se a seu gosto pela definição que Boécio fornece da eternidade: *Aeternitas est interminabilis uitae tota et perfecta possesio.*

19   Sabia, como o grego, que os dias / do tempo são espelhos do Eterno.

que pede a seu deus um ano para poder terminar seu drama. A divindade consente e, graças a isto, *na mente do suplicante*, o universo físico e o tempo se detém.

Para resumir o problema do tempo, destaco que em "El informe de Brodie" assinala:

> Sabemos que o passado, o presente e o porvir já estão, minúcia por minúcia, na profética memória de Deus, em Sua eternidade; o estranho é que os homens possam olhar, indefinidamente, para trás, mas não para a frente (pág. 1076).

Relacionada ao mistério do tempo, há em Borges uma preocupação existencialista de matriz grega. Assim em "História dos ecos de um nome", ao explicar o que é Deus e o que é o homem, consigna em nota uma reflexão de Martín Buber (cf. *Was ist der Mensch*, 1938) que em sua obra – por influxos de Kierkegaard e Schopenhauer – adquire dimensões inquietantes. Diz Borges: "viver é penetrar em uma estranha habitação do espírito, cujo piso é o tabuleiro em que jogamos um jogo inevitável e desconhecido contra um adversário cambiante e às vezes espantoso" (pág. 751, nota 1).

2. A vida como sonho

A partir da ideia pindárica do homem como "sonho de uma sombra", em "A outra morte" – incluída em *El Aleph* –, ao falar da batalha que deve livrar Damião na hora suprema, diz que esta lhe chegou em forma de delírio, acrescentando que "já os gregos sabiam que somos as sombras de um sonho" (pág. 575). Sobre esta ideia metafísica, no "Prólogo" a *Páginas de história e de autobiografia* de Edward Gibbon, consigna: "O sexto livro da *Eneida* refere a viagem do herói e da Sibila às regiões infernais; Warburton conjeturou o que representava a iniciação de Enéas como legislador dos mistérios de Elêusis. Enéas, executando seu descenso ao Averno e aos Campos Elíseos, sai pela porta de marfim, que é a dos sonhos proféticos; isto pode significar que o inferno é fundamentalmente irreal, o que o mundo a que regressa Enéas também o é, o que Enéas indivíduo, é um sonho, como talvez o somos nós" ("Prólogos", pág. 106).

Em "*Deutsches Réquiem*", há também ecos clássicos muito notórios. Após citar expressamente ao *De rerum natureza* de Lucrécio, reelabora a ideia pindárica segundo a qual existimos porque uma natureza superior condescendeu pôr fugazmente seus olhos sobre nós – cf. a citada *Pítica* VIII –, o que Borges recria aludindo ao insondável vazio em que pode converter-se o homem, se o criador desatende ainda que seja fugazmente a sua criatura: "se a atenção do Senhor se desviasse um só segundo de minha mão direita que escreve, esta recairia no nada, como se a fulminasse um raio sem luz" (pág. 577). Sobre o

196   Francisco Murari Pires (org.)

motivo poético da vida como mera sombra, não esqueçamos que uma de suas obras mais significativas se intitula *Elogio de la sombra* (1969).

Esta concepção, cujas raízes ocidentais têm antecedentes na poesia grega, é também uma reflexão frequente em certas sabedorias e concepções teológico-doutrinárias do Oriente às quais Borges atende. Assim, em *Outras inquisições*, consigna que "todas as religiões do Industão e em particular o budismo ensinam que o mundo é ilusório" e que a vida de Buda sobre la terra "é outro sonho" (pág. 742). Em respeito à vida como sonho, Borges, no "Prólogo" às *Obras completas* de Lewis Carroll, recorda que "Alice sonha com o Rei Vermelho que está sonhando-a, e alguém a adverte que se o Rei Vermelho se desperta, ela se apagará como uma vela, porque não é mais que um sonho do Rei que ela está sonhando" (pág. 165).

Os exemplos borgeanos são numerosos; como ilustração, menciono dois: um consignado em "*El zahir*" – um dos relatos de *El Aleph* – onde diz: "Segundo a doutrina idealista, os verbos *viver* e *sonhar* são rigorosamente sinônimos" (pág. 595); o outro, de "*El tiempo y J. W. Dunne*" – incluído em *Outras inquisições* – onde Borges anota: "Já Schopenhauer escreveu que a vida e os sonhos eram folhas de um mesmo livro, e que lê-las em ordem é viver; folheá-las, sonhar" (pág. 649).

Borges, dentro do campo dos sonhos, fantasia literariamente com possibilidades assaz variadas: assim, em "*Las ruinas circulares*" refere que "queria sonhar um homem: queria sonhá-lo com integridade minuciosa e impô-lo à realidade" (451). Logo acrescenta: "No sonho do homem que sonhava, o sonhador se despertou" (pág. 454). Mais tarde, a tomada de consciência de que este homem sonhado era um "mero simulacro", pois pisava no fogo sem queimar-se (Platão no *Banquete* e Lucrécio em seu poema falam dos sonhos como simulacros). "Não é ser um homem, – diz Borges – ser a projeção do sonho de outro homem: que humilhação incomparável, que vertigem!" (pág. 454). Ao chegar a velho, o protagonista do relato vai ao templo de ruínas circulares, pisa o fogo e, ao sentir que este não morde sua carne, compreende "que ele também era uma aparência, que outro estava a sonhá-lo" (pág. 455).

O caso extremo do sonhador sonhado está expresso nos dois últimos versos de "Ajedrez II" que, em inquietante interrogação, referem:

> *¿Qué dios detrás de Dios la trama empieza*
> *De polvo y tiempo y sueño y agonías?*[20]

A interrogação, obviamente, fica sem resposta, o que robustece o sentido agônico do soneto.

---

20   Que Deus atrás de Deus a trama começa / de pó e tempo e sonho e agonias?

Filiado nessa visão platônica em que o mundo estava concebido como sonho ou ilusão, sustenta também a possibilidade de pensar a literatura toda como um sonho, concepção que, segundo Borges, "talvez, só a executou Lewis Carroll" ("Nathaniel Hawthorne" em *Otras inquisiciones*, pág. 683).

Também no "Diálogo de mortos" Borges imagina uma conversação virtual de Rosas e Quiroga, dois caudilhos argentinos do século XIX, no outro mundo. O diálogo se encerra com palavras de Rosas que, como *sphragís* ou encerramento deste hipotético encontro, dão a sensação de ser um pensamento póstero expresso em voz alta. Borges, imiscuindo-se "premonitoriamente" no interior do relato, o faz dizer ao tirano: " – Será que não estou feito para estar morto, mas estes lugares e esta discussão me parecem um sonho, e não um sonho sonhado por mim, mas por outro, que ainda está por nascer todavia?" (pág. 792), vale dizer, Borges.

3. Borges frente a certas ideias platônicas

A presença de Platão na obra de Borges é constante, ainda que ele não siga ao pé da letra a doutrina do filósofo. Em circunstâncias, o cita com reverência; em outras, o menciona para desbaratar sua doutrina; assim, por exemplo, quando fala da transmigração pitagórica das almas ("*Quevedo*", pág. 661) ou quando refuta a ideia do tempo circular sustentada no *Timeu* ("*El tiempo circular*", pág. 393), pois Borges atende à lei da entropia que concebe a gradual desintegração das forças que compõem o universo.

"Literaturiza", por lado, com o mundo platônico das ideias quando recorre a ele como ponto de partida para o poetizar. As ideias ou arquétipos delineados pelo filósofo o inquietaram sempre e recorre a eles toda vez que quer aludir às essências, assim, por exemplo, quando explica a quintessência de sua cidade, refere: "o Sul é a substância original de que está feita Buenos Aires, a forma universal ou ideia platônica de Buenos Aires" (em "Prólogo" a *Buenos Aires en tinta china* de Atilio Rossi, pág. 195).

Borges valoriza especialmente a noção de *thaûma*, "assombro", que, segundo se lê no *Teeteto* (155d) platônico, *é o ponto de partida não somente para a reflexão filosófica, mas também para a lírica*. Ao "assombro", torna-o seu e em seus contos, em ocasiões, o converte em ponto de inflexão de sua arte de narrar; nessa ordem, para Borges, no caso extremo são os dizeres de Macedonio (Fernández) "imprevisivelmente agregados à realidade e a enriquecendo e assombrando" ("Prólogo" a *Macedonio Fernández*, pág. 88).

O *thaûma* se conecta com o inexplicável, com a maravilha, com a fantasia, com os sonhos, com o mistério, que Borges valora sobremaneira na hora de poetizar. Essa circunstância se aprecia já nas primeiras composições de *Fervor de Buenos Aires* (1923) nas quais o então jovem poeta exulta o sentimento – ainda que recatado – de felicidade que

198   Francisco Murari Pires (org.)

significa reencontrar-se com sua cidade e o assombro – o citado *thaûma* dos gregos – que o provoca voltar a descobrir o *charme* que lhe pareceu Buenos Aires depois da experiência europeia. Sobre o assombro, em *"Examen de la obra de Herbert Quain"* – incluído em *Ficciones* – refere que "o fato estético não pode prescindir de algum elemento de assombro e que assombrar-se de memória é difícil" (pág. 461).

Quanto ao assombro, assim como ao mistério que rodeia toda poesia, Borges segue postulados românticos, onde dá alento ao âmbito idealista de Platão. Assim, no "Prólogo" ao *relato sobre Brodie* (1970), consigna: "o exercício das letras é misterioso; o que opinamos é efêmero e apto pela tese platônica da Musa e não pela de Poe, que raciocinou ou fingiu raciocinar, que a escrita de um poema é uma operação da inteligência. Não deixa de admirar-me que os clássicos professassem uma tese romântica, e um poeta romântico, uma tese clássica" (pág. 1021), para acrescentar, mais adiante, que "a literatura não é outra coisa que um sonho dirigido" (pág. 1022).

Fiel a esta concepção platônica da *poiésis* e em discordância com as ideias "científicas" de Aristóteles sobre a linguagem no "Prólogo" a *El otro, el mismo* (1964) anota que "a raiz da linguagem é irracional e de caráter mágico" e que "a poesia quer voltar a esta antiga magia" (pág. 858).

Borges, após haver privilegiado ao *poeta insanus* – outro tópico da Antiguidade Clássica –, afirma: "Xadrez misterioso a poesia, cujo tabuleiro e cujas peças mudam como em um sonho e sobre o qual me inclinarei depois de ter morrido" (pág. 858).

Por trás desta reverência à poesia está também, sutilmente sugerida, a consciência de sua glória poética que é também um tema caro ao classicismo greco-latino – Píndaro, Horácio, Ovídio... Assim, em *"El sueño de Coleridge"* depois de localizar o motivo da inspiração poética no terreno do onírico, diz que "cabe supor que a alma do imperador, destruído no palácio, penetrou na alma de Coleridge, para que este o reconstruísse em palavras, mais duráveis que os mármores e metais" (pág. 644). Nesta conjetura borgeana despontam ecos dos versos de uma famosa ode horaciana (III 30, 1-5):

Exegi monumentum aere perennius
Regalique situ pyramidum altius,[21]

Construí un monumento más perenne que el bronce
y más alto que el real sitio de las pirámides'

---

21   Construi un monumento mais perenne que o bronze / e mais alto que o real sítio das pirâmides.

IV. Conclusão

Seria cansativo nomear os muitos outros ecos do classicismo grego na obra borgeana. Estes, como revela o próprio poeta, não são um simples artifício literário, mas sim dão sustento e fundamento a suas criações, formando com estas uma mesma natureza ontológica.

Desejo também destacar que Borges valoriza o classicismo greco-latino quando interpreta *o original* não em nossa concepção de descoberta de uma novidade inusitada, mas sim no antigo sentido de *voltar à origem*; a literatura entendida como recriação – *perene e sempre renovada* – de temas e motivos tradicionais. Deste modo, Borges faz sua a divisa unamuniana: "Para novidades, os clássicos", à qual, como dissemos, acrescenta: "sim, mas para recriá-los".

Maquiavel, a Corte dos Antigos e (o diálogo com) Tucídides

Francisco Murari Pires (DH/FFLCH/USP)

Já por meados do século XVI contava-se uma história anedótica em que Maquiavel, pouco antes de sua morte a 21 de junho de 1527, tivera um sonho, então revelado aos restantes amigos da última hora. Primeiro passava por ele um amontoado de "marotos, maltrapilhos, famélicos, disformes". Perguntou quem eram, ao que lhe foi dito: os abençoados do "Paraíso", pois assim proclamavam as Escrituras: "*Beati pauperes quoniam ipsorum est regnum caelorum*". Seguiu-se um cortejo de "nobres e majestosas" figuras, absortas a debaterem "gravemente relevantes questões políticas". Dentre elas, podia discernir claramente os sábios antigos: "Platão, Sêneca, Plutarco, Tácito e outros congêneres". Repetiu a pergunta, ao que então soube: eram "os condenados ao Inferno", eles também cientes da face complementar daquele ensinamento dos Evangelhos: "*Sapientia huius saeculi inimica est Dei*". Interpelado com qual dos grupos gostaria de ficar, Maquiavel não hesitou: fossem aquelas as companhias com que (con)viveria no outro mundo, preferia ir para o Inferno com que dialogasse com tais nobres espíritos as questões do Estado, a ganhar o Paraíso junto com aquela gente miserável.[1]

---

1   "Il vit un tas de pauvres gens, comme coquins, deschirez, affamez, contrefaits, fort mal en ordre, et en assez petit nombre; on luy dit que c'estoient ceux de Paradis, desquels il estoit escrit, Beati pauperes, quoniam ipsorum est regnum caelorum. Ceux-ci estans retirez, on fit paroistre un nobre inomblable de personnages pleins de gravité et de majesté: on ley voyaoit comme un Senat, où on traitoit d'affaires d'Estat, et fort serieuses; il entrevit Platon, Seneque, Plutarque, Tacite et d'autres de cette qualité. Il demanda qui estoient ces Messieurs-là si venerables; on

202   Francisco Murari Pires (org.)

Pela imagem de "facticidade" assim projetada, a anedota condensava apropriados modos e atributos da figura histórica do célebre florentino. Nela se reproduziam, observa Maurizio Viroli, "todas as facetas de sua personalidade: travesso; irreverente; excepcionalmente dotado de sutil inteligência; desinteresse em relação à problemática da alma, da vida pós-morte, e do pecado; fascínio pelas questões práticas e pelos grandes homens". Ilusão (ou realidade) mimética tão plausível em termos de sua facticidade que o próprio crítico moderno tanto é seduzido pelo primor de sua acuidade histórica, porque a anedota bem captara o sentido do "sorriso de Maquiavel",[2] quanto tece reparos apontando alguma sua inverossimilhança, pois, pondera ainda Viroli, a anedota extrapolava um tanto abusivamente a persistência inalterada, constante, daquela figura pessoal, até mesmo para os momentos finais de sua vida, quando, pelo contrário, eram já bem outras as afecções que caracterizavam Maquiavel em sua velhice, agora não mais tão afeito a pilhérias espirituosas: "à época de sua morte, Niccolò se tornara um homem triste, desiludido, resignado. Tinha já quase sessenta anos. Seu rosto revelava cansaço; seus lábios retorcidos de amargura; seus olhos perderam a expressão inteligente, zombeteira, irônica que se mostram nos retratos subsistentes de seus anos mais vigorosos. Seu olhar perdido, seus pensamentos voltados para o passado. Sua postura não era mais aquela ereta e confiante de quando encontrava príncipes, papas, reis e imperadores; as fadigas o abateram – demasiadas viagens, a cavalgar noite e dia, demasiadas corridas incansáveis contra o tempo, esperanças em frangalhos, e sonhos frustrados. Sobretudo, demasiada estupidez, malignidade e crueldade da parte de seus inimigos".[3]

Mas, a atenção maior porque a história do sonho articulava o sentido nuclear do espírito de Maquiavel dizia respeito à inversão da axiologia existencial preceituada pela piedade cristã, de que ela revertia a escala de valores ao resgatar a hierarquia ideológica da Antiguidade Clássica. Os destinos opostos que Paraíso e Inferno consignavam no sonho

---

lui dit que c'estoient les damnez, et que c'estoient des ames reprouvées du ciel, Sapientia hujus saeculi inimica est Dei. Cela estant passé, on luy demanda desquels il vouloit estre. Il respondit qu'il aimoit beacoup mieux estre en enfer avec ces grands esprits, pour deviser avec eux des affaires d'estat, que d'estre avec cette vermine de ces belistres qu'on luy avoit fait voir. Et à tant il mourut, et alla voir comme vont des affaires d'Estat de l'autre monde" (Pierre Bayle, *Dictionnaire historique et critique* III: Machiavel, nota L). A primeira alusão conhecida ao "tão celebrado" Sonho de Maquiavel data de 1549, assim mencionada na carta de Giovan Battista Busini a Benedetto Varchi. Todas as indicações textuais mais seu exame exegético acurado, estabelecendo as vias de sua transmissão e aferindo sua consistência em termos do ideário maquiaveliano, encontram-se em dois ensaios dedicados ao tema por Gennaro Sasso (1988: 211-300; 1997: 325-364).

2   "Even if it is probably not true that Machiavelli died 'unreconciled and jeering', the story of his dream fits him perfectly well: he went through life laughing and telling stories; so he faced death" (Viroli, 1998: 27).

3   Viroli (2000: 5).

respondiam pela teleologia cristã inspirada pelas máximas evangélicas que reclamavam o desapego dos bens materiais e interesses mundanos. Os valores de Maquiavel não estavam assim persuadidos: contra a condenação ao oblívio de uma absorção, indistinta e indigna na massa anônima dos humildes, o florentino preferia o compartilhamento prestigioso da glória que aureolava individualmente os sábios antigos, todos de modelar consagração à ciência política, cujos nomes eram integrados na (i)mortalidade da memória histórica.

Pelo Sonho de Maquiavel tem-se memória anedótica alusiva à axiologia existencial maquiaveliana que, tão fictícia quanto verossímil, é bem consoante com os teores confessos por ele mesmo, em documento próprio, na célebre carta a Francesco Vettori, manifestados aos ensejos de seu exílio político em San Casciano[4]. Então Maquiavel frequentava a "corte dos Antigos" a conversar com os sábios do mundo clássico.

Por quatorze anos, de meados de 1498, logo após o suplício de Savonarola, até 1512, quando do exílio de Piero Soderini e o retorno dos Médici, Maquiavel serviu a administração da república florentina, então atuando como secretário da Segunda Chancelaria e do colegiado dos Dez da Liberdade e Paz.[5] Homem de confiança de Soderini, *gonfaloneiro* desde 1502 e assim uma espécie de "presidente vitalício"[6], Maquiavel foi destacado regularmente para encargos de missões diplomáticas, a frequentar as cortes e palácios de vários potentados da época[7]. Desde 1506 acumulava também o cargo de secretário dos Nove da Milícia, a instituição militar de que ele fora o decisivo instigador, pelo que foi

---

4   Já aventado por Gennaro Sasso (1988).

5   Duvernoy (1984: 34); Viroli (2000:28 e 30). Claude Lefort (1972: 318-324) ressalta tanto a relevância da *práxis* política então desenvolvida por Maquiavel no âmbito da administração estatal florentina ("l'homme à tout faire de la République") quanto o aporte teórico que as reflexões conformadas ao ensejo dessa atuação teriam como formação, e mesmo prenúncio, das proposições teorizantes que se cristalizam no *Príncipe*.

6   Larivaille (1988: 144).

7   Em março de 1499, junto a Jacopo IV, Senhor de Piombino; em julho desse mesmo ano, junto a Caterina Sforza Riario, regente de Ímola e Forli; de julho a dezembro de 1500, junto a Luís XII de França; em 1502, junto ao Duque Valentino (Césare Bórgia), primeiro em Urbino, depois em Ímola, acompanhando-o então até janeiro de 1503 a assistir o "massacre de Senigallia"; de outubro a dezembro de 1503, junto ao Papado em Roma, quando da eleição de Júlio II; de janeiro a inícios de março de 1504, novamente junto ao rei de França; em abril de 1505, junto a Giampaolo Baglioni, senhor de Perúgia, em Castiglione del Lago; em maio do mesmo ano, em Mântua, junto ao marquês, e em julho em Siena junto a Pandolfo Petrucci; em agosto de 1506, junto ao papa, então em viagem por Nepi-Perúgia-Gubbio-Urbino-Cesena; em agosto de 1507, junto ao cardeal Carvajal em Siena; entre dezembro de 1507 a junho de 1508, junto ao imperador Maximiliano, a quem ele é novamente enviado em fins de 1509 em Mântua; de julho a setembro de 1510, sua terceira legação à corte francesa; em maio de 1511, junto a Luciano Grimaldi em Mônaco, e, após encontro com os cardeais cismáticos em Pisa, novamente junto a Luís XII entre setembro e outubro desse mesmo ano, na viagem de volta ainda outra vez encontrando os cardeais em Pisa

204   Francisco Murari Pires (org.)

encarregado de sua arregimentação, preparação e comando, encontrando-se à frente das tropas florentinas quando do cerco vitorioso de Pisa (primeira metade de 1509), mas também conhecendo posteriormente, em 1512, a rendição do Prato.

Em fevereiro de 1513, aprofundou-se sua desgraça. Fora descoberta uma conspiração contra o domínio dos Médici, de que se suspeitava a participação de Maquiavel: dentre os papéis encontrados com os líderes da conjura - Pier Paolo Boscoli e Agostino Capponi - havia uma lista de nomes, dentre eles, o de Maquiavel. Preso e torturado, sua incriminação reduzia-se a apenas aquele infausto registro de uma estupidamente desastrada lista. O indulto do Médici, então papa Leão X, o livrou do cativeiro. Retirando-se da cidade, passou a viver confinado na "modesta" herdade paterna de Sant'Andrea de Percussina, proximidades da vila de San Casciano, não longe de Florença, cerca de 30 km.

No primeiro ano de seu retiro forçado em Sant'Andrea, Maquiavel manteve correspondência razoavelmente regular com Francesco Vettori, nessa época embaixador florentino junto ao papado em Roma. A amizade entre ambos vinha já de alguns anos[8], desde 1507, quando da missão a que haviam sido destacados nessa data – Vettori, desde junho, por imposição dos *ottimati* florentinos, e Maquiavel, só a partir de dezembro, por insistência de Soderini – como observadores e informantes dos movimentos do imperador Habsburgo, Maximiliano, que então alimentava pretensões de avançar pelo norte da Itália a fim de expulsar os franceses da Lombardia e ganhar a coroa do Sacro Império Romano.[9]

Apesar da amargura de todo seu recente infortúnio, Maquiavel não afastava o vislumbre de vir a ganhar as boas graças dos novos senhores, aqueles mesmos Médici catalisadores de sua ruína política, que viessem agora a confiar em seus serviços. Imaginava que a amizade de Vettori pudesse viabilizar tal aproximação e intentos, intermediando a seu favor junto ao novo papa, Leão X (Giovanni de' Medici).[10]

Logo nos dois primeiros meses, março e abril de 1513, comunicou, por vários modos retóricos de expressões alusivas, as pretensões de seu desejo nas cartas endereçadas ao amigo. Já a 13 de março, assim o sugeria: "Mantei-me, se possível, presente na memória de Nossa Santidade, que se fosse possível começasse a empregar-me em algo, ele ou os

---

(confira-se a cronologia elaborada por Stella Mastrangelo em sua edição das Cartas de Maquiavel, Epistolario, México, 1990, p. 19-60).

8   As relações entre Vettori e Maquiavel são analisadas particularmente por Najemy (1993: 71s) que aprecia as afinidades bem como as divergências entre ambos no que respeita a suas respectivas atuações de encargos estatais.

9   Viroli (2000: 97-100).

10   Desde 11 de março de 1513.

Antigos e modernos 205

seus, creio que seria honroso para vós e útil para mim";[11] reiterou a solicitação cinco dias depois, na carta de 18 de março: "e se for do agrado destes nossos patrões não me deixar por terra, muito o apreciarei, e acredito conduzir-me de modo que também eles terão motivo por seu benefício".[12] No mês seguinte, em carta de 9 de abril, inteirado de que fora frustrada a intercessão de Vettori junto ao Papa para que agraciasse o irmão mais novo de Maquiavel, Totto, com um posto no aparelho administrativo dos Estados pontifícios, Niccolò logo desobrigou o amigo dos incômodos daquele pedido,[13] não sem, entretanto, ainda persistir no seu caso pessoal, então o consultando em termos da conveniência de recorrer a uma via alternativa de apelo: "Ouvi que o cardeal Soderini anda muito com o pontífice. Gostaria que me aconselhásseis se vos pareceria adequado que eu lhe escrevesse uma carta para que me recomende a sua Santidade, ou se seria melhor que vós fizésseis de viva voz esse ofício de minha parte junto ao cardeal. Ou, então, se é o caso de não fazer nem uma coisa nem outra".[14] Uma semana depois, 16 de abril, insistiu: "A magnificência de Giuliano estará aí, e a encontrareis naturalmente disposta a contentar-me, e ao cardeal de Volterra igualmente; de modo que não posso crer que, manejando-se meu caso com certa destreza, não consiga eu ser empregue em algo, se não por conta de Florença, pelo menos por conta de Roma e do papado, em cujo caso deveria eu ser menos suspeito ... e não posso crer, se a Santidade de Nosso Senhor começasse a me empregar, que não obrasse bem para mim mesmo, e utilidade e honra a todos os meus amigos".[15]

Por quanto Maquiavel reiterou apelos, tanto protestou Vettori acusando a desvalia dos préstimos de sua figura política. Já não o pudera ajudar pouco antes, quando de sua prisão e tortura,[16] e tampouco se iludia que o pudesse agora (março de 1513),[17] apesar de que fosse embaixador de Florença junto a um papa também florentino, pois se via carente de influência e prestígio no exercício de cargo esvaziado de poder. O fracasso em que redundara sua intercessão em benefício de Totto confirmava-lhe a fraqueza pessoal

---

11   Lettere, p. 361; Epistolario, p. 74.

12   Lettere, p. 363; Epistolario, p. 76.

13   Lettere, p. 367.

14   Lettere, p. 368; Epistolario, p. 80.

15   Lettere, p. 371; Epistolario, p. 85.

16   "Condói-me não ter podido vos ajudar como merecia a fé que tendes em mim, e grande desgosto tive quando vosso Totto me mandou o correio e não pude vos servir em nada" (Carta de 15 de março, Epistolario, p. 75; Lettere, p. 362.

17   "Condói-me poder oferecer-vos pouco, porque não posso nem jamais pensei chegar a poder muito" (carta de 30 de março, Epistolario 78; Lettere, p. 366).

206 Francisco Murari Pires (org.)

que prejudicava o cumprimento de tais encargos,[18] de que reconhecia justo a "falta" das "virtudes de caráter" precipuamente reclamadas: "o que confesso certamente é devido em grande parte a mim mesmo, que não sei ser bem descarado de modo a que fosse útil para mim e para os demais".[19] Pelo contrário, os "vícios" de seus modos antes só o desfavoreciam: "sou daqueles que, ainda que vos exorte a virar o rosto à fortuna, sei melhor aconselhá-lo aos outros do que a mim mesmo, porque na fortuna próspera não me elevo, porém na adversa me acovardo e tudo temo".[20]

Vettori, nas cartas seguintes (abril de 1513), fazia claramente alusão ao infortúnio de sua própria "sorte" política, de delicada precariedade desde que "salvara" Piero Soderini. Não tinha dúvidas quanto a isso: "o ter-se empenhado Paolo [Vettori] com êxito em retirar o *gonfaloniere* do palácio, e eu por salvá-lo o quanto pude, nos prejudica enormemente porque todos os que eram amigos daquele regime malquistaram-se com Paolo, no que, bem entendida a verdade, se equivocam; já todos os que são amigos deste malquistaram-se comigo, parecendo-lhes que se Piero Soderini tivesse morrido não lhes poderia causar dano algum"[21]. Essa era a razão, dizia ele, porque se recusava em enredar os préstimos do irmão do antigo *gonfaloniere*, Francesco Soderini, assim bem duvidosos de que viessem beneficiar Maquiavel: "E estive resolvendo comigo se seria bem falar de vós ao cardeal de Volterra, e decidi que não, porque mesmo que ele se esforce muito e goze da confiança do papa pelo que se pode ver de fora, no entanto tem contra si muitos florentinos, e se falasse por vós não sei se vos conviria; e tampouco sei se ele o faria de bom grado, que já sabeis com quanta cautela procede. Além disto, não sei como poderia eu ser instrumento apto entre vós e ele, porque me deu alguma boa mostra de afeto, porém não como eu teria esperado; e me parece que por ter defendido Piero Soderini adquiri, por um lado, desfavores e, por outro, pouco agradecimento"[22].

Na expressão de seus sentimentos Vettori firmava, na carta de 30 de março, a consciência de uma malfadada ida a Roma, já prenunciada quando da viagem mesma, em que tivera fantasmas por companhia: "Esta minha embaixada começou a me ser infortúnio desde a porta onde estivestes presente. Pelo caminho estive sempre temeroso de que o papa Júlio morresse e a mim viesse ser preso e assaltado"[23]. Por vezes queixava-se amar-

---

18   "Não tenho ardor suficiente para fazer inscrever a um servidor" (carta de 30 de março, Epistolario 78; Lettere, p. 364).

19   Idem, Epistolario 78; Lettere, p. 365.

20   Idem.

21   Carta de 21 de abril: Epistolario, p. 86; Lettere, p. 373.

22   Carta de 9 de abril: Epistolario, p. 83; Lettere, p. 369.

23   Carta de 30 de março: Epistolario, p. 78; Lettere, p. 365.

gamente dos prejuízos advindos com o cargo: cara lhe saíra a eleição do papa, Leão X, em que desembolsara quinhentos ducados.[24] Não se conformava, a revirar insone na cama, com o imposto de quatro florins que lhe tributaram, a ele e seu irmão, mais quatro a Bernardo, assim abusivos "sobretudo considerando-se que os fixados a maiores riquezas quão baixos eram", contra o que protestava, senão a pobreza propriamente, a modéstia de seus recursos.[25] Quase sempre adverte a precariedade de sua permanência em Roma, antevendo sua partida a qualquer momento,[26] o que, aliás, bem o contentaria, pelo que tanto mais lamentava que não se consumasse: "E ficarei aqui até que o papa o queira, e quando quiser, de maior grado regressarei. E porquanto Jacobo [Salviati] não dizia que queria ir embora, não passou uma semana sem que eu pedisse dispensa ao papa. Agora que ele diz que não quer ficar, mesmo que ainda esteja de partida, a mim fecharam o caminho para continuar-lhe pedindo".[27]

Pelo retrato dos apenas dissabores e mazelas porque Vettori desgostava de sua atuação como embaixador florentino junto ao papa Médici em Roma, as cartas a Maquiavel faziam ecoar antes estranhamentos aos desejos manifestados pelo amigo de retomar sua antiga experiência pública ao serviço daqueles mesmos senhores. Ele, Vettori, aspirava justo a dela se livrar, agora desejando, ao inverso, a tranquilidade da vida privada a ser fruída em ambiente campestre. Ele assim o expressou incisivamente na carta de 23 de novembro a dissuadir o amigo daqueles desígnios ambiciosos, então contando-lhe os modos ingratos de sua "vida em Roma". O recado que, pela descrição de sua vida quotidiana, Vettori dirigia, pois, a Maquiavel, dizia de aspirações por alcançar a serenidade de uma vida privada, que já a residência em San Michele in Borgo, lugar "um tanto solitário",[28] figurava enquanto transição, a preparar seu pleno desvencilhamento quando não mais fosse embaixador e retornasse a Florença. E justo assim pretendia persuadir o amigo, pelo que finalizava sua carta convidando-o a lá vir e constatar o que fosse a vida de embaixador:

---

24   Idem.

25   "Não faço comércio de nenhum tipo, as rendas que tenho apenas bastam para meu sustento, tenho filhas mulheres que necessitam dote, no Estado atuei de modo a jamais retirar algo, não me exibo nem no vestir nem com outra suntuosidade evidente, e sim antes com modéstia; tampouco pode-se dizer que eu seja avaro de modo a por essa via juntar dinheiro, porque se tenho que pagar alguém, não quero que ele tenha que mo pedir; se compro algo, sempre o compro por mais que os outros" (Carta de 21 de abril: Epistolario, p. 86: Lettere, p. 372).

26   Já a 15 de março, ponderava: "se tiver que permanecer, o que duvido, porque creio que hajam homens com qualidades outras que as minhas que queiram aqui estar" (Epistolario, p. 75; Lettere, p. 362); confira-se igualmente a carta de 27 de junho, em que diz dessa expectativa de partida de Roma se prolongando de uma "semana para outra" (Epistolario, p. 102; Lettere, p. 388).

27   Carta de 27 de junho: Epistolario, p. 102; Lettere, p. 389.

28   Epistolario, p. 131; Lettere, p. 420.

208 Francisco Murari Pires (org.)

Meu querido Nicolau, a esta vida vos convido, e se vieres, bem me dareis gosto, e depois regressaremos para aí juntos. Aqui não tereis que fazer mais do que observar, e depois voltaremos para casa a de tudo motejar e rir.[29]

Respondendo à recente missiva de Vettori pela célebre carta de 10 de dezembro[30], Maquiavel reafirmou axiologia inversa à propugnada pelo amigo, então revertendo-lhe as teses ao justamente descrever qual a vida que ele levava retirado em Sant'Andrea de Percussina.

O texto de Maquiavel é ordenado em conformidade com a compartimentação do dia e a noite por que ele ordenava dois complexos opostos de atividades a preencher seu quotidiano: tanto quanto ele deplora as diurnas que sujeitam e rebaixam sua existência, inversamente louva as noturnas porque ele, pelo contrário, eleva e mesmo sublima seu espírito.

Durante o dia Maquiavel sujeita-se às mazelas de um proprietário de minguados recursos, queixando-se dos dissabores comezinhos de uma vida doméstica miserável, apenas sofrível.

Por um mês até que viabilizou um passatempo que reclamava certo exercício cerebral: caçar passarinhos, *apanhando tordos à mão*. Levantava-se ainda antes do amanhecer, preparava a armadilha, e ia à caça, com um feixe de gaiolas ao ombro, *mímesis* caricata de outro personagem, Geta, a voltar do porto carregado com os livros de Anfitrião. Mas cuidava de não esgotar rapidamente, com tal predação quotidiana, a reserva natural de pássaros das redondezas, antes cuidava em poupar seu estoque, então fixando uma quota diária, recomendada por cálculo previsivo em que projetava prolongar ao máximo as distrações daquela caça: não apanharia nem menos do que duas aves, porém, tampouco, não mais do que seis. Moderava, pois, o prazer de cada dia, sem deixar, todavia, de realizá-lo uma vez imposto o limiar mínimo, para consequentemente multiplicá-lo por mais dias, cuidando, portanto, de evitar ceder ao exagero dilapidador, o que assim impunha também um limiar máximo. "Arte cinegética" a vitimar animaizinhos indefesos e inofensivos, entretanto, de dignidade algo duvidosa, pois, apenas arremedo de hábito aristocrático, já que antes relegada a figuras propriamente de estatuto servil. Passatempo este, confessa Maquiavel, certamente que "desprezível e estranho". E, todavia, mesmo que assim desvalorizado e menosprezado, entretenimento paradoxalmente também revestido

---

29   Epistolario, p. 133; Lettere, p. 422.

30   As citações abaixo derivam da tradução de Lívio Xavier integrada à edição do *Príncipe* (Machiavelli, 2001: 185-189); confira-se também a edição do texto original das cartas por Franco Gaeta (Lettere, 1984: 423-428).

de valor, mas antes negativo, pois Maquiavel assim o conscientizou apenas quando, com o sumiço dos pássaros, passada a estação migratória, veio a lhe faltar.

Diz também que intentara ampliar em algo seus rendimentos negociando o corte da lenha do bosque anexo à propriedade. Pelo que obrigava-se diariamente, logo de manhã com o nascer do sol, a lá ir, inspecionando os trabalhos por duas longas horas. Enfadonha vigilância que por entretenimento tinha o inteirar-se dos aborrecimentos que malfadavam a vida dos lenhadores, sempre às voltas com algum. Diz, entretanto, que seu pequeno comércio redundara em amarga desventura que só lhe trazia desavenças e perdas que o atazanavam particularmente. Primeiro se deu o (des)acerto do que tratara com um dos compradores, Frosino da Panzano, que, diz ele, por todos os meios queria ludibriá-lo: tentara surrupiar uma certa quantidade, mandando alguns empregados retirá-la sem que Maquiavel soubesse, e ainda atrevera-se a fraudar o pagamento, descontando dez liras do preço combinado, pois alegava uma antiga dívida de jogo de *cricca*, velha já de quatro anos, contraída na casa de Antonio Guicciardini. Intento, todavia, frustrado, porque o proprietário se mostrou tão bom vigilante quanto enfezado negociante: "comecei a fazer o diabo, querendo acusar de ladrão o carroceiro, que ali fora mandado por ele, *tandem* Giovanni Machiavelli entrou no meio, e nos pôs de acordo".[31] Já outro cliente, Tommaso del Bene, que lhe encomendara uma *medida*, astuciou dar sumiço em não menos de metade do valor, "porque para medir havia ele, a mulher, a criada, os filhos que pareciam o Gabbura quando na quinta-feira com seus rapazes bate num boi".[32] Maquiavel, então desconsolado, pôs fim àquele trato face aos prejuízos de que se dizia vítima, com o que ainda se malquistou com os demais compradores, dentre eles Battista Guicciardini, "que enumera(va) esta dentre as outras desgraças do Prato".[33]

Também notícia de um momento mais calmo, quando ele, saindo do bosque, caminhava até uma fonte próxima, e lá deleitava-se pela leitura de um ou outro poeta que, cantando paixões amorosas, avivam-lhe as lembranças das suas, em tempos, todavia, já passados, de prazeres, portanto, antes ausentes.

Ainda antes do almoço, uma caminhada até a hospedaria, a ali inteirar-se, ao encontro ocasional dos viajantes, das notícias de outras cidades do mundo de vida mais afortunada que a daquele seu pobre lugarejo, e a conhecer os gostos e fantasias de outros indivíduos da espécie humana.

---

31 Pela tradução de Lívio Xavier, *O Príncipe*, Rio de Janeiro, 2001, p. 186.

32 Comprimiam volume reduzido do carregamento por faina tão prensadora de golpes quanto a orquestrada pelo açougueiro e seus ajudantes a bater no pobre boi da quinta-feira.

33 Tradução de Lívio Xavier, *idem*, p. 186-7.

210 Francisco Murari Pires (org.)

Ao meio-dia, parco almoço com a família, consoante com o ínfimo patrimônio da modesta herdade.

Terminado o almoço, retorno à hospedaria onde estivera de manhã, justo antes da refeição. Mas agora para passatempos de totalmente outra natureza. Não se trata mais de lá usufruir dos ensejos de encontros que lhe propiciam ampliar suas justas curiosidades intelectivas de conhecer as realidades do variado gênero humano. As paixões a que Maquiavel se entrega agora, à tarde, perdem qualquer elevação de intúitos e propósitos. A começar do círculo mesmo de parceiros permanentes dessa sua convivência local: quem outrora frequentava as mais altas dignidades – tanto por reis, príncipes, imperadores, papas e outras potestades, quanto por intelectuais humanistas –, agora via-se cercado por um estalajadeiro, um açougueiro, um moleiro e dois padeiros! Dos cumes superiores dos universos da política e do conhecimento, Maquiavel descaira pelo terreno mais chão daqueles que, das coisas da existência humana, cuidam funcionalmente daquela mais elementar, os provimentos alimentares da subsistência. O que faz ele lá em meio a tais indivíduos, que ele menospreza do mais fundo da alma? Joga: *cricca* e *tric-trac*. Certamente jogos bem populares, quer dizer, do modo como eles o jogam, os mais vulgares. Jogos plenamente tumultuosos e tumultuados. Tumultuosos porque acompanhados de pura berraria, gritos que se ouvem até bem longe de lá, alcançando San Casciano. E tumultuados também, porque seus modos (im)próprios são mil contendas, infinitos acintes e palavras injuriosas. Jogos, pois, despudorados, que não valem, comenta Maquiavel, nem pelo que neles se disputa, que a maioria das vezes não passa de insignificâncias. O desprezo de violento sarcasmo que ele, entretanto, vota a essa jogatina e a seus miseráveis convivas, ele mesmo o diz, interpelando o amigo em Roma, a que testemunhasse o estado de desgraça por que ele degenerava: "Assim mergulhado nesta piolheira estou com a cabeça mofada, desafogo a malignidade do meu destino, e até me contentaria em que me encontrásseis nesta estrada, para ver se ela se envergonha".[34]

Por tais modos, chegado ao nível mais baixo e aviltante das paixões humanas, termina o dia de Maquiavel em Sant'Andrea. A amargura do olhar domina, pois, a perspectiva com que Maquiavel retrata a paisagem de seu quotidiano diurno em Sant'Andrea, assim justamente dissimulada pelos traços de humor irreverente e irônico, mesmo mordaz, que caracteriza o "sorriso" de sua *persona*, *Il Machia*.

Tudo muda à noite, quando retorna para casa. Então refugia-se, sozinho, no recôndito mais pessoal da residência: o escritório. Único lugar que lhe restou agora de uma vivência digna. Assim, traja-se nobremente para lá adentrar, à porta despindo "as roupas quotidianas, sujas de barro e de lama", evitando macular a dignidade desse outro âmbito

---

34   Idem, p. 187.

de humanitude, ali as trocando por outras, aqueles trajes "de corte ou de cerimônia", signos de seu passado majestoso. Com elas "vestido decentemente", penetra nesta sua outra "corte", aquela que ainda lhe é dado "viajar" e frequentar: a "Corte dos Antigos" em que, pelo circuito dos livros, "convive com os grandes homens do passado".

Os modos e comportamentos, agora à noite, são maravilhosamente reversos em relação aos do dia: não mais os distúrbios, exaltações e destemperos injuriantes de mesquinhas baixarias, mas, sim, a altivez sapiente de amáveis e acolhedoras amizades humanas. Ao contrário do dia, ele agora entrega-se a conversas noturnas, entretanto, silentes e tranquilas, e não tumultuosas e tumultuadas. De seu corpo e de suas necessidades esquece-se totalmente: seu alimento agora é outro, um alimento que, pelo contrário, não denuncia sua humanitude comum, isto é, aquela natureza animal dependente dos alimentos materiais de que todos os mortais, quaisquer que sejam, os mais nobres ou os mais vis, têm igualmente necessidade. Alimento, diz ele, que "é o único que me é apropriado e para o qual nasci", justamente revelador de orgulhosa distinção humana, apanágio de sua verdadeira natureza e destino:[35] dialoga com os sábios do passado, "perguntando-lhes a razão de suas ações", ao que eles "humanamente lhe respondem". Ensejos, então, de uma experiência sublimadora, que integrando na alma os tesouros do saber acumulado pela história passada, eleva o espírito acima dos males e infortúnios que, desde sempre, estigmatizam a condição humana, desde males menores, tédios, contratempos e desgostos, por outros mais contundentes de necessidades, aflições e misérias, até o maior de todos, o medo da morte: "não sinto durante quatro horas aborrecimento algum, esqueço todos os desgostos, não temo a pobreza, não me perturba a morte; transfundo-me neles por completo". Imerso nessa corte imaginária do circuito de seus livros, Maquiavel diz experienciar coragem, confiança, altivez e honra. Ali, pois, ganha dignidade heroica.

Interagindo os conhecimentos atualizados por sua experiência estatal com o saber disponibilizado pelos autores antigos, Maquiavel (re)cria para si um sucedâneo de (con)

---

35 Na carta de 9 de abril, em contraponto argumentativo ao ceticismo de Vettori quanto à valia da arte e saber da reflexão política cujas conjecturas de ajuizamento acerca do sentido e razão dos acontecimentos o desdobrar destes frustrava acusando sua inutilidade ociosa, Maquiavel, mesmo que a princípio concordando com o parecer do amigo de que "muitas vezes os acontecimentos extrapolam os discursos e concepções que deles se elabora", também dele diverge, pois, "ragionare dello stato", tal era seu destino: "No entanto, se pudesse vos falar não poderia evitar encher-vos a cabeça de castelos no ar, porque a Fortuna fez com que, não sabendo discorrer nem da arte da seda nem da arte da lã, nem de lucros nem de perdas, cabe-me refletir sobre o Estado, e necessariamente devo fazer voto de permanecer calado ou falar disso" (Epistolario, p. 80; Lettere, p. 367). A reflexão sobre as questões do Estado, a dedicação à arte da política, constitui, diz Maquiavel, a realização de sua existência, seu modo de vida. O discurso político configura a ação porque reconhece sua precípua competência, o destino que lhe cabe como "fortuna" pessoal. A alternativa (in)admissível seria, então, o silêncio, ou seja, sua negação, como que retiro (monacal) do mundo e alienação da vida.

212   Francisco Murari Pires (org.)

vivência e reflexão política que confere sentido e valia à sua vida. Mesmo, pois, recluso em sua casa, as aspirações de Maquiavel apontam no sentido inverso ao que Vettori induzira intentando recomendar-lhe a serenidade do retiro na propriedade campestre. O olhar de Maquiavel, pelo contrário, persiste sua mira voltada para a vida pública, a cujos afazeres e empenhos ele almeja antes retomar. A viagem pela corte dos antigos era também vislumbrada por Maquiavel como trânsito para adentrar novamente a dos modernos. Justo assim, depositava no primor de sua ciência política consolidada por esse diálogo a oferenda de valor que o recomendasse às boas graças dos Médici: "E, como disse Dante, não pode a ciência daquele que não guardou o que ouviu – noto aquilo de que pela sua conversação fiz cabedal e compus um opúsculo *De principatibus*, onde me aprofundo quanto posso nas cogitações deste tema, debatendo o que é principado, de que espécies são, como eles se conquistam, como eles se mantêm, por que eles se perdem".

A carta de 10 de dezembro registra, portanto, o vislumbre da obra com que ele agora contava seduzir o favor dos novos senhores, projetando então dedicá-la "à magnificência de Juliano". Assim, já mostrara seu escrito a Filippo Casavechia e mesmo o consultara a convencer-se de que deveria publicá-la e entregar pessoalmente o presente a quem era ofertado:

> Falei com Filippo sobre este meu opúsculo, se seria conveniente dá-lo a público ou não; caso conviesse, se seria bom que eu o levasse ou que vô-lo mandasse. Se o não desse, fazia-me duvidar de que não só Juliano não o lesse, mas também de que este Ardinghelli se fizesse as honras deste meu último trabalho. Se o desse, me satisfazia a necessidade que me prende, porque eu me estou consumindo e não posso ficar assim por mais tempo sem me tornar desprezível por pobreza. Ainda desejaria muito que estes senhores Médici começassem a lembrar-se de mim se tivessem que começar a fazer-me voltar uma pedra; porque, se depois não ganhasse o seu favor, eu mesmo me lamentaria, pois que quando lido o livro, ver-se-ia que quinze anos que estive em estudo da arte do Estado, não os dormi, nem brinquei; e deveria a cada um ser caro servir-se daquele que à custa de outros fosse cheio de experiência.

Pela composição do *Príncipe* Maquiavel finaliza, pois, o (novo) princípio do que ele entendia fosse seu destino: mesmo a mais insignificante e desprezível função exercida no espaço público, de emblemática servilidade como "o rolar pedra", é ainda desejável preferentemente a ficar prisioneiro das mazelas domésticas e correspondentes atribulações de (des)interesses particulares, privados. A expressão, lembram os críticos[36], ecoa ensinamentos projetados pelo mito de *Sísifo*, a assinalar a inutilidade do ato, ou obra, com que se empenha a existência, entretanto, assim paradoxalmente esvaziada de sentido. Todavia,

---

36   Najemy (1993: 239).

Maquiavel, nem bem alude à história mítica, logo também dela se afasta desviando o teor de sua lembrança, pois, não o reflete em termos de uma viciosidade de (in)finita circularidade (in)escapável, pelo contrário, tramava, justo sujeitando-se ao começo pelo nível mais ínfimo, desprovido de qualquer exigência, ascender graças ao reconhecimento do valor que sua ciência propiciava. A alusão de estupidez que ele, Maquiavel, assim intrigava, respeitava antes à cegueira de quem, embora senhor político, não atinasse os préstimos de que dispunha em seu benefício, pois, "lido o livro, ver-se-ia que quinze anos que estive em estudo da arte do Estado, não os dormi, nem brinquei; e deveria a cada um ser caro servir-se daquele que à custa de outros fosse cheio de experiência".

Em meio à seleta companhia com que o espírito de Maquiavel compõe a nobreza de sua *Corte dos Antigos*, distingue-se também a figura de Tucídides. Assim o assinala a lembrança de seu nome em dois momentos, um na *Arte da Guerra* e o outro nos *Discorsi*.

Nos *Discorsi*, Tucídides é referido no capítulo décimo-sexto do livro terceiro, quando Maquiavel tece a argumentação histórica comprovadora de sua tese de que "quando tudo vai bem, os homens eminentes e virtuosos são esquecidos": "A este respeito, há um ótimo dado em Tucídides, o historiador grego, que mostra que a república ateniense, em momento de superioridade bélica na guerra do Peloponeso em que pusera em xeque o orgulho dos espartanos, quase a ponto de dominar toda a Grécia, viu sua fama inflar-se a tal ponto que concebeu a conquista da Sicília. O empreendimento foi a debate em Atenas. Alcibíades e alguns outros aconselharam que se o fizesse, pois pensavam em seu prestígio, pouco se importando com o bem comum, pois ele entendia que assumiria o comando dessa expedição. Já Nícias, um dos primeiros em reputação na cidade, a dissuadia, dando como principal razão ao dirigir-se ao povo, pois que confiavam nele, esta: ao aconselhar a cidade a que não empreendesse essa guera, ministrava conselho contrário a seus próprios interesses pessoais, já que enquanto Atenas gozasse a paz sabia que uma infinidade de outros intentariam ser melhores do que ele, mas se fizessem a guerra, sabia também que ninguém a ele se igualaria ou superaria".[37]

Também o menciona na *Arte da Guerra*, quando indaga por quais modos de sonoridade se recomenda a melhor execução de ordens transmitidas ao exército, para que este bem ordene o ritmo de sua marcha em boa disciplina: "E como a importância dos comandos depende das chamadas da trompa, dir-te-ei quais sons os antigos usavam. Pelo que afirma Tucídides, apitos eram empregues no exército dos lacedemônios, pois eles avaliavam que seu diapasão era o mais apropriado para fazer com que o Exército avançasse com seriedade antes do que furioso". A esta indicação Maquiavel sequencia outras, referindo os procedimentos contrapositivamente adotados pelos cartagineses

---

37   Maquiavel (1979: 367).

214 Francisco Murari Pires (org.)

(a cítara), pelo rei lídio Alíates (também a cítara), ou por Alexandre o Grande e pelos romanos (cornetas e trombetas), mas sem agora identificar o autor ou a obra antiga em que baseava sua informação.[38]

Oscilam, entretanto, os críticos modernos no ajuizar o alcance da interferência que o diálogo com Tucídides tivesse na constituição da obra e pensamento de Maquiavel. Uns, mais céticos, ou o minimizam a um aporte menos relevante de apenas uma ou outra alusão a conhecimentos de realidades factuais da história ateniense que Maquiavel eventualmente conhecesse graças à leitura de Tucídides,[39] ou até mesmo questionam contundentemente um tal diálogo acusando antes sua projeção "fantasiosa".[40] Outros, pelo contrário, mais confiantes, empenham-se em indiciar nos textos de Maquiavel a impregnação dos traços que assinalam a presença da memória tucidideana. O fazem tanto, em âmbito analítico mais modesto, para atestar, pela crítica textual de tradição filológica, a maior amplitude daquela dependência de conteúdos históricos conhecidos pelo florentino que seriam derivados do ateniense, quanto para, mais ambiciosamente avançando além da mera exegese erudita de uma *Quellenforschung*, atrelar também ideias e conceitos políticos do teórico moderno a correspondentes preceitos que levam originariamente a marca do historiador antigo. Assim concatenadas as falas do diálogo que Maquiavel (supostamente) entretém com Tucídides, a confirmação textual da influência autoral intriga a afirmação da precedência do correspondente pensamento, de modo que a herança da presença do historiador antigo no teórico moderno acaba por figurar também o prenúncio do destino histórico propriamente deste naquele.

No horizonte da *Quellenforschung*, a crítica indiciatória dos fatos relatados na história tucidideana que informassem as reflexões de Maquiavel comporta diversos graus de convencimento, assim (im)pertinente por controversas e duvidosas (in)conclusões. Detectam-se, além da certeza do nexo óbvio daquelas duas passagens em que o nome de Tucídides é expressamente mencionado, "referenciações incontestáveis" quanto à

---

38   Machiavelli (1961: 423).

39   "Maquiavel aparentemente não foi fortemente influenciado por Tucídides e ele parece ter tratado suas obras apenas como um reservatório de história de que ele selecionou algumas" (Bondanella, 1973: 17); Walker conclui que Maquiavel citou relativamente pouco Tucídides e que o método de Tucídides teve pouco efeito em Maquiavel" (Machiavelli, 1950: 149 nota 7); Woodward aponta "a inteligente leitura da *Política* de Aristóteles, mas fora isso muito de sua história grega parece consistir de extratos familiares de Plutarco ou mesmo Floro" (Woodward, 1943: 12-13).

40   Mehmel (citado por Klee, 1990: 69) sustenta que a influência da literatura antiga em Maquiavel restringe-se quase que exclusivamente aos escritores latinos (à frente de todos, Lívio).

Antigos e modernos   215

memória das dissensões em Corcira: ela vem registrada nos *Discorsi*,[41] e estaria também presente, ao que arrazoa Udo Klee, nas *Histórias Florentinas* (III 5), aqui configurada pela *mimesis* maquiaveliana dos teores da célebre reflexão do historiador ateniense (III.82-84) quando da composição do discurso atribuído ao representante da Signoria diante de Guálter de Brienne.[42] Similar convicção comportariam ainda as duas alusões feitas nos *Discorsi* aos debates da assembleia ateniense que deliberou o envio da expedição à Sicília:[43] Maquiavel os lembra primeiro no livro I (capítulo 53), a argumentar a tese de que o povo é "fácil" presa de "ludíbrio político" por sua propensão em deixar-se seduzir por falsas aparências de promessas espantosas e grandes esperanças;[44] e uma segunda vez, justamente naquela passagem referida acima em que Tucídides é nomeado (III 16), a agora arrazoar contra as mazelas injustas que vitimam a história dos homens de "virtude verdadeira", a cujos préstimos se recorre apenas "nos tempos difíceis", mas que de pronto se desconsidera "quando tudo vai bem", pois então preteridos pelos "ricos e influentes". Já algumas outras indiciações, também acusadas nos *Discorsi*, são apenas tenuemente assinaladas pelos críticos, ora por um ora por outro: assim "o possível reflexo da leitura de Tucídides" pela indicação feita ao *sinecismo* de Teseu (I 1),[45] pela menção à história do exílio de Temístocles (II 31),[46] pela referência a Sitalces da Trácia (III 6)[47] e pela vaga lembrança da "conspiração contra os tiranos de Atenas" (III 6).[48]

O viés dominante desse zelo crítico tradicional concentra seus esforços de acuidade exegética em aferir a justeza, contra a impropriedade, da reprodução maquiaveliana dos informes tucidideanos. São quase todos concordes no apontar as imprecisões, os erros, os desvios, as deficiências e mesmo as deturpações com que Maquiavel (des)apreende Tucí-

---

41   "No segundo livro, capítulo segundo, dos *Discorsi* encontra-se uma inegável referência a Tucídides. Primeiramente Maquiavel parafraseia com surpreendente conhecimento detalhado os acontecimentos de Corcira, Tucídides IV 46s" (Klee, 1990: 78); também suposto por Cochrane (1981: 268).

42   O que comprovaria "a familiaridade dos italianos com o texto antigo (seja por meio de uma tradução completa, seja por meio de fontes intermediárias, (Klee, 1990: 75-76).

43   Tucídides VI 8s.

44   'In Grecia, nella città di Atene, non potette mai Nicia, uomo gravissimo e prudentissimo, persuadere a quel popolo che non fusse bene andare a assaltare Sicilia; talché, presa quella deliberazione contro alla voglia de' savi, ne seguì al tutto la rovina di Atene' (Machiavelli, 1977: 251). Ao que comenta Udo Klee: "No acontecer referido por Maquiavel estão naturalmente supostos os acontecimentos provenientes de Tucídides VI 8s" (Klee, 1990: 77).

45   Klee (1990: 77).

46   Martelli (1998: 118).

47   Idem, p. 133-4.

48   Idem, p. 140-2.

216   Francisco Murari Pires (org.)

dides.[49] Consequentemente, põem-se os críticos a aventar que ordens de distúrbios teriam prejudicado o (des)entendimento de Tucídides por Maquiavel: ou porque o citasse de memória; ou porque o conhecesse apenas intermediado por outros textos e autores; ou, pior, porque o retorcesse visando à comprovação de suas próprias teses políticas. Empenhos, por diligentes que sejam em sua perícia crítica, duplamente problemáticos. Por um lado, porque de equívoca historicização, pois, ajuízam a *práxis* intelectiva de Maquiavel pelo padrão de medida de rigor crítico porque responde a (cons)ciência historiográfica "científica" firmada a partir do século XIX e desdobrada no XX,[50] assim implicando que Maquiavel devesse conhecer (o texto de) Tucídides com o domínio que nós, entretanto, só contemporaneamente consolidamos. Por outro lado, porque camuflam um senso de pertinência analítica, todavia, algo duvidoso, quer porque tenha por desfecho antes controvérsias do que conclusões, quer porque, sobretudo, afirme ambiguamente sua (des) valia ao conscientizar uma problemática (des)confiança na efetividade hermenêutica dessa operação crítica, assim a justificando como mediação analítica para a apreensão de uma inteligibilidade superior do texto, mas, efetivamente, a operando autonomamente como um fim em si mesma.[51]

No nível superior das ideias e conceitos polarizadores de afins concepções de história e de política transitando de Tucídides a Maquiavel, a intriga das hermenêuticas empenhadas pela reflexão crítica moderna tornam ainda mais intrincados os rumos (ou desvios?) da análise. Algumas aproximações identificadoras dessas afinidades permanecem pontuais e esporádicas: assim, uma percepção histórica do fenômeno da origem e fundação de cidades que Maquiavel (*Histórias Florentinas* II 2), contando a de Florença, expõe em termos[52] que seriam derivados, via Leonardo Bruni que primeiro a consagrara em sua *História Florentina*, em última instância de Tucídides, quem originariamente a pensara em uma passagem da "Arqueologia" (I.7);[53] ou uma concepção teorizante do fenômeno bélico por que Maquiavel se contrapusera à tese tucidideana proclamada em

---

49   O fenômeno, dizem os críticos, não se restringe à leitura de Tucídides, antes compromete igualmente a apropriação que Maquiavel faz de outros autores clássicos, de que o exemplo mais expressivo seria Tito Lívio, assim analisado por Martelli para o texto dos *Discorsi*.

50   Confiram-se nossas considerações tecidas já a respeito da análise moderna do valor "científico" da historiografia de Leonardo Bruni no livro *Modernidades Tucidideanas* (São Paulo, Edusp-Fapesp, 2007).

51   Emblemática, nesse sentido, a obra de Martelli.

52   "Perchè gli uomini non si mantengono mai nelle difficultà, se ad una necessità non vi sono mantenuti; tale che, dove la paura delle guerre costrigne quelli ad abitare volentieri ne' luoghi forti ed aspri, cessata quella, chiamati dalla commodità. Più volentieri ne' luoghi domestici e facili abitano" (Machiavelli, 1962: 139).

53   Confira-se Udo Klee (1990: 69-70).

discurso de Péricles de que "o dinheiro é o nervo da guerra";[54] e ainda a persistentemente reiterada lembrança de que fora Tucídides quem primeiro integrara na escrita da história a reprodução dos "discursos", preceito a que Maquiavel também atendera.[55]

Já outras aproximações repercutem teses mais atribuladas de conjunções ideológicas. Maquiavel dizia que concebera o jogo imitativo de seu diálogo com os Antigos integrado ao espírito das descobertas.[56] Para embarcar Tucídides nessa viagem moderna, a associação de sua história à do maquiavelismo leva a crítica da hermenêutica tucidideana a navegar em meio às tormentas da *Realpolitik* também dita *Power Politics*.

Pela primeira década do século XX, em meio ao triunfo da modernidade convicta do progresso científico extravasado por todas as áreas do conhecimento humano, John B. Bury formula, em exemplar síntese, o mapeamento caracterizador desse continente hermenêutico moderno de *realismo político*, cuja fama da descoberta se atribui a Maquiavel, mas que abrigaria também a inteligibilidade da história escrita por Tucídides:[57]

---

54 "Mostra, questo che noi diciamo essere vero, ogni istoria in mille luoghi; non ostante che Pericle consigliasse gli Ateniesi a fare guerra con tutto il Peloponnesso, mostrando ch'e' potevano vincere quella guerra con la industria e con la forza del danaio. E benché in tale guerra gli Ateniesi prosperassino qualche volta in ultimo la perderono; e valson più il consiglio e li buoni soldati di Sparta, che la industria ed il danaio di Atene" (Machiavelli, 1977: 305); confiram-se as ponderações de Udo Klee (1990: 78) e as de Martelli (1998: 78-9).

55 Klee (1990: 70-72).

56 Discorsi, proêmio do livro I.

57 "The truth is, I think, that Thucydides took the opportunity of the round-table conference to exhibit, pure and unvarnished, the springs of political action. (…) that not justice but reason of state is the governing consideration which guides the action of cities and claims the interest of historians. We are now in a position to understand the attitude of Thucydides. *His object is to examine and reveal political actions from an exclusively political point of view. He does not consider moral standards; his method is realistic and detached; he takes history as it is and examines it on its own merits. This detached analytical treatment* (...). Now when Thucydides offers reflexions *in propria persona* on events, on the policy of Athens, for instance, or on the value of an Athenian politician, are generally determined by the consideration whether they were conducive to success or failure in the war (…) and in recording acts and methods his rare verdicts of praise and blame are confined to the question whether those acts and methods were calculated to achieve their object; just as in characterizing a man he refers only to his intellectual powers. He offers no opinion whether the aims were justifiable or admirable; he applies no ethical standard to policies or politicians. (…) There is no ground for supposing that he would have had a thought of censure, if he had lived in our own days, for statesmen like Cavour and Bimarck and Disraeli, who were guide exclusively by reason of state, and are therefore blamed by moralists for having debased the moral currency in Europe. If instead of a history, Thucydides had written an analytical treatise on politics, with particular reference to the Athenian empire, it is probable that he would occupy a different place from that he holds actually in the world's esteem; he would have forestalled the fame of Machiavelli Thucydides simply observes facts; Machiavelli lays down maxims and prescribes methods; but the whole innuendo of the Thucydidean treatment of history agrees with the fundamental postulate of Machiavelli, the supremacy of reason of state to maintain a state, said the Florentine thinker, 'a statesman is often compelled to act against faith, humanity, and religion. In Thucydides,

218   Francisco Murari Pires (org.)

retrato, por feições de renovada epistemologia, de Tucídides "o historiador científico", modelo de "fria objetividade";[58]

autonomia de uma história essencialmente política, toda impregnada pela percepção realista que o conceito de *razão de Estado* subsume;

consoante prática metodológica de severo distanciamento e isenção, de modo a, desembaraçando seu discernimento de qualquer teleologia de ética moral sentimentalista que ajuíze elogios contra censuras, viabilizar a estrita observação da realidade histórica enfocada em termos da exclusiva efetividade militar por que a diretriz da *Realpolitik* ou alcança êxito ou falha;

história, pois, que se pretende transcrição discursiva dos fatos políticos de pura transparência.

Descontada apenas a distância que separa o dever científico do historiador relativamente à aspiração estatal a que almeja o político, Tucídides vale, pois, por Maquiavel: na obra histórica do ateniense inscreve-se já quer aquela consciência da "política como supremacia da razão de Estado" porque responde a ciência política teorizada pelo florentino, quer o vislumbre conceitual da figura do líder político de que a *virtù* maquiaveliana traduz a *areté* tucidideana. Então, pela perspectiva tucidideana assimilada à maquiaveliana, Péricles ou Antifonte equivalem a Cesare Bórgia e Francesco Sforza ou a Cavour, Bismarck e Disraeli.

---

reason of state appears as actually the sovran guide in the conduct of affairs. But the essential point of comparision is that both historians, in examining history and politics, abstracted from all but political considerations, and applied logic to this restricted field. Machiavelli – the true Machiavelli, not the Machiavelli of fable, the *scelerum inventur Ulixes* – entertained an ideal: Italy for the Italians, Italy freed from the stranger; and in the service of this ideal he desired to see his speculative science of politics applied. Thucydides had no political aim in view; he was purely a historian; his interest was to investigate the actual policy of Athens in maintaining and loosing her empire. But it was part of the method of both alike to eliminate conventional sentiment and morality. A certain use of the term ἀρετή by Thucydides has an interest in this connection. (…) The pre-eminent significance of the individual was a tenet of Machiavelli and his contemporaries (a classical feature of the Renaissance); it was a prince, an individual brain and will, to which he looked for the deliverance and regeneration of Italy. Both writers conceived the individual, as a political factor, purely from the intellectual side. Now Thucydides has used ἀρετη in his notice of the oligarch Antiphon, to express the intelligence, dexterity, and will-power of a competent satesman, in sharp contradistinction to the conventional αρετ☐ of the popular conception. The only appropriate equivalent by which we can render in a modern language this Thucydidean αρετ☐ is a key-word of Machiavelli system, *virtú*, a quality possessed by men like Francesco Sforza and Cesare Borgia. It must be understood that this attitude of Thucydides only concerns international politics, the subject of his work. Domestic politics lie, except incidentally, outside his scope. When he turns aside to describe the disintegrating influence of party faction on the internal conditions of Greek states, he recognises the important operation of ethical beliefs and religious sanctions in holding a society together. But where national aims are at a stake and international rivalries are in motion, no corresponding belifes and sanctions appear, possessing the same indefeasible value for the success and prosperity of a state." (Bury, 1909, 140-5).

58   "a cold independent judgment" (Bury, 1909: 133)

Antigos e modernos   219

E ainda, ao que acresce o paralelismo tecido por Bury, também compartilhamento de uma convicção quanto à utilidade do conhecimento da história dada sua natureza *cíclica*, que, vigente na Antiguidade Clássica especialmente com Tucídides e Políbio, reaparece no Renascimento com Maquiavel e Guicciardini.[59]

Na esteira uniformizadora da ideia de progresso somam-se as contribuições concei-tuais de diversas histórias sobrepondo-se os aportes de suas respectivas semânticas. A inteligibilidade sintetizadora da reflexão tucidideana resultante dessa dialética herme-nêutica conjuga o preenchimento dos vazios dos silêncios deixados pelo *ktema es aei*, assim transitando pela configuração das falas da *anacyclosis* polibiana, mais a da *historia magistra vitae* ciceroniana, e, por fim, a da *imitatio* maquiaveliana de ambas.

Já nas décadas finais do século XX, passadas duas Grandes Guerras e conscientizada a crise da civilização ocidental tanto mais acutizada pelas angústias da Guerra do Vietnã, e então experienciando-se as peripécias que revertem a epistemologia da cientificidade para os pendores da pós-modernidade, a leitura de Tucídides na América investe contra o fantasma de *(neo)realismo político* que a assombra. Em especial, parcela da geração herdeira das teses de Leo Strauss reclama, para os novos tempos de ares "politicamente corretos", uma (re)orientação ética da memória de Tucídides, a então expurgá-la das contaminações do *maquiavelismo* moderno. Steven Forde[60] e Michael Palmer[61] o fazem revendo o diálogo que Tucídides suporia com Maquiavel.

---

59 "Both Thucydides and Polybius based their view that history possesses direct utility for men of affairs, on the assumption that similar situations recur, and that the problems of the past will come up again for solution in the future. Thucydides, according to his habit, states this doctrine in the briefest form; Polybius explains the principle with his usual elaboration, and rests it on a philosophical theory. We saw how he presented the theory of *anacyclosis*, a cyclical movement of history. At the end of each cycle a new circuit begins, and history follows, as it were, along the line of its former tracks. This view was widely current; Cicero expresses it in the phrase *miri orbes et quasi circuitus*, 'certain strange orbits and revolutions'. The *a priori* synthesis of universal history which was launched on the world by the early Christian fathers, in the interest of their religion, threw the cyclical theory into the background. That theory was plainly incompatible with the central dogma of Christianity. *Alter erit tum Tiphys* would have meant *alter erit tum Christus*, and this would have stultified the Christian faith. But cyclical theories reappeared at the Renaissance. Machiavelli, who agreed with the ancients, and went further than they, in his high estimation of history as an instructress in politics, similarly based his view on the principle of a cyclical movement. Guicciardini likewise believed in the doctrine" (Bury, 1909: 247-8).

60 Varieties of Realism: Thucydides and Machiavelli, *The Journal of Politics* 54.2 (1992): 372-393.; International Realism and the Science of Politics: Thucydides, Machiavelli, and Neorealism, *International Studies Quarterly* 39.2 (1995): 141-160.

61 Machiavellian virtù and Thucydidean areté: Traditional Virtue and Political Wisdom in Thucydides, *The Review of Politics* 51 (1989): 365-385.

220   Francisco Murari Pires (org.)

A descolar a figura de Tucídides da sombra de Maquiavel, Michael Palmer argumenta que a *areté* do ateniense não responde pela *virtù* do florentino. Esta se mede e decide em termos do êxito político,[62] a tal efetividade sujeitando as (in)conveniências de ordem ética, pelo que a prescrição maquiaveliana da *virtù* rejeita os ditames da moralidade tradicional. Virtuosos maquiavelianos exemplares são, pois, quer Agátocles, que por infinita malignidade realizou os proveitos da tirania, quer Aníbal, que por disciplinadora crueldade assegurou a coesão do exército.[63]

Tucídides, pelo contrário, não firma a virtude pelo imperativo do êxito político que opere inclusive contra a tradição moral da comunidade, antes, reitera seus valores e preceitos por eles identificando a excelência (*areté*).[64] Emblemática de tal exemplaridade é assinalada pelo elogio que Tucídides tece da figura de Nícias, o qual se conduziu virtuosamente ao longo de toda sua vida, mas cujo destino foi selado pelo mais injusto e imerecido infortúnio.

Tomando como princípios em que fundamenta a argumentação de sua tese, Palmer conjuga a hermenêutica de Leo Strauss[65] com as concepções e metodologia em voga em tempos pós-modernos.[66] Por essa confluência de diretrizes analíticas Palmer resgata as

---

62   "Machiavellian *virtù* consists in being 'virtuous' (in the traditional sense) when it is politically expedient, and 'vicious' (in the traditional sense) when it is politically expedient" (Palmer, 1989: 368).

63   Palmer (1989: 367-368).

64   "Thucydides, too, has a normative teaching, but it differs significantly from Machiavelli's. And I submit that the purpose of Thucydides' selective attributions of *areté* in his own name differs significantly from the purpose of Machiavelli's attributions of *virtù*, in accord with his different normative teaching. Where Machiavelli is prescribing a new moral perspective in ascribing *virtù* to particular individuals, Thucydides is rather reflecting the moral perspectives of particular individuals to whom he ascribes *areté*" (Palmer, 1989: 371).

65   Palmer assim expressamente o consigna: "I am broadly and deeply indebted to Strauss's interpretation of Thucydides" (Palmer, 1989: 382 nota 14).

66   Confiram-se especialmente a proposição central que estrutura a análise de Palmer ("The suggestion I wish to pursue is that even explicit judgements presented in Thucydides' own name, in this instance, his attributions of *areté*, can only be understood properly with reference to their narrative contexts, and are, in turn, meant reciprocally to guide us in our understanding of those narrative contexts. These, in turn, cannot be extracted from their context within the dramatic structure of the narrative as a whole. Thucydides' very selective employment of the word, *areté*, in his own name is thus in accord with his complex and reticent manner of writing altogether" (1989: 371-372), a qual, em remissão a uma nota de rodapé, firma o vivo entusiasmo de Palmer pelos modos analíticos propugnados pelo *Tucídides* de Connor ("These sorts of considerations are crucial for understanding many of the alleged defects of Thucydides' 'history': his 'unscientific' attention to acts of piety and impiety; his apparently pointless and cumbersome 'digressions'; indeed, the dramatic structure of the narrative as a whole. Connor *Thucydides* is such a marvelously successful study in part because he is so acutely sensitive to the nuances of Thucydides' narrative techniques. It is worthwhile to consult Connor on any passage in Thucydides" (1989: 383 nota 21).

Antigos e modernos 221

projeções éticas enquadradas pela história tucidideana, cujos preceitos e valores morais centrados nas conquistas civilizatórias e ideal de bem comum que a pólis grega instaura, melhor se vislumbram pela apreensão interpretativa dos nexos narrativos supostamente induzidos pela trama concatenadora dos acontecimentos, destacando-se especialmente as intrigas que quer os episódios de Micalessos, da *stásis* em Corcira, e do *Diálogo de Melos*, quer os nomes de Péricles, Diodoto, Arquidamo e Nícias catalisariam a enredar a ética tucidideana.[67] Pelo que, conclui Palmer, *Tucídides não é Maquiaveliano*.

Contrapondo, então, as opostas orientações porque Tucídides apreciasse superiormente a política virtuosa de Nícias, assim moderada e piedosa, contra a gananciosa de Alcibíades, de irrestrito imperialismo, Palmer deixa no ar seu recado aos conterrâneos porque aprendam a melhor lição que a história do ateniense disponibiliza(ria) a todas as nações: "Tucídides deseja que seus leitores de melhor discernimento entendam que nem estes Atenienses 'Maquiavelianos' e sua 'nação', nem qualquer outra nação assim projetada e assim empenhada, pode durar muito".[68]

O acadêmico americano intenta, pois, soltar Tucídides de quais amarras (neo)realistas prendam e comprimam seus horizontes de melhor moralidade cívica. A apreciação da consciência política de Tucídides (re)toma orientações de *republicanismo* antes zeloso de uma ética humanista, assim entendendo que "a *virtù* do florentino mais trai do que traduz a *areté* do ateniense".

Tucídides e Maquiavel, ao que argumenta Steven Forde em artigo de 1992[69], não conjugam uma mesma, e unívoca que fosse, concepção de *realismo político*. Ao florentino certamente se deve imputar a modalidade extremada ou radical, propriamente entendida como *power politics*, indiferente e mesmo contrária a injunções de ordem moral. Já o ateniense responde pela variante *moderada*, que, pelo contrário, vislumbra e atende a reclamos éticos.[70]

---

67   Abordaremos essas configurações analíticas voltadas para o resgate da ética tucidideana, particularmente privilegiadas no âmbito do "Tucídides pós-moderno" em volume vindouro dedicado à evolução da trajetória de memorização da obra de Tucídides na segunda metade do século XX.

68   "Thucydides wishes his most discerning reader to understand that neither these Athenian 'Machiavellians' and their 'nation', nor any nation so conceived and so dedicated, can long endure" (Palmer, 1989: 381).

69   A consideração do artigo de 1995 que consolida as reflexões do de 1992, mais o desdobramento que a reflexão de Forde ganha com o texto de 2000, serão devidamente abordados no volume vindouro das *Modernidades Tucidideanas* consagrado aos (neo)realismos do século XX.

70   "Part of my thesis is that while both Thucydides and Machiavelli hold to a rather extreme realism in international affairs, they differ on the issue of general ethical skepticism. Here, I believe Machiavelli is more thorough or extreme, his international realism being only part of a thoroughgoing ethical realism, while Thucydides tries

222   Francisco Murari Pires (org.)

Pelo Maquiavel do retrato fordeano, a questão determinante do realismo político consiste em fortalecer e expandir o poder do Estado, cuja melhor segurança e predomínio impõe necessariamente um imperativo imperialista, assim estimado como o modo de seu destino universal no horizonte das ambições humanas.[71] Não há lugar aqui para quaisquer concessões zelosas de valores éticos ou escrúpulos de moralidade.[72] Ao sobrepor a política à ética, tanto politiza esta quanto imoraliza aquela.[73] Não hesita em recomendar que o estadista oculte dos olhos do público a crueza realista de sua política, valendo-se quer da hipocrisia de suas declarações quer dos engodos de suas dissimulações.[74] O estadista idealizado por Maquiavel, porque liberado de toda restrição moral, dedica-se a executar o jogo da (alegada) necessidade que dita a razão de Estado, e assim compraz-se com as guerras e vale-se da anarquia do cenário internacional, não tendo por alvo senão desígnios imperialistas, por cruentos que sejam.[75] Em consonância com esse ideal, ele próprio, Maquiavel, ao descrever em suas análises cenas das mais cruéis lutas de facção,

---

to defend the theoretically more difficult position that international realism need not entail universal moral skepticism" (Forde, 1992: 373).

71   Em volume vindouro das *Modernidades Tucidideanas*, especialmente consagrado ao diálogo que os (neo) realismos políticos da segunda metade do século XX tecem com Tucídides, examinaremos os determinantes hermenêuticos porque Steven Forde consagra tal visão da *power politics* maquiaveliana, especialmente apreciando os nexos com as interpretações propostas informadas pela leitura que Mark Hulliung tece de Maquiavel.

72   "Machiavelli believes that the tension between morality and necessity can and should be resolved – in favor of necessity. Machiavelli transforms both virtue and the ideal of political community so as to make them conform wholly with realist necessity, though this removes their traditional moral content ... Properly managed, the influence of necessity is wholly salutary for Machiavelli" (Forde, 1992: 384).

73   "Machiavelli separates the political and the ethical, as is often said, making politics autonomous. But while politics for Machiavelli is independent of ethics, ethics is not independent of politics" (Forde, 1992: 380).

74   "Machiavelli regards any such tempering of realism as an unwarranted sacrifice of security. He naturally has no hesitation in recommending that statesmen conceal the realism of their policies through hypocrisy and thoroughgoing deceit, practiced not only against outsiders but fellow-citizens, in republican and autocratic regimes alike" (Forde, 1992: 389).

75   "Machiavelli, having freed himself from every restraint of this kind, revels in necessity, revels in war, and unabashedly proposes the goal of mastering the international environment through violence and imperialism. Unlike Thucydides, or the realists of today, Machiavelli does not cherish international peace and stability; he disdains even the balance of power. His prince thrives on international anarchy and *Machtpolitik*. It is unthinkable that a Thucydidean statesman should take this attitude or advocate 'mastery' of the world in the Machiavellian manner" (Forde, 1992: 387-388).

Antigos e modernos 223

não se deixa perturbar por compaixões humanistas, antes permanece isento e mantém frio distanciamento, se é que não tem por elas ensejos de diversão.[76]

Pelo Tucídides do retrato fordeano, a questão crucial do realismo político consiste em preservar a integridade do corpo social, cuja melhor razão humana aconselha moderar as ambições do poderio que perdem a ética da vida comunitária.[77] O realismo consagrado pela história tucidideana envolve o relato dos acontecimentos em horizontes humanitários, significativamente espelhados nos episódios de Micalessos, da *stásis* em Corcira, e do *Diálogo de Melos*. Pelo jogo dos sentidos induzidos pela construção narrativa reafirmam-se os valores e convenções da comunidade, de modo que o realismo político é enquadrado em perspectiva ética e propugnado como teoria moral. A história tucidideana comporta a dimensão moral, humana que conforme a razão da política, assim reclamada contra a estrita observância das injunções que sejam ditadas como a absoluta razão da necessidade e do interesse que negam a justiça e a moral e terminam por arruinar a comunidade. Os ímpetos cegamente expansivos do imperialismo são, pois, acusados, a aconselhar sua contenção moderada. Eis a solene lição que a História de Tucídides disponibiliza pelas intrigas narrativas do realismo político por ela observado, recusando-se a admitir que a imoralidade seja sua condição inquestionável.

Na apreciação que Forde tece do realismo político configurado pelos relatos históricos da Guerra do Peloponeso ganha relevância especial a análise, algo enviesada[78], com que ele ajuíza a narrativa tucidideana dos modos espartanos que desencadearam o conflito bélico com Atenas, neles apreendendo a *hipocrisia* que os conforma. Os espartanos, ao que (re)diz a leitura fordeana de Tucídides, foram forçados a mover a guerra em razão dos temores suscitados pela expansão imperial de Atenas, assim calculando que a mesma a desfavorecia na balança de poder das relações internacionais. Embora conscientes desta motivação real, eles não a expõem em público abertamente, pois os argumentos amorais do realismo não são declaráveis como tal, e mesmo dificilmente admissíveis até na privacidade da consciência espartana. Ao invés disso, Esparta alega "injustiças" praticadas da parte de Atenas que justificavam declarar-lhe guerra, e por

---

76 "For Machiavelli, men and politics must simply adapt themselves to political realism, and there is no 'lament' for those who fail to do so. As a Florentine and an Italian patriot, he is greatly chagrined at the prostration of his native city and province; but even when writing as a Florentine, Machiavelli details the cruelest scenes of factions strife in his native city with cold detachment, if not amusement or glee" (Forde, 1992: 381).

77 Também para o retrato fordeano de Tucídides examinaremos posteriormente em nossos estudos a agora forte marca straussiana que conforma sua percepção.

78 A razão desta (des)qualificação será justificada no volume das *Modernidades Tucidideanas* consagrado ao diálogo de Hobbes com Tucídides, em que justamente contraporemos nossa leitura do princípio etiológico que, no nosso entender, estrutura a narrativa que Tucídides dá das causas da guerra.

224   Francisco Murari Pires (org.)

estas alegações mascara seus reais motivos e razões. Tal jogo de (dis)simulações da causas (in)justas da guerra revelam, no entender de Forde, a *hipocrisia* com que Esparta equaciona sua filosofia política. Tal hipocrisia, entretanto, comporta um aspecto positivo, assim evidenciado pelos efeitos negativos que, pelo contrário, a aberta e franca admissão pública da crueza realista da filosofia política ateniense catalisou como fator de sua ruína ao desintegrar a coesão social interna da comunidade porque infectada pelo imoralismo com que comandava sua política externa imperialista. Nesse sentido, a hipocrisia dos estadistas espartanos configura um certo ideal, pois, por ela se preserva a coesão social e salva a comunidade, constituindo *a homenagem que a virtude paga ao vício.*[79] Na medida em que a narrativa induz esse sentido para a melhor inteligibilidade do episódio, a história recomendaria favoravelmente tal procedimento de hipocrisia política ao estadista de fundamentação tucidideana.[80]

Mas, ao que prossegue a argumentação de Forde, o sentido maior da lição histórica tucidideana porque se configure a melhor virtuosidade do estadista aponta além dos parâmetros limitativos desse recurso de astúcia política. No seu entender, Tucídides firma como realismo modelar de filosofia política aquele que elege a *moderação* por princípio e fundamento. Por tal figura modelar de estadista tucidideano, Forde dirige então seu recado aos (neo)realistas americanos de seu tempo. Estes, exasperaram-se com a resistência que a orientação democrática moveu contra a orientação realista com que os acadêmicos instruissem as diretrizes da política americana, desde e especialmente pelas formulações de Hans Morgenthau. Acusaram, nesse sentido, os equívocos ingênuos porque pecava a obstinação moralista da democracia. Se bem lido Tucídides, entretanto, o ensinamento por que melhor se oriente a política da nação revela as razões de um realismo mais sério e profundo que o superficial e leviano dos (neo)realistas contemporâneos, inscientes de que as comunidades, desde sempre na história, sadiamente resistem na salvaguarda de

---

79   "This hypocrisy may be viewed as either laughable or repugnant, but as readers of Thucydides we must realize that it is the common way of states. States are forced by realist necessity to violate moral principle from time to time but generally refuse to admit to others, or even to themselves, that they are doing so. All the while they excoriate others for doing likewise. The Athenians, with their frank espousal of a realist creed, disdain hypocrisy; but the fate this honesty brings them forces us to reassess its merits. Athens' self-destruction shows that hypocrisy has the virtue at least of insulating the political community somewhat from the corrosive effects of realist necessity. Thucydides' *History* as a whole gives us a certain appreciation of the function hypocrisy as a shield for community morality. One might say that this hypocrisy is the homage that virtue pays to vice" (Forde, 1992: 388).

80   "... Thucydides seeks to preserve the moral achievement that can be found in political community. Since that achievement is threatened by all sorts of necessity, in particular the necessities of international politics, anything that insulates the community from the harsh realities of international relations, or mitigates the pressure of international necessity on it, must be regarded favorably by the Thucydidean statesman" (Forde, 1992; 387).

seus valores morais, razão porque reclamam uma política que minore a razão estatal do realismo em prol dos fins de seus ideais éticos.[81]

Nem tudo, porém, assim se equaciona a tranquilizar o espírito da América, pois a oscilação pendular da velha hermenêutica que joga a história entre a ciência e a arte retorna também sua atração deste pólo de gravidade para aquele pelas leituras tucidideanas de Gregory Crane. Em *The Blinded Eye*, de 1996, a via trilhada pela interpretação da História de Tucídides é, de novo, decididamente a da ciência: por discurso que opera uma percepção dos acontecimentos em termos "gerais e abstratos", Tucídides "antecipa a análise científica, é um seu precursor".[82] Pela logística estrita com que a narração é estruturada sob a forma de "um discurso de viés axiomático universalizante", a obra tucidideana aponta avanços de tipo matemático, assim aflorando o que seriam os modos futuros da geometria de Euclides e Arquimedes. Nascido no século V ateniense, Tucídides "inventou uma forma de História"; fosse em tempo posterior, vislumbra Crane, "poderia ter-se voltado para a Matemática".[83] A leitura de Crane navega ao largo da hermenêutica conterrânea do pós-modernismo tucidideano, vigorosa nos anos anteriores. A única aproximação por que Crane lembra as afinidades "literárias" da arte de Tucídides é feita em tom de advertência, a antes desrecomendá-la: "Precisamos ser cautelosos e não tomar por certo as elaboradas técnicas narrativas e descritivas desenvolvidas posteriormente pelos romancistas europeus, e assumir que Tucídides pudesse escrever como um Gibbon ou mesmo um Plutarco, por um lado, ou um Dickens ou um Zola, por outro".[84] Se o alvo da mensagem crítica de Crane não referencia declaradamente a hermenêutica americana do pós-modernismo, por suas alusões, entretanto, certamente a intriga.

---

81   "American realists of the past two generations have occasionally displayed exasperation at the resistance of democratic politics to their policy recommendations (e.g. Morgenthau [1951] 1982). This resistance comes partly from the naïve democratic belief that moral principles can and should apply in international relations as they do in domestic politics. Thucydides' analysis suggests however that this resistance is not simply 'naïve', and exasperation at it reflects a failure to grasp one of the most important problems of realism. Communities resist realism partly out of a need to protect their moral consensus. A Thucydidean statesman, in consideration of this, would unquestionably indulge national hipocrisy to a degree, but would also minimize the realism of this policy, since hypocrisy cannot conceal every immorality. Moreover, the power of those passages in his *History* where the ethical outlook comes most to the fore indicates that for Thucydides realism should be tempered not only for expediency's sake – for the long-term survival of the community – but out of an independent moral concern. Though hypocrisy helps, moderation appears as the most important part of Thucydides' imperfect solution to the moral problem of realism" (Forde, 1992: 388-389).

82   Crane, 1996: xiii.

83   Crane, 1996: 23.

84   Crane, 1996: 7.

226   Francisco Murari Pires (org.)

E eis que Crane traz(ia) Tucídides de volta próximo a Maquiavel. Em dezembro de 1995, poucos meses antes da publicação de *The Blinded Eye*, ele compõe uma resenha crítica do livro de Robert Hariman – *Political Style: The Artistry of Power*.[85] Há inteligência aguda e sutileza perspicaz nessa (re)leitura do *maquiavelismo* apreciado como *arte do poder*, justamente porque divergente do esquema popular, simplista e redutor, vigente na política americana que intenta tornar imediata e automática a identificação do *realismo* praticado testando-o por uma tabela classificatória de características alternativas.[86]

Porque particularmente estudioso de Tucídides, Crane entusiasma-se pela caracterização que Hariman oferece do *estilo político realista* exemplarmente figurado por Maquiavel e que Crane estende do pensamento do florentino para a narrativa do ateniense.[87] As afinidades que, então, aproximam Tucídides de Maquiavel respeitam, diz Crane:

> à sutileza persuasiva induzida pelo modo de enunciação objetiva do relato como a mera expressão dos fatos que se impõe contra os artifícios artísticos que a viciem;[88]
>
> à concepção do *poder* apreendido por uma espécie de modelo *topográfico*, em que os impulsos humanos pela *dominação imperialista* se realizam como força gravitacional, arrastando os homens de todos os tempos a estenderem-na por todos os espaços e lugares da terra, com a mesma

---

85   *Bryn Mawr Classical Review*, dezembro de 1995, resenha 9.

86   "Different realists vary this set of assumptions, which come to assume the role of litmus tests popular in American politics: one text even helpfully includes a table of 'realist assumptions' and who shares them – thus further reducing the concept of realism to a checklist. Since many people use these sets of assumptions to define their relationship to realist thought, these labels constitute an important and legitimate hermeneutic tool, but they do not tell the whole story any more than do the labels by which any group, western or non-western, ancient or modern, 'dominant' or 'marginal' defines itself. Hariman's analysis leaves these well-known labels aside. Instead, his model of realist style is much more powerful, and its power lies in the attention which he pays to text and language and to style – elements which realist authors have (for reasons Hariman pursues) generally avoided. Hariman provides a different and (in my view) much more compelling account of Machiavelli, his influence and, indeed, a central force in modern political thought precisely because he does not marginalize language in his search for some 'scientific' truth" (Crane, 1998: BMCR 95.12.09).

87   "As a student of fifth-century ideologies and especially of Thucydides, however, I found the chapter on the realist style (which makes only brief direct references to classical antiquity) particularly germane, and it is to this that I will turn for the remainder of this review. *The Realist Style* Hariman's chapter on Machiavelli is the best description of political realism that I have yet had the good fortune to find" Crane (1995: BMCR 95.12.09).

88   "First, Machiavelli seeks to define 'his subject against an alternative; this technique persuades the reader of the artlessness not only of Machiavelli's text but of power itself.' The apparent candor of Thucydides and the author's self-effacement are among the most carefully studied aspects of Thucydidean style. Thucydides attempts to present a narrative that perfectly mirrors its subject and presents 'just the facts', but the apparent artlessness of his narrative, whether consciously contrived or not, contributes to its subtle power" (Crane, 1995: BMCR 95.12.09).

Antigos e modernos   227

atração de irresistível fluência que move o curso do rio a desaguar no destino maior que suas águas perseguem;[89]

ao primado imposto à consideração da realidade efetiva dos fatos porque a ciência maquiaveliana da política rejeita a tradição dos textos eruditos secularmente consagrada desde a Antiguidade e a ciência tucidideana da história similarmente ataca as tradições míticas prestigiadas pelos nomes de venerandos poetas;[90]

e à contradição inerente a todo discurso de ambição realista em que a linguagem intenta, pela razão de seus cálculos previsivos, dominar a realidade conflituosa do jogo de forças que atuam no

---

89   "Second, Hariman describes Machiavelli's view of power as 'topographic', and illustrates this outlook with a quote from George Kennan's Machiavellian analysis of Soviet Power: Russian 'political action is a fluid stream which moves constantly, wherever it is permitted to move, toward a given goal. Its main concern is to make sure that it has filled every nook and cranny available to it in the basin of world power.' 'The shift from textuality to topography', according to Hariman, 'creates a gravitational pull toward imperial formulations. When power is understood in terms of speech, it is checked, relational, circumscribed by the exigencies of being heard by an audience or understood by a reader, and always awaiting a reply. When power is understood in terms of vision it is unchecked, expansive, requiring only the movement of the person seeing to acquire the means for complete control of the environment. Machiavelli is comprehensible as the exponent of the modern state not because he described the state but because he composed a discourse capable of carrying the expansive potential in state power (41-42)'. The irresistible fascination of power is, of course, a major theme throughout Thucydides' *History*. At the climax of the Funeral Oration (Thucydides' closest approximation to idealist discourse), Perikles calls upon the Athenians to lose themselves in worship of Athens' power (2.43). In the opening section we hear that fear, not loyalty and friendship, allowed Agamemnon to assemble the expedition against Troy (1.9). In their first speech of the *History*, the Athenians argue that the quest for power – the combined influence of advantage, fear and honor – constitute natural influences: the Athenian acquisition of maintenance of empire is thus no more than human and should arouse no ill will (1.76). The 'topographic' model of power as an irresistible 'gravitational' pull is very similar to the model of Athenian acquisitiveness presented by the Corinthians at 1.67-71 and the more general analysis of imperialism by Alcibiades at 6.16-18" (Crane, 1998: BMCR 95.12.09).

90   "Third, the rejection of textuality may at first seem not to apply to Thucydides. When Erasmus wrote the *Institutio Principis Christiani*, he drew upon a continuous written textual tradition that was two thousand years old. 'Learned' texts of this type were inconceivable in the fifth century BCE, because the written textual tradition in general and prose in particular were still in their infancy: Stewart Flory has argued strongly that Herodotus composed the first book-length prose text. Thucydides himself did much (perhaps too much) to establish conventions for the prose monograph. Nevertheless, thin as the textual tradition may have been, comparatively speaking, Thucydides establishes for himself a position much like that which Hariman attributes to Machiavelli. Thucydides opens his history with a revisionist analysis of the distant past in which he dismisses heroes and heroic poets as well, and where Homer comes in for explicit attack. Recent as prose writing may have been, Thucydides refers (disparagingly) to his predecessors, citing Hellanicus (Thuc. 1.97.2), and the famous boast at 1.22 that his history will be an 'heirloom for all time' glances defensively at unnamed others who compose to give pleasure rather than instruction. Most readers have felt that Herodotus (never explicitly mentioned) looms over Thucydides' text. Thucydides' insistence at 1.22 on direct observation, cross- checking and analysis and his suspicion of orality reflect a compulsion to base his words on some tangible reality." (Crane, 1998: BMCR 95.12.09).

228   Francisco Murari Pires (org.)

mundo, mas cuja estratégia de retórica discursiva termina antes por paradoxalmente ser desmentida pelos próprios fatos relatados.[91]

Crane, leitor de familiaridade textual tucidideana, assimila a percepção de realismo que Hariman, leitor de familiaridade textual maquiaveliana, formula, de modo que a aproximação pretendida de Tucídides para com Maquiavel equivale à colagem das leituras porque a hermenêutica de Crane se aproxima da de Hariman. Se os desígnios do realismo em tempos de Guerra Fria apontados pela visão que George Kennan projeta da União Soviética propiciam, pela hermenêutica de Hariman, apreender a inteligibiliade que delineia os desígnios do realismo apontados pelo retrato que Maquiavel desenha para a Itália seiscentista, e por estes se alcança, pela hermenêutica de Crane, os desígnios do realismo apontados pelo olhar com que Tucídides percebe Alcibíades e os atenienses de seu tempo, a intriga das leituras encadeadas enseja ainda, como desfecho, a persistência da antiquíssima tese: eis a natureza humana que se repete pelos milênios de nossa história. Assim veladamente o implica a sentença conclusiva com que Crane adverte os (neo)realistas da América contemporânea: *Realism may have its attractions, but reality is hard to pin down.*

---

91   "Fourth, I would like to conclude with the tension that Hariman locates in Machiavelli's realist style. "When political intelligence is represented as the calculation of forces in a real world, then political rhetoric becomes its shadow and political commentary the futile attempt to discern the light in the shadows. Thus, his strategies for aggrandizing his own text ultimately work against him. By setting his discourse over the other writers, Machiavelli set in motion an attack upon all political discourse that has to destroy his own position. *The Prince* is not enigmatic, strictly speaking, but the experience of reading it is paradoxical. Machiavelli's reader loses through the act of reading itself the resources for integrating this political treatise into the political world (48-49).' The parallel with Thucydides is not, I think, as close in this case as in the others, but the general problem – the inherent contradiction of the realist text – confronts both writers. Many, if not most, of those who have studied Thucydides closely have come away with the suspicion that he never resolved in his own mind the tension between language and reality, even between *logos* and *ergon* (or 'realism' and 'idealism', to use two anachronistic terms). The Athenians not only dominate the *History*. They also approach more closely than any other actors a heroic status – at least by Thucydides own terms – for the Athenians, as they move from their speech at Sparta to the Mytilenean debate and finally arrive at the Melian dialogue – bring their words and actions into progressively closer alignment. Even so, Athenian realism emerges as yet another rhetorical strategy and a questionable guide to decision making. The Athenian Euphemus delivers perhaps the most ironic speech in the entire history and in so doing dramatizes the uncertainty of the realist style. Pretending to a candor that is false and a realism that seeks to deceive, he tells the Sicilians that Athens can have no designs upon Sicily because imperialist expansion is not in Athens' interest (6.76). The irony is that Euphemus, although consciously lying (the Athenian expedition was sent to conquer Sicily), is actually telling the truth, for, in the event, the Athenian imperialist expedition is a catastrophe from which Athens never fully recovers" (Crane, 1998: BMCR 95.12.09).

Ao purificar Tucídides exorcizando-o das danações do maquiavelismo moderno com que o contaminam os pródromos do (neo)realismo político,[92] ou, pelo contrário, a novamente aproximar um do outro, a academia americana por fins do segundo milênio vislumbra, à semelhança, mas também em contrapartida, do apelo do General Marshal em Princeton no despertar da *Guerra Fria* meio século antes, o ideal de um (novo) modelo de "estadista" que melhor aprenda as lições tucidideanas, quais sejam os teores, mesmo reversos, de (neo)realismos que suas leituras ensejem.

De um momento, por inícios do século XX com Bury, ao outro, já fins de milênio, com Palmer, Forde e Crane, substituem-se as vozes que, (re)compondo o diálogo com Maqiavel, preenchem, pelas preferências de seus próprios ecos, os silêncios da palavra tucidideana.[93]

Referências bibliográficas

BONDANELLA, Peter E. – *Machiavelli and the Art of Renaissance History*, Detroit, Wayne State University Press, 1973.

BURY, John Bagnell – *Ancient Greek Historians*, New York, Dover, 1958 [1911].

COCHRANE, Eric – *Historians and Historiography in the Italian Renaissance*, Chicago & London, The University of Chicago Press, 1981.

DUVERNOY, J.F. – *Para conhecer o pensamento de Maquiavel*, tradução de Suely Bastos, Porto Alegre, L&PM Editores, 1984.

FORDE, Steven – International Realism and the Science of Politics: Thucydides, Machiavelli, and Neorealism, *International Studies Quarterly* 39.2 (1995): 141-160.

FORDE, Steven – Varieties of Realism: Thucydides and Machiavelli, *The Journal of Politics* 54.2 (1992): 372-393.

GRAZIA, Sebastian de – *Maquiavel no Inferno*, tradução de Denise Bottman, São Paulo, Companhia das Letras, 2000.

JOHNSON, Laurie M. – *Thucydides, Hobbes and the Interpretation of Realism*, De Kalb, Nothern Illinois University Press, 1993.

JOHNSON-BAGBY, Laurie M. - The Use and Abuse of Thucydides in International Relations, *International Organization* 48, 1994: 131-53.

---

92 Veja-se, similarmente, a abordagem que Laurie Johnson empreende a dissociar a figura de Tucídides das projeções hobbesianas de realismo político nas obras indicadas na bibliografia e que analisaremos mais detidamente no volume das *Modernidades Tucidideanas* consagrado a Hobbes.

93 Todas estas abordagens serão detidamente analisadas em outra obra respeitante à trajetória contemporânea (século XX) de memorização da identidade historiográfica de Tucídides, particularmente subsumida pelo título de "Tucídides e o (Neo)Realismo Político: uma crônica americana".

230 Francisco Murari Pires (org.)

KLEE, Udo – *Beiträge zur Thukydides-Rezeption während des 15. und 16. Jahrhunderts in Italien und Deutschland*, Frankfurt am Main-Bern-New York-Paris, Peter Lang, 1990.

LARIVAILLE, Paul – *A Itália no tempo de Maquiavel: Florença e Roma*, tradução de Jônatas Batista Neto, São Paulo, Companhia das Letras, 1988.

LEFORT, Claude – *Le Travail de l'oeuvre: Machiavel*, Paris, Gallimard, 1972.

MACHIAVELLI, Niccolò – *The Discourses of Niccolò Machiavelli*, 2v., translated from the Italian with an Introduction and Notes by Leslie J. Walker, London, Routledge and Kegan Paul, 1950.

MACHIAVELLI, Niccolò – *Arte della guerra e scritti politici minori*, a cura di Sergio Bertelli, Milano, Feltrinelli Editore, 1961.

MACHIAVELLI, Niccolò – *Il Principe* e *Discorsi* sopra la prima deca di Tito Livio, con introduzione di Giuliano Procacci e a cura di Sergio Bertelli, Milano, Feltrinelli Economica, 1977.

MACHIAVELLI, Niccolò – *Opere. III Lettere*, a cura di Franco Gaeta, Torino, Unione Tipografico-Editrice Torinese, 1984.

MACHIAVELLI, Niccolò – *Lettere a Francesco Vettori e a Francesco Gucciardini (1513-1527)*, a cura di Giorgio Inglese, Milano, Rizzoli, 1989.

MACHIAVELLI, Niccolò – *O Príncipe*, 2ª edição, introdução de Isaiah Berlin, tradução, prefácio e notas de Lívio Xavier, em apêndice uma Carta de Niccolò Machiavelli a Francesco Vettori, Rio de Janeiro, Ediouro, 2001.

MAQUIAVEL – *Comentários sobre a Primeira Década de Tito Lívio*, tradução de Sérgio Fernando Guarischi Bath, Brasília, Editora Universidade de Brasília, 1979.

MAQUIAVELO, Nicolás – *Epistolario 1512-1527*, introducción, edición y notas de Stella Mastrangelo, México, Fondo de Cultura Económica, 1990.

MARTELLI, Mario – *Machiavelli e gli Storici Antichi. Osservazioni su alcuni luoghi dei Discorsi sopra la Prima Deca di Tito Livio*, Roma, Salerno Editrice, 1998.

NAJEMY, John M. –*Between Friends. Discourses of Power and Desire in the Machiavelli-Vettori Letters of 1513-1515*, Princeton, Princeton University Press, 1993.

PALMER, Michael – Machiavellian virtù and Thucydidean areté: Traditional Virtue and Political Wisdom in Thucydides, *The Review of Politics* 51 (1989): 365-385.

SASSO, Gennaro – *Machiavelli e gli Antichi e altri Saggi*, tomo III, Milano, Riccardo Ricciardi Editore, 1988.

VIROLI, Maurizio – *Machiavelli*, Oxford, Oxford University Press, 1998.

VIROLI, Maurizio – *Niccolò's Smile. A Biography of Machiavelli*, translated from the Italian by Antony Shugaar, New York, Farrar Strauss and Giroux, 2000.

WOODWARD, A.M. – Greek History at the Renaissance, *The Journal of Hellenic Studies* 63 (1943): 1-14.

Piadas impressas e formatos da narrativa humorística brasileira

de Pafúncio Pechincha a Sérgio Buarque dos Países Baixos

Elias Thomé Saliba
(DH/FFLCH/USP)

Nos últimos anos, apesar do esforço dos historiadores e cientistas sociais no sentido de uma abordagem cultural e multidisciplinar do humor, as pesquisas psico-biológicas e genéticas do riso tomaram a dianteira. Nos cenários de futuros pós-humanos, desenhados pelas promessas (ou ameaças) da genética e da robótica, alimentado pela divulgação sensacionalista de centenas de magazines, surgiu até uma rebarbativa Gelotologia – uma ciência exclusivamente dedicada ao estudo do riso. Todas as pesquisas se concentram em determinar em qual região do cérebro reside o senso de humor – geralmente situada no lobo frontal direito. (Muitas universidades europeias e norte-americanas já possuem os seus laboratórios ou "oficinas do riso" – como na Universidade de Michigan, que inaugurou recentemente um "Laboratório de Emoções Positivas").[1] Sem se perguntar a respeito das finalidades – que para nós, redundariam em incontroláveis esquemas de domesticação – tais programas ambicionam encontrar o centro do humor no cérebro – ou os mecanismos neuro-fisiológicos do cômico – esquecendo-se, obviamente, que o riso é fundamentalmente emocional e produzido, criado ou recriado a partir de artefa-

---

[1] No mais abrangente indicativo bibliográfico internacional sobre o riso e o humor, os títulos enquadrados na fisiologia, ciências do comportamento e psicologia aparecem em quantidade muito maior em relação às ciências sociais e humanidades. Cf. Jeffrey Goldstein, e outros. Orgs., *It´s a Funny Thing, Humour*. Oxford, Pergamon Press, 1997. O debate clássico, articulado nos limiares e fronteiras da interdisciplinaridade está resumido em Morreall, John. *Taking Laughter Seriously*. State University of New York Press, 1993.

232   Francisco Murari Pires (org.)

tos da própria cultura das sociedades. Sem prejuízo de suas contribuições, é necessário prestar atenção nestas pesquisas porque elas, não raro, apropriam-se do tema humorístico, retirando-o do campo das humanidades, hipertrofiando suas funções médicas e esvaziando-o de sua força representativa.

Ainda que tais constatações e explicações sejam corretas como premissas – elas são limitadas, pois ainda se prendem a definições funcionalistas que reduzem o humorístico a um procedimento ou a uma técnica, ignorando sua força representativa. O humor não é só um mecanismo da "boa saúde" ou técnica para produzir o riso, não faz parte da natureza das coisas e dos homens – embora assim ele nos seja quase sempre apresentado. Entre tantos outros, é um índice de como as sociedades se representam – e um índice tanto mais significativo porque fortemente ligado às emoções. Acreditamos que uma das tarefas centrais de uma história cultural do humor é estabelecer condições e fundamentos empíricos para um diálogo crítico com tais vertentes. Por tudo isto, consideramos que já é mais do que oportuna uma história construída a partir dos leitores das páginas humorísticas.

Estas afirmações gerais vêm a propósito de se considerar o quanto a linguagem humorística brasileira foi inventada e criada a partir das mais variadas e efêmeras formas de impressão, de circulação e de difusão da cultura – sendo as mais conhecidas – os jornais e as revistas semanais. A produção humorística impressa dilui a separação entre o autor e o público, por algumas boas razões, que passamos a considerar.

1. O humorista geralmente evita ser nomeado como autor – usa cognomes, pseudônimos ou um *alter ego*; não quer ser visto como alguém que escreve ou se dedica a coisas fúteis – chegando, no limite, a renegar suas próprias produções.

2. Ele não insiste muito sobre a originalidade de suas criações ou dos protocolos de autoria – geralmente quebra tais protocolos ou joga sobre eles o manto da indeterminação ou de algum mistério. Aqui é difícil resistir à tentação de recorrer à metáfora da máscara do palhaço.

3. Quanto ao público que lê humorismo, diríamos que ele também partilha do efêmero – ele sabe que aquilo é passageiro e circunstancial – mas, também se importa pouco com a qualidade do que lê – o que ele quer, é espírito, graça, sorriso iluminador – enfim ele quer rir ou, pelo menos, se divertir.

4. Finalmente, importa ressaltar que o conteúdo do jornal ou da revista – já dizia Tretiakov – "é um material que recusa qualquer forma de organização e de hierarquia senão aquela que lhe impõe a impaciência do leitor". Transformando-se, assim, no espaço no qual o leitor talvez mais ganhe o seu acesso à autoria.

Nos limites desta exposição vamos trabalhar apenas com dois flashes que marcam dois momentos muito peculiares de improvisação deste espaço efêmero e pitoresco, de

Antigos e modernos   233

íntima aproximação entre o autor e o leitor, que é a piada impressa. Vamos designá-los primeiramente pelos pseudônimos sob o qual se esconderam. O primeiro escreveu em meados do século XIX, e ficou conhecido pelo nome de Pafúncio Semicupio Pechincha. O segundo, se apresentou com o nome de Sérgio Buarque dos Países Baixos.

***

Pafúncio foi o autor de uma espécie de primeira taxionomia do humor brasileiro – *A Encyclopédia do Riso e da Galhofa*. Inspirada nos moldes das revistas humorísticas do século XIX, a Encyclopedia do Riso e da Galhofa, foi provavelmente publicada em fascículos e depois reunida em dois fornidos volumes, no ano de 1863. Quase desconhecida, ela é anunciada como sendo de autoria de Pafúncio Semicupio Pechincha, cognome de Patusco Jubilado, na verdade um estapafúrdio pseudônimo atrás do qual se escondia Eduardo Laemmert.[2]

Uma análise completa desta enorme Enciclopédia do Riso e da Galhofa demandaria um trabalho específico – mas, pela sua importância e caráter único nesta época, merece de nossa parte pelo menos algumas breves indicações. O subtítulo, enorme, praticamente anuncia os 2648 verbetes (chamados de "ramalhetes", mesma designação dada às vezes nos seus escritos por Gregório de Matos), mas que não são organizados e nem dispostos de forma ordenada ou seguindo algum padrão. Embora seu formato constitua um esforço para inspirar-se nos moldes oitocentistas clássicos das enciclopédias, que buscavam uma

---

2   *Encyclopedia do Riso e da Galhofa em prosa e verso, illustrada com caricaturas e offerecida aos inimigos da tristeza por Pafuncio Semicupio Pechincha, Patusco Jubilado.* Rio de Janeiro, Eduardo e Henrique Laemmert, 1863. De origem alemã, mas com fortes marcas francesas na sua formação original – de tipógrafo e editor – Eduardo Laemmert estabeleceu-se no Brasil como editor a partir de 1833. Casou-se com uma brasileira e aprendeu o suficiente da língua para tornar-se escritor, embora seja mais conhecido como um dos pioneiros da edição e da indústria gráfica no Brasil. Sua editora ficou famosa pela edição de inúmeros escritores importantes, mas se destacou, sobretudo, pela publicação, iniciada em 1839 da *Folhinha Laemmert* – que se transforma, em 1844 no conhecido *Almanaque Laemmert* – e por mais de uma dezena de livros-guias, como famoso livro de medicina (auto-instrutivo) do polonês Pedro Luís Napoleão Chernoviz – *Dicionário de Medicina Popular e das Ciências Acessórias para uso das famílias* – publicado em 1842, e tantos outros. Lembre-se que os livros de medicina auto-instrutivos satisfaziam inumeráveis leitores, num país com grande escassez de médicos; mas, seguramente, eram utilizados sobretudo pelos donos de escravos, interessados em manter a saúde de sua força de trabalho sem grandes despesas. Mas, foi, provavelmente da sua experiência como organizador da *Folhinha Laemmert* – uma miscelânea literária em forma de calendário anual para a qual ele mesmo se encarregava de escrever alguns textos – que Eduardo tenha se habilitado a organizar esta extensa *Enciclopédia*. Um exame geral dos verbetes mostra a existência de inúmeras traduções e adaptações de publicações europeias humorísticas, certamente acessíveis ao autor, tais como *Punch*, a famosa revista humorística inglesa, fundada em 1841; *Fliegende Blätter*, de Munique, outro revista cômica publicada a partir de 1845 – sem falar de inúmeras referências e anedotas retiradas de publicações francesas e espanholas.

234   Francisco Murari Pires (org.)

classificação rigorosa dos conhecimentos, todo o resto é de uma notável anarquia, assumindo muito mais o feitio de folhetins e folhas volantes do que de uma obra sistemática de verbetes e versículos. É bem provável que a sua organização em verbetes visasse atender à demanda dos leitores, já habituados aos manuais, dicionários e guias publicados pela Editora Laemmert. A fragmentação da autoria ou, pelo menos, a sua substituição por uma pluralidade de tipos ou personagens é sugerida pelos toscos desenhos que introduzem os fascículos: cada boneco tem uma feição diferente, mas todos repetem as mesmas legendas, que remetem "ao multicara Pafuncio Semicupio Pechincha, patusco jubilado". É assim que os fascículos são chamados de "ramalhetes" e o seu subtítulo já prenuncia a anarquia classificatória:

> Repertorio de anecdotas joviaes. Nacionais e estrangeiras, bernardices impagáveis, bons ditos, carapuças escolhidas, casos galantes, chalaças estrambóticas, contos jocosos, curiosidades brasileiras, definições exquisitas, ditos agudos, epigramas, epitaphios, factos historicos, legendas, lembranças que parecem esquecimentos, letreiros, lograções, maganeiras, materialidades, maximas sublimes, palhaçadas asnáticas, pensamentos felizes, pilhérias peregrinas, quadros, quinquilharias, raios, ratices, repentes, satyras, sentenças, sobrecriptos, tiroteios, tradições e trivialidades de bom gosto.[3]

Um breve exame deste conjunto extravagante de mais de trinta substantivos e adjetivos que a tal enciclopédia prometia revela-nos a predominância do "bom riso" ou do cômico com finalidades positivas: anedotas joviais, casos galantes, chalaças, trivialidades de bom gosto etc. Na verdade, de 36 vocábulos utilizados quase como sinônimos de anedotas, apenas sete podem revelar algum conteúdo possivelmente negativo ou provocador do "mau riso" ou do cômico degradante; seriam eles: ditos agudos, sátiras, tiroteios, raios, carapuças, materialidades e ratices,

Na abertura, temos uma "epístola ao leitor" que conta as "tribulações de Pafuncio Semicupio Pechincha":

> Não imagines, tu, leitor adoravel, que eu vou escrever as minhas Tribulações, como o Fernão Mendes traçou as suas Peregrinações, com o intuito de eternisar o meu nome, ou dar-te noções de Indias e Chinas. Nada, as minhas aspirações são modestas; só pretendo contar-te, com uma clareza de.... discurso do Throno, e uma verdade.... de jornal dos Estados Unidos, como foram as primeiras razões do interessante livro que vais ler. (p.I).

---

3   *Encyclopedia*, op. cit. , texto contido no subtítulo.

Antigos e modernos   235

Entre a clareza dos Discursos do Trono e a linguagem dos jornais, o autor resolve ficcionalizar a própria justificativa da sua colossal empreitada. Apresentando-se, ele próprio, como sendo uma figura que será quase que um lugar-comum nos processos cômicos brasileiros – o "pronto" ou "sem nenhum dinheiro" – Pafúncio prossegue sua exposição, resolvendo, por isto, a publicar um artigo no *Jornal do Commercio,* nos seguintes termos:

> Dá-se um premio bom a quem descobrir um meio fácil de ganhar dinheiro, sem grandes complicações de cabeça. etc. etc...[4]

Das milhares de respostas recebidas, por carta, o empobrecido Pafúncio transcreve algumas, das quais destacamos três. A primeira é do Sr. Bonifácio dos Guimarães, que, chegando da Europa pelo último paquete, reitera ter trazido 27 receitas para "matar dois coelhos com um cajado: "salvar o Brasil – e as minhas finanças". E ele enumera, pelo menos, quatro destas impagáveis receitas:

> -Um meio domestico para caçar pulgas por machina, e aniquilar instantaneamente exercitos de ratazanas, fazendo de suas peles, até agora mal aproveitadas, por vias de outras machinas de costura especiais, soberbas vestimentas para proletarios.
>
> -Um sistema eleitoral, em que, com a ajuda de um jogo de quadruplicadas e inocentissimas patotas, terão a um tempo ganho de causa 5 ou 7 partidos, e eu também.
>
> -Uma invenção seguríssima, e que nunca falhou, para chocar ovos sem gallinha, e crear gallinhas sem ovo (deixando a cem leguas de distancia a companhia falida da Gallinocultura), achado com que já obtive patentes de invenção na França, Inglaterra, Turquia, Persia e Japão.(...)
>
> -Uma pomada glaucotychopatchosérica com que em meio minuto se transformam os cabellos na mais formosa cor que se deseje. Uma agua Alcibiado-Mithridatica para tornar qualquer cabelo brando, liso e flexível como um deputado ministerial. Uns pós de Juvença que sacam 20 anos de sobre o lombo de qualquer mortal. Um elixir paphyognifdinioidaliocythereo, que torna uma Helena a mulher mais desasada, e faz com que, ao vê-la, todas as cabeças andem em polvorosa.(...)"[5]

Como se percebe, pela longa peroração cheia de vocábulos sonoros – que o autor procura exercitar menos o cômico que a linguagem exprime e mais o cômico que a própria linguagem cria, na sua instabilidade, no seu desvio de significados ou no seu esvaziamento pelos seus próprios excessos retóricos. Daí a proximidade de outra proposta,

---

4   *Idem, Ibid.*

5   *Idem, p. IX.*

236   Francisco Murari Pires (org.)

transcrita pelo Pafúncio jubilado, com o humor do renascentista Teófilo Folengo, em vista do expressivo teor macarrônico da linguagem:

> Correspondendo ao vosso interrogatório, proponho-vos o estabelecimento de um escriptorio, em que todos os assuntos se tratarão n'um mistiforio. A publico faremos um invitatorio, para se apresentar ao nosso diretorio mais celebre que o da luz do emporio. O estabelecimento se comporá de um locutório, um cartorio,um laboratorio, um pasmatorio, um destampatorio. Esta universalidade de aplicações aproveitará ao público de um modo notorio; em jurisprudencia estudar-se-ha todo o objeto acusatorio, executorio, inquiritorio, citatorio e peremptorio. Em medicina todo o revulsorio, inflamatorio, evacuatorio, esternutatorio, e putrefactorio. Em relações sociais, todo o exhortatorio, comolatorio, persuasorio, gratulatorio, e amatorio. Finalmente qualquer especie de auditorio receberá o nosso adjutorio, pagando a razão de 10 mil réis por quarto d'horio.[6]

Aqui, já é possível perceber a germinação de um movimento em relação ao cômico extremamente revelador das mudanças que já começavam a afetar esta forma de representação cultural: a linguagem aparece de tal forma autônoma que o autor parece, em alguns momentos, perder o controle dos significados: Pafúncio se solta, se liberta e as palavras parecem fluir por si mesmas, num impulso anárquico e lúdico. Mas, Pafúncio conclui a sua introdução apresentando a proposta aparentemente vencedora do prêmio por ele estabelecido e que, afinal, o aconselha a enveredar pela dimensão cômica e escrever a referida Enciclopédia da Galhofa. A proposta, assinada por um estapafúrdio Chrysóstomo Fradique, constitui uma defesa explícita do humorismo positivo e do cômico não-degradado, argumentando:

> Bons ditos, casos chistosos, apophthegmas, são o mais delicado parto das inteligencias finas. Plutarco e Diogenes Laercio, os sete sabios da Grecia, Scipião, Catão e Maricá....... que digo? os proverbios de Salomão, phenix dos sabios, são verdadeiros apophtegmas. No fabricá-los ha pois gloria para o autor, proveito para as suas finanças, e grande instrução para o Publico; são as tres vantagens exigidas pela Economia Politica. Uma sentença curta e breve, uma anedota chistora e moral, um apologo fluente e apropriado, são tudo pedras preciosas, pequenas em volume, imensas em valor. Pouco importa que a historia seja verdadeira, com tanto que verossimil. E os bons ditos? Que brilhante papel não representam eles na consideração do homem! Subentendem eles sempre um sentimento ou um pensamento vivo e finalmente expresso, e tem a espontaneidade por condição essencial.

---

6   *Idem, Ibid..*

Aconselho pois, a V.S. que faça uma preciosa colleção de anedotas e ditos; que tudo isso seja grave, ou agudo e malicioso; que se ponha, o mais que puder, de carinha na agua; que reuna em uma só palavra ou em muito poucas, muito de entendimento, de graça ou de malícia; que tome por modelo, em nossa lingua, o Dialogo II, da Corte na Aldeia, de Lobo, ou o livro do padre-mestre Supico; que castigue rindo os costumes; que se me torne uma especie de Desgenais pratico e não massudo; que faça cocegas sem arranhar; que instrua, moralise e divirta.

Desta forma, sr. X.Y.Z., o seu livro penetrará nas bibliotecas dos doutos, nas salas dos cortesãos, nas choupanas dos lavradores, nas lojas dos sapateiros. O consumo será de cem mil exemplares, o lucro de cem contos, a gloria sem termo, a popularidade sem limites.[7]

Sabe-se, com certeza, que o vaticínio sobre os muitos possíveis leitores da referida Enciclopédia era muito exagerado, ainda mais em se tratando de obra humorística, e ainda que publicada inicialmente em fascículos. Acrescente-se, ainda que, como o autor era também o editor ele deveria possuir alguma ideia a respeito do seu público leitor. Ainda assim, a "explicação" inicial, parece-nos um testemunho bastante revelador daquela crise do sujeito cognitivo, vivenciada aí sob a forma um tanto absurda, mas já bastante moderna, de impossibilidade de distanciamento e neutralidade. Isto com relação ao pequeno texto que precede os milhares de verbetes, já que o restante, como mostramos, exemplifica de forma notável a reiteração daquele estereótipo ocidental sobre o riso, fundado numa distinção e numa diferenciação entre o bom riso e o mau riso. Noutros termos, a proposta de Chrysóstomo Fradique é bem clara: a obra só obterá sucesso se produzir o bom riso, não-degradante, superior e, afinal, civilizador. Condena-se ainda o riso como um ato dirigido contra alguma coisa ou alguém – ou que vise à degradação de alguma pessoa ou interesse etc. Daí inclusive a utilização de poucos sinônimos negativos para o cômico, naquele conjunto anárquico que transcrevemos acima, que já demonstrava também a vinculação, da fala comum, o sentido do humor degradante e rancoroso a vocábulos de atos belicosos como morder, causcitar, cortar, ferir...

Embora o termo fosse comumente empregado, em sentido figurado, para designar um conjunto de elementos, não parece gratuito que Pafúncio Semicupio Pechincha tenha dado o gracioso nome de "ramalhetes" às séries das inumeráveis anedotas, *calembours*, *jeux des mots* e piadas da sua Enciclopédia. Enciclopedista do riso, Pafúncio talvez tenha se inspirado no voltairiano Cândido, enxergando-se a si mesmo como uma espécie rediviva do humorista-relojoeiro, pronto para cuidar do seu jardim. Buscando uma taxionomia das anedotas, situadas sempre entre a amargura ácida e a alegria amigável, Pafúncio optou por escrever como um botânico, distribuindo anedotas como espécimes raras, ou

---

7   *Idem,* p.X e XI.

238 Francisco Murari Pires (org.)

flores presas nos seus ramalhetes. Mas, isto talvez porque o clima mental da época ainda era favorável. Ainda parecia possível fazer distinções e desprezar aquele cômico, acertadamente nomeado de humor "mordente" ou "ferino".

O segundo registro humorístico descobrimos, por acaso, há sete anos atrás, nas nossas pesquisas sobre o humor brasileiro.[8] São duas crônicas publicadas no semanário carioca *A Banana*, no ano de 1923, assinados com o pseudônimo de Sérgio Buarque dos Países Baixos. A primeira crônica, "Desilusão", de 12 de abril de 1923, narra as aventuras jocosas de um amante enganado, Cunha Porto, com uma senhora que possuía uma casa no Beco das Carmelitas; e segunda, intitulada "Alerta, banqueiros!", de 19 de abril de 1923, faz um troça das manias especulativas de um investidor financista: é a história de um especulador que compra os termômetros no inverno – já que estão em baixa – e os vende no verão, quanto estão em alta.[9] Duas histórias asnáticas, que bem poderiam ser crismadas, ao estilo do nosso Pafúncio Pechincha de *lograções* ou *maganeiras*.

É bem provável que as crônicas sejam de autoria de Sérgio Buarque de Holanda, pois elas não fogem à índole geral daquilo que o jovem historiador (que em 1923 tinha apenas 21 anos) escreveu neste período e ao ambiente cultural boêmio do Rio de Janeiro destes anos. São anos de estripulias de um rapaz que, em 1921, havia acabado de se mudar de São Paulo para o Rio de Janeiro e não perdia nenhuma das domingueiras dançantes: Sérgio aprendeu a dançar ainda quando morava em São Paulo, no curso de Yvone Daumerie, que o preparou no *fox-trot*, *ragtime* e no tango. Mais tarde ele se especializaria por conta própria no *charleston*.[10] No ano seguinte apronta mais uma patuscada: manda rezar, numa das igrejas próximas, uma missa pela alma de Oscar Wilde, pela passagem do vigésimo segundo aniversário da morte do escritor.[11] Mas quem ainda se recorda do jovem naquela época é Manuel Bandeira, que escreveu: "Nunca me esqueci de sua figura certo dia em pleno Largo da Carioca, com um livro debaixo do braço e no olho direito o monóculo que o obrigava a um ar de seriedade. Naquele tempo não fazia senão ler. Estava sempre com o nariz metido num livro ou numa revista – nos bondes, nos cafés, nas livrarias".

---

8   Foi a pesquisa que originou o livro *Raízes do Riso; a representação humorística na história brasileira-da Belle Èpoque aos primeiros tempos do rádio*. 2ª., ed., São Paulo, Cia. das Letras, 2003.

9   A primeira crônica é do dia 12 de abril de 1923 e a segunda, de 19 de abril de 1923. In: *A Banana*. Rio de Janeiro, 1923

10   Francisco de Assis Barbosa, *Verdes Anos de Sérgio Buarque de Holanda* In: *Sérgio Buarque de Holanda, vida e obra*. São Paulo, Secretaria Estadual de Cultura/USP, 1988, pp. 28-31.

11   Pennafort, Onestaldo de, *Um rei da valsa*. Rio de Janeiro, Livraria São José, 1958, p. 81.

Antigos e modernos   239

No ano seguinte, incorporando os desejos dos seus amigos modernistas de São Paulo, Sérgio Buarque escreve vários artigos em favor da renovação literária, unindo-se ao heterogêneo grupo de escritores e jornalistas cariocas que, num primeiro momento, articulavam-se em torno da controversa figura de Graça Aranha. Sérgio era o mais irreverente de todos e um rapaz algo excêntrico que, segundo Rodrigo Melo Franco, costumava caçar parnasianos pelas avenidas cariocas como a intenção de provocá-los.[12] É nesta época também que o jovem iconoclasta anunciava os títulos dos seus improváveis futuros livros. No seu primeiro encontro com Blaise Cendrars, apresentou-se a si mesmo como o autor de vários livros desconhecidos e o "autor mais inédito do Brasil", declinando os títulos dos seus improváveis futuros livros, tais como *O automóvel adormecido no bosque, Ypissilone, o magnífico, A vida íntima de Jesus Cristo* e, o último, ainda mais subversivo, com o título de *Rui Barbosa nunca existiu*. O jovem irreverente ainda espalhou que todos estes livros seriam reunidos num único volume, que se chamaria *Títulos ao portador*. Pela idade e pela agressiva irreverência, Cendrars chegou a apelidá-lo de "o Radiguet do modernismo brasileiro". Também o uso de pseudônimos sempre foi generalizado, mas cresceu nestes anos de polêmicas e indefinições[13]. Nos artigos que escreveu para a Revista do Brasil, em 1924, Sérgio Buarque utilizou-se dos pseudônimos de *Esmeraldino Olímpio* ou *J.J.Gomes Sampaio*. *Sérgio Buarque dos Países Baixos* poderia ser mais um destes pseudônimos confortáveis para servir de espada ou escudo em ambientes de aparência incerta e polêmica.

O jovem Sérgio também transformara-se momentaneamente numa espécie de representante do movimento de 1922 no Rio de Janeiro. Incumbiu-se, inclusive, de distribuir a revista *Klaxon*. Mas o drama era conseguir compradores da publicação, como se percebe no trecho de uma carta a Mário de Andrade, na qual diz que depois de desistir de deixar exemplares em consignação no livreiro Schettino, confessa: "Ao contrário da minha expectativa e da de todos só pude por agora conseguir pouquíssimos assinantes. Tenho, porém, inúmeras promessas. Espero a realização destas para enviar todo o dinheiro". Mas termina, relatando, meio constrangido, que conseguiu apenas cinco compradores para a revista![14] Uma realidade meio dura, frustrante, rarefeita, que parecia admitir apenas a saída pela tangente, pelo riso resignado ou pitoresco.

Mas o ano-chave é 1924. Oswald de Andrade, inconformado com a tutela exercida por Graça Aranha, lança o manifesto "Pau Brasil" em março daquele ano. Dois meses depois Graça Aranha rompe com a Academia, apoiado pela sua claque. Estavam presentes Mário

---

12   *Singularidade e multiplicidade de Sérgio. Diário Carioca.* Rio de Janeiro, 13 de julho de 1952.

13   Moreyra, Álvaro. *As amargas, não...(Lembranças).* Rio de Janeiro, Editora Lux, 1954, pp.140-143.

14   Carta de SBH a Mário de Andrade, 1922, sem indicação de dia e mês, reproduzida em Candido, Antonio(org.) *Sérgio Buarque de Holanda e o Brasil.* S.Paulo, Edit. Perseu Abramo, 1998, pp. 106-108.

240   Francisco Murari Pires (org.)

de Andrade, Rubens Borba de Morares, Tácito de Almeida, Ronald de Carvalho, Guilherme de Almeida, Prudente de Morais neto e o jovem Sérgio Buarque. Foi esta turma que liderou os aplausos ao discurso de Graça Aranha e as vaias a Coelho Neto e Osório Duque Estrada. Conta-se que Sérgio Buarque levou a sério a charola de Graça Aranha, e iniciou os gritos de "Morra a Grécia", o que levou Coelho Neto a responder que seria "o último heleno". Dias depois Sérgio escreveu que era urgente "descoelhenetizar" a literatura brasileira e que a enorme bibliografia de Coelho Neto "era comparável a uma adega de garrafas vazias".[15]

Terminada a famosa e conturbada sessão da Academia, Sérgio Buarque acompanhou o autor de *Canaã* ao Hotel Glória, onde lhe esperava ansiosa, Dona Nazareth Prado – a grande paixão de Graça Aranha. A história deste relacionamento amoroso era conhecida de todos, mas abafada em público. Graça e Nazareth mantinham seus casamentos e tentavam equilibrar as duas situações, pois as duas famílias eram amigas e frequentavam-se com intimidade. Em depoimento posterior, Nazareth Prado chegou a confessar: "pode parecer presunçoso, mas eu fui a causadora da Semana de 1922 – naquela época, eu estava em São Paulo, em casa de minha família – e Graça Aranha necessitava de qualquer pretexto para me ver. A Semana de Arte foi um belo pretexto. Belo e marcante, (...) mas não quero dar uma de imprescindível, pois se a Semana não tivesse ocorrido em 1922, teria acontecido mais tarde, originada por outro qualquer que não Graça Aranha. Mas repito, a sua realização em 1922 foi devida a mim".[16]

Mas, sem dúvida, o episódio mais forte, ainda que também colorido pelas tintas da galhofa, ocorre em 1924, pouco antes da eclosão do movimento armado em São Paulo, quando Graça Aranha, resolve enviar um telegrama cifrado para o Conselheiro Antonio Prado, então chefe das oposições paulistas, avisando-o da iminência do movimento. O telegrama é redigido por Graça Aranha e Sérgio Buarque numa das mesas do Café Globo – então situado do outro lado da avenida defronte à Agência Havas, onde Sérgio trabalhava. O telegrama, assinado apenas por Graça Aranha dizia apenas: "Tumor mole vem a furo esta noite" – mas foi interceptado pela polícia do governo Arthur Bernardes que prendeu Graça Aranha como um imprudente conspirador. Algumas semanas depois, com Graça Aranha já solto por intercessões diplomáticas do Itamaraty, Carlos de Laet satirizou o episódio com uma paródia futurista, que dizia:

---

15   Barbosa, Francisco de Assis, *op. cit.*, p. 37.

16   Cf. Silveira, Joel. *Tempo de Contar,* Rio de Janeiro, J.Olympio, 1993,pp.324-343; Azevedo, M.Helena Castro, *Um senhor modernista; biografia de Graça Aranha*. Rio de Janeiro, Edições da ABL, 2002, pp.191-192.

"Vacas Magras. Esfinge. Triste. Só Tumor mole. São Paulo. Telegrama. Dois secretas. Cubismo. Xilindró." [17]

Foi a partir deste momento, que coincide com a publicação dos primeiros números da revista *Estética*, que Sérgio Buarque começou a perceber, não sem alguma tristeza, que as hesitações e as diferenças de rumo entre seus companheiros estavam conduzindo a um movimento chamado não de modernismo, mas de "aranhismo". Francisco de Assis Barbosa definiu todos estes episódios como uma autêntica "guerra de alecrim, que iria pouco além das aparências". Já no retumbante discurso de Graça Aranha, depois publicado nos jornais, ficava claro o quanto o autor de *Canaã* estava demasiado preso a um oxigênio mental do século XIX, daqueles que necessitam – de forma obsessiva – fundamentar sua atividade crítica em algum grande relato filosófico. "O espírito moderno busca a integração entre a unidade primordial e o incessante e indomável movimento no Todo Infinito", proclamava o altissonante Graça Aranha. O que provocou a brincadeira de Mário de Andrade, quando, numa carta a Manuel Bandeira, exclamou: "Este Todo Infinito já está aporrinhando a gente, não achas? É uma verdadeira obsessão a mania destes rapazes quererem se integrar ao Cosmos. Sebo!".[18] Também aporrinhava o jovem Sérgio, embora este ainda procurasse a melhor forma de expressar sua discordância. De qualquer forma ele dava mostras de perceber tudo isto e, provavelmente, muitas outras coisas que então ficavam ocultos ou recalcadas pelo calor do momento ou mais ainda, pelo forte colorido das aparências.

Porque qualquer historiador afinado com as crônicas jornalísticas da época percebe que o vôo vanguardista dos modernistas em 1922 parecia uma continuação de uma outra festa nos céus, ocorrida um ano antes: o *raid* aéreo do Rio a Buenos Aires, do herói aviador Edu Chaves, num avião pintado com as cores paulistas e cedido pelo próprio governador Washington Luís.[19] Sabe ainda que o diplomata Graça Aranha, enamorado pela irmã de Paulo Prado, tenha sido elevado ao posto do mais notável padrinho da Semana de Arte Moderna, como recompensa pelos seus esforços pela liberação do café retido na Alemanha. Que, ao contrário de sua propalada independência e engajamento, a primeira geração de modernistas, dependeu de um entramado círculo de concessões, mecenatos, comprometimentos e favores da requintada elite paulista. Embora mal sucedido, Graça Aranha ensaiou, no fundo, a extensão deste círculo para o Rio de Janeiro.

---

17   Afrânio Peixoto. *Humour; ensaio de breviário do humorismo brasileiro.* Rio de Janeiro, Edit. Guanabara, s. d., p.202; Montello, J. *Anedotário geral da Academia Brasileira de Letras.* Rio de Janeiro, Francisco Alves, 1987, p.97.

18   *Cartas a Manuel Bandeira.* Rio de Janeiro, Edições de Ouro, s.d., p.51.

19   Cf. Sevcenko, Nicolau. *Orfeu extático na metrópole.* S. Paulo, Cia. das Letras, 1997. pp.136 e seguintes.

242   Francisco Murari Pires (org.)

De qualquer forma, o cenário era confuso e cheio de indefinições para o jovem Sérgio Buarque, mas parece que este fazia questão de não ser levado a sério. Opções estéticas pareciam diluídas nas relações pessoais. Opções propriamente políticas também eram fluidas e incertas. Seu amigo Prudente de Morais neto, inspirado por José Oiticica, que havia sido seu professor no Pedro II, mostrou um certo entusiasmo pelo anarquismo – que durou até colocarem o seu nome num jornal anarquista, acusando-o de agente do capitalismo internacional, porque havia herdado do avô, 28 ações do Banco Mercantil do Rio de Janeiro – e aí, "achou tudo aquilo uma grande palhaçada". Já Sérgio Buarque chegou, no início, a demonstrar certa inclinação para esquerda, mas logo desiludiu-se da filiação ao Partido Comunista, depois de uma conversa longa, tediosa e cheia de bocejos com Octavio Brandão.[20]

Meu principal argumento, que aqui resumo drasticamente, é que na maior parte de sua produção de juventude, entre 1920 e 1926, Sérgio Buarque se debateu com uma das vertentes do quadro de escolhas intelectuais na época – a vertente humorística. Talvez Sérgio Buarque não tenha desenvolvido sua veia humorística e a tenha levado até à sua "crise existencial" no final do ano de 1926, por causa da própria maré cultural brasileira na época, na qual não havia muito clima para o riso. Nestes anos, assumir uma atitude cômica ou humorística era também uma forma de manter, ao longo prazo, uma atitude de rebeldia ou de inconformismo em relação à situação do país. Alguns anos depois o humor se transformaria num recurso iconoclasta para os jovens modernistas. Só restava para Sérgio Buarque aceitar o convite de Assis Chateaubriand e rumar para a Alemanha, definida por ele, logo quando chegou a bordo do navio *Cap Arcona*, como "o país do imperativo categórico".

Além das crônicas humorísticas mencionadas, o jovem Sérgio Buarque, em várias das suas incursões jornalísticas destes mesmos anos, deixou inúmeros indícios da importância da dimensão humorística na compreensão da cultura em geral. Como na crônica que escreveu sobre o escritor colombiano José Maria Vargas Vila (1860-1933), escritor panfletário que resistiu à ditadura de Nunez e teve de fugir para Caracas (Venezuela) por ocasião da Guerra Civil. Expulso do seu país, é exilado nos Estados Unidos em 1891. Esta crônica é importante por outras razões, entre as quais o fato bastante incomum de um crítico discorrer sobre a literatura latino-americana. Sérgio começa por discutir uma polêmica afirmação de Taine, quando este dizia que a palavra *humour* é intraduzível para os povos latinos, pela simples razão de não existir para eles esta coisa. "Dizem à farta os psicólogos que o pessimismo e o humor colidem com a índole da raça latina". Buarque imediatamente acrescenta que a obra de Vargas Vila é um flagrante desmentido de tal

---

20   Barbosa, Francisco de Assia, *op. cit.*, p. 28.

Antigos e modernos   243

afirmação. Também é notável como Sérgio Buarque, ao caracterizar o humor de Vargas Vila, utilize-se da mesma metáfora de Pirandello: "Vargas Vila trata os leitores com a maior sem-cerimônia. Põe-se frequentemente de chinelos e, o mais das vezes, em mangas de camisa".[21]

Ao descrever a atitude humorística de Vargas Vila, o jovem Sérgio Buarque parecia, na verdade, atraído pela própria atitude do escritor colombiano – e quando o descreve, não esconde que mal parece descrever-se a si próprio: "Não pode haver pintura mais perfeita de Vargas Vila do que esta. Pensa livremente e escreve como pensa. Não aspira a que os outros escrevam como ele; conforma-se em não escrever como os outros. Não impõe seu estilo como regra, porém não segue as regras do estilo."

Neste mesmo ano, 1920, Sérgio Buarque retoma o tema do humorismo, numa crônica mais curta, intitulada "Rabugices de Velho" – na qual ironiza aqueles idosos que vêem as danças como coisas indecentes, clamando a respeito da sensualidade dos *cake-walk, one-step* ou os *fox-trot*. E conclui: "Se alguém se desse aqui no Brasil o trabalho de traduzir em letra de forma as *charlas* que por aí se ouvem à roda dos bondes, certo, tornar-se-ia o maior satírico da época".[22] O mais curioso, nesta crônica de juventude, não é ela exatamente começar com a constatação de que vivemos num país no qual o humor é parte incontrastável da vida – ou, na expressão de um humorista contemporâneo, de que estamos no "país da piada pronta"?

E, finalmente, em artigo sobre Antonio de Alcântara Machado, escreve "como se, algumas vezes, um par de anedotas não servisse melhor para definir um caráter do que vinte páginas de atenta análise".[23] Noutros termos, Sérgio Buarque parecia pressentir que a piada também era uma forma de aproximar os brasileiros, de reduzirem o pavor que têm de viver consigo próprios – reduzindo "o viver nos outros" – frase de Nietzsche – aliás parecida com uma utilizada também por Pirandello – que Sérgio Buarque manterá no texto final de *Raízes do Brasil*. Uma última, mas não menos importante referência é a entrevista que Sérgio Buarque realiza com Luigi Pirandello, como repórter de *O Jornal* em 1927. Como sabemos, além de exímio praticante, Pirandello teorizou sobre o humorismo num longo ensaio de 1908. Para ele, o humor se diferenciava do cômico, pela capacidade que o primeiro possuía de percepção do contrário e de provocar efeitos de distanciamento e de estranhamento. Atitude estética importante, pois o humorista, mais do que escritor, sabia

---

21   In: Holanda, Sérgio Buarque de. *O Espírito e a letra; estudos de crítica literária*, vol. 1, org. Antonio Arnoni Prado. S.Paulo, Cia. das Letras, 1996, p. 47.

22   *Idem, Ibid.*, p. 64.

23   *Idem, Ibid.*, p. 257-258.

244   Francisco Murari Pires (org.)

captar, no solavanco mental da resolução da anedota, aquele "ouro do instante", aquele momento rápido no qual, nós próprios, "assistimo-nos viver".

Ora, Sérgio não apenas sentiu-se atraído pelas ideias de Pirandello sobre humorismo, como chegou a utilizá-las no diálogo com uma das obras literárias mais próximas a ele, de um escritor que havia sido seu colega no ginásio, Antonio de Alcântara Machado. O leitor que ri dos contos de Alcântara, parece também exemplificar a percepção do contrário, já que o leitor – que se vê rindo – parece, afinal, rir mais de si mesmo do que das situações literárias criadas. Gaetaninho, Carmela, Lisetta, Gennarinho ou Robespierre parecem retalhos instantâneos de um universo que estilhaça as identidades e esgarça a solidariedade coletiva, mas são apresentados rapidamente, em gestos rápidos e traços fugazes, sem profundidade, partilhando, no dizer de Sérgio Buarque, daquela "impermanência desconcertante e encantadora", única capaz de quebrar com os intelectualismos e com aquela "panaceia de construção", que afetava, inclusive, muitos escritores modernistas. "O interesse pelas formas mais aparentes, pelos aspectos mais impressivos, e mesmo anedóticos, é nele elementar e essencial. Atitude do espectador, que precisa de alguma distância para melhor observar as coisas e que contempla o mundo com a inteligência alerta, não com uma 'simpatia' mística" – escreveu Sérgio Buarque, ressaltando o humorismo visceral de Alcântara Machado. Conta-se ainda que, Antonio chegava mesmo a irritar-se quando "ouvia afirmar de um escritor, principalmente de um escritor brasileiro, que queria atingir a essência, a alma, a 'beleza secreta' das coisas. Achava que, sobretudo no Brasil, país de sol e de cores fortes, tudo é aparente e ostensivo". E, em 1933, chegou mesmo a conceber "uma antologia de asneiras – uma Paulistana equivalente à Americana, de L. Mencken – colhidas no parlamento, na imprensa, no texto das leis ou na retórica das ruas", pois ele achava, afinal "que a feição inteligente de um povo não é mais interessante do que a sua feição asnática".

O humor, já naquele momento crítico, parecia ao jovem Sérgio Buarque não apenas o único recurso capaz de quebrar com a monumentalidade intelectualista da cultura brasileira como também mais um recurso iconoclasta para o jovem modernista.

Mas aparecia também como uma estratégia, deliberada ou inconsciente, de enfatizar o método de composição por combustão espontânea, da forma como primeiro ocorriam, em estado bruto, um pouco no fluxo da consciência – única maneira de captar os fluxos e refluxos da vida, por mais indigestos que estes fossem.

Sabemos, contudo que esta atitude não se mantém. São pouco conhecidas as razões da crise intelectual de Sérgio Buarque no final do ano de 1926. Talvez pesasse o cenário cinzento e indefinido, de pouquíssimas opções face a uma renitente rarefação cultural, – que aqui procuramos descrever. Diretamente ele se relacionava com o mal estar provocado pelo seu artigo candente "O lado oposto e os outros lados", no mesmo

Antigos e modernos 245

ano, na *Revista do Brasil*, e que ajudou a fermentar as rixas entre os intelectuais modernistas. Relembro duas passagens mais reveladoras deste artigo, que foi um marco na trajetória intelectual de Sérgio Buarque A primeira é bastante reveladora das suas frustrações com o ambiente intelectual e com os desdobramentos do "aranhismo": "É indispensável romper com todas as diplomacias nocivas, mandar pro diabo qualquer forma de hipocrisia, suprimir as políticas literárias e conquistar uma profunda sinceridade para com os outros e para consigo mesmo. A convicção desta urgência foi para mim a melhor conquista até hoje do movimento a que chamam de 'modernismo' ". (...) "Penso naturalmente que poderemos ter em pouco tempo, com certeza, uma arte de expressão nacional. Ela não surgirá, é mais que evidente, de nossa vontade, nascerá muito provavelmente de nossa indiferença. Isto não quer dizer que nossa indiferença, sobretudo nossa indiferença absoluta, vá florescer por força nessa expressão nacional que corresponde à aspiração de todos. Somente me revolto contra muitos que acreditam possuir ela desde já no cérebro tal e qual deve ser, dizem conhecer de cor todas as suas regiões, as suas riquezas incalculáveis e até mesmo os seus limites e nos querem oferecer essa sombra da realidade que poderíamos esperar deles".[24]

E arremata o artigo, desta vez ferino e certeiro: "O que idealizam, em suma, é a criação de uma elite de homens inteligentes e sábios, embora sem grande contato com a terra e o povo – (...) gente bem intencionada e que esteja de qualquer modo à altura de nos impor uma hierarquia, uma ordem, uma experiência que estrangulem de vez esse nosso maldito estouvamento de povo moço e sem juízo".[25] Segundo Francisco de Assis Barbosa, tal artigo suscitou uma onda de intolerância que deixaria Sérgio Buarque perplexo e desiludido. Saturado de tudo, só encontrou uma saída: aceitar o convite de seu amigo, Vieira da Cunha para dirigir o jornal *O Progresso*, em Cachoeiro do Itapemirim, no Espírito Santo, onde se deixaria ficar esquecido, como jornalista da roça, pelo resto do ano de 1926.

As explicações sobre esta aventura de Sérgio Buarque são quase inexistentes, as narrativas são todas humorísticas. Cito duas, bastante expressivas. A primeira narra as aventuras de Sérgio em Cachoeiro do Itapemirim e é de Rubem Braga, na crônica "O Dr. Progresso acendeu o cigarro na Lua". Ele conta as circunstâncias de fundação do jornal diário *O Progresso* e o convite de Vieira da Cunha para Sérgio Buarque dirigir a folha cotidiana. Juntando suas lembranças, rememora Rubem Braga: "Não sei quanto tempo Sérgio ficou em Cachoeiro. Lembro-me que logo pegou o apelido de Dr. Progresso e que usava óculos. Ele costumava tomar umas e outras com o saudoso Cel.Ricardo Gonçalves e com outros bons homens da terra, que formavam o Clube do

---

24   In: *Raízes de Sérgio Buarque de Holanda*, org. Francisco de Assis Barbosa. Rio de Janeiro, Rocco, 1989, pp.85-87.

25   *Idem, Ibid.*, p. 87.

246   Francisco Murari Pires (org.)

Alcatrão – assim chamado porque um deles era o representante local do Conhaque de Alcatrão de São João da Barra, que todos bebiam de brincadeira. (...) Lembro-me, sobretudo de uma noite de verão de lua cheia, na saída de um baile – não em Cachoeiro, mas na Vila de Itapemirim. Sérgio Buarque dizia que ia acender o cigarro na Lua. E partiu, cambaleando entre as palmeiras. Vai ver que acendeu".[26]

A segunda é uma crônica de Manuel Bandeira, de 1957, intitulada "Sérgio, o anti-cafajeste", que também atribui a ida para o interior e uma possível nomeação de Sérgio para professor no ginásio de Vitória. Vale a pena reler a pitorescas rememorações de Manuel Bandeira:

> Por um triz que Sérgio se perde e foi quando pretendeu ser professor no Ginásio de Vitória. O estado do ES até hoje não sabe a oportunidade que botou fora quando o seu governador de então voltou atrás de um ato que nomeava professor de História Universal e História do Brasil, o futuro autor de *Raízes do Brasil*. Benditos porres de Cachoeiro de Itapemirim! Sérgio curou-se do cerebralismo caindo na farra. Eles nos valeram a devolução, em perfeito estado, de Sérgio, enfim descerebralizado, pronto para a aventura na Alemanha, de volta da qual já era a figura sem par que me referi no começo destas linhas.(...) Agora tudo o que Sérgio escreve tem aquela classe – pois até relatando fuxicos do modernismo não se lhe nota nem sombra de cafajestismo. Insisto nisto porque o Brasil, valha-nos Deus! – cada vez mais está para os cafajestes. [27]

Para além das narrativas da crise, todas cheias de ironias e subentendidos, o drama existencial seria uma possível fuga do alto preço a pagar pelo distanciamento humorístico? Resposta difícil, sobretudo numa trajetória intelectual que se formou na ambivalente cultura da *Belle Epoque* e chegou a sua maturidade num momento de crise e de profunda inflexão na história brasileira. Mas, talvez porque o alto preço do distanciamento tenha sido o de tratar o absurdo e o humor não como inerentes ao mundo, mas como resultantes da ruptura dos fios que tecem a trama social e histórica. Os eventos que precederam à escrita de *Raízes do Brasil* e a incorporação da metáfora do "homem cordial" são bem conhecidos, mas é bom recordá-los. A expressão "homem cordial" foi utilizada pela primeira vez pelo poeta Ribeiro Couto, em carta ao escritor mexicano Alfonso Reyes, que

---

26   Rubem Braga, *O Dr. Progresso acendeu o cigarro na Lua*. In: *Recado de Primavera*. Rio de Janeiro, Record, 1982, pp. 154-158. A narrativa é corroborada pela recente biografia de Rubem Braga, escrita por Marco Antonio de Carvalho. *Rubem Braga; um cigano fazendeiro do ar*. São Paulo, Editora Globo, 2007, pp. 55-58. Lembre-se que Vieira da Cunha era um humorista e caricaturista notável, colaborando esporadicamente em *D.Quixote*, *O Malho* e no *Diário de Notícias*. O desenho de Vieira da Cunha que ficou mais conhecido foi a caricatura de Rui Barbosa, publicada em *O Malho*, em 1919.

27   In: *Revista do Brasil*, ano 3, n.6. Rio de Janeiro, Rioarte, 1984, p.91.

Antigos e modernos   247

acabou publicando a carta no jornalzinho *Monterey*, editado pela Embaixada do México no Brasil no ano de 1931, com o título de "El hombre cordial, producto americano" – no qual enfatiza, em 50 linhas, o homem cordial como aquele que traz intrínseca, aquela atitude de "disponibilidade sentimental", que ele generaliza para todos os povos latino-americanos. Estamos em 1931. Quatro anos depois, em 1935, Sérgio Buarque publica (na revista *Espelho*, Rio de Janeiro, março de 1935, uma síntese prévia de *Raízes do Brasil*, intitulada *Corpo e Alma do Brasil (ensaio de psicologia social)* – um calhamaço que ele trouxera da Alemanha, sem ainda ter tempo para retocá-lo. Como se sabe, o clássico *Raízes* seria publicado no ano seguinte, 1936. Mas é sempre bom lembrar que o esboço de 1935 terminava com uma frase que depois seria retirada da versão final. Aliás, uma frase final que guarda um reconhecível sotaque humorístico, quando diz: "Hoje somos apenas um povo endomingado. Uma periferia sem um centro".[28]

Sérgio batia-se contra aqueles modernistas que negavam a história ao pretenderem inventar de chofre a nacionalidade brasileira. O próprio título *Raízes*, contrastando com tendências geométricas, construtivistas ou mecanicistas, também se destinava a gerar polêmica com os modernistas. Lado mais crítico, que nos pede um certo distanciamento: o homem cordial traduzia a ansiedade da cultura modernista brasileira em definir o Brasil por um olhar sintético – daí sua ambiguidade – pois, de um lado, a síntese intuitiva arranhava o modo racional de compreensão da história e da sociedade, empanando aquele mínimo de compreensão racional inerente ao campo político – de outro, traduzia a busca de um novo ponto de partida, fundado no mergulho nos fluxos e refluxos da história, que eram, afinal, os fluxos e refluxos da própria vida.

Até que ponto esta visão humorística, encoberta ou bloqueada na trajetória intelectual de Sérgio Buarque pela crise existencial de 1926, que o levaria afinal a concluir e ultrapassar este olhar sintético sobre a história do país, com *Raízes do Brasil* – permaneceu na obra historiográfica de Sérgio como um procedimento narrativo, recurso estilístico ou chave meta-histórica para a compreensão do país, é algo que só poderia ser respondido noutro trabalho. Mas não resistimos a comparar a crise na sua trajetória de fim da juventude com a crise de um outro intelectual notável, um filósofo que foi uma espécie de sismógrafo desta época, mas que também atravessou, no mesmo ano de 1926, a uma crise semelhante. Este filósofo chamava-se Ludwig Wittgenstein, e resolveu trabalhar, por uns tempos, como ajudante de jardineiro no mosteiro de Hutteldorf. Foi, aliás, este mesmo

---

28   Os dois texto, a carta de Ribeiro Couto e o artigo de Sérgio Buarque de Holanda, estão reproduzidos em *Revista do Brasil*, *op. cit.*, p.30-38.

248 Francisco Murari Pires (org.)

filósofo que, alguns anos depois, passada a crise, registrou, num dos seus cadernos de anotações pessoais: "o humor não é um estado de espírito, mas uma visão de mundo".[29]

Há a possibilidade de Pafúncio Semicupio Pechincha ser outro autor, ou um conjunto de autores diferenciados? Sérgio Buarque dos Países Baixos teria sido apenas uma brincadeira de jornalistas de ocasião para satirizar a relação do jovem historiador com os modernistas paulistas? Há questões aí envolvidas, meramente exegéticas, de atribuição e de autoria que se mostraram, a princípio insolúveis. De qualquer forma, de uma perspectiva mais geral isto pouco importa. O leitor da piada impressa diverte-se porque sente uma íntima afinidade – é quase como se ele mesmo contasse aquilo, ou pelo menos pensasse mas não quisesse revelar publicamente. Afinal, ele não precisa, pois tem o humorista de jornal para expressar o que ele quer, mas não pode. E o humorista aceita esta missão – mas apenas em parte, porque ele não abandona o pseudônimo, o cognome, o nome falso ou o *alter ego* – em resumo ele não retira a máscara de palhaço, que lhe cola nas faces, como uma espécie de estigma ou maldição.

Para o historiador, este é um momento importante – e quase único – da história de uma sociedade. É neste palco do efêmero e do transitório, – a imprensa ou, melhor ainda, no jornal – que se joga, paradoxalmente, através da piada impressa, os resíduos de emoções que sobraram do campo das manifestações culturais explícitas, institucionais ou, se quiserem, políticas. Mas, como dizia Walter Benjamin, numa conferência famosa, é exatamente neste palco da degradação sem limites da palavra – ou seja, no jornal – que se prepara a sua própria salvação.[30]

---

29 *Aforismos: Cultura y valor*. Trad. Javier Sádaba. Madri, Espasa-Calpe, 1980, p. 93.

30 *Le Conteur*. In: *Oeuvres, III*, Paris, Folio/Gallimard, 1972, p.174.

A heterogeneidade das fontes antigas no debate sobre a escravidão moderna

Carlos Alberto de Moura Ribeiro Zeron
(DH/FFLCH/USP)

O aporte fundamental do pensamento escolástico do século XVI para o debate sobre a escravidão moderna consistiu em fornecer argumentos para enfrentar os autores cada vez mais numerosos que, resgatando a ideia de "servidão natural" contida no livro I da *Política* de Aristóteles, propugnavam uma naturalização deste regime de trabalho forçado. Nesta disputa, a Igreja começou a definir uma posição unificada a partir do ano de 1537, com a promulgação da bula *Veritas ipsa*[1]. Mas foi na Universidade de Salamanca que, a partir deste mesmo ano[2], empreendeu-se o esforço mais notável de construção de um discurso consensual e hegemônico sobre a origem e as justificativas da escravidão. Tal empreendimento baseou-se igualmente num comentário sobre a filosofia moral de Aris-

---

1 O texto encontra-se reproduzido em Josef Metzler (ed.). *America Pontificia. Primi saeculi evangelizationis, 1493-1592. Documenta pontificia ex registris et minutis praesertim in Archivo Secreto Vaticano existentibus.* Vaticano: Libreria editrice Vaticana, 1991, pp. 364-366. Esta bula é conhecida igualmente sob as apelações *Sublimis Deus* e *Excelsus Deus.* Para o período precedente, ver o estudo de Alfonso Garcia-Gallo. *Las bulas de Alejandro VI y el ordonamiento juridico de la expansión portuguesa y castellana en Africa e Indias.* Madrid: Instituto Nacional de Estudios Juridicos/ Anuario de Historia del Derecho Español, 1958, pp. 148-174.

2 A referência, aqui, é a *Relectio de Indis,* de Francisco de Vitória. Francisco de Vitoria. *De indis recentis inventis et de iure belli Hispaniorum in barbaros.* Salamanticae: s.ed., 1557 (eu utilizei ainda a tradução francesa, *Leçons sur les Indiens et sur le droit de guerre.* Genève: Droz, 1966). Utilizei igualmente a tradução espanhola, *Relectio de indis.* Madrid: C.S.I.C., 1989 e *Relectio de iure belli o paz dinámica.* Madrid: C.S.I.C., 1981.

250 Francisco Murari Pires (org.)

tóteles, mas combinando-o à exegese dos textos sagrados, aos textos de santo Agostinho e São Tomás de Aquino, e à tradição jurídica ocidental, civil e canônica[3]. A despeito da heterogeneidade destas fontes, visou-se demonstrar, através da autoridade daqueles textos, que eles convergiam para uma interpretação diversa sobre a origem e as justificativas da escravidão, conforme demonstrarei a seguir, particularmente enfatizando os aspectos históricos subjacentes à noção aristotélica de "servidão natural".

O primeiro problema que se colocava para os teólogos que se posicionaram sobre a questão moral e jurídica da escravidão concernia à desigualdade das suas fontes de autoridade, cujas motivações históricas e fundamentos hermenêuticos eram dificilmente conciliáveis. Por outro lado, o contexto cismático do século XVI não favorecia a imposição de uma regra doutrinal. Finalmente, há que se considerar também que a interpretação da realidade colonial colocava problemas novos, nem sempre suscetíveis de serem enquadrados por aquelas fontes antigas.

Contudo, para os teólogos do século XVI que se preocuparam com o problema da escravidão, o pensamento tomista que renascia então nas universidades de Paris e Salamanca colocava à sua disposição um arsenal conceitual e de procedimentos metodológicos que lhes possibilitava precisamente recuperar as preocupações dogmáticas centrais de Tomás de Aquino no que concernia às suas tentativas de aplainamento de um *corpus* doutrinário cristão caracterizado pelo seu caráter heteróclito, irresoluto e contraditório. Assim, a chamada "segunda escolástica" não fez mais do que desenvolver as tendências enraizadas na escolástica medieval, impulsionada pela necessidade de formular, ela tam-

---

3 As compilações de direito de Justiniano (que contêm os códigos Gregoriano, Hermogênico e Teodosiano, assim como as constituições promulgadas desde Teodósio II, até Justiniano) encontram-se na base dos comentários exegéticos dos teólogos do século XVI. Dentre os textos que são mais frequentemente citados e comentados pelos teólogos e jurisconsultos do século XVI encontramos notadamente: (a) Florentinus, *Institutas*, L. IX (= D. 1, 5, 4); (b) Ulpiano, *Institutas*, L. I (= D. 1, 1, 4); (c) Marciano, *Institutas*, L. 1 (= D. 1, 5, 5).
O *ius gentium* dos romanos reforma o direito quiritário em função das novas necessidades advindas da expansão do império romano – o que explica, em parte, sua recuperação recorrente pelos teólogos e jurisconsultos do século XVI. O debate sobre as causas e sobre a origem do *ius gentium* permanece irresoluto, assim como aquele sobre a parte devida ao poder romano na sua elaboração, e a interferência ou não dos povos vizinhos. É apenas com a queda da República que os jurisconsultos romanos, sob a influência do estoicismo grego, começam a estudar a natureza do *ius gentium*, opondo-o ao direito civil. Resulta disso uma separação entre o *ius civile* (produto da lei de um Estado, *civitas*) e o *ius gentium* (derivado da *ratio naturalis* e identificado assim com o direito natural, enquanto patrimônio comum da humanidade). Essa evolução do *ius gentium* se verifica, por exemplo, na divisão operada por Cícero, e mais claramente ainda por Ulpiano, entre *ius naturale, ius gentium* e *ius civile* (ver *Institutas*, D. 1, 1, 1, 3 e 4 e 1, 1, 6). Posto isso, deve-se salientar que o *ius gentium* romano é bastante diferente do *direito de gentes* moderno. Francisco de Vitoria desempenha um papel fundamental nessa evolução, aliás, pois foi o primeiro a utilizar a expressão *"ius inter gentes"*.

bém, uma resposta de tipo doutrinal aos problemas éticos e morais de seu tempo, agora relacionados à expansão ultramarina europeia.

A compatibilidade entre os diferentes textos aos quais os teólogos da segunda escolástica se reportaram foi buscada no seu fundamento normativo comum: consequentemente, eles elegeram a forma discursiva jurídica como a mais adequada ao comentário da realidade histórica contemporânea, à luz dos dogmas cristãos. O fundamento filosófico do tomismo conduziu à adoção da forma discursiva jurídica: a partir da concepção aristotélica de natureza, deduzia-se o comentário teológico das relações entre o Homem e seu Criador enquanto uma relação de forças a serem avaliadas nas suas respectivas autonomias.

Contudo, as categorias taxonômicas derivadas da tradição jurídica romana (isto é, as noções de justiça, direito, *dominium*, usufruto etc.) não se mostravam suficientes para reunir textos tão disparatados entre si... a menos que se colocasse justamente em questão a diversidade destes textos – o que não convergia para o principal objetivo fixado pelos teólogos da segunda escolástica, qual seja constituir um dogma apoiado sobre a afirmação da unidade e da homogeneidade de suas fontes, na longa duração de uma tradição cristã que eles afirmavam ser unívoca e linear.

No que concerne à questão específica do debate sobre a escravidão, o comentário moral ou casuístico revestiu-se ao mesmo tempo de formulações peremptórias típicas do discurso dogmático e de formulações prescritivas do discurso jurídico. Adaptando essa forma discursiva ao complexo comentário histórico da expansão europeia, os teólogos da Universidade de Salamanca operaram uma síntese que deixou uma marca indelével em praticamente todas as obras sobre a questão da escravidão escritas por teólogos, juristas ou moralistas, ao longo dos séculos XVI e XVII.

A discussão sobre os aspectos morais e históricos ligados a essa forma de trabalho, como disse, fez-se essencialmente através de uma forma discursiva de tipo jurídico, ela mesma sustentada por assertivas de tipo dogmático. Ora, ao se apoiar a legitimidade do dogma sobre fontes reconhecidas e autorizadas, porém profundamente heterogêneas, o discurso reduziu-se a uma formulação mínima, onde os títulos jurídicos de redução à escravidão reconhecidos como moralmente legítimos funcionavam como um denominador comum. Eram eles: a guerra justa, a comutação da pena de morte e a extrema necessidade (não me referirei aqui ao quarto título comumente evocado – a condição do ventre materno – que coloca um problema de outra natureza). Estes títulos legítimos reduziam a escravidão a casos codificados, e através deles pretendia-se interpretar e julgar a diversidade de situações suscitadas pela expansão europeia e pela colonização.

Porém, este denominador comum era dificilmente projetado e encaixado nas descrições e julgamentos sobre a constituição das sociedades aborígines. Pois as descrições e as

252 Francisco Murari Pires (org.)

avaliações veiculadas pelos escritos dos cronistas e viajantes eram extremamente discrepantes, devido fundamentalmente à aplicação de critérios de avaliação exógenos a essas sociedades, mas também à diversidade destas sociedades, que frequentemente confundiu o pensamento analógico dos europeus. Uma e outra coisa não permitiam que os cronistas e viajantes, ou seus leitores, alinhassem as características essenciais que eram imputadas a estas sociedades aos valores cristãos ocidentais, e particularmente à noção de Piedade que subsumia os referidos títulos legítimos (nos três casos – guerra justa, comutação da pena de morte e extrema necessidade – a escravidão é o preço a ser pago àquele que realiza o gesto piedoso de preservar a vida ameaçada). A despeito destas limitações evidentes, os justos títulos encerravam uma codificação jurídica e, atrelado a esta, uma dimensão histórica que permitiram fundar o debate sobre a escravidão moderna sobre bases diferentes daquelas consideradas pelos autores que refletiam exclusivamente a partir da aplicação da categoria aristotélica de servidão natural.

Assim, a despeito dos limites aqui apontados, os títulos legítimos conquistaram um lugar central na casuística da escolástica moderna concernente à escravidão e, nesse sentido, nós devemos reconhecer a importância desse debate para a definição dos fundamentos da colonização moderna e da política indigenista das coroas portuguesa e espanhola.

Os títulos legítimos para a redução de outrem à escravidão foram recuperados essencialmente a partir da valorização dos paralelos existentes entre as fontes evocadas – sobreposição entre autoridade e antiguidade, no que concerne à assertiva dos fundamentos dogmáticos, e valorização dos *exempla* no que concerne ao alinhamento probatório entre as diversas fontes –, de maneira a concentrar numa formulação simples todos os aspectos do problema: dogmático, jurídico, moral e histórico. Excetuadas algumas formulações dogmáticas mais gerais (a afirmação da origem da escravidão no pecado, por exemplo, ou da escravidão como meio de resgate de uma condição decaída), e cujas variações e subjetivismo são evidentes, um equilíbrio foi então buscado entre estas quatro dimensões maiores do problema da escravidão – dogmática, moral, jurídica e histórica – através mesmo dos títulos legítimos, que adicionalmente concentraram assim uma função retórica fundamental na sua articulação interna.

Como não pretendo proceder aqui ao comentário crítico da casuística dominicana e jesuíta sobre o problema da escravidão, limitar-me-ei a indicar como ele foi enfrentado pelos principais autores aos quais os teólogos e juristas do século XVI fizeram comumente referência: Aristóteles, Santo Agostinho e Tomás de Aquino, ou melhor, Bartolomeo Fiadoni, dito Ptolomeu de Lucca. A análise de algumas passagens destes três autores, concernentes à escravidão, deverá nos permitir identificar os aspectos destacados e compatibilizados pelos teólogos da segunda escolástica, quando se propuseram a enfrentar os defensores modernos da teoria aristotélica da servidão natural.

Tomás de Aquino se exprime sobre a questão da escravidão no seu *Tratado sobre o governo dos Príncipes*. A parte concernente às formas de governo e de poder, e particularmente à escravidão – não é, contudo, de sua fatura[4]; este fragmento teria sido completado após a sua morte por um de seus discípulos, Bartolomeo Fiadoni (dito Ptolomeu de Lucca, bispo dominicano de Torcello), que não deixa, contudo, de integrar as lições de Aristóteles à questão. À época não se dispunha ainda dessa informação, relativa à autoria do texto, e contava-se esse tratado como um dos opúsculos de Tomás de Aquino.

No capítulo 9 do terceiro livro, inspirando-se em Aristóteles e Santo Agostinho, Ptolomeu de Lucca evoca a faculdade de *dominium* de um homem sobre outro homem da seguinte maneira:

> (…) podemos nos interrogar se o domínio de um homem sobre outro homem é natural ou permitido por Deus, ou apenas tolerado, porque se quisermos falar do domínio pela escravidão, ele foi introduzido pelo pecado, como já dissemos acima. Mas se entendermos este domínio que implica a obrigação de conselho e de direção, podemos chamá-lo quase natural, porque ele teria podido existir mesmo no estado de inocência. É esse o sentimento de Santo Agostinho, na Cidade de Deus, c. XIX. E esse domínio convém ao homem enquanto ser naturalmente social, ou feito para ser governado, como nós já o dissemos. É necessário que uma sociedade seja ligada por leis mútuas de dependência. Assim, tudo o que contém uma relação mútua de dependência, implica necessariamente um princípio de autoridade e de direção, como o diz o Filósofo no primeiro livro de sua Política. A razão dessa ordem ou natureza constitui a sua prova, porque como escreve Santo Agostinho na obra citada, a ordem não é outra coisa senão a disposição regular das coisas iguais e diferentes, no lugar que lhes convêm. Donde é evidente que a palavra ordem implica a desigualdade, e essa é a razão do poder. A partir desta consideração, o domínio do homem sobre o homem é de direito natural, ele existe entre os anjos, ele existiu no estado de inocência, ele existe ainda hoje no sentido em que a ordem está em relação com o grau e a dignidade do homem.[5]

Esta passagem retoma justamente a separação introduzida por Aristóteles entre escravidão natural e escravidão legal (dita também civil ou convencional):

---

4   Livro III, capítulos 9 a 11. Tomás de Aquino trata da questão nas obras seguintes: (a) *In IV Sententiarum*, l.IV, dist. 36, a.1, ad 2um et ad 3um; (b) *Summa theologica*, Ia, q.96, a.4; (c) IIa IIae, q.57, a.3, ad 2um; (d) Ia IIae, q.94, a.5, ad 3um; (e) e sobretudo na *Sentencia libri Politicorum*, liber I, capit. 3 e 4. Ver igualmente *IIa IIae*, q.64, a.2 e a.3, e *IIa IIae*, q.65, a.3.

5   Tomás de Aquino (santo). "De regno sive de regimine principum ad Regem Cypri", *Opuscula omnia necnon opera minora*, tomus primus: opuscula philosophica. Paris: P. Lethielleux, 1949, pp. 333-334.

254   Francisco Murari Pires (org.)

É claro, portanto, que há casos de pessoas livres e escravas por natureza, e para estas últimas a escravidão é uma instituição conveniente e justa. Ao mesmo tempo não é difícil ver que os defensores do ponto de vista oposto estão também de certo modo com a razão. De fato, os termos escravidão e escravo são ambíguos, pois há escravos e escravidão até por força de lei; de fato, a lei de que falo é uma espécie de convenção segundo a qual tudo que é conquistado na guerra pertence aos conquistadores.[6]

Esta distinção estabelecida por Aristóteles é combinada de maneira original, por Ptolomeu de Lucca, à concepção agostiniana de escravidão derivada do pecado e da queda dos homens.[7] No livro 19, capítulo 15, da *Cidade de Deus*, Santo Agostinho introduz o tema da escravidão e faz a exegese da passagem do Gênesis onde se trata da dominação dos homens sobre os animais selvagens e as criaturas privadas de razão, por injunção divina[8], da seguinte maneira:

> O que a ordem natural prescreve é isto, pois foi assim que Deus criou o homem: "Domine sobre os peixes do mar, as aves do céu e todos os répteis que rastejam sobre a terra." Não quis que ele, ser racional feito à sua imagem, dominasse senão sobre os irracionais – e não que o homem sobre o homem, mas o homem sobre o animal. Por isso é que os primeiros justos foram instituídos mais como pastores de gado do que como reis de homens. Era mesmo desta forma que Deus sugeria o que a ordem das criaturas reclamava e o que a sanção do pecado exige.[9]

Uma vez os homens caídos pelo pecado, a dominação natural sobre os animais se inverteu, de maneira que o homem encontrou-se dominado por diversos animais ferozes e selvagens. Porque ele pecou, a dominação degenerou e engendrou a dominação do homem pelo homem, introduzindo entre eles a instituição da escravidão:

> Realmente, a condição de servidão, compreende-se, foi justamente imposta ao pecador. Por isso em parte nenhuma das Escrituras se lê a palavra servo antes de o justo Noé castigar com este nome o pecado de seu filho. Foi, pois, a culpa e não a natureza que mereceu este nome.[10]

---

6 Aristóteles. *Política*, 1255a.

7 Tomás de Aquino também compreende a escravidão como um castigo introduzido pelo pecado. Na *Summa theologica*, Ia, q. 92, a. 1, ad 2um, ele afirma literalmente que *"talis subjectio introducta est post peccatum"*. Para ele, a *servitus* é um *dominium* voltado para a utilidade do *dominus*. Nunca ele equipara o escravo a um objeto, e assim este está submetido à justiça, possuindo direitos e deveres. Ver *Summa theologica*, II-IIae, q. 5, a. 4, ad 2um.

8 *"Dominetur piscium maris et volatilium cœli et omnium repentium quae repunt super terram."* Gênesis, 1, 26.

9 Agostinho (santo). *A Cidade de Deus*, l. XIX, c.15. Lisboa: Fundação Calouste Gulbenkian, 1995.

10 *Idem, ibidem.*

Santo Agostinho imputa historicidade à escravidão ao atribuir sua responsabilidade às faltas cometidas pelos homens, e não à ordem natural das coisas, ou a uma determinação divina qualquer. A intervenção divina aparece apenas como punição e castigo infligido às ações humanas desviantes.

Essa mesma ideia aparece expressa com força em outro texto de Santo Agostinho, as *Quaestionum in Heptateuchum*, quando ele comenta o Gênesis, 46, 32:

> A Escritura nos mostra, nos patriarcas, homens dedicados, desde a sua infância, e de pai para filho, ao cuidado dos rebanhos. Não foi sem razão, certamente, porque nessa ocupação encontram-se, ao mesmo tempo, uma justa servidão e uma justa dominação, quando os rebanhos estão submetidos ao homem e o homem domina os rebanhos. Pois foi dito no momento da criação do homem: "Façamos o homem à nossa imagem e semelhança, e que ele domine sobre os peixes do mar, sobre as aves do céu e sobre todos os répteis que rastejam sobre a terra" (Gen., I, 26), o que nos ensina que a razão deve dominar os seres sem razão. Mas, apenas a injustiça e a maldade fazem do homem um escravo do homem: a injustiça, como quando foi dito: "maldito Cam, ele será escravo de seus irmãos" (Gen., IX, 25); a desgraça como aconteceu ao próprio José, que foi vendido por seus irmãos para ser escravo de um estrangeiro. Também os primeiros que a língua latina designou com o nome de escravos, são aqueles que a guerra tornou assim: pois o homem a quem seu vencedor, na guerra, concedeu-lhe a graça da vida, quando ele poderia tê-lo matado, foi chamado escravo, e em seguida foi designado por um outro nome ainda, *mancipia*, porque ele foi tomado pela força da mão. É também uma ordem estabelecida pela natureza, entre os homens, que as mulheres sirvam os homens e as crianças seus pais, considerando que nesse caso, é a própria justiça que pretende que a razão menos forte esteja ao serviço da mais forte. Consequentemente, a clara justiça, em toda dominação e toda servidão, pretende que aqueles que levam vantagem pela razão, levem vantagem também pelo poder. E quando esta ordem encontra-se modificada neste mundo pela iniquidade dos homens, ou pela diversidade das naturezas carnais, os justos suportam a perversão temporal, mas devem, no final do século, obter uma felicidade eterna que recolocará tudo numa ordem perfeita.[11]

Para além da natureza mesma dos homens, tais como eles foram criados por determinação divina, intervém a ação arbitrária e iníqua dos homens. A prova do caráter histórico da escravidão, nascida, portanto, da conduta pecadora dos homens, encontra-se no fato que existem escravos tanto entre os homens maus como entre os justos:

---

11 Agostinho (santo). "Quaestionum S. Augustini in Heptateuchum", *Patrologiae cursus completus*, tome 34, I, CLIII, col. 589-590. Ver, no mesmo sentido, "De Genesi contra Manicheum", in *idem*, liber I, cap. XVIII-XIX, col. 187. Sobre a acepção da palavra *mancipia*, ver Florentinus, in *Institutas*, D.1, 5, 4.

256   Francisco Murari Pires (org.)

A origem da palavra latina *servus* crê-se que provém do fato de aqueles que, pelo direito de guerra, podiam ser entregues à morte, quando eram conservados tornavam-se servos (*servi*), eram assim chamados da palavra conservar (*servare*); e até mesmo isto se não verifica sem a culpa do pecado. De fato, mesmo quando se conduz uma guerra justa, o adversário combate pelo pecado – e a vitória, mesmo quando ganha pelos maus, humilha os vencidos por um juízo divino, quer corrigindo quer punindo os seus pecados. Testemunha disto é aquele homem de Deus, Daniel, quando, no seu estado de cativeiro, confessa a Deus os seus pecados e os do seu povo e reconhece com piedosa dor que eram eles a causa desse cativeiro. O pecado é, portanto, a primeira causa da servidão: é assim que o homem se submete ao homem pelo vínculo da sua condição; isto não acontece sem um desígnio de Deus, em quem não há injustiça e que sabe distribuir as penas diferentes conforme as culpas dos pecadores. Mas, como diz o Senhor soberano: "Todo aquele que comete o pecado é escravo do pecado" [João, 8, 34], e por isso é que, na verdade, muitos religiosos são escravos de senhores injustos e, portanto, não livres, "pois, se alguém se deixa vencer por outro, fica sendo seu escravo" [II Pedro, 2, 19]. E, realmente, serve-se com mais prazer um homem do que uma paixão, pois a paixão de dominar, para mais não dizer, arruína o coração dos mortais com a mais atroz tirania. Porém, nessa ordem de paz, em que uns estão submetidos aos outros, a humildade aproveita tanto mais aos que servem quanto mais a soberba prejudica os que dominam. Mas na natureza, em que primitivamente Deus criou o homem, ninguém é servo de outro homem ou do pecado. A verdade é que mesmo essa escravidão, que é fruto do pecado, encontra o seu lugar na ordem por essa lei que ordena se conserve a lei natural e proíbe que a perturbem – porque, se nada se tivesse feito contra essa lei, nada teria havido a castigar com a pena da servidão. Por isso é que o Apóstolo recomenda mesmo aos escravos que se submetam aos seus senhores e que de bom coração e com boa vontade os sirvam. Desta forma, se não podem libertar-se dos seus senhores, poderão de certo modo tornar livre a sua servidão, obedecendo com afetuosa fidelidade e não com temor hipócrita, até que a injustiça passe e se aniquile toda a soberania e todo o poderio humano e Deus seja tudo em todos.[12]

Para Santo Agostinho, então, o homem não pode fazer mais do que tomar consciência de seus erros, pela confissão (como o fez exemplarmente Daniel), e purgar sua pena servilmente até o dia de sua libertação final, quando "toda dominação humana [será] liquidada". Portanto, essa dominação do homem sobre o homem não pode ser resgatada pela ação histórica dos homens; ao contrário, sendo os homens responsáveis pela instituição dessa perversão da ordem divina que é a escravidão ("na natureza, em que primitivamente Deus criou o homem, ninguém é servo de outro homem ou do pecado"), não lhes resta outra saída senão a submissão servil, amada e aceita como tal, na esperança de

---

12   Agostinho (santo). *A Cidade de Deus*, l.XIX, c.15.

Antigos e modernos   257

uma salvação individual, sem contestação da ordem histórica presente, instituída como um castigo divino generalizado.

Ptolomeu de Lucca retoma a mesma passagem do Gênesis que trata da dominação dos homens sobre os animais[13], através de uma citação de Santo Agostinho, para combiná-la à separação introduzida pela filosofia moral pagã de Aristóteles quanto à dominação natural do mais forte e do mais capaz sobre o fraco, da forma sobre a matéria, do espírito sobre o corpo.[14] Para tanto, Ptolomeu de Lucca relaciona as duas partes da argumentação agostiniana e a classificação aristotélica que distingue a servidão natural da servidão legal. Ele retoma primeiramente a concepção agostiniana da escravidão como instituição derivada da queda humana, causada por eventos tais como as guerras, indiferentemente justas ou injustas, mas invariavelmente geradoras e reprodutoras da escravidão. As guerras, afirma, derivam de gestos voluntários ("se não houvéssemos feito nada contra esta lei [que comanda conservarmos a ordem natural], a servidão não teria nada a punir"), e errados ("apenas o pecado mereceu esse nome, e não a natureza") de indivíduos ou agentes historicamente situados. Por outro lado, Ptolomeu de Lucca retoma a noção agostiniana de hierarquia natural instituída por prescrição divina, e que se exprime entre outras na concepção de escravidão como um castigo divino ao qual é necessário submeter-se servilmente, aceitando sua pena. O vínculo entre as duas categorias explicativas empregadas por Santo Agostinho – o livre-arbítrio (dimensão histórica) e a hierarquia natural (dimensão divina ou dogmática) – pode se estabelecer, então, com as categorias aristotélicas, em torno da ideia desenvolvida pelo filósofo grego, em torno da correlação existente entre a servidão natural e a servidão convencional, em duas situações históricas: (a) numa situação de guerra, Aristóteles reconhece a superioridade e a virtude dos vencedores (a justiça da guerra é verificada, porque a virtude é por definição ordinariamente justa) e consequentemente a servidão dos vencidos torna-se legítima[15]; (b) nos

---

13   Gênesis, 1, 26. Tomás de Aquino comenta essa passagem da Bíblia em termos equivalentes quando escreve que *"creaturae quae sunt infra hominem sunt propter hominem"* (*Summa theologica*, I, q. 65, a. 2). As razões desse poder do homem, para Tomás de Aquino, são ao mesmo tempo ontológicas (para a conservação do seu ser corporal e para a realização do seu ser espiritual) e analógicas (*per participationem* no poder divino).

14   Aristóteles. *Política*, *op. cit.*, 1254a. É precisamente a partir desse princípio que Aristóteles define o que ele compreende por escravidão natural: "todos os homens que diferem entre si para pior no mesmo grau em que a alma difere do corpo e o ser humano difere de um animal inferior (e esta é a condição daqueles cuja função é usar o corpo e que nada melhor podem fazer), são naturalmente escravos, e para eles é melhor ser sujeitos à autoridade de um senhor, tanto quanto o é para os seres já mencionados". *Idem*, 1254b.

15   As notas 7 a 13 redigidas por Jean Aubonnet à edição francesa da *Política*, I, VI, 4 (Paris, Gallimard, 1993), que reportam a extrema divergência dos comentadores sobre a interpretação dessa passagem, são significativas para determinar a amplidão dos usos aos quais ela deu lugar. Quanto a mim, interessa-me apenas estabelecer o lugar onde o discurso aristotélico gira para colocar em relação servidão natural e convencional, tornando-se assim o

258 Francisco Murari Pires (org.)

governos tirânicos, uma forma política que convém aos povos que não são capazes de se autogovernarem[16].

Não estou de acordo, portanto, com o peso dado por Anthony Pagden à leitura feita no século XVI sobre a continuidade estabelecida por Aristóteles entra a barbárie e a escravidão, quando ele sugere que "à luz das evidentes deficiências destas duas primeiras tentativas de encontrar os meios precisos através dos quais fosse possível singularizar o escravo natural do resto da humanidade [determinismo físico e transmissão genética], Aristóteles sugeriu uma distinção mais ampla e mais simples; uma distinção, de resto, que não apenas preenchia a necessidade biológica de reprodução pelo mesmo tipo, mas também oferecia uma explicação ao mesmo tempo biológica e psicológica para a superioridade dos gregos sobre as demais raças de homens, nomeadamente, 'a afirmação de que barbaroi e escravos eram um só por natureza'. (...) Foi esta identificação do escravo natural com o bárbaro que possibilitou a utilização da teoria da escravidão natural na discussão sobre a natureza do indígena americano".[17] É verdade que diversos autores fundam suas teorias sobre a legitimidade do *dominium* espanhol ou português sobre os ameríndios e suas terras, na afirmação da inferioridade destes últimos. Mas foi precisamente contra estes autores que a Igreja, através da referida bula, e os teólogos da segunda escolástica se insurgiram, e fizeram-no justamente evocando Aristóteles (além das outras fontes e autores aos quais nos referimos acima, compatibilizando uns e outros entre si). De resto – e este talvez seja o ponto mais importante – Aristóteles não coloca o problema apenas sobre estas bases. As passagens de Aristóteles evocadas por Anthony Pagden (*Política*, 1252b e 1255a) afirmam, sim, a continuidade entre escravos por natureza e bárbaros, mas o vínculo é definitivamente estabelecido em 1255a-1255b, que eu reproduzo em seguida, e que permitirá compreender melhor a recuperação ulterior do pensamento de Aristóteles, pelos teólogos dominicanos e jesuítas:

---

alvo de uma correspondência com a leitura tomista de Santo Agostinho. Para Santo Agostinho, como vimos acima, esta correlação está presente na sua concepção de escravidão originada do pecado, e que foi instituída como um castigo infligido por ordem divina aos erros humanos, e em desacordo com a ordem natural das coisas.

16   Aristóteles. *Política*, 1284b, 1294b-1295a e 1310a-1315b.

17   "in the light of the evident deficiencies of these first two attempts to find precise means by which to single out the natural slave from the rest of humanity [determinismo físico e transmissão genética], Aristotle suggested a far broader, far simpler distinction; a distinction, furthermore, which not only fulfilled the biological need of every type to reproduce itself by the same type, but also offered a psychological-cum-biological explanation for the superiority of Greeks over all the other races of men, namely, 'the assumption that barbaroi and slaves are by nature one'. (...) It was only this identification of the natural slave with the barbarian that made the theory of natural slavery of any use in the discussion over the nature of the American Indian." Anthony R. Pagden. *The fall of natural man. The American Indian and the origins of comparative ethnology*. London/ New York/ Melbourne: Cambridge University Press, 1982, pp. 46-47.

Este direito convencional [que estipula que tudo que é conquistado na guerra pertence aos conquistadores] é contestado por muitos juristas por instituir uma lei contrária a outra; eles consideram repugnante que alguém com poder bastante para usar a violência, e superior em força, possuam antes a vítima de sua violência na condição de escravo e súdito. Mesmo entre os sábios há quem pense de uma maneira ou de outra. Mas a razão dessa divergência e o que faz com que as doutrinas se atritem, é o fato de, até certo ponto, o mérito, quando dispõe de meios, ter realmente um poder maior para usar a força; como só se encontra uma força superior onde há um mérito superior de alguma espécie, o mérito parece inerente à força, e a disputa é simplesmente acerca da justiça (um lado sustenta que o fundamento da justiça é a benevolência, enquanto o outro identifica a justiça com o poder mais forte); se estes pontos de vista forem dissociados e se se estabelecer entre eles esta distinção, os outros já não terão peso ou plausibilidade contra a teoria de que o homem superior em mérito deve comandar e ser o senhor. Algumas pessoas, tentando apegar-se obstinadamente a algum princípio de justiça (pois a lei é um princípio de justiça), afirmam que a escravização de prisioneiros de guerra é justa; ao mesmo tempo, todavia, elas contradizem a afirmação, pois há a possibilidade de as guerras serem injustas em sua origem, e não se admitiria de forma alguma que um homem que não merecesse a escravidão pudesse tornar-se realmente escravo – de outra forma, pessoas da mais alta nobreza passariam a ser escravos e descendentes de escravos se fossem aprisionadas em guerras e vendidas. Elas, portanto, não querem dizer que os próprios helenos, se aprisionados em guerra, são escravos, mas que os bárbaros são. Quando falam assim elas estão apenas buscando os princípios de uma escravidão natural, da qual falamos no princípio, pois são compelidas a dizer que existem certas pessoas essencialmente escravas em toda parte e outras em parte alguma. O mesmo se pode dizer em relação à nobreza: as pessoas nobres entre nós se consideram nobres não somente em suas cidades mas em toda parte, embora pensem que os nobres entre os bárbaros são nobres somente em sua própria terra (isto equivale a dizer que há duas espécies de nobreza e de liberdade, uma absoluta e outra relativa, como diz a Helena de Teodectes: "Mas quem se atreveria a me chamar de serva, a mim, que por dois lados descendo de deuses?" Falando assim elas baseiam a distinção entre escravo e homem livre apenas nos conceitos de nobreza e de humildade; presumem que, da mesma forma que de um homem se origina outro homem e de um animal outro animal, de um homem bom nasce outro homem bom; mas a natureza embora queira fazer isto na maioria das vezes, nem sempre consegue. É claro, então, que há um certo fundamento para a divergência, e que nem todos são escravos ou homens livres por natureza, bem como que em alguns casos existe a distinção, quando a escravidão para um e o domínio para outro são convenientes, e que é justo e inevitável para um dos lados ser governado e para o outro governar segundo a sua própria natureza, ou seja, exercendo o comando (...).[18]

---

18 Aristóteles. *Política*, 1255a-1255b.

260   Francisco Murari Pires (org.)

Aristóteles afirma nesta passagem a existência de um consenso sobre o vínculo obrigatório existente entre força e virtude, o único tema de contestação ou de polêmica sendo o estabelecimento da legitimidade de uma guerra que engendra a submissão de outrem por opressão ou violência. Para Aristóteles, o problema reside, portanto, na diferença que ele acredita dever estabelecer entre a servidão natural e a servidão legal, ou convencional[19], para em seguida estabelecer em quais casos a última vem corromper ou corrigir a primeira. Ora, Anthony Pagden parece negligenciar as duas dimensões que acabo de evocar, quais sejam, (a) aquela da justiça e da virtude no caso de uma guerra e (b) aquela da conveniência das formas de governo tirânicos para os povos reputados bárbaros, formas que engendram a servidão e que interferem na reprodução da servidão natural. O primeiro aspecto da argumentação aristotélica, eu já comentei. O segundo é discutido por Aristóteles na tipologia das formas de governo monárquico que ele estabelece no livro III da *Política*, quando ele recorre justamente, e de maneira significativa, à informação histórica, para fundar seu raciocínio (como ele o fará, igualmente, nos livros IV a VI).

É a partir do capítulo 14 que Aristóteles passa à exposição das generalidades sobre as constituições do Estado e sua classificação, ao estudo de suas formas específicas: a monarquia. Ele trata, aqui, das cinco formas da monarquia, de sua conveniência para um Estado historicamente determinado (e não mais como uma forma abstrata) e do tipo de povo ao qual convém tal ou tal forma de monarquia. Ora, uma das formas de monarquia é aquela que ele designa sob o nome de "monarquia bárbara", um poder quase tirânico que convém particularmente aos bárbaros, povos naturalmente mais servis que os gregos, e que contribui assim à estabilidade desse regime fundado sobre o caráter hereditário do poder e sobre leis fundamentalmente arbitrárias.

> (...) há outro tipo de monarquia, de que são exemplo os governos monárquicos existentes entre alguns povos bárbaros. O poder inerente a todos estes se assemelha ao das tiranias, mas aquelas são governadas de acordo com a lei e são hereditárias; como os bárbaros são naturalmente mais submissos que os helenos, e os asiáticos em geral mais que os europeus, eles suportam o poder despótico sem qualquer queixa. Estes governos monárquicos, portanto, são de natureza tirânica (...)[20]

Aristóteles desenvolve assim o seu sistema analítico da *Política* e introduz um comentário moral sobre as formas de governo, onde as propensões naturais dos homens, por mais primordiais que sejam, realizam-se sempre, contudo, sob formas historicamente

---

19   *Idem*, 1255a.

20   *Idem*, 1284b-1285a, III, XIV, 6-7.

Antigos e modernos   261

determinadas. E é a partir da expressão histórica das aptidões humanas que ele funda sua filosofia política. Ora, quando Aristóteles afirma que não se podem distinguir os homens unicamente a partir dos critérios da virtude e do vício[21], e quando ele afirma que a natureza não reproduz sempre um objeto segundo a sua matriz[22], ele abre sua análise a uma perspectiva histórica que se encontra, de maneira clara e evidente, a partir do livro III da *Política*[23].

Quanto a Ptolomeu de Lucca, eu acredito que é a valorização do viés histórico da filosofia moral aristotélica que lhe permite negar a existência de uma continuidade linear perfeita entre *barbaroi* e escravos – assertiva que os teólogos, juristas e humanistas do século XVI não negligenciarão. Sobretudo porque, para ele, como para Tomás de Aquino, o estado de inocência não supõe de maneira alguma uma ausência de submissão do homem às leis naturais. Existiria então, não a escravidão, mas o *dominium* ou poder civil, que visa ao bem comum[24].

Ora, para Aristóteles, a separação entre servidão natural e servidão convencional não coincide completamente com a realidade histórica – donde as "divergências" às quais ele faz alusão quando se trata de julgar a legitimidade da redução à escravidão de outrem pela força[25]. Além disso, a conjugação feita por Aristóteles dos pressupostos morais e filosóficos sobre a natureza humana e dos comentários históricos sobre os modelos de governo existentes à sua época, ou anteriormente, dá ao autor do tratado sobre o governo do Príncipe a chave para recuperar a filosofia moral aristotélica através de Santo Agostinho, o qual, como apontei acima, imputa uma historicidade à escravidão a partir da queda humana. Em Santo Agostinho, a virtude é uma qualidade primordial do homem, que deve, portanto, se manifestar no escravo – obrigado a obedecer para permanecer virtuoso, e não servir apenas devido ao medo da punição – mas também no senhor. Da mesma maneira para Aristóteles, para quem o senhor deve possuir uma conduta moral

---

21   *Idem*, 1255b.

22   *Ibid*.

23   Sobre as relações entre escravidão e governo tirânico, em Aristóteles, ver igualmente os comentários de Peter Garnsey. *Conceptions de l'esclavage, d'Aristote à saint Augustin*. Paris: Les Belles Lettres, 2004, pp. 162-166 e 173-176.

24   Tomás de Aquino (santo), "Pars Prima Summae Theologiae", q. 96, a. 4. Tomás de Aquino cita Santo Agostinho (*A Cidade de Deus*, livro XIX, capítulo XV, que ele aproxima de Aristóteles precisamente a partir da valorização do elemento histórico da filosofia moral aristotélica) para concluir que *"hoc naturalis ordo praescrit, ita Deus hominem condidit"* ("isto pede a ordem natural; assim constituiu Deus ao homem").

25   Aristóteles. *Política*, 1255a e 1255b.

262 Francisco Murari Pires (org.)

virtuosa em relação ao seu escravo, na sua utilização e na maneira de dispor dele, para poder diferenciar-se dele.[26]

Estes dois últimos pontos, ancorados nos problemas filosóficos da virtude e da regeneração natural, aos quais Anthony Pagden não parece dar importância suficiente na sua argumentação, revelar-se-ão, contudo, de uma importância fundamental no impacto que a segunda escolástica salmantina terá na segunda metade do século XVI. Pois os teólogos dominicanos e, sobretudo, a nova geração de teólogos jesuítas que trabalhará nas universidades de Coimbra e Évora, comentarão diretamente as questões jurídicas e políticas ligadas ao problema do *dominium* ibérico na América à luz dos textos de são Tomás de Aquino, e da sua leitura particular de Aristóteles e Santo Agostinho. Ora, aquele que se supunha ser, no século XVI, Tomás de Aquino, pronuncia-se de uma maneira bastante incisiva sobre o problema da escravidão sob as formas de governo tirânico, fazendo o comentário exegético dos dois autores mencionados.

> O poder despótico se confunde portanto com o poder real (...) sobretudo por um exagero de poder que o leva à servidão, como diz Santo Agostinho no décimo oitavo livro da *Cidade de Deus*. De fato, ainda que a autoridade tenha existido no estado de natureza, ela não foi concedida a não ser a título de conselho e de direção, e não para satisfazer o desejo de dominar e submeter os homens pela servidão, como dissemos mais acima. É nesse sentido que o profeta Samuel determina os direitos do poder real entre os Judeus; porque esse povo mereceu receber semelhantes leis, devido à sua ingratidão e à dureza de seus corações. Porque é justo, às vezes, que um povo, desconhecendo o benefício de um governo paternal, seja submetido a um governo tirânico, que se torna desta maneira o instrumento da justiça divina. Assim a história conta que diversas ilhas e províncias ainda são governadas por tiranos, devido à malícia do povo, que não pode ser governado a não ser com uma vara de ferro. O governo despótico torna-se assim uma necessidade nesses países indomáveis, não porque ele constitua a natureza do governo real, mas devido ao caráter e aos erros de seus súditos. Esta é a razão que fornece Santo Agostinho no livro que citamos, tanto quanto Aristóteles, no terceiro livro da sua *República*, onde ele enumera as diferentes espécies de governo, e faz ver que o poder real é inteiramente despótico entre alguns povos bárbaros, porque eles não podem ser governados de outra maneira (...).[27]

Essa segunda passagem de Ptolomeu de Lucca afirma ainda de maneira peremptória o vínculo existente entre a natureza bárbara de certos povos e a expressão histórica de sua dominação e de seu governo, legítimos não apenas devido ao seu caráter, mas tam-

---

26 Agostinho (santo). *A Cidade de Deus, loc. cit.* Aristóteles. *Op. cit.*, 1255b e 1260b, notadamente.

27 Tomás de Aquino (santo). "Sobre o governo do Príncipe, ao rei de Chipre", *op. cit.*, pp. 344-345.

Antigos e modernos 263

bém enquanto expressão da justiça divina. O despotismo das monarquias tirânicas sobre certos povos é a expressão histórica necessária não de uma forma de governo enquanto tal, mas de uma forma particular de governo engendrada historicamente pela natureza mesma dos seus sujeitos, e de suas faltas.

A amplitude da difusão deste raciocínio, na época moderna (eu falava em termos de construção de um consenso hegemônico, por parte dos intelectuais ligados à Igreja), pode ser mensurada quando lemos os textos de José de Anchieta escritos em 1563, quando, após 25 anos de experiência missionária junto aos indígenas da América portuguesa, defende que "para este tipo de gente não há melhor predicação que a espada e a vara de ferro, na qual mais que em nenhuma outra, é necessário que se cumpra o *compelle eos intrare* [Luc. 14, 23]".[28] Tal opinião, compartilhada por Manuel da Nóbrega e por outros missionários jesuítas no Brasil, é igualmente defendida por José de Acosta no Peru, assim como por outros teólogos jesuítas que discutem a questão jurídica do *dominium* ibérico na América. Para esses teólogos, trata-se precisamente de repudiar a interpretação exclusivamente naturalista que legitima a submissão dos ameríndios a partir de uma aplicação restrita da teoria aristotélica da servidão natural – que podemos localizar em John Mair, por exemplo, no início do século XVI, ou, mais tarde, em Juan Ginés de Sepúlveda, entre tantos senhores de engenho, *encomenderos* e outros colonizadores –, e recuperar a dimensão histórica dessa teoria, em função da experiência comum dos europeus e dos americanos ao final de mais de meio século de colonização. Por exemplo, Manuel da Nóbrega mobiliza dois elementos fundamentalmente históricos – o distanciamento físico e temporal dos ameríndios com relação à cristandade – para explicar a sua falta de polícia e a corrupção dos seus costumes; dois elementos estes que abrem, contudo, a possibilidade de sua (re)conversão e de sua (re)integração à *oikoumène* cristã, sem recorrer à sua redução à escravidão. A partir de então, é a História que legitima o que a Natureza não legitimava mais – e nesta passagem podem-se identificar fatos concretos da história efetiva da conquista e da colonização da América que são incorporados como argumentos. A orientação geral é extraída de São Tomás de Aquino / Ptolomeu de Lucca, mas passando pela releitura da segunda escolástica salmantina, e o resultado desse percurso exegético entre os teólogos jesuítas das universidades de Coimbra e Évora, ou da América, nos casos de José de Acosta e de Manuel da Nóbrega, é, sobretudo, a asserção do caráter histórico e, portanto, excepcional da escravidão.

Conforme esta interpretação se tornou hegemônica, abriu-se a possibilidade de justificar outra forma de dominação sobre os ameríndios, de tipo paternalista e tutelar

---

28 José de Anchieta a Diego Laynes, São Vicente, 16 de abril de 1563. In: *Monumenta Brasiliae*. Roma: Monumenta Historica Societatis Iesu, 1958, vol. 3, p. 554.

264   Francisco Murari Pires (org.)

(a ideia de tutela, juridicamente, é completamente distinta da servidão, pois implica o reconhecimento da condição livre do indivíduo). De fato, o regime de tutela prevaleceu nos diversos aldeamentos indígenas instituídos na América portuguesa, os quais eram geridos exclusivamente por religiosos, no espiritual e no temporal. O que não excluía a aceitação de uma escravidão limitada pela aplicação restritiva dos títulos legítimos, e o desenvolvimento de uma atividade missionária específica junto aos escravos, através das missões hebdomadárias de catequização nos engenhos e nos aldeamentos.

Gramsci e a escrita da História

Uma leitura do Canto X do Inferno

Lincoln Secco
(DH/FFLCH/USP)

Para Edvar Bonotto (*In Memoriam*)

Nos cerca de dez anos em que esteve no cárcere fascista (1926-1937), Antonio Gramsci escreveu os *Cadernos do Cárcere*. Sob a rigorosa censura carcerária ele não podia obter muitas informações acerca dos fatos diários. Desde suas primeiras missivas, ele se preocupou muito com o fornecimento de livros e periódicos. Era sua obsessão. Logo depois de preso ele pediu (9 de dezembro de 1926)[1] com urgência os dicionários e gramáticas para seus estudos de alemão e os livros sobre o *Risorgimento* e a unidade nacional.

No cárcere sua escritura sofreu uma alteração fundamental. Ele escrevia *Fur Ewig* (para a eternidade) como dizia. Escreveu reflexões mais demoradas em 33 cadernos. Trabalhava neles muitas vezes ao mesmo tempo, o que em alguns casos impede que saibamos a ordem cronológica dos textos. Reescrevia passagens inteiras às vezes mudando uma ou outra palavra. Usava frases elípticas e mudava nomes de personagens do movimento socialista para iludir a censura carcerária. Assim, Stalin era Giuseppe Bessarione e Trotski era Bronstein, por exemplo. Fazia comentários nebulosos sobre as relações do Vaticano

---

1 Gramsci, Antonio. *Quaderni del Carcere*. Torino: Riunitti, 1977, v. IV. Doravante QC seguido de volume e página. Vide também: Gramsci, A. *Lettere dal Carcere*. Torino: Einaudi, 1978, 303 páginas. Id. *Novas cartas de Gramsci e algumas de Piero Sraffa*. Rio de Janeiro: Paz e Terra, 1987, 116 páginas.

266 Francisco Murari Pires (org.)

com as igrejas nacionais parecendo falar das relações entre a Internacional Comunista e os partidos comunistas nacionais, entre outras coisas.

A prisão de Gramsci em fins de 1926 o colocou numa situação absolutamente nova, portanto. Desaparecem a estrutura dialógica dos textos e a montagem de escasso fôlego para atingir o leitor de jornal. Desaparece o tema diário onde o autor selecionava o acontecimento do dia e fazia dele a janela para abrir as perspectivas da história, da política e da luta revolucionária. Agora, ele terá que escrever em 33 cadernos onde anotará tanto as leituras feitas quanto as ideias que brotam no cárcere da reflexão aprofundada e sem acesso aos acontecimentos diários. Mais ainda, sem a crítica do leitor ou dos adversários (diálogo) sua escrita assume uma forma de fragmentos aparentemente desconexos e cuja unidade precisa ser restabelecida pelo possível futuro leitor da cidade nova, liberta das amarras do cárcere maior que é o capitalismo.

Sem poder ler por algum tempo exceto os livros da biblioteca da prisão, ele teve que se esforçar para fazer perguntas novas a uma literatura que era, em grande medida, romances franceses de capa e espada. E o fez! As fontes e o conteúdo determinaram que usasse não a narrativa histórica para "fazer história". Desprovido de fontes "tradicionais" para documentar a história e sem poder fazer apontamentos do que lia (*leggere senza scrivere*), pois se proibia que ele tivesse lápis ou a pena no início, Gramsci fez não só a política mas a história através da crítica da literatura. Por quê?

Política e Crítica "Literária"

Uma recente biografia de Gramsci[2] mostrou como o diálogo entre Gramsci e o dirigente da Internacional Comunista, Palmiro Togliatti, através de Piero Sraffa (economista amigo de Gramsci), se dava por meio de assuntos literários. *Aparentemente* Gramsci tratava de literatura. Aparentemente porque ele tratava de fato de literatura, mas sem deixar de fazer política. Não que a visse como arma política, afinal para ele a arte era política enquanto arte e não enquanto arte política.

Gramsci também era muito ligado ao Professor Umberto Cosmo, um estudioso de Dante e da literatura italiana. Cosmo tinha sido um professor de Liceu que acabou substituindo por algum tempo o professor Arturo Graf na cadeira de Literatura Italiana na Universidade de Torino, segundo informações que encontramos na correspondência gramsciana. Cosmo e Gramsci eram muito unidos por um afeto mútuo. Em novembro de 1920 Gramsci escrevera um violento artigo contra Cosmo. Em 1922 Gramsci foi visitá-lo na embaixada italiana de Berlim e, ao ser anunciado, viu Cosmo descer as escadas em

---

2   Lepre, A. *O Prisioneiro*. São Paulo: Record, 2001.

Antigos e modernos   267

desabalada carreira e abraçá-lo entre lágrimas. Essas recordações foram registradas por Gramsci em mais de uma carta quando ele recebeu de Piero Sraffa, pelo correio, o livro *Vida de Dante* do professor Umberto Cosmo[3].

Cosmo propusera-se a publicar textos de Gramsci sobre Maquiavel num livro, mas Gramsci sempre se recusou a escrever um livro. Preferia artigos de combate. Já na prisão tudo mudou e ele se voltou para o estudo do Canto X do Inferno de Dante e se recordou emocionado de Umberto Cosmo. Sua história de vida (passado recente e presente no cárcere) se cruzava com a história que ele queria narrar. Ele voltou-se para considerações teóricas sobre a História. Por quais razões através do canto X? Porque tinha uma predileção por tais estudos demonstrada anteriormente, é certo. Também porque não tinha toda a liberdade para tratar de assuntos políticos nos Cadernos. Mas haveria alguma outra razão que se pudesse ocultar na própria estrutura da *Commedia* dantesca?

Farinata e Cavalcante

Gramsci fez uma análise do Canto X do Inferno de Dante[4]. Não era uma escolha casual ou insólita. Havia toda uma tradição de estudos daquele canto na crítica dantesca. Ao longo dos séculos, comentaristas da *Commedia* se dedicaram com furor bizantino sobre cada um daqueles versos.

O canto mostra Dante e Virgílio caminhando pelo sexto círculo do inferno entre ataúdes abertos e ardentes. Nos caixões flamejantes estão os ímpios e hereges. Os dois estão conversando quando de um dos ataúdes emerge no verso 22 uma voz de um dos condenados:

> *O Tosco che per la città del foco*
> *vivo ten vai così parlando onesto*
> *piacciati di restare in questo loco*[5].

O primeiro verso do terceto é introduzido por um vocativo. É uma invocação introduzida por "O". Segue-se uma oração relativa de vasto conteúdo. Auerbach, que fez um

---

3   Quando Cosmo soube da situação de Gramsci no cárcere ele escreveu uma carta para a cunhada deste. Ela a copiou e enviou a Gramsci.

4   QC, I, p. 518.

5   "Ó toscano que vai pela cidade do fogo ainda vivo falando tão belas palavras, compraze-te em ficar neste lugar". Tradução na edição brasileira em: Aeurbach, E. "Farinata e Cavalcante", in Id. *Mímesis*. São Paulo: Perspectiva, 2004.

268   Francisco Murari Pires (org.)

estudo do Canto X, demonstrou que a fórmula "Ó Tu" é "extremamente solene, e provem do estilo elevado da epopeia antiga". Não se diz: "Toscano, detem-te..."; mas: "Toscano, tu que... queira dignar-se a ficar neste lugar"[6]. Mas a relação dessa escolha de um tom solene com Farinata reside na imagem que Farinata projeta. Ora, "Tosco" se referia a toscano. A alma que interrompe a conversa entre Dante e Virgílio é Farinata degli Uberti, um toscano como Dante, compatriota de Florença. Farinata era ghibelino (partidário do imperador), enquanto Dante era de origem guelfa, o "partido" contrário ao de Farinata. Ele se ergue do ataúde tendo metade do corpo escondido e exibindo o peito e a fronte. Colossal, ele age "come avesse lo inferno in gran dispitto"[7]. Esta postura revela a natureza de sua condenação: ele não está no inferno, evidentemente, por ser ghibelino. Mas por que sobre muitos ghibelinos recaía a acusação de serem seguidores de Epicuro (Nas palavras de Dante: "Con Epicuro tutti i suoi seguaci"). E o sexto círculo é para os hereges, os epicuristas, ou seja, aqueles que afirmavam que a alma não era imortal.[8]

Entre Farinata e Dante segue-se um diálogo. Farinata interpelara Dante por ouvir o idioma toscano que lhe era familiar. Ao saber que Dante supostamente era da facção contrária, diz com satisfação que expulsara os guelfos da cidade de Florença por duas vezes. Quando Dante responde que aquilo de nada adiantara, pois os ghibelinos persistiram banidos depois, a conversa é interrompida no verso 52 por uma outra alma: Cavalcante. Este ficará em cena até o verso 72 e, a partir daí, Farinata, magnânimo, volta à cena como se nada houvesse acontecido. Ele não muda de aspecto (non mutò aspetto), não move o colo e nem dobrou o flanco. Ainda que tenha tido uma discussão "política" com Dante, ainda que fosse um ghibelino e um condenado por Deus, Dante o descreve como uma figura imponente. E aqui chegamos ao centro das preocupações de Gramsci. Ele deslocou o interesse desse Farinata grandioso, para Cavalcante. Assim Gramsci se expressou numa carta a Tatiana, sua cunhada:

> O Canto X é, tradicionalmente, o canto de Farinata (...). Eu sustento que no Canto X são representados dois dramas, o de Farinata e o de Cavalcante e não só o drama de Farinata. É estranho que a hermenêutica dantesca, tão minuciosa e bizantina, nunca tinha notado que Cavalcante é

---

6   Auerbach, E. "Farinata e Cavalcante", in Id. *Mímesis*. São Paulo: Perspectiva, 2004, p. 155.

7   Variação de *dispetto*. Também: *disprezzo*. O desprezo em questão tem outro sinônimo no canto: o desdém de Guido, como veremos adiante.

8   Dante Alighieri. *La Divina Commedia*. A cura de Tommaso Casini. Firenze, Sansoni, 1957. Comentário à página 66.

Antigos e modernos   269

o verdadeiro punido entre os epicuristas dos caixões flamejantes, digo o punido com punição imediata e pessoal e que em tal punição Farinata participa estritamente.[9]

Farinata é sogro do poeta Guido Cavalcanti (1255-1300)[10], amigo de Dante e representante do *dolce stil nuovo*. Cavalcante Cavalcanti é o pai de Guido. De início é preciso lembrar que, como certos historiadores, os condenados do inferno só enxergam o passado e, como certos utopistas, o futuro. O que eles não vêem é o presente. Assim, Farinata e Cavalcante vêem o passado e o futuro, mas nada sabem do agora. Dante os encontra em posições diferentes: Cavalcante, cabisbaixo, Farinata sobranceiro.

Cavalcante, a partir do verso 52, pergunta pelo filho. O que Dante pode responder? Dante aparentemente hesita ou não dá atenção à importância da indagação, deixando o pai saber da morte do filho. Cavalcante olha ao redor de Dante ("D'intorno mi guardò") porque vê que ele é uma alma vivente e só poderia ter ali chegado nesta condição por seu engenho e arte, já que os vivos são interditados nos mundos de após morte. Engenho e arte, porém, são coisas que não faltariam a Guido. O que Dante vai mostrar é que ele veio não por seu engenho ("Da me stesso non vegno"), mas por Virgílio, o grande poeta latino que o conduz.

Dante conta a Cavalcante que se dirige àquela que talvez Guido desprezou: "forse cui Guido vostro ebbe a disdegno". Quem é aquela? Os comentadores de Dante, ao longo dos séculos, tiveram várias respostas. O verso 62 do canto X do Inferno se refere a Nossa Senhora? Ao paraíso? A Beatriz? Num caso Guido teria rejeitado a religião, em outro a língua latina (escrevia em vulgar). Ou ainda teria desprezado Virgílio (símbolo da ideia imperial), pois Guido era guelfo? Ou ainda teria tido desprezo pelos poetas? Lembremos que ele era dado também aos estudos filosóficos. De toda maneira havia alguma diferença entre Dante e Guido. Dante, embora não com vontade, esteve entre aqueles que, em Florença, determinaram o exílio de Guido.

A pergunta de Cavalcante pelo filho tem uma resposta indiferente. Indiferença que transparece não no conteúdo, mas na forma verbal. No passado "ebbe". Diante da tamanha indiferença, o pai, desesperado, faz três perguntas que concentram toda a sua dor:

> *Di subito drizzato gridò: "Come*
> *discesti: 'egli ebbe`? Non viv` egli ancora?*
> *- Non fiere gli occhi suoi lo dolce lome?"*

---

9   Gramsci, A. *2000 pagine di Gramsci*. Milano: Il Saggiatore, 1964, pp. 288-285.

10   Guido Cavalcanti foi um dos fundadores da escola dos *fedeli d'amore* ("fiéis do amor") e um dos inventores da figura da *donna ângelo* (a mulher angelical) em que se combinavam a beleza física e a pureza espiritual.

270   Francisco Murari Pires (org.)

Como Dante poderia ter dito o verbo no passado ("ebbe"[11])? Isso quer dizer que Guido não vive mais e que a luz não atinge os seus olhos? Dante hesita em responder e Cavalcante cai subitamente (*è caduto*).

Gramsci observa que o traço estrutural, a alteração do verbo, não é só estrutura, é também poesia: a própria estrutura é poesia em si mesma. Isso poderia lhe render a acusação de fazer a crítica do *não expresso*, do que nunca se tornou poesia. Ora, Gramsci permite-se figurar o presente como estrutura que contêm o ser e o devir e que envolve o passado como forma ("ebbe"). A crítica é àqueles que, vendo o passado desinteressadamente, ignoram o presente e àqueles que, vendo o futuro somente, ignoram igualmente o presente. O presente só pode ser visto como história que se desenrola numa estrutura dada (o passado que continua e que sofre rupturas como a morte de Guido). Na duração Guido foi, é e será, ainda que nunca da mesma maneira. Sobrevive na sua obra, numa forma "historicista".

Que papel tem a estrutura? O papel de passado que resiste ao tempo. Conhecer o passado desinteressadamente não basta. Projetar o futuro como os utópicos, não basta. Agir no presente sem atenção à estrutura também não basta. A História deve captar a gênese e a estrutura combinadas. A narrativa da mudança de estrutura é em si mesma "poética", ou seja, historiográfica.[12]

Quando Cavalcante cai no verso 72, subitamente Farinata retoma o diálogo com Dante. E entre as coisas que lhe diz, dá, a saber, a Dante que as almas daquele círculo ou do Inferno todo vêem as coisas que estão longe (no passado):

Noi veggiam, come quei c´ há mala luce,
Le cose, disse, che ne son lontano

Mas não vêem as que estão perto (no presente):

quando s´ apressano, o son, tutto è vano.

Diante disso, Dante pede que ele avise a Cavalcante ("a quel caduto", àquele caído) que, involuntariamente, cometera um erro, pois não sabia daquela condição das almas infernais. Afinal, naquele momento Guido estava vivo.

---

11   Em português é o verbo *ter* no passado perfeito na terceira pessoa do singular.

12   Isso transparece na leitura que Gramsci faz do Risorgimento. Toda a sua escrita não é sobre o Risorgimento em si. Ela é mediada pela crítica da historiografia do Risorgimento. Neste caso, de novo ele transforma a dificuldade de acesso a fontes primárias numa inteligente narrativa das estruturas do Estado Nacional italiano incompleto.

Giansiro Ferrara num prefácio às obras reunidas de Gramsci (*Duemilla Pagine*) ilustra uma situação política vivida por Gramsci antes do cárcere com o Canto X, mostrando a possibilidade de uso daquela leitura para interpretar fatos políticos contemporâneos. Até o ponto em que, metaforicamente, se permite uma analogia de uma realidade vivida e de um fato poético, Ferrara se pergunta se não podemos pensar, quando Gramsci volta ao velho problema do Canto X, em certas questões concretas. Como os condenados dantescos, Gramsci soubera prever à distância (em seu exílio em Moscou e em Viena, antes de 1924) o fascismo como regime despótico, mas uma vez na Itália, ele não soubera dar-lhe crédito suficiente. Isto exatamente quando a ameaça era mais próxima. Tanto foi assim, que Gramsci confiou demasiadamente em sua imunidade parlamentar.

Mas talvez o problema seja outro.

Um Projeto Comunista

Por que Gramsci retoma a tradição de leitura do Canto X? Ele mesmo estava consciente das diversas interpretações daquele canto. Ele cita De Sanctis e Foscolo e se detêm numa crítica a um livro de Vincenzo Morello (*Dante, Farinata e Cavalcante*, in 8, ed. Mondadori, 1927). Deseja ele de fato passar a política e a história com as vestes da literatura ou simplesmente "fazer progredir a crítica dantesca" ou levar a própria pedrinha ao edifício de comentários do "divino poema"?[13]

O que sabemos é que não se tratava para Gramsci de "passar a política" através de qualquer literatura. Ele critica, por exemplo, Morello que acreditava que o Canto X é, por excelência, político. Morello, de acordo com Gramsci, dizia que Cavalcante perguntava a Dante sofrendo por causa da guerra civil em Florença. Afinal, Guido já estava morto, de fato, quando Dante escrevia, embora não o estivesse na cronologia da viagem. Para Gramsci tudo isso era apenas superficialidade, pois o drama de Cavalcante reside apenas no amor filial e, de fato, ele cai somente quando "sabe" ou acredita saber que o filho está morto[14]. Para Morello, Dante era ghibelino e Farinata, portanto, seria seu herói. Para Gramsci a questão é incorreta. Dante era um "intelectual" e sua "partidarização" era de "ordem intelectual mais que política em sentido imediato".[15]

Vemos que Gramsci não é um leitor da poesia como instrumento puro da política. Ele não quer projetar na obra uma mensagem. Mas ele bem poderia, mesmo respeitando todas as regras da boa crítica (e exatamente por isso), dialogar sem suspeitas com a polí-

---

13   Q, I, p. 529.

14   Q, I, p. 525.

15   Q, I, p. 525.

272   Francisco Murari Pires (org.)

tica (com seu possível leitor).[16] Mas parece que Gramsci está envolto com o problema da sua condição no cárcere, de alguém que *teve* participação nas paixões políticas do tempo e que, na prisão, só conhece ruídos daquelas paixões e sequer pode ver os filhos (ele só os "vê" por raras descrições em escassas cartas de sua mulher, Julia). Portanto, estamos diante de um derrotado político às voltas com sua condição e não diretamente em diálogo com o partido fora da cadeia. Isto explica porque ele situa a sua leitura no verso 63 na forma verbal "ebbe" e não no pronome relativo "cui" como a tradição crítica.

Recordemos: o verso 63 diz "forse cui Guido vostro ebbe a disdegno". Os críticos discutiram a quem ou que ou qual (*cui*) figura simbólica o verso se referia. Quem Guido desprezou? Gramsci diz claramente que seu interesse é pelo verbo (*ebbe*). A forma verbal *ebbe* é aquela que revela não só todo o drama de Cavalcante, mas a que potencializa o que só viremos a reconhecer nos versos finais, quando Farinata explica o que as almas do Inferno desconhecem.

O que os condenados dantescos sabem? Pergunta crucial. Como vimos anteriormente, eles conhecem o passado como o historiador desinteressado e sabem o futuro (eles estão no futuro!). O que os condenados dantescos não sabem? O presente! O presente dos homens vivos de carne e osso. Eles são como teóricos que conhecem o alfa e o ômega, mas cuja voz clama no deserto. Dante, alma vivente, conhece a atualidade. Sua narrativa já tem um fim. É teleológica. Dante sabe o passado, o presente e o futuro, mas não como *uomo politico* e sim como "intelectual". Sabe mas não pode mudar o destino.

Sabemos que em muitas páginas dos *Quaderni del Carcere* Gramsci faz exercícios de intervenção política e de retrospectiva autobiográfica. Por isso, é bem possível que a indagação valha para o próprio Gramsci: "o que ele sabe?" O passado vivido e estudado certamente. E o futuro, pois ele entendia o marxismo como uma previsão[17]. A história não é resultado nem só do "mar das individualidades empíricas" (Hegel) e nem de infalíveis leis econômicas. Marxismo é o socialismo projetado no futuro. Sua previsão é ideológica

---

16   Pela biografia escrita por Aurelio Lepre sabemos como cartas ou informações do cárcere tinham a remota possibilidade de passar da cunhada de Gramsci (Tatiana) para Piero Sraffa e, deste, para Togliatti.

17   Badaloni, Nicola. "Gramsci: a filosofia da práxis como previsão"; in Hobsbawm, *História do Marxismo*, vol. X, Rio de Janeiro, Paz e terra, 1987. Os homens e as mulheres não conhecem inteiramente quando agem, o que dá uma vantagem ao historiador. Ao contrário do que pensamos habitualmente o historiador sabe sempre mais e não menos do que os que viveram o passado. São saberes distintos, é verdade. O materialismo histórico é uma explicação *a posteriori* e não existe como causa *a priori*. Pois se soubéssemos antes, o seu estatuto categorial seria outro: ele funcionaria como causalidade e não como explicação. Tomamos consciência parcial dos fatos, previmos princípios gerais, mas não os fatos em si mesmos. Essa consciência é ideológica, participante e interessada, mas é também o terreno em que se toma consciência das necessidades da história. Necessidades criadas pelos próprios homens e não forças imanentes e mecânicas. Necessidades que podem deixar de ser "necessárias", que podem não se realizar.

e científica. Mas não deixa de ser ideológica, portanto indeterminada em alguma medida. A previsão só existe se as pessoas se engajarem na realização dela. Portanto, Gramsci sabe o passado e o futuro, participante que é de um movimento comunista internacional. O que ele não sabe? *Como os condenados dantescos ele não conhece o presente.* Preso no cárcere, ele não tem acesso às informações do dia-a-dia que lhe permitiriam combater escrevendo uma narrativa da história que acontece cotidianamente. Desprovido do diálogo com adversários e aliados políticos ele foi colocado fora da luta imediata. Como Cavalcante ele não sabe se Guido é morto ou vivo.

Se isso for verdade, estamos diante de uma fina escritura da história não só como biografia, mas também como autobiografia que por vias inéditas resolve a aporia dos condenados dantescos. Não se trata de autobiografia no sentido convencional. Neste sentido, ele já fazia autobiografia com as reminiscências sobre Umberto Cosmo e a reconstituição do contexto histórico imediato de sua leitura de Dante. Mas aqui, a autobiografia une origem e permanências (o genético e o estrutural). Estamos lidando com uma autobiografia das estruturas de vida na qual Gramsci está inserido não como indivíduo singular, mas como indivíduo concreto que sintetiza muitas determinações e que pode assim ler não só o que é aparente (sua condição de condenado), mas o que é estrutura (sua condição de símbolo "concreto" de um movimento objetivo da história).

Uomo sconfitto (homem derrotado) como o chamou sua biógrafa Laurana Lajolo, Gramsci toma consciência do presente como ausência. Mas ele toma essa consciência escrevendo para a eternidade e documentando também a sua condição de condenado. Quando Cavalcante ouve a notícia da morte do filho ("ele teve") através de uma forma verbal, ele se desespera e cai enquanto Dante prossegue a viagem. Gramsci sabia que o partidário do império universal (Dante) prosseguiria a viagem assim como o partido internacional (o novo império) também prosseguiria, mas sem ele? É como se Cavalcante pudesse tomar a consciência da atualidade e se identificar com Dante, que é um homem do presente. Teria, para isso, que rejeitar o desdém que o filho Guido teve pelo Império Universal.[18] Ele não o pode. Não consegue dissociar o amor filial da arte da política. Seria evitar o amor.

Creio que entre os dantólogos que, ao longo dos séculos, reinterpretaram o verso 62, Gramsci deu-lhe uma nova leitura: Guido desprezou a ideia de Império, a qual, numa análise similar à do *Príncipe* de Maquiavel, Gramsci associaria à Internacional Comunista

---

18   Dante, guelfo na juventude (por influência familiar), foi expulso de Florença por uma facção guelfa (guelfos negros). No exílio, ele se aproximou dos gibelinos (para alguns comentadores) ou simplesmente se tornou equidistante daquelas facções, tornando-se um partidário da monarquia universal. É velha a discussão se ele era, enfim, guelfo ou ghibelino.

274 Francisco Murari Pires (org.)

(IC) ou mais, a uma luta da qual a IC é apenas um capítulo. Afinal, para ele o "novo príncipe" não é uma pessoa, mas um coletivo, um partido. O "novo império universal" não é propriamente um império, mas a comunidade de homens livres e iguais ou "sociedade regulada" (na sua linguagem carcerária). Trata-se da superação, no Medievo, das estruras singulares que dificultam a formação da Itália e da Europa como unidades políticas. Afinal, Gramsci se filia a uma tradição de pensamento italiano que desde Dante, passando por Maquiavel e pelos pensadores do Risorgimento[19], propõe a superação dos principados e repúblicas numa forma superior. Ou seja, transformação do nível econômico e corporativo na direção da hegemonia de um grupo nacional e, no limite, internacional[20].

Dessa forma, a derrota de Gramsci, ao contrário da dor pessoal de Cavalcante, se dilui numa batalha universal, torna-se um capítulo, certamente valioso, mas apenas um capítulo. Ela não acaba ali. Com ele. E prossegue sem ele. Curiosa esta leitura, já que o jovem Gramsci condena visceralmente a geração dos socialistas que o antecedeu como fatalista. Mas quando o fazia ele mesmo, afirmava compreender o sentido do fatalismo na força que ele exibia: a fé no futuro.

É evidente que Gramsci falaria num sentido historicista. A luta prosseguiria *com* ele, ou seja, com a sua obra. Como Cavalcante, Gramsci acreditava ter percebido os fatos orgânicos, as estruturas que resistem ao tempo. Afinal, bastou uma forma verbal para Cavalcante apanhar um significado. A História e a autobiografia são assim mais do que narrativas de conteúdos.

Podemos ver nisto uma leitura instrumental ou política? Uma visão datada? Todas as leituras de Dante são filhas de seu tempo. A de Gramsci não seria diversa. Foi feita no auge da luta comunista e da longa noite fascista embora reserve conteúdos universais. Pode-se ver também no cotejo entre Cavalcante e Gramsci uma rota de fuga deste. Ao contrário de Cavalcante que absorve pessoalmente a própria dor, Gramsci transcende-a depositando sua esperança na História, ainda que condenasse integralmente o fatalismo e afirmasse o historicismo.[21]

---

19   Processo de unificação italiana no século XIX.

20   Um dos problemas de Gramsci é perscrutar o processo pelo qual um grupo internacional, mas não cosmopolita, consegue exercer hegemonia num terreno nacional. Mas o nacional é transitório. O Internacional é a finalidade.

21   Na acepção de Popper, o historicismo é o contrário disso: é a atitude intelectual que submete os acontecimentos a leis exteriores que dão um sentido à história (teleologia). Como Korsh, na mesma época, ele dá atenção não ao universal abstrato, mas à universalidade concreta. Adriano Thilgher, um teórico que teve alguma influência na época de Gramsci, afirmava que a burguesia iluminista havia sido contrária ao historicismo (historismo) ao lutar por ideias universais (razão, liberdade, natureza humana) e, depois, havia decaído espiritualmente. Ao não concretizar aqueles ideais, a burguesia se tornara historicista e voltara-se à tradição, à língua, folclore, costumes, nação, exaltando o singular.

Porque Gramsci tem consciência (e chega a escrever isto) que à queda de Cavalcante reaparece um Farinata soberbo, tendo o inferno "in gran dispitto" e sem o choro e a lamentação do seu companheiro de infortúnio. Farinata segue falando como se não tivesse sido interrompido por Cavalcante. Sobre isso a crítica de Morello e de outros discutiu o porquê. Para alguns, Farinata não tem nenhuma ligação com Cavalcante, mas Gramsci vê claramente que eles partilham um comum destino.

Lembremos que Farinata e Cavalcante estão mortos, mas *aparecem* vivos. Eles mantêm seus dramas do passado. Na imutável eternidade em que estão, concentra-se neles toda a essência terrena da história. Como diz Auerbach, Farinata surge no meio do inferno mais poderoso e orgulhoso do que outrora, pois nunca, durante sua vida terrena, pôde mostrar a força de seu coração. Cavalcante, por sua vez, nunca pôde revelar com tanta força o amor pelo seu filho. Para eles, "Dante é a oportunidade única e última, para toda a eternidade, de conversar com um ser vivo; uma circunstância que (...) introduz na imutabilidade do seu destino eterno um instante de dramática historicidade"[22]. Gramsci parece ter percebido essa estranha e alta concentração do drama humano nos versos do Canto X, afinal, a poesia condensa na sua forma o máximo de significado. Ele mesmo precisava conter em palavras muitas vezes sóbrias um intenso calor humano, pois suas cartas eram censuradas. Ainda assim, as cartas e os cadernos eram a "oportunidade única e última" de falar ao "mundo dos vivos".

---

22   Auerbach, *op. cit.*, p. 167.

A redescoberta dos historiadores antigos no Humanismo e o nascimento da historiografia moderna

Valla, Facio e Pontano na corte napolitana dos reis de Aragão[1]

Gabriella Albanese
Università di Pisa

Uma análise sistemática que permita definir a concepção de história, o âmbito e a co-dificação do gênero literário da historiografia na Época Moderna pode ser realizada mais apuradamente a partir da reproposição humanista dos modelos historiográficos clássicos e na perspectiva das descobertas dos autores gregos e latinos nos séculos XIV e XV.[2]

De fato, a influência dos modelos clássicos sobre a historiografia do Humanismo é o fruto de uma progressiva aquisição das obras gregas e latinas redescobertas graças às perlustrações dos mosteiros e das bibliotecas italianas e europeias empreendidas por eruditos tais como Francesco Petrarca, Leonardo Bruni, Poggio Bracciolini, Giovanni Aurispa, Niccolò Niccoli, Lorenzo Valla, Angelo Poliziano, que recolocaram em circula-ção e amiúde ainda traduziram para o latim textos que eram só indireta ou parcialmente

---

1 A tradução para o português é de Francisco Murari Pires.

2 O estudo mais importante sobre as raízes clássicas da historiografia moderna é o de A. Momigliano *Classical Foundation of Modern Historiography*, with a Foreword by R. Di Donato, Berkeley 1990, em cujo erudito quadro de conjunto apenas breves notas foram dedicadas ao Humanismo e ao Renascimento; veja-se também do mesmo autor *The Place of Ancient Historiography in Modern Historiography*, in *Settimo Contributo alla Storia degli Studi Classici e del Mondo Antico*, Roma, 1984, pp. 13-36; um balanço específico e sintético da herança clássica na historiografia humanístico-renascentista é oferecido por A. Buck, *L'eredità classica nelle letterature neolatine del Rinascimento*, ed. italiana a cura di A. Sottili, Brescia, Paideia, 1980, no capítulo *La storiografia*, pp. 161-177.

278 Francisco Murari Pires (org.)

conhecidos e, por vezes, totalmente ignorados durante a Idade Média.[3] É por isto que ao lado de uma tradição historiográfica latina melhor consolidada que reconhecia em Tito Lívio[4] o modelo absoluto de escrita para a história, paralelamente a Cícero quanto ao estilo em prosa e Virgílio na poesia, começava também a aparecer uma nova perspectiva, de conformação eclética, que além de numerosos outros modelos de latinidade, podia agora alcançar também o patrimônio literário grego em vias de expansão. Considere-se a viragem promovida, no que respeita à latinidade, pela redescoberta da historiografia política de Júlio César e de Salústio,[5] como também pelo modelo menos afortunado de Tácito; pela redescoberta, da parte de Petrarca, de uma história exemplar que tinha por modelos Suetônio e Cornélio Nepos, e que conhecerá fortuna ainda maior graças à difusão das *Vidas* de Plutarco que circularam em muitas traduções latinas humanistas no século XV[6]; como ainda pela redescoberta da escrita erudita e antiquária de Varrão.

---

3   Cfr. a este respeito os estudos já clássicos de R. SABBADINI, *Le scoperte dei codici latini e greci nei secoli XIV e XV*, Firenze, Sansoni, 1967; D. REYNOLDS-N. WILSON, *Copisti e filologi: la tradizione dei classici dall'antichità ai tempi moderni*, Padova, Antenore, 1987; e, no que respeita às vicissitudes e modos de circulação dos clássicos entre a Idade Média e o Humanismo, C. VILLA, *I classici*, in *Lo spazio letterario del Medioevo*, vol. I, *La produzione del testo*, to. I, Roma, Salerno Editrice, 1992, pp. 479-522; M. FERRARI, *Il rilancio dei classici e dei Padri*, ibidem, III, *La ricezione del testo*, Roma 1995, pp. 429-455; M. CORTESI, *Umanesimo greco*, ibidem, pp. 457-507; *I classici e l'Università umanistica*, Atti del Convegno di Pavia (22-24 novembre 2001), a cura di L. GARGAN – M. P. MUSSINI SACCHI, Messina, 2006.

4   Sobre a recepção de Tito Lívio na Idade Média e no período humanístico-renascentista vejam-se os estudos clássicos de G. BILLANOVICH, *Per la fortuna di Tito Livio nel rinascimento italiano*, in «Italia medioevale e umanistica», 1 (1958), pp. 245-281; ID., *Tradizione e fortuna di Livio tra Medioevo e Umanesimo*, Padova, Antenore, 1981.

5   Cfr. especialmente sobre a recepção de Salústio na Idade Média e no Humanismo, B. SMALLEY, *Sallust in the Middle Ages*, em *Classical Influences on European Culture. A. D. 500-1500: proceedings of an international conference held at King's college*, Cambridge, Cambridge University Press, 1971, pp. 165-175; e sobretudo A. LA PENNA, *Il significato di Sallustio nella storiografia e nel pensiero di Leonardo Bruni*, em Id., *Sallustio e la "rivoluzione" romana*, Milano 1968, pp. 409-431, e, com particular referência política ao pensamento do Humanismo, Q. SKINNER, *The Vocabulary of Renaissance Republicanism*, in *Language and Images of Renaissance Italy*, ed. por A. BROWN, Oxford, Clarendon Press, 1995, pp. 87-110. Para a circulação de Júlio César cfr. os estudos específicos de V. BROWN: *The Textual Transmission of Caesar's Civil War*, Leiden 1972; *Caesar, Gaius Julius*, in *Catalogus Translationum et Commentariorum: Mediaeval and Renaissance Latin Translations and Commentaries*, III, ed. por F. F. CRANZ – P. O. KRISTELLER, Washington 1976, pp. 87-139; *Portraits of Julius Caesar in Latin Manuscripts of the Commentaries*, "Viator", 12 (1981), pp. 319-353; G. BILLANOVICH, *Nella tradizione dei "Commentarii" di Cesare. Roma, Petrarca, i Visconti*, "Studi petrarcheschi", 7 (1990), pp. 263-318; e veja-se também a recente edição crítica de F. PETRARCA, *De gestis Caesaris*, a cura di G. CREVATIN, Pisa 2003.

6   Cfr. especialmente sobre a concepção petrarqueana da historiografia como biografia heroica e exemplaridade clássica, G. MARTELLOTTI, *Storiografia del Petrarca*, (1976) agora nos *Scritti petrarcheschi*, ed. por M. FEO e S. RIZZO, Padova, Antenore, 1983, pp. 475-486; E. KESSLER, *Petrarca und die Geschichte. Geschichtsschreibung, Rhetorik, Philosophie im Ubergang vom Mittelalter zur Neuzeit*, Munchen, Fink, 1978, particularmente pp. 87 ss.; e especifi-

Obviamente persistem todos os modelos conhecidos já durante o período medieval, Valério Máximo mais a poesia histórica de Lucano e de Estácio. As novidades maiores, todavia, consistiam do repertório reconquistado dos grandes historiadores gregos, os quais veicularam um nível mais elevado de reflexão sobre a história e uma maior consciência das problemáticas teoréticas da historiografia, graças justamente à redescoberta do importante tratado teórico e retórico de Luciano, sobre o qual nos deteremos particularmente no decurso deste estudo Heródoto e Tucídides, ambos traduzidos em latim por Lorenzo Valla, no quadro do importante programa cultural de traduções do grego empreendido pelo papa humanista Nicolau V, fundador da Biblioteca Vaticana; Políbio, redescoberto por Leonardo Bruni nos primeiros decênios do século XV, traduzido em latim por Niccolò Perotti por encomenda de Nicolau V e muito lido e utilizado desde Poliziano a Maquiavel; a *Biblioteca* de Diodoro Sículo, com ampla circulação graças à versão latina de Poggio Bracciolini, também ela encomendada por Nicolau V; Dionísio de Halicarnasso, novamente posto em circulação graças à latinização feita por Lampo Birago; Apiano, de que Bartolomeo Facio tinha bom conhecimento, traduzido em latim por Candido Decembrio por encomenda de Nicolau V e posteriormente em italiano por Alessandro Braccesi; Herodiano, traduzido em latim por Poliziano; Arriano, que despertou o interesse da corte aragonesa de Nápoles pelo mito de Alexandre Magno e vertido para o latim por Facio e Jacopo Curlo; Xenofonte, cuja *Ciropedia* Poggio Bracciolini traduziu em latim para o rei de Nápoles Afonso de Aragão; Procópio de Cesareia, traduzido e reescrito por Leonardo Bruni e por Maffeo Vegio.

Com efeito, torna-se necessário antes de tudo esclarecer que a própria definição de historiografia, entendida como *ars* da escrita da história, no Renascimento e na Época Moderna é rigorosamente dependente da teorética historiográfica fixada pela retórica clássica grega e latina, de Aristóteles a Luciano, de Cícero a Quintiliano. Na *Poética* (IX 1451b) de Aristóteles a historiografia é posta em causa somente porque melhor se definisse o domínio próprio da atividade poética, o qual encontra na epistemologia aristotélica um lugar primordial, ao passo que o interesse pela *ars historica* é secundário. Ao historiador compete iluminar as coisas que aconteceram, enquanto que o poeta deverá dizer as coisas que podem acontecer:

> O historiador e o poeta não diferem por narrar com versos ou sem versos (pois se poderia colocar em versos os escritos de Heródoto e seriam mesmo assim sempre uma história, com versos ou sem versos); ao invés, diferem nisto: um refere fatos realmente ocorridos, o outro fala de acontecimen-

---

camente para a concepção petrarqueana da exemplaridade na dialética entre antiguidade e contemporaneidade, C. Delcorno, *Antico e moderno*.

280   Francisco Murari Pires (org.)

tos possíveis. Por isso a poesia é algo de maior fundamento teórico e mais importante do que a história, pois a poesia diz sobretudo os universais, a história os particulares.

A diferença entre história e poesia não deriva, portanto, segundo Aristóteles, de características puramente formais, como, por exemplo, a estrutura métrica da obra, mas do material que é tratado.

A reflexão de Luciano de Samósata no mais importante tratado de teoria e técnica historiográfica de toda a Antiguidade, *De historia conscribenda*, constitui a base indispensável para se compreender a refundação renascentista da história e o nascimento da tratadística sobre a *ars historica* que se desenvolve entre os séculos XV e XVI após a retomada da língua grega e a integração do tratado de Luciano nos circuitos culturais de vanguarda do Humanismo italiano[7]. O que permitia que se precisasse a finalidade da história, o âmbito da escrita histórica, a metodologia e a técnica da historiografia, ou seja como se escreve a história, sistematizando toda a investigação inerente à teorética historiográfica feita pelos clássicos:[8]

---

nella narrativa del Petrarca, na obra *Exemplum e letteratura. Tra Medioevo e Rinascimento*, Bologna, Il Mulino, 1989, pp. 229-263. Para a extraordinária fortuna das Vidas de Plutarco no Humanismo, cfr. V. R. Giustiniani, *Traduzioni latine delle "Vite" di Plutarco nel Quattrocento*, "Rinascimento", 1 (1961), pp. 3-62; G. Resta, *Le epitomi di Plutarco nel Quattrocento*, Padova, Antenore, 1962; M. Pade, *Sulla fortuna delle "Vite" di Plutarco nell'Umanesimo italiano del Quattrocento*, "Fontes", 1 (1998), pp. 101-116; L. Cesarini Martinelli, *Plutarco e gli umanisti*, "Antichi e Moderni", 2 (2000), pp. 5-33.

7   Para a fortuna de Luciano no Humanismo italiano cfr. os estudos específicos de E. Mattioli: *Luciano e l'Umanesimo italiano*, Napoli, Istituto Italiano per gli Studi Storici, 1980; *I traduttori umanistici di Luciano*, in *Studi in onore di Raffaele Spongano*, Bologna 1980, pp. 205-214; e de E. Berti: *Alla scuola di Manuele Crisolora. Lettura e commento di Luciano*, "Rinascimento", 27 (1987), pp. 3-74; *Alle origini della fortuna di Luciano nell'Europa occidentale*, "Studi classici e orientali", 37 (1987), pp. 301-351; Luciano di Samosata, *Caronte. Timone. Le prime traduzioni*, a cura di E. Berti, Firenze, Edizione Nazionale delle Traduzioni dei testi greci in età umanistica e rinascimentale (Il Ritorno dei Classici nell'Umanesimo. III. 1), Sismel, Edizioni del Galluzzo, 2006; em particular sobre as traduções de Luciano no Humanismo e no Renascimento, cfr. L. De Faveri, *Le traduzioni di Luciano in Italia nel XV e XVI secolo*, Amsterdam 2002; e para a recepção do tratado de Luciano no âmbito da historiografia humanista italiana, no panorama da redescoberta dos historiadores clássicos antigos, gregos e latinos, veja-se sobretudo M. Regoliosi, *Riflessioni umanistiche sullo 'scrivere storia'*, "Rinascimento", 31 (1991), pp. 3-37.

8   A edição crítica mais recente do tratado de Luciano é Luciani *Opera*, ed. M. D. MacLeod, III, Oxford 1980, pp. 287-319; as passagens citadas da tradução italiana encontram-se em L. Canfora, *Teorie e tecnica della storiografia classica*, Roma-Bari, Laterza, 1974 (II ed. 1996), com ampla análise histórico-crítica e bibliografia específica; para o delineamento da preceituação retórica da historiografia, veja-se em particular E. Mattioli, *Retorica e storia nel "Quomodo historia conscribenda sit" di Luciano*, in *Retorica e storia nella cultura classica*, a cura di A. Pennacini, Bologna 1985, pp. 89-105; e os estudos de F. Montanari: *Ekphrasis e verità storica nella critica di Luciano*, "Ricerche di filologia classica", II, Pisa 1984, pp. 111-123; *"Virtutes elocutionis" e "narrationis" nella storiografia secondo Luciano*, ibidem, III, Pisa 1987, pp. 53-65, aos quais remetemos para uma ampla bibliografia.

Antigos e modernos 281

[5] A maioria acredita que não há necessidade de conselhos para praticar a atividade do historiador, assim como não há necessidade de uma arte para andar ou para olhar ou para comer; entende, pois, que seja facílimo e ao alcance de todos escrever história [...]; e todavia a sua escrita, mais do que qualquer outra, exige preparação, caso alguém, como diz Tucídides, queira realizar "uma aquisição para sempre".

Dado que é justamente, tendo por base o tratado de Luciano, que é fundada no século XVI pelos humanistas italianos uma historiografia científica e uma tratadística *de historia conscribenda* que repete de perto sua preceituação, é oportuno focalizar antecipadamente nesse tratado quais os pontos salientes que depois retornam exatamente na historiografia humanístico-renascentista, em cujo exame nosso estudo agora se detém.

Antes de tudo Luciano estabelece uma primeira diferença fundamental entre a historiografia científica e o gênero encomiástico, por um lado, e entre a historiografia e a poesia, de outro:

[7] A maioria comete enorme engano quando, ao invés de contar como se passaram os fatos, se estende em elogios aos chefes e aos comandantes, exaltando seus conterrâneos e rebaixando além de qualquer parâmetro os inimigos. Esquecem que não apenas um estreito istmo separa a história do encômio, porém bem no meio há uma enorme muralha [...] A história jamais tolera a mentira.

[8] Os pressupostos e as regras da poesia são uns, e outros os da história. Naquela, a liberdade não têm freios e sua única norma é ditada pelo que é do agrado do poeta: ele é inspirado pela divindade [...] Grande mal, mesmo grandíssimo, que alguém não saiba distinguir o campo da história do da poesia, antes introduzindo na história os ornamentos procurados naquela, o mito, o encômio e as hipérboles conexas.

[9-10] Mas não quero dizer que na história não deva absolutamente recorrer ao elogio; entretanto, no momento oportuno [...] Assim a história, se vier casualmente a ganhar uma aparência deleitante, atrairá muitos afeiçoados; porém enquanto perseguir apenas seus próprios fins – ou seja, dizer a verdade – pouco se preocupará com a beleza. Pelo que justamente também se diz: não causa qualquer prazer uma narração histórica que seja totalmente fantasiosa.

[22] O que dizer daqueles que na obra histórica empregam termos poéticos [...] e em meio a belas palavras tão cultas inserem termos banais e quotidianos [...]; pelo que a obra acaba parecida com um ator trágico que tem calçado num pé um coturno e no outro uma sandália.

Ele define também as características intelectuais e morais indispensáveis para o ofício do historiador, e como, segundo Luciano, a história é fundamentalmente verdade, os principais requisitos do historiador são a imparcialidade e a objetividade. Deste modo o tratado de Luciano termina por traçar, para todos os séculos vindouros, o retrato do

282   Francisco Murari Pires (org.)

historiador ideal como filósofo cosmopolita, errante, livre, independente, retrato este que incarna a utopia do intelectual "cidadão do mundo" em perfeita harmonia com a doutrina filosófica sofística de Luciano:

> [34-38] O egrégio historiador deve ter duas características principais: inteligência política e capacidade expressiva [...]. A primeira [...] é um dom da natureza, a outra deve ser ganha com muito exercício e fadiga assídua mais imitação dos autores antigos [...] Mas sobretudo, e este é seu principal requisito, deve ser profundamente independente, não deve ter medo de ninguém nem depositar esperanças em quem quer que seja.
>
> [39-40-41] O historiador tem apenas uma tarefa: dizer como efetivamente as coisas se passaram [...]. Se alguém se põe a escrever uma obra histórica, deve prestar sacrifício apenas à verdade [...], a única medida, a única regra que ele deve ter é a de não pensar em quem o ouvirá mas sim em seus leitores futuros [...] Se, ao invés, ele se preocupa com o dia de hoje, pode com razão ser enumerado entre os aduladores: dos quais a história sempre, desde o início, se esquivou. [...] Eis então como deve ser no meu entendimento o historiador: impávido, incorruptível, livre, amigo da verdade e da palavra franca [...], alguém que nunca por amizade ou por ódio é induzido a conceder ou negar [...], juiz equânime, benévolo em geral [...] que não tenha pátria – quando escreve – nem cidade nem soberano.

Luciano tem também o mérito de fixar o cânone dos historiadores gregos, Heródoto, Tucídides e Xenofonte, afirmando a superioridade e a exemplaridade de Tucídides, que ratificou a historiografia política e suas leis, definindo sua finalidade como educação e formação dos políticos e dos quadros dirigentes, e reivindicou a utilidade prática da história para a arte de governo dos reis, príncipes, imperadores, e para a arte da guerra dos comandantes e generais:

> [42] Foi Tucídides quem legislou sobre tudo isto, foi ele quem distinguiu a virtude e o vício na historiografia [...]. Diz, com efeito, ter escrito algo que permanecerá "para sempre" antes do que "para os certames da ocasião".

Por outro lado, Luciano marginaliza Heródoto e sua concepção desinteressada e neutra da historiografia como memória histórica, testemunho dos grandes empreendimentos dos gregos e dos bárbaros, e impõe a concepção e a metodologia de uma história política, tendo por modelo Tucídides e Políbio, alheia a conotações dramáticas e de *pathos* narrativo e baseada antes em elementos pragmáticos e técnicos, com empenhada atenção na arte militar. Efetivamente é Tucídides e seu divulgador Luciano quem determina todo o desenvolvimento sucessivo da historiografia grega, romana e depois

Antigos e modernos   283

bizantina e renascentista, ao passo que Heródoto não tem igual recepção e importância no âmbito da formação e codificação da historiografia moderna.[9] Por meio da descoberta de Luciano e da leitura direta de Tucídides o Humanismo lançará os fundamentos de uma reflexão científica sobre a história e sobre a técnica historiográfica, oferecendo a base aos tratadistas modernos da *ars historica*, os quais se encontram apenas no século XVI. Em 1560 Francesco Patrizi da Cherso, em seus *Dialoghi della historia*, reconhecia em toda a tradição ocidental clássico-renascentista que lhe antecedera somente dois tratados de *ars historica*: Luciano entre os gregos e Giovanni Pontano entre os latinos[10]. De fato, permanece estável até o *Cinquecento* a teoria de Luciano acerca da "parrhesia" e da verdade como requisitos fundamentais do historiador, e assim o direito-dever de falar livremente em testemunho da verdade dos fatos, com um estilo adequado a uma comunicação pragmática e científica ao mesmo tempo, e assim clara e perspicaz mas simultaneamente de elevado nível estilístico:

> [44] Estabelecemos como base das concepções do historiador a *parrhesia* e a verdade, de modo que seu estilo tem um fim único: expressar claramente o fato de modo que resulte mais evidente, sem recorrer a palavras raras ou em desuso nem a expressões banais e grosseiras, de modo compreensível a todos e não criticáveis pelas pessoas cultas.

---

9   Cfr. particularmente sobre a recepção de Heródoto pela historiografia moderna, A. Momigliano, *Erodoto e la storiografia moderna: alcuni problemi presentati ad un convegno di umanisti*, "Aevum", 31 (1957), pp. 75-84; para a recepção de Tucídides na historiografia do Humanismo, com particulares referências a Salutati, Crisolora, Bruni, Valla e Alberti, veja-se a recente monografia de F. Murari Pires, *Modernidades Tucidideanas. Ktema es Aei*, to. I, *No tempo dos humanistas*, São Paulo, Editora da Universidade de São Paulo, 2007, com ampla bibliografia específica.

10   Sobre a tratadística renascentista, que estrutura e codifica sistematicamente a preceituação historiográfica, cfr. G. Cotroneo, *I trattatisti dell'ars historica*, Napoli 1971; veja-se também para uma edição seletiva destes textos, E. Kessler, *Theoretiker Humanistischer Geschichtsschreibung*, Munchen 1971, e, para a valorização de Luciano e Pontano como teóricos da historiografia no âmbito do Renascimento, cfr. Canfora, *Teorie e tecnica della storiografia classica*, cit., p. 32; para os pródromos do Quattrocento no que respeita à teorética historiográfica em relação com a práxis militante dos historiadores do Humanismo e seus desenvolvimentos no Cinquecento, cfr. F. Gilbert, *La teoria e la pratica storiografica nel Quattrocento*, em sua obra *Machiavelli e Guicciardini. Pensiero politico e storiografia a Firenze nel Cinquecento*, tradução italiana Torino 1970, enfocando sobretudo o âmbito florentino; G. M. Anselmi, *Umanisti, storici, traduttori*, Bologna 1981; E. Fryde, *Humanism and Renaissance Historiography*, London 1983; R. Black, *The New Laws of History*, "Renaissance Studies", 1 (1987), pp. 125-156; e para uma ampliação deste tema em perspectiva medieval tardia relacionada à historiografia moderna, vejam-se os estudos de M. Miglio: *Storiografia umanistica del Quattrocento*, Bologna 1975; *La teorizzazione della "ars historica" tra tardo Medioevo ed età moderna*, in *Acta Conventus neo-latini Bariensis*, Proceedings of the Ninth International Congress of Neo-Latin Studies (Bari, 29 August – 3 September 1994), Tempe 1998, pp. 41-49.

284   Francisco Murari Pires (org.)

Encontra também acolhida, nos níveis mais elevados da historiografia humanístico-renascentista, a metodologia tucidideana da crítica das fontes:

[47] No que respeita ao material do relato, não deve integrá-lo com o que se depara, mas avaliando repetidamente os mesmos fatos com atenção e empenho [...], dando fé aos testemunhos menos suspeitos de parcialidade comprometida [...]. A tal ponto deve ter por aspiração saber individuar e referir o relato mais aceitável;

a concepção dos proêmios das obras historiográficas como local privilegiado para hospedar um discurso metodológico a respeito da *ars historica*, e como declarações de intentos do historiador:

[53-54] Tornará clara e cômoda a compreensão do que está narrando, esclarecerá prioritariamente a exposição das causas e os pontos essenciais da narração. Tais são os proêmios a que recorreram os melhores historiadores: Heródoto "porque os acontecimentos não se desvanecessem com o tempo", que fossem "grandiosos e maravilhosos" – assim entendendo as vitórias dos gregos e as derrotas dos bárbaros – e Tucídides, que "previa que aquela guerra seria grande e digníssima de lembrança e superior a todos os conflitos precedentes";

a utilização do procedimento dos discursos diretos atribuídos pelo historiador aos personagens históricos, atendendo à concepção que tem a historiografia como gênero que se vale da retórica:

[58] Caso se deva introduzir um personagem que pronuncia um discurso, deve-se antes de tudo atribuir palavras adequadas ao personagem e à circunstância, em segundo lugar há que expressá-las da forma a mais clara. Neste caso, ademais, é lícito recorrer à retórica e exibir suas próprias capacidades oratórias;

e, por fim, a concepção da utilidade da história, de enorme fortuna em toda a historiografia moderna como perspectiva do "passado-futuro", que afirma a atualidade da história do passado para uma gestão consciente do presente e uma projeção responsável do futuro:

[61-63] Não escrever com os olhos no presente, não se perguntar que acolhimento tereis entre os contemporâneos; pensai sobretudo nos tempos vindouros e escrevei especialmente para os pósteros [...]. É necessário que a história seja escrita assim: veridicamente e com o pensamento voltado para o futuro [...] Isto vos será régua e medida para uma correta historiografia.

Antigos e modernos   285

A historiografia grega é, assim, portadora da vertente mais consciente da reflexão sobre a história e a matriz retórica da escrita histórica moderna. E ainda a complexa articulação retórica interna do gênero historiográfico, facetado em múltiplos sub-gêneros especializados na Época Moderna, preserva de fato, que seja mesmo com inovações suas propriamente ligadas aos diversos contextos histórico-políticos e culturais, o pavimento macro-estrutural do sistema retórico clássico.

O proêmio ao livro IX das *Histórias* de Políbio constitui uma das primeiríssimas tentativas de codificação retórica dos sub-gêneros historiográficos, reflexão esta muito provavelmente conhecida e levada em consideração pelos historiadores do Renascimento, dado que Políbio foi, antes de Heródoto e de Tucídides, o primeiro historiador grego a ter tido grande impacto no Humanismo, do modo mesmo como o esclareceu Momigliano[11]:

> Não ignoro que nossa obra histórica tenha algo de austero, se adapte apenas a um gênero de leitor e somente deles ganhe aprovação, considerada a uniformidade do tratamento. Quase todos os outros historiadores, de fato, ou ao menos a maioria deles, integrando todas as parcelas da história atrai muitos à leitura de suas obras. O tipo genealógico, com efeito, atrai quem ama a leitura, o que trata de colônias, fundações de cidades e parentelas atrai, como é dito em algum lugar por Éforo, quem é movido por interesses e curiosidades, ao passo que o político é atraído pelo tipo de historiografia concentrada nas vicissitudes dos povos, das cidades e dos soberanos.

A articulação dos sub-gêneros da historiografia, aqui sintetizada por Políbio, resulta, de fato, aplicável também ao sistema das tipologias retóricas da historiografia humanístico-renascentista, substancialmente articulada nas duas categorias de historiografia erudita e historiografia política. A historiografia erudita retoma vínculos com as duas primeiras categorias arroladas pelo historiador grego, ou seja, a genealogia histórica e a historiografia sobre as origens e as fundações de cidades, as *ktiseis* tão apreciadas pelos primeiros que experienciaram a escrita histórica pré-herodoteana. Já a historiografia política corresponde plenamente aos intentos mais profundos de grande parte da historiografia humanístico-renascentista, aquela historiografia oficial desenvolvida em meio às afirmações políticas dos Senhorios, principados e reinos entre os séculos XV e XVI, a

---

11   Cfr. A. Momigliano, *Polybius' Reappearance in Western Europe*, in *Polybe. Fondation Hardt pour l'Etude de l'Antiquité classique. Entretiens*, Genève 1973, pp. 347-373; *The Classical Foundation of Modern Historiography*, cit.; *Erodoto e la storiografia moderna*, cit.

286　Francisco Murari Pires (org.)

que se entregam historiadores *engagés*, envolvidos pessoalmente nas atividades políticas e diplomáticas de seus príncipes e reis.[12]

Todavia, também a tradição clássica latina contribui fortemente para a formação da historiografia moderna na época humanístico-renascentista, sobretudo por meio da reflexão, de tipo mais diferenciadamente retórica e filosófica, de Cícero e Quintiliano, os quais têm sempre ainda a *veritas* como princípio fundamental e normativo da historiografia e a *utilitas* como a finalidade própria da *práxis* histórica. No *De oratore* Cícero define a história como testemunha dos tempos, luz da verdade, vida da memória, mensageira da Antiguidade, e lhe atribui alto valor de exemplaridade e de formação do cidadão, na medida em que deve exortar à virtude e afastar do vício (II, 35: "cohortari ad virtutem ... a vitiis revocare"); a primeira lei da história é a verdade (II, 62: "nam quis nescit primam esse historiae legem, ne quid falsi dicere audeat? Deinde ne quid veri non audeat? Ne quae suspicio gratiae sit in scribendo? Ne quae simultatis?"), mas a historiografia é principalmente uma *ars rhetorica*, e o historiador é privilegiadamente um orador, razão porque é justo no tratado especificamente dedicado à formação do perfeito orador que Cícero expõe a preceituação valiosa para a escrita da história:

> *Historia vero testis temporum, lux veritatis, vita memoriae, magistra vitae, nuntia vetustatis, qua voce alia nisi oratoris immortalitati commendatur?* (II, 9, 36)

> [A história por fim, testemunha dos séculos, facho da verdade, alma da memória, escola da vida, intérprete do passado, qual voz, que não a do orador, pode torná-la imortal?]

A definição do gênero literário da historiografia é dada por Cícero de modo exemplar no *De legibus* (I, 2), e fará escola até a época moderna: "historia opus oratorium maxime". Mas a definição se articula no *De inventione* (I, 27) no âmbito de três específicos gêneros de narração, "narrationum genera tria sunt", que permanecem ainda na retórica tardia da Antiguidade, medieval e renascentista: a *fábula* ou "narratio brevis", ou seja o conto, que não comporta realidade verídica, "in qua nec verae nec veri similes res continentur", tendo por finalidade somente o entretenimento, "delectare"; o *argumentum* ou "narratio probabilis, verisimilis", que não é realidade mas verossimilhança, "ficta res quae tamen fieri potuit, ut contigit in comoediis", e tem por finalidade a persuasão, "movere"; e a *historia* ou "narratio aperta, dilucida", totalmente real e verídica, "gesta res ab aetatis nostrae memoria

---

12　Uma primeira análise das várias articulações das formas da historiografia humanista se encontra em F. Pez-zarossa, *Verso un Convegno su "La memoria della città". Scritture storiche fra Medioevo e Età moderna*, "Schede umanistiche", 2 (1991), pp. 25-49.

Antigos e modernos   287

remota", a qual tem por finalidade a instrução, "docere". Similar igualmente a definição de história dada por Quintiliano (*Institutio oratoria*, II, 4, 2; XII, 2, 29-31), a qual enfatiza a *veritas*: "historia tanto robustior quanto verior"; e retoma a definição aristotélica que afirma a indiferença da forma em prosa ou poética no âmbito da historiografia (*Inst. or.*, X, 1, 31): "historia est proxima poetis et quodam modo carmen solutum".[13]

Todavia, a concepção historiográfica latina recolhia e recuperava também a tradição da historiografia política tucidideana: para Salústio a escrita histórica constitui uma continuação das lutas políticas, e Cícero no *De officiis* (II, 1, 3) considerava as "litterae forenses et senatoriae" como um aspecto da atividade política, alternativa indispensável por que a obra literária fosse o sucedâneo de uma militância política então inviabilizada pelo desmantelamento do Estado, e na célebre carta a Lucéio contemplava, entre os requisitos reclamados pela historiografia, a possível exigência de desenvolver e sustentar uma propaganda política e consequentemente valia-se de uma historiografia inteligentemente celebrativa. Disto nasce e se desenvolve a tradição romana dos historiadores senadores, desde Tácito aos *Scriptores Historiae Augustae*: tradição que continua a florescer até o Renascimento e a Época Moderna.

Porém, a viragem determinada pela recepção conjunta dos grandes clássicos historiográficos gregos e latinos se dá apenas a partir de inícios do século XV, com a afirmação da vanguarda da escola humanista. Por toda a Idade Média, com efeito, o gênero da historiografia não possui estatuto próprio, o qual começa a se delinear somente em tempos humanístico-renascentistas. Isidoro de Sevilha, de fato, um dos pais fundadores da historiografia medieval europeia, dá uma definição da história que a reconduz *tout court* integrada à categoria da *grammatica*:[14]

---

13   Sobre a teoria dos estilos em relação com os principais gêneros literários da latinidade clássica, e particularmente com a historiografia, cfr. os estudos específicos de A. D. LEEMAN: *Le genre et le style historique à Rome: théorie et pratique*, "Revue des études latines", 33 (1955), pp. 183-208; *Orationis ratio. Teoria e pratica stilistica degli oratori, storici e filosofi latini*, Bologna 1974. Sobre a fortuna humanista da concepção ciceroniana de história como "magistra vitae" e como "opus oratorium maxime", cfr. R. LANDFESTER, *Historia magistra vitae. Untersuchungen zur humanistischen Geschichtstheorie des XIV bis XVI Jahrhunderts*, Genève 1972; N. S. STRUEVER, *The Language of History in the Renaissance. Rhetoric and Historical Consciousness in Florentine Humanism*, Princeton 1970; sobre a recepção humanista da concepção retórica ciceroniana da história e da tradição aristotélica e quintiliana da contiguidade entre história e poesia, cfr. também MURARI PIRES, *História, Retórica e Poesia*, no citado volume *Modernidades Tucidideanas*, pp. 171-189.

14   Sobre a historiografia medieval e a sua problemática vejam-se os recentes estudos com ampla bibliografia específica, de B. LACROIX, *L'historien au Moyen Age*, Paris, 1971; B. GUENEE, *Histoire et culture historique dans l'Occident médiéval*, Paris, Aubier Montaigne, 1980 (tradução italiana di A. Bertoni, Bologna, Il Mulino, 1991); G. ARNALDI, *Annali, cronaca, storia*, in *Lo spazio letterario del Medioevo*, 1. *Il Medioevo latino*, vol. I, *La produzione del testo*, II, Roma, Salerno Editrice, 1993, pp. 463-490, que delineia a fisionomia dos vários sub-gêneros da historio-

288   Francisco Murari Pires (org.)

Haec disciplina ad grammaticam pertinet, quia quicquid dignum memoria est litteris mandatur (*Etymologicum magnum*, I, 40-43)

[Esta disciplina pertence à gramática, dado que o que é digno de memória é transmitido por meio da literatura.]

Ademais, o nascimento e a afirmação de uma predominante historiografia cristã determinou a integração do topos do "futuro-passado" de matriz clássica, encaixado no conceito de *utilitas* da história pagã, em perspectiva escatológica, e a articulação da historiografia sob uma dupla e paralela bitola, da história eclesiástica e história pagã. Porém, de toda esta configuração foi também fortemente orientada ideologicamente a concepção medieval da historiografia não eclesiástica, que resgatava do ensinamento de Luciano sobretudo o preceito da *veritas* e da imparcialidade do historiador, a finalidade ética da história, a sua *utilitas* e a sua empenhada dimensão educativa e didática. Consequentemente não se desenvolveu na Idade Média uma historiografia propriamente oficial até a época carolíngia, no século IX-X, quando da afirmação do império centralizado de Carlos Magno, e após a queda do império carolíngio quando os novos Estados nacionais emergentes na Europa dos séculos XI e XII, Longobardos, Saxões, Normandos, começaram a se dar conta da necessidade de histórias oficiais, comissionando-as a historiadores de extração monástico-eclesiástica, os únicos, naqueles tempos, depositários da cultura, todavia mistificando-a mediante a *auctoritas* de uma figura de extração eclesiástica a quem era dedicada por garantia da *veritas* e da imparcialidade do historiador, o qual sempre preventivamente se defende da suspeita de adulação e de escrito panegirista, em conformidade com a rigorosa distinção imposta por Luciano. Exemplares, assim, os casos de Dudone di S. Quintino, o qual inicia a historiografia oficial dos Normandos, por encomenda de Ricardo, duque da Normandia, ou de Cosmo de Praga, historiador dos Boêmios, ou de Widikundo, historiador dos Saxões, ou de Rigord, que escreveu a história do Reino de França para Filipe Augusto, considerando que apenas a aceitação pelo rei e pelo abade da respeitável Abadia de S. Denis podia conferir a seu testemunho histórico valor oficial ("ut sic demum per manum ipsius regis in publica veniret monumenta").[15]

---

grafia entre a Idade Média e o Humanismo; G. Ferraù, *La storiografia come ufficialità*, in *Lo spazio letterario del Medioevo*, 1. *Il Medioevo latino*, vol. III, *La ricezione del testo*, a cura di G. Cavallo, C. Leonardi, E. Menestò, III, Roma, Salerno Editrice, 1995, pp. 661-693, que põe em evidência as reservas com que a historiografia medieval bloqueou a elaboração de uma historiografia oficial, de que se tira a citação de Isidoro.

15   Quanto a este linhagem da historiografia medieval, amplas e específicas análises encontram-se no citado artigo de Ferraù, *La storiografia come ufficialità*, a quem se remete para a bibliografia específica sobre os textos históricos citados.

Antigos e modernos   289

O tema da imparcialidade do historiador mantém-se central até a historiografia da Época Comunal do século XIII. Porém, sucessivamente, tomando por base as reflexões ciceronianas sobre a história e sobretudo graças à redescoberta dos historiadores gregos e suas concepções acerca da escrita da história, o Humanismo pode refundar o gênero historiográfico moderno. O reconhecimento do papel autônomo da história no âmbito dos "studia humanitatis" da época moderna é consequência direta do valor primordial atribuído pelos humanistas ao estudo dos historiadores clássicos e à historiografia.[16] Basta que se pense nos primeiros e mais importantes tratados pedagógicos do Humanismo, tais como o *De ingenuis moribus et liberalibus studiis* de Pier Paolo Vergerio, que por inícios do *Quattrocento* propõe um sistema epistemológico situando em posição prioritária e fundante a história, a filosofia moral e a eloquência ("historiae notitia et moralis philosophiae studium: in horum altero praecepta, quid sequi quidve fugere conveniat, in altero exempla invenimus"), o *De studiis et litteris* de Leonardo Bruni ou o *De liberorum educatione* de Enea Silvio Piccolomini, nos quais a leitura dos historiadores antigos era considerada elemento fundamental da educação escolar, criando e impondo uma tradição didática que permanecerá estável na escola renascentista. Pelo cânone didático do Humanismo é explicitamente recomendada a leitura dos historiadores romanos Tito Lívio, Júlio César, Salústio, Cúrcio Rufo e Justino, antes que se afirmasse a conquista da historiografia grega em meados do século XV; este cânone histórico permanece, apenas com o acréscimo de Tácito, até a *Ratio studiorum* jesuíta de 1586. A redescoberta dos historiógrafos clássicos gregos e latinos e sua força modeladora na cultura do Renascimento europeu determinou uma virada no método de escrita da história, que levou, por meio da reflexão sobre a natureza e a essência da história e conexos encargos do historiador como também sobre as técnicas metodológicas da escrita da história, à laicização, isenção moral e politização da história, e assim também a uma historiografia de tipo oficial: via esta que conduz à importante historiografia moderna de Maquiavel. Basta que se pense que no período compreendido entre a invenção da imprensa, por meados do século XV, e os fins do século XVIII, circularam pela Europa pelo menos dois milhões e meio de volumes de edições impressas dos historiadores clássicos, sobretudo Salústio, Júlio César, Tito Lívio, entre os latinos, e entre os gregos Heródoto e Tucídides.[17] Podemos traçar, de fato, uma linhagem contínua na tradição historiográfica ocidental que une fortemente o mundo clássico à Idade Média e ao Renascimento como um fio invisível a constituir o fundamento da historiografia moderna.

---

16   Cfr. a este respeito F. Tateo, *L'umanesimo*, in *Lo spazio letterario del Medioevo*, 1. *Il Medioevo latino*, vol. I. *La produzione del testo*, to. I, Roma, Salerno Editrice, 1992, pp. 145-179, com mais bibliografia.

17   Cfr. Buck, *L'eredità classica nelle letterature neolatine del Rinascimento*, cit., pp. 161-164.

290   Francisco Murari Pires (org.)

Em primeiro lugar há que definir os termos da reflexão acerca da escrita da história nos primeiros humanistas que apresentam um consciência teórica da especificidade desse gênero literário, e tentam definir suas regras, sua codificação retórica, seus limites, sobretudo tomando por base Luciano, Tucídides e Políbio, a ratificar a passagem de uma ideia de história comemorativa e pedagógica, de afinidade à oratória epidítica, a uma ideia de história politicamente útil.

Examinaremos o caso de Coluccio Salutati e de Guarino Veronese, figuras-chaves da primeira geração da escola humanista, cuja lição será logo absorvida pelos historiadores militantes do século XV.

A primeira reflexão de molde claramente humanista sobre a história e a escrita da história encontra-se casualmente em uma carta de Coluccio Salutati datada de 1392 a Juan Fernandez de Heredia.[18] A passagem mais significativa atém-se precisamente de modo evidente a uma lição ciceroniana:

> *Historicos, quibus rerum gestarum memoriam studium fuit posteris tradere, ut regum, nationum, et illustrium virorum exemplis per imitationem possent maiorum virtutes vel excedere vel equare [...] rerum gestarum scientia monet principes, docet populos et instruit singulos quid domi quidque foris, quid secum quid cum familia, quid cum civibus et amicis, quidque privatim vel publice sit agendum [...]. Nil cogitari potest vitii nichilque laudari virtutis, quod historiarum non probetur exemplis [...]. Nichil ornatius, nichil floridius nichilque suavius in dicendo, nichilque quod magis moveat vel delectet quam id quod historicum aspergatur [...]. Tolle de sacris litteris quod historicum est: erunt profecto reliquie res sanctissime, res mirande; sed quantum ad delectationem pertinet, taliter insuaves, quod non longe poterunt te iuvare.*

> [O objetivo do historiador é transmitir aos pósteros a memória da história a fim de que estes possam superar ou igualar a virtude de seus antepassados imitando os exemplos dos reis, nações e homens ilustres [...]. O conhecimento da história constitui advertência aos príncipes, instrui os povos e os cidadãos a como agir em todos os domínios, público e privado [...]. A avaliação dos vícios e das virtudes deve ser sempre corroborada por exemplos históricos [...]. Nenhum relato é tão agradável quanto os relatos dos feitos históricos, nada havendo que possa convencer ou deleitar mais [...]. Experimente retirar os elementos históricos das Sagradas Escrituras: continuarão sem-

---

18   A carta pode ser lida na edição completa do Epistolário de Salutati: C. SALUTATI, *Epistolario*, a cura di F. NOVATI, II, Roma 1893, pp. 289-302 (a tradução é minha); sobre Juan Fernandez de Heredia, a sua biblioteca, e seus interesses históricos antigos e as relações com os humanistas italianos, especialmente com Salutati, veja-se A. LUTTRELL, *Greek Histories Translated and Compiled for Juan Fernandez de Heredia, Master of Rhodes, 1377-1396*, "Speculum", 35 (1960), pp. 401-407; J. M. CACHO BLECUA, *El Gran Maestre Juan Fernandez de Heredia*, Zaragoza, 1997; MURARI PIRES, *Heredia*, na obra citada *Modernidades Tucidideanas*, pp. 31-35.

Antigos e modernos   291

pre santos e dignos de admiração, mas não conseguirão mais a suscitar deleite e consequentemente a atenção dos leitores, razão pela qual não lhes podem mais ser útil.]

Plenamente ciceroniana é de fato a definição retórico-literária da historiografia e sua função testemunhal, o valor primordial da história na hierarquia dos saberes, graças sobretudo ao papel exemplar e especialmente ético de "magistra vitae": a história é considerada, pela concepção epistemológica de Salutati, o mais útil ensinamento ético-político, tendo por fundamento a força dos *exempla*, e é a única disciplina que permite orientarmo-nos com segurança num mundo em que tudo está sob o signo do possível. Justamente aqui registra-se a primeira contraposição, no âmbito do Humanismo cristão, à ideia finalista e providencial da história de matriz agostiniana, que dominara a historiografia eclesiástica durante toda a Idade Média.

Porém, o primeiro tratamento mais orgânico da *ars historica* na concepção humanista pertence ao primeiro e maior mestre-escola humanista, Guarino Veronese, que a expôs em uma carta-tratado, de título e tema decididamente inspirado em Luciano, *De historiae conscribendae forma*, escrita em 1446 tendo por finalidade a preceituação concernente à escrita da história:[19]

> [...] *Vero turpe et absurdum est si falsa commendet, in historia praesertim, quae nuntia veritatis est. Sit illud in animo, in ore, in re scriptori fixum: «primam historiae legem esse ne quid falsi audeat dicere, ne qua suspicio gratiae sit in scribendo, ne qua simultatis», ut Cicero monuit. Ubi scriptor animadvertat oportet plurimum ab historia differre poeticam. Haec enim vel intempestive laudare et plusquam verisimilia licenter <proferre> profitetur et alatos equos effingere et in deos mortales vertere nil veretur:*

---

19   A edição crítica mais recente e completa é a de REGOLIOSI, *Riflessioni umanistiche sullo 'scrivere storia'*, cit., *Appendice*, pp. 28-37: GUARINI VERONENSIS *De historiae conscribendae forma*, com preciso aparato crítico das fontes e comentários, a quem se remete para a discussão da edição precedente de Remigio Sabbadini no corpus completo do epistolário guariniano: GUARINO VERONESE, *Epistolario*, a cura di R. SABBADINI, II, Venezia 1916, pp. 458-465, n° 796, que estabelece também a data (pp. 396-398); as citações foram tiradas da edição de REGOLIOSI, a tradução italiana é de Simona Lorenzini in G. ALBANESE, *"De historia conscribenda": teoria e tecnica della storiografia umanistica*, Dispensa del Corso di Filologia Medievale e Umanistica (2007-2008), Dipartimento di Studi Italianistici, Università di Pisa. Sobre a carta de Guarino, no panorama da teorética historiográfica humanístico-renascentista, cfr. também COTRONEO, *I trattatisti dell'ars historica*, cit., pp. 62-74; e sobre os interesses históricos e geográficos de Guarino, que traduziu para o latim Estrabão e elaborou as emendas ao texto dos *Commentarii* de Júlio César, cfr. E. FRYDE, *The Historical Interests of Guarino of Verona and his Translation of Strabo's Geography*, em sua obra *Humanism and Renaissance Historiography*, cit., pp. 55-82; M. PADE, *Caesar and Guarino at the Court of the Este*, in *La corte di Ferrara e il suo mecenatismo, 1441-1598*, Atti del Convegno internazionale di Copenhagen (maggio 1987), a cura di M. PADE, L. WAAGE PETERSEN, D. QUARTA, Copenhagen – Modena 1990, pp. 7-92; D. CANFORA, *La controversia di Poggio Bracciolini e Guarino Veronese su Cesare e Scipione*, Firenze 2001.

292 Francisco Murari Pires (org.)

«pictoribus atque poetis / quidlibet audendi semper fuit aequa potestas». Nec in tanta licentia ullus vel invidiae vel odii vel mendacii timor incumbit, etiamsi in laudem dictum sit [...]. Primus nanque historiae finis et unica est intentio utilitas, scilicet quae ex ipsius veritatis professione colligitur, unde animus, ex praeteritorum notitia, scientior fiat ad agendum et ad virtutem gloriamque, imitatione, consequendam inflammatior aliaque huiuscemodi [...]. Nec vero prohibitum esse crediderim laudes ab historiographo personis attribui, modo id mediocriter fiat et in tempore, sicut et vituperationes interdum; alioquin laudes laudato quidem fortasse pergratae, auditori autem permolestae, immo ne laudato quidem, si quid virilis inest ingenii: mavult enim testem de se severum quam assentatorem dulcem audire. Haud parum ad rem explicandam pertinebit si non dedigneris quandoque a rerum bellicarum peritis struendae aciei formam, ordinem, magnitudinem, montes, plana, fluvios percunctari, quis locandorum castrorum, quis insidiarum modus, quod pabulandi praesidium, quae fodiendi, quae obsidendi ratio, quae machinamentorum forma, ne, si quando earum rerum mentio facienda sit, rudis omnino imperitusque dicare. Quod si cernere dabitur, certior planiorque sermo fieri poterit; sicut enim Flaccus ait: «Certior aure arbiter est oculus». [...] Sit enim scriptor intrepidus, incorruptus, liber, licentiosus, verus, non odio, non amori, non misericordiae quicquam tribuens, non pudibundus, iudex aequus, cunctis benivolus, hospes in libris, nullis adscriptus civitatibus, suis vivens legibus. Hoc unum aspicies, ut veritatis legatum et ad viventes transmittas et ad posteros [...].

[... Ignóbil e incompatível é dar crédito à mentira, sobretudo na história, a qual é mensageira da verdade. Que se firme na mente, nas palavras, na obra do escritor este preceito : « a primeira lei da história é não ousar afirmar o falso e não suscitar na escrita nenhuma suspeita de complacência ou de hostilidade », como o ensina Cícero. Que o historiador entenda, portanto, o quanto a poesia difere da história. A primeira, de fato, permite a adulação e referências totalmente livres a coisas além do verossimil, não receando figurar cavalos alados e transformar homens mortais em divindades : « pintores e poetas sempre se igualaram na possibilidade de ousar qualquer coisa ». E por tanta liberdade não há nenhum temor de inveja, ódio, mentira, se bem que seja expressa visando a adulação [...]. Com efeito, finalidade primeira da história e seu único escopo e a utilidade, a qual deriva de sua intrínseca profissão de veracidade, pelo que, graças ao conhecimento do passado, o espírito humano se torna mais hábil em suas ações e é estimulado a buscar a virtude a glória e outras qualidades similares por meio da imitação [...]. Não ousaria, entretanto, afirmar que seja vedado ao historiador louvar, e por vezes mesmo criticar, os personagens, desde que o faça moderadamente e no momento oportuno ; de resto, os louvores são talvez gratos a quem é louvado, antes insuportáveis a quem os ouve, e todavia nem mesmo gratos por vezes a quem é louvado, caso este possua caráter viril : prefere, com efeito, ouvir a seu respeito um testemunho severo mais do que uma afetada adulação. Será muito útil à narração se não desdenhares a busca das informações junto aos conhecedores das coisa militares acerca dos rios, das planícies, das montanhas, da dimensão, da ordem, da forma, da disposição do exército, acerca das modalidades de estabelecimen-

acampamentos, das emboscadas, acerca da defesa das provisões, sobre a técnica de assédio e de construção das trincheiras, sobre a estrutura das máquinas de guerra, a fim de que, sempre que for necessário mencionar tais coisas, não sejas considerado completamente incompetente e ignorante. Caso aflore tudo isto, o discurso poderá ser seguro e compreensível ; assim, com efeito, diz Horácio : "juiz mais seguro do que o ouvido é o olho".[...] Que o escritor seja impávido, incorruptível, livre, sincero, nada concedendo ao ódio, ao amor, à piedade, sem suscetibilidades, juiz equânime, benévolo em geral, aberto em seus escritos, desprovido de cidadania, vivendo de fato segundo suas próprias leis. Apenas a este deves ponderar, que consigne aos contemporâneos e aos pósteros o legado da verdade ...]

Essa pode ser considerada a teoria mais representativa da historiografia humanista quanto à estrutura compositiva e a forma estilística. Nela estão, com efeito, fundidos juntos, em um útil instrumento de trabalho, os dois filões, latino e grego, da tradição historiográfica clássica que mais atuaram sobre a formação da historiografia humanista: o latino, representado pelos textos retóricos de Cícero e Quintiliano, com ênfase no nexo indissociável entre história e oratória, *veritas* e *utilitas*, e que consequentemente atribuía à história, "opus oratorium maxime", um elevado escopo pedagógico e celebrativo, tendo por base sobretudo o repertório de *exempla* por ela transmitido, especialmente persuasivos porque verídicos e não fabulosos. E o grego, representado substancialmente por Tucídides e seu divulgador Luciano, a quem se deve a diferenciação de escopo e linguagem da história relativamente às outras artes discursivas: enquanto a poesia é o lugar da *fabula*, a história é a sede da verdade e, como tal, deve privilegiar o material contemporâneo, mais facilmente controlável em termos da construção de um testemunho aceitável pelos pósteros. Todos os elementos que, como veremos, podem ser encontrados recompostos em uma determinada perspectiva "aragonesa", nos proêmios metodológicos de seu discípulo Bartolomeo Facio. Porém, o mérito fundamental de Guarino foi o de singularizar uma historiografia científica dotada de um estilo peculiar e específico, que não mais aceita ser confundida com a *poetic diction* que até então contaminava a escrita histórica, nem tampouco com o "quotidiano" de uma retórica de consumo; um estilo que Guarino definia com exatidão negativa e positivamente:

Dictio sit crebris perapprobatis lectionibus incocta, aperta, civilis, quae rem insigniter effingat et exprimat verbis non forensibus, non operariis, non occultis, non inusitatis, sed apertis, dignis, gravibus, ut cum omnes intelligant, tum periti laudent et admirentur; gravia sensa crebraeque sententiae; stilus historico, non tragico, non causis fori conveniens.

294 Francisco Murari Pires (org.)

[Que o estilo histórico seja claro e expresse apropriadamente os fatos por meio de um léxico específico, não advocatício, não popular, não muito sofisticado ou em desuso, mas sim claro e digno, mas contido, a ponto de poder ser compreendido por todos mas também apreciado e louvado por um público douto; que os pensamentos sejam elevados e, numa palavra, o estilo seja conveniente a um historiador, e não a um poeta trágico nem a um advogado.]

Guarino, portanto, ensinava a que se escrevesse a história dos homens do presente segundo as categorias do útil e do verídico, sem renunciar à costumeira dimensão moralista-exemplar da "historia magistra vitae", antes tendo em mira sobretudo o instrumento da retórica. Esta genial composição pensava superar as restrições da cultura medieval à elaboração de uma historiografia oficial, reservas conexas aos valores de *veritas*, ética e religião na conceitualização da história. Somente o primado da retórica como ciência da persuasão oculta podia sancionar o nascimento de uma historiografia que fosse a expressão das instituições oficiais do Estado.

O ensinamento de Guarino logo ganhou operacionalidade no âmbito da historiografia humanista do Reino de Nápoles e da Sicília junto à corte de Afonso, o Magnânimo, o soberano aragonês que conquistara Nápoles em 1443 e constituía em sua corte uma plêiade de intelectuais de vanguarda, entre os quais se elabora um novo modelo de historiografia oficial na Europa moderna.[20]

A crítica historiográfica mais recente reconhece agora no principado o espaço histórico-literário de elaboração da historiografia política moderna.[21] A historiografia humanista se caracteriza, com efeito, pela celebração do principado como projeto ético-estético compartilhado por intelectuais *engagés*, em que os mecanismos do poder se tornam o centro da investigação histórica, sendo a seleção dos acontecimentos sobretudo política.

---

20 Para uma análise do ambiente político-cultural do Reino de Nápoles sob os Aragoneses, veja-se o importante estudo de J. H. BENTLEY, *Politica e cultura nella Napoli rinascimentale*, Napoli, Guida, 1995 (tradução italiana do original inglês de 1987).

21 Sobre a historiografia moderna, com especial referência à humanístico-renascentista, após os estudos atualmente superados de E. FUETER, *Storia della storiografia moderna*, Napoli 1945, e as importantes correções de rumo de H. BARON, *The Crisis of the Early Italian Renaissance*, Princeton 1966, vejam-se sobretudo os estudos de E. COCHRANE, *Historians and Historiography in the Italian Renaissance*, Chicago-London, The University of Chicago Press, 1981, nos quais se apresenta uma imponente bibliografia; e, especialmente sobre a historiografia humanista e seus múltiplos componentes geográfico-culturais, *La storiografia umanistica*. Atti del Convegno Internazionale di Studi (Messina, 22-25 ottobre 1987), Messina, Sicania, 1992; vejam-se ainda os estudos de R. FUBINI: *L'Umanesimo italiano e i suoi storici. Origini rinascimentali-critica moderna*, Milano, Angeli, 2001; *Storiografia dell'Umanesimo in Italia da Leonardo Bruni ad Annio da Viterbo*, Roma, Edizioni di Storia e Letteratura, 2003; F. TATEO, *I miti della storiografia umanistica*, Roma, Bulzoni, 1990; G. FERRAÙ, *Il tessitore di Antequera. Storiografia umanistica meridionale*, Roma, Istituto Storico italiano per il Medio Evo, 2001.

Antigos e modernos   295

Pode-se afirmar então, após os estudos mais recentes, a centralidade da historiografia napolitana da corte aragonesa e a sua importância na elaboração da historiografia moderna, senão da teorética historiográfica, e da tratadística renascentista a respeito do príncipe. Especialmente Afonso, o Magnânimo, viu claramente o valor que a historiografia oficial, elaborada no âmbito da vanguarda mais aguerrida dos *studia humanitatis* de matriz clássica, podia assumir como instrumento de legitimação do poder régio. E sob a sua égide os humanistas da corte afonsina de Nápoles conseguiram elaborar uma ideia de história oficial inovadora que, agregando as novas experiências de renovação linguística e filológica à política cultural aragonesa, baseava-se privilegiadamente no estreito vínculo colaborativo, cultural e político, entre intelectuais e poder, graças à intermediação de uma nova figura de soberano douto e mecenas, de matriz augustana, recuperada no âmbito do classicismo imperante, com a projeção do antigo mito da idade de ouro, deveras funcional para a construção de um Reino moderno na época dos Senhorios.[22]

Considere-se tão-somente a presença simultânea na corte de Nápoles, no decorrer do século XV, de três historiadores, Lorenzo Valla, Bartolomeo Facio e Giovanni Pontano, que assinalam a descoberta de elementos fundantes para a história da historiografia moderna, de modo tal que propriamente neste âmbito político-cultural se lançassem as bases do progressivo itinerário de construção de um "específico" historiográfico, o qual contradistingue a escrita científica e especializada da história, elaborada pelo Humanismo graças à recuperação da leitura dos clássicos, veiculadores da linhagem da teorética historiográfica. Justamente na corte aragonesa de Nápoles se deu a última etapa do resgate filológico do texto de Tito Lívio, que fora desmembrado durante a Idade Média e restaurado em sua completude graças às primeiras argumentações da filologia humanista, de Petrarca a Lorenzo Valla, precisamente Tito Lívio que assinalava um dos momentos mais decisivos para o nascimento da historiografia científica: a última fase deste exercício filológico tivera como protagonistas em Nápoles justo os historiadores oficiais do Reino, Valla, Panormita e Facio e por instrumento privilegiado de trabalho o *codex regius* de Tito Lívio, doado por Cósimo de Médici ao rei Afonso. Justamente na corte aragonesa se manifestara totalmente evidente a necessidade de elaborar um projeto definido e uma forma deliberada de um modo particular de encomenda: a corte e seus quadros dirigentes e, em suma, a classe política no poder. Isto determinou a elaboração

---

22   Sobre o particular contexto político-cultural que determinou o amadurecimento da historiografia humanista da corte aragonesa de Nápoles cfr. *Introduzione* a Antonii Panhormitae *Liber rerum gestarum Ferdinandi regis*, a cura di G. Resta, Palermo, Centro di Studi filologici e linguistici siciliani, 1968; Bentley, *Politica e cultura nella Napoli rinascimentale*, cit.; Tateo, *I miti della storiografia umanistica*, cit., pp. 137-179; *La storiografia umanistica nel Mezzogiorno d'Italia*, em *La storiografia umanistica*, cit., I, 2, pp. 501-548; B. Figliuolo, *La cultura a Napoli nel secondo Quattrocento. Ritratti di protagonisti*, Udine 1997; Ferraù, *Il tessitore di Antequera*, cit.

296   Francisco Murari Pires (org.)

de um arcabouço preciso de projetos de caráter retórico-político, contemplando seletos modelos estilísticos elevados e o privilegiamento do latim, com a garantia da forte presença e incidência do modelo antigo. Um modelo que induziu, por sua própria natureza, um horizonte de expectativa de elevado nível metodológico que reclamava um exame mais atento das fontes e uma melhor reconstrução crítica e correta dos fatos.

Antes de tudo foi Lorenzo Valla, um dos maiores filólogos e historiadores do Humanismo italiano, o primeiro a ser nomeado historiador oficial de Afonso de Aragão, encarregado de escrever a história do pai de Afonso, o grande Fernando de Antequera, quem assinalou com os seus *Gesta Ferdinandi regis*, nos anos Quarenta do *Quattrocento*, a primeira aplicação humanista da teorética historiográfica tucidideana, especialmente pela importante página teórica sobre o valor da historiografia na epistemologia clássico-humanista e sobre o método especializado da historiografia, exposta no *Proêmio* programático de sua obra:[23]

> *Ita primas partes tribuunt philosophis, secundas poetis, tertias postremasque historicis. Ego vero, cum huic nequaquam opinioni assentiar, tamen poetis multo plus quam illi faciunt tribuo adeo ut eos aut comparem philosophis aut anteponam, sed non continuo historicis preferam ac ne fortasse quidem conferam. Decet enim opus quod aggrederis libero ore defendere. [...] Quod si vel pares vel potius superiores philosophis censendi sunt poete, reliquum est ut quare non sint historicis maiores, ne dicam pares, ostendamus [...] nimirum tanto robustiorem esse historiam, quanto est verior. At non versatur circa universalia? Immo vero versatur [...]. Unde a Cicerone his verbis laudata est: 'Historia testis temporum, lux veritatis, vita memorie, magistra vite, nuntia vetustatis'.*

[Em geral na epistemologia antiga o primeiro posto é atribuído aos filósofos, o segundo aos poetas e o terceiro e último aos historiadores. Mas eu não estou de acordo com esta opinião, aos poetas atribuo um valor muito superior, tal a colocá-los em igualdade com os filósofos ou sem mais em contraposição a eles, mas não lhes dou preferência perante os historiadores. É habitual com efeito tomar a defesa da obra que encetamos expondo livremente sua opinião [...]. Se, portanto, devemos considerar os poetas iguais ou definitivamente superiores aos filósofos, fica ainda por demonstrar por qual razão eles não são mais importantes do que os historiadores, para não dizer iguais [...]. A história adquire tanto mais força quanto seja verdadeira. E não trata quiçá dos universais? Certamente que trata [...]. Foi por isto que Cícero louvou a história com estas palavras: "A história é testemunha dos tempos, luz da verdade, vida da memória, mestra de vida, mensageira da antiguidade"].

---

23   Lorenzo Valla, *Gesta Ferdinandi regis Aragonum*, ed. O. Besomi, Padova, Antenore, 1973, de que se tira a citação (a tradução é minha).

Antigos e modernos 297

O proêmio dos *Gesta* esclarece o significado e a finalidade da história, constituindo talvez a mais elevada reflexão consciente do que seja a historiografia: reivindica a superioridade da história sobre a poesia e a filosofia, tendo por fundamento ainda os conceitos de *veritas* e de *utilitas* e enfatizando a estreita conexão, codificada por Cícero, com a oratória. Valla foi quem primeiro utilizou criticamente com tal propósito a *Poética* de Aristóteles, no texto grego original, que permanecera até aquele momento excluído dos círculos culturais humanistas: ele ousa derrubar a hierarquia epistemológica aristotélica, a qual estabelecera a superioridade absoluta da filosofia, e em segundo lugar da poesia sobre a história. O retrato do historiador ideal, assim, tal como é apresentado por Valla, incorpora eficazmente a problemática de Luciano e Tucídides pela decisão metodológica de crítica das fontes como elemento caracterizante da *ars historica*:

> *Oportet in historico esse, preter ipsam mirabilem quandam et multis sane dotibus exaggeratam scribendi scientiam, alia multa, sine quibus non possit suum munus implere, primum in cognoscenda re solertiam, acumen, iudicium. Nam quotus quisque gerendis rebus, is qui scribit, interfuit? Qui vero interfuerunt, ii non modo si a diversis partibus steterint, inter se dissentire solent, sed etiam si ab eisdem. Raro nanque eadem res a pluribus eodem modo narratur, partim studio aut odio, partim vanitate.*

> [O historiador deve possuir, além de eloquência perfeitíssima na escrita literária, também muitos outros dons, sem os quais não poderia cumprir o seu encargo, antes de tudo solércia, acume e capacidade judicante no acerto dos fatos. De fato, quantas vezes o historiador teve a oportunidade de estar presente aos fatos que ele conta como testemunha ocular? Os poucos que habitualmente o fizeram, divergem entre si não apenas por se situarem em lados diversos e opostos, mas ainda se estivessem do mesmo lado. Raramente, com efeito, o mesmo fato histórico é narrado do mesmo modo por diversos historiógrafos, em parte por interesse ou ódio, em parte por vaidade.]

A reflexão historiográfica de Valla se situava, com efeito, totalmente no rastro da historiografia científica de Tucídides, que um pouco depois ele mesmo traduzirá para o latim em Roma para o papa Nicolau V, para quem ele latinizará depois também Heródoto; ele se atém perfeitamente ao famoso proêmio tucidideano, exaltado por Luciano, e que aqui apresentamos na tradução latina do próprio Valla, onde estabelecia a cientificidade da técnica de escrita da história e a necessidade de uma avaliação crítica das fontes para assegurar a aceitabilidade do testemunho do historiador:[24]

---

24   A passagem foi tirada da tradução latina de Tucídides por Valla (Tuc. I, 22, 1-3), que consta do ms. Vaticano Latino 1801, f. 6r (a tradução é minha), e a esse respeito cfr. G. B. ALBERTI, *Tucidide nella traduzione latina di*

298 Francisco Murari Pires (org.)

Atqui omnia quae dixere singuli, vel gesturi bellum vel iam gerentes difficile fuerit exacte referre, sive a me ipso audita, sive aliunde ab aliis mihi enarrata. Verum, ut quisque semper de rebus praesentibus maxime consentanea dicere mihi videbatur et communi opinione proxime ad veritatem accedere, sic a me commemorata sunt. [...] At vero res in bello gestas, non quas a quocunque audivi dignas duxi quas scriberem, neque ut mihi videbatur: sed eas quibus ipse interfui quasque singillatim ab aliis quam potui diligentissime investigavi. Quod tamen difficillime eruere potui, quoniam qui singulis gerendis rebus affuerant, non eadem de ipsis dicebant, sed prout quis aut amore propensior erat in alterutros aut reminiscebatur.

[Me é difícil, como historiador, referir com exatidão os diversos testemunhos transmitidos sobre cada fato histórico, coletados por mim seja diretamente seja indiretamente. Por isso adotei os testemunhos que ajuizei mais admissíveis e mais próximos da verdade, não aceitando tudo indiscriminadamente, mas selecionando ou os meus próprios testemunhos oculares ou os testemunhos de outros que por um rigoroso controle por mim realizado se revelaram fidedignos. A crítica das fontes, todavia, se revelou demasiado difícil, uma vez que também os testemunhos oculares se contradiziam entre si, consignando versões dos fatos parciais ou imprecisas mediadas por suas lembranças aproximadas].

Em segundo lugar, Bartolomeo Facio, historiador oficial da Coroa de Aragão, funcionário da chancelaria da corte e diplomata, que fora já historiador e chanceler da República de Gênova, que aportara em Nápoles justo no início do reinado de Afonso em 1444, educado na prestigiosa escola de Guarino Veronese e, por sua vez, preceptor do

---

Lorenzo Valla, "Studi italiani di filologia classica", 29 (1957), pp. 224-249; F. FERLAUTO, *Il testo di Tucidide e la traduzione latina di Lorenzo Valla*, Palermo 1979; F. MURARI PIRES, *Tucidides 'humanista': a 'historia' colada ao poder* na obra citada *Modernidades Tucideanas*, pp. 46-53 para a tradução do texto de Valla (segundo a versão francesa de Claude de Seyssel), pp. 43-81 para o mais amplo contexto das traduções humanistas europeias de Tucídides, e pp. 199-217 para a questão da concepção tucidideana na historiografia de Valla; veja-se ainda do mesmo autor o recente estudo sobre a importante passagem do proêmio metodológico tucidideano: *A retorica do método (Tucidides I. 22 e II. 35)*, em sua obra *Mithistoria*, II, Sao Paulo, 2006, pp. 285-300. Para as traduções humanistas de Tucídides em geral, veja-se M. PADE, *Thucydides*, em *Catalogus Translationum et Commentariorum*, cit., VIII, a cura di V. BROWN, Washington 2003, pp. 103-181. Sobre a concepção tucidideana da historiografia de Valla veja-se M. REGOLIOSI, *Lorenzo Valla e la concezione della storia*, in *La storiografia umanistica*, cit., I, pp. 549-571; G. FERRAÙ, *La concezione storiografica del Valla*, in *Lorenzo Valla e l'Umanesimo italiano*, Atti del Convegno internazionale di studi umanistici (Parma, 18-19 ottobre 1984), a cura di O. BESOMI e M. REGOLIOSI, Padova, Antenore, 1986, pp. 265-310, posteriormente republicado em FERRAÙ, *Il tessitore di Antequera*, cit., pp. 1-42, com o título *Fondazione della nuova storiografia a Napoli: Lorenzo Valla*.

Antigos e modernos   299

filho do doge Raffaele Adorno.[25] Era justamente deste tipo de "humanist in government", como Alan Ryder definiu o primeiro dos intelectuais da corte, Antonio Panormita[26], que tinha necessidade o rei Afonso de Aragão para constituir sua própria *intelligencija* cortesã e promover a organização do consenso. Um perfil de historiador empenhado ideologicamente mas que também metodologicamente preenchia exatamente as reclamadas exigências políticas de credibilidade da corte: e Facio, como veremos, se mostrará bem consciente da recente investigação humanista em termos de teorética historiográfica, e definirá com rigor seu próprio método, que sabe e quer distinguir história de panegírico. Afonso deu-lhe o preciso encargo de escrever a sua história: a história do grande rei originário da Catalunha que conquistara o reino mais famoso do Mediterrâneo e quer se igualar aos feitos de um Frederico II e de um Renato de Anjou para se impor no delicado equilíbrio dos Estados italianos e europeus. Os *Rerum gestarum Alfonsi regis libri decem* de Facio, escritos em colaboração com o Panormita e todo o *staff* da corte e detalhadamente controlados pelo rei, tiveram sucesso imediato no panorama político e cultural contemporâneo, construindo o "mito" do rei magnânimo e mecenas, de modo a constituir o produto mais perfeito e bem sucedido da historiografia humanista de corte, segundo a teorética proposta por Guarino Veronese.[27] Tão perfeito que foi imediatamente

---

25   Para um perfil bio-bibliográfico geral sobre Facio veja-se o recente verbete *Facio Bartolomeo,* a cura di P. Viti, in *Dizionario Biografico degli Italiani,* 44, Roma, Istituto dell'Enciclopedia italiana, Società Grafica Romana, 1994, pp. 113-121. Também útil é a contribuição de U. Mazzini, *Appunti e notizie per servire alla bio-bibliografia di Bartolomeo Facio,* "Atti della società ligure di storia patria", 23 (1890), pp. 1-298; mais recente, após a confusa e imprecisa reconstrução de C. Marchiori, *Bartolomeo Facio tra letteratura e vita,* Milano 1971, a referência fundamental é dada por P. O. Kristeller, *The Humanist Bartolomeo Facio and his Unknown Ccorrespondence,* em *From the Renaissance to the Counter Reformation. Essays in Honour of C. Mattingly,* New York 1965, pp. 56-74, posteriormente republicada, com ampliações e acréscimos de novos apêndices, nos seus *Studies in Renaissance Thought and Letters,* II, Roma, Ed. di Storia e Letteratura, 1985, pp. 265-280, 507-539, importante também pela publicação dos documentos de arquivo e de amplos extratos do epistolário de Facio. Sobre a *institutio* de Facio na escola de Guarino e sobre a subsequente atividade do mestre, cfr. R. Sabbadini, *Bartolomeo Facio scolaro a Verona e maestro a Venezia,* in *Scritti in onore del professor G. Monticolo,* Venezia 1913, pp. 29-36. Veja-se mais recentemente a coletânea de estudos sobre a metodologia historiográfica e sobre a tradução manuscrita e impressa das obras de Facio, com bibliografia comentada e atualizada: *Studi su Bartolomeo Facio,* a cura di G. Albanese, Pisa, Edizioni ETS, 2000.

26   A. Ryder, *Antonio Beccadelli: a Humanist in Government,* in *Cultural Aspects of the Italian Renaissance. Essays in Honour of Paul Oskar Kristeller,* ed. por C. H. Clough, New York, Manchester University Press – Alfred F. Zambelli, 1976, pp. 123- 140.

27   Para a avaliação do método histórico de Facio, vejam-se os estudos de G. Ferraù, *Il «De rebus ab Alphonso primo gestis» di Bartolomeo Facio,* "Studi umanistici", 1 (1990), pp. 69-113 (depois republicado em sua obra *Il tessitore di Antequera,* cit., pp. 43-80, sob o título de *Nascita della leggenda 'magnanima': Facio e dintorni*), pondo em evidência a gênese política da História de Afonso; Regoliosi, *Riflessioni umanistiche sullo 'scrivere storia',*

300   Francisco Murari Pires (org.)

exportado para as cortes do centro e do norte da Itália, tido por modelo eleito da historiografia senhoril, como recentemente bem o demonstrou Gary Ianziti[28] para a corte dos Sforza de Milão, e a seguir nas mais importantes cortes dos reinos nacionais europeus, como a França, a Espanha e a Inglaterra; e permanece a principal e de maior autoridade fonte oficial da historiografia quinhentista e seiscentista sobre o reino de Nápoles, do Summonte ao Collenuccio.[29]

A precisa resposta que Valla dera às novas exigências de isenção moral e laicização da historiografia oficial[30] se completava, portanto, pela prática historiográfica privilegiadamente retórica de um ciceroniano de estrita observância, como o era Bartolomeo Facio apoiando-se sobretudo no *De inventione* de Cícero e na *Rhetorica ad Herennium*, e pela identificação de um estilo específico da historiografia, aquela "medietas", aquela "pura et non fucata narratio", rigorosamente arredia às aberturas de oratória deliberativa de Valla e a sua utilização do "cômico", compromisso com o privado e o quotidiano, mas também à dominante tonalidade trágica que marcara fortemente a história épica dos predecessores medievais e protohumanistas do *Regnum* napolitano, tais como as histórias de Tommaso Chaula e do médico da corte Gaspare Pellegrino, ou o poema épico mais tardio *Alfonseis* do funcionário da Coroa de Aragão, Matteo Zupardo.[31]

---

cit., que esclarece também a vertente retórica da historiografia de Facio; G. ALBANESE, *I Rerum gestarum Alfonsi regis libri X di Bartolomeo Facio: la storiografia ufficiale di Alfonso d'Aragona*, in *La Corona d'Aragona ai tempi di Alfonso il Magnanimo. Celebrazioni Alfonsine*, Atti del XVI Congresso Internazionale di Storia della Corona d'Aragona, (Napoli – Caserta – Ischia, 18-24 settembre 1997), Napoli, Paparo Edizioni, 2000, II, pp. 1223-1235 (depois republicado em sua obra *Studi su Bartolomeo Facio*, cit., pp. 45-65), com a reconstrução, por meio do epistolário de Facio, da colaboração dos quadros dirigentes da corte e do próprio soberano na elaboração de uma historiografia oficial. Dos *Gesta Alfonsi* há agora disponível uma edição moderna com tradução italiana e comentário: BARTOLOMEO FACIO, *Rerum gestarum Alfonsi regis libri*, a cura di D. PIETRAGALLA, Alessandria, Edizioni dell'Orso ("Ciceronianus. Scrittori latini per l'Europa. 2", Collana diretta da G. Albanese, M. Guglielminetti, E. V. Maltese, C. Villa), 2004.

28   Cfr. G. IANZITI, *Humanistic Historiography under the Sforzas. Politics and Propaganda in 15th Century Milan*, Oxford 1988.

29   Sobre a subsequente historiografia régia no Cinquecento cfr. R. COLAPIETRA, *La storiografia napoletana del secondo Cinquecento*, na obra *Dal Magnanimo a Masaniello*, Salerno, 1972-73, I, pp. 61-121; G. MASI, *Dal Collenuccio a Tommaso Costo: vicende della storiografia napoletana fra Cinque e Seicento*, Napoli 1999.

30   Cfr. L. GARDNER JANIK, *Lorenzo Valla. The Primacy of Rhetoric and the De-moralization of History*, "History and Theory", 12 (1973), pp. 389-404.

31   Cfr. a recente edição crítica, com ampla introdução e comentário de GASPARE PELLEGRINO, *Historia Alphonsi primi regis*, a cura di F. DELLE DONNE, Firenze, Edizione Nazionale dei testi della Storiografia Umanistica (dir. G. Albanese), Sismel Edizioni del Galluzzo ("Il ritorno dei Classici nell'Umanesimo. IV. Storiografia. 2"), 2007; e a edição crítica comentada, com introdução específica sobre a poesia épico-histórica no Humanismo, de MATTEO

Por fim, Giovanni Pontano, de quem devemos destacar, nas análises destes três fundamentais momentos da historiografia humanista napolitana, o seu importante diálogo *Actius*, articulado em duas partes contíguas e conexas, a primeira *de numeris poeticis*, a segunda *de lege historiae*, que constitui o único tratado sistemático de *ars historica* do Humanismo, elaborado em fins dos anos Noventa do Quattrocento. Trata-se de um capítulo central da historiografia humanista, completado pela escrita historiográfica militante do *De bello neapolitano* em que Pontano reconstrói a conspiração dos Barões sob Ferrante de Aragão, e pela primeira argumentação humanista formalizada em tratadística política a respeito do príncipe anterior a Maquiavel: o *De principe* dedicado ao herdeiro do trono, o duque da Calábria, Afonso de Aragão.[32] A obra pontaniana, em seu complexo, constitui, evidentemente, o ponto de chegada mais maduro deste fecundo itinerário de elaboração de uma teoria e prática historiográfica que se realiza no século XV privilegiadamente na corte de Nápoles: retornaremos a essa questão mais adiante quando da conclusão de nosso percurso crítico. Destaquemos apenas antecipadamente que é no ambiente napolitano e na corte aragonesa que se origina o único momento de sistematização teórica da historiografia moderna anteriormente à tratadística quinhentista, a qual conseguiu estruturar uma codificação da retórica do gênero tendo por alavanca a *Poética* de Aristóteles, que retornava finalmente à circulação por fins do Quattrocento, após um longo exílio, graças à primeira tradução latina feita por Giorgio Valla em Veneza, no círculo helenizante de Ermolao Barbaro, a que se seguiram alguns decênios depois várias traduções nas línguas vernaculares europeias.

Porém, os mais significativos antecedentes podem ser encontrados nos textos da polêmica Valla-Facio, onde pela primeira vez se defrontam sistematicamente, em um fecundo

---

Zuppardo, *Alfonseis*, a cura di G. Albanese, Palermo, Centro di studi filologici e linguistici siciliani (Serie medio-latina e umanistica. 6), 1990.

32 Sobre as duas importantes obras de Pontano teórico da *ars historica* e historiador do reino aragonês, mais suas relações recíprocas, cfr. L. Monti Sabia, *Pontano e la storia. Dal "De bello Neapolitano" all' "Actius"*, Roma, Bulzoni, 1995; F. Senatore, *Pontano storico*, "Studi storici", 39 (1998), pp. 291-296; Id., *Pontano e la guerra di Napoli*, em *Condottieri e uomini d'arme nell'Italia del Rinascimento*, Atti del Convegno Internazionale (Lucca 20-22 maggio 1998), a cura di M. Del Treppo, Napoli, Liguori, 2001, pp. 281-311; G. Ferraù, *Tentativi di proposta politico-storiografica nel tempo di Ferrante: Giovanni Pontano*, in Id., *Il tessitore di Antequera*, cit., pp. 81-129. Para um exame da teorética historiográfica pontaniana do *Actius* no quadro específico da tratadística renascentista *de arte historica*, cfr. Cotroneo, *I trattatisti dell'Ars historica*, cit., pp. 87 ss. O diálogo pode ser lido na edição completa dos diálogos de Pontano: Giovanni Pontano, *I dialoghi*, a cura di C. Previtera, Firenze 1943. Para o *De principe*, veja-se a edição crítica e exaustivo comentário e discussão de todas as fontes clássico-medievais editada por Guido Maria Cappelli: Giovanni Pontano, *De principe*, Roma, Salerno Editrice, 2003, a cuja ampla *Introduçao* remetemos no que respeita à contextualização refrente ao panorama do Humanismo político do Quattrocento, e para uma bibliografia completa e comentada.

302   Francisco Murari Pires (org.)

debate, os nexos fundamentais para a definição de uma "historiografia moderna" relativamente às exigências de uma "história moderna". A história de Estados autocráticos: senhorios e principados em primeiro lugar; reinos e nações a seguir. Nesse sentido, leremos a *Invectivae in Laurentium Vallam* de Facio e o *Antidotum in Facium* de Valla. Por estes textos os dois historiadores de Afonso de Aragão fizeram confrontar-se suas respectivas concepções da historiografia, fundamentalmente nos dois níveis dos *verba* e das *res*, como lucidamente especifica o próprio Facio na colocação que abre a polêmica:[33]

> *Primo autem loco quod ad elegantiam, secundo quod ad dignitatem historiae et ad artem attinet, errata tua demonstrabo.*

> [Demonstrarei os teus erros, em primeiro lugar no plano da elegância estilística, em segundo lugar no plano da dignidade da história e da teoria e técnica de escrita da história.]

Ou seja, relativamente ao problema da formalização da obra histórica, de um lado, e da própria concepção intrínseca do valor da história, de outro, e dos modos de sua codificação como *ars historica*. Entre 1446 e 1447, no calor do encontro literário e ideológico entre os dois grandes historiadores da corte aragonesa de Nápoles, iluminaram-se aqueles elementos que o entretanto importantíssimo proêmio valliano não desenvolvera adequadamente, permitindo assim a Facio de chegar, em menos de um decênio, a uma definição da *ars historica* humanista, tomando apoio nas lições de seu antigo mestre Guarino, perfeitamente calibrada pelas exigências da corte de Nápoles, como das cortes humanistas em geral, por meio de seus *Rerum gestarum Alfonsi regis libri decem*, compostos entre 1448 e 1455.

Mas para que possamos entender bem a linha historiográfica predominante no Reino de Nápoles, o eixo Guarino-Facio-Panormita-Pontano, e sobretudo a particularíssima relação intelectual-poder que está em sua base, há que ter em conta a forte presença, no Reino de Nápoles, de intelectuais orgânicos no poder, o que explica a maturação *in loco*, na segunda metade do século XV, junto à historiografia, de uma importante tratadística política sobre o príncipe, desde Giuniano Maio por Diomede Carafa mais Pontano a Albino, como prelúdio ao *Príncipe* de Maquiavel, assim flanqueada pela tratadística *de historia conscribenda*.

---

33   Bartolomeo Facio, *Invectivae in Laurentium Vallam*, ed. E. I. Rao, Napoli 1978, p. 63, de que se tira a citação (a tradução é minha). Cfr. também Lorenzo Valla, *Antidotum in Facium* ed. M. Regoliosi, Padova, Antenore, 1981.

Antigos e modernos   303

A leitura das passagens da polêmica com Valla e de algumas importantes cartas mais as dos proêmios da obra historiográfica de Facio, o *De bello Veneto Clodiano* e os *Gesta Alfonsi*, permitem delinear com clareza a dialética por meio da qual foram colocadas e resolvidas em Nápoles, no importante decênio de 1445 a 1455, questões nodais do método histórico, as quais constituem a base da fundação da *ars historica* da Época Moderna.

Confrontando-se com Valla, Facio define suas próprias posições quanto à escrita da história, decide quais são os elementos por que ela deva ser necessariamente depurada, e compreende o que, para ele, não pode ser história.

Uma das chaves de leitura mais significativas da polêmica pode ser indicada na refutação feita por Facio, na segunda das *Invectivae in Vallam*, dos episódios realistas e escabrosos dos *Gesta Ferdinandi* de Valla, os quais não respeitavam o preceito clássico presente em Luciano da *dignitas historiae* e da consequente seleção do material que compõe o relato histórico no âmbito institucional, público, militar e político, porque se exclui rigorosamente as *minima* que são próprias da vida privada e quotidiana ou de personagens inferiores.[34] Examinemos analiticamente aqui apenas um exemplo, por demais significativo dessas duas diferentes concepções da historiografia por Valla e Facio.

Na representação valliana da figura do rei Martinho, o Humano, em seus últimos difíceis anos de declínio, de doença e morte, Facio acusa o incômodo decorrente da ausência do *decorum*, apoiando-se nos preceitos retóricos da *brevitas* e da verossimilhança para sustentar uma ideia de historiografia oficial empenhada na propaganda e na própria ação política do soberano E, de fato, comentando uma passagem dos *Gesta Ferdinandi*, onde de modo irreverente Valla representara o rei Martinho que, devido à sua doença, adormecera e roncava durante uma audiência diplomática, assim repreendendo Valla por não ter observado a verossimilhança, definida, com base em Cicerone (*De inv.* I, 29, 21: «probabilis erit narratio, si in ea videbuntur inesse era quae solent apparere in veritate; si personarum dignitates servabuntur») e na *Rhetorica ad Herennium*, como lei imprescindível da narração histórica, reivindicava a necessidade de que o historiador, consciente de sua posição de mestre da *ars historica*, respeitasse as

---

34   Para estes episódios veja-se Ferraù, *Il tessitore di Antequera*, cit., nos capítulos dedicados a Valla e Facio, pp. 1-80, entre os quais relevo especial é dado ao episódio valliano do tecelão de Antequera (*Gesta Ferdinandi*, ed. cit., p. 76; *Antidotum in Facium*, ed. cit., pp. 246-249), que dá título ao livro e narra a heroica morte de um cidadão humilde durante a conquista de Antequera por Fernando, o pai de Afonso e cabeça da dinastia, suscitando a crítica áspera de Facio, que o condena como contrário à noção de *gravitas*, que segundo a preceituação de Luciano exclui rigorosamente da história episódios e personagens não ilustres (Facio, *Invectivae in Vallam*, ed. cit., p. 84).

304   Francisco Murari Pires (org.)

"personarum dignitates" porque fosse acreditado, como também porque não ultrapassasse os limites admitidos da "maiestas regia":[35]

> «Hic [scilicet legatus] cum cerneret regem subinde orationi sue, ut putabat, indormientem, quia oculis conniventibus capiteque demisso sterteret, intersistebat. Rex contra cognoscens cur interquiesceret, iubebat eum pergere, non enim se dormire, etsi clausis oculis sterteret, aut si corpus pre morbo dormiret, non tamen dormire animum» [Valla, Gesta Ferdinandi, II, 2, 3]
>
> Hoc quidem in primis contra precepta narrationis de verisimilitudine abs te dictum est. Non enim solum veram, sed etiam verisimilem narrationem esse oportet, si sibi fidem vendicare velit. Cui enim credibile videatur regem legatos audientem non dicam stertere sed dormire? An tibi parum videbatur esse illum dormitantem facere? An ignoras id indecorum regie maiestatis esse? [...]. Scribendum est enim sic, bone magister artis, ut personarum dignitates serventur, alioquin probabilis non erit narratio, sibique fidem derogabit.

[*"Os quais (isto é o embaixador), achando que o rei adormecera, pois roncava tendo os olhos fechados e a cabeça reclinada, fizeram uma interrupção. Porém, o rei, percebendo o porquê daquela interrupção, solicitou que continuassem, dando-lhes mostras de que não estava dormindo, embora roncasse tendo os olhos fechados, e mesmo que tivesse o corpo dormindo, todavia o espírito não adormecera". (Valla, Gesta Ferdinandi, II, 2,3)*

Em primeiro lugar, isto foi por ti referido contra o preceito da verossimilhança. É necessário, de fato, que a narração seja não apenas verídica, mas também verossímil, se quiseres reivindicar a si alguma credibilidade. A quem poderia, com efeito, parecer crível que um rei, estando a receber embaixadores, não apenas adormeça como ainda ronque? Achavas que era pouco representá-lo dormindo? Ignoras talvez que há nisso falta de respeito contra a majestade régia? [...] Há que, de fato, escrever, ó bom mestre da arte histórica, de modo a respeitar a dignidade do personagem, pois de outro modo a narração não será verossímil e perderá toda credibilidade]

Tal concepção era incompreensível para Valla, para o qual o entendimento da *ars historica*, em consonância com o método tucidideano e a preceitística de Luciano, tinha uma única lei, a obediência à *veritas* qual ela fosse, sem qualquer consideração propagandística

---

35 Facio, *Invectivae in Vallam*, ed. cit., *Invectiva* II, pp. 96-97; as passagens citadas de Valla sobre o rei Martinho o Humano podem ser lidas em Valla, *Gesta Ferdinandi*, ed. cit., libro II, 2, 3, p. 86; libro II, 3, 14, p. 93. As réplicas de Valla às críticas de Facio sobre as passagens em questão podem ser lidas em Valla, *Antidotum in Facium*, ed. cit., III, 7, pp. 253-256 (as traduções são minhas). Vejam-se sobre o episódio as observações de Ferraù, *Il tessitore di Antequera*, cit., pp. 9 e sgg., 50 e sgg.; e para a dependência desta preceituação das *auctoritates* retóricas privilegiadas por Facio, o *De inventione* de Cícero e a *Rhetorica ad Herennium*, veja-se a precisa análise de Regoliosi, *Riflessioni umanistiche sullo 'scrivere storia'*, cit., pp. 16-27.

em relação à pessoa do soberano, despojado de todos os atributos ideológicos do cargo institucional e das implicações políticas. Portanto, para Valla não está em discussão a "maiestas regia", segundo a concepção de Facio, mas apenas a "fama hominis", a fama de um homem, de pouca monta frente à verdade, como se reivindica pela conclusão de sua longa e articulada réplica à crítica de Facio no *Antidotum*, III, 7, 8:

> *Quare tuam magis indicas tum calumniam, quod ais a me derogatum esse regie maiestati quia dormientem stertentemque fecerim, tum stultitiam quod derogandum potius censes veritati quam hominis fame, ne videlicet ipsius hominis contrahas offensionem.*

> [Pelo que demonstras que é tua seja a calúnia, pois afirmas que foi por mim desmoralizada a majestade régia, seja a estupidez, pois sustentas que se deve preferir faltar para com a verdade do que para com a fama de um homem porque não se o ofenda.]

Igualmente significativa foi a feroz réplica desdobrada por Facio logo em seguida, justo na *Invectiva II*, contra a minuciosa e irreverente, para não dizer divertida, descrição feita por Valla das repetidas e penosas tentativas do rei, aflito por sua obesidade e impotência, em gerar um herdeiro:

> "*Sunt enim qui dicant nullo pacto, nec medicorum arte, nec multifariis machinis potuisse eum vel concumbere cum muliere vel puelle virginitatem demere: licet mater alieque nonnulle femine velut ministre puelle adessent, licet viriquoque aliquot auxilio regi essent, qui, ventrem quasi appensum per fascias a lacunari pendentes, quibus tumor proni ventris cohiberetur, demitterent eum sensim in gremium puelle ac sustinerent*". [Valla, Gesta Ferdinandi, II, 3, 14]
> *Et hoc quoque a te multo vitiosius prolatum est. Est enim primum contra preceptum brevitatis. Nam sepe satis est quod factum sit dicere, non ut narres quemadmodum factum sit. Satis enim id fuerat: «Sunt qui dicant regem nulla arte nullove consilio ex regina liberos gignere potuisse», ut non fuerit necesse que turpia sunt auditu referre. Potest etiam argui id esse contra probabilitatis preceptum, de quo ante dictum est, quod dignitates personarum servate non sint. Quid enim turpius dici potest, quam quod rex presente socru et etiam adiuvante cum uxore coierit? Quid inhonestius, quam quod socrus generi virilia spectaret? Quid indecentius, quam quod regina pudicissima corpus suum spectandum daret iis, qui regem adiuvabant? Hoc vel meretrix impudica abhorreret, quod tu regine honestissime tribuis.*

> ["Há alguns que dizem que de nenhum modo, nem com a ajuda dos médicos, nem com outros engenhos [o rei Martinho] seria capaz de deitar-se com uma mulher ou fazer perder a virgindade a uma mocinha. Não obstante a mãe e algumas outras senhoras lá estivessem a ajudar a jovem, não obstante contasse o rei com a ajuda também de alguns homens, os quais, segurando-o por meio

306   Francisco Murari Pires (org.)

de feixes presos ao forro, pelos quais se refreasse o inchaço do ventre prono, faziam-no abaixar suavemente sobre o regaço da jovem e o sustentavam" [Valla, *Gesta Ferdinandi*, II, 3, 14]
Também isto é por ti referido de modo deveras vicioso. Em primeiro lugar é contrário ao princípio da brevitas. De fato, basta dizer o que acontece, não de que modo acontece. Seria suficiente dizer o seguinte: "Alguns dizem que o rei de modo algum, com nenhuma ajuda, poderia ter filhos da rainha", de modo que não fosse necessário contar detalhes indecentes. Pode-se também provar que isso contraria o preceito da verossimilhança, de que já falamos, dado que não é respeitada a dignidade dos personagens. Que coisa, com efeito, de mais torpe se poderia dizer de um rei que se acasalava com a mulher na presença de e contando com a ajuda da sogra? Que coisa mais desonrosa que uma sogra a contemplar os genitais do genro? Que coisa mais inconveniente que uma rainha casta que exibia seu corpo aos que auxiliavam o rei? Aquilo que talvez uma envergonhada prostituta abominaria, tu o atribuis a uma rainha honestíssima.]

Trata-se evidentemente de um crime de "lesa maiestas", tecnicamente em conexão com os preceitos retóricos da *brevitas* e da *verossimilhança*, já anteriormente reivindicados com o apoio das *auctoritates* da historiografia e da retórica clássica,[36] junto a uma corte onde a vertente historiográfica dominante conseguira produzir uma verdadeira e apropriada codificação da *maiestas*, personalizada pelo rei Ferrante no *De maiestate* de Giuniano Maio, e por fim sancionada pela autorizada tratadística política de Pontano, culminando com o *De principe*,[37] ao passo que os modelos históricos de Valla para a representação do rei eram outros, Tácito e Suetônio sobretudo, mas também Tito Lívio, como ele próprio reivindica explicitamente na resposta dada à crítica de Facio no *Antidotum*, III, 7, 13:

> *Primum referri hanc rem a me causa postulabat, quo probaretur desperatio Martini regis iam prolis tollende. Deinde non ita reformidanda fuit nove rei festivitas: neque enim nefande Veneris, sed matrimonialis sanctitatis necessaria memoratur actio. Nam quod interfuerit socrus aliaque ministeria, videris parum meminisse qualia nobis egris prebeantur a domesticis obsequia. Postremo nunquam historici ab huiusmodi referendis abhorruerunt. Taceo Grecos; qualia sunt que de Cesaribus Suetonius*

---

36   Para um amplo estudo sobre o uso destes preceitos na obra histórica e narrativa de Facio, cfr. G. Albanese, *Introduzione* a Bartholomei Facii *De origine inter Gallos ac Britannos belli historia*, em G. Albanese – R. Bessi, *All'origine della guerra dei cento anni. Una novella latina di Bartolomeo Facio e il volgarizzamento di Jacopo di Poggio Bracciolini*, Roma, Istituto Nazionale di Studi sul Rinascimento, Edizioni di Storia e letteratura ("Studi e testi del Rinascimento europeo. 4"), 2000, particularmente pp. 22-35.

37   Cfr. Giuniano Maio, *De maiestate*, ed. a cura di F. Gaeta, Bologna 1956; Pontano, *De principe*, ed. cit., a cujas respectivas *Introduzioni* se remete para a temática da *maiestas* na tratadística política napolitana; veja-se também Giovanni Pontano, *I libri delle virtù sociali*, a cura di F. Tateo, Roma 1999.

narrat? Que Cornelius Tacitus ? Que deinceps alii historici ? Redeo ad superiores et ne longior sim uno sum Livii contentus exemplo tua omnia obiecta refutanti. [...]

[Primeira consideração, a situação requeria que fosse por mim referido este fato para justificar o desespero do rei Martinho em não poder gerar filhos. Depois, o humor desse fato insólito não deve ser ajuizado tão severamente: com efeito, lembra-se assim um ato próprio da santidade do matrimônio, e não de um amor ímpio. Quanto ao fato que achas discutível que estivessem presentes a sogra e as criadas, parece-me que pouca memória tens das atenções que são dispensadas usualmente aos familiares doentes. Por fim, nunca os historiadores tiveram aversão por referir fatos deste tipo. Não digo os gregos; quais são as coisas que Suetônio narra a propósito dos Césares? Quais, Cornélio Tácito? Quais, enfim, os outros historiadores? Mas, para não me alongar demais, cito apenas o exemplo de Tito Lívio, que contradiz todas as tuas afirmações ...]

Facio, portanto, sustenta que se deve excluir da historiografia os aspectos mais crús e quotidianos da realidade, as tensões sociais, as privações econômicas, tudo aquilo que ameaça a estrutura centrípeta da narração histórica, centrada na figura do protagonista e de sua *virtus/fortuna*. A categoria retórica da *brevitas*, que domina a sua metodologia historiográfica, constitui não apenas um expediente para cortar rente os eventos ambíguos e incômodos para a reputação do rei, mas também um enfoque metodológico que admite atribuir à narração um ritmo regular, escandido em segmentos ordenados e nítidos, o relato essencial, porém não escabroso, dos *facta*: uma narração rigorosamente factual.

Outras solicitações alcançaram a reflexão histórica de Facio também por uma importante correspondência com um dos maiores representantes do pensamento político veneziano, Francesco Barbaro, trocada no ano de 1451, na qual os dois intelectuais, empenhados pessoalmente na militância historiográfica, debatem problemas cruciais da técnica retórica para a escrita da história e para a definição dos confins e das regras dos gêneros da historiografia e de suas diversas articulações internas. A Barbaro, que augurava um relato o mais possível exaustivo das vicissitudes passadas pelo soberano aragonês, Facio responde por uma importante declaração programática, que constitui o fruto amadurecido do ateliê de um historiador que, optando por trabalhar com a modernidade, já havia experimentado a especificidade dos gêneros contíguos, como o panegírico, a biografia e a história, e podia atribuir limites bem precisos entre *laudatio, vita, res gestae*, escoltado por modelos autorizados como a *Vita* de Alexandre por Plutarco e a *Vita* de Pelópidas por Cornélio Népos:[38]

---

38 Sobre este significativo episódio do debate teórico e retórico humanista sobre os sub-gêneros da historiografia, têm-se um primeiro conjunto de observações no âmbito dos estudos especificamente dedicados à biografia hu-

308 Francisco Murari Pires (org.)

Scito me non vitam eius, sed res a se gestas scribere proposuisse. Ubi tamen incidunt aliqua de eius laudibus, eos locos exornare ac amplificare studeo: vita vero et laudatio, quae duo genera a rerum gestarum narratione separata scis, vel alterius hominis fuerint, vel certe alterius temporis.

[Saiba que decidi escrever não a biografia do rei, mas a história de seus empreendimentos. Todavia, não me dispensarei do encargo de pôr em relevo com os meios da retórica aqueles episódios que podem dar ensejo aos louvores; mas a biografia e o panegírico, gêneros que bem sabes são por si bem diferentes da história, correspondem certamente a homens diferentes de mim e a tempos diversos do nosso.]

Apoiando-se, em argumentação de retomada antifrástica, na declaração de intentos exposta por Plutarco no início da *Vida de Alexandre* ("oúte gàr istorías grápsomen, allà bíous": "não pretendo escrever história, e sim biografia"), Facio delimita, por assim dizer, os gêneros e seus confins, avançando além das distinções plutarqueanas entre *historia* e *vita*, conseguindo ainda distinguir entre *vita* e *laudatio*. A opção rigorosa por um gênero preciso comporta assim, a exclusão de determinados elementos: no caso de Facio, a renúncia investe as alusões à vida privada do herói, a seus *dicta memorabilia*, ao

---

manista: M. MIGLIO, *Biografie e raccolte biografiche nel Quattrocento italiano*, "Atti dell'Accademia delle Scienze dell'Istituto di Bologna. Classe di scienze morali", 63 (1974-75), pp. 166-199, que publica também os textos de Facio (pp. 170-173); M. GUGLIELMINETTI, *Biografia ed autobiografia*, in *Storia della letteratura italiana*, a cura di A. ASOR ROSA, vol. V, *Le questioni*, Torino, Einaudi, 1986, pp. 854-57; um tratamento mais amplo e aprofundado encontra-se na recente coletânea editada por G. ALBANESE na obra *Studi su Bartolomeo Facio*, cit., pp. 52-79, singularizando as obras históricas de Facio que correspondem perfeitamente aos três sub-gêneros retoricamente distinguidos na carta a Barbaro (história, panegírico histórico, biografia); veja-se também D. PIETRAGALLA, *La fortuna dei «Rerum gestarum Alfonsi regis libri» di Bartolomeo Facio. Stampe, lettori, volgarizzamenti*, "Archivio storico italiano", 156 (1998), pp. 257-292. A *missiva* de Francesco Barbaro pode ser lida na edição crítica do *Epistolario* editada por C. GRIGGIO, Firenze, Olschki, 1991 e 1999 (II, 1999, pp. 741-47); a *responsiva* de Facio, de que retiramos a passagem que precisa a definição das fronteiras entre os três gêneros contíguos, é citada pelo único códice que contém a coletânea completa do epistolário de Facio, ms. Santa Cruz 227 da Bibl. Universitaria de Valladolid, cc. 25v-27r (a tradução é minha); para a tradição manuscrita, as problemáticas filológico-edocticas, e um estudo aprofundado deste importante epistolário, veja-se (após o artigo de KRISTELLER, *The humanist Bartolomeo Facio and his unknown correspondence*, cit.) G. ALBANESE – M. BULLERI, *L'epistolario*, em *Studi su Bartolomeo Facio*, cit., pp. 133-214, a quem se remete para a bilbiografia completa e comentada; e para o precioso testemunho oferecido pelas cartas de Facio sobre a vertente filológica e histórico-política de sua produção, veja-se G. ALBANESE – D. PIETRAGALLA, *«In honorem regis edidit»: lo scrittoio di Bartolomeo Facio alla corte napoletana di Alfonso il Magnanimo*, "Rinascimento", 39 (1999); G. ALBANESE – D. PIETRAGALLA – M. BULLERI – M. TANGHERONI, *Storiografia come ufficialità alla corte di Alfonso il Magnanimo: i "Rerum gestarum Alfonsi regis libri X" di Bartolomeo Facio*, in *La Corona d'Aragona ai tempi di Alfonso il Magnanimo*, cit., II, pp. 1223-1267 (depois em *Studi su Bartolomeo Facio*, cit., pp. 45-95).

passo que no caso das biografias plutarqueanas são "tà meghéte kaì toùs agónas" ("os grandes empreendimentos históricos e as guerras") que são postas de lado. A história para Facio não era uma coleta de anedotas, nem uma biografia de seu rei, mas sim uma "narratio rerum gestarum": a atenção é enfocada nos fatos bélicos e na política italiana do rei de Aragão, conquistador do Reino de Nápoles e Sicília, com fugazes apontamentos e apenas ocasionais sobre os *mores* de seu herói. A biografia histórica é tratada antes ordenadamente por Facio numa obra separada, o *De viris illustribus*, a qual se atém rigorosamente à preceituação específica da tradição clássico-medieval sobre o gênero, alinhando entre os homens ilustres contemporâneos, junto aos sábios e aos artistas, as biografias dos protagonistas da história do Quattrocento, culminando com o glorioso perfil de Afonso de Aragão.[39]

Porém, pela carta de Facio a Barbaro ganha particular relevância a reflexão sobre o público moderno da historiografia: um público mais consciente e douto, para o qual o panegírico constituía uma solução pouco convincente porque demasiado simples e ingênua: uma solução de outros tempos.

A importante carta-manifesto a Barbaro, portanto, centraliza a reflexão metodológica sobre a consciência do papel político militante da história, com a consequente opção exclusiva pela história contemporânea como objeto da narração histórica e a reivindicação de seu valor, a plena confiança em sua capacidade de igualar as vicissitudes épicas dos heróis do mundo clássico, que sempre haviam sido baliza da literatura universal e tema privilegiado de uma narração histórica exemplar, tal como aquela de Francesco Petrarca,

---

39   O *De viris illustribus* de Facio foi publicado pela primeira vez em 1745: Bartholomaei Facii *De viris illustribus liber,* ed. L. Mehus, Florentiae 1745, que é ainda a única edição impressa disponível, se bem que não confiável (reimpressão em Apêndice a *La storiografia umanistica,* cit., II, pp. 7-134). O texto do tratado é objeto dos trabalhos preparatórios para a edição crítica de Mariarosa Cortesi, que apresenta uma primeira apreciação da interessante tradição manuscrita: M. Cortesi, *Il codice Vaticano Lat. 13650 e il "De viris illustribus" di Bartolo-meo Facio,* "Italia medioevale e umanistica", 31 (1988), pp. 409-418. Para uma análise aprofundada do *De viris illustribus,* com a edição crítica dos proêmios e das seções *De copiarum ducibus, De pictoribus, De sculptoribus,* e para a dinâmica das recepções do gênero biográfico pela retórica e pela práxis da escrita medieval e humanista remeto aos meus estudos: *Lo spazio della gloria. Il condottiero nella trattatistica "de viris illustribus" dell'uma-nesimo,* em *Condottieri e uomini d'arme nell'Italia del Rinascimento,* cit., pp. 93-124 (depois nos meus *Studi su Bartolomeo Facio,* cit., pp. 215-255), com bibliografia sobre o gênero biográfico clássico-medieval; *Le sezioni "De pictoribus" e "De sculptoribus" nel De viris illustribus di Bartolomeo Facio,* em G. Albanese-P. Pontari, *"De pictoribus atque sculptoribus qui hac aetate nostra claruerunt". Alle origini della biografia artistica rinascimentale: gli storici dell'umanesimo,* em Atti del Seminario internazionale *La scrittura dell'arte. Testi e immagini, biografia e autobiografia d'artista nell'umanesimo e nel rinascimento* (Pisa, Santa Croce in Fossabanda, 15-16 novembre 2002), "Letteratura & Arte", I (2003), pp. 59-110.

310   Francisco Murari Pires (org.)

para quem a história a ser contada poderia ser constituída apenas pela romana antiga: "quid est enim aliud omnis historia quam romana laus?".[40]

Esta pode ser considerada uma declaração geral e completa dos desígnios de toda historiografia das cortes renascentistas, um verdadeiro e apropriado programa de escrita histórica tendo em mira enfocar privilegiadamente a valia testemunhal do historiador para a posteridade, segundo as indicações ciceronianas, e o seu papel de cogestor da política dos senhores, príncipes e reis por meio da obra historiográfica, graças ao empenho em reconhecer plena dignidade da valia dos "facta nova ac recentiora", pelo menos igual ao da dos "facta antiqua". Esta teoria é explicitamente exposta por Facio nos proêmios de suas obras históricas, sempre com maior consciência. A primeira abordagem está no Prefácio da primeira juvenil obra historiográfica, o *De bello Veneto Clodiano*, reconstrução histórica da guerra de 1377 entre Gênova e Chioggia, dedicada a seu nobre discípulo Gian Giacomo Spinola, pertencente a uma das mais poderosas famílias genovesas:[41]

Incidit mihi nuper in manus, Joannes Jacobe ornatissime, dum resupinarem libellos meos, bellum illud Venetum vulgatissimum, Clodianum appellatum, quod alias, prout in annalibus nostris scriptum repperi, in commentariolos quosdam contuleram, eo animo, ut illud aliquando expolirem. In eosdem quoque commentariolos conieceram superiora bella Veneta, quae, ut arbitror, duo fuere, quibus civitas nostra multas insignes victorias de Venetis consecuta est, quamquam sint tam breviter ac tam mutilate litteris mandata ab annalium nostrorum scriptoribus, ut ne ipse quidem Livius, si revivscat, aut Sallustius, ea illustrare satis possit. Namque in iis neque consiliorum rationes, neque bellorum apparatus, neque proeliorum ordines, in quibus maxime fortunae varietas nos oblectat, neque per quos potissimum victoria parta sit, neque locorum descriptiones ullae, neque interdum hostium duces cognosci possunt. Atque illa superiora bella brevius atque etiam concisius quam hoc Clodianum ab iis scripta sunt, cum quidem in iis multo diligentiores eo esse debuerint, quod illa victoriis et felicitate plena sunt, hoc autem extremum, etsi multis prioribus victoriis inclitum, tamen ad postremum Reipublicae nostrae calamitosum fuit. Ceterum, quoniam ea calamitas fortunae magis quam virtuti Venetorum adscribi potest, hoc ipsum pro viribus exornare constitui ac nomini tuo dedicare ut, si quid gratiae inerit scriptis meis, per me vel posteris notus clarusque fias atque ut apud omnes amorem nostrum testatum relinquam. [...] Si quid autem erratum in rebus fuerit, non ego, sed annalium nostrorum scriptores culpandi erunt, quos secutus sum, aliquibus tamen paucis correptis

---

40   Francesco Petrarca, *In difesa dell'Italia: "Contra eum qui maledixit Italiae"*, a cura di G. Crevatin, Venezia, Marsilio, 2004, p. 94.

41   Bartolomeo Facio, *De bello Veneto Clodiano*, ed. em J. G. Graevius-P. Burmann, *Thesaurus antiquitatum et historiarum Italiae*, V/4, Lugduni Batavorum, 1722, coll. 1-34, *Praefatio*, de que se tira a citação (a tradução italiana é minha).

Antigos e modernos   311

atque immutatis quae, quantum indagare potui, nec vera nec verisimilia visa sunt. Sed iis omissis ad Historiam deveniamus.

[Não tendo se passado muito tempo, enquanto examinava aqui e ali meus escritos, ilustre Gian Giacomo, caiu-me nas mãos aquele referente a um conflito bem conhecido, o "De bello Veneto Clodiano": em outro momento compus a respeito alguns breves apontamentos provisórios, baseado nos testemunhos de nossos anais, com a intenção de aperfeiçoá-lo de vez em quando. Nesta primeira compilação tratei também das guerras venezianas antecedentes, duas ao que eu saiba, nas quais nossa cidade obteve muitas estrepitosas vitórias sobre os Venezianos. Todavia, elas foram tratadas pelos escritores de nossos anais de maneira um tanto fragmentada e concisa, que nem mesmo o próprio Tito Lívio, se renascesse, e nem também Salústio conseguiriam, baseados naqueles testemunhos, fornecer a respeito suficiente e exaustiva informação. Daqueles anais, de fato, não é possível extrair notícias nem respeitantes às motivações políticas e às estratégias militares, nem respeitante aos armamentos, nem sobre a dinâmica das batalhas, cujas alternantes fortunas constituem para o leitor elemento de forte envolvimento e interesse, e nem mesmo se consegue perceber a quem foi devida a vitória, carecendo de toda descrição de lugares e nomes dos comandantes da parte inimiga. As guerras precedentes, depois, foram tratadas de maneira ainda mais sumária e concisa do que essa, enquanto pelo contrário deveriam ter sido expostas bem mais amplamente, dado que foram guerras vitoriosas e coroadas de pleno sucesso, ao passo que este último conflito contra Chioggia, se bem que tenha marcado em sua primeira fase algumas gloriosas vitórias, no fim concluíram-se desastrosamente para a nossa República. De resto, uma vez que aquela derrota pode ser atribuída mais à fortuna do que ao valor dos Venezianos, decidi – na medida mesma em que consentirem minhas forças – reescrever de maneira adequada justo aquele conflito e dedicar a obra a ti, a fim de que, se o sucesso favorecerá minha obra, o teu nome possa permanecer sempre conhecido entre os pósteros e famosos, e possa manter-se uma prova tangível de nossa amizade. [...] Na eventualidade de se encontrarem alguns erros no meu tratamento desta história, a responsabilidade não deverá ser atribuída a mim, mas sim aos escritores dos nossos anais, a cujo testemunho me ative, corrigindo apenas aqui e ali aquilo que, pelas minhas investigações, não me pareceram nem verídico nem verossímil. Ora, postas a parte estas considerações, passemos ao tratamento da história deste conflito.]

A afirmação metodológica mais relevante consiste no distanciamento em relação à analística medieval por uma operação clássico-humanista de verificação pontual e crítica das fontes, com o objetivo de despojar o máximo possível o fato histórico das arbitrárias invenções e imprecisões: a remoção dos elementos que não correspondem nem à categoria do *verum* nem à do *verisimile* é dada como canal privilegiado para a transmissão de um relato histórico que pretende ter foros de confiabilidade. Uma posição já perfeitamente

312   Francisco Murari Pires (org.)

alinhada com aquela crítica das fontes, que a partir de Petrarca incarnava o nó qualificante da escola humanista. Mas o reconhecimento efetuado por Facio pareceria, já nesta primeira obra historiográfica, ligado a um ceticismo de fundo no confronto com tudo o que não pode ser ligado a uma verificação autóptica do fato histórico. Justamente esta atitude o levará a concentrar a sua escrita histórica mais amadurecida exclusivamente na contemporaneidade, um domínio narrativo autônomo e controlável, a assim subtrair a história da arbitrariedade da memória.

Era a metodologia compositiva típica da escrita humanista em todos os gêneros literários eruditos, herdada diretamente da grande historiografia clássica e entendida como operação de avaliação filológica e histórico-crítica das fontes medievais e depuração formal em uma escrita retoricamente empenhada.

Esta será também uma declaração válida para a etapa sucessiva e mais importante da escrita histórica de Facio, iniciada justamente naqueles anos, a formalização oficial da história de seu soberano, aqueles *Gesta Alfonsi* em cujo proêmio é reforçada com melhor consciência e maturidade a justificação da escolha do material histórico contemporâneo:[42]

> *Etsi nonnullos viros haec aetas tulit qui, praestanti ingenio atque doctrina praediti, tum ad alia quaeque tum ad res gestas scribendas peridonei existimari possint, fueruntque et nostra et patrum nostrorum memoria aliquot populi ac principes clari qui magna ac laudabilia facinora gessere, ea tamen est apud plerosque novarum rerum negligentia, ut perpauci ad scribendam historiam sese conferant. Sunt enim quos, cum legerint aut Alexandri aut Caesaris aut populi romani facta, haec nova et recentiora haud multum delectent: namque ita se res habet, ut quae nobis notiora et familiariora sunt, haec in minore pretio – nescio quonam modo – habeamus. Ego vero haud abnuerim nec regem, nec ducem, nec civitatem ullam, aetate nostra aut etiam avorum nostrorum, extitisse rerum gestarum gloria et virtute cum iis comparandam, quanquam quis est adeo imperitus rerum, qui nesciat vel eorum res, quos modo nominavi, disertorum scriptorum beneficio nonnihil illustriores atque ampliores factas esse? Sed certe et haec recentiora, iudicio meo, tanti sunt, ut eos etiam in aetatem suam quodammodo ingratos atque iniquos putem, qui quae saeculo eorum contigere veluti levia quaedam ac notitia parum digna negligere videantur, cum ea ipsi potius verbis extollere deberent et aliorum ingeniis illustrata perlegere atque in honore et pretio habere, ut eloquentium hominum ingenia excitarent resque sui saeculi ab interitu vindicarent. Haec tamen, etsi veniebant in mentem, non usque adeo tamen valuere, ut me a rebus nostris memoriae*

---

42   Facio, *Rerum gestarum Alfonsi regis libri X*, ed. cit., pp. 2-5, de que se tira a citação, enquanto que a tradução italiana é minha; para o tema humanista da projeção da contemporaneidade como material privilegiado pela historiografia, cfr. os estudos específicos de G. Ianziti: *Storiografia e contemporaneità. A proposito del "Rerum suo tempore gestarum commentarium" di Leonardo Bruni*, "Rinascimento", 30 (1990), pp. 3-28; *Humanism's new Science: The History of the Future*, "I Tatti Studies", 4 (1991), pp. 59-88.

mandandis deterruerint, existimantem me nulla in re honestiore ac iucundiore exerceri posse. Namque, ut fructum taceam qui ex historia maximus capitur, nulla profecto res est quae tanta cum delectatione aut scribentis aut legentis animum teneat, cum propter alia multa tum propter temporum vicissitudines fortunaeque varietates, quibus ea redundat omnis. Ac nostri quidem saeculi res gestas consideranti mihi, Alfonsi regis facta admirationem in primis afferre assolent, qui, a remotissimis Hispaniae oris in Italiam profectus, cum alia multa memoratu digna gessit tum Neapolitanum regnum magnum atque opulentum singulari virtute perdomuit. Quocirca res eius litteris mandare et, quantum in me fuerit, illustrare constitui, ne tantarum rerum cognitio posteris obscura relinquatur. Quod si pro rei magnitudine fortasse minus consequi potuero, at ceteris omnibus, qui volent, iisdem de rebus posthac scribendi facultatem prae-buisse non inanis operae, ut arbitror, fuerit. Ab Neapolitano igitur bello initium facturus, eius causam atque originem primum aperiam, repetens paulo altius.

[A história contemporânea parece em nossos dias ser tão pouco levada em consideração que são poucos os que a ela se dedicam, não obstante existam em nossa época muitos sábios de grande talento e conhecimento que possuem todos os requisitos necessários para escrever história ou outros gêneros afins, e, igualmente, alguns povos e célebres príncipes que realizaram ações importantes e dignas de louvor. Há os que, de fato, após terem lido sobre os feitos de Alexandre, de Júlio César ou do povo romano, não são atraídos pelo relato dos contemporâneos. Não sei como, mas acontece o seguinte: quanto mais uma coisa é sabida e familiar, tanto menos é apreciada. Certamente não negarei que, em nosso tempo e naqueles imediatamente precedentes, não emergiu nenhum rei, um comandante, um povo que fosse capaz de competir em glória e valor com os antigos. Quem seria, entretanto, tão ignorante de não se dar conta de que os empreendimentos daquele que citei acima se tornaram em alguma medida mais conceituados precisamente graças à eloquência dos escritores que os imortalizaram? No meu entender, a excelência de algumas vicissitudes da história contemporânea é tal que me leva a ter por ingratos e injustos, também para com sua própria época, aqueles que descuidam e deixam de lado os testemunhos históricos coevos, como se se tratasse de coisa insignificante, pouco digna de nota. Deveriam antes celebrar, deveriam considerar atentamente, ter na devida conta e prestar honra aos acontecimentos ilustres, para encorajar os mais eloquentes a preservarem do esquecimento a história de sua época. Tais considerações não têm, todavia, o poder de desencorajar-me do projeto de dar testemunho da nossa história: creio firmemente que não há domínio mais honroso e prazeroso no qual possa me avaliar. De fato, para não falar da grande utilidade da história, parece inimaginável que nada mais possa envolver e deleitar com o prazer do relato histórico quer o espírito do historiador quer o do leitor, por seus múltiplos atrativos, e notadamente pela transmutação das épocas e dos fatos e pela mudança contínua da fortuna. Tencionando, portanto, considerar os empreendimentos deste nosso tempo, minha atenção foi pega subitamente pelos feitos do rei Afonso que, chegando à Itália proveniente das longínquas praias da Espanha, não somente realizou vários empreendimentos dignos de serem lembrados, mas também conseguiu submeter o

314   Francisco Murari Pires (org.)

grande e opulento Reino de Nápoles, dando provas de um valor sem igual. Por este motivo decidi escrever a sua história e torná-la conhecida – no que me for possível – a fim de que não tenham os pósteros apenas testemunhos confusos e insuficientes de fatos tão importantes. Mesmo que, pela vastidão do tema, não conseguir talvez levar a cabo meu propósito, não será, entretanto, um trabalho inútil ter oferecido a outros que eventualmente o desejarem a possibilidade de em seguida escrever a respeito destes fatos. Portanto, darei início à guerra de Nápoles, esclarecendo ordenadamente a causa e a origem, partindo dos acontecimentos mais remotos.]

Junto à severa crítica da "novarum rerum negligentia", o habitual, isto é, preferir-se o relato dos "Caesaris aut populi romani facta" àquele dos "facta nova ac recentiora", define-se uma exaltação da história contemporânea, entendida em sentido humanista de utilidade e exemplaridade, exatamente em igualdade com a história antiga: assim como equivalente aos "Caesaris facta" serão apresentados os "Alfonsi facta", por meio de um modelo dominante de cesarismo difundido por toda a tessitura da história. A codificação da historiografia contemporânea se efetua precisamente por meio da aplicação daqueles mesmos modelos da historiografia antiga por ela solapados, ligados à imagem do historiador-condottiere, Júlio César, verdadeiro *alter ego* de Afonso na operação de "renovatio imperii romani", que sustentara toda a construção histórica do mito do rei de Nápoles nas páginas de seu historiador oficial.[43]

Era, portanto, um sistema ideológico que, distinguindo retoricamente entre *laudatio, res gestae, vita*, e tornando clara a diversa natureza dos vários sub-gêneros da escrita histórica (panegírico histórico, história política, biografia histórica), na aplicação particular ao grande Afonso, o Magnânimo, conseguia assim subtrair ao arbítrio do encômio o retrato do rei historicizando-o, mas contemporaneamente criando-lhe o mito e sustentando-lhe a propaganda política de maneira que ganhasse crédito. O sucesso da fórmula historiográfica experimentada por Facio na corte aragonesa de Nápoles, por meio da profícua dialética ensejada pelo entrevero com Lorenzo Valla e por meio da colaboração com os quadros dirigentes e intelectuais do rei, encontrava súbita recepção e aplicação nas mais importantes obras históricas humanistas escritas naqueles mesmos anos e ligadas por relações diretas a Facio e ao ambiente cultural da corte napolitana, que paralelamente abriam, em tais bases, estradas diversas e mais amplas para a nascente historiografia do Renascimento.

Idêntica metodologia historiográfica caracteriza, por exemplo, o Proêmio de uma outra história da guerra de conquista italiana do soberano espanhol, o *De bello Hispaniensi*

---

43   Veja-se F. Tateo, *La "renovatio" dell'Impero Romano nel Regno di Napoli*, em sua obra *I miti della storiografia umanistica*, cit., pp. 137-179.

do genovês Jacopo Bracelli, dedicada especificamente ao conflito que opõe Gênova a Afonso de Aragão de 1420 a 1444, datável entre 1450 e 1457, portanto contemporânea da elaboração da história afonsina de Facio, com quem Bracelli estava em contato direto e que lhe traçou o perfil em seu *De viris illustribus*:[44]

Inter maxima plurimaque litterarum beneficia, quarum indulgentissimus generis humani parens Deus inventionem et usum ideo mortalibus contulit ut pluribus ac validioribus auxiliis animos nostros ad amorem virtutis erigeret, historia profecto in postremis habenda non est. Nam, ut omittam voluptatem, cuius expers esse nulla certe potest, quis est qui sine aliquo tandem fructu historiam legat? Haec docet non modo rerum ac temporum ordinem, sed, quod longe pluris habendum est, quibus artibus quibusque consiliis imperia creverint, quibus contra vitiis infracta corruerint, quae hominem virtutes in nomen ac famam evexerint, et [...] nihil est denique quod homini vel appetendum vel vitandum sit, cuius non invenias apud historicos vera documenta. Verum cum haec ex omnibus prope scriptoribus consequare, illa sane prae omnibus historiis uberiores cuique fructus affert, ex qua maiorum nostrorum virtutes ac laudes et quae illi praeclare gesserunt legentes intuemur. Habent, fateor, externorum quoque regum ac populorum egregia facinora et sua ad virtutem incitamenta, nosque, haud negaverim, potest Assirius, Persa, Graecus ad honesti amorem allicere. At dum nostrorum prudentiam, fortitudinem, iustitiam, moderationem, animi magnitudinem mandata litteris admiramur, subit animum aemulatio et quaedam veluti necessitas ne degeneres neve illorum absimiles videamur. Haec me itaque ratio commovit ut id bellum quod cum Alfonso, maximo Citerioris Hispaniae rege, multos per annos gestum est, posteris proderem. [...] Res sane indigna et merito aetati nostrae obie-

---

44   Para um perfil bio-bibliográfico de Bracelli cfr. o verbete *Bracelli Giacomo*, a cura di C. Grayson, em *Dizionario Biografico degli Italiani*, cit., 13, 1971, pp. 652-653, e *Bracelli, Jacopo*, a cura di E. Costa, em *Dizionario Biografico dei Liguri. Dalle origini al 1990*, vol. II, a cura di W. Piastra, Genova, Consulta Ligure, 1994, pp. 198-9; cfr. também R. Bessi, *Il Saviozzo, Jacopo Bracelli e Biagio Assereto*, "Interpres", 9 (1989), pp. 153-6; para uma contextualização no panorama do humanismo lígure, C. Braggio, *Giacomo Bracelli e l'Umanesimo dei Liguri al suo tempo*, "Atti della Società Ligure di Storia Patria", 23 (1890), pp. 5-207; sobre a obra histórico-geográfica, especificamente, G. Andriani, *Giacomo Bracelli nella storia della geografia*, "Atti della Società Ligure di Storia Patria", 52 (1924), pp. 129-248; para a sua cultura clássica e humanista cfr. M. G. Celle, *Jacopo Bracelli e l'egloga IV di Virgilio*, "Giornale Storico e Letterario della Liguria", 9 (1933), pp. 173-9; G. Farris, *Amicizia ed entusiasmo per le 'humanae litterae' in una lettera inedita di Jacopo Bracelli a Fra' Lorenzo Guglielmo Traversagni*, "Atti e memorie della Società Savonese di Storia Patria", n.s., 3 (1969), pp. 139-42; sobre o epistolário e sobre a obra histórica vejam-se os estudos de G. Petti Balbi: *L'epistolario di Jacopo Bracelli*, Collana storica di fonti e studi diretta da Geo Pistarino, Genova, Fratelli Bozzi, 1969; *Jacopo Bracelli umanista ligure*, "Liguria", 36/4 (1969), pp. 25-26; *La storiografia genovese fino al secolo XV*, em *Studi sul Medioevo cristiano offerti a Raffaello Morghen per il 90° anniversario dell'Istituto Storico Italiano (1883-1973)*, Roma, Istituto Storico Italiano per il Medioevo, 1974, vol. II, pp. 763-850; *Dall'annalistica alla storiografia: il cancelliere Jacopo Bracelli*, in *Studi sulle società e le culture del Medioevo per Girolamo Arnaldi*, a cura di L. Gatto e P. Supino Martini, Firenze, Edizioni all'Insegna del Giglio, 2002, pp. 479-98.

316   Francisco Murari Pires (org.)

ctanda si memorabilis sane belli cognitione vel nostrorum temporum negligentia vel scriptoris inopia posteritatem defraudaret.[45]

[Entre os maiores dons que nosso Deus pai indulgentíssimo quis oferecer aos homens para estimular com as mais valiosas ajudas os nossos espíritos ao amor da virtude, não há certamente que se colocar a história em último lugar. De fato, para não falar do prazer da leitura, de que nenhuma história jamais está privada, quem jamais pode ler a história sem extrair alguma utilidade? A história ensina não apenas a cronologia dos fatos acontecidos, mas também, algo de longe o mais importante, com quais artes políticas e militares foram ampliados os impérios, por quais defeitos desmoronam, por quais virtudes os homens foram elevados à glória e à fama [...], e por fim nada pode existir que resulte desejável ou a ser evitado pelos homens de que não se encontre documentação verídica na historiografia. Mas porque isso pode ser extraído de quase todos os textos da historiografia, configura-se para nós como a mais útil precisamente a história de nossos antepassados. Certamente que também a história dos reis e dos povos estrangeiros impele à virtude e pode seguramente impelir-nos ao amor pela honestidade também a história dos Assírios, dos Persas, dos Gregos. Mas sobretudo se lermos a história dos exemplos excelsos de prudência, de força, de justiça, de moderação, de grandeza de alma dos nossos próprios antepassados, nasce em nosso espírito a emulação e a necessidade imperiosa de não parecermos confrontados com eles corrompidos e inferiores.

Esta é, portanto, a razão que me impeliu a transmitir aos pósteros a história da guerra que a nossa Gênova sustentou por muitos anos contra o grande rei da Espanha, Afonso o Magnânimo [...] E, com efeito, seria certamente uma ação não digna e reprovável para a nossa época se ou a negligência de nossa civilização ou a incapacidade dos escritores contemporâneos privassem a posteridade do testemunho histórico desta memorável guerra.]

Também Bracelli vale-se do Proêmio para uma declaração de intenções, que se configura, como fixado pela preceituação de Luciano na tradição imposta por Guarino, pelo duplo trilho de uma *laudatio* da história e da sua *utilitas*, por um lado, e por outro, de uma teoria historiográfica que põe ênfase privilegiada no material contemporâneo e no

---

45   O *Praefatio* do *De bello Hispaniensi* foi citado segundo a edição mais recente: IACOBI BRACELLI *De bello quod inter Hispanos et Genuenses saeculo suo gestum libri V*, em GRAEVIUS- BURMANN, *Thesaurus antiquitatum*, cit., I, 2, 1704, coll. 1275-1322 (a tradução italiana é minha); a obra, que rapidamente teve sucesso notável, com uma *editio princeps* monográfica incunabulística [Milano, Arcangelo Ungardo, 1477] e muitas edições quinhentistas associadas a outras obras históricas e geográficas do próprio Bracelli ou com outros textos historiográficos humanistas (Parisiis, in aedibus Io. Badii Ascensii, 1520; Hagenoae, per Iohannem Secerium, 1530; Roma, apud haeredes Antonii Bladii impressores camerales, a cura di Bartolomeo Gorla, 1573), carece ainda de uma edição crítica moderna, que está sendo preparada por l'Edizione Nazionale dei Testi della Storiografia Umanistica, que eu dirijo.

Antigos e modernos 317

papel testemunhal do historiador, tal como fora imposto por Facio e pela historiografia aragonesa, com a qual ele compartilha a concepção altamente retórica da história e os privilegiados modelos liviano e salustiano.

A atenção na contemporaneidade e a reflexão sobre a escrita da história na época moderna registra também um outro importante proêmio de uma obra historiográfica contemporânea da de Facio, a *Italia illustrata* de Biondo Flavio[46], que também estava em contato cultural com os reis mecenas aragoneses, e com Jacopo Bracelli, por ele utilizado como fonte. Todavia, Biondo insere a realidade histórico-geográfica contemporânea em uma retrospectiva clássica-medieval *au rebours*, que tenta reconhecer ao longo de um período de mais de um milênio a identidade das regiões italianas modernas no mapa das antigas *regiones* da história romana e identificar a toponímia moderna naquela romana antiga e sucessivamente em suas transformações medievais, seguindo a lição de metodologia histórico-geográfica de Plínio;[47] assim Biondo abre a porta da historiografia tam-

---

46   Para um perfil bio-bibliográfico sobre Biondo Flavio, veja-se o verbete *Biondo Flavio*, a cura di R. Fubini, em *Dizionario Biografico degli Italiani*, cit., 10, 1968, pp. 536-59; e o editado por ele mesmo para o *Dizionario critico della letteratura italiana*, dir. V. Branca, I, Torino, 1986, pp. 339-44. Pode ser útil recorrer também ao perfil editado por A. Campana, *Biondo Flavio*, em *Enciclopedia Dantesca*, I, Roma, Istituto della Enciclopedia Italiana Treccani, 1970, pp. 634-35, e ao perfil do próprio estudioso editado em "La Romagna", n.s., I, 16 (1927), pp. 487-97. A monografia principal para a vida e as obras do historiador forlivese permanece ainda hoje a de B. Nogara, *Biondo Flavio. Scritti inediti e rari*, Roma, Tipografia Poliglotta Vaticana, 1927. Uma entrada "Biondo" foi preparada por D. De Filippis para as *Centuriae Latinae*, vol. II, Droz, Genève 2005.

47   Para uma apresentação recente e considerações histórico-críticas da *Italia illustrata*, vejam-se, além dos estudos gerais sobre Biondo citados na nota anterior, os estudos de O. Clavuot, *Biondos «Italia illustrata». Summa oder Neuschöpfung? ber die Arbeitsmethoden eines Humanisten*, Tubingen, Niemeyer, 1990; de R. Cappelletto: *«Italia illustrata»*, in *Storia della letteratura italiana*, cit., vol. I, *Le opere*, 1992, pp. 681-712; *«Peragrare ac lustrare Italiam coepi». Alcune considerazioni sull'*Italia illustrata *e sulla sua fortuna*, em *La storiografia umanistica*, cit., pp. 181-203; e de R. Fubini: *La geografia storica dell'* Italia illustrata *di Biondo Flavio*, em *La cultura umanistica a Forlì fra Biondo e Melozzo*, a cura di L. Avellini e L. Michelucci, Bologna, Il Nove, 1997, pp. 89-112; *L'idea di Italia fra Quattro e Cinquecento: politica, geografia storica, miti delle origini*, "Geographia antiqua", 7 (1998), pp. 53-66. Para um quadro compreensivo da corografia humanista, cfr. D. De Filippis, *La rinascita della corografia tra scienza ed erudizione*, Bari, Adriatica Editrice, 2001.

318   Francisco Murari Pires (org.)

bém para a geografia e o antiquarianismo.[48] Leia-se o importante proêmio programático da *Italia illustrata*:[49]

> *Clarissimi etiam plerique senatores, consulares quoque viri et nonnulli gloriosissimi principes, qui bellicis artibus res gesserunt aeterna dignas memoria, delectati sunt historia usque adeo ut, non solum historias libenter legerint, sed eas quoque scribendo tam praeclari muneris gloriam cum rerum scriptoribus communem habere voluerint. (...) Factumque est ut, barbaris omnia evertentibus et nullo interim ea quae gerebantur litterarum monumentis ad posteros transmittente, nedum mille qui effluxerunt annorum gesta sciamus, sed Italiae regiones, urbes, oppida, lacus, flumina montesque, quorum nomina a vetustis frequentantur scriptoribus, ubi sint magna ex parte ignoremus, et, quod maiorem nobis affert admirationem, multorum oppidorum et potentissimarum civitatum, quas interea in magnam amplitudinem crevisse cernimus, conditarum tempora nos lateant et ipsi etiam conditores. (...) Itaque, postquam propitiore nobis Deo nostro meliora habet aetas nostra et cum ceterarum artium tum maxime eloquentiae studia revixerunt ac per ea historiarum diligentius noscendarum amor nostros cepit homines, tentare volui si per eam, quam sum nactus, Italiae rerum peritiam, vetustioribus*

---

48   Sobre o antiquarianismo e a arqueologia de Biondo cfr. R. Weiss, *Biondo Flavio archeologo*, "Studi Romagnoli", 14 (1963), pp. 335-341; e sobre o antiquarianismo na historiografia humanista, vejam-se sobretudo os estudos de Angelo Mazzocco: *Rome and the Humanists: the Case of Biondo Flavio*, em P. Ramsey, *Rome in the Reinassance: the City and the Myth*. Papers of the XIII Annual Conference of the Center for Medieval and Early Reinassance Studies (Binghamton 1979), New York 1982, pp. 185-195; *Petrarca, Poggio and Biondo: Humanism's Foremost Interpreters of Roman Ruins*, em A. Scaglione, *Francis Petrarch, Six Centuries Later. A Symposium*, Chicago, Newberry Library, 1975, pp. 353-363; *Decline and Rebirth in Bruni and Biondo*, em *Umanesimo a Roma nel Quattrocento*. Atti del Convegno Internazionale (New York, 1-4 dicembre 1981), a cura di P. Brezzi-M. De Panizza Lorch, New York, Barnard College –Columbia University, 1984, pp. 249-266; e de R. Fubini, *Biondo Flavio e l'antiquaria romana*, in Id., *Storiografia dell'umanesimo in Italia da Leonardo Bruni ad Annio da Viterbo*, cit., pp. 77-89; e com particular referência a outro grande representante do antiquarianismo humanista, Ciriaco d'Ancona, *Ciriaco d'Ancona e la cultura antiquaria dell'Umanesimo*. Atti del Convegno Internazionale di studi (Ancona, 6-9 febbraio 1992), a cura di G. Paci, S. Sconocchia, Reggio Emilia, Diabasis, 1998.

49   A *Italia illustrata* carece ainda de uma edição crítica, como também de uma edição moderna completa: o texto integral da obra pode ser lido apenas em: Biondi Flavii Forliviensis *De Roma triumphante libri X [...]. Romae instauratae libri III. De originis et gestis Venetorum liber. Italia illustrata, sive lustrata (nam uterque titulus doctis placet) in regiones seu provincias divisa XVIII. Historiarum ab inclinato Romano imperio Decades III*, Basileae, Froben, 1559; uma edição moderna, ainda parcial e em progresso, baseada na única *editio princeps* com ocasionais controles pelos manuscritos, foi feita por Jeffrey White, com tradução inglesa, na coleção "I Tatti Renaissance Library": Biondo Flavio, *Italy illuminated*, I (books I-IV), edited and translated by J. A. White, Cambridge (Massachusetts) – London 2005 (que publica o texto apenas dos primeiros quatro livros, até a *regio sexta, Romandiola*), de que se cita a passagem do proêmio (a tradução é minha). A edição crítica comentada está sendo preparada por Paolo Pontari para a Edizione Nazionale delle Opere di Biondo Flavio.

locis eius et populis nominum novitatem, novis auctoritatem, deletis vitam memoriae dare, denique rerum Italiae obscuritatem illustrare potero.

[Cfr. Plinio, *Naturalis historia*, Proêmio: "*Res ardua vetustis novitatem dare, novis auctoritatem, obsoletis nitorem, obscuris lucem, fastiditis gratia, dubiis fidem, omnibus vero naturam et naturae suae omnia. Itaque etiam non assecutis voluisse abunde pulchrum atque magnificum est.*"]

[Também muitíssimos ilustres senadores, cônsules e famosos príncipes, que fizeram memoráveis guerras dignas de eterna memória, extrairam tanto prazer da história que não somente de muito bom grado se dedicaram a leituras históricas mas colaboraram também na escrita da história compartilhando com os historiógrafos a glória de um tão prestigioso ofício (...) Mas em seguida às invasões bárbaras que destruiram todas as culturas, não se encontrando mais homens doutos conhecedores das letras capazes de transmitir aos pósteros a memória dos fatos históricos contemporâneos, hoje nós não apenas ignoramos totalmente a história dos mil anos de nossa medievalidade, mas certamente não conhecemos nem mesmo a localização e identificação geográfica de grande parte das regiões, cidades, castelos, lagos, rios, e montanhas de nossa Itália, cujos nomes recorrem frequentemente nas fontes históricas antigas, e, o que mais espanta, ignoramos a datação das fundações e os nomes mesmos dos fundadores de muitos castelos e potentíssimas cidades, que hoje vemos terem alcançado grandíssimo crescimento (...) Portanto, dado que, com a ajuda de Deus, a nossa época conhece melhor sorte pelo estudo das letras e pelo renascimento de todas as artes e sobretudo da eloquência, e justo graças a isto renasceu em nossa geração o desejo de conhecer melhor a história, quis tentar se, graças à competência que adquiri sobre a história da Itália, consigo identificar com os nomes modernos os antigos sítios e povos da Itália, conferir aos novos autoridade e àqueles extintos ou desaparecidos pelo menos a vida da memória, e por fim iluminar o obscuro passado de nossa Itália.]

Uma atenção dada à história e à geografia política contemporânea, portanto, mas decisivamente classicizante, completada e articulada por meio da consciência de uma gloriosa tradição ocidental milenar, que da costela de Roma antiga pariu, em direta continuidade, uma diacrônica série de transformações, concatenadas uma à outra e faces mutáveis de uma única identidade em movimento: aquela Antiguidade clássica romana de que os humanistas se sentiam descendentes diretos. É evidente, no exórdio do proêmio de Biondo, o nexo com a tradição ciceroniana da historiografia senatorial representada sobretudo por Tácito, e com a concepção da história como obra retórica, ligada ao renascimento da *eloquentia* e dos *studia humanitatis* no âmbito da vanguarda humanista. Se delineia aqui pela primeira vez uma tentativa de fronteira porque se construísse uma história da historiografia medieval e moderna, baseada no critério da *eloquentia* como

320   Francisco Murari Pires (org.)

condicio sine qua non para a escrita da história: pelo que a decadência dos estudos clássicos e da gloriosa língua de Roma antiga durante os séculos trevosos das invasões bárbaras e da Alta Idade Média é considerada por Biondo como diretamente proporcional à decadência da historiografia e ao silêncio dos historiadores, agora incapazes de uma escrita historiográfica de elevado perfil formal, porque carentes de *ars rhetorica* e de *ars historica*. Consecutivamente, o renascimento da historiografia no Humanismo é posto neste proêmio de Biondo em relação direta com o renascimento da *eloquentia* latina clássica e da escola, com os estudos de latim e grego e a redescoberta dos *auctores* antigos, mestres de estilo e de retórica, ao qual dedica depois, no interior da obra, uma importante digressão: uma tese compartilhada também pelos historiadores aretinos e chanceleres da República de Florença, Leonardo Bruni e Benedetto Accolti.[50]

Há que se observar, todavia, que também o modelo da biografia suetoniana, excluído por Facio na celebração da memória histórica de Afonso de Aragão, encontrava espaço no referido projeto da propaganda da corte aragonesa: paralelamente, um dos mais importantes intelectuais e funcionários do soberano, o seu preceptor e secretário pessoal Antonio Panormita, escrevia em 1455 uma obra biográfica complementar à história de Facio, o *De dictis et factis Alfonsi regis*, destinado a cobrir, com uma coletânea de anedotas e *sententiae*, um outro importante domínio da *laudatio regis*.[51] E será justamente

---

50   O importante *excursus* sobre o nascimento da literatura humanista é traçado por Biondo na *regio sexta, Romandiola*, à altura de descrição da cidade de Ravenna (cfr. Biondo, *Italy illuminated*, cit., pp. 300-308; e na citada edição Froben de Basilea, 345D-347B): toda a passagem foi publicada em edição crítica com amplo comentário em G. Albanese, *Mehrsprachigkeit und Literaturgeschichte im Renaissancehumanismus*, in *Mehrsprachigkeit in der Renaissance*, Herausgegeben von C. Maass – A. Volmer, Heidelberg, Universitatsverlag Winter, 2005, pp. 23-56; Ead., *Le forme della storiografia letteraria nell'Umanesimo italiano*, em *La letteratura e la storia*. Atti del Congresso nazionale dell'ADI, Associazione degli Italianisti Italiani (Rimini, 21-24 settembre 2005), a cura di E. Menetti e C. Varotti, I, Bologna, GEDIT, 2007, pp. 3-55, a que se remete também para as conexões com o pensamento historiográfico de Leonardo Bruni e Benedetto Accolti.

51   A obra, com riquíssima tradição manuscrita e inúmeras edições impressas, a partir da *editio princeps* (Pisa, ed. Felino Sandei, 1485, Gregorio de Gentis: cfr. A. Jacono, *L'umanista Felino Sandei e l'edizione pisana del "De dictis et factis Alfonsi Regis" di Antonio Panormita*, "Studi rinascimentali", 5, 2007, pp. 11-28, contendo a edição da carta-prefácio por Felino Sandei e biliografia atualizada) às edições quinhentistas, entre as quais destaque-se a edição de Basileia, 1538, editada e anotada por I. Spiegel e acompanhada pelo comentário de Enea Sivio Piccolomini, tendo ainda notável fortuna no âmbito das traduções antigas em línguas vernaculares. Falta ainda uma edição integral moderna da obra, que pode ser lida apenas parcialmente na edição com tradução catalã de Jordi de Centelles: Antonio Beccadelli El Panormita, *Dels fets e dits del Gran rey Alfonso*, versiò catalana del segle XV de Jordi de Centelles, ed. por E. Duran-M. Vilallonga, Barcelona, Editorial Barcino, 1990, a quem se remete para a fortuna e recepção dessa obra do Panormita; cfr. também para uma avaliação histórico-crítica no panorama completo da produção do Panormita e da corte aragonesa, Resta, *Introduzione* a Panhormitae *Liber rerum getarum Ferdinandi regis*, cit., pp. 30 ss.

Antigos e modernos 321

Panormita quem mais tarde, no proêmio à história do filho e sucessor de Afonso, Ferrante de Aragão, tecendo os louvores da história segundo os parâmetros já fixados pelo classicismo humanista, estabelecerá claramente também o cânone dos historiadores romanos antigos pelos historiógrafos do Humanismo: consoante uma hierarquia totalmente peculiar da historiografia "monárquica" de corte, tripartida em três níveis decrescentes: no ápice os excelentes Tito Lívio, Salústio e Júlio César, no meio Tácito, Cúrcio Rufo e Suetônio, e por fim os modestos e inferiores como Orósio, Eutrópio e Lamprídio, aos quais, porém, se concede espaço nas bibliotecas históricas do Humanismo.[52]

> *Atque ea maxime ratione adductus sum historiam attentare, quod eam intelligam, praeter coeteras eius immortales laudes, rem esse humanam, gratam, mitem et benignam quaeque advenientes omnis excipiat, respuat neminem. Nam etsi Livio, Sallustio, Caesari, summis illis viris, magnum ac praelustre sit in historia nomen, non propterea Tacitus, Curtius, Suetonius, mediocres viri, suo honore precioque fraudantur, quin immo ipsis humilibus ac prope infimis sui est et laus et adfectio. Horosium enim, Eutropium et Lampridium legimus quidem et in biblyothecis servandos curamus.*

> [Fui levado a tentar escrever história, porque entendo que ela, além de todos os outros elevados méritos imortais que possui, é uma ciência humana, prazerosa, suave e benigna, que acolhe todos e não repele ninguém. De fato, não obstante no domínio historiográfico os nomes ilustres e supremos sejam apenas os de Tito Lívio, Salústio e Júlio César, nem por isto nomes mais medianos como Tácito, Cúrcio Rufo, Suetônio foram privados da fama e da honra que mereciam; e, pelo contrário, os louvores e os leitores não faltaram nem mesmo aos mais humildes deles, e aos inferiores entre os historiadores, como Orósio, Eutrópio e Lamprídio, que até hoje são lidos entre nós e cuidadosamente conservados em nossas bibliotecas.]

A indicação dos modelos exemplares de Salústio e Tito Lívio apoia-se na autoridade de Quintiliano (*Inst. or.*, X, 1, 31), que evidenciara as respectivas qualidades de *brevitas* e de *lactea ubertas*, que compõem, como acenamos na abertura deste ensaio, o cânone dos historiadores latinos que permanece praticamente inalterado por todo o século XV, marginalizando o cânone dos historiadores antigos de Francesco Petrarca, segundo o qual a história era antes de tudo história exemplar na linha de Suetônio e de Valério Máximo, desde Sicco Polenton a Giorgio Trapezunzio e a Lorenzo Valla até o final do século, quando o tratado mais importante de teorética historiográfica do Humanismo, o

---

52 A obra foi publicada em edição crítica, com amplo comentário e introdução, contextualizada por uma história da historiografia da corte aragonesa: Panhormitae *Liber rerum gestarum Ferdinandi regis*, cit., *Prologus*, pp. 65-70 (a passagem citada se encontra nas pp. 66-68; a tradução italiana é minha).

322   Francisco Murari Pires (org.)

Actius de Giovanni Pontano, ratificava a prioridade de Tito Lívio e Salústio, mas colocava Júlio César entre os historiadores medianos em consideração a uma formalização consumada da obra histórica:[53]

> *Scribendi genus historicum ex omni parte minime complexus est Caesar, quippe qui materiam et praebere et relinquere maluerit aliis de se scribendi (...). Nam quanquam et Tacitus et Curtius abunde sunt laudibus ac virtutibus ornati suis, laus tamen omnis latinae historiae penes duos putatur existere diversoque in dicendi genere, Livium ac Sallustium.*

> [Júlio César praticou o gênero da historiografia sem esgotá-lo formalmente em nenhuma de suas partes, porque preferia dar somente um testemunho histórico do seu tempo e de seus empreendimentos e deixar a outros o encargo de formalizar uma escrita historiográfica refinada e acabada a esse respeito (...). Não obstante podemos afirmar que também Tácito e Cúrcio Rufo são bem dotados de peculiares e apreciáveis virtudes, todavia agora universalmente se têm por modelos exemplares mais perfeitos da historiografia latina Tito Lívio e Salústio, cada um representante de um diverso sub-gênero retórico da historiografia.]

A alusão pontaniana a um cânone da historiografia humanista agora afirmado e compartilhado pela cultura do Humanismo maduro ganha em perspicácia se se considera um texto deveras importante para a construção da teorética historiográfica do Quattrocento, a *Oratio in historiae laudationem*, que Bartolomeo Fonzio pronunciou em 1482 como preleção a seu curso sobre Lucano e Júlio César no Studio Fiorentino,[54] assim

---

53   Pontano, *Actius*, na citada edição dos *I dialoghi*, p. 231 (a tradução italiana é minha). Para as reservas da crítica historiográfica humanista sobre a obra de Júlio César, veja-se Gilbert, *Machiavelli e Guicciardini*, cit., pp. 176 e ss.

54   Para um perfil bio-bibliográfico die Bartolomeo Fonzio cfr. *Della Fonte Bartolomeo*, a cura di R. Zaccaria, em *Dizionario Biografico degli Italiani*, cit., 36, 1988, pp. 808-814; *Fonzio Bartolomeo*, a cura di F. Bausi, em *Enciclopedia Oraziana*, III, Roma 1998, pp. 230-232. Sobre a produção histórica e a atividade acadêmica, veja-se: C. Marchesi, *Bartolomeo della Fonte (Bartholomaeus Fontius). Contributo alla storia degli studi classici in Firenze nella seconda metà del Quattrocento*, Catania, 1900; C. Trinkaus, *A Humanist's Image of Humanism: the Inaugural Orations of Bartolomeo della Fonte*, "Studies in the Renaissance", 7 (1960), pp. 90-147; C. Bianca, *Bartolomeo Fonzio tra filologia e storia*, "Medioevo e Rinascimento", 18 (2004), pp. 207-240, que oferece uma análise do discurso sobre a história e dos *Annales*, a que se remete para a bibliografia sobre os temas tratados por Fonzio. O discurso pode ser lido ainda na *editio princeps*, o incunábulo impresso em Florença por Bartolomeo de' Libri em 1488 (IGI 4013), que compila as seis preleções lidas por Fonzio entre 1481 e 1487 no *Studium* florentino e dedicadas a Lorenzo de' Medici (a datação do incunábulo foi estabelecida por S. Mercuri, *L'editio princeps delle "Orationes" di Bartolomeo Fonzio: una nuova datazione*, "Schede umanistiche", 18, 2004, pp. 29-33); veja-se a edição crítica, com amplo comentário e introdução, da *Oratio in historiae laudationem* por Simona Mercuri em sua tese de Doutorado: S. Mercuri, *Le "Orationes" di Bartolomeo della Fonte. Testo critico e commento*, Tesi di Dottorato,

Antigos e modernos   323

desejando expor uma escolha exemplar de historiografia em verso e em prosa, com uma definição e uma história do gênero literário a que pertenciam os *auctores* selecionados por sua *lectura*, como então disposto nas *praelectiones* acadêmicas humanistas, de que temos exemplos ilustres e múltiplos em Poliziano naqueles mesmos anos, no lugar do esquelético esquema do *accessus* medieval. A definição da história e a teoria *de historia conscribenda* de Fonzio enquadravam-se nitidamente na tradição ciceroniana e guariniana de uma escrita de forte fundamento retórico com a finalidade ligada à *utilitas lectoris*, porém retomando também de perto a reflexão sobre a história do Proêmio da *Bibliotheca historica* de Diodoro Sículo, na versão de Poggio Bracciolini. O discurso é, porém, alentado por uma decidida orientação ideológica, tendo por base a autorizada teoria do *De legibus* de Platão e de Cícero da estreita conexão entre as condições políticas do Estado e seus historiadores, que associava a ética dos príncipes à dos súditos, apresentando em geral um desenvolvimento dos estudos diretamente proporcional à presença de príncipes sábios, esclarecidos e mecenas e a condições de prosperidade do Estado. Esta perspectiva sustenta toda a a reconstrução que Fonzio dá pela primeira vez de maneira completa da historiografia antiga, grega e latina, medieval e humanista, estabelecendo um cânone dos historiadores ilustres antigos e modernos estreitamente ligado à historiografia de corte do Humanismo e a seus numes tutelares, aqueles que já mencionamos para a corte aragonesa de Nápoles. Para a historiografia grega o cânone proposto por Fonzio baseia-se em grande parte na página dedicada por Cícero no *De oratore* aos historiadores gregos e também a Aulo Gélio: parte dos fundadores, Heródoto, "pater historiae", e Tucídides, superiores a todos pelo estilo, "artificio dicendi", Diodoro Sículo, Dionísio de Halicarnasso, Apiano e Flávio Josefo, prosseguindo com Herodiano, Arriano, Dião Cássio, Procópio e Agatias. No cânone da historiografia latina, tomado sempre ao do *De oratore* de Cícero, mas também de Quintiliano, Aulo Gélio e Plínio, Tito Lívio é considerado "eloquentia prior" e "omnium historicorum et copia rerum abundantissimus et artificio et structura verborum eruditissimus", e Tácito é estimado pela *imitatio* de Cícero ("Cornelius Tacitus Livium et in narrando imitatus et in eloquendo magna ex parte eius elegantiam consecutus"), todavia também são lembrados Pompeu Trogo e Aufídio Basso, Plínio, Suetônio e Cúrcio Rufo, mais, em época pós-clássica, porém em nível decididamente inferior, Floro, Eutrópio e Orósio, como já vimos para Panormita. Da historiografia medieval, a perspectiva histórica de Fonzio, que associava estreitamente a decadência política e cultural

---

Università della Calabria, 2006, pp. 47-54 para a edição do texto (de que tiramos as passagens citadas), 63-101 para o comentário, 33-43 para a Nota filológica, a que se remete para a tradição manuscrita e impressa da Oração. As outras Orações acadêmicas de Fonzio foram editadas também por Mercuri em "Interpres", 23 (2004), pp. 54-84; 24 (2005), pp. 78-146.

324 Francisco Murari Pires (org.)

causada pelas invasões bárbaras à decadência da historiografia, derivava em grande parte de suas teses ideológicas acima expostas e de sua concepção da história, mas devia muito também às primeiras reflexões, no que respeita à história da historiografia, de Biondo e Leonardo Bruni, acima analisados. Com efeito, após um rápido *excursus* sobre as obras enciclopédicas medievais de Vicente de Beauvais, de Giovanni Colonna e de Martinho Polono, o renascimento da historiografia era associado também por Fonzio, como em Biondo, ao renascimento da antiga *eloquentia* e dos *studia humanitatis* por inícios do Humanismo. Mas a perspectiva de Fonzio aparece decididamente com maior pendor à ideia monárquica e à ótica da historiografia de corte, já que indica precisamente como promotores do renascimento cultural e de uma historiografia de alto nível quatro grandes mecenas do Humanismo, dois pontífices, Eugênio IV e Nicolau V, e dois príncipes, Cosme de Médici, senhor de Florença, e Afonso de Aragão, rei de Nápoles, graças aos quais foram compostas as obras que assinalaram o renascimento de uma historiografia latina de concepção clássica e de altíssimo nível. E assim Fonzio fornece também o cânone dos historiadores ilustres de sua época, bastante significativo para nós porque registra a ótica da historiografia humanista contemporânea: as *Decades* de Biondo, o *De bello italico adversus Gothos* e as *Historiae Florentinae* de Leonardo Bruni, texto que teve grande fortuna em Florença e traduzido para o vernáculo por Donato Acciaiuoli, as *Historiae Florentini populi* de Poggio Bracciolini, também elas muito lidas graças também à tradução vernacular de seu filho Jacopo Bracciolini, os *Rerum gestarum Alfonsi regis libri* de Bartolomeo Facio e as *Vitae Pontificum* de Bartolomeo Platina. Trata-se de uma apreciação tão convicta, a comportar também uma contraprovação, levando até as extremas consequências a aplicação da tese ideológica que associava inexoravelmente bons príncipes a excelentes escritores e historiadores: com a morte dos quatro grandes mecenas, Fonzio via insurgir-se ainda o fantasma da decadência político-cultural, chegando apenas a indicar uma tênue esperança, depositada no esclarecido mecenato do rei da Hungria, Matias Corvino, e na promoção dos estudos históricos e da historiografia, aos quais ele mesmo tentava se dedicar, empreendendo a escrita dos seus *Annales*.

Da leitura dos proêmios e da produção teórica dos historiadores do Humanismo, portanto, fica evidente a busca e estruturação gradual, seja quanto ao perfil formal e quanto ao ideológico, de uma verdadeira e própria *ars historica* humanista, desde o primeiro lúcido ensinamento de Guarino até o definitivo acerto de uma historiografia científica, por uma pesquisa que se estendeu por todo um século, que levou à moderna codificação do gênero historiográfico e de seus precisos confins. Aos críticos e aos historiadores de fins do Quattrocento parecia inegável e urgente agora a necessidade de uma preceituação *ex professo* para a historiografia e de uma codificação retórica da escrita histórica, em semelhança de todas as outras mais importantes disciplinas. Pontano o afirma explicita

Antigos e modernos   325

e lucidamente naquele que pode ser considerado o primeiro ensaio de tratadística histo-riográfica sistemática do Renascimento:[55]

> *Mirandum in modum incendor ardore audiendi aliquid de historia, quae nullos adhuc praeceptores habuerit, cum grammatica, rhetorica, philosophia institutores quidem plurimos, eosque maximos ac praestantissimos viros, promeruerit.*

[Ardo desejoso de escutar algum ensinamento a propósito da história, carente ainda de uma pre-ceituação específica, como a que já está disponível para a gramática, a retórica e a filosofia, que tiveram inúmeros mestres, e também de alto nível e considerável doutrina.]

E a mesma exigência fora pouco antes manifestada, por fins dos anos Oitenta do Quattrocento, também por um dos mais conscientes críticos literários do Humanismo, Paolo Cortesi, no âmbito do diálogo *De hominibus doctis*, que constitui uma das primei-ras tentativas de historiografia literária humanista:[56]

> *Ego vero saepe soleo mirari quid sit quod, cum historia tot tantarumque rerum dissimilitudinem complectatur, nulla praecepta in priscorum artibus tradantur, quae quo modo scribendum, quid ser-vandum sit in historia doceant. Nam, ut omittam studia disciplinarum maximarum, omnium artium opifices habent sua praecepta: architectus ab his non discedit, musici etiam his erudiuntur quando vocum mutationes facere debeant, quando scilicet cantus aut inflexam aut gravem aut acutam vocem postulet. Alii in lineis, alii in mensuris, alii ad fingendum, alii ad pingendum certis praeceptis utuntur: ex quo intelligitur nihil magnum fieri posse sine quadam artis ratione. Historiam vero, tam arduum, tam difficile opus, nihil habere praeceptorum non desino, hercle, satis mirari.*

[Mas eu mesmo me admiro que a história, que abarca uma tão grande variedade de temas, e assim tão diversos, não seja dotada de uma preceituação especializada no sistema das artes da Antiguidade, a qual ensine de que modo se deve escrever e qual é seu objeto. E, de fato, pondo de lado a evidência das disciplinas mais importantes, também todas as outras artes possuem uma preceituaçao de que possam tirar proveito os afeiçoados a esse trabalho. O arquiteto não se afasta destas instituições, e também os músicos se valem da teoria musical quando têm que modular a

---

55   Pontano, *Actius*, ed. cit., p. 192.

56   Pauli Cortesii *De hominibus doctis*, ed. G. Ferraù, Palermo, Il Vespro, 1979, pp. 136-137, a quem se cita e a quem se remete para o comentário da passagem (a tradução italiana é minha); para a contextulização do diálogo de Cortesi no quadro das primeiras obras de historiografia literária dos historiadores e críticos do Humanismo, cfr. Albanese, *Le forme della storiografia letteraria nell'Umanesimo italiano*, cit., pp. 3-55, e particularmente 41-44.

326 Francisco Murari Pires (org.)

voz, quando vez ou outra a partitura exija um tom de voz mais baixo ou mais alto. Outros servem-se da teoria artística específica no desenho, na geometria, para representar, para pintar: disto se pode argumentar que não se pode realizar nada de grande sem o apoio de uma teoria artística especializada. Por isto não deixo de me espantar que precisamente a história, obra tão árdua e difícil, não disponha de tratadistas que lhe codifiquem a preceituação.]

Precisamente em resposta a esta exigência, por ele mesmo advertida, e compartilhada por um Humanismo agora amadurecido, por fins do século, entre 1495 e 1499, Pontano precisava no *Actius* uma súmula de teorética historiográfica justamente junto àquela corte aragonesa de Nápoles onde, como vimos, realizaram-se experiências determinantes para a fundação e a codificação de uma *ars historica* moderna, mas de fisionomia antiga, e onde ele mesmo, na qualidade de historiador e funcionário do rei Ferrante de Aragão, levara a cabo uma experiência propriamente de escrita histórica, oferecendo testemunho abalizado e fidedigno do momento mais dramático e difícil do reinado de Ferrante, a conspiração dos barões rebeldes de 1458 a 1465, narrada no *De bello Neapolitano*, composto, pela datação definitivamente estabelecida por Liliana Monti Sabia,[57] por um período bastante longo, que começa nos anos imediatamente seguintes ao conflito, após 1465, por etapas intermediárias e revisões, estendendo-se até 1495 a alcançar 1503, ano de sua morte. A estratigrafia compositiva demonstra que a escrita histórica militante precedeu e acompanhou a reflexão teórica do *Actius*, que portanto surge como a quintessência da experiência de historiador e de poeta latino do grande humanista, compondo conjuntamente uma exposição harmônica e concorde de teoria e prática historiográfica humanista. Ela se vale ainda da importante experiência de tratadística política fronteiriça experimentada já em 1465 por Pontano com o *De principe* que constitui uma sábia intercessão do pensamento político clássico, de Aristóteles a Xenofonte, de Cícero a Sêneca, e da teoria política medieval e humanista, no panorama do debate contemporâneo sobre o tema, de Poggio Bracciolini a Bartolomeo Platina e a Franceso Patrizi, situando-se como o mais importante antecedente do *Príncipe* de Maquiavel.[58] A teoria historiográfica exposta no *Actius* compendia de forma sistemática a teorética clássica que se afirmara ao longo de todo o século XV, como vimos, de Luciano a Cícero e Quintiliano, e os primeiros ocasionais documentos de teorética humanista, especialmente com Guarino Veronese e a

---

57 Cfr. Monti Sabia, *Pontano e la storia. Dal "De bello Neapolitano" all' "Actius"*, cit., cap. II, *La teoria dell'Actius e la prassi del De bello Neapolitano*, pp. 9-33, e cap. IV, *Cronologia interna del "De bello Neapolitano"*, pp. 43-53.

58 Cfr. o amplo exame das fontes clássico-medievais e a *Introduzione* da citada edição do *De principe* por Cappelli (cfr. *supra*, nota 31).

Antigos e modernos   327

obra retórica de seu mestre, os *Rhetoricorum libri* de Giorgio Trapezunzio,[59] escritos em 1434 e dedicados a Afonso de Aragão durante a estada napolitana do humanista grego, entre 1452 e 1454, ocasião em que o próprio Pontano foi seu discípulo: um texto que destacava o valor da história como disciplina oratória e civil de marca ciceroniana. Porém, Pontano está mais próximo de Quintiliano, trazendo a história para mais perto da poesia, obviamente épica, do que da oratória, e definindo-a como "poetica soluta" ("poesia dissolvida em prosa") com a retomada literal da famosa definição da *Institutio oratoria* (X, 1, 31: "historia est proxima poetis et quodam modo carmen solutum"),[60] como bem o evidencia já o significativo título binário *De numeris poeticis et de lege historiae*. E não está em contradição com esta concepção retórica da história a opção decidida pelos modelos privilegiados de Tito Lívio e Salústio quanto ao estilo histórico, em conformidade com uma tradição afirmada na corte aragonesa de Nápoles, dado que uma análise específica evidencia léxico, imagens e cadências métricas na prosa liviana e salustiana. Porém, Pontano concorda antes com a densa tradição ciceroniana, com ascendência em Luciano, a qual exige a imparcialidade do historiador e sua fidelidade à "veritas prima historiae lex", como ele explicitamente afirma no *Actius* retomando *ad litteram* a famosa citação do *De oratore*, II, 62, e como a seguir põe em prática no *De bello Neapolitano*, de que pesquisas recentes em arquivos demonstraram a confiabilidade histórica, se bem que numa ótica de história política aragonesa.[61]

Por este embasamento de elevada retórica humanista, de ideia monárquica e de confiança na *paideia* de ascendência clássica, o Renascimento fundava seu projeto positivo de construção racional de um Estado perfeito e de um príncipe justo, interpretando a realidade histórica da emergente afirmação de um Estado autocrático e atendendo as exigências de *Real-politik* dos príncipes e dos soberanos renascentistas, com os únicos instrumentos capazes de mistificar habilmente uma operação cortesã, ativando a tradição clássica para justificar a ideia autocrática em uma época pós-republicana.

---

59   A obra pode ser lida apenas na edição quinhentista: GEORGII TRAPEZUNTII *Rhetoricorum libri quinque*, Lugduni 1547. Sobre Giorgio da Trebisonda e sua obra cfr. J. MONFASANI, *George of Trebizond. A Biografy and a Study of his Rethoric and Logic*, Leiden 1976. Suas relações com Pontano, cfr. G. FERRAÙ, *Pontano critico*, Messina 1983, pp. 91 ss.; ID., *Tentativi di proposta politico-storiografica nel tempo di Ferrante: Giovanni Pontano*, cit., pp. 81-129; MONTI SABIA, *Pontano e la storia. Dal "De bello Neapolitano" all' "Actius"*, cit., pp. 2-7.

60   Sobre a linhagem da tradição aristotélica e quintiliana sobre história e poesia, cfr. MURARI PIRES, *Historia e epopeia: os principios da narrativa*, em sua obra *Mithistoria*, cit., I, pp. 147-276; *Historia, Retorica e Poesia*, cit., pp. 171-189.

61   Para a citação cfr. PONTANO, *Actius*, ed. cit., p. 208, 32-36. Para a confiabilidade histórica da obra de Pontano cfr. os estudos citados de SENATORE: *Pontano storico*, pp. 291-296; *Pontano e la guerra di Napoli*, pp. 281-311.

328 Francisco Murari Pires (org.)

Um modelo e uma linha cultural que foram estabelecidos, precisamente a partir da profícua discussão e reflexão feita pelos historiadores da corte aragonesa do Reino de Nápoles, Valla, Facio, Panormita e Pontano, mas que podia ser perfeitamente aproveitada pelas novas exigências político-culturais da Itália dos Senhorios e, logo em seguida, da Europa das cortes.[62]

Na segunda metade do Cinquecento, a reflexão teórica sobre a escrita da história na corte de Nápoles encontrará também acolhida e desenvolvimento junto aos tratadistas modernos da *ars historica*: do *Dialogo della historia* de Sperone Speroni, de 1543, que confirma o caráter de *ars* próprio da historiografia e seu domínio específico posto sob o selo da verdade; ao *De historica facultate disputatio* de Francesco Robortello, de 1548, que recoloca decididamente a historiografia no quadro das leis e dos instrumentos da disciplina retórica, seguindo a tradição ciceroniana, e lhe atribui um critério de seleção do material orientado rigorosamente por uma perspectiva pública e política, que exclui categoricamente o universo do privado e do quotidiano contra o qual tanto se batera Bartolomeo Facio contestando o modelo tacitiano e suetoniano invocado a propósito por Valla:[63]

> *Subnectitur historica facultas rhetoricae, estque una eius pars sive particula (...). Rhetorica historiam parit atque alit tamquam mater. (...) Historicae facultatis finem esse narrare (...). Privatas actiones non respicit historicus, eas, inquam, quae humiles fuerint et quales in quotidiano convictu agi inter homines solent.*

> [A historiografia é conexa com a retórica de que é uma parte ou sub-seção. A retórica gera a história e a nutre como uma mãe ... A finalidade da historiografia é narrar ... O historiador não cuida dos fatos privados, aqueles fatos, digo, não ilustres e sem importância que habitualmente acontecem, entre os homens, na vida quotidiana.]

Um pouco depois, Francesco Patrizi da Cherso contestará a perspectiva meramente retórica de Speroni e de Robortello com os *Dialoghi della historia*, de 1560, solapando assim a outra fundamental prerrogativa da *utilitas* atribuída pelo pensamento histórico clássico à historiografia, enquanto arquivo precioso de informes sobre leis, governos e

---

62   Cfr. para a recepção renascentista italiana e europeia do modelo elaborado pela historiografia humanista da corte napolitana do rei de Aragão, FERRAÙ, *La storiografia come ufficialità*, cit., pp. 692-693; IANZITI, *Humanistic Historiography*, cit.; ALBANESE, *Studi su Bartolomeo Facio*, cit., *passim*; B. FIGLIUOLO, *La storiografia umanistica napoletana e la sua influenza su quella europea (1450-1550)*, "Studi storici", 2 (2002), pp. 347-365.

63   Para todos estes textos da tratadística historiográfica quinhentista remete-se ao citado estudo de COTRONEO, *I trattatisti dell'ars historica*, *passim*.

costumes de povos. E ao final deste concatenado percurso, em 1566, Jean Bodin podia já oferecer à Europa o texto mais importante de teorética historiográfica moderna, o importante *Methodus ad facilem historiarum cognitionem*, que recolhia a trama de uma ininterrupta tradição clássico-medieval-humanista, inteligentemente adaptando-a às inovações do novo mundo que se abria apoiada em uma cultura milenária: por meio da *imitatio* dos historiadores antigos privilegiava a argumentação ciceroniana da *utilitas* da história, cujas sagradas leis permitiam conhecer o presente e iluminar o futuro, sancionando uma prática política, não escatológica. O primeiro núcleo de teorética historiográfica de Bodin pode, bem examinado, ser reconhecido já na historiografia humanista que culmina com Maquiavel e se inicia com o centro teórico-pragmático deveras representativo dos historiadores da corte napolitana dos reis de Aragão: de Facio, que aplica a autorizada lição do mestre Guarino, a Valla, a Pontano, com os quais se afirma a concepção da *historia* como *histoire*, repertório dos fatos históricos com privilegiada finalidade ético-política.

Mito, razão e enigma

André Malta (DLVC/FFLCH/USP)

Elas certa vez a Hesíodo o belo canto ensinaram
ao pastorear ovelhas ao pé do Hélicon sagrado;
primeiramente esta fala me dirigiram as deusas,
as Olimpíadas Musas, jovens de Zeus porta-égide:
"Pastores campestres, vis infâmias, somente estômagos:
sabemos dizer inúmeras falsidades verossímeis
e sabemos, se queremos, verdades enunciar".
Assim disseram as jovens de Zeus grande, articuladas,
e me deram como cetro um ramo, de um louro em flor
tendo o colhido, admirável, e inspiraram em mim voz
divina, para que eu glorifique o que será e foi;
e ordenam que hineie a raça dos ditosos sempre vivos
e que primeiro e por último, sempre, a elas mesmas cante.
Mas por que me ocorre isso por carvalho ou por rochedo?
("Epifania das Musas", v. 22-35 da *Teogonia* de Hesíodo)

Em meio às tantas incertezas e indagações que cercam nosso estudo da literatura grega e a relação com a sociedade e a cultura em que ela surgiu, entre os séculos VIII e IV a.C., um ponto talvez atraia uma certa unanimidade entre os helenistas: a importância

332   Francisco Murari Pires (org.)

de uma leitura atenta da poesia de Hesíodo, que com seu chamado "didatismo", isto é, sua vontade de organizar, esclarecer e orientar, parece apontar para uma transformação importante do universo mental grego. Recorrendo à mesma dicção poética de Homero, Hesíodo entretanto a usará para elaborar, na *Teogonia* e nos *Trabalhos e dias*, um conteúdo pouco ou nada homérico, com um enfoque mais pragmático, analítico e universal, supostamente atendendo, por meio de fórmulas já tradicionais, a uma necessidade de responder a novas realidades.

Como no caso dos filósofos pré-socráticos que empregaram o verso para se expressar, haveria assim em Hesíodo um descompasso entre forma e substância, a indicar a construção de uma espécie de ponte ou passagem entre passado e presente, entre fantasia e realidade, entre o concreto e o abstrato, a figuração e a especulação – de que ele seria, com seus poemas, principal testemunho.[1] Portanto, se partimos da suposição de que houve de fato uma mediação entre dois momentos distintos, com o mito sendo superado por uma razão incipiente e novas formas de pensamento e organização, é nele, em seu hibridismo, que poderíamos encontrar de maneira privilegiada os principais sinais desse processo, os reflexos dessa "época de mutação decisiva", nos dizeres de Jean-Pierre Vernant, que via justamente em sua poesia um conflito entre delimitação conceptual e enquadramento mítico.[2]

Do ponto de vista do historiador e do sociólogo, das duas obras que chegaram até nós, os *Trabalhos e dias* seria aquela a merecer especial atenção, uma vez que fornece, com seu contexto agrícola e familiar, elementos mais concretos e palpáveis (relações sociais e familiares, conceitos morais, procedimentos práticos e técnicos), que não fariam sentido se não se ligassem de alguma maneira ao mundo real[3]. Já para o antropólogo e o estudioso de literatura, com suas questões específicas, a *Teogonia* é, sem dúvida, nenhuma o texto mais importante para se investigar possíveis sinais de mudança – mas nesse caso não é

---

1   Essa contradição é apontada por Diógenes Laércio a respeito de Xenófanes: "Escreveu em versos ... contra Homero e Hesíodo, censurando o que haviam dito sobre os deuses. Mas ele próprio também recitou seus poemas" (*Vida e pensamento dos filósofos ilustres*, 9.18). Homero também tem sido tratado por alguns como pertencente a uma época mais recente; para Martin West, ele seria inclusive posterior a Hesíodo (M. West, *Hesiod: Theogony*. Oxford: The Clarendon Press, 1971, p. 46-47).

2   J-P. Vernant, *As origens do pensamento grego*. São Paulo: Bertrand Brasil, 1962 (trad. bras.), p. 7 e 84. A influência é de Francis Cornford, que via conteúdos discrepantes na *Teogonia* – com uma parte mais física e outra mais mítica. Ver F. M. Cornford, *Principium sapientiae*. Lisboa: Fundação Calouste Gulbenkian, 1952 (trad. port.), p. 322-324.

3   Ver Jonathan Hall, *A history of the archaic Greek world*. Cornwall: Blackwell, 2007, p. 27. Essa materialidade maior, é verdade, pode ser traiçoeira, porque dá a impressão de um tempo e um lugar específicos e facilmente determináveis, quando sabemos que pode sim conter uma boa dose de atemporalidade e se referir a fatos e situações constantes e tradicionais.

tanto o poema como um todo que atrai o olhar analítico. Ao contrário do que acontece com os *Trabalhos e dias*, em que toda informação mítica, política, social, técnica e moral disseminada ao longo do poema é valiosa para se vislumbrar alguma alteração no cenário da vida grega, a *Teogonia* em alguns poucos versos – catorze, precisamente, os de 22 a 35, que formam a chamada "Epifania das Musas" – parece concentrar todo o problema de um possível novo papel do homem e da poesia.[4]

Esse passo, que constitui, curiosamente, uma espécie de desvio inesperado no fluxo narrativo do hino-proêmio em que se insere, tem recebido, em comprovação de sua importância, incontáveis reflexões. Porém, não é só sua relevância – como provável índice de inovação – que explica tantas e tão variadas leituras ao logo de décadas, mas sobretudo a dificuldade de se compreender o sentido das palavras que aí são ditas, a maneira como devem ser abordadas. Um trecho cuja importância extrapola os limites do próprio poema e desafia o entendimento mais claro: por aí podemos ver o fascínio que esses versos de Hesíodo exercem em todos aqueles que se interessam pelo mundo grego antigo, a ponto de serem quase incontornáveis: em algum momento temos que – ou, mais ainda que um dever, *queremos* – nos deparar com eles, oferecer-lhes alguma interpretação plausível, ainda que insatisfatória.

Mesmo se circunscrevêssemos o interesse, deixando de lado o enquadramento histórico-cultural, a atração se manteria justificada: trata-se da descrição do encontro entre as Musas, as divindades da linguagem cantada e ritmada, e o poeta seu eleito, Hesíodo. Para os interessados em literatura em geral, esse é o passo onde se pode buscar alguma reflexão sobre o papel da poesia na Grécia, uma vez que, no encontro, as Musas falam a Hesíodo em que consiste essa atividade. Na realidade, esse é – salvo engano – o único passo do que nos restou da literatura grega em que as Musas *falam*, em que têm um discurso próprio. Certamente, não representa novidade o fato de uma divindade tomar parte num diálogo poético – os discursos dos deuses são frequentes em Homero e Hesíodo –, senão pelo fato de, no caso das Musas, *os próprios poemas já se identificarem com suas falas*. Consequentemente, temos um elemento de destaque aí – o recurso à metalinguagem: as Musas discursam no interior do seu próprio discurso. Se elas falam no poema sobre o que fazem quando falam poemas, podemos então averiguar se essa atividade declarada corresponde ao que encontramos na *Teogonia*, e ao que encontramos também em todos os outros poemas que partilham dessa mesma visão de poesia. Sendo assim, teremos uma possível chave de leitura e interpretação de parte da literatura grega.

---

4 O trecho, no entanto, já atraiu leituras de outro tipo, como a sociológica de Jesper Svenbro (*La parole et le marbre.* Lund: n.p., 1976, p. 44-73).

334   Francisco Murari Pires (org.)

Trata-se, inegavelmente, de implicação decisiva para esse campo de estudo, mas a verdade é que, à primeira vista, ela pode soar estranha e descabida, desproporcional diante do caráter quase casual, acidental, da passagem em questão. E então nosso ímpeto arrefece, e já receamos ser engolidos pelos perigos que o passo propõe. Pois uma interpretação assim, para ter alguma validade, precisa acolher e resolver outras questões, que não podem ser simplesmente descartadas. Essas questões podem ser formuladas numa longa série de indagações, entre as quais se colocam as seguintes: por que a figura do poeta se identifica com a do pastor? Hesíodo relata uma experiência que viveu de fato? Por que, ao contrário do que acontece em Homero, o nome do poeta-pastor é mencionado? Como deve ser entendida sua relação com a Musa – num contexto estritamente literário, de uma simbolização convencional mas esvaziada de qualquer substância, ou como expressão de religiosidade? Essa última pergunta nos devolve à discussão cultural e histórica, e uma resposta precipitada pode comprometer toda a compreensão do poema e de sua época.

Mas não atingimos ainda o cerne do problema, que consiste nos três versos que compõem a fala das Musas: por que elas não se dirigem a "Hesíodo" ou "pastor", mas a "pastores", no plural, e os qualificam, depreciativamente, de "vis infâmias" e "somente estômagos"? Por que, em vez de se alongarem um pouco na interpelação e na explanação de suas funções, elas abruptamente passam para a enunciação de seus "saberes", que, além de caprichosos (com o perdão da palavra), porque dependentes de suas vontades, se resumem a dois versos apenas? E, finalmente, por que, no momento em que esperamos essa explicação, o que nos resta é uma confusão entre verdade e mentira? Trata-se de alguma polêmica literária posta contra um pano de fundo que ignoramos? Ou, novamente, devemos pensar num plano mais profundo, filosófico até? Será que, ao afirmar o que fazem, elas já estão pondo em prática o que dizem fazer?

Depois desse breve detalhamento, o saldo das dificuldades não é pequeno: mito, razão, poesia, religião, verdade, mentira, conhecimento, vontade – ideias e conceitos complexos que aparecem condensados em poucos versos, e que por isso nos obrigam necessariamente a uma explicação, a um desenvolvimento qualquer que esclareça o que aí é enunciado de forma tão breve e lacunar. É como se precisássemos dizer o que Hesíodo deixou apenas entredito – prática comum quando se enfrenta aquele tipo mais raro de expressão, que, apesar de econômico e obscuro (ou por causa exatamente disso), se mostra portador de significados profundos. O risco, nesses casos, é incorrer numa "hiperleitura", em investir os termos de um significado excessivo ou distorcido, que eles só a custo de muito artificialismo podem aceitar.

De modo geral, sem entrar no detalhe de cada posição, podemos dizer que tem predominado a leitura que assume a presença, aí, de um processo de transformação, seja ela social, literária, religiosa ou performática. A singularidade do passo, por si só, sustenta a defesa da existência de algo novo ou diferente, e desse ponto de vista essas leituras têm, a princípio, uma base legítima. O que se pode fazer, porém, para tornar a discussão mais proveitosa, é situá-la – a partir das características e indagações que elencamos acima – dentro de alguns procedimentos míticos e racionais sobre os quais temos conhecimento mais sólido e seguro, para aí sim determinar o papel da "Epifania das Musas" no contexto cultural mais amplo da Grécia Antiga.

Não se trata propriamente de afirmar, ou negar, a passagem do mito à razão, nem de propor nova periodização ou ratificar a existente, nem mesmo de atrelá-la rigidamente a mudanças sociais, políticas ou econômicas, mas apenas de situar e qualificar procedimentos míticos e/ou racionais com base no trecho hesiódico. Historicamente, não é possível negar a reação ao mito, num Heráclito, num Xenófanes, onde o ataque, a vontade de rever e se diferenciar, são explícitos. Mais complicado é abordar a evolução dessa mudança, que deve ser sempre nuançada, porque ocorreu num ritmo descontínuo, além de ter sido acolhida de formas diversas dentro da sociedade grega em geral. Francis Cornford tocou nesses problemas em seu *Principium sapientiae*, ao mostrar, por um lado, que a filosofia física ou naturalista, em suas tentativas de cosmogonia, longe de ser puramente "científica", recuperava esquemas e procedimentos ainda míticos; e, por outro, ao assinalar de que forma na condenação de Sócrates a acusação se aproveitou para identificá-lo com um tipo de racionalismo "meteorológico" que parecia negar a piedade tradicional – o que nos indica como, na Atenas da virada do século V para o IV, no combate entre mito e razão, esta permanecia restrita a uma parcela intelectualizada, enquanto aquele respondia pela visão da maioria do povo.[5]

Na mesma linha, Geoffrey Kirk, em seu *A natureza dos mitos gregos*, insistiu no argumento de que não foram um ou dois, mas vários os passos dados na evolução e no estabelecimento de um pensamento racionalista. Tal como Cornford, ele fez questão de salientar a interpenetração entre mito e razão: também no mito, diz ele, podemos encontrar processos lógicos, esquemas de causa e feito, generalizações, assim como o pensamento racional se vale muitas vezes do elemento visual e imagético que é característico do mito.[6] Kirk, a bem da verdade, se mostra incomodado com esse tipo de classificação, sobretudo com a que diz respeito ao mito, incapaz de ser apreendido, em sua variedade e fluidez (no tempo e no espaço), por um conceito tão vago e impreciso. No seu livro, ele se esforça por mostrar como qualquer que seja a abordagem do tema, ela não resiste à crítica mais atenta, porque, ao querer falar do mito em geral, acaba sempre dando conta

---

5   F. M. Cornford, *Principium sapientiae*. Lisboa: Fundação Calouste Gulbenkian, 1952, trad. port., p. 305-328 e 218-232.

6   G. S. Kirk, *The nature of Greek myths*. London: Penguin, 1974, capítulo 12, "From myths to philosophy?".

apenas de um tipo de narrativa ou mentalidade mítica; o que existe na verdade, afirma ele, são *mitos*, no plural.

Aqui não queremos falar do mito em geral, nem da razão de forma vaga, mas antes demarcar da forma mais precisa possível o que entendemos por esses conceitos *quando aplicados ao mundo grego antigo*. Trata-se, na realidade, apenas de explicitar as ideias que os estudiosos associam a mito e razão quando realizam esse tipo de discussão. O risco da generalização indevida está sempre presente, mas talvez não haja outro caminho, se não se quer fazer apenas descrição e problematização – e sendo assim talvez valha a pena corrê-lo, em nome de uma construção teórica que dê sentido ao que se estuda, uma construção que se reconheça, enquanto tal, limitada e artificial, mas também operacional e esclarecedora.

Do mito grego é possível apontar, resumidamente, as seguintes quatro características principais. A primeira delas é que se trata de um discurso oral, e com oral não queremos dizer que esse discurso *pode* ser transmitido oralmente, mas sim que sua existência está condicionada à presença de uma voz ritmada; é ela que detém o poder de encantar, de dar a ver e conhecer, de comunicar (no sentido forte); é nela, e não na escrita, que reside a sabedoria. Em segundo lugar, o mito é um discurso tradicional, que se orienta em sua forma e conteúdo para e/ou pelo passado (muitas vezes assumindo um viés ideológico); sua intenção é preservar para o grupo um legado comum, que se mantém relativamente estável. Em terceiro lugar, é um discurso religioso, no sentido de que trata, direta ou indiretamente, das relações entre homens e deuses: nele as esferas natural, social, moral e psicológica se confundem com a sobrenatural; essa relação é ilustrada pela própria visão do mito grego como um discurso em que o homem (aedo) entra em contato com o deus (Musa). E, por último, é um discurso que se apoia na imagem como elemento capaz de explicar todo tipo de fenômeno, de tal forma que as coisas – mesmo as mais impalpáveis para nós – podem sempre ser apreendidas de maneira concreta.

São características apontadas por muitos – vocalidade, tradicionalismo, sacralidade e imagismo –, mas que podem ser criticadas com certa facilidade, ou por serem encontráveis em manifestações culturais de outros lugares e épocas, e até mesmo nas sociedades contemporâneas (o que as tornaria pouco características)[7], ou por estarem ausentes de muitas narrativas consideradas míticas. Críticas semelhantes valem para a classificação do discurso racional. Podemos dizer que é aquele que se baseia na teorização e sistematização do pensamento, através da abstração, da busca de universais e do abandono do pensamento religioso, e que é veiculado de preferência pela escrita. Mas não há uma série

---

7 Por exemplo, esses traços podem aparecer em produções poéticas contemporâneas que não podem ser qualificadas de míticas.

de discursos que reúnem esses elementos, e que não são necessariamente chamados de racionais? Por outro lado, será que os discursos ditos "racionais" dos gregos congregam todas essas características?

É importante reafirmar que nosso interesse, aqui, não é traçar abstratamente essas difíceis fronteiras entre mito e razão, mas apontar procedimentos que tendem ora para um pensamento mítico, ora para um pensamento racional, ou a transformação que eles sofrem quando em um ou outro ambiente. Nesse sentido, a indicação que fazemos de algumas características principais deve servir apenas como um ponto de partida para a discussão do universo grego. Tomemos como exemplo o conflito oralidade/escrita, que reproduziria num âmbito específico aquele maior entre mito/razão. Trata-se de uma distinção – esta entre duas disposições mentais – tão tradicional quanto simplificadora. Sabemos que filósofos como Xenófanes, Parmênides e Empédocles recorreram ao verso para realizar suas reflexões, e o elemento rítmico nos faz pensar certamente numa valorização da comunicação oral dos seus ensinamentos. Em Empédocles, encontramos referências à Musa (frags. 3, 4, 131), indicação da permanência do elemento religioso, e mais de uma vez nos deparamos com o uso do termo *mûthos* com um sentido homérico, de ato de fala, para descrever seu discurso (frags. 17, 23, 24, 62).[8] E no entanto, ainda que esses elementos que são próprios dos pensamento mítico – oralidade, religiosidade, apego à tradição – penetrem no texto de Empédocles, há, no conjunto dos seus fragmentos, uma vontade de propor um sistema de organização do mundo que pode dispensar as relações entre deuses e homens, e que alcança certo nível de abstração e generalização. Nesse pensador, os princípios contrários do universo, Amor e Discórdia, estão a meio caminho entre a divinização e a conceituação: parecem atuar como figuras do imaginário mítico, e todavia funcionam como abstrações que têm uma aplicação geral.

Podemos dizer do mesmo modo, mas agora em sentido contrário, que o mito, apesar de possuir também um sistema de figuração do mundo (sobretudo na esfera divina), não chega ao ponto de torná-lo impessoal e geral – antes caminha no sentido da particularização das relações e das imagens. Há, claro, latentes, uma lógica, uma sistematização (como os enfoques estruturalistas não se cansaram de mostrar), mas o mito, por natureza, opera de maneira a não explicitá-las, a não trazê-las para o primeiro plano – o que só é possível do ponto de vista racionalista, ao qual interessa a abstração de práticas e processos, a redução de imagens a conceitos e ideias relativamente independentes de qualquer base concreta.[9]

---

8   Platão, no *Sofista* (242), refere-se ao pré-socráticos como contadores de "mitos", e associa Heráclito e Empédocles a "Musas", respectivamente, da Jônia e da Sicília.

9   G. S. Kirk, *The nature of Greek myths* London: Penguin, 1974, p. 286-297.

338 Francisco Murari Pires (org.)

Nesse sentido, antes de voltarmos a Hesíodo, para verificarmos como essa passagem se dá em sua poesia (se é que se dá nela), seria interessante examinarmos um tipo de leitura que fez escola na Antiguidade, e que revela um dos modos pelos quais o mito se transforma em razão, ou a razão atua sobre o mito. Porque no momento em que se constitui uma crítica ao mito, revela-se uma vontade de adequá-lo a uma nova mentalidade, que de uma maneira ou de outra destoa da mítica. É nesse contexto que devemos inserir a leitura alegórica, que racionaliza o mito: o de uma abordagem inovadora (ao que tudo indica) de um objeto tradicional.[10]

Não temos muitas informações sobre a interpretação alegórica na Grécia Antiga. Ao que parece, já era aplicada à poesia homérica por um certo Teágenes de Régio, nascido no sul da Itália em meados do século VI. Em geral, os que dela se valiam visavam justificar o modo "ímpio" pelo qual os deuses eram retratados, embora pudesse andar junto a vontade de se aproveitar da enorme popularidade de Homero para veicular a filosofia física. Porque ao que tudo indica a alegoria física foi dominante, cabendo às explicações de cunho moral ou etimológicas um papel secundário. A notícia que temos a respeito de Teágenes, num escólio, é exatamente de que deu uma explicação "naturalista" e ética para a inaceitável teomaquia divina da *Ilíada*, nos cantos 20 e 21. Por ela, Apolo e Hefesto representariam o fogo, Posídon e Escamandro a água, Hera o ar, Ártemis a lua, e assim por diante; no plano psicológico, Ares seria a insanidade, Atena a razão, Afrodite o desejo etc. Através desse procedimento, o mito se tornava uma espécie de suporte inevitável para a aplicação de um racionalismo que ganhava adeptos e crescia em interesse. Ironicamente, o mito encontrava na sistematização racional a sua melhor defesa.

Isso nos casos em que se pretendia salvá-lo ou acolhê-lo. Sabemos que a posição contrária foi adotada por Platão, que, na esteira de Xenófanes e Heráclito, não compactuava com esse tipo de leitura[11] (o que deveria soar estranho aos seus contemporâneos, criados na veneração ao poeta como fonte de saber). Pelo menos em três momentos da sua obra

---

10   A alegoria, com suas correntes várias ao longo da história (física, ética, astrológica, espiritual), foi um dos modos racionalistas de ler o mito e se identifica com a própria origem da atividade crítica tal com a entendemos; daí sua importância, como ressalta David Konstan em D. Russell & D. Konstan (ed.), *Heraclitus: Homeric problems.* Atlanta: Society of Biblical Literature, 2005, p. xxiv-xxvi. No período clássico temos já os exemplos "racionalizantes" de Heródoto (2.112-120) e Tucídides (1.1-22), que contestam Homero em nome do que é plausível. Depois teremos outros enfoques importantes, como o evemerista, a partir do século III a.C.

11   A leitura mais técnica ou literária de Homero, que se concentrava no próprio texto, ficou a cargo mais dos sofistas (que também alegorizavam), vindo, depois de Aristóteles, desembocar na filologia alexandrina dos séculos III e II a.C. Na realidade, a abordagem alegórica não era incompatível com a linguística, e também Teágenes parece ter praticado ambas. Ver N. J. Richardson, "Aristotle's reading of Homer and its background", em R. Lamberton & J. Keaney (ed.), *Homer's ancient readers.* Princton: Princeton University Press, 1992, p. 30-40.

ele mostra essa recusa em fazer uso da alegoria para entender os poemas de Homero. Na *República* (378), no momento em que está condenando precisamente a luta entre deuses apresentada nos épicos, Sócrates afirma que esse tipo de história não pode ser aceita, ainda que tenha sido inventada com um significado profundo (*hupónoia*), possibilidade que ele desdenha. No *Fedro*, o mesmo Sócrates aborda de forma irônica a explicação "realista" do rapto mítico de Orítia, e ao final a qualifica como "sabedoria grosseira" (229). Uma outra fala sua, agora tirada do *Hípias menor*, também nos mostra o desinteresse platônico pelo interpretação homérica: depois de ouvir a conferência de Hípias sobre o caráter de cada herói em Homero (num enfoque mais moral, e não físico), e de que Odisseu representava o homem mentiroso, enquanto Aquiles o verdadeiro, Sócrates sugere que deixem Homero de lado, porque não era possível saber "o que ele tinha em mente" (*tí pote noôn*) ao compor seus versos (365).[12]

Essa fala socrática nos conduz a um ponto importante do racionalismo alegórico: neste era preciso justamente descobrir a *intenção* do poeta, interpretar seu *pensamento*, *comentar* ou *explicar* seu versos, conforme percebemos com clareza no *Íon* (530, 531), onde o rapsodo de mesmo nome surge também como intérprete, ao lado de reconhecidos alegoristas, como Metrodoro de Lâmpsaco, que cita. Os termos fundamentais aí são *diánoia* e *exegéomai* (cognato de *exégesis*, "exegese"), que se consolidariam no vocabulário filosófico. Esse mesmo modo de raciocínio permanece no tratado *Problemas Homéricos*, atribuído a Heráclito, homônimo do filósofo pré-socrático que viveu por volta dos séculos I/II d.C.[13] Nele a interpretação alegórica já aparece cooptada pela filosofia estoica, que assume o compromisso de atacar a condenação platônica e sair em defesa de Homero. Porém, apesar da passagem dos séculos, podemos dizer que permanecem as mesmas linhas mestras, com o enfoque físico ainda assumindo o posto principal, secundado por outros recursos interpretativos; sinal disso é que a mesma interpretação que Teágenes supostamente fez da "Teomaquia" reaparece entre os parágrafos 54 e 58 do tratado.[14] Por esse motivo, esse é um documento importante para desenharmos um quadro mais nítido do que teria sido a leitura alegórica nos séculos VI, V e IV.

A nomenclatura parece um pouco diversa, mais desenvolvida, mas a ideia é a mesma: tudo que Homero disse, o fez com uma "visão filosófica" (*theoría philósophos*, 1.3, 12.2), ou uma ideia filosófica (*philosophoûsa énnoia*, 16.5; *philósophos noûs*, 26.3). O trabalho

---

12   No *Teeteto* (153), Sócrates se refere de forma irônica à interpretação corrente de que a *aurea catena* do canto 8 da *Ilíada* nada mais era do que uma referência críptica ao Sol.

13   Dessa obra temos agora a ótima edição bilíngue (nota 10) a cargo de D. Russell e D. Konstan.

14   (Pseudo)Plutarco dá continuidade a esse tipo de enfoque no *Ensaio sobre a vida e a poesia de Homero* (102), que data do século II d.C.

340 Francisco Murari Pires (org.)

do crítico é trazer à luz o que Homero encobre (*hupokrúptetai*, 26.3), seu sutil modo de pensar (*leptè phrontís*, 68.1), que ele deixa indicado ou sugerido – verbo *ainíttomai*, que Heráclito, como bom alegorista, gosta de empregar. É preciso então examinar com cuidado (*takribès ereunân*, 42.1, *skopeîn akribôs*, 40.2, 70.1) para se perceber o modo da verdade alegórica (*trópos allegorouménes alétheias*, 42.1), para se rastrear a verdade dos poemas (*tôn poiemtáton tèn alétheian*, 3.3).

Homero se transforma assim no primeiro dos físicos ("precursor das doutrinas físicas dos elementos", 22.2), e para acessá-lo é preciso ter um conhecimento (*epistéme*, 6.2). Aparentemente, não estamos muito longe do que ocorria desde antes de Platão. Tomemos um exemplo ilustrativo: na abordagem que faz do famoso passo dos "Amores de Ares e Afrodite", do canto oitavo da *Odisseia*, absolutamente inaceitável se tomado ao pé da letra (porque atribui aos deuses a prática do adultério), Heráclito afirma que Homero emprega a mesma "doutrina siciliana" de Empédocles, uma vez que com Ares quer dizer discórdia, e com Afrodite quer dizer Amor (69.1-11). A menção ao filósofo e o equacionamento quase óbvio – num trecho reconhecidamente "problemático" – indicam que esse tipo de solução era tradicional, e não um achado do alegorista.

Em resumo, o que presenciamos é a elaboração de um modo sistemático de se ler a poesia, que pressupõe a presença de um pensamento diretor também sistemático, o do poeta. O resultado é uma explicação que se apoia num elemento natural e em relações constantes para explicar o que, num nível superficial, surge como sobrenatural e arbitrário. Para nós, evidentemente, esse racionalismo, em matéria de arbitrariedade, é absolutamente pródigo, mas o que interessa é menos o resultado que a intenção de explicar, de esclarecer, menos o estabelecimento de um método (que inexiste) que a suposição de alguma coerência interna mínima.[15] Se as cosmogonias jônicas, no afã de se apartarem de uma formulação mais sobrenatural, se viram obrigadas a buscar no mito suas referências, a interpretação alegórica – derivada da mesma fonte "física" – usou o próprio mito, e o mais insigne dos poetas, para veicular um pensamento novo. Por aí podemos ver como é complexa a relação entre mito e razão na Grécia Antiga, pois um passo ou poema a princípio mítico podia ser apropriado por uma nova leitura, às vezes absolutamente contrária em seus pressupostos.[16]

---

15   A visão de conjunto na leitura de Homero surge com a hermenêutica mística dos neoplatônicos, como acontece com Porfírio (III d.C.) em sua leitura da *Odisseia*, a partir de onze versos do canto 13, passo denominado "A caverna das Ninfas" Ver Robert Lamberton, "The neoplatonists and Homer" em R. Lamberton & J. Keaney (ed.), *Homer's ancient readers*. Princton: Princeton University Press, 1992, p. 115-133.

16   É curioso que, segundo a anedota da *Vida homérica* herodoteana (35) e o *Certame* (5 e 18), o poeta tenha morrido depois de não conseguir solucionar uma charada verbal proposta por meninos pescadores. De certa forma, esse passo ilustra como a banalidade racionalista se impôs a Homero e "matou" sua poesia.

Antigos e modernos 341

No fim das contas, Homero podia ser assimilado a um Empédocles, porque este também alegorizava, quando, por exemplo, empregava o nome Zeus (frag. 6) para se referir ao "ar" (*Probl. Hom.*, 24.6-7). Os resquícios do mito no filósofo justificavam a presença de princípios filosóficos no poeta. Se Empédocles, em sua poesia filosófica, já prevê a relação entre a imagem (figura divina) e um conceito ou elemento da natureza, por que Homero não deveria fazer o mesmo? Fica-se então com a ideia de que o mito usa a imagem para expressar algo abstrato, quando na verdade é a imagem que foi racionalizada para o estabelecimento de um jogo de correspondências. O que esse tipo de interpretação alegórica faz é pressupor a intenção da alegoria por parte do poeta, como se ele operasse com as mesmas referências.[17] Nesse sentido, os alegoristas, ainda que afirmem diversas vezes ver na poesia um enigma, trabalham com códigos de leitura que a transformam, uma vez dominada a chave interpretativa, em tudo menos em algo verdadeiramente enigmático.

Essa digressão a respeito do racionalismo alegórico serve para destacar exatamente uma de suas implicações principais: de que o enigma da poesia pode e deve ser desfeito, porque o intérprete é capaz de, com suas ferramentas lógicas, discriminar os elementos responsáveis pela sua composição, propor um *entendimento* seu (*gnóme*, *Íon*, 533, *Probl. Hom.*, 69.8). Para nosso Heráclito, ao que parece, e para os alegoristas antigos, a linguagem críptica de Homero não era propriamente obscura – porque podia ser acessada e decodificada. Ela era, na realidade, perfeitamente clara, contanto que se soubesse abordá-la num nível mais profundo, naquilo que hoje chamaríamos de "subtexto".[18]

Ora, esse *sistema de relações* – sinal de um pensamento racionalista – só pode ser visto como enigma se o próprio enigma tiver se deslocado para a esfera dos malabarismos mentais e de linguagem, como de fato se deslocou em determinada altura da história grega.[19] Sabemos, naturalmente, que o uso de *correspondências*, da necessidade de se estabelecer uma ligação entre A e B, estava havia muito presente no mundo grego, através da palavra oracular, de metáforas e fábulas. Nesses casos, tínhamos também um *aínigma*, ou um *aînos*. Podemos citar a tradicional imagem da nau (que remete à pólis) empregada por Teógnis como "enigma" (*Teognídea*, v. 667-682), ou o *aînos* de Hesíodo envolvendo o gavião e o rouxinol (*Trab.*, 202-212). Quanto ao oráculo, podemos dar um exemplo ex-

---

17   No *Protágoras* (316) e no *Teeteto* (180), vemos exposta a ideia de que os primeiros poetas eram sofistas disfarçados, a revestir sua sabedoria filosófica e doutrinas com trajes populares.

18   Há talvez em Heráclito a ideia de que a tarefa era restrita aos "iniciados" (ver D. Russell & D. Konstan (ed.), *Heraclitus: Homeric problems*. Atlanta: Society of Biblical Literature, 2005, p. xxiv). Isso remontaria à possível intenção *excludente* com que a alegoria era aplicada no seio do orfismo, como defende André Laks em "Between religion and philosophy: the function of allegory in the Derveni papyrus" (*Phronesis* 42/2 (1997): 121-142).

19   Giorgio Coli, *O nascimento da filosofia*. Campinas: EdUnicamp, 1975 (trad. bras.), p. 41-49. Para uma relação de enigmas, ver seu *La sabiduría griega*, Madrid: n.p., 1977 (trad. esp.), p. 345-375.

342 Francisco Murari Pires (org.)

traído de Heródoto: Creso, ao consultar a Pítia sobre se seu poder se estenderia por muito tempo, ouviu dela que deveria fugir quando um "mulo" fosse rei dos Medos (1.55); o rei lídio comete então o erro de tomar o vaticínio ao pé da letra (um mulo nunca chegaria a comandar os persas), e só é esclarecido depois de derrotado, pelo próprio oráculo: "era Ciro esse mulo, já que nascera de progenitores de raça diferente..." (1.91). Vale lembrar ainda, na mesma linha, a metáfora que a Pítia emprega para se referir às naus atenienses, "reduto inexpugnável de madeira", que provocou discussão e mais de uma interpretação (7.141-143 e 8.51).

Mas o que vemos nesses casos é mais uma correlação de imagens e ideias, sem qualquer pretensão à formação de uma constante, que transfira a figura para uma ideia abstrata, pura ou naturalista (o enigma pelo prisma alegórico). Também não estamos diante de um simples jogo verbal ou mental (o enigma sofístico); o gosto pelo paradoxo, pela proposição de absurdos, não deixa de marcar presença, como noutra fala oracular tirada de Heródoto, em que a Pítia diz "entender o embotado e ouvir quem não fala" (1.47), mas parece não ocupar ainda posição central, não ter ganhado autonomia própria, como acontecerá depois, quando o chamariz será a aparente *impossibilidade* do que se diz. Na *Apologia*, Sócrates sugere que Meleto estaria propondo um enigma em sua acusação, como se dissesse "Sócrates age mal por não cultuar deuses, mas cultuando deuses" (27). E depois Aristóteles afirmaria que "tal é a característica do enigma: coligindo absurdos, diz(er) coisas acertadas" (*Poética*, 1458a26-30).[20]

Com isso, podemos estabelecer nesse campo, com relativa segurança, uma diferenciação entre mito e razão. O discurso racional, operando por meio de um sistema crítico genérico que estabelece relações e fornece respostas, visa ao esclarecimento de um *problema*, e quando postula enigmas, são enigmas racionais, e muitas vezes banais, o que não deixa de ser paradoxal; as respostas que encontra, por sua vez, correspondem ao estabelecimento da verdade desse discurso. Já o mito trabalha com imagens e ideias que se esgotam em si mesmas ou remetem a outras imagens e ideias, sem que se faça necessária a relação com um conceito genérico (as imagens não precisam ser abstraídas) ou se resuma a um simples exercício com a linguagem e o raciocínio. A resposta ao enigma reside na *construção de uma interpretação própria*, que deve se basear por sua vez no próprio sistema de imagens, que comporta ambiguidades e contradições. Não há uma chave que nos

---

20   Veja-se, nesse sentido, a pergunta de Sócrates a Êutifron no diálogo homônimo (10): "Será que o piedoso, porque é piedoso é adorado pelos deuses, ou porque é adorado é piedoso?"

Antigos e modernos   343

dê a resposta, e por isso o enigma mítico é mais "aberto", obscuro e enigmático – e muitas vezes com um alcance mais profundo para o homem – do que o enigma racionalista.[21]

Podemos então voltar finalmente ao texto de Hesíodo e nos perguntar se o que temos, em todo o desconcertante passo da epifania e na fala das Musas em particular, é a proposição de um enigma racionalista ou de um enigma mítico, e se documenta alguma transformação. Tradicionalmente, a maioria dos estudiosos defende a existência de um processo de diferenciação em relação ao mito, com base sobretudo em dois elementos singulares que o passo apresentaria: o uso da metalinguagem ou da autorreflexão, que implicaria uma consciência da atividade poética; e a presença do nome do poeta, que, abandonando o anonimato, estaria assim afirmando sua identidade e originalidade (e talvez sua verdade) em relação ao demais. Some-se a isso a própria extensão do proêmio, junto com a vontade do poeta em sistematizar genealogias, e o que temos então é o anúncio de uma nova mentalidade, ainda que tributária, em grande medida, de características míticas.

Quem melhor expressou essa possível transição, de forma bastante persuasiva, foi Marcel Detienne, na obra *Os mestres da verdade na Grécia Arcaica*, de 1967, fundamental para toda uma geração de helenistas. De todo o livro, o capítulo 4, "A ambiguidade da palavra", talvez seja o mais eloquente, e, já em seu final, encontramos duas afirmações importantes para nossa discussão, ambas relativas à epifania: "a ambiguidade que o pensamento mítico não analisa, porque ela lhe é consubstancial, é aqui objeto de uma análise racional que procede em termos de imitação". E depois: "se encontramos em Hesíodo, por exemplo, um tipo de tradução conceitual da ambiguidade, é porque a ambivalência começa a 'constituir problema' em um pensamento que não é mais mítico e que não é ainda racional, um pensamento que é, de algum modo, intermediário entre a religião e a filosofia".[22] Se passarmos para uma obra bem mais recente, *Le métier du mythe*, coletânea de ensaios publicada em 1996, veremos que é sob esse mesmo ângulo que muitos autores abordam a "Epifania das Musas". Para Heinz Wismann, o passo resume a "perspectiva de reflexão" de todo o proêmio, onde "a herança épica se encontra incorporada e ultrapassada"; Jean Rudhart, em sua colaboração, afirma que se trata de um prólogo "extraordiná-

---

21   No *Segundo Alcibíades*, Platão faz Sócrates dizer: "O certo, amigo, é que o nosso poeta fala por enigmas, como fazem todos. É da própria natureza da poesia ser obscura, razão de não estar ao alcance de todo mundo" (147). Sócrates ou reconhece de fato o enigma da poesia, ou simplesmente ridiculariza o modo como os alegoristas se referiam a ela e se gabavam da exclusividade de seu conhecimento (ver a esse respeito a nota 18). Podemos dizer, apropriando-nos dos verbos empregados por Heráclito (frag. 93DK), que pelo enfoque racionalista a poesia ou "fala" (verbo *légo*) ou "oculta" (verbo *krúpto*), enquanto no mito ela "indica" (verbo *semaíno*). Vale lembrar que essas são as possibilidades indicadas por Sócrates na *Apologia* (21) a respeito da palavra de Apolo, "falar" (verbo *légo* novamente) ou "encobrir com um enigma" (verbo *ainíttomai*).

22   M. Detienne, *Os mestres da verdade na Grécia Arcaica*. Rio de Janeiro: Jorge Zahar, 1967 (trad. bras.), p 43-44.

344 Francisco Murari Pires (org.)

rio", que vai contra "os usos comuns da epopeia"; e, finalmente, Graziano Arrighetti abre seu artigo sem deixar espaço para dúvidas: "A profundidade e a seriedade da reflexão a que Hesíodo submete a herança épica tradicional, tanto no que diz respeito ao patrimônio expressivo quanto à complexa rede de valores e ideais, ou ainda aos princípios da poética própria à epopeia, são já realidades bem estabelecidas".[23]

Mesmo um autor que geralmente foge de afirmações absolutas, como Pietro Pucci, pôde dizer, em seu *Hesiod and the language of poetry*, que "uma das surpreendentes novidades da obra de Hesíodo é sua consciência literária enquanto poeta", e que ele coloca "em termos racionalistas" a relação entre verdade e mentira; para Pucci, "uma vez que a consciência da diferença e o esforço para controlá-la constituem passos essenciais para o pensamento 'racional' grego subsequente, o texto de Hesíodo pode ser julgado à luz de uma perspectiva posterior".

Em todos esses casos, a insistência numa postura reflexiva e racionalista anda junto com a visão de que se trata de uma obra poética com a marca da pessoalidade, da diferenciação. As palavras de Pucci em seu livro, onde chega a falar em "consciência da exclusividade", resumem bem isso, quando diz que "Hesíodo dá pouca importância para a dívida que tem com a tradição, ao descrever o privilégio único que tem da intimidade com as Musas; elas em geral mentem para seus devotos, mas presume-se que não para ele, Hesíodo".[24]

Já ficou dito mais acima que esse tipo de abordagem é perfeitamente possível – na verdade, ela é quase irresistível para o nosso enfoque racionalista, que opera de forma teleológica e quer a todo custo encontrar os embriões do estabelecimento de uma razão autônoma na Grécia Antiga, que esteja minimamente de acordo com a nossa própria, e a justifique. Que esses embriões existem, é algo incontestável; o problema é buscá-los num poeta como Hesíodo, cuja datação ainda é incerta, e que fazia parte de uma tradição poética que, para os gregos, o tornava inseparável de Homero, justamente aquele a quem estaria criticando. Como afirmar então, com o mínimo de certeza e embasamento, que Hesíodo quer *rever* a tradição épica representada pela *Ilíada* e pela *Odisseia*? É curioso que, no já citado *Le métier du mythe*, a famosa relação estabelecida entre o verso 27 da *Teogonia* e o verso 203 do canto 19 da *Odisseia*, por conta de suas semelhanças, seja invertida logo na sequência de dois artigos: enquanto para Graziano Arrighetti é Hesíodo que cita Homero, em recusa à sua poética, para Alain Ballabriga é Homero quem, sendo posterior, está

---

23   F. Blaise, P. Judet de la Combe & P. Rousseau (ed.), *Le métier du mythe: lectures d'Hésiode*. Lille: Presses Universitaires du Septentrion, 1996, p. 17, 25 e 53. As perigosas certezas com que trabalha Arrighetti são reforçadas pelas afirmações que faz na nota 2.

24   P. Pucci, *Hesiod and the language of poetry*. Baltimore: The Johns Hopkins University Press, 1977, p. 8-9, 26 e 31.

citando Hesíodo, o que mostra como pode ser arbitrária a relação temporal entre ambos, essa mesma relação sobre a qual muitas vezes se finca o fulcro da argumentação.[25] Nesse embate entre inovação e tradição, talvez um caminho mais seguro seja discriminar os elementos presentes na "Epifania das Musas", para estabelecer então suas características. Não pretendo fazer um levantamento exaustivo, mas apenas relacionar alguns aspectos que me parecem inatacáveis, antes de abordar o enigma propriamente dito.

Comecemos pela figura do poeta-pastor. Martin West, em seu comentário à *Teogonia*, já indicava como esse é um conhecido elemento poético: o pastor, por conta da vida isolada que leva, percorrendo com os animais locais ermos, não só acaba se dedicando à música como atividade paralela, como também fica mais sujeito ao encontro com o divino, comumente associado a paragens agrestes.[26] Em confirmação a isso, West cita fragmentos de Epimênides e Arquíloco, e poderíamos acrescentar a referência presente no *Hino homérico a Hermes*, em que Apolo associa seu aprendizado da mântica juntos às virgens abelhas à época em que, menino, cuidava de seus bois; nesse passo, o encontro parece se dar no monte Parnaso, onde elas moravam, e não por acaso ocorre *apáneuthe*, isto é, "à parte", "de modo afastado", "isoladamente" (v. 552-557). Temos aí claramente conectadas a situação de afastamento, a paisagem montanhesa propícia ao surgimento do divino e a atividade do pastoreio.

Mas a convencionalidade da cena não parece tão problemática quanto o fato de as Musas se referirem, em sua fala, não ao pastor Hesíodo, mas a "pastores", e de forma derrogatória. O tom de menosprezo não parece constituir novidade, se comparamos com outros textos dentro e fora da literatura grega (como faz West), e serve para sublinhar a pequenez e precariedade da condição humana ("vis infâmias", "somente estômagos") no exato momento em que tem a possibilidade de contato com o divino.[27] Se assim é, como muitos estudiosos concordam que seja, a classe particular dos pastores, ao mesmo tempo em que se destaca por aptidões e dons especiais (ao empregar a boca para o canto), pode aqui representar toda a raça dos homens em seu uso limitado da boca para a alimentação e a fala sem valor ou censurável (*elénkhea*). Esse movimento de proximidade do cantor,

---

25 A posição de Arrighetti tem prevalecido, embora West, assim como Ballabriga, também considere Homero posterior (ver nota 1). No *Certame* (4), ficam registradas as duas visões. De qualquer modo, eles teriam florescido ao mesmo tempo, a ponto de competirem entre si (5).

26 M. West, *Hesiod: Theogony*. Oxford: The Clarendon Press, 1971, p. 159-160, itens 1, 2 e 3; ver também W. Verdenius, "Notes on the proem of Hesiod's *Theogony*" em *Mnemosyne* 25/3 (1972): 225-260, p. 233, e o ensaio de Jean Rudhart, "Le préambule de la *Théogonie*" em F. Blaise, P. Judet de la Combe & P. Rousseau (ed.), *Le métier du mythe: lectures d'Hésiode*. Lille: Presses Universitaires du Septentrion, 1996, p. 26.

27 A Pítia também podia responder aos consulentes em tom de desprezo e de forma brusca. Ver R. Parker, "Greek states and Greek oracles" em R. Buxton (ed.), *Oxford readings in Greek religion*. Oxford: OUP, 2000, p. 79.

346   Francisco Murari Pires (org.)

ora com a Musa, que o individualiza, ora com os demais homens, que o torna parte de um grupo, pode aliás ser notado em duas invocações homéricas – na da *Odisseia*, em que se passa da primeira pessoa do singular, no v. 1, para a primeira do plural, no v. 10, e na invocação do canto 2 da *Ilíada*, em que ocorre o mesmo fenômeno na passagem do v. 484 para o 486. O aedo-pastor, se por um lado é o eleito das Musas e enquanto seu porta-voz está próximo delas (ao contrário dos demais mortais), por outro é tão frágil e limitado em seus conhecimentos como todos os outros seres sobre a terra. O uso do plural, a referência a uma tribo ou grupo, no momento mesmo da epifania e da eleição, teria o propósito de relembrar o que o pastor tem de característico do grupo humano frente ao divino. Em outras palavras, a interpelação das Musas, ao marcar a distância entre divino e humano de forma genérica, mantém o termo "pastor" (por ser aquele com quem elas se relacionam), mas recorre ao plural, "pastores", para assinalar exatamente essa generalidade.

Sendo assim, o que vemos de início é um conjunto de elementos reconhecidamente tradicionais, ainda que seja possível discutir a aprofundar seus significados. Mais do que isso, notamos que a relação entre o deus e o homem, a dependência do homem em relação ao deus, constitui elemento fundamental na visão de mundo, como acontece nos *Trabalhos e dias* e nos épicos homéricos. Após a breve fala das Musas, essa dependência vai ser estendida, mais uma vez segundo era costume na percepção grega, ao deus Apolo, com a decorrente associação entre poesia e profecia. As situações, imagens e sinais mencionados (cetro, louro, inspiração, comando) também não fogem do que é convencional – e sobretudo não foge do tradicional a importância que se dá ao *ato da fala*, de seu papel como transmissor do conhecimento. Nesse sentido, talvez a presença de uma *fala* (*mûthos*) das Musas tenha, desse ponto de vista, a função exatamente de *destacar* as suas vozes num contexto de performance, com o intuito de *reafirmar* diretamente seu poder e reforçar sua existência para o homem: para sublinhar o poder da fala das Musas, nada mais eficaz do que apresentá-las elas mesma *falando* desse poder.

E podemos até pensar, através da associação entre pastoreio e canto, no estabelecimento indireto de uma metáfora: o pastor se ajusta bem à figura do cantor porque, como o canto, o pastorear também se confunde com o ato de *conduzir*. Podemos lembrar aqui do epíteto homérico "pastor de povos" para designar os reis (*Il. 1*, 263, *9*, 81, *16*, 2, *24*, 655), que são exatamente aqueles que devem conduzir os homens recorrendo ao uso da palavra, como indica o próprio Hesíodo, nesse mesmo proêmio (v. 80-96). A metáfora é a mesma: o rei-pastor, assim como o cantor-pastor, deve saber empregar o poder da voz para conduzir a comunidade.

Até aqui, os elementos apontados, ao combinarem tradicionalidade, vocalidade, imagismo e religiosidade, nos remetem muito facilmente ao âmbito da expressão mítica. Mas eles poderiam apenas constituir o legado de um passado remoto e persistente, do qual o poeta não tem intenção ou possibilidade de se livrar completamente. Contra esse passado se chocariam três fatores problemáticos – um, de menor importância (a extensão e o detalhamento do hino-proêmio), e os outros dois mais significativos: a originalidade e autorreflexão, com pendor para o enigma racionalista.

É complicado comentar sobre a extensão, diante do pouco material que temos à disposição. Pelo que sabemos, os proêmios ou hinos na poesia grega antiga tinham extensão variada, e se dirigiam a variados deuses. Via de regra, eles não foram transmitidos juntos com os poemas que precediam, porque não havia necessariamente entre eles um liame temático; por isso, acabaram formando um corpus autônomo. Porém, o proêmio da *Teogonia*, embora seja um hino dedicado a divindades específicas, como os demais hinos, não existe independentemente dela, mas antes está constituído de tal forma a ser um preâmbulo *para ela tão-somente*. Por isso é possível dizer que, mais que um hino-proêmio em seu emprego tradicional, trata-se na realidade de uma invocação estendida, que já delimita o tema que será cantado, como acontece nas invocações da *Ilíada* e da *Odisseia*.

Ainda assim, permanece, e de maneira mais forte, a questão de ser preciso se estender por 115 versos para começar de fato a narrativa. Hesíodo quer desse modo meditar de maneira inédita sobre a tradição poética? É fato que esses versos visam a celebrar as Musas e sua importância – explicar suas origens, suas funções e modo de ser, reafirmar o vínculo que o poeta tem com elas. E a hipótese que se pode levantar para tanta dedicação e empenho nessa tarefa – algo de fato singular perante o restante material com que deparamos – é de que isso é preciso quando se pensa sobre a natureza dessa poesia, *eminentemente catalógica*. Num levantamento superficial, podemos dizer que dos 1022 versos do poema, cerca de um terço corresponde a listas e enumerações, que exigiam um grande domínio técnico e a demonstração de um vasto conhecimento. Que esse tipo de versificação representava dificuldade, podemos notar quando Hesíodo afirma, 32 versos depois de dar início à extensa relação da linhagem do Céu, que "para um homem mortal é árduo evocar o nome todos os rios" (v. 369), assim como é possível ver, na invocação do canto 2 da Ilíada que precede o catálogo das naus (absolutamente singular em sua extensão, nove versos, dois a mais que a invocação inicial do poema), como era indispensável reforçar o chamado às Musas – diante daquele que era uma tarefa hercúlea, "nomear uma multidão" (*plethús*). Quanto maior o desafio, mais intenso o desejo de reafirmar o elo com a divindade e seus poderes.

Já a questão da originalidade do poeta, que afirma seu nome, talvez seja a mais contaminada pela nossa visão atual da atividade literária e da artística em geral. A questão, na verdade, só é colocada como um problema por causa dessa nossa visão. Na historiografia literária grega, até pouco tempo prevaleceu a visão de que a afirmação do nome do poeta

348   Francisco Murari Pires (org.)

era traço tipicamente lírico, que indicava o despertar da subjetividade frente à antiga objetividade homérica. Hesíodo, afirmando seu nome em ambos os poemas, poderia ser então assimilado a esse movimento de transformação. Esse caráter "inovador" da lírica já foi revisto, e seus elementos tradicionais e convencionais, devidamente reconhecidos. Nesse quadro, cada vez mais se admite que o nome de um poeta, quer dito em seus versos (Hesíodo, Safo, Arquíloco etc.), quer não, serve ao propósito de firmar uma tradição poética, ou de marcar uma filiação, e não de conferir ao texto a assinatura do autor, no sentido em que a entendemos hoje.[28]

Não podemos precisar como isso ocorreu especificamente com o nome Hesíodo, que talvez até tivesse um sentido claro para os gregos: "o que lança, emite a voz". O que podemos dizer é que, dentro do conjunto dos elementos tradicionais que citamos acima, seu nome, mencionado em terceira pessoa, não se destaca a ponto de ganhar o peso que gostaríamos que ele tivesse. No texto da "Epifania das Musas", quando ele surge, recebe a mesma atenção dada aos demais elementos, e não parece haver intenção de sublinhá-lo; na realidade, na configuração do hexâmetro, a ênfase parece recair sobre a segunda parte, "o belo canto ensinaram". Em seguida, a transição para a primeira pessoa, que se mantém até o final, nos coloca em contato com o estilo tradicional (*Od. 1*, 1, *Il. 2*, 484, *Il. 16*, 112), de tal forma que o nome Hesíodo se transforma num dado marginal, que não interfere nos elementos principais do poema. Em outras palavras, existe de fato nos poemas a inscrição de um "eu" que se relaciona com a Musa, mas, seja ele anônimo (como em Homero) ou nomeado (como em Hesíodo), esse "eu" é sempre impessoal, porque, nesse contexto cultural, mesmo um nome é, ou quer ser, tradicional. A afirmação de uma identidade, por si só, nada nos fala sobre a originalidade do que se diz, ou da relação direta do que se diz com uma experiência pessoal. Ela não evoca um indivíduo com seu modo particular de poetar e ser, mas um tipo comum de versificação e situação. O próprio uso do plural, "pastores", comentado acima, esvazia essa busca por um poeta *único*. Não queremos com isso negar a existência de um Hesíodo histórico, nem sugerir que os dados biográficos presentes nos *Trabalhos e dias* sejam invenções (o litígio com o irmão, Perses, pela herança; a participação em uma disputa poética; a migração paterna); o que pretendemos afirmar é que eles estão simplesmente subordinados à tradição e convenção poética, e não interferem nem são decisivos na apreciação da obra.[29]

---

28   Veja-se a postura adotada recentemente por Jonathan Hall, *A history of the archaic Greek world*. Cornwall: Blackwell, 2007, p. 6.

29   A hipótese de que o pronome *me* do v. 24 da *Teogonia* indicaria um "eu" (*tónde*, "este aqui") diferenciado de "Hesíodo" (v. 22) não altera o quadro geral. Para uma defesa dessa diferenciação, com seus desdobramentos, ver o ensaio de A. Ballabriga, "Le deutéro-Hésiode et la consécration de l'hésiodisme" em F. Blaise, P. Judet de la Combe & P. Rousseau (ed.), *Le métier du mythe: lectures d'Hésiode*. Lille: Presses Universitaires du Septentrion,

Também o uso da autorreflexão e da metalinguagem, que a princípio soa tão inovador, não pode ser encarado de forma apressada, antes de uma comparação com outros usos. Aqui me limito a citar brevemente as conclusões a que chegou William Thalmann ao tratar do tema em seu *Conventions of form and thought in early Greek poetry*. No quinto capítulo, falando do que chama de "autorreflexividade da poesia hexamétrica", ele diz: "Uma vez que reconhecemos a importância que era dada à poesia, podemos entender por que os poemas frequentemente se tornam autorreflexivos, e por que apresentam tamanha autoconsciência, por parte dos poetas, a respeito da natureza de sua arte. (...) Os poetas lembravam seus ouvintes no momento em que cantavam que eles estavam exatamente ouvindo um poema, quais eram as qualidades essenciais do que estavam ouvindo, e o que significava para eles ouvi-lo; que maneira mais clara e direta poderia haver para o poema exprimir seu sentido?"[30]

Mais adiante, ele cita exemplos que comprovam que o caso da *Teogonia* não é isolado, pelo menos no que diz respeito ao emprego geral da metalinguagem. O modo como ela aparece de fato varia, mas em todas as ocorrências fica claro que há uma consciência muito clara da atividade poética. Thalmann começa mencionando a fala de Helena no canto 6 da *Ilíada*, quando ela afirma que será, junto com Páris, "tema de cantos" para gerações futuras (v. 358), aquelas mesmas que formam a plateia da apresentação poética! No canto 3, nós a encontramos identificada com o poeta, bordando num tapete contendas de troianos e acaios (v. 125-128). Podemos lembrar ainda do canto entoado por Aquiles no canto 9, ou da história de Meleagro, recitada por Fênix de modo a espelhar a ação da *Ilíada*, ou ainda da interpelação feita ao herói por Pátroclo no canto 16 (v. 31), que, como no caso de Helena, pressupõe uma consciência do canto e seu papel. A *Odisseia*, claro, trabalha a todo momento com essa "autorreflexividade", que é absolutamente fundamental para a construção de sentido, mas talvez valha a pena destacar um passo menos comentado, aquele em que Alcínoo diz a Odisseu, no canto 8, antes que este comece seu relato-poema, que os deuses tramam a destruição dos homens para que haja canto para os pósteros (v. 580) – preciosa reflexão, como a de Helena, sobre o tema principal da épica. Poderíamos seguir com os exemplos, passando ao conjunto dos *Hinos homéricos*, mas esses já são suficientes para mostrar que o fato de o poema se voltar sobre si não representa novidade, mas antes responde à necessidade de afirmar sua importância e significado na vida humana.

1996, p. 71-82. Eu particularmente acredito, com base no sentido da passagem, que a ênfase, com o reforço ainda de *próstista*, recai sobre *mûthos, tónde... mûthon*, "esta fala", "a seguinte fala".

30   W. Thalmann, *Conventions of form and thought in early Greek poetry*. Baltimore: The Johns Hopkins University Press, 1982, p. 150.

350   Francisco Murari Pires (org.)

Isso ainda não exclui, no entanto, a possibilidade de essa autorreflexão hesiódica apresentar um certo movimento de racionalização, no caso de chegarmos à conclusão de que a fala das Musas, ao operar com termos contraditórios, verdade e mentira, forma um jogo de pensamento que não encontramos em outros comentários de poemas sobre poesia. A metalinguagem, nesse caso, seria tradicional, mas sua substância, não. Em algumas leituras, essa verdade hesiódica estaria justamente combatendo as "mentiras míticas" de Homero – sinal inequívoco, para esses estudiosos, de um descolamento de uma herança poética fantasiosa. Thalmann, no livro já citado, foi incisivo ao chamar a atenção para esse risco de "fragmentarmos" a poesia épica entre seus diferentes autores: se as diferenças entre eles são inegáveis, nem por isso devemos ficar cegos às suas "similaridades fundamentais" e aquilo "que têm em comum", "enquanto *corpus* poético homogêneo e coerente". Essa postura, no seu modo de entender, teria como resultado saudável minimizarmos o peso dado à datação precisa de cada poema e às consequentes prioridades temporais de uns sobre outros, algo temerário e pouco necessário quando se está diante de uma "tradição incrivelmente estável", como aquela em que se inseria a poesia hexamétrica. Sendo assim, diz ele – agora tratando diretamente do suposto "confronto" entre Hesíodo e Homero –, uma visão como essa, que de certa forma reproduz em outros termos a anedota biográfica do *Certame*, não é convincente nem crível: não temos evidência sólida de que havia escolas poéticas variadas e rivais, e a fala das Musas na *Teogonia* "deve provavelmente ser interpretada como descrevendo qualidades que todo poema potencialmente tem".[31]

Mas ficamos ainda com o dado do enigma – porque a formulação sintética e o esquema da contradição não nos deixa dúvida sobre o caráter críptico e obscuro da fala das Musas. Trata-se de um enigma que se aparenta da enunciação oracular ou que atrela a poesia ao jogo do sábio? Vimos mais acima, rapidamente, que este se dá no âmbito humano, e que apesar da sofisticação da linguagem e do pensamento (mas nem sempre do conteúdo), pressupõe uma resposta simples ou uma correspondência de ideias (no caso da alegoria); aquele, ao contrário, tem origem divina e, operando num sistema de imagens, um caráter difuso e profundo para o homem. A contradição aberta de um é uma contradição de termos (e a obscuridade, só aparente, resgatada por uma lógica), enquanto a do outro, latente, é uma contradição real, que se resolve sem volteios abstratos.

Não há espaço aqui para se discutir sobre os possíveis significados de "mentiras verossímeis" e "verdades", mas é possível investigar a natureza desse paradoxo. Em pri-

---

31   W. Thalmann, *Conventions of form and thought in early Greek poetry*. Baltimore: The Johns Hopkins University Press, 1982, p. xiii, xix, 146-147.

Antigos e modernos 351

meiro lugar, deve-se dizer que essa dificuldade de entender o que as Musas dizem não é expressa apenas aqui. Nos *Trabalhos e dias*, poema em que Hesíodo afirma que dirá a "percepção de Zeus", segundo foi ensinado pelas Musas (v. 661-662), fica dito também que "cada vez é uma a percepção de Zeus porta-égide/ e árdua para os mortais homens embaixo de perceber" (v. 483-484). Se equacionarmos essas duas falas, tirando-as do contexto, notaremos que Hesíodo está novamente afirmando, por uma outra maneira, que o que as Musas cantam, ou o que o cantor canta como porta-voz delas, é muitas vezes obscuro para os homens, porque o canto – que se identifica com a mente ou o desígnio de Zeus (ver *Il. 1*, 5) – comporta diferenças e contradições. Esse aspecto obscuro da palavra divina – que nos remete às Musas, claro, mas que no final das contas se volta para a supremacia de Zeus, como elas mesmas demonstram, no proêmio e em toda a *Teogonia* –, esse aspecto obscuro pode ser percebido, extrapolando-se o contexto, no momento em que esse deus mesmo diz a Hera, que é sua esposa e deusa, no primeiro canto da *Ilíada*, para não ter esperança de saber todos os seus discursos (subst. *mûthos*), porque isso será difícil (adj. *khalepós*) (v. 545-546). Claro, o que ele está dizendo aí é, principalmente, que ela não deve esperar informar-se sobre tudo que ele diz, mas há secundariamente a ideia de que ela não deve esperar também entender as palavras dele e seu desígnio superior. A palavra de Zeus, como a das Musas, com a qual se confunde, é por natureza poderosa e críptica.

A esta altura, vale a pena retomar a ligação entre poesia e oráculo e relembrar uma fala da Pítia em Heródoto, citada parcialmente acima: "Eu mesma sei a contagem da areia e as medidas do mar,/ e entendo o embotado e ouço o que não fala" (1.47). Como na *Teogonia*, nessa fala profética saber e poder também são afirmados de forma sucinta, e opera-se com o mesmo esquema de contradição e obscuridade, característico da linguagem divina, que desafia o homem. Diante disso, a interpretação imediata e apressada, que simplifica os termos do oráculo, pode resultar em ruína, como a história de Creso ilustra com um alcance dificilmente encontrável em outros passos da literatura grega.

Um segundo ponto, ligado a essa dificuldade que o mito atribui à palavra divina, consiste na própria natureza contraditória do pensamento mítico. Algumas expressões já foram cunhadas para designar esse aspecto, sob diferentes ângulos: "coincidência de opostos", "mediação de contrários", ou ainda, com um sentido menos preciso, "abordagem múltipla".[32] Resumidamente, e deixando de lado as possíveis diferenças entre uma classificação e outra, com essas expressões se quer indicar o caráter não-unívoco

---

32   G. S. Kirk, *The nature of Greek myths*. London: Penguin, 1974, p. 82; e C. J. Rowe, "'Archaic thought' in Hesiod", *JHS* 103 (1983): 124-135, p. 127.

352 Francisco Murari Pires (org.)

do pensamento mítico, isto é, sua forma de enxergar a cada vez uma mesma realidade sob diferentes ângulos, contraditórios entre si, como se cada ser, cada fato, comportasse aspectos antitéticos. Nesse pensamento, essas contradições convivem harmoniosamente, sem que seja necessário se decidir entre um lado ou outro, ou mesmo se chegar, pelo raciocínio, a uma síntese deles. O poeta deixa que o próprio contexto ilumine o sentido em destaque. Em Hesíodo, os exemplos mais simples desse tipo de ocorrência são muitos, a começar pelas próprias Musas, filhas da Rememoração, por um lado, mas que produzem por outro o esquecimento de males e cantam o próprio Olvido; temos ainda as Porções, descendentes da Noite, perseguidoras e punitivas, irmãs de Engano e Discórdia e tias de Batalhas e Dores, mas também filhas de Zeus e Norma, irmãs de Equidade, Justiça e Paz; a própria Discórdia, que é dupla, boa se incentivar a competição e ao trabalho, má se incentivar a guerra e o desentendimento; ou o também duplo Respeito, que pode ser Veneração ou Retraimento; ou ainda a Perdição, que pode ser Loucura, Cegueira, mas também Castigo, Punição.[33]

Dito assim, parece ser algo esquemático demais, mas sabemos que é só no contexto das tramas narrativas que essas ambivalências ou ambiguidades adquirem pleno sentido. De qualquer jeito, diante dessa realidade, o fato de o canto das Musas ser também ele ambíguo, porque diz tanto mentiras quanto verdades, só reforça sua filiação a um modo de expressão mítico, já que confunde aquilo que, racional e logicamente, teria que ser claramente separado, resolvido numa verdade em oposição a uma mentira. Ora, a elaboração aqui dessa dualidade não constitui um desafio lógico, a ser desvendado, porque essa dualidade já está resolvida na própria enunciação do canto, que se encarrega de tacitamente apresentá-la, ao assumir em sua unidade essa oposição. A elaboração dessa dualidade é simplesmente mais uma maneira de as Musas afirmarem a ambiguidade do mito; nesse sentido, o uso do adjetivo *artiépeiai* (v. 29) para qualificá-las logo na sequência parece reforçar o que foi dito, uma vez que comporta, a partir da ideia primeira de "articulação da palavra", dupla acepção: uma positiva, que responde pela tradução por "verídicas" (ver também *Il. 14*, 92), e outra negativa, oposta, autorizada pelo uso em *Il. 22*, 281, onde se coordena ao adjetivo *epíklopos*, "furtivo". Formalmente, note-se ainda o fato de que esse adjetivo *artiépeiai* ocupa sozinho a parte final do hexâmetro (aquela posterior à diérese bucólica, a pausa mais marcada do hexâmetro) – o que lhe confere enorme destaque, destaque bastante oportuno quando o que se quer é resumir numa palavra a ambiguidade professada pelas Musas.

---

33 Ver ensaio de G. Arrighetti, "Hésiode et les Muses: le don de la vérité et la conquête de la parole", em P. Judet de la Combe & P. Rousseau (ed.), *Le métier du mythe: lectures d'Hésiode*. Lille: Presses Universitaires du Septentrion, 1996, p. 64-67.

A comparação com outros textos, no âmbito restrito da relação verdade/mentira, não contradiz o que vínhamos apontando no contexto geral. Temos pelo menos dois bons exemplos. O primeiro vem de um passo já citado do *Hino homérico a Hermes*: no final do canto, Apolo menciona as abelhas virgens, professoras de adivinhação, e que ora querem anunciar a verdade, ora querem mentir (560-563). Mais uma vez, o resultado é a incerteza, porque não se vai além nessa distinção, que retém assim sua carga de obscuridade para quem ouve. O outro exemplo, mais interessante, provém do canto 19 da *Odisseia* (v. 560): Penélope, depois de contar seu sonho a Odisseu, afirma que há os sonhos que são nocivos e não se cumprem (os que passam pelo portão de marfim), e há também os que são verdadeiros e que se realizam (os que atravessam o portão de chifre) – mas que, de todo modo, para os homens eles são "confusos" ou "indiscerníveis" (*akritómuthoi*). Curiosamente, na construção desse adjetivo entra o termo *mûthos*, o que nos indica que o que Penélope quer dizer é que o sonho *fala* de forma indiscernível: são mentiras e verdades as coisas ditas durante o sono, mas essa é a única distinção (verbo *kríno*) que podemos fazer com clareza, porque não sabemos como separar a mentira da verdade. Pelo que vimos acima, trata-se de um adjetivo que se ajustaria bem ao *mûthos* das Musas a Hesíodo, absolutamente *akritómuthos*. Há ainda um detalhe linguístico que indica como essa não é uma visão particular de Penélope, diante da situação que vive: ao se dirigir a Odisseu, ela usa a partícula *êtoi*, "naturalmente", que indica a suposição de um consenso, a confirmação por parte do interlocutor do que é dito: "Estrangeiro, naturalmente/é certo que os sonhos são incombatíveis e indiscerníveis". É um entendimento geral e tradicional – confirmado pela menção, na sequência, de um imaginário comum (o das portas) – que está sendo afirmado aqui.

E talvez possamos partir do outro adjetivo usado por Penélope, *amékhanos*, "incombatível", para abordarmos o verso (também enigmático) que encerra a "Epifania da Musas". *Amékhanos*, numa tradução estendida, seria aquele ou aquilo "desprovido de recursos, meios", ou ainda, no seu uso passivo, mais frequente, aquele ou aquilo "contra o qual não há recurso, engenho" (*mekháne*). Daí, nesse segundo caso, o sentido de "impossível", "difícil", "intratável" ou "incombatível", como traduzimos acima (*Il. 10*, 167, *12*, 726, *16*, 29). Mas há um significado ainda mais particularizado, quando o termo serve para qualificar os Deuses: nesse caso (*Il. 15*, 14), *amékhanos* é quase "irresistível", porque acentua a incapacidade ou submissão perante o divino.

A relação desse adjetivo, porém, com o verso Hesíodo só vai ficar mais clara depois de investigarmos alguns outros pontos. Inicialmente, constatamos que se trata de uma expressão proverbial: "Mas por que me ocorre isso por carvalho ou por rochedo?" A forma não é fixa sempre, mas nos exemplos poéticos que temos – além desta ocorrência, somente outras duas, ainda na épica (*Od. 19*, 163 e *Il. 22*, 126) – é fixa a coordenação "carvalho"/"rochedo". Por que carvalho e rochedo? Alguns escoliastas ofereceram como

354   Francisco Murari Pires (org.)

explicação a ligação do carvalho e da rocha com os oráculos, respectivamente, de Dodona (*Od. 14*, 327) e Delfos (*Il. 9*, 405)[34], suposição que West, injustificavelmente, considera "absurda", "inapropriada", a ponto de nem arrolar entre as cinco propostas.[35] Mas com uma simples consulta ao *Fedro* de Platão (275b), onde a expressão reaparece, fica evidente que ao menos a ligação entre carvalho e Dodona pode ser feita.[36] O exemplo platônico é interessante porque Sócrates fala que os homens de antigamente, ao contrário dos novos sábios, que se dedicam a *examinar* as coisas, se contentavam, em sua ingenuidade, "em *ouvir* de um carvalho ou de uma pedra". Trata-se, no primeiro caso, da palavra oracular de Zeus, e isso se confirma com o adjetivo aplicado a carvalho no passo da *Odisseia*, *palaíphatos*, "de fama antiga", uma vez que os gregos consideravam Dodona sede de seu oráculo mais antigo.[37] Sendo assim, carvalho e rochedo remeteriam sempre, por mais variada que fosse a construção da frase, a essa ideia original de uma fonte oracular, enigmática, inexplicável, *que foge ao conhecimento*. Por isso Penélope pode dizer a Odisseu disfarçado que ele não provém "de carvalho nem de rochedo" – isto é, que há uma explicação a ser dada sobre suas origens, uma explicação que ele conhece. O passo da *Ilíada* é mais difícil de explicar: Heitor, depois de considerar a possibilidade de um acordo com Aquiles, diz a si mesmo que "não é possível agora de carvalho nem de rochedo/ conversar com ele"; mas talvez a vontade seja aí também de reforçar algo inexplicável e inaceitável nessa situação que ele imagina – a do entendimento –, e que resume com um verbo forte e auto-irônico, *oarízo*, "conversar", responsável em grego por descrever o contato verbal de amigos e namorados. Para um tal ato não haveria motivo ou justificativa: seria um ato *apò druós, apò pétres*; por isso de modo algum ele é possível.

Em relação a esses usos homéricos, Hesíodo apresenta duas particularidades: no seu caso, trata-se de uma *interrogação*, e o "envolvimento" com o carvalho ou o rochedo é *afirmado*. Também é interessante notar o uso do acusativo, *perì drûn, perì pétren*, em vez do genitivo de origem. A preposição *perí*, seguida de acusativo, indica movimento circular, mas pode assinalar no grego antigo apenas proximidade ou contato. Portanto, as coisas, *taûta*, que sobrevêm ao aedo, *moi*, estão *em contato com o carvalho ou com o rochedo*, ou, segundo a nossa interpretação, estão em contato com o âmbito oracular, enigmático e de difícil

---

34   Sobre a predição através do carvalho em Dodona, ver as *Histórias* de Heródoto (2.55). Quanto a Delfos, as últimas pesquisas indicam que a Pítia, sentada na trípode, profetizava junto à fenda de uma rocha, da qual saía um gás inebriante; a pedra cônica, que ficava no templo de Apolo e era considerada o "umbigo" do mundo (*República*, 427), podia fazer parte do sitema de condução do gás. Ver William Broad, *O Oráculo: o segredo da antiga Delfos*. São Paulo: Nova Fronteira, 2006 (trad. bras.), p. 203-225.

35   M. West, *Hesiod: Theogony*. Oxford: The Clarendon Press, 1971, p. 167-169.

36   As outras duas ocorrências em Platão são citações da *Odisseia*: *Apologia* 34 e *República* 544.

37   Conforme afirma Heródoto (2.52).

Antigos e modernos   355

explicação – e que se identifica com o próprio âmbito da poesia. São palavras obscuras. Nesse contexto, a pergunta, por si, talvez indique que ele, aedo, *não tem controle sobre o que diz* (enigmaticamente), ou, por outra: ela exemplifica sua submissão às Musas. Daí então, voltando ao que ficou dito acima, a pertinência de se aplicar o termo *amékhanos*, "irresistível", usado por Penélope para se referir aos sonhos, também para as Musas: nos dois casos, trata-se de uma presença incontrolável em sua ação e indiscernível em seu conteúdo.

A percepção disso não é nova. Pietro Pucci ressaltou, ao tratar não diretamente desse verso, mas do dom das Musas em geral, como este se dá de modo "não-solicitado e não-controlável" e estabelece "um território que está além do controle humano".[38] Mais instigante ainda é a leitura que William Thalmann faz da famosa fala de Fêmio no canto 22 da *Odisseia*, "Sou autodidata, e o deus implantou em meu espírito/ veredas variadas". Indo contra a leitura tradicional que distingue aí duas esferas – a humana, técnica, e a divina, que inspira as "veredas" –, Thalmann reavalia o sentido de *autodídaktos*, e defende que nesse contexto ele indica uma "habilidade exercida espontaneamente, sem um desejo consciente", e que portanto a segunda parte da frase de Fêmio *explica a primeira*, ambas dizendo, de formas diferentes, a mesma coisa. Em *autodídaktos*, o pronome *auto-* indicaria então (num uso registrado pelos dicionários; ver L&S, *autós*, IV, 1 e 3) um movimento espontâneo, involuntário ou inconsciente, sobre o qual o aedo não teria domínio: nele o surgimento do canto se daria "sem seu controle deliberado".[39]

Depois de abordada essa série de elementos que dão forma à "Epifania das Musas", fica claro que é possível, apoiando-se nesse conjunto de procedimentos e dados concretos, situar o problemático passo dentro do contexto mais amplo do mito e da poesia tradicional, contra os que aí vêem o despertar de uma razão inovadora. Certamente outras passagens do poema, consideradas mais ou menos racionais (como a propriamente teogônica/cosmogônica), podem e devem passar por exames afins, mas a que escolhemos aqui talvez seja a mais representativa, e por isso capaz de iluminar a análise de outros trechos. Vale a pena fazer novamente a ressalva de que não propomos, com essa leitura, uma ruptura entre mito e razão, mas precisamente o contrário. Detectando no mito aquilo que seria supostamente racional, como a autorreflexão e o convite à crítica, quisemos marcar as especificidades e limitações desse pensamento e assim abrir espaço para a possibilidade não só de perceber nele o anúncio velado da razão (a exemplo dos alegoristas), mas também, invertendo o enfoque, como permaneceu, latente e transformado, naquele outro que veio lhe suceder em poder e força.

---

38   P. Pucci, *Hesiod and the language of poetry*. Baltimore: The Johns Hopkins University Press, 1977, p. 3.

39   W. Thalmann, *Conventions of form and thought in early Greek poetry*. Baltimore: The Johns Hopkins University Press, 1982, p. 126-127.

Vida e sonho em Calderón de La Barca

o espelho do político e do onírico na tragicomédia de Segismundo

Luís Filipe Silvério Lima[1]
(Universidade Federal de São Paulo)

Vida

Se, em um exercício de mapeamento do imaginário contemporâneo, formos elencar os personagens que povoam a nossa imagem sobre o século XVII, o chamado "Século Barroco"[2], provavelmente encontraremos quase todos eles contidos na biografia de Pedro Calderón de La Barca. De família fidalga, estudou com os Jesuítas em Madri e frequentou os bancos das Universidades de Alcalá e Salamanca (centros da Segunda Escolástica). Caiu em desgraça logo depois, mas reverteu esse quadro ao entrar na rede de serviços do Duque de Frias como cortesão, acompanhando-o em viagens pelas cortes da Itália e de Flandres. Foi quando começou a escrever suas comédias, e com o sucesso de suas peças, voltou à Madri onde ganhou a mercê de poeta oficial da Corte de Felipe IV. Integrado à corte castelhana, lutou nas guerras da França (1638) e Catalunha (1640), como vassalo do Rei e nas fileiras do Duque do Infantado. Por fim, em 1651, ordenou-se sacerdote, foi nomeado capelão dos Reis Novos de Toledo e depois retornou a Madri, como Capelão-Real.

---

1   Esta é uma versão bastante modificada de uma introdução d' *A vida é sonho* (São Paulo: Hedra, 2008), escrita em co-autoria com Ricardo Martins Valle.

2   Eduardo D'Oliveira França. *Portugal na época da Restauração*. São Paulo: Hucitec, 1997.

358   Francisco Murari Pires (org.)

Fidalgo, vassalo, cortesão, poeta, dramaturgo, padre, teólogo. Dessas figuras surge o elenco imaginado por nós sobre o mundo letrado e eclesiástico das cortes e do mundo seiscentista. O fato de ter nascido em 1600, anunciando o novo século em conjunto com o fim do auge da Monarquia Habsburga ibérica, e morrido quase ao final dele, em 1681, quando as pretensões dos Áustria nas Espanhas e no Ultramar estavam quase soterradas parecem reforçar sua figura de homem do século XVII. Os temas especulares de suas peças somam-se a esses vários personagens vividos para elegê-lo autor e homem "barroco".

Trata-se de uma simplificação, por certo. Mas se o epíteto de "homem barroco" não dá conta por completo da figura de Calderón e de suas peças, ilumina seu papel e o de sua obra na crítica literária e nos estudos históricos sobre o final do "Século de Ouro" da cultura espanhola.

A figura e a obra de Calderón transformaram-no para nós, hoje, em exemplo paradigmático do século XVII ibérico. Para o bem e para o mal. Homem vertiginoso, em crise, multifacetado, no qual se juntariam sagrado e profano, mas que se perderia em meio a tantos lugares e funções, ou ainda, se caracterizaria como um simples adulador que rondava os poderosos em busca de algum favor e benesse. Peças que, para nosso olhar contemporâneo, (de)mo(n)strariam contradições, duplicidades, indefinições entre o imaginado e o real de uma época que veria desmoronar suas bases, mas que, exatamente por isso, pecava pelo exagero, pelo abuso de ornamentos, pela ausência de verossimilhança na ação, pela falta de definição e método, pela moral falha. Lugares comuns que fizeram com que a sua recepção a partir de meados do XVIII fosse, em geral, negativa. Se Calderón fora autor de grande fama ao longo do XVII, caiu em desgraça no século seguinte provavelmente pelas mesmas razões que o elevaram a poeta da corte. Somente em meados do século XIX, um pouco impressionada pelos elogios de alguns expoentes do romantismo alemão à tragédia calderoniana, como Schlegel, a crítica voltou a olhar e valorizar alguns aspectos de sua obra e trajetória[3]. Mas, como se para compensar os quase dois séculos que ficara à margem, a crítica exponenciou essas características em quase caricatura e o transformou em síntese do "Barroco" espe(ta)cular e formado por contradições.

O "Barroco", categoria criada posteriormente para definir uma série de práticas do século XVII, seria moldado por pares antitéticos, por espelhamentos, por crises do sujeito (e deste diante do mundo), por contradições, por indefinições. Se toda essa caracterização chocava e até horrorizava certa vertente classicista dos intelectuais desde o século

---

3   Para uma visão geral da crítica calderoniana, entre outras leituras, vali-me dos dois volumes dessa antologia: Manuel Durán; Roberto González Y Echeverría. *Calderón y la crítica: historia y antología*. Madrid: Gredos, 1976, 2 vols, em especial: "Calderón y la Crítica", p. 13-125.

XVIII bem como alguns conservadores ultra-montanos, papistas do século XIX, passou a fascinar muitos acadêmicos e artistas do século XX. "Barroco", que antes era sinônimo de confusão, raciocínio obtuso, obscurantismo, tudo tão retorcido e não-linear como a pérola torta e disforme da qual teria emprestado seu nome[4], transformou-se em genialidade, percepção contemporânea, complexidade – e até mesmo síntese do mundo pós-moderno e da latino-americanidade.

Hoje, ao se falar em "Barroco" ou "Cultura Barroca"[5], acionamos em nossa mente uma série de definições semelhantes a adjetivos que saltam como ferramentas de um canivete prontas para abrir uma caixa parafusada: crise, opostos, contrários, torção, reflexo, dobra. Muitas vezes, no entanto, a caixa, uma vez aberta, revela-se vazia[6].

Nem tanto ao mar nem tanto à terra, entre o céu e o inferno, podemos localizar Calderón e esta obra que aqui se analisa, *A vida é sonho*, num lugar mediano, buscando situá-los, se possível, a partir dos pressupostos que ordenaram sua produção e que fizeram com que da infâmia o nosso poeta chegasse à fama em seu tempo.

Sonho

Nesse sentido, a primeira coisa a se reparar é na máxima que dá título à peça: "A vida é sonho" seguida nas falas de Segismundo, protagonista da comédia, pela afirmação de que "sonhos, sonhos são".

A figura do sonho como metáfora da vida era comum na obra de Calderón[7]. O próprio título da comédia, *A vida é sonho*, impressa em 1636, em Madri, na *Primera Parte de Comedias de Don Pedro Calderón de La Barca* e, quase simultaneamente, em Zaragoça, na *Parte treynta de comedias famosas de varios Autores*, serviu também para dois autos sacramentais, um escrito provavelmente na mesma década da comédia, e outro de 1673, na maturidade de Calderón. Mais que isso, a ideia de que a vigília e a ação humana não passavam de pura ilusão e, portanto, eram como os sonhos que acabavam era recorrente nos textos ibéricos (e europeus, a ver as peças de Shakespeare, por exemplo, *Sonhos de*

---

4   Para uma genealogia da palavra "Barroco", ver: Helmut Hatzfeld. "Uso e abuso do termo barroco na História Literária", In: *Estudos sobre o Barroco*. São Paulo: Perspectiva, 1988, cap. 12.

5   José Antonio Maravall. *A cultura do Barroco. Análise de uma estrutura histórica*. São Paulo: Edusp, 1997.

6   Para uma análise da categoria "Barroco" e de suas diversas acepções e apropriações na crítica e historiografia, ver: João Adolfo Hansen. "Barroco, Neobarroco e outras Ruínas". *Teresa – Revista de Literatura Brasileira da USP*. n. 2, 2001, p. 10-66.

7   Mário Martins. "O sonho e o teatro na mundividência de Calderón de la Barca". Separata de *Didaskalia*, 10, 1982; Lygia Rodrigues Vianna Peres. *Maravilhoso no teatro de Calderón de La Barca: sonhos, visões e aparições*. Tese de Doutorado em Literatura Espanhola, FFLCH, USP, 1992.

360   Francisco Murari Pires (org.)

uma noite de verão ou *Hamlet*)[8] dos séculos XVI e, particularmente, XVII[9]. Ideia cara especialmente àqueles que buscavam pelas letras instruir e doutrinar os espíritos da audiência. A expressão "sueños, sueños son" aparece em *La Austriada* (1584), de Juan Rufo[10], *Tragedia de la honra de Dido restaurada* (1587), de Gabriel Lobo Lasso de la Vega[11], e em *La Arcadia* (1598), de Lope de Vega[12], no qual o sonho é descrito como um engano tal qual as ilusões e imaginações do amor.

A genealogia dessas tópicas é longa. Podemos recuar até a *Odisseia*, ao episódio das portas do sonho que conta Penélope. Podemos remetê-la indiretamente a Platão, no episódio da *República* da visão de Er; à sua leitura latina, o sonho de Cipião na *República* de Cícero; e, talvez, sobretudo, aos *Comentários ao sonho de Cipião* de Macróbio como chave para compreensão do cosmos[13]. Essa tradição das coisas mundanas como reflexos de uma ideia de Verdade, simples sombra, mero sonho, teve grande impacto na literatura cristã ocidental – inclusive por meio da leitura de Macróbio. Contudo, desde o século XVI, ganhou nova força, pois foi somada a uma interpretação e economia das coisas do mundo que unia a esses elementos uma necessidade prática de ação e de ordem da Igreja e da República, baseada em uma leitura causal e relacional entre Providência e ação humana.

O sonho era, no repertório de lugares do século XVII, comparável ao teatro. Ambos encenavam imagens fictícias, porque fingidas, que remetiam a imagens vividas ou da vigília. O sonho era efeito das atividades diurnas, como afirmou Aristóteles, em alguns capítulos reunidos no *Parva Naturalia* e retomados como uma das fontes principais para a interpretação dos sonhos no período moderno.[14] O que se via em sonhos, dormindo,

---

8   Cf. Laura Ana Leo de Belmont. *El concepto de la vida en el teatro de Lope de Veja, William Shakespeare, Calderón de La Barca*. Mendoza, Argentina: Universidad Nacional de Cuyo, 1984.

9   Otto Maria Carpeaux. "Teatro e Estado Barroco" *Estudos Avançados*. vol. 4, n.10, Sep./Dec. 1990, p. 10 e segs.

10   "Fantasmas y planetas son patraña, Los sueños sueños son, no ley divina" Juan Rufo. *La Austriada*. Madri: Rivadeneyra, 1854.

11   "Porque con ser mis contentos sueño ligero y fingido, aun en sueños no he tenido fingidos contentamientos. ¡Oh triste imaginación, para el mal siempre despierta! ¿Quién dirá, viéndoos tan cierta, que los sueños sueños son?" Gabriel Lobo Lasso de La Veja. *Tragedia de la honra de Dido restaurada*. Kassel: Reichenberger, 1986, p.73.

12   "Voy donde el sueño me guía y, si me pone en aprieto, no me engañará, os prometo, más, a la fe, madre mía, cuyo tiene ya mi vida, con que vive tan ufana que, sin voluntad de Ana, no espera gloria cumplida. De mí tiene possessión, nadie se la contradize, mas el fin d'este me dize que [los] sueños sueños son" Lope de Veja Carpio. *La Arcadia*. Madri: Castalia, 1975, p. 211-212.

13   Macrobius. *Commentary on the dream of Scipio*. (Translated with an introduction and notes by William Harris Stahl). Nova York: Columbia University Press, 1990.

14   Aristotle. "On sleep and waking", "On dreams", "On Prophecy in Sleep", In: *On the Soul. Parva Naturalia. On breath. vol. VIII. Aristotle in twenty-three volumes* Cambridge: Harvard University Press, 1986, The Loeb Classical

eram as imagens vistas ou imaginadas durante a vigília que tinham sido impressas e gravadas na memória. À noite, ao dormir, tais imagens soltavam-se da memória por ação involuntária dos vapores digestivos, remexidos ainda pela mudança de posição do corpo. Libertadas sem ordem, arrancadas pelos vapores, apareciam à fantasia aleatoriamente e a fantasia gerava os sonhos sem sentido, frutos das imagens diurnas. O teatro era encenação fingida de ações imaginadas que (a)pareciam como relacionadas ao mundo vivido, mas sempre como possibilidades e verossímeis. Mais importante, tanto o sonho como o teatro, usados como exemplo, lembravam aos seus espectadores que o mundo vivido era, ao fim, também uma profusão de imagens sem sentido e fingidas, e que, ao se encerrar as cortinas da vida ou abrirem-se os olhos da pequena morte (figura do sono), nada restava, exceto as impressões e devaneios. Nada restava, pois a vida humana ela mesma, não era nada além de uma imagem do Criador.

Para a doutrina ibérica, católica e tridentina seiscentista, a vida era sonho, o mundo, um teatro, porque a Verdade estava fora do mundo, externo ao mundo, em Deus. E assim, tudo era figura e imagem de Deus e efeito da Criação. Tudo era um sonho e teatro da Criação e do Criador[15].

Remetendo às causas aristotélicas, sob uma chave tomista e da segunda escolástica, a Causa Primeira do Mundo, Deus Criador, também apontava para a Causa Final, Deus Julgador. A Criação, origem de tudo, na qual o Humano fora feito com alma imortal, razão e livre-arbítrio, apontava necessariamente para o seu fim, o Julgamento Final, quando se separaria o joio do trigo, ou seja, aqueles que condenaram a alma ao usar a razão e o livre-arbítrio para o erro, sucumbindo aos desejos corporais e terrenos, daqueles que se salvariam, pois aplicaram suas escolhas, de modo racional e livre, no controle das suas paixões e afetos do corpo e da alma. A história humana seria o caminho da Criação para o Julgamento Final. Deus dera à humanidade uma Graça: completar o Seu projeto, o destino do mundo e da Criação por meio do livre-arbítrio. Aos humanos, tornados causas segundas da Criação, restava seguir esse desidério, esse desígnio (Signo de Deus), escolhendo entre o certo e o errado. As coisas materiais não tinham razão de ser, exceto quando direcionavam para a salvação. Caso contrário, eram vaidades terrenas.

Essa salvação não se dava, porém, somente no plano individual. Pela doutrina derivada do Concílio de Trento e pregada pelos padres, especialmente os jesuítas, a salvação dar-se-ia em conjunto, porque a ação humana completava o projeto geral de Deus e era

---

Library, 288; cf. Luís Filipe Silvério Lima. *O império dos sonhos: narrativas proféticas, sebastianismo e messianismo brigantino*. Tese de Doutorado, História Social, USP, 2005, cap. 1; Maria V. Jordán Arroyo. *Soñar la Historia. Riesgo, creatividad y religión en las profecías de Lucrecia de León*. Madri: Siglo XXI, 2007, cap. 2.

15   Cf. Otto Maria Carpeaux, "Teatro e Estado Barroco", *op. cit.*

362 Francisco Murari Pires (org.)

mediada pelos "corpos místicos" da Igreja e, na esfera civil e temporal, das Monarquias e Reinos. O fiel deveria evitar o pecado não só pela sua danação particular, mas porque se pecasse, errasse, afetaria, como membro doente de um corpo maior, toda a Igreja e seu Reino. Esse sentido corporativo transformava o príncipe em espelho do reino, em personificação dos seus súditos e vassalos, que se refletiam na cabeça do corpo – o príncipe – e eram comandados por ela.[16] Como face da mesma moeda, debitava-se sobre os vassalos do rei a necessidade de agir de maneira justa e fiel, pois seu desvio não era só seu, era do corpo místico, ou melhor, sua falta atrapalhava a boa harmonia do resto do corpo. Se um pé, por cobiça ou vaidade, quer ser mão ou, por preguiça ou ira, não quer mais andar, o resto do corpo se atrasa e se desequilibra. Como se recusava a predestinação enquanto único argumento e se condenava, como superstição, o fatalismo divinatório ou mesmo guiar os atos por adivinhações, sobre o indivíduo pesava, além de suas decisões particulares, todo o destino geral: da família, da vila ou cidade, das repúblicas, do reino, da cristandade. Falhar era condenar a todos. Tal responsabilidade pesava especialmente sobre a cabeça do reino, o príncipe.

Por isso, era importante controlar os afetos, as paixões. Um bom governante (assim como um bom súdito) era aquele que não se deixava levar pelos desejos, pela ira, pelas ambições, pelos sonhos. Deixar-se governar por isso era um desgoverno, que refletia no reino. Era seguir imagens vãs como as dos sonhos, que se acabavam ao raiar do dia. Era achar que as cenas do teatro eram mais do que encenadas, eram o próprio objetivo da vida. Ao mesmo tempo, se o sonho era fruto das ações diurnas – ou "relíquias dos cuidados", como disse Padre Antônio Vieira, nos sermões de Xavier Dormindo (1694)[17] –, as imagens oníricas poderiam denunciar práticas desviantes cometidas durante a vigília e anunciar, se refletidas corretamente, o remédio para elas.

O sonho era, em uma medicina fundada em Galeno e Hipócrates, um bom meio de diagnosticar doenças e desequilíbrios corporais, porque indícios da dieta seguida, do funcionamento da digestão, da circulação dos humores e vapores.[18] E, por analogia, para o confessor, médico da alma, eram um modo de vislumbrar fontes de pecado. Os manuais de confessores orientavam perguntar sobre os sonhos, pois podiam dar pistas sobre as imagens pecaminosas vistas (ou imaginadas) por seu fiel ou, mais grave, podiam ser caminho para o pecado se o sonhador, ao acordar, acreditasse no sonho ou tivesse desejos em relação à imagem sonhada. Sonhar, em si, não era pecado. Quando o fiel

---

16   Cf. João Adolfo Hansen. "Educando príncipes no espelho". *Floema*. Ano II, n.2, out./2006, p.133-169.

17   Antônio Vieira. "Xavier dormindo" *Sermões*. Lisboa: Lello, 1951, vol. 13.

18   Amador Arrais. *Diálogos de D. Frei Amador Arrais* (intr. e rev. M. Lopes de Almeida) Lisboa: Lello, 1974, "Das queyxas dos enfermos, e cura dos médicos", cap. 4.

Antigos e modernos   363

dormia, os sentidos e as potências da alma também dormiam. Adormecidos, não havia nem memória ativa para lembrar os bons (ou maus exemplos), não havia discernimento para ponderar o que era certo ou errado e tão pouco vontade para se desviar do erro ou seguir o caminho reto do acerto. O problema estava com o que se fazia depois de ver o sonho (e o que tinha motivado aquele sonho).[19] Porém, o bom cristão e bom vassalo, mesmo em sonhos, teria visões ordenadas para o bem, pois as visões eram reflexos de suas ações diurnas e, caso houvesse tentação em imagens oníricas, seu regime físico e moral impediria que o pecado e a desobediência frutificassem em seu espírito e corpo, e resultassem em ações desviantes.

Mas vamos aos sonhos da *Vida é sonho*.

Vida é sonho

A rigor, quase não há sonhos n'*A vida é sonho*. Existe, sobretudo, o fingimento de que houve sonhos. Ainda que sejam o estopim da principal trama e conflito da peça, os únicos sonhos dormindo estão fora da ação narrada no reino da Polônia: os da rainha Clorinda, mulher do rei Basílio e mãe do príncipe encarcerado, Segismundo, que durante o parto, "entre ideias e delírios sonhou" que daria a luz a um "monstro em forma de homem"[20] – o que teria se ratificado pelo horóscopo de Segismundo. Quem narra esse sonho retrospectivamente é o marido, Basílio, ao explicar para seus sobrinhos (e pretensos herdeiros), Astolfo e Estrela, quem é Segismundo e seus planos de libertá-lo da sua prisão na torre por um dia. Mas o fará por um estratagema engenhoso, drogando-o, e levando ao palácio para despertar, pois assim, caso se cumpra o vatícinio e os delírios de sua falecida mulher se confirmem verdadeiros, Segismundo seria novamente drogado, devolvido ao cárcere e acharia que, na verdade, seu dia como príncipe não passara de um sonho. O sonho aqui é um engenho empregado por um rei que pretende discretamente verificar se um vatícinio e um horóscopo podem definir a sucessão e o futuro de seu reino (note-se alguma semelhança, por exemplo, no artifício de Hamlet ao usar uma peça para comprovar a culpa do tio).

Quem vai realizar esse estratagema é o velho e fiel Clotaldo, fidalgo do reino e o aio responsável por cuidar de Segismundo na torre. Ele, por sua vez, está envolvido em uma

---

19   Francisco Monçon. *Avisos spirituales que enseñan con el sueño corporal sea provechoso al Spiritu*. Impresso em Lisboa, en casa de Ionnes Blavio de Colonia, Anno 1563. Cf. Maria V. Jordán Arroyo. "Francisco Monzón y 'el buen dormir': la interpretación teológica de los sueños en La España del siglo XVI". *Cuadernos de Historia Moderna*, 26 (2000), p. 33-44.

20   Utilizo aqui por questões de facilidade de acesso a tradução de Renata Palottini, reimpressa pela editora Hedra.

364   Francisco Murari Pires (org.)

questão familiar, com implicações na sucessão. Sua filha Rosaura, acompanhada de Clarín, seu pajem, aparece no cárcere de Segismundo, em uma viagem para recuperar sua honra perdida para Astolfo, sobrinho do rei Basílio. Rosaura, porém, não sabe que seu pai é Clotaldo (que identifica a prole perdida pela espada que dera a sua amada, mãe de Rosaura) e este acha que Rosaura é um homem, pois está travestida em sua missão de recuperar a honra e pedir ajuda para isso no reino da Polônia. São esses os conflitos que se desenrolam pelas três jornadas, separadas, como os dias, pelo sono induzido de Segismundo.

Na primeira jornada, Segismundo está encarcerado sem saber de seu sangue nobre e é posto para dormir, e acorda na segunda jornada, no palácio. Despertado como príncipe – sem nunca ter sido doutrinado para tal – deixa-se governar por todas suas paixões, e seus atos são todos desmedidos e cruéis. Revoltado com sua situação anterior e com o fato de terem lhe escondido seu estado principesco, quer matar seu aio, Clotaldo, que sempre dele cuidou e obedecia ordens reais; ameaça defenestrar um criado que o irrita e o faz, por pura ira e para mostrar que o podia; galanteia de modo ousado Estrela na frente de seu pretendente, Astolfo, antes destratado por Segismundo e depois desafiado pela espada; desrespeita e se levanta contra Basílio – pai e rei, portanto duplamente autoridade; e, por fim, apaixonado por Rosaura (que agora, aparece em toda sua beleza, vestida como mulher), quer forçá-la a corresponder seu amor. Revela-se, de fato, um tirano, como temera seu pai, o rei. Paira a dúvida, entretanto, se é por conta do vatícinio (e, portanto, de uma predestinação trágica, mas vinda de superstição) ou pela rudeza e estado bruto dado pelo cárcere, pois em sua vida não tivera outro contato com pessoas além de Clotaldo.

Segismundo é posto para dormir novamente, e acorda, no final da segunda jornada, reduzido ao seu estado inicial, preso no cárcere e, mais uma vez, só com Clotaldo como interlocutor. Nesse segundo acordar, profere o famoso monólogo que se encerra com os versos:

> Que é a vida? Um frenesí.
> Que é a vida? Uma ilusão,
> Uma sombra, uma ficção;
> O maior bem é tristonho,
> Porque toda a vida é sonho
> E os sonhos, sonho são.

A vida é sonho, percebe Segismundo aprisionado, mas tinha visto (em sonhos fingidos) os resultados da liberdade absoluta e a soltura do poder. Mesmo achando que havia sonhado, Segismundo entende que as ações, posições e estados humanos fenecem

Antigos e modernos 365

e acabam e diz: "E há quem queira reinar/ vendo que há de despertar/ no negro sonho da morte?". Os versos invertem o título da peça, pois a morte agora é sonho. É sonho, entretanto, para o qual se desperta, índice de maior verdade. "No negro sonho da morte" se vê finalmente e de modo definitivo aquilo para o qual a vida fugaz e temporária corre: a própria morte e o julgamento do Eterno, e não as imagens fingidas (semelhantes ao sonho dormido) que são as ações e vontades humanas, como querer reinar.

Nesse momento, são evocadas tópicas de tradição ciceroniana que postulavam que a morte é sono longo, o sono, morte pequena. E que, em espanhol, ganham uma dimensão equívoca e dupla, pois *sueño* pode ser tanto sono quanto sonho. Sonho/*sueño* é também sono/*sueño*, como vida, como morte. A vida pode ser sonho (imagens da vida diurna), mas também pode ser sono (pequena morte). Diante da relação sonho, vida, sono, morte, décadas mais tarde, Pe.Vieira se perguntou: se o sono é imagem da morte, do quê seriam imagem os sonhos? Os sonhos só poderiam ser imagem da vida. A vida é sonho. Mas na morte também há sonhos; negros, porém mais verdadeiros que os vividos, pois não ocultos. Os sonhos da morte não são cobertos por imagens fictícias, figuras falsas do que seria a razão de ser humana, como os sonhos do sono. Morrer era despertar, era descobrir o véu de sombras, de ficções, de sonhos, que envolvia a vida. Era lembrar que a condição humana nada mais seria que pó (Gn 3:19).

Tal condição era lembrada também nos quadros com natureza morta, muito em voga na época. Nessas alegorias da vida humana, os símbolos do poder e da glória (as coroas, os cetros, a tiara papal, nos quadros; o ato de reinar, em Calderón) estavam ligados à morte e à fugacidade da vida (as caveiras, os relógios, as flores murchas ou despetaladas, nas imagens; o sonho da morte, na peça) Essas pinturas alegóricas eram conhecidas pelo nome de Vanitas (vaidade), remetendo ao primeiro verso do Eclesiastes: "vaidade das vaidades, tudo é vaidade". Não por acaso, um óleo famoso desse gênero, de Antonio Pereda, "Sonho do cavaleiro" (c. 1655), que retrata um fidalgo adormecido ao lado de uma mesa cheia de símbolos de glória e riqueza, simultaneamente de morte e fugacidade, foi também conhecido como "A vida é sonho".

Essa analogia entre as figuras da pintura, teatro e sonho, pode ficar mais evidente ao vermos um trecho do sermão da Quinta Dominga da Quaresma, de Vieira. Nele, Vieira reforçou esse aspecto ao comparar a vida, desejos e esperanças terrenas frente ao Eterno e a Salvação a uma pintura, algo comum na concepção de teatro do mundo:

> Se retratássemos em um quadro a figura d'este enigma, veríamos que em diferentes perspectivas os escuros faziam os longes, e os claros os pertos. Mas se chegássemos a tocar com a mão a mesma

366   Francisco Murari Pires (org.)

pintura, achariamos que toda aquella diversidade que fingem as côres, não é mais que uma illusão da vista, e um sonho dos olhos abertos.[21]

Por outro lado, o espectador percebe que Segismundo, preso, não consegue saber se o quê pensa ter sonhado, aconteceu. Para ele, tudo foi sonho. Portanto, cria-se um efeito para a audiência de que não é possível perceber a diferença entre aquilo visto e imaginado, entre aquilo vivido e sonhado. Tudo são imagens e não há como diferenciá-las. Em outra chave, é similar a pergunta que René Descartes (1596-1650) formulou na primeira de suas *Meditações* (1641), se era possível distinguir entre a experiência acordada e a experiência sonhada. No caso de Vieira, Pereda e Calderón, radicalizou-se a pergunta de Sócrates na *República* se uma pessoa não parece sonhar se (acordada ou dormindo): "julgar que um objeto semelhante a outro não é uma semelhança, mas o próprio objeto com que se parece?" (*Rep.* 476c).

O desenlace dos conflitos na terceira jornada vai resolver o embaralhamento da vida e do sonho, pois Segismundo não só percebe que havia vivido o que pensava ter sonhado, como também há a indicação de qual deve ser a atitude certa diante de tantos enganos. Na terceira e última jornada, o povo, na figura dos soldados, descobre que há um príncipe, verdadeiro herdeiro, preso, encarcerado pelo seu próprio pai. Libertam-no, incitados por um dos soldados, e, revoltosos, querem fazê-lo rei e condenar o atual monarca e sua corte por essa farsa. A essa empreita, juntam-se Clotaldo, perdoado e elogiado por Segismundo, e Rosaura, vestida de guerreira. Por fim, conseguem levar Segismundo ao palácio novamente, agora desperto, pois se não sabe, talvez, a diferença entre vida e sonho, sabe que aquilo que parece sonho pode ser vida, e vice-versa. Ao refletir sobre esse jogo de aparências e espelhos, Segismundo percebe que o justo caminho é aquele que controla as paixões e não é guiado pelos desejos, glórias e aparências mundanas:

> Uma vez desencadeadas as forças, não poderia mais descansar a minha sanha, adoçar a espada da minha fúria, tranquilizar a dureza da minha violência, porque o futuro não pode ser afeiçoado com injustiças e fomes de vingança. Assim, quem deseja dominar a sua má sorte, terá de usar de prudência e temperança.

A partir dessa doutrinação do seu espírito e de suas paixões, e de subordinar o seu destino não à sorte, mas à "prudência e temperança", Segismundo mostra-se, ao fim da peça, sábio e prudente, como diz Rosaura. Perdoa seu pai e o reconhece como rei; abdica do seu amor por Rosaura, pois a honra dela precisa ser restaurada, unindo-a a Astolfo;

---

21   Antônio Vieira. *Sermões*. Lisboa: Lello, 1951, v. 11.

Antigos e modernos 367

premia Clotaldo como seu conselheiro; marca o casório com Estrela, para que essa não fique prejudicada com a perda do seu pretendente, Astolfo. E condena à prisão na torre o soldado que iniciara a revolta, pois esse era um traidor do rei, e quase o fizera cometer o pior dos crimes numa monarquia, o de lesa-majestade. Ou seja, como príncipe prudente, tempera seus sentimentos com a razão, algo aprendido ao longo das três jornadas que se fingiram sonho. Segismundo reestabelece a concórdia e a paz no reino ao repartir e distribuir justa e ordenadamente a cada um o que lhe seria de direito – seja a glória, seja a prisão. A lição que aprende, e assim se encerra a peça, é que a felicidade humana é mero sonho e, se tudo é sonho, pode novamente, a qualquer momento, "acordar na torre". Por isso, deve aproveitar cada momento para viver corretamente e distinguir as aparências da Verdade, seja em sonho, seja acordado.

Sonho da vida

Repassada a trama e algumas passagens da peça de modo breve, devemos nos perguntar qual o sentido das elaboradas idas-e-vindas, de tantas inversões, dos jogos com opostos que se mostram, ao fim, concordantes. Serão somente estratégias para divertir? Mero ornamento para impressionar e cativar, como truques de prestidigitação? Ou ainda, seriam reflexo da cultura da época, chamada de "Barroco", afeita a contrários? Uma época de crise? Na qual não se identificava o limite entre o sonho e a vida, entre o sono e a vigília, entre o teatro e o mundo, entre a representação e o representado, entre o real e o imaginado? E tudo, então, era efeito, exagero, excesso necessários para sublimar a crise? Se estas questões apontam para aspectos da peça ressaltados pela crítica moderna, elas podem ofuscar, quase apagar, alguns outros aspectos importantes para a exegese do texto calderoniano, que também merecem ser levados em consideração.

Devemos nos lembrar que *A vida é sonho* é uma comédia – ou ainda, uma tragicomédia, se quisermos precisar o subgênero da peça também por seu conteúdo grave e solene. Como narrativa (tragi)cômica, era pressuposto que gerasse espanto, surpresa e, por meio destes, risos. O espanto, a surpresa se dão, entre outras coisas, pela inversão, pela ironia, pela farsa. A inversão é elemento fundamental de uma comédia. O tom farsesco pode gerar incômodo, mas, sobretudo, diverte. Uma personagem feminina aparecer vestida de homem (na primeira cena da primeira jornada), depois de dama da corte (na segunda jornada), depois de mulher guerreira (na terceira), como Rosaura, instaura o tom de farsa e indica que cada jornada inverte a anterior. Porém, mesmo sendo uma comédia, ela não poderia somente divertir, impressionar. Como um texto pensado a partir de pressupostos poéticos, mas também retóricos, ela precisa (co)mover os ânimos, convencer os intelectos, e educar os espíritos. Especialmente o teatro, que sempre fora, tanto pelas coroas

368 Francisco Murari Pires (org.)

como pelas igrejas, entendido como um meio eficaz de ensinar e doutrinar. As figuras de linguagem, os efeitos discursivos, o uso arguto das tópicas estavam, assim, a serviço de algo. Do quê?

Se o mundo era um efeito da Criação, mera semelhança do Criador, mera imagem, sonho e ficção, qualquer texto precisava buscar apontar para o verdadeiro sentido da vida. No campo civil, das repúblicas: o bem-comum, a concórdia, a paz. No campo espiritual, da Igreja: a salvação das almas. O primeiro, a serviço do segundo, porque o fim último era Deus, mas o segundo dependente do primeiro, pois com desordem entre as gentes e reinos as almas ficavam turbadas, os espíritos, descontrolados, as vontades e ações, desmedidas. Dizer que a vida era sonho, e que, por isso, era preciso regular as paixões e os desejos, seria contribuir para esse objetivo. Havia, portanto, uma função didática no que hoje nos parece mero jogo de espelhos. Buscava-se ensinar a ser um bom cristão e um bom súdito, faces inseparáveis na Monarquia Católica dos Habsburgos.

O próprio tema da peça estava ligado aos rumos da República, ao poder civil. O fato de ocorrer na distante Polônia ou os nomes de personagens que indicam suas qualidades (Basílio=basileu, por exemplo) reafirmava no enredo um caráter alegórico, e, com isso, exemplar. Esse caráter exemplar, provavelmente, remetia a referências da história dos reinos. Na República das Duas Nações da Polônia e da Lituânia, o rei Sigismundo III, falecido quatro anos antes da impressão da peça, havia como o protagonista da peça crescido na prisão. Filho de João Vaska, herdeiro do trono sueco, e de uma princesa polonesa, Ana Jagellon, nascera encarcerado numa torre na Suécia, quando seus pais foram presos pelo seu tio, o rei da Suécia, Eric XIV, que ficara louco e temia golpes. Viveu na torre até a idade dos quatro anos, quando os grandes do reino se revoltaram contra o rei demente e colocaram no trono o seu pai, com o título de João III. Por conta do lado materno, Sigismundo foi eleito rei da Polônia e da Lituânia (e, pelo paterno, disputou a coroa sueca). Mais tarde, no início do XVII, já rei, foi procurado por um falso pretendente ao trono russo, Dimitri, supostamente um descendente de Ivan, o terrível, que queria o apoio de Sigismundo para invadir Moscou e virar tsar[22]. Dimitri era uma fraude, Sigismundo III não acordou de um sonho e se viu rei e fora do cárcere, mas não custa pensar isso como matéria para o engenho e a invenção de Calderón. A partir do que constróe um repertório de exemplos e caracteres que doutrinam.

Podemos pensar até mesmo que a trama d' *A vida é sonho* funcionava como um Espelho de Príncipes encenado. Gênero comum desde a chamada Idade Média Tardia, mas que se proliferou nos séculos XVI e XVII, os Espelhos serviam de guia moral e ideal para doutrinar as ações dos governantes. Seguiam muitas vezes os pressupostos estabelecidos

---

22 Cf. Yves-Marie Bercé. *O rei oculto*. Bauru: Edusc, 2003, p. 90 e segs.

Antigos e modernos 369

na *Ética a Nicômaco*, de Aristóteles, de uma busca da temperança, da justa medida, que levará à vida virtuosa. A prudência e o controle das paixões eram os principais pilares para o bom governo. Tanto para o interno, o controle do corpo e do espírito físico, quanto para o externo, o ordenamento do reino, corpo místico. Um bom príncipe precisava ter autogoverno para poder governar com justiça. Pressuposto desse controle de si era saber que a felicidade não estava nos prazeres e nas honras, mas em buscar a finalidade suprema do bem-comum e da salvação, que ordenaria, virtuosamente, as ações humanas.

Segismundo aprende isso com seus próprios erros, mas, sobretudo, ao perceber que "a vida é sonho, e os sonhos, sonho são". Ao descobrir e revelar isso na condição de príncipe, servia de exemplo para o seu reino tanto à corte quanto ao povo reunido no palácio, que o admira, indicando aos espectadores qual o justo caminho da ação prudente e temperada. Com isso condena também os levantes populares contra a autoridade, condenação exemplificada na prisão do soldado rebelde, pois os levantes perturbam a paz e a concórdia do reino. Isso em tempos de uma série de revoltas contra o poder dos Áustria que eclodiram na década de 1630 na Península Ibérica (de Portugal à Catalunha), governada por Felipe IV e por seu valido, o Conde-Duque de Olivares – e que antes ocorreram nos Países Baixos. Mostrava Calderón, poeta oficial da Corte, que o exemplo de Segismundo era completado pelo castigo exemplar do soldado. Os vassalos deveriam ver ali como deveriam se portar, fiel e obedientemente, para que não se quebrasse a harmonia do corpo da república. Especialmente se esse corpo fosse composto de muitos reinos e cuja função declarada fosse a redenção humana por meio de um grande Império Cristão, como se supunha a Monarquia Católica filipina, que se arvorava como defensora da fé católica e congregava, com muitos custos e dificuldade crescente, os reinos de Espanha, Portugal, sul da Itália, as Américas, partes da África e da Ásia.

Ao afirmar a importância do governo e do autogoverno, a comédia também ressaltava a necessidade das boas escolhas e da importância da ação particular para que se chegasse ao bem comum. Segismundo supera o prognóstico nefasto dos sonhos de sua mãe e de seu horóscopo. Ainda que fosse falha sua educação como príncipe, pois encarcerado como animal e rude, a experiência serviu de escola e ensina-lhe a, pelo uso do livre-arbítrio e discernimento, domar sua tendência natural (e supostamente predestinada) e se tornar um homem nobre.

Como apontam alguns críticos, se a peça não nega, por completo, o destino de Segismundo, pois esse se torna de fato um tirano na segunda jornada[23] ("um monstro em forma de homem"), a terceira jornada, entretanto, reduz os efeitos possíveis da predesti-

---

23 Alexander Augustine Parker. "Horóscopos y su cumplimiento" e "Destino y responsabilidad humana (1): el problema" In: *La imaginación y el arte de Calderón*. Madri: Cátedra, 1991.

370   Francisco Murari Pires (org.)

nação e do nascimento. Os sonhos proféticos (bem como as visões) deviam ser levados em conta pois podiam ajudar a vislumbrar os planos divinos – mas com muito cuidado, porque poderiam ser falsos como delírios de grávida, como diz o Eclesiástico (34:5). A astrologia judiciária, comum nos reinos católicos e tolerada pela Igreja, era usada para mostrar que influxos astrais poderiam afetar um rei, mas não tinham o poder – reservado a Deus – de dizer, com certeza, qual seria o futuro de um reino. Em resumo, pelo controle das paixões e ao tomar as decisões justas, Segismundo ameniza as predições e as disposições naturais de seu corpo. O seu destino, como causa segunda da Criação, está em suas mãos – e disso dependia o destino da monarquia, porque era a cabeça do corpo místico que compunha aquele reino.

Assim, *A vida é sonho* assumia outra função importante: a de reafirmar o livre-arbítrio e a importância das boas obras como meio para a salvação. Em uma frente, a peça combatia as doutrinas protestantes, consideradas heréticas, que afirmavam que não havia salvação pelas obras (os atos humanos), mas só pela fé, ou que a predestinação Divina não concebia o livre-arbítrio e independia das ações humanas, somente da Vontade Divina. Em outra, negava a qualquer forma de adivinhação (sonhos ou mesmo a astrologia judiciária) o poder de prever, infalivelmente, o destino de uma pessoa, pois o conhecimento do futuro somente a Deus pertencia, e dizer o contrário era incorrer em pecado mortal. Convergia o poeta com as determinações de Trento e a luta da Igreja Romana após as Reformas contra as superstições populares e as "heresias" calvinista e luterana. Se a vida era sonho e o mundo era um teatro, era preciso saber agir e atuar nele, pois das obras e escolhas dependia o desenrolar da trama e o final feliz.

Reler Calderón hoje, mais do que atualizar os preceitos preconizados na peça ou lê-la em uma chave que abre escaninhos já definidos *a priori*, pode servir para adentrar pelas portas (talvez de chifre, talvez de marfim) de uma outra época na qual o estar dormindo era tão importante quanto o estar acordado. Nessa época, para remeter e contrapor a Goya (que parece ter se inspirado tanto na tópica de Calderón como na iconografia de Pereda), não se supunha que os sonhos da razão produzissem monstros, pois a razão, ela mesma, não se distinguia de um sonho.

Experiência e método

Introdução a uma entrevista com Jean-Pierre Vernant[1]

José Otávio Guimarães
(Departamento de História, Núcleo de estudos
Clássicos, Universidade de Brasília)

I

Corria março de 1999. Tinha defendido havia poucos meses, na *École des Hautes Études en Sciences Sociales* (Paris), minha dissertação de *DEA* (Diploma de Estudos Aprofundados), intitulada "Jean-Pierre Vernant 'polymétis': les ruses d'une anthropologie de la Grèce antique". Dava início ao doutorado, quando, em um encontro de rotina, François Hartog, meu orientador e anfitrião no *Centre Louis Gernet de recherches comparées sur les sociétés anciennes*, disse-me sem titubeios: "chegou a hora de encontrar Vernant"[2]. Movendo-me no domínio da história intelectual contemporânea, precisava, de fato, começar a produzir minhas fontes. Depois de haver estabelecido na dissertação um primeiro questionário historiográfico e construído meus balizamentos conceituais, devia lançar-me de

---

1 Entrevista reproduzida no próximo capítulo, onde se encontram igualmente, ao seu final, as referências bibliográficas desta introdução.

2   Gostaria de agradecer a François Hartog, a quem devo não somente meus anos de pesquisas na França, como a possibilidade de ter conhecido pessoalmente Jean-Pierre Vernant. Agradeço, igualmente, à CAPES e à Universidade de Brasília pelas bolsas de pesquisa que me foram concedidas. Meu obrigado vai também a Raphael Benthien e Marcos Lanna que sugeriram a publicação, em português, desse trabalho

372 Francisco Murari Pires (org.)

cabeça na busca de testemunhos. Ao investigar a formação e a transformação da noção de antropologia histórica no meio dos helenistas franceses da segunda metade do século XX, detendo-me em particular nos diálogos e silêncios, trocas e bloqueios, entre Vernant e os historiadores do grupo dos *Annales* (onde a noção, é notório, encontrou solo fértil como uma das expressões do tenso compromisso entre história e ciências sociais nas décadas de 1960 e 1970), pareceu-me fundamental interrogar o autor de *Les origines de la pensée grecque* a respeito de suas relações pessoais e intelectuais com três dos mais importantes nomes das ciências humanas francesas: Georges Dumézil, Claude Lévi-Strauss e Michel Foucault. O campo de trabalho dos três personagens – linguística, antropologia e filosofia (por mais que essas etiquetas não dêem conta dos efeitos multidisciplinares de suas obras) –, reforçava a perspectiva pela qual se sublinhava a contribuição de Vernant aos estudos contemporâneos sobre a Grécia antiga: sua posição na encruzilhada de diversos ramos das humanidades. Os três personagens, ademais, foram colegas de Vernant na "marginalidade prestigiosa"[3] do *Collège de France*; além do que, os dois primeiros, pode-se ler na entrevista, desempenharam papel fundamental na sua eleição, em 1974, para a cadeira de *Estudo comparado das religiões antigas*.[4] Foi no *Collège* igualmente que, como professor honorário, Vernant me recebeu para essa primeira conversa, em 14 de abril de 1999.

II

As relações intelectuais de Vernant com Dumézil e Lévi-Strauss não são propriamente uma novidade. Por diversas vezes, em textos publicados em vida, o helenista reconheceu sua dívida para com ambos.[5] O que me parece original, nas posições expostas na conversa, é a exploração do problema específico do tempo histórico nos três colegas, deuses reconhecidos do que se pode chamar, sem exagero e muita precisão, de panteão estruturalista. Vernant, sabe-se, fez um uso bastante pragmático da contribuição estrutural, servindo-se de certo método de análise narrativa, sem aceitar, no entanto, as derivações filosóficas de um pensamento da estrutura. Nesse sentido, o que diz sobre Foucault pode ser de grande interesse. Dos três colegas, o filósofo é aquele que menos aparece nos escritos do antropólogo da Grécia antiga. Aliás, Vernant nunca escondeu seu desconforto com certas teses de *Les mots et les choses*, livro que, segundo François Furet, sistematizou, no calor da hora, o "corte epistemológico" representado pela etnologia estrutural face à

---

3   A expressão é de Revel (1998 : 85).

4   Vernant (2004 : 63-64) retomou mais tarde, em termos mais ou menos próximos aos da entrevista, o relato dessa eleição.

5   Basta referir-se a Vernant (1974 : 195-250), (1979 : 35-53) e (1996 : 94-104 e 352-356).

Antigos e modernos 373

"idade ideológica".[6] Por outro lado, Vernant foi menos resistente ao Foucault dos últimos volumes da *Histoire de la sexualité*, reconhecendo na postura do classicista neófito ecos da *démarche* historiográfica de sua antropologia da Grécia antiga. Além do que, o próprio Foucault, ao precisar em 1974 sua noção de discurso, distinguido-a da concepção da filosofia analítica anglo-saxônica e da perspectiva estrita da linguística de Saussure, evocava justamente o ponto de vista de Dumézil e Vernant. Ambos, dizia Foucault, pensam que relações estruturais podem "intervir tanto em um discurso quanto em um ritual religioso ou em uma prática social"; longe, portanto, "de identificar ou de projetar todas as estruturas sociais, as práticas sociais, os ritos, em um universo do discurso", eles colocam, no fundo, "a prática do discurso no interior de práticas sociais".[7] Enfim, é ao helenista e seu grupo que Foucault reconhece o prosseguimento metodológico do trabalho iniciado pelo linguista: "existe atualmente na França um grupo em torno de Jean-Pierre Vernant que retoma um pouco as ideias de Dumézil e procura aplicá-las".[8]

III

Ao falar de suas relações com os três colegas, aparecem questões sensíveis e difíceis que Vernant não deixou de enfrentar com transparência e coragem. São recusados, por exemplo, os vínculos entre certas posições políticas e ideológicas de Dumézil e suas pesquisas sobre a mitologia indo-europeia. Entre o plano político e o plano intelectual os caminhos são tortuosos e pantanosos e devem ser percorridos com muito cuidado e astúcia. "Não acredito" – nos diz Vernant – "que o trabalho científico e as posições que assume um pesquisador podem se explicar por suas orientações políticas. Em todo caso, aquelas não são reflexos destas, possuem certa autonomia". Pode surpreender que, logo em seguida, após se exprimir nesses termos, Vernant marque as diferenças políticas que o separam do linguista: "ele não era próximo das posições que podiam ser as minhas"; (...) "tinha perfeitamente o direito de ser da *Action française*, um nacionalista conservador". O mesmo tipo de problema reaparece adiante ao contar o episódio da tentativa de publicação nos Estados Unidos de seu *Mythe et pensée chez les Grecs*. Nesse caso, o relativismo histórico-metodológico de Vernant é explícito: não é possível tratar o retrato de Pandora pintado por Hesíodo como se fosse machismo moderno. Colocado ainda em outros termos: não é possível servir-se de um poeta arcaico grego, cujos versos remontam a mais de dois milênios, para apoiar a causa política de um feminismo pretensamente esquerdista.

---

6   Furet (1982 : 46).

7   Foucault (2001 : 1504).

8   Foucault (2001 : 1503).

374 Francisco Murari Pires (org.)

Se o procedimento do historiador sério se faz logo visível (não se deve cair nas armadilhas do anacronismo), uma certa subjetividade vernantiana e os dilemas de seu presente vêm também subitamente à tona. Difícil não deixar de notar o anti-americanismo que guardou o velho ex-militante comunista, ou ainda, o que o próprio Vernant reconhece, suas dificuldades em lidar com as questões da sexualidade ou dos estudos de gênero postas pelos trabalhos do último Foucault e desenvolvidas, no campo dos estudos helênicos, por algumas pesquisadoras do *Centre Louis Gernet*. Delicada e sensível se tornam ainda mais essas questões ao se perceber que Vernant, escapando da identificação imediata entre as posições políticas e ideológicas de Dumézil e suas análises da mitologia indo-europeia, sugere hipóteses alternativas para explicar a caracterização do mundo ariano feita pelo linguista, a saber, sua orientação homossexual ou o fato de ter tido um pai militar. A observação faz lembrar as conturbadas relações de Vernant com a psicanálise, para com a qual a simpatia de Foucault não lhe escapou, tema que, infelizmente, ele não desenvolveu na ocasião, salvo para destacar que os psicanalistas não o tinham em grande apreço.[9]

IV

A expressão "como um barco à deriva", que dá título à entrevista, é do próprio Vernant e foi dela extraída. Em seu contexto de enunciação, referia-se ao movimento de transformação constante que sofre qualquer empreitada de pesquisa desenvolvida durante um período de tempo mais ou menos longo. Serviu também ao helenista para expressar a ideia do controle limitado que tem o sujeito do conhecimento sobre a direção, atalhos e desvios de seu processo de investigação. Assim, interrogado sobre o impacto que os trabalhos de Lévi-Strauss poderiam ter exercido, a partir de certo momento, sobre suas análises do mito grego, Vernant, tentando relativizar qualquer determinação simplista baseada nas concepções de influência de uma velha história das ideias, responde: "quando nos lançamos em uma pesquisa, estamos como que em um barco à deriva. Há, ao mesmo tempo, o movimento do barco e dos remos e, igualmente, o rio que nos leva".

V

Alguns dos pontos abordados por Vernant na entrevista podem ser tomados como mais uma contribuição às articulações entre experiência e método que ele próprio não parou de explorar nos últimos anos de sua vida. "Não é absurdo" – escreveu Reinhart Koselleck em um texto dedicado a essas articulações – "estabelecer um vínculo entre as

---

9 Sobre Vernant, Foucault e a psicanálise, ver Leonard (2005 : 22-95).

Antigos e modernos   375

intervenções metodológicas dos historiadores e as experiências pessoais que, um dia, lhes concerniram e que são indispensáveis para compreender suas inovações metodológicas".[10] Em seu exercício cuidadoso do relativismo metodológico, Vernant resistiu durante boa parte de sua vida acadêmica a desenvolver essas articulações. Todavia, reconhece ter, a partir de certo momento, se tornado mais "sensível", por exemplo, a certos temas e personagens do passado porque ele próprio havia vivido, no extenso presente de sua vida, experiências similares. Questionado, por ocasião do lançamento de seu *L'individu, la mort, l'amour*, sobre o fato de o título do livro lembrar "em certa medida preocupações contemporâneas", reagiu: "eis um debate, que não nego existir, mas do qual sempre procurei manter distância por razões metodológicas ou de ética de pesquisa. Eu o evito menos hoje porque envelheci ou talvez porque esteja mais suscetível a fazer confidências...".[11] Ele tinha, em 1989, 75 anos. É verdade que, dois anos depois, em 1991, na introdução que escreveu para *L'homme grec*, desculpava-se por fazer uso de um exemplo pessoal, mas o fazia assim mesmo.[12] Quando de nossa entrevista, havia completado 85 anos. Com efeito, se se considera o tempo de uma vida, o envelhecimento, ou simplesmente a posição do presente em relação ao nascimento e a morte, modifica o jogo e as tensões entre espaço de experiência e horizonte de expectativa. Isso não significa que Vernant tenha se deixado encantar pela ilusão biográfica, ou melhor autobiográfica, no momento mesmo em que a vaga memorial, nos anos 1980 e 1990, suscitava o interesse de um público cada vez mais amplo por esse tipo de literatura. Ao contrário, no prefácio de *Entre mythe et politique*, adverte claramente o leitor de que não porta a pena autobiográfica.[13] A mesma observação é retomada no início de *La traversée des frontières*, ao afirmar que essa escrita memorialística lhe parecia completamente "estranha" às suas "inclinações" e "capacidades".[14] As confidências serviriam explicitamente ao helenista, o que ele faz de maneira mais sistemática nesse último livro, para alimentar, como ele mesmo escreve, "uma reflexão geral que ultrapassa amplamente minha pessoa".[15] Essa reflexão geral, para alegria daqueles que se interessam pela experiência da história legada pela vida e pela obra desse helenista, diz

---

10   Koselleck (1997 : 208).

11   Vernant (1989 : 127).

12   "Para que me compreendam melhor, citarei um exemplo, esperando que me seja perdoada a referência pessoal: como poderíamos ver hoje a lua com os olhos de um grego? Foi uma experiência que eu mesmo fiz, na minha juventude, durante minha primeira viagem à Grécia" (Vernant, 1993 : 9).

13   Vernant (1996 : 7).

14   Vernant (2004 : 9).

15   Vernant (2004 : 9)

376   Francisco Murari Pires (org.)

respeito às "relações do passado com o presente, às fronteiras que os separam e aos meios de ultrapassar esses limites sem confundi-los nem falseá-los".[16]

VI

Mantenho viva em minha memória a generosidade e a grandeza desse intelectual. Não esqueço a presteza com que respondia invariavelmente às minhas solicitações. Telefonava-me de pronto para definirmos as datas dos encontros e ainda comentava as questões que lhe havia previamente enviado. Recordo-me que, no dia dessa primeira entrevista, esperou-me, na hora marcada, no *hall* do *Collège*, para me acompanhar até sua sala de trabalho. Logo de início, pediu para que deixasse de lado o tratamento formal na segunda pessoa do plural (*vous*) e utilizasse o você (*tu*). Tentei, mas não consegui.[17] Em seguida, já em sua sala, quando puxei de minha maleta as folhas com as perguntas que me serviriam de apoio, reagiu de imediato: "deixe isso de lado, vamos bater um papo". Mesmo sentindo-me inseguro sem minhas questões, cedi. De fato, não eram necessárias. Bastava soltar uma ideia, uma sugestão ou citar um nome, que Vernant desatava a falar. Era difícil interrompê-lo; o que não era, de modo algum, meu objetivo. Seu discurso era generoso, claro, impaciente; envolvia não somente o vivo movimento de suas mãos, como também o de todo seu corpo. Lembro bem como ele vibrava em sua poltrona. Quanto a mim, eu o escutava com vibrante emoção.

---

16   Vernant (2004 : 9). Sobre essa reflexão geral de Vernant, ver o belo artigo de Payen (2008).

17   Para essa tradução portuguesa, padronizei o tratamento com nosso "você".

Como um barco à deriva

Entrevista com Jean-Pierre Vernant

José Otávio Guimarães

Ciente de que suas relações com Ignace Meyerson e Louis Gernet (dívida intelectual, maneira como os remodelou e diferença para com suas respectivas obras) já foram, por diversas vezes e em diferentes registros, exploradas,[1] gostaria de lhe fazer algumas perguntas a respeito de outros interlocutores intelectuais. Poderia me falar de suas relações com três de seus colegas do *Collège de France*: Georges Dumézil (1898-1986), Claude Lévi-Strauss (1908) e Michel Foucault (1926-1984)?[2]

---

1   O próprio Vernant escreveu sobre seus dois principais "mestres", Meyerson (1888-1983) e Gernet (1882-1962). É suficiente citar os artigos reunidos em Vernant (1996), "Lire Meyerson", "Psychologie historique et expérience sociale" (sobre o primeiro), "Sur l'*Anthropologie historique de la Grèce antique*" e "*Les Grecs sans miracle* de Louis Gernet" (sobre o segundo). A respeito das relações entre os três, ver Di Donato (1990).

2   No *Collège de France*, Dumézil ocupou, entre 1946 e 1968, a cadeira de "Civilizações indo-europeias"; Lévi-Strauss, entre 1959 e 1982, a de "Antropologia social"; Foucault, entre 1970 e 1984, a de "História dos sistemas de pensamento".

378 Francisco Murari Pires (org.)

Jean-Pierre Vernant[3]

Georges Dumézil é, desses três personagens, o que, de certo modo, primeiro conheci e convivi. Eu o li bastante cedo. Ademais, à exceção do que escreveu em seus primeiros livros (particularmente sobre a Grécia, o que me pareceu menos convincente), tudo o que fez sobre Roma, sobre os germanos e, digamos, sobre as religiões indo-europeias, é algo que sempre considerei exemplar. Além do que, mantive com ele relações pessoais, já que o primeiro livro que publiquei, no início dos anos 1960, *Les origines de la pensée grecque*, foi acolhido em uma coleção que dirigia; foi um convite dele. Acrescente-se a isso o fato de que escrevi resenhas de seus livros, a partir de certo momento — digamos, após a Segunda Guerra — de modo bem sistemático.

José Otávio Guimarães
Sempre no *Journal de Psychologie*?[4]

Jean-Pierre Vernant

Creio que sim. Talvez em outros lugares também. Mas, enfim, o essencial foi publicado no *Journal de Psychologie*.[5] Elaborava tais resenhas e depois ia lhe mostrar. A gente as discutia. Mantive com ele, desse modo, relações ao mesmo tempo intelectuais e de amizade, que nunca foram abandonadas. Devo-lhe, assim, certa orientação, depois chamada de estruturalista, mesmo que se saiba que essa palavra comporta muita ambiguidade e confusão. Refiro-me à ideia de que uma religião não é uma espécie de amontoado mais ou menos caótico que os acasos da história produziram; existe certa sistematicidade no panteão, nos relatos lendários, nos mitos; e mesmo os fenômenos figurativos não escapam desse ordenamento relativo. Nesse plano, portanto, inscrevo-me na linha dumeziliana. Com uma ressalva – que sempre indiquei e que ele, aliás, reconheceu sem me esperar: que

---

3   Vernant nasceu em Provins, em 4 de janeiro de 1914, e morreu em Sèvres, em 9 de janeiro de 2007. Heroi da Resistência, foi pequisador do *CNRS* de 1948 a 1958, quando entrou para *École Pratique des Hautes Études*. Eleito para o *Collège de France*, em 1974, aposentou-se em 1984.

4   *Journal de Psychologie normale et pathologique (JdPs)*, fundado por Pierre Janet e Georges Dumas, em 1920. Ignace Meyerson foi seu secretário de redação até 1938, momento em que passa a dividir a direção com Charles Blondel e Paul Guillaume, depois de 1946, apenas com Guillaume e, finalmente, em 1962, sozinho. O *Journal* extinguiu-se junto com Meyerson, em 1993. Vernant foi seu secretário de redação de 1948 a 1993.

5   Eis as referências das principais resenhas de livros de Dumézil escritas por Vernant: "La religion romaine archaïque, suivi d'un appendice sur la religion des Etrusques" (Paris, Payot, 1966), *L'Homme*, VIII, 4 (1968), pp. 92-103; "Idées romaines" (Paris, Gallimard, 1969), *JdPs* 69 (1972), pp. 206-210; "Mythe et épopée, III. Histoires romaines" (Paris, Gallimard, 1973), *JdPs* 72 (1975), pp. 222-225; "Les dieux souverains des Indo-Européens" (Paris, Gallimard, 1977), *JdPs* 75 (1978), pp. 487-491; "Fêtes romaines d'été et d'automne, suivi de dix questions romaines" (Paris, Gallimard, 1975), *JdPs* 75 (1978), pp. 491-494.

Antigos e modernos 379

no contexto grego não nos encontramos em um domínio indo-europeu de tipo tradicional. O aspecto fundamental do sistema religioso indo-europeu, o trifuncionalismo, não funcionava. Funcionava em certos lugares, mas não funcionava em outros. Não se tinha a impressão de que se tratava do mesmo tipo de fenômeno.

José Otávio Guimarães
Penso não estar enganado ao dizer que, em seus trabalhos, você insistiu justamente nessa especificidade grega ...

Jean-Pierre Vernant
Sim. Em resumo, tenho com Dumézil ao mesmo tempo uma dívida, que nunca dissimulei e que sempre reconheci, e a sensação, que penso ter expressado de modo bem claro na minha aula inaugural no *Collège de France*, de certa divergência.[6] A Grécia, sustento nessa aula, apresenta vantagens e desvantagens para aplicação do sistema trifuncionalista. O comparatismo dumeziliano funciona e encontra sua pertinência no quadro desse sistema indo-europeu, mas quando se tenta ampliá-lo aparecem logo alguns problemas. Por exemplo, tivemos – Dumézil e eu – um estudante japonês chamado Yoshida, que publicou um bocado de *papers* para mostrar que a mitologia japonesa era do mesmo tipo que a mitologia indo-europeia.[7] Sempre fui, nesse caso, bastante reticente, pois pensava que o que dava justamente validade às interpretações dumezilianas era o fato de que se situavam no interior de um conjunto, que era ao mesmo tempo um conjunto homogêneo do ponto de vista linguístico.

José Otávio Guimarães
Você se referiu, rapidamente, às suas relações pessoais com Dumézil. Talvez haja mais coisas a serem ditas sobre esse ponto.

Jean-Pierre Vernant
Sem dúvida, nesse aspecto, a dívida que contraí com ele é ainda maior. Um dia fui visitá-lo para lhe apresentar uma daquelas resenhas, que deveria sair pelo *Journal de Psychologie*. Sempre lhe mostrava antes, porque podiam ocorrer alguns deslizes. Achava correto submetê-las antes que fossem publicadas. Mostro-lhe, então, essa resenha. Discutimos. Isso lá no seu escritório, em *Notre Dame des Champs*, numa bagunça danada.

---

6   Aula inaugural da cadeira de "Estudo comparado das religiões antigas", *Collège de France*, 5 dezembro de 1975; publicada com o título "Religion grecque, religions antiques", em Vernant (1979 : 5-34; sobre Dumézil: 15-26).

7   Basta citar Yoshida (1977) e (1981).

380   Francisco Murari Pires (org.)

Havia publicações por todos os lados. Era como se estivéssemos em um barco, navegando ladeados por grandes rochedos, em um mar de livros. Ao terminarmos, ele me acompanha até porta, como tinha o costume de fazer, sempre com a extrema gentileza de todos os editores. Começo a descer as escadas e ouço sua voz: "Senhor Vernant, senhor Vernant!". Dou meia volta e o vejo diante de sua porta, próximo à escada. Chama-me com um gesto. Subo. Ele me diz: "Senhor Vernant, alguma vez já pensou no *Collège de France*?". "Não. Nunca pensei nisso, em nenhum momento de minha vida. Não, de modo algum". Retruca: "Bom, mas, escute, existem pessoas que pensaram nisso por você. Vá ver Lévi-Strauss."

José Otávio Guimarães
Então... a sugestão da candidatura, o convite, veio afinal de Dumézil ou de Lévi-Strauss?

Jean-Pierre Vernant
Foi Dumézil que me disso isso. Fui, portanto, visitar Lévi-Strauss. Na realidade, creio que já haviam falado sobre o assunto. Lévi-Strauss me diz: "sim, de acordo"; e decide apresentar minha candidatura. Caso contrário, jamais teria pensado no *Collège*. Nunca teria sido acolhido. Não o frequentava; ensinava, à época, na *École Pratique des Hautes Études*. Mas, na verdade, fui derrotado; Madame Romilly se apresentou ao mesmo tempo, em oposição à minha candidatura.[8] No primeiro turno, tivemos o mesmo número de votos; no segundo, finalmente, os cientistas votaram em maior número nela. Foi eleita no terceiro ou quarto turno, com alguns votos de diferença. Diante disso, renunciei ao *Collège*.

José Otávio Guimarães
Mas não definitivamente...

Jean-Pierre Vernant
Seis meses depois, encontrei um professor do *Collège* que me alertou para o fato de que era necessário fazer certas visitas quando se é candidato a uma cadeira nessa instituição. Ou seja, era preciso encontrar todos os professores. Fui então visitar um desses homens

---

8   Jacqueline de Romilly, filóloga francesa, conhecida por seus trabalhos sobre a civilização e a literatura gregas, especialmente por seus escritos sobre Tucídides, nasceu em 26 de março de 1913, em Chartres. Membro da Academia Francesa, foi a primeira mulher eleita para o *Collège de France*, onde ocupou, entre 1973 e 1984, a cadeira "Grécia: formação do pensamento moral e político".

Antigos e modernos   381

de saber, físico e teórico, chamado Abragam.[9] Ele me recebeu gentilmente e me confessou: "Escuta aqui, votei em Madame Romilly porque tinha me comprometido, tinha acordado. Não votei contra você, mas simplesmente nela". E, por puro acaso, encontro Abragam em uma reunião, que nem mesmo era uma reunião de acadêmicos, para se articular a defesa de nem sei mais quem, na União Soviética, que estava passando por enormes dificuldades, e ele me confidenciou: "Você sabe, nós, os cientistas, nos reunimos e chegamos à seguinte conclusão: 'Ah, coisa chata, deveríamos ter acolhido Vernant'. Isso para te dizer que, em breve, nova cadeira do *Collège* vai estar vaga. Vá rever Lévi-Strauss e peça-lhe que apresente novamente sua candidatura. Afinal de contas, dois helenistas no *Collège*, sobretudo tão diferentes quanto você e Madame Romilly, cairia muito bem. Fui, portanto, encontrar Lévi-Strauss, que me respondeu: "Não, eu não, porque acho que me enganei da outra vez. O fato de ter sido apresentada por mim desfavoreceu sua candidatura". Estou persuadido de que isso não é verdade. Ele continua: "Estou distante de você, sou antropólogo. Falam por aí: 'ele é helenista, por que, então, Lévi-Strauss?'. Peça a alguém de mais oficial, peça a Caquot".[10] Assim, Caquot, que era uma pessoa que eu conhecia bem, historiador da religião, especialista de tudo que se refere aos hebreus, judeus, ligados aos cristãos, amavelmente me acolheu: "Sim, sem problema. Eu apresento sua candidatura". Apresentou-me e fui eleito, agora sem concorrência. Portanto, Lévi-Strauss e Dumézil, independentemente de suas teorias, estão na origem de minha eleição ao *Collège de France*.

José Otávio Guimarães
E as resenhas que você escreveu dos livros de Dumézil... Teve algum retorno? Ele as comentava?

Jean-Pierre Vernant
Quando publiquei meu texto sobre o mito hesiódico das raças[11], ele me escreveu uma longa carta dizendo que estava completamente de acordo, que era muito bom, que havia coisas que

---

9   Anatole Abragam nasceu em 15 de dezembro de 1914, em Griva-Semgallen, Rússia. Dedicou-se, em especial, a pesquisas no domínio do magnetismo nuclear e da física dos sólidos. É autor de *Réflexions d'un physicien* (1983) e *De la Physique avant toute chose* (1987). No *Collège de France*, ocupou a cadeira de "Magnetismo nuclear", de 1960 a 1985.

10   André Caquot nasceu em 24 de abril de 1923, em Epinal, Vosges, França, e faleceu em 2004. Diretor de estudos, a partir de 1955, na V Seção da *Ecole Pratique des Hautes Études* (ciências da religião). Professor no *Collège de France* de 1974 a 1976, onde ocupou a cadeira de "Hebreu e aramaico". Caquot desempenhou papel importante, na qualidade de presidente da referida V Seção, para que Vernant aí fosse acolhido como diretor de estudos em 1958.

11   Vernant (1960) e (1965).

382   Francisco Murari Pires (org.)

não tinha visto; enfim, foi bastante caloroso. E assim permaneceu, diria, independentemente do fato de que, politicamente, não era próximo das posições que podiam ser as minhas.

José Otávio Guimarães

A esse respeito, o que você acha das críticas que Arnaldo Momigliano e Carlo Ginzburg fizeram dos trabalhos de Dumézil?

Jean-Pierre Vernant

Não concordei com os ataques de Momigliano (que era muito meu amigo), nem com as críticas que foram retomadas, em seguida, por Ginzburg.[12] Penso que foram injustas. Dumézil era, acredito, um homem conservador. É verdade que tinha uma simpatia pela *Action française* e que representava essa direita nacionalista francesa anti-alemã que não se tornou nazista, hitlerista. Tinha perfeitamente o direito de ser da *Action française*, um nacionalista conservador. Penso que nunca foi hitlerista. Desse modo, o que se lhe reprovava, ao se dizer que seu livro sobre os deuses e guerreiros germanos manifestava sentimento de admiração pelo nazismo, não me parece muito correto. O que é verdade, sem dúvida, é que essa ideologia um tanto guerreira e viril devia exercer nele certa fascinação intelectual. O que não quer dizer que isso implicasse algum tipo de adesão. Claro que, por trás disso, talvez pudesse haver a ideia de que sua homossexualidade fosse um elemento que tivesse desempenhado algum papel. Não acredito que o trabalho científico e as posições que assume um pesquisador podem se explicar por suas orientações políticas. Em todo caso, aquelas não são reflexos destas, possuem certa autonomia. Isso para mim é evidente quando olho para a vida de Dumézil, para sua vida de cientista. Ele me contou várias histórias sobre pessoas que lhe marcaram intelectualmente. Ele era, aliás, bem mais velho que eu; tão velho quanto o sou hoje. Nesse tempo em que o visitava, era ainda um jovenzinho, mesmo no plano científico, pois quando comecei no mundo da pesquisa, tinha já, se não me engano, 34 anos ...

José Otávio Guimarães
Em 1938?

Jean-Pierre Vernant
Não, em 1948.

---

12   Momigliano (1984), Ginzburg (1989). Dumézil respondeu ao primeiro em (1985a) e ao segundo em (1985b).

José Otávio Guimarães
Em 1948? Mas você recebeu uma bolsa...

Jean-Pierre Vernant
... do CNRS.[13]

José Otávio Guimarães
E antes disso?

Jean-Pierre Vernant
Antes... Era professor de filosofia...

José Otávio Guimarães
Em Toulouse?

Jean-Pierre Vernant
Sim, em Toulouse e, depois, em Paris.

José Otávio Guimarães
Mas você já escreveu sobre uma bolsa que lhe foi concedida, antes da Segunda Guerra, para que preparasse uma tese sobre a noção de trabalho em Platão ...[14]

Jean-Pierre Vernant
Isso foi em 1937...

José Otávio Guimarães
Então... antes de seu serviço militar?

Jean-Pierre Vernant
Ah, não, quando eu estava servindo. Isso foi durante o serviço militar. Fiz um pedido de bolsa...

---

13 *Centre national de la recherche scientifique* (Centro nacional de pesquisas científicas), correspondente ao nosso CNPq.

14 "Chercheur au CNRS", discurso pronunciado em 18 de dezembro de 1984, por ocasião da entrega da medalha de ouro do CNRS; publicado em Vernant (1996 : 43).

384 Francisco Murari Pires (org.)

José Otávio Guimarães
Ah bom, foi só um pedido.

Jean-Pierre Vernant
A bolsa me foi concedida, mas o projeto naufragou, porque fui desmobilizado e, depois, reconvocado. Isso não é importante.

José Otávio Guimarães
Podemos retomar, se você estiver de acordo, o caso Dumézil...

Jean-Pierre Vernant
Sim. Não creio, portanto, que fosse hitlerista. Não é por acaso que Dumézil era próximo de Émile Benveniste e do especialista em Índia antiga, Jules Bloch.[15] Os dois eram judeus. De quem me disse que era próximo e que lhe tinha deixado forte impressão?

José Otávio Guimarães
Marcel Granet?[16]

Jean-Pierre Vernant
Sim. Contou-me de como tremia ao encontrar Granet. Bom, foram todos esmeriladores da escola semiológica francesa. Foram eles, igualmente, que o colocaram na *École Pratique des Hautes Études*. Era esse o seu meio intelectual. Consequentemente, quaisquer que tenham podido ser suas atitudes (vinha de uma família de militares, seu pai tinha sido general; crescera, portanto, em um meio conservador), seu trabalho intelectual, seu ensino, o tinha colocado no meio de um monte de gente de orientação anti-nazista. Como ser nazista e frequentar, na França dessa época, esse meio intelectual? Ele levou sua

---

15 Jules Bloch nasceu (01/05/1880) e morreu (29/11/1953) em Paris. Foi diretor de estudos na *École Pratique des Hautes Études*, de 1919 a 1951, professor na *École des Langues Orientales*, de 1921 a 1937. No *Collège de France* ocupou a cadeira de "Língua e literatura sânscrita", entre 1937 e 1941 e, depois, entre 1944 e 1951. Émile Benveniste nasceu na Síria (27/05/1902) e morreu em Paris (03/10/1976). Um dos maiores nomes da linguística francesa, ficou conhecido por seus trabalhos no campo da gramática comparada do indo-europeu. Ensinou na *École Pratique des Hautes Études*, de 1917 e 1937, ano em que foi eleito para a cadeira de "Gramática comparada", no *Collège de France*, onde se aposentou em 1969. Fundou, junto com Claude Lévi-Strauss e Pierre Gourou, *L'Homme: revue française d'anthropologie*.

16 Marcel Granet (1884-1940), sinólogo e sociólogo francês, professor na *École Pratique des Hautes Études* e na *École des Langues Orientales*. É autor de dois clássicos das ciências humanas francesas: *La civilisation chinoise: la vie publique et la vie privée* (1929) e *La pensée chinoise* (1934).

vida nesse círculo, vida de estudos, com suas afinidades intelectuais. Não se pode dizer: "sim, tudo isso se explica pelo fato de que....". Isso é uma piada! Como bem nos mostrou Éribon, antes da Segunda Guerra, quando Dumézil trabalhava como jornalista para ganhar seu pão, escrevia artigos que eram pró-Mussolini.[17] Isso é verdade. Pensava que era necessário entrar em entendimento com a Itália, mas seus artigos eram violentamente anti-nazistas. Na realidade, não se distinguia de muitos franceses que acreditavam que o perigo era a Alemanha e que podíamos entrar em acordo com os italianos, precisamente porque os italianos, no momento do *Anschluss*, postaram-se igualmente em oposição à Alemanha. Bom, as coisas não são tão mecânicas, não são simples. Não concordo com as tentativas de lhe aplicar esse rótulo. Ele escreveu suas obras, nós as lemos.

José Otávio Guimarães
E Lévi-Strauss?

Jean-Pierre Vernant
Com Lévi-Strauss foi completamente diferente. Era, de certo modo, mais próximo de mim, porque, muito mais que Dumézil, vinha diretamente da filosofia. Dela, porém, tomou suas distâncias. Formara-se igualmente na escola sociológica francesa, na linha de Mauss. E, claro, de Mauss eu também me sentia próximo. Assisti aos cursos de Mauss quando preparava minha *agrégation* em filosofia.[18] Nessa época, era preciso obter um certificado de ciências. A maioria dos candidatos à agregação não sabia nada de ciências, de matemática, de biologia etc. Inscrevíamo-nos, então, para poder obter esse certificado, em antropologia, cujo grande responsável era justamente Mauss. Foi assim que, durante um ano, assisti aos cursos do sobrinho de Durkheim. E Mauss era, sobretudo, bastante ligado, intelectualmente e por laços de amizade, a meu irmão, também ele candidato à *agrégation* em filosofia dois anos antes de mim, e que continuava seguindo, ele assiduamente, os curso de Mauss, acompanhado daquela que viria a ser sua mulher, Elena Cassin.[19] Lévi-Strauss, portanto, era mais ou menos do mesmo círculo.

---

17 Éribon (1992).

18 *Agrégation*: concurso francês, de âmbito nacional, para o exercício do cargo de professor no ensino secundário.

19 Elena Cassin nasceu em 1909, foi pesquisadora do *CNRS* e tornou-se uma das mais respeitadas estudiosas do mundo mesopotâmico antigo. Entre seus livros mais conhecidos estão *The Near East: The Early Civilisations* (1967, com J. Bottèro e J. Vercoutter), *La splendeur divine: introduction à l'étude de la mentalité mésopotamienne* (1968) e *Le semblable et le différent: symbolismes du pouvoir dans le proche-orient ancien* (1987).

386   Francisco Murari Pires (org.)

José Otávio Guimarães

Esse distanciamento com relação a Dumézil, você o tomou igualmente com relação a certas posições de Lévi-Strauss?

Jean-Pierre Vernant

Tinha enorme admiração pelo que Lévi-Strauss fazia. Mas me demarcava dele, sentido-me mais próximo de Dumézil, pelo fato de que ele tinha uma atitude um pouco kantiana com relação às construções do imaginário mítico. Estas não eram exatamente *a priori*; apresentavam-se sempre a partir do concreto, das flores, das plantas, dos animais, da organização social, mas traduzindo formas de atividade mental, sobre as quais Lévi-Strauss tinha tendência a pensar que se encontravam por todos os lados. Não pensava – como eu procurava fazer, na continuação de Dumézil – que, desde que houvesse um pouco de sociedade, um pouco de civilização com sua história, era preciso considerar essas narrativas lendárias, esses mitos ou esse aspecto de fabricação imaginária como integrados a um conjunto e dele fazendo parte. Tal elemento se explicava pelo conjunto e explicava o conjunto. Um não era a causa do outro, eram coisas que andavam juntas. Lévi-Strauss sempre tinha tendência a pensar que havia uma espécie de lógica do concreto, ou seja, que, independentemente do que a ciência podia elaborar da vida, existia um tipo de inclinação do imaginário mítico para tudo dispor em narrativa, sempre com umas tantas variantes. Essas variantes, contudo, eram apenas a composição musical de um fundo comum do funcionamento mental. Nunca acreditei muito nisso. Estava, sobretudo e ao mesmo tempo, interessado pela maneira como ele decifrava as narrativas lendárias, pelo modo como mostrava ser necessário observar as sequências e, em seguida, organizá-las, para ver como os relatos eram fabricados. Eu não acreditava que houvesse por detrás deles formas *a priori* de imaginação lendária. Não havia nada disso ; eu, pelo menos, não estava muito convencido. Não estava convencido de que se podia estabelecer algum tipo de comparação sistemática entre um mito grego e um outro mito grego e, por outro lado, entre um mito grego e um mito ameríndio. Dizia-me: não, existe aí um problema, não é a mesma coisa. Tanto mais que, no caso grego, não existiam narrativas de tradições orais múltiplas; desse modo, era necessário compará-las umas com as outras. Temos os textos. E os textos se apresentam de forma diferente de uma série de tradições orais modificadas.

José Otávio Guimarães

No que diz respeito à inteligibilidade do "caso grego", nota-se que você não estava inteiramente engajado em um comparatismo do tipo lévi-straussiano. E sobre a questão da história em Lévi-Strauss, qual sua posição?

Jean-Pierre Vernant

Nunca escondi minha grande dívida para com ele, mas não estava seguro sobre a possibilidade de um comparatismo generalizado. Tinha igualmente a impressão de que existia, por trás de sua atitude, em todo caso mais do que em meu trabalho, um *a-historismo* (não diria um *anti-historismo*, como já se escreveu). Concordo plenamente com Dumézil quando diz que não há simplesmente um deus ao lado de outro, que os deuses formam conjuntos e que é preciso tomá-los em suas relações recíprocas. Concordo plenamente com Dumézil e Lévi-Strauss quando afirmam que diante de um texto dito mítico ou lendário, uma narrativa ou texto de Hesíodo, deve-se mostrar sua organização, mostrar como existem ressonâncias internas, como aquilo faz sentido porque faz sistema. Estava completamente de acordo com isso, mas, talvez, não me alinhasse tanto com a ideia de que existiria ali um espírito humano e de que, quando se tratava de apreender seu funcionamento, haveria uma espécie de fundamento. Hoje, o que diria? Diria que, após os trabalhos de Françoise Héritier e de outros, meu problema não é somente fazer isso.[20] Meu problema é também de tentar verificar como esses sistemas se transformam, como esses sistemas – não importa que sistema, em realidade – comportam níveis diferenciados: as camadas de tempo não são as mesmas; há, portanto, dissonâncias e contradições. Isso faz o sistema desmoronar. Uma das coisas mais interessantes é verificar como ele desmorona, como qualquer coisa – algo que chamamos a visão de mundo em Hesíodo, por exemplo – transforma-se por completo em um pensamento dos filósofos jônicos e dos filósofos eleatas, para não falarmos no que vem depois. O que me interessava muito – e que não foi problema para Lévi-Strauss, sendo, por vezes, problema para Dumézil – era ver como um sistema religioso se desfazia, como as tríades divinas podiam em dado momento se esfumar, se desequilibrar. Tratava-se de observar como se modificavam. Escolhi a Grécia precisamente porque foi aí que as coisas se modificaram mais rapidamente, no tempo mais curto e de maneira mais profunda. Mas já escrevi mais ou menos sobre isso, com diferentes graus de coerência.

José Otávio Guimarães

Não se encontra nenhuma referência a Lévi-Strauss em *Mythe et pensée chez les Grecs*, já Dumézil ocupa nesse livro um espaço considerável. Será que o "encontro" com as análises do mito do antropólogo, isto é, com o que você chamou uma vez de "bom

---

20   Françoise Héritier, antropóloga francesa, nasceu em 1933. Substituiu Lévi-Strauss, no *Collège de France*, ao ser eleita, em 1982, para a cadeira de "Estudo comparado das sociedades africanas"; aposentou-se em 1998.

388 Francisco Murari Pires (org.)

estruturalismo"[21], coincidiria com certa inflexão de suas pesquisas, que poderíamos resumir pela substituição da fórmula "do mito à razão" (1965) por aquela "razões do mito" (1974)?[22] Em outras palavras, Lévi-Strauss teria desempenhado papel importante nessa inflexão?

Jean-Pierre Vernant

Não me recordo mais. Depois, muito frequentemente, quando nos lançamos em uma pesquisa, estamos como que em um barco à deriva. Há, ao mesmo tempo, o movimento do barco e dos remos e, igualmente, o rio que nos leva. Certamente, trata-se também de toda uma série de trabalhos que foram feitos em torno de mim e, em particular, de Lévi-Strauss, que me fizeram perceber, mais do que era capaz, a pluralidade no seio mesmo do mito. Não existe uma única forma de racionalidade. Tinha tendência a dizer, em certo momento, de maneira bem firme: o mito, a narrativa mítica, é uma lógica do ambíguo. É uma lógica que apresenta contrastes, oposições, e que, ao mesmo tempo em que apresenta suas oposições, faz com que não possamos pensá-los um sem o outro. O que é verdade para um sem número de coisas. O que é verdade também para Heráclito, por exemplo, que não é mito. Ou seja, há aí algo de muito mais profundo. Por um lado, então, disse-me que talvez fosse simplificar demais falar que passamos de uma lógica do ambíguo a uma lógica da identidade. Também porque o que chamo de razão, o que é exatamente isso? São séries de discursos ou de atitudes: há os filósofos, há, é verdade, a formulação bastante clara, relativamente clara, do princípio da identidade. Mas não é só isso. A sofística igualmente é racional; trata-se, contudo, de outra coisa. Há também a medicina empírica, que funciona segundo uma lógica quase experimental, de que é preciso notar todos os detalhes etc. Portanto, não existe algo monolítico, o mito, que desembocaria em algo completamente diferente. O que se percebe é um movimento complexo, como um rio, onde se vê uma corrente principal e, depois, um monte de outras pequenas correntes que vão dar em lagos ou em diferentes águas; é um movimento múltiplo. É preciso, agora, acompanhá-lo. Nesse sentido, quando faço isso, aproximo-me, por um lado, de Lévi-Strauss, que, muito mais que eu, insistiu no fato de que, finalmente, o mundo dito da narração mítica é também, à sua maneira, um mundo de racionalidades. Por outro lado,

---

21 Esse "bom estruturalismo", segundo Vernant (1966 : 55), era "o que os estudos linguísticos trouxeram de novo nos últimos cinquenta anos com as noções de sistema e sincronia". Era também "o partido que os mitólogos deles tiraram para trazer à luz os sistemas de oposição e de homologias que constituem a armadura das narrativas míticas". Vernant ainda escreveu: "diria que não se pode mais fazer história das religiões sem ser, de alguma maneira, estruturalista".

22 "Do mito à razão" é o título dado à última parte em Vernant (1965), já "razões do mito" é o título do capítulo que encerra Vernant (1974 : 195-250).

levo em conta igualmente os trabalhos de helenistas e historiadores da ciência que mostram o pluralismo das atitudes intelectuais entre o século VI e III a.C. Eu, desse modo, estou ali no meu pequeno barco, eu pedalo, mas tudo isso me carrega junto.

José Otávio Guimarães
E Foucault?

Jean-Pierre Vernant
Com Foucault as relações foram bastante diferentes daquelas que estabeleci com Dumézil. Eu o conheci bem mais tarde. O primeiro Foucault, o da *Histoire de la folie*, interessou-me bastante, mas era algo um pouco estranho às minhas preocupações.[23] O Foucault apaixonado pela psicanálise, desse eu não me sentia nenhum um pouco próximo.

José Otávio Guimarães
Sim, justamente, o Foucault de *Les mots et les choses*, o que havia sistematizado o anti-humanismo ambiente, não o agradava mesmo. Em 1968, dois anos após a publicação desse *best seller* filosófico, no prefácio que escreveu para *Anthropologie de la Grèce antique*, de Louis Gernet, você opôs o novo humanismo gernetiano à morte foucauldiana do homem: "No momento em que se pode observar o desaparecimento do homem como objeto de ciência e se escreve que, 'em nossos dias, apenas é permitido pensar no vazio do homem desaparecido',[24] a pesquisa de Louis Gernet adquire para nós um valor exemplar".[25] Por outro lado, alguns anos mais tarde, por ocasião precisamente do lançamento de seu *L'individu, la mort, l'amour*,[26] você se refere a influências do último Foucault: "Considerando-se suas três últimas obras: não teria escrito o que escrevi sobre a noção de indivíduo se não tivesse lido Foucault. Segui por um trilha balizada por ele".[27]

Jean-Pierre Vernant
Os últimos trabalhos de Foucault ajudaram-me, de certa maneira, a considerar o problema da sexualidade no mundo grego antigo. Penso, agora, que não se pode descartá-lo. Diria, hoje, que o desejo existia, que o prazer existia: *Eros*. Encontramos uma erótica nos

---

23 Foucault (1961).

24 Foucault (1966 : 353).

25 Gernet (1968 : 5-10).

26 Vernant (1989a). Sobre Vernant, Foucault e a questão do humanismo no pós-guerra francês, permitam-me remeter a Guimarães (2000).

27 Vernant (1989b : 130-131).

textos gregos. Tendia a não reconhecer uma erótica platônica, que era um pouco, diga-mos, neo-platônica. Por outro lado, há mais ou menos 25 anos, no *Centre Louis Gernet*, em uma reunião geral, Pauline Schmitt[28] pediu a palavra e disse (não sei mais exatamente como se expressou): "Mas você, *Jipé*,[29] no fundo, pelo modo como você abordou a Grécia, pela maneira como você conduziu suas pesquisas, você manteve sempre um ponto de vista androcêntrico. Você fazia como se não existisse mulher na Grécia". Na hora, fiquei completamente escandalizado. Nunca havia dito coisa semelhante. Ela está louca, virou feminista. Depois, refleti sobre o caso e cheguei à conclusão de que a fórmula que tinha usado talvez tivesse sido um tanto excessiva. Jamais pensei que não houvesse mulher na Grécia. De certo modo, no entanto, meu esforço para me identificar com uma maneira grega de pensar, de sentir, de viver, de refletir, talvez até mesmo de escrever, havia me leva-do a ver as mulheres do ponto de vista dos homens. Essa consciência que adquiri a partir de certo momento do caráter unilateral do trabalho que conduzia, essa consciência se devia também ao fato de que os estudos feministas desenvolviam-se por todos os cantos. E aí, de novo, isso me deixou bastante irritado.

José Otávio Guimarães
Desenvolviam-se, sobretudo, nos Estados Unidos...

Jean-Pierre Vernant
Sim, sobretudo nos Estados-Unidos. Vou te contar, logo, uma história. Nesse caso também, é verdade, como de hábito, não refleti o bastante. Enfim, as mulheres que fre-quentavam o *Centre Louis Gernet*, e eram muitas, fizeram esse trabalho por mim. Mais uma vez, aí, há um perigo, como para os psicanalistas, como para os marxistas: é o de tudo ver de um único ponto de vista, de ver em não importa qual domínio que aquele problema é fundamental. Por que tudo isso tinha me irritado? Porque quando *Mythe et pensée chez les Grecs* foi lançado em francês, em 1965, recebi uma primeira carta de uma editora norte-americana dizendo-me que gostaria de publicar o livro. Perguntei, então, à mulher do helenista inglês Geoffrey Lloyd, que traduzia na maioria das vezes os textos

---

28   Pauline Schmitt-Pantel, historiadora e helenista, é, hoje, professora na *Université de Paris I – Sorbonne*. Membro do *Centre Louis Gernet de recherches comparées sur les sociétés ancienne*, fundado por Vernant, em 1964, é autora, entre muitos outros trabalhos, de *La religion grecque* (1989), com L. Bruit Zaidman; "L'Antiquité", in *Histoire des femmes* (1991), dir. de G. Duby e M. Perrot, *La cité au banquet, histoire des repas publics dans les cités grecques* (1992).

29   Apelido de Vernant, cujo uso era reservado aos próximos. Refere-se às inicias de seu nome J.-P. (Jean-Pierre). *Jipé* seria algo como nosso Jotapê.

Antigos e modernos   391

que escrevia, se não gostaria de traduzir *Mythe et pensée* em inglês.[30] Ela respondeu afirmativamente; e teve um trabalho enorme. Em seguida, recebi uma segunda carta da diretora da editora norte-americana – esqueci o nome dessa senhora e até o nome da própria editora (sei que era uma editora engajada na luta anti-imperialista e na luta feminista nos Estados Unidos) – em que se podia ler: "Muito bem, estou aqui com seu livro. Devemos colocar previamente algumas questões. A primeira é que, em seu livro, você fala o tempo todo do homem grego e parece esquecer que a mulher dele constitui metade da sociedade grega. Ora, isso não é possível. É necessário que você encontre um meio de não falar em homem grego, porque *greek man no possible, but greek woman…*". Leio isso e começo me divertir. Explico-lhe que a palavra homem, em francês, tem duas acepções: o gênero humano, que compreende o homem e a mulher, e também uma acepção mais restrita, em que o homem aparece em oposição à mulher. Ela continua o palavrório dizendo que havia, ali no livro, um texto em particular que era absolutamente escandaloso. Tratava-se do texto em que explorava o mito de Pandora narrado por Hesíodo. Aquilo era uma coisa ignóbil, repugnante, de uma grosseria terrível com relação à mulher, aviltante, etc, etc. "Você comenta esse texto e não diz uma palavra para mostrar que não é dessa opinião, que você a reprova, que aquilo é escandaloso e que Hesíodo é um estúpido". Após ter dito isso, ela ainda acrescenta: "Você entende, né? Nossa editora é de vanguarda, está à frente da luta feminista".

José Otávio Guimarães
Em suma, uma editora politicamente correta…

Jean-Pierre Vernant
Isso. Aí, saio completamente do sério. Envio-lhe uma nota dizendo mais ou menos o seguinte: "Li com atenção sua carta. No que se refere a Hesíodo, assinalo (caso a senhora ainda não tenha se dado conta) que esse valoroso homem morreu há aproximadamente 2700 anos. E se o chamam de estúpido ou de gênio, pouco está se lixando. Está fora de questão qualquer modificação no meu texto. Estou lidando com um texto antigo. Se me debruço sobre um texto dos Evangelhos, não vou me meter a dizer que o evangelista é

---

30   Sir Geoffrey Ernest Richard Lloyd nasceu em 1933, em Swansea, na Grã-Bretanha. É internacionalmente conhecido por seus trabalhos no campo da história da ciência e da medicina antigas. Seu forte interesse pela antropologia marcou seus escritos sobre o pensamento grego. Destacam-se, entre seus trabalhos: *Polarity and Analogy: Two Types of Argumentation in Early Greek Thought* (1966), *Early Greek Science: Thales to Aristotle* (1970), *Greek Science after Aristotle* (1973), *Magic Reason and Experience: Studies in the Origin and Development of Greek Science* (1979) e *The Revolutions of Wisdom: Studies in the Claims and Practice of Ancient Greek Science* (1987). Foi professor na *University of Cambridge* e é, hoje, *Senior Scholar* no *Needham Research Institute*, em Cambridge.

asqueroso ou é isso ou aquilo. A senhora me pede para acrescentar uma nota: em nenhum momento isso me passou pela cabeça. Não vou me ridicularizar declarando que não estou de acordo com um texto que procuro justamente compreender. Sem chance. Hesíodo pode dizer o que quizer. Se estou ali para explicar o que disse, cito o que disse. Evito julgamentos a seu respeito. Se se trata de um homem moderno ou de um contemporâneo, posso até tomar posição, mas quando falo de um homem de mais de 2700 anos, isso não faz nenhum sentido. A senhora me diz, então, madame, que é uma editora de vanguarda. Informo-lhe, por precaução, que o editor que publicou esse texto, François Maspero, não somente é de vanguarda, como, contrariamente à senhora, vem, com frequência, sendo preso, condenado e punido com multas, justamente porque é de vanguarda. Após ter recebido sua carta, fiz uma experiência. Fui até a editora de Maspero, onde trabalhavam cinco ou seis moças, para as quais li sua carta. Conto-lhe a reação: gargalhadas sonoras e ininterruptas. Todas essas moças, que são feministas, morreram de rir. Talvez, vocês, americanos, estejam mais avançados, sob diversas perspectivas, no plano técnico e científico. Imaginam até mesmo, talvez, que estejam na liderança da luta pelos direitos da mulher. Contudo, no plano intelectual, vocês ainda estão engatinhando". Nenhuma resposta.

José Otávio Guimarães
E o livro, afinal, foi publicado?

Jean-Pierre Vernant
Claro que não. Não foi publicado. Foi publicado depois, mas não por essa editora.

José Otávio Guimarães
As coisas se passaram mais ou menos da mesma forma com relação aos psicanalistas?

Jean-Pierre Vernant
Foi similar meu descontentamento com os psicanalistas. Eles, todavia, foram bem menos fanáticos. Após a publicação de meu texto sobre Édipo Rei[31], não se puseram no meu encalço para que lhes fosse fazer conferências ou com eles estabelecer algum debate. Os psicanalistas são, no mundo médico francês, os mais antenados com a Grécia, com a tragédia. Lêem tudo e leram também o que escrevi. Mas nunca gostaram muito de mim, pelo contrário.

---

31   Vernant (1967) e (1972 : 75-98).

José Otávio Guimarães

Para concluir, você poderia comentar esse pequeno trecho do Michel Foucault de *L'usage des plaisirs*, pensando no tipo de relação que você construiu com o mundo helênico antigo: "Não sou nem helenista, nem latinista. Mas me pareceu que, com bastante cuidado, paciência, modéstia e atenção, seria possível adquirir suficiente familiaridade com os textos da antiguidade grega e romana: quero dizer uma familiaridade que permita, de acordo com uma prática indubitavelmente constitutiva da filosofia ocidental, interrogar, ao mesmo tempo, a diferença que nos mantém à distância de um pensamento em que reconhecemos a origem do nosso e a proximidade que permanece a despeito desse distanciamento que aprofundamos sem cessar".[32]

Jean-Pierre Vernant

Eu poderia tê-lo escrito. Já disse alguma coisa parecida na introdução de *Mythe et pensée chez les Grecs*.

José Otávio Guimarães

Sim, seu famoso "*back to the Greeks*"! Por um lado, você escreveu, "as obras que a Grécia antiga criou são bastante 'diferentes' daquelas que formam nosso universo espiritual para nos expatriar de nós mesmos, para nos dar, com o sentimento da distância histórica, a consciência de uma transformação do homem"; por outro lado, "não nos são estranhas, como outras". E, logo em seguida, você complementa: "o homem grego, bastante afastado de nós para que seja possível estudá-lo como um objeto, e como um objeto diverso, ao qual não se aplicam exatamente as nossas categorias psicológicas de hoje, é, entretanto, bastante próximo para que possamos sem muitos obstáculos entrar em comunicação com ele, compreender a linguagem que fala em suas obras".[33]

Jean-Pierre Vernant

Sim. Você pensou nessa correlação antes de mim. Estou inteiramente de acordo. Penso que por trás da analogia de identidade e atitude, há algo mais. Há que se notar que Foucault é sensível ao fato de que no mundo grego existe alguma coisa que é, ao mesmo tempo, bem diferente e que, por essa diferença, nos fazemos reconhecer. Em outras palavras, é pelo jogo entre o outro e o mesmo que não somente conseguimos compreender os gregos, mas que chegamos igualmente a lançar sobre nós mesmos um olhar lúcido e claro. O que não significa colocar em um único plano todos os elementos, mas lhes conferir

---

32   Foucault (1984 : 13, n. 1).

33   Vernant (1965 : 10).

394 Francisco Murari Pires (org.)

certa historicidade e, consequentemente, os relativizar, situando-os uns com relação aos outros sob a ideia de que poderiam estar diversamente organizados. Eis o que Foucault diz. Esse é o ponto de partida de minhas pesquisas. Porém, como cheguei antes, diria que, ao escrever isso, Foucault estava sendo bem vernantiano.

Referências bibliográficas

DI DONATO, Riccardo (1990). *Per una antropologia storica del mondo antico.* Florença: La Nuova Italia.

DUMÉZIL, Georges (1985a). "Un idylle de vingt ans", *L'oubli de l'homme et l'honneur des dieux.* Paris: Gallimard, pp. 229-318.

DUMÉZIL, Georges (1985b). "Science et politique, réponse à Carlo Ginzburg", *Annales ESC,* 40, pp. 985-989.

ÉRIBON, Didier (1992). *Faut-il brûler Dumézil ? — mythologie, science et politique.* Paris: Flammarion.

FOUCAULT, Michel (1961). *Folie et déraison: histoire de la folie à l'âge classique.* Paris: Plon.

FOUCAULT, Michel (1966). *Le mots et les choses.* Paris: Gallimard.

FOUCAULT, Michel (1984). *L'Usage des plaisirs.* Paris: Gallimard.

FOUCAULT, Michel (2001). "La vérité et les formes juridiques" (Conferências na PUC-Rio, 21-25 maio de 1973), *Dits et écrits* I, 1954-1975. Paris: Galimmard-Quarto, pp. 1406-1514..

FURET, François (1982). "Les intellectuels français et le structuralisme", *Preuves,* 92 (1967); republicado em *L'atelier de l'histoire.* Paris: Flammarion, pp. 37-52.

GERNET, Louis (1968). *Anthropologie de la Grèce antique.* Paris: Flammarion.

GINZBURG, Carlo (1989). "Mitologia germânica e nazismo: sobre um velho livro de Georges Dumézil", *Mitos, emblemas, sinais — morfologia e história.* Trad. port., São Paulo: Cia. das Letras, pp. 181-206.

GUIMARÃES, José Otávio (2000). "A querela dos humanismos: Jean-Pierre Vernant e a tradição clássica", *Humanas,* XXIII, 1/2, pp. 145-178.

KOSELLECK, Reinhart (1997). "Mutation de l'expérience et changement de méthode" (1988), *L'expérience de l'histoire,* trad. fr. de A. Escudier (com a colaboração de D. Meur, M.-C. Hoock e J. Hoock). Paris: Hautes Études-Gallimard-Seuil, pp. 201-247.

LEONARD, Miriam (2005). "Oedipus and the Political Subject", *Athens in Paris – Ancient Greece and the Political in Post-War French Thought.* Oxford: Oxford University Press, pp. 22-95.

MOMIGLIANO, Arnaldo (1984). "Georges Dumézil and the trifunctional approach to Roman civilization", *History and Theory,* XXIII, pp. 312-330

PAYEN, Pascal (2008). "Par delà les frontières. L'héritage politique grec dans les œuvres de Jean-Pierre Vernant et Pierre Vidal-Naquet"(no prelo).

REVEL, Jacques (1998). "História e ciências sociais: uma confrontação instável", in J. Boutier e D. Julia (orgs.), *Passados recompostos: campos e canteiros da História*. Trad. port., Rio de Janeiro: Editoras FGV/UFRJ, pp. 79-90.

VERNANT, Jean-Pierre (1960). "Le mythe hésiodique des races - Essai d'analyse structurale", *Revue de l'Histoire des Religions*, pp. 21-54

VERNANT, Jean-Pierre (1962). *Les origines de la pensée grecque*. Paris: PUF (coleção "Mythes et religions").

VERNANT, Jean-Pierre (1965). *Mythe et pensée chez les Grecs*. Paris: Maspero.

VERNANT, Jean-Pierre (1967). "Œdipe sans complexe", *Raison présente*, 4, pp. 3-20.

VERNANT, Jean-Pierre (1972). *Mythe et tragédie en Grèce ancienne*. Paris: Maspero.

VERNANT, Jean-Pierre (1974). *Mythe et société en Grèce ancienne*. Paris: Maspero.

VERNANT, Jean-Pierre (1979). *Religions, histoires, raisons*. Paris: Maspero.

VERNANT, Jean-Pierre (1989a). *L'individu, la mort, l'amour*. Paris: Gallimard.

VERNANT, Jean-Pierre (1989b), "Anthropologie historique et Grèce ancienne", *Raison présente*, 91, pp. 123-132.

VERNANT, Jean.-Pierre (dir.) (1991). *L'homme grec*. Paris, Seuil-Histoire.

VERNANT, Jean-Pierre (1996). *Entre mythe et politique*. Paris: Seuil.

VERNANT, Jean.-Pierre (2004). *La traversée des frontières*. Paris: Seuil.

YOSHIDA, Atsuhiko (1977). "Mythes japonais et idéologie tripartie des Indo-Européens", *Diogène*, 98, pp. 101-124.

YOSHIDA, Atsuhiko (1981). "Dumézil et les études comparatives des mythes japonais", *George Dumézil – Cahier pour un temps*, pp. 319-324.

Vistas urbanas, doces lembranças

O "antigo" e o "moderno" nos álbuns fotográficos comparativos

Solange Ferraz de Lima
Vânia Carneiro de Carvalho
(Museu Paulista/USP)

Balizas necessárias sobre a categoria antigo e moderno

As representações visuais urbanas tornaram-se populares nas principais capitais euro-peias a partir de meados do século XIX, momento de inflexão no crescimento das cidades e do surgimento da fotografia. As chamadas vistas fotográficas urbanas começaram a ser produzidas com propósitos variados: o de documentar as intervenções resultantes de planos urbanísticos; registrar o que seria transformado, demolido ou preservado porque dotado de características arquitetônicas de mérito para alçar o estatuto de bem tombado, segundo as recém-criadas sociedades de preservação do patrimônio. É neste contexto, e graças às facilidades de reprodutibilidade técnica trazidas pela fotografia, que surgem conjuntos de vistas organizados segundo uma narrativa que justapõe o "antes" e o "agora". A principal destinação destes álbuns e publicações fartamente ilustradas era o mercado turístico que começava a se consolidar.

Em São Paulo, o primeiro álbum que lança mão desta estrutura narrativa é o conhecido *Álbum Comparativo da Cidade de São Paulo, 1862-1887*, resultado do último projeto do fotógrafo Militão Augusto de Azevedo, idealizado após encerrar suas atividades como retratista em 1885. Militão produziu o álbum comparativo após retornar de uma viagem à Europa, e muito provavelmente inspirou-se em publicações semelhantes lançadas em Paris.

398   Francisco Murari Pires (org.)

A partir do início do século XX, o recurso da comparação de um mesmo local da cidade em momentos diferentes tornou-se comum em narrativas visuais sobre São Paulo, tanto na fotografia como no cinema. Em um levantamento ainda exploratório localizamos treze álbuns e filmes, produzidos entre 1887 e 1954, que constróem a narrativa sobre a cidade com base na comparação entre o passado e o presente, procedimento que vem indicado em títulos que se referem à cidade como "Ontem e hoje", "O que foi e o que é", "Aconteceu", "Velho e novo" e "Antigo e Moderno".

No caso dos discursos sobre a cidade, o "antes" e o "depois" são convertidos em valores – o *antigo* e o *moderno* – atribuídos, via de regra, aos aspectos da morfologia, estrutura e infraestrutura urbanas. Quando conjugados na forma de um binômio comparativo, antigo/moderno transforma-se em uma categoria que possibilita entendermos a vida urbana como um processo que admite continuidades e rupturas. Tal categoria não apenas diferencia os tempos como induz a produção de sentidos na representação de trajetórias de cidades.

Três noções constitutivas da categoria antigo/moderno a dotam de extrema eficácia no trato de temas urbanos. A primeira delas é a noção de apreensão visual da mudança. A ideia de que a cidade é o resultado de uma sucessão temporal de mudanças na sua morfologia outorga à narrativa comparativa tal flexibilidade que permite deslocamentos temporais sem causar contradições. O que era moderno transforma-se em antigo e assim sucessivamente. A continuidade temporal presumida propicia um conviver "pacífico" no eterno presente do registro fotográfico. A segunda noção diz respeito à naturalização das transformações urbanas. Por se fixar na dimensão temporal (daí os pares equivalentes "ontem e hoje", "o que foi e o que é", "passado e presente" etc.) a categoria antigo/moderno garante um esvaziamento dos conteúdos políticos e sociais das ações sobre a cidade. O Tempo assume o papel de agente de transformação do espaço urbano, no lugar de grupos sociais, do Estado, de empresas públicas e privadas.

Finalmente, a fácil aderência à narrativa temporal de raciocínios anacrônicos de caráter teleológico próprios da noção de progresso. Esta noção, pautada na "evolução" dos atributos materiais da cidade, resulta de uma das aplicações dos modelos imaginários derivados das ideias darwinistas aplicadas à história da humanidade, da arte, da cultura. Os pioneiros foram os historiadores escandinavos Thomsen e Worsaae que fizeram equivaler, em 1830, a classificação dos artefatos pré-históricos de pedra, bronze e ferro a um sistema estratigráfico conhecido como as Três Idades. Augustus Pitt Rivers deslocou esta taxonomia diacrônica em uma classificação de objetos de origem sincrônica, possibilitando que diferentes sociedades e culturas coexistentes historicamente fossem classificadas em uma única escala hierárquica, cujo princípio de ordenação se pautava na ideia de progresso tecnológico, associado àquela de progresso moral (Pearce, 1995, p. 136).

Mas, a eficácia das narrativas visuais baseadas na estrutura comparativa não depende exclusivamente das noções de tempo, naturalização e de progresso. As representações não se sustentam abstratamente, e sim concretamente. Elas dependem, portanto, de uma rede material que dá forma e arcabouço para as práticas da visualidade. Esta rede material engloba desde as condições de produção e as características dos suportes que garantem a circulação dessas representações urbanas e de suas apropriações (atributos gráficos, recursos narrativos visuais e textuais das publicações e filmes) até os espaços institucionais que oferecem representações do passado calcadas predominantemente na experiência visual.

No presente seminário, propomos uma análise da publicação *S. Paulo Antigo, S. Paulo Moderno*, a partir da qual levantamos hipóteses acerca do funcionamento das imagens urbanas constituídas por este tipo de estrutura narrativa e da maneira específica como integram a produção física e simbólica da cidade (Figura 1).

Figura 1: Capa da publicação São Paulo Antigo e São Paulo Moderno. 1905. Acervo Museu Paulista da USP

São Paulo Antigo, São Paulo Moderno, um álbum de 1905

A edição *S. Paulo Antigo, S. Paulo Moderno* pode ser considerada um marco na produção deste gênero de publicação. Editada por Jules Martin[1], Henrique Vanorden e Rangel

---

1 Jules Martin nasceu em 1832, em Marselha, na França e deu início a sua formação artística na École Superieure des Beaux-Arts de Marseille. Pintor e arquiteto, ele chegou em São Paulo em 1868 e lecionou Modelagem, no Liceu de Artes e Ofícios. No ano seguinte, desenvolveu o processo de gravura litográfica. Em 1882, fez suas primeiras zincografias e fundou, em 1870, a primeira oficina litográfica da província. Na época, mantinha um escritório no Largo do Rosário, onde ficaria conhecido na história paulistana pelo projeto do Viaduto do Chá. Como arquiteto, além do viaduto, projetou as Galerias de Cristal do Largo do Paissandu, também inauguradas em 1892. Martin também foi editor da Revista Industrial do Estado de São Paulo em 1900, durante a Exposição Universal de Paris e morreu em 1906.

400   Francisco Murari Pires (org.)

Pestana, a publicação organizada em seis fascículos apoia-se em uma narrativa visual de enfoque comparativo. A publicação ilustrada marca também um momento de modernização no campo das artes gráficas em São Paulo, com destaque, inclusive, para as iniciativas do litógrafo Jules Martin, sócio de Vanorden na editora. Impressas em papel cuchê, no sistema de zincografia, a publicação inova, ainda, por sua forma de comercialização: a proposta de venda por fascículos integra práticas colecionistas em franca ascensão nesse momento, graças, entre outras coisas, à expansão do turismo e seus consequentes desdobramentos no consumo de suvenires tais como miniaturas e cartões postais (a este ponto voltaremos mais tarde).

A publicação foi anunciada pela casa editora no jornal *Correio Paulistano*, com destaque para a organização comparativa das vistas, o apelo memorialista que trata com igual importância os dados históricos da cidade e seus edifícios e biografias:

> Album contendo 104 páginas e mais de 150 gravuras, demonstrando com vistas comparativas a transformação de S. Paulo desde sua fundação até hoje, e um curto resumo histórico dos principaes edificios ou dados biographicos dos vultos notaveis...[2]

Os fascículos tratam cada um deles de uma região ou logradouro da cidade. Na apresentação, os autores explicitam os objetivos da publicação, organizada em seis fascículos de dezesseis páginas cada um.

O encadeamento dos fascículos não respeita uma ordenação exclusivamente geográfica, mas incorpora também outra, constituída na narrativa textual, de caráter teleológico. Deste modo, o primeiro fascículo é dedicado à "Fundação de São Paulo", remetendo ao seu lócus – o Pátio do Colégio. Os dois fascículos seguintes concentram-se no entorno do Pátio – um dedicado ao Carmo, outro à Faculdade de Direito. Os fascículos de número quatro e cinco tratam já da área modernizada da cidade – a São Paulo Railway e a Av. Tiradentes. O último retorna ao triângulo, mas não mais para tratar das edificações coloniais, e sim das ruas comerciais.

Nos seis fascículos estão presentes fotografias classificadas segundo o binômio antigo/ moderno. As fotografias de Militão de 1862 e 1887 configuram o "antigo" e as fotografias de autores diversos, produzidas em torno de 1905, tratam da atualidade, entendida sempre como moderna. As fotografias que são objeto da comparação ocupam as páginas inteiras ímpares (lado direito) da publicação, apresentadas no formato horizontal, o mais

---

2 Apud Ricardo Mendes. São Paulo e suas mensagens, p. 28. In: www.fotoplus.com/downloads/spims.doc, acessado em 09/01/2008.

usual dos álbuns dessa natureza, e trazem molduras gráficas largas e ornamentadas com emblemas, alegorias e motivos florais diversos.

Embora o enfoque comparativo seja o fio condutor da publicação, cada fascículo trata seus temas de modo diferenciado. Os três primeiros, mais comprometidos com a história da cidade, agregam imagens de documentos textuais e objetos que dão o lastro de veracidade para o encadeamento dos fatos selecionados para compor a trajetória de São Paulo.

O fascículo número 1, "Fundação de S. Paulo", traz textos e fotos de pequenas dimensões reproduzindo peças do acervo do Museu Paulista: "armadura", "canhão", "pia batismal do colégio", "cocar de caciques", "mesa de José Anchieta", "pedra tumular", "mú-

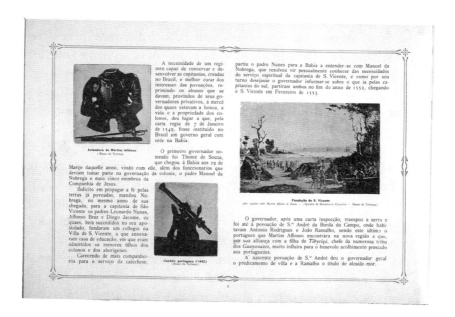

Figura 2: Página 6 da publicação São Paulo Antigo e São Paulo Moderno. 1905.Acervo Museu Paulista da USP

mia de cabeça de índio", os retratos em gravuras de Martim Afonso e José de Anchieta e, finalmente, as pinturas "O Desembarque de Martim Affonso" e "Fundação de S. Vicente", legendadas com a descrição do fato que ela representa e, entre parênteses, indicam-se às autorias (Figura 2). Elas figuram no álbum como relíquias do passado colonial, servindo de prova da narrativa. Ao contrário da condição de relíquia, as duas pinturas presentes no texto, produzidas uma por Benedito Calixto (Fundação de São Vicente) a outra por

402 Francisco Murari Pires (org.)

Oscar Pereira da Silva, possuem outra função. Aliás, a mesma que Afonso de Escragnolle Taunay, diretor do Museu Paulista entre 1917 e 1945, outorgou à iconografia sobre a cidade encomendada na sua gestão a pintores da época.

Taunay, assim como os editores do álbum em análise, tinha a convicção da eficiência pedagógica das imagens. Carente de iconografia documental, as pinturas presentes no Museu ofereciam uma referência visual àquilo que os textos provavam. Assim, a troca do título da tela de Oscar Pereira da Silva, "Desembarque de Cabral em Porto Seguro" pelo título fictício "Desembarque de Martim Affonso", parecendo-nos tratar-se de um erro grosseiro, adquire coerência se colocado em seu contexto.

No início do século XX, no Brasil, o documento visual não possuía o mesmo estatuto do documento textual. A liberdade com que Taunay alterou as referências visuais que ofereceu aos pintores escolhidos para retratar a cidade colonial nos demonstra que trocar um cenário por outro significava apenas recorrer a um material didático disponível para oferecer ao leitor uma âncora visual para o aprendizado da história do país (Carvalho e Lima, 1993).

Este aspecto didático tão fortemente presente no século XIX, implantado em escala de massas nas exposições universais e nos museus, está também presente neste álbum como herança do ideário burguês, no qual a observação das coisas deveria ter como consequência o conhecimento destas mesmas coisas (Barbuy, 1999) .

No século XVIII, Lineu "mudou o modo de percebermos o mundo", na expressão de Susan Pearce, ao propor um sistema de classificação único e universal da natureza. O sistema proposto por Lineu foi caucionado também por um importante museu, o British Museum, que abre ao público em 1759 com a coleção de Sir Hans Sloane, que continha material de história natural, especialmente o herbário que Lineu havia consultado.

A metodologia e a criação de uma taxonomia universal da natureza respondiam à expectativa dos intelectuais do Iluminismo e teve desdobramentos no pensamento moderno. Tratava-se da crença de que "a observação e medição do mundo material por um homem racional teria como resultado o conhecimento objetivo e a verdade" (Pearce, 1995, 124).

Referindo-se ao contexto inglês, Pearce nos relata que coleções de história natural tornaram-se uma paixão. Para as classes médias, este tipo de colecionismo tornou-se uma forma de expressão intelectual, um valor adquirido. Esta mesma noção de mensurabilidade do conhecimento adquirido através de coleções foi aplicada aos museus de arte. O esforço desempenhado na compreensão da história da arte não combinava com o prazer da pura fruição, valor aristocrático.

> Quando a coleção real vienense foi realocada no Belvedere Palace em 1776, as pinturas foram divididas em escolas nacionais e períodos históricos. Elas foram colocadas em molduras uniformes e claramente legendadas (...). Um passeio pelas galerias era um passeio pela história da arte (...).

A coleção de Dusseldorf recebeu um arranjo similar em 1756 e o Uffizi desde 1770. O Louvre o adotou em 1810, e este tem sido o esquema usual nos museus de arte desde então.

A ideia de que o presente é fruto do passado e o salto para a associação deste presente a algo melhor que o passado difundiu-se a partir do final do século XVIII (Pearce, 1995, p. 126 e 127).

A sobrevivência e os desdobramentos da noção de progresso serão longos e alcançarão o século XX em pleno vigor, bem como as culturas periféricas. Vemos no álbum em análise a presença desta estratégia, observar a cidade por meio de fotografias é uma forma de aprender. A força pedagógica das imagens é reforçada pela produção do álbum em fascículos, uma forma estandardizada e comercial de incentivar a prática do colecionismo, para o qual é sabida a importância de formas pessoais e subjetivas de classificação material à qual são aderidos sentidos privados e coletivos.

Genealogias

Neste ponto, começamos a perceber como, na dimensão visual, opera-se a sedimentação de determinadas visões da história. As referências e inferências presentes na publicação veiculam temas e conteúdos visualmente legitimados pela instituição museu. Se, no primeiro fascículo, o museu é a entidade que dá lastro para a narrativa histórica construída em torno de um lócus de fundação – o Pátio do Colégio –, no fascículo de número três, dedicado à Faculdade de Direito, trata-se da fundação política da cidade e de seus agentes. As imagens que ganham destaque neste fascículo, além dos pares comparativos do Largo S. Francisco, são fotografias dos autógrafos dos "vultos" e "ilustres" da cidade (Figura 3).

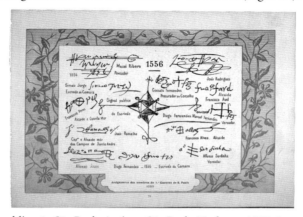

Figura 3: Página 71 da publicação São Paulo Antigo e São Paulo Moderno. 1905. Acervo Museu Paulista da USP

A ideia de reunir autógrafos de pessoas fundamentais para a história do Brasil foi de D. Pedro II, que deixou o país sem ver a sua encomenda concluída. Ideia aristocrática que foi levada a cabo por Jules Martin, por volta de 1875. No álbum, a passagem do antigo para o moderno está associada em todos os pares comparativos a figuras de destaque, são obras pessoais, nunca coletivas. O único momento de anonimato está em duas imagens de mesas da faculdade marcadas com assinaturas de alunos (Figura 4). A população, no entanto, esta subliminarmente referida em toda a publicação. As mudanças na cidade estão voltadas para a organização racional da massa urbana através da organização material da cidade (calçamento e alinhamento das ruas, renovação de edifícios, ampliação da escala das construções, treinamento técnico em sala de aula como aparece na Escola de Comércio etc.). A narrativa do álbum, como pudemos discutir acima, volta-se para um público consumidor leigo, para o qual a história da cidade é oferecida como conhecimento a ser apreendido.

Figura 4: Página 49 da publicação São Paulo Antigo e São Paulo Moderno. 1905. Acervo Museu Paulista da USP

A história da cidade que se pretende ensinar não é anônima, seus agentes são nomeados, como se houvesse a intenção de constituir uma linhagem de homens públicos responsáveis pelo desenvolvimento observado nas imagens. O álbum abre com o retrato de Antonio Prado. Sua imagem é apresentada em um medalhão circundado por folhas de louro; seu rosto em um quase perfil faz referência não ao homem, à pessoa, mas ao seu lugar institucional, prefeito da cidade, responsável maior pelas mudanças na cidade. A imponência da representação, no limite, é claro, da qualidade gráfica que o álbum permite, é reforçada pela ilusão de baixo-relevo, como se a medalha estivesse moldada em uma placa de gesso (Figura 5). O uso do retrato oval de bustos de figuras-chave nas intervenções urbanas está presente ao longo de toda a publicação (Figura 6).

Figura 5: Página 3 da publicação São Paulo Antigo e São Paulo Moderno. 1905. Acervo Museu Paulista da USP

Figura 6: Página 45 da publicação São Paulo Antigo e São Paulo Moderno. 1905. Acervo Museu Paulista da USP

Um edifício "antigo" com mobiliário "moderno"

Este fascículo guarda outra particularidade. Enquanto nos demais pares comparativos o moderno é atributo das obras de infra-estrutura e edificações do espaço urbano, neste caso o moderno é designado pelo mobiliário presente nas vistas do interior da Faculdade de Direito e da Escola de Comércio.

Amplia-se, assim, o uso da categoria antigo/moderno, que ultrapassa a morfologia urbana para chegar às mudanças no modo de vida, sugeridas no mobiliário de estudo e trabalho recém-adquiridos, nas máquinas de escrever presentes em cada mesa de sala de aula da Escola de Comércio (Figura 7), na praticidade dos móveis da secretaria, modernidade solene já que acolhida pelos fundadores da faculdade presentes em pinturas

Figura 7: Página 56 da publicação São Paulo Antigo e São Paulo Moderno. 1905. Acervo Museu Paulista da USP

a óleo em grande formato no salão de honra. A fundação da cidade no século XVI é mítica, os verdadeiros fundadores da cidade são os personagens responsáveis pela sua modernização.

As fotografias comparativas do Carmo

O fascículo de número dois, dedicado ao Carmo, é o que melhor exemplifica o uso da categoria antigo/moderno na veiculação de sentidos acerca da trajetória da cidade no diapasão da ideia de progresso. Este núcleo tem reverberações nos três últimos fascículos, dedicados, respectivamente, à estação ferroviária e arredores, avenida Tiradentes e ruas comerciais do triângulo.

Antigos e modernos 407

O fascículo traz imagens comparativas da Ladeira do Carmo de 1859, 1887 e 1905 (Figuras 8, 9 e 10). As imagens de 1905, condicionadas pelo enquadramento de seus pares comparativos do passado, explicitam as transformações que valem a designação de moderno. Os textos que acompanham a narrativa visual direcionam o olhar para as obras de infraestrutura – calçamento, reforma da ponte, regularização do rio, instalação de trilhos para bonde elétrico – e

Figura 8: Página 19 da publicação São Paulo Antigo e São Paulo Moderno. 1905. Acervo Museu Paulista da USP

para o tratamento paisagístico da várzea. As imagens dão conta de contrastar vazios da ladeira no século XIX com a presença de transeuntes e veículos na imagem do século XX, o gabarito do casario e a substituição do lampião a gás por fiação para luz elétrica.

Na narrativa textual, os termos "velho" e "novo" reforçam a ideia de tempo como agente da transformação e o termo "melhoramentos" traz embutido uma valoração positiva para as intervenções urbanísticas retratadas.

Os aspectos da imagem moderna de São Paulo constituem o eixo dos três últimos fascículos. No fascículo de número quatro, sobre a São Paulo Railway, predominam as

Figura 9: Página 21 da publicação São Paulo Antigo e São Paulo Moderno. 1905. Acervo Museu Paulista da USP

Figura 10: Página 23 da publicação São Paulo Antigo e São Paulo Moderno. 1905. Acervo Museu Paulista da USP

imagens do século XX (1905). O texto chama a atenção para a obra de engenharia e nos informa os signos que representam a modernidade – as arcadas de ferro, o "desfile" de carros, o relógio que regula a vida urbana. Tempo da produção, circulação de mercadorias e pessoas. Os únicos agentes nominalmente identificados são aqueles do capital investido – Mauá e a Companhia Ingleza.

O complemento para a obra de engenharia é o Jardim da Luz, para o qual o álbum compara fotografias de 1886 e 1905. Nesse caso, imagens do coreto e do restaurante em que figuram pessoas configuram o "moderno" expresso por práticas de sociabilidade. Se para as obras de infraestrutura a palavra-chave é "melhoramento", para o espaço de lazer e sociabilidade é "aformoseamento" ou "artístico". Na vida moderna, arte e a fruição da estética das formas urbanas integram os tempos do não trabalho.

O fascículo dedicado à avenida Tiradentes funciona como uma metonímia da convivência entre o antigo passível de ser preservado porque de valor considerado histórico e o moderno. O "passeio" configura uma reportagem fotográfica orientada espacialmente – caso único em todo o álbum. A sucessão de imagens é acompanhada por frases como "acompanhar a transformação", indicação que garante o passeio virtual por imagens do Seminário Episcopal, do quartel da Polícia em 1895, da Escola Politécnica, do Recolhimento da Luz e do Clube de Regatas. Alternam-se edificações do período colonial e aquelas contemporâneas. Para a distinção que se quer sugerir, as imagens não são suficientes, e a narrativa textual completa:

> Que differença apresenta o velho casarão de taipa e o campo em frente, com algumas palmeiras a evidenciar ainda mais a nossa indígena civilisação de 30 annos atraz!

> A escola (politécnica) está perfeitamente installada e no edifício tanto chama a attenção as bellezas architectonicas, como o mobiliário e os apparelhos de ensino.

> Sobre o antigo *Anhemby*, ligando a cidade á aldeia de S.ta Anna que os jesuítas fundaram com os índios, a *Ponte Grande* é o segundo marco da cidade de S. Paulo. Uma legua de terra do *Collegio* ao Tieté, acha-se hoje povoada por uma raça nova, progressista, adeantada.

A taipa e as palmeiras identificam materialmente o passado colonial e indígena. A expansão para a área da Luz, no novo loteamento idealizado para abrigar a elite cafeeira que ali vem se instalar a partir de fins do século XIX, está a marca da raça nova e progressista. O binômio antigo/moderno serve, aqui, para sustentar a depreciação de contornos claramente racistas.

A região da Luz e Campos Elíseos representava, em 1905, o lugar do moderno, das elites, enfim, ali encontramos os atributos considerados dignos de valoração positiva. O álbum formado por fascículos apresenta, em um crescendo episódico, o processo que liga antigo e moderno.

O último fascículo retorna ao triângulo central. Não mais apresentado como lócus de fundação, mas como centro comercial e financeiro. A narrativa visual configura esta noção com uma organização gráfica diferenciada – profusão de imagens, com predominância daquelas datadas de 1905. Não há atributos materiais em contraste na chave

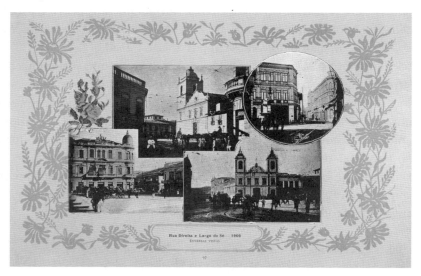

Figura 11: Página 97 da publicação São Paulo Antigo e São Paulo Moderno. 1905. Acervo Museu Paulista da USP

antigo/moderno, mas tão-somente a associação genérica da profusão de fotografias com a profusão de transeuntes e veículos, conformando a imagem de centro nervoso, condensada na frase "É aí que pulsa mais forte o progresso de SP" (Figura 11).

Atributos gráficos e ornamentais

A eficácia na veiculação dos sentidos engendrados pelos conteúdos visual e textual do álbum depende de atributos gráficos e ornamentais que cumprem a função, acreditamos, de facilitar a sua apropriação por parte dos consumidores. Atributos como molduras, vinhetas, cantos, florões e nervuras, próprios das artes tipográficas servem como sinalizadores do lugar da publicação no mercado editorial. No caso, o álbum apresenta variado

Figura 12: Detalhe da moldura de imagens na publicação São Paulo Antigo e São Paulo Moderno. 1905. Acervo Museu Paulista da USP

Figura 13: Detalhe de nervura de moldura de texto na publicação São Paulo Antigo e São Paulo Moderno. 1905. Acervo Museu Paulista da USP

repertório desses atributos, cuja análise permite entender em quais classes de suportes visuais ele se insere (Figuras 12 e 13).

As nervuras e cantos regulares para toda a publicação são oriundos de um repertório *art nouveau* que teve, no Brasil, suas primeiras manifestações precisamente nas artes gráficas. Esta opção de tratamento gráfico procura, certamente, colocar a publicação entre as revistas de variedades e atualidades e os cartões postais, que primavam por adotar tais recursos (Figuras 14 e 15).

Esses atributos ornamentais garantem a necessária familiaridade com os temas tratados ao facilitar a apreensão visual por integrarem um repertório imagético que abarca desde a ornamentação arquitetônica de fachadas, portões e gradis de ferro, papéis de parede e pintura decorativa parietal, até aquela praticada no campo das artes gráficas.

Além de garantir a eficácia na transmissão da narrativa sobre a cidade, as características comuns de tratamento ornamental indicam um uníssono daquilo que se quer parecer. São os modernos que falam do passado, seduzidos pela modernidade que as fotografias da cultura material urbana permitem registrar. Ser moderno ou tratar das coisas na chave do moderno estava na ordem do dia. Em artigos sobre a produção arquitetônica paulistana, produzidos no mesmo período, não raro encontramos o termo moderno empregado para qualificar positivamente, a obra de um arquiteto. No artigo de Toledo de 1904, sobre a Vila Flávio Uchoa, projeto do arquiteto Victor Dubrugas, a obra é elogiada precisamente pela ousadia em lançar mão da arte moderna e de processos modernos de construção. A arte moderna é precisamente o estilo *art nouveau*, e os processos modernos de construção referem-se ao uso do ferro.

Os repertórios de ornamentos e artes decorativas que circulavam na cidade neste início do século XIX, na sua grande maioria franceses ou italianos, trazem títulos como "o artista moderno", "o ambiente moderno". Artistas decoradores anunciavam seus trabalhos indicando, como no caso do anúncio de Oreste Sercelli, de 1902, "aceitar quaisquer trabalhos de decoração moderna" (Lima, 2002).

Igualmente, as propagandas de estabelecimentos fotográficos adotam, desde a década de 1880, o termo "moderno" para divulgar novos processos ou produtos de seus ateliês.

Figura 14: Detalhe de imagem na página 68 da publicação São Paulo Antigo e São Paulo Moderno. 1905. Acervo Museu Paulista da USP

Figura 15: Cartão postal. Fototipia. c. 1900. Acervo Museu Paulista da USP

Enfim, o termo "moderno" era presença constante na circulação dos suportes da cultura visual desde fins do XIX, via de regra, associado a valores positivos. E, mais importante para a análise em curso: o termo "moderno" fazia parte de uma estratégia de venda.

Assim, os modernos editores narram o moderno da cidade em um invólucro igualmente moderno, consonante com o partido visual dos demais produtos do mercado no qual a sua publicação disputa espaço e leitores. Os invólucros ornamentais buscam, assim, garantir a necessária empatia com o público leitor.

Foco, atenção

Ao mesmo tempo, outro recurso gráfico presente na publicação nos dá elementos para inferirmos o leitor modelo para o qual a publicação foi desenhada. Na edição das imagens ao longo do álbum, a moldura circular aparece em muitos momentos, ora como elemento que delimita o espaço fotográfico no corpo de um texto, ora como elemento que isola um aspecto da fotografia, em sobreposição de recortes. Se atentarmos para os aspectos formais deste recurso, veremos que ele tem ressonâncias claras nas representações que remetem para a observação visual. Este recurso aparece especialmente associado aos resultados das apreensões visuais obtidas graças às próteses que garantem a ampliação do potencial humano de visão – os telescópios, os microscópios, as lunetas.

Essas próteses pressupõem um novo modelo de visão e de espectador. J. Crary, estudioso dos problemas da visualidade, chama a atenção para a maneira que os problemas da atenção visual começam a ser discutidos no campo da fisiologia e da psicologia cognitiva, a partir de fins do século XIX (Crary, 2001, p. 85). O interesse no tema da atenção estaria vinculado, a seu ver, à consideração da visão humana tratada a partir de sua contingência corporal e subjetiva, mensurável e, sobretudo, passível de ser treinada.

A quantidade de estímulos e o caráter fragmentário da experiência visual a que o homem moderno se vê submetido motivaram, segundo Crary, proposições que estariam na base de um treinamento da atenção. Tratava-se, naquele momento, de encaminhar o problema da visão numa direção oposta àquela do modelo panóptico tratado por Foucault. Não mais a visão abrangente e contínua, mas aquela capaz de focar para aprender visualmente e, ao mesmo tempo, ser capaz de mudar este foco no ritmo exigido pela experiência fragmentária da vida urbana moderna. O transeunte ou o leitor ou o espectador tornam-se observadores. Devem escrutinar e mensurar o que vêem, pois a visão serve para aprender com o que é visto.

A faculdade da observação é largamente referida na literatura pedagógica produzida no Brasil desde fins do século XIX. A lição das coisas, máxima que introduz o projeto de museus pedagógicos, pressupõe uma educação da visão necessária para transformar os alunos em futuros trabalhadores e consumidores urbanos.

O recorte circular das fotografias presente nos álbuns pode ser analisado como um sinal de que a cidade que a narrativa visual construiu exige um leitor que se coloca na posição de observação. Ao focar a atenção para aqueles recortes que a publicação indica com as molduras circulares, este leitor-observador apreende os detalhes do processo de transformação urbana (Figuras 16). Este recurso caracteriza também muitos cartões postais editados no mesmo período (Figura 17).

A gravura que Jules Martin produz em 1875 informa a relação esperada do homem moderno com a sua cidade: a luneta é a prótese que garante o foco sobre a paisagem (Figura 18). Este recurso pode ser visto, portanto, como dotado de funções narrativas, tal como observamos na produção cinematográfica silenciosa dos primeiros anos do século XX. É comum termos o recurso do *fade in* – a mudança de cena é indicada por uma circunscrição circular daquilo que é dado a ver ao espectador do filme. Na obra prima de Robert Wiene, *O Gabinete de Dr. Caligari (Kabinett des Dr. Caligari)*, este recurso é exaustivamente adotado

Figura 16: Página 58 da publicação São Paulo Antigo e São Paulo Moderno. 1905. Acervo Museu Paulista da USP

Antigos e modernos 415

Figura 17: Cartão postal de autoria de Guilherme Gaensly. Fototipia. c. 1900. Acervo Museu Paulista da USP

Figura 18: Reprodução de Vista Geral da Imperial Cidade de São Paulo, litografia de Jules Martin. C. 1875.

416   Francisco Murari Pires (org.)

para indicar a visão do narrador ao relatar os acontecimentos. Ele indica para o público a cena que encadeia a narrativa.

Cidade-suvenir

Resta, no entanto, ressaltar uma outra função reservada, acreditamos, aos recursos ornamentais e gráficos compartilhados por diferentes tipos de produtos visuais do período. O álbum *S.Paulo Antigo, S.Paulo Moderno* é um exemplo muito claro do modo como a cidade ingressa no universo privado das memórias individuais. Para demonstrar tal mecanismo falemos um pouco dos retratos.

Os retratos fotográficos, desde a sua criação e imediata difusão, maciça, em 1839, apresentavam seus modelos delimitados por ricas molduras e embalagens feitas com matérias-primas as mais diversas como couros, madeiras, metais, pedrarias, espelhos e tecidos, especialmente o veludo.

A matriz da moldura tridimensional dos retratos oitocentistas não é apenas pictórica, mas também arquitetônica. Exemplos próximos como a arquitetura neoclássica do edifício-monumento que abriga o Museu Paulista nos mostra como arcos, colunas, óculos emolduram elementos em exposição, como o bandeirante ou a galeria dos notáveis da Independência situados nas sancas ao redor da grande claraboia que deixa penetrar a luz na escadaria do saguão principal do edifício (Figura 19). Se observarmos a rica variedade de artefatos de exibição do retrato, é fácil perceber que a funcionalidade de suas embalagens e aparatos de exibição são suplantados pela forte presença do ornamento.

Uma das funções da ornamentação, como já dito, era orientar o olhar do observador para o tema em exposição. Juliet Kinchin (1996, p. 16) nos lembra que as moças em idade de casar eram reunidas sobre um fundo ornamentado, especialmente ali colocado para "emoldurá-las" e, assim, chamar a atenção de seus possíveis pretendentes.

O século XIX e também o XX, até meados dos anos de 1920, conheceram a popularização da decoração doméstica. Baseada especialmente na oposição ao trabalho, a decoração do espaço doméstico era presidida pelo profusão de objetos ornamentais que cumpriam a função de ocultar as características mecânicas e funcionais de móveis e artefatos. Encontramos igualmente uma valorização do artesanato, técnica que permitia às donas-de-casa a confecção de coberturas de objetos ou, ao contrário, a combinação de verdadeiros painéis (sobreposição de toalhas bordadas de tamanhos diversos) que serviam para emoldurar os objetos que se queria destacar no arranjo expositivo da casa (Carvalho, 2001).

Os retratos serão objeto de prática semelhante. Produto da reprodutibilidade técnica e difundidos em escala industrial, os retratos, nos formatos cartão de visita e gabinete, são apresentados colados a um segundo suporte ornamentado. O cartão avulso podia ser

Antigos e modernos 417

Figura 19: Detalhe do Salão Nobre do Museu Paulista. Fotografia José Rosael. 2006.

Figura 20: Retrato "mimoso". Anônimo. C. década 1920. Coleção Carlos Eugênio Marcondes de Moura. Acervo Museu Paulista da USP.

418   Francisco Murari Pires (org.)

substituído pela folha do álbum, igualmente ornamentada e com lugar especialmente projetado para a "legenda", como na moldura de uma pintura, ou podia ainda ser substituído por um porta-retratos que, como todos sabem, simula a moldura de pinturas a óleo (Figura 20).

A valorização de elementos artesanais e vinculados ao trabalho doméstico expressa-se na produção ornamental para o retrato, evidente na oferta de cartões fotográficos pintados à mão, "artisticamente". Ora, os objetos decorativos, especialmente aqueles confeccionados pelas mãos femininas não eram, via de regra, obras de arte, mas objetos com "efeito" ou inspiração artística. Com o tempo e a difusão do retrato em meios impressos, a tridimensionalidade da moldura fotográfica é transformada em uma referência bidimensional e assim permanecerá por um longo tempo.

Mas o quê acontece quando a paisagem urbana recebe o mesmo tratamento ornamental do retrato? E mais, quais os desdobramentos da miniaturização da imagem da cidade promovida pela fotografia disposta em álbuns? Portátil e acumulável, ornamentada nos

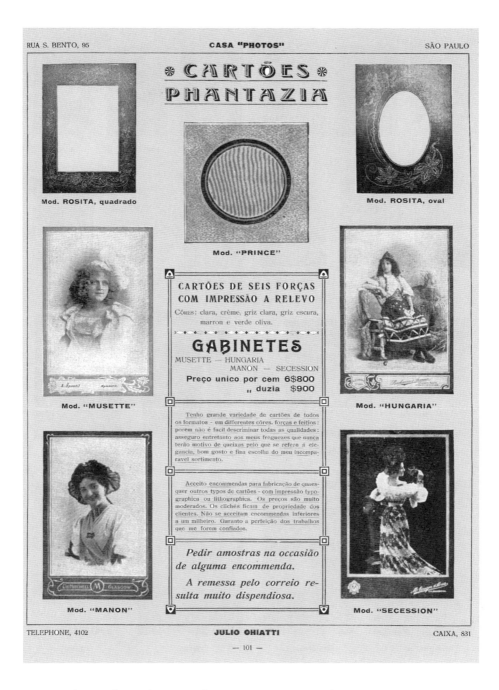

Figura 21: Página 101 do Catálogo Casa Photo. 1914. Acervo particular.

420   Francisco Murari Pires (org.)

Figura 22: Página 102 do Catálogo Casa Photo. 1914. Acervo particular.

Antigos e modernos 421

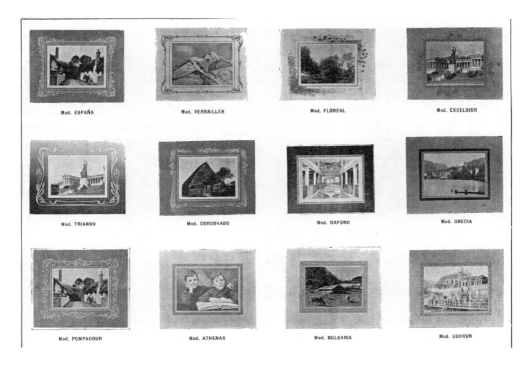

Figura 23: Página 105 do Catálogo Casa Photo. 1914. Acervo particular.

mesmos padrões praticados na esfera privada, ela está pronta para o consumo doméstico na condição de suvenir (Figuras 21, 22 e 23).

Na acepção de Susan Stewart, o suvenir pode ser tanto uma amostra (o fragmento do muro de Berlim), quanto uma representação de algo ou de um lugar (o cartão postal de uma cidade, a miniatura da torre Eiffel) que fez parte da nossa experiência. Ele serve como prova (valor de autenticidade) e como fio condutor de narrativas individuais. A cidade já era tema recorrente nos suvenires de viagem, promovida como produto a ser consumido no âmbito das práticas turísticas (Figura 24). No caso do álbum em análise, trata-se de um produto que opera, em parte, com a lógica do suvenir, mas que, ao mesmo tempo, introduz outra variável, o binômio antigo/moderno, cujo sentido só pode ser alcançado por aqueles que gozam de referências suficientes para apreender o sentidos da comparação do já conhecido e o do presente.

O suvenir, como a coleção privada, tem como característica a função autobiográfica (Stewart, 1999, p. 132-140; Meneses, 1998). O que está ali representado está ali para que possamos recordar o que já não é possível presenciar, depois do término de uma

Figura 24: Cartão postal circulado de autoria de Guilherme Gaensly. Fototipia. 1906. Acervo Museu Paulista da USP

viagem, por exemplo. Mas, qual o sentido, então, de imagens do presente da cidade que cotidianamente se vivencia, tais como as que estão no álbum? Talvez porque o presente logo será passado, afinal, não é essa ideia central da noção de progresso? A substituição interminável do velho pelo novo? O que está em causa não é a informação visual sobre a cidade, mas a referência ao processo de mudança.

Outra consequência da inserção do álbum de cidade na seara do espaço doméstico é o reforço da noção de naturalização das mudanças. Sabemos que os registros da vida familiar são facilmente identificados ao ciclo natural da vida. A naturalização das práticas sociais e culturais da vida familiar é observada no modo de organização dos álbuns de família. Podemos supor, por contiguidade, que a cidade-suvenir, ao ingressar no sistema de suportes de lembranças individuais, passa a ser igualmente entendida como a representação de uma cidade real que, como nós, seres humanos, está sujeita a um ciclo de nascimento, vida e morte.

O álbum da cidade equivaleria aos registros dos ritos de passagem da vida privada. Registra-se o antigo como uma forma de compensação que autoriza a sua remissão para o passado e dá lugar ao novo. O consumo da cidade-suvenir integra práticas políticas e econômicas promotoras do esvaziamento da cidade como experiência coletiva e corporal.

Transformada em relíquia visual nos museus e internalizada nas lembranças individuais, a cidade "antiga" está pronta para ser destruída.

Conclusão

Qual a importância para a escrita da história da análise de um tipo de publicação que opera precisamente com a sua vulgarização? O que uma publicação deste porte, claramente voltada para um consumo imediato, destinada a um público leigo, e destituída de qualquer rigor acadêmico na abordagem da trajetória da cidade nos dá a ver?

A publicação *S. Paulo. Antigo, S. Paulo Moderno* nos permite uma aproximação aos modos pelo quais os processos históricos estão sendo vistos e vivenciados na dimensão cotidiana da cidade no início do século XX. Nesse aspecto, a publicação é particularmente especial por explicitar as estratégias que os agentes sociais promotores e produtores desta cidade adotaram para equacionar as rupturas representadas pelas mudanças na morfologia, infraestrutura e desenho urbanos; pelo crescimento populacional, pela presença estrangeira trazida pela imigração, pelo afluxo e circulação de mercadorias; com as continuidades expressas na sociabilidade e no modo de gerenciar a vida econômica, que mantém um caráter ainda marcadamente patriarcal.

A galeria de homens notáveis referenciada na publicação por retratos e autógrafos ambiciona foros de tradição, justifica o antigo como gerador do presente modernizado. Enfim, a publicação acomoda e dá um lugar para essa sociedade patriarcal que, arriscamos afirmar, sente-se ameaçada pelo acelerado ritmo com que o capital vem transformando a sua cidade e pelos seus novos agentes.

Apesar do circuito comercial em que se insere, o álbum *S. Paulo Antigo, S. Paulo Moderno* não se distancia muito dos discursos e fontes que iriam servir, ao longo da primeira metade do século XX, para uma produção historiográfica de caráter marcadamente evolucionista. Os viajantes e memorialistas (muitos deles integrantes da galeria de notáveis do álbum de 1905) constituem as principais fontes para, por exemplo, a produção de Ernani da Silva Bruno, ou ainda Odilon de Mattos e mesmo Afonso Taunay. A produção sobre a história da cidade motivada pelas comemorações do IV Centenário compartilha das mesmas premissas da narrativa do álbum de 1905: a ênfase nas rupturas, o recorte de trinta anos (1870-1900) que divide a São Paulo de traços materiais ainda coloniais da "metrópole", a noção de progresso e a perspectiva teleológica.

Tais aproximações de abordagem indicam que a escrita da história urbana não deixou, nesse período, de sofrer as influências de representações urbanas vetorizadas pela visualidade na dimensão cotidiana da sociedade que viveu em São Paulo na virada do século XIX para o XX.

424   Francisco Murari Pires (org.)

Referências bibliográficas

BARBUY, Heloisa. *A Exposição Universal de 1889 em Paris*. São Paulo: Loyola, 1999.

CARVALHO, Vânia Carneiro de; LIMA, Solange Ferraz de. São Paulo Antigo, uma encomenda da modernidade: as fotografias de Militão nas pinturas do Museu Paulista. *Anais do Museu Paulista*: história e cultura material. Nova Série, São Paulo, v. 1, n. 1, p. 147-174, 1993.

CARVALHO, Vânia Carneiro de. *Gênero e artefato:* o espaço doméstico na perspectiva da cultura material. São Paulo, 1870-1920. São Paulo. Tese de Doutorado, FFLCH da USP, Depto de História, área de História Social, 2001.

CRARY, Jonathan. A visão que se desprende: Manet e o observador atento no fim do século XIX. In: CHARNEY, Len & SCHWARTZ, Vanessa. *O Cinema e a invenção da vida moderna*. São Paulo: Cosac & Naify, 2001, p. 81-114.

KINCHIN, Juliet. Interiors: Nineteenth-Century Essays on the Masculine and the Feminine Room. In: KIRKHAM, Pat (ed). *The Gendered Object*. Manchester/ New York: Manchester University Press, 1996, p. 12-29.

LIMA, Solange Ferraz de. *Ornamento e Cidade – ferro, estuque e pintura mural em São Paulo*. São Paulo: Depto de História da FFLCH-USP, 2002. Tese de Doutorado em História Social.

MENESES, Ulpiano Toledo Bezerra de. Memória e cultura material: documentos pessoais no espaço público. *Estudos Históricos*, Rio de Janeiro, v. 11, n. 21, p. 89-104, 1998.

PEARCE, Susan M. *On Collecting. An investigation into collecting in the European tradition*. London/New York: Routledge, 1995.

POITON, Marcia, *Hanging the head. Portraiture and social formation in eighteenth century England*, London/New Haven, Yale University Press, 1993.

STEWART, Susan. *On longing*. Narratives of the Miniature, the Gigantic, the Souvenir, the Collection. Baltimore/London: The Johns Hopkins University Press, 1984.

WITTER, José Sebastião; BARBUY, Heloisa. (Org.). Museu Paulista: um monumento no Ipiranga (história de um edifício centenário e de sua recuperação). 1 ed. São Paulo: Fiesp, 1997, v. 1.

Corpus documental

ÁLBUNS FOTOGRÁFICOS IMPRESSOS COMPARATIVOS

Militão Augusto de Azevedo. *Álbum Comparativo da cidade de São Paulo*. 1862-1887.

São Paulo em três tempos. Álbum comparativo da cidade de São Paulo (1862-1887-1914). Casa Duprat. 2 volumes. Centro e três fotografias originais.

Medina, José. *São Paulo, o que foi e o que é*. 1954. Cento e trinta e oito fotografias.

Antigos e modernos   425

São Paulo Antigo e São Paulo Moderno (1554-1904). Seis fascículos encadernados. Editores: Henrique Vandorden, Jules Martin e Rangel Pestana. São Paulo, Typographia Vanorden, 1905.

Taunay, Afonso de E. 1876-1958. *Velho Sao Paulo*; primeiras plantas colégio.

Menezes, Raimundo de. *Aconteceu no velho São Paulo.* Raimundo de Meneses [i.e. Menezes] 1954.

FILMES

A METRÓPOLE DE ANCHIETA

Ano: 1952

Cidade: São Paulo

Dados de produção

Companhia(s) produtora(s): Secretaria da Fazenda do Estado de São Paulo

Produção: Doria, João

Roteirista: Duarte, Benedito Junqueira

Direção: Duarte, Benedito Junqueira

SÃO PAULO DE HOJE E DE AMANHÃ

Ano: 1936

Cidade: Rio de Janeiro

Companhia(s) produtora(s): A. Botelho Film

Companhia(s) distribuidora(s): D.F.B. - Distribuidora de Filmes Brasileiros

SÃO PAULO DE ONTEM 1863 ...E SÃO PAULO DE HOJE 1943

Ano: 1943

Cidade: São Paulo

Companhia(s) produtora(s): Departamento Municipal de Cultura – PMSP

Direção: Duarte, Benedito Junqueira

Direção de fotografia: Duarte, Benedito Junqueira

SÃO PAULO MODERNO

Ano: 1940

Produção: Chagas, Edson

SÃO PAULO NÃO PARA

Ano: 1958

Cidade: Rio de Janeiro

426 Francisco Murari Pires (org.)

Companhia(s) produtora(s): Jean Manzon Films S.A.; Atlântida Empresa Cinematográfica do Brasil S.A.

SÃO PAULO NÃO PARA DE CRESCER
Ano: 1965
Certificados
Companhia(s) produtora(s): Écran Filmes Ltda.
Companhia(s) distribuidora(s): Art Filmes S.A.; B.G. Filmes Ltda.

SÃO PAULO QUE EU VI
Ano: 1936
Cidade: Rio de Janeiro
Companhia(s) produtora(s): A. Botelho Film
Companhia(s) distribuidora(s): D.F.B. - Distribuidora de Filmes Brasileiros

A sociologia comparada de Marcel Mauss

da civilização ao dom

Marcos Lanna (UFSCAR)

É uma honra e um desafio, como antropólogo, dirigir-me a historiadores. Para tanto me ocorreu remetê-los mais uma vez a uma questão de "origens", as daquela que considero a melhor antropologia. Mas não terei a ambição de fazer história das ideias de tipo algum. É sabido que Marcel Mauss continuou a obra de Émile Durkheim. Esta apresentava pelo menos duas grandes passagens, a primeira da filosofia em direção à sociologia e uma segunda da sociologia a uma antropologia. Assim é que a última obra de Durkheim é um estudo sobre o totemismo australiano, *As Formas elementares da vida religiosa*, de 1912.

Mauss não apenas colabora com o tio, prolongando sua obra; ele a transforma, fazendo-a tomar ainda mais radicalmente a direção de uma antropologia. Se a antropologia já se anunciara nos trabalhos do final da vida de Durkheim, especialmente pelo interesse pela análise dos dados etnográficos, por outro lado Mauss contraria uma das principais teses que Durkheim desenvolve n´*As Formas Elementares da Vida Religiosa*, a de que uma experiência bem feita pode chegar a ter validade universal (cf. Lévi-Strauss 1944), justamente pela preocupação de Mauss com o estudo comparativo. Tem sido salientado que a perspectiva de Mauss é ainda mais francamente empírica e etnográfica do que a de Durkheim, mas pouco se elaborou, apesar da indicação de Lévi-Strauss (1944), que ela também é mais comparativa.

Em um primeiro momento é a noção de civilização que permitirá a Mauss fazer comparações, organizar seu vasto conhecimento da história e da etnografia dos cinco conti-

428 Francisco Murari Pires (org.)

nentes. Num primeiro momento, suas comparações padecem de um ranço evolucionista, traço este que se esmaece, mas ainda permanece nas obras posteriores, quando, como veremos, a comparação é muito mais lógica do que histórica. Mas do evolucionismo também não se livrara Durkheim, por confundir o (logicamente) elementar e o (historicamente) original (cf. novamente Lévi-Strauss 1944), acreditando que ambos seriam desvendados pela realidade dos aborígines australianos.

Entretanto, a partir da década de 1920 e através de um refinamento de seus estudos comparativos, Mauss chega a uma noção que o permitirá comparações de cunho menos histórico e mais lógico e universal, aquela de "dom". Farei aqui uma análise desta noção e para tanto também apresentarei algo do contexto a partir do qual surgiu o seu *Ensaio sobre o dom*, remetendo-o a seus aspectos políticos.

A visada comparativa de Mauss já se revelava no *Ensaio sobre a natureza e a função do sacrifício*, de 1898, bem anterior ao *Ensaio sobre o dom*, de 1925, assim como no ensaio sobre a noção de pessoa, de 1938. O ensaio sobre o sacrifício aborda principalmente sacrifícios indianos e hebraicos, o sobre a pessoa aborda a construção desta noção em inúmeras sociedades e aquele sobre o dom aborda formas de contrato e troca na Melanésia, Polinésia, costa noroeste da América, Índia védica e bramânica e Roma Antiga, entre outras sociedades. O número de sociedades envolvidas aumenta assim de 1898 em relação aos textos posteriores a 1925.

A noção "primitiva" de dom significava para Mauss a possibilidade de uma chave para criticar as noções de barganha (em francês, "troc") e de troca ("échange") dos economistas clássicos liberais, como Adam Smith. A noção de troca ("échange") de Mauss não se confunde com aquela de comércio; Mauss por vezes a substitui pela de circulação, o que me parece relevante e auspicioso, por motivos que abordarei muito rapidamente aqui. Esta circulação por dom envolve tanto objetos como itens não materiais, como títulos, palavras, cantos ou mesmo pessoas, caso de casamentos, adoções, escravidão por dívida etc.. A tese de Mauss é que o ato de dar implica o de receber e logo, a redistribuição enquanto obrigação moral virtualmente obrigatória.

O dom, material ou imaterial, se constitui assim por três obrigações interligadas, a de dar, a de receber e a de retribuir. No ato de dar, não é apenas um objeto que passa, mas se aliena também parte da pessoa do doador, de modo a criarem-se as tradições. Mauss nota que "tradição" tem o mesmo radical de *trade*, comércio, aquilo que passa. Cada objeto pode ser mais ou menos alienável e cada troca pode transferir mais ou menos direitos e significar, em cada caso, maior ou menor superioridade do doador sobre o recebedor. O *Ensaio sobre o dom* cunha ainda a noção de fato social total, mostrando o caráter integrado dos aspectos econômicos, políticos, religiosos, lúdicos, estéticos (entre outros), da vida social, assim como a inter-relação entre a história, a sociologia e dimensão físico-psicológica.

Antigos e modernos 429

A noção de fato social total lembra a noção de "embebimento" da economia no social geral, do historiador Karl Polanyi, esta com um cunho mais funcionalista (cf. Lanna 1996). É interessante notar que Mauss e Polanyi escreviam independentemente, infelizmente: teria sido auspiciosa uma cooperação entre ambos, cuja ligação, ponto comum seria Malinowski e os trobriandeses, fonte básica para ambos. A noção de sistema de Mauss se distingue da dos funcionalistas por não privilegiar noções de equilíbrio e sim circulações, abrindo caminho para o estruturalismo de C. Lévi-Strauss.

Além de intensa atividade acadêmica, Mauss, ao contrário de Durkheim, teve grande atividade política engajada. Nunca foi comunista, mas socialista, considerava seus principais mentores Durkheim e Jean Jaurès, líder da Seção Francesa da Internacional Socialista. Depois da I Grande Guerra, continuou a trabalhar no partido socialista e no corpo editorial de jornais socialistas, como o *L´Humanité*. Ativo no movimento francês cooperativo, fundou e administrou com um amigo uma cooperativa de consumidores em Paris. Assumiu vários cargos e fez viagens a várias partes da Europa, a partir das quais publica em vários jornais não acadêmicos reportagens sobre o movimento cooperativo na Alemanha, Inglaterra, Hungria e Rússia (Fournier 1994). Pode-se dizer que deixou duas obras, uma acadêmica e outra engajada. Seus "Escritos políticos" só foram editados em 1997, por seu biógrafo Marcel Fournier. Tentarei aqui revelar as preocupações políticas de Mauss e como elas fundamentam e complementam sua obra científica. Mauss sempre evitou todo tipo de razão prática, inclusive a noção de que há "usos" da ciência. Talvez por isto tenha traçado para si mesmo uma separação rígida entre engajamento político e a atividade científica, separação esta que tentarei minimizar aqui.

Foi tanto como socialista engajado e sociólogo comparativista que Mauss lançou à revolução russa seu olhar de etnógrafo, considerando assim sua importância como "experimento". A inspiração do *Ensaio sobre o dom* deve muito ao impacto que lhe causou uma visita à Rússia comunista no início da década de 1920. Mauss já estivera na Rússia antes, em 1906 (Fournier 2003:10). O impacto adveio da Nova Política Econômica de Lênin, anunciada em 1921, sobre a qual publicou vários artigos, na mesma época em que escrevia o *Ensaio sobre o dom*. Esta política reconhecia a impossibilidade de abolição do mercado, fato atual também no Brasil do início século do XXI, de Lula: enquanto aceitação do fenômeno do mercado, as políticas de Palocci e Meireles talvez representem algo do que a NEP representou para o leninismo.

A possibilidade de uma nova sociedade é assim outra questão implícita do *Ensaio sobre o dom*. Se o mercado torna-se, para o próprio Lênin, já na década de 1920 e justamente em uma das sociedades das menos monetizadas da Europa, fenômeno impossível de se descartar, Mauss se propõe a seguinte questão: como poderíamos com ele conviver? Sua resposta, ou melhor, sua busca de uma resposta, segue um caminho tipicamente

430   Francisco Murari Pires (org.)

antropológico: para que possamos entender que tipo de convívio há entre Estado e mercado em sociedades modernas, devemos antes entender como este convívio se dá em outras sociedades, as que nunca foram modernas, as que não são "as nossas", como se referia Mauss às sociedades modernas. O caso russo teria assim algo do caso antigo, mas isto de um ponto de vista mais lógico do que histórico: seria um intermediário lógico entre o mercado moderno e o dom primitivo, uma economia mais centralizada e menos monetarizada do que aquelas francesa, inglesa, alemã e norte-americana.

O socialismo de Mauss propõe uma determinada convivência entre Estado e mercado, na qual o Estado engloba o mercado. A meu ver, o *Ensaio sobre o dom* pode e deve ser interpretado como uma demonstração de que tanto Estado como mercado são transformações lógicas e históricas do "dom". Este seria "forma elementar" de toda vida social, seu fundamento, ou, para usar a noção romana que Mauss salienta, seu "nexo". É do dom que se desenvolve, lógica e historicamente, a mercadoria, forma fundamental da sociedade capitalista. A mercadoria é assim uma forma particular daquela, mais geral, do dom, logo, relação menos elementar, menos universal do que o dom; pois este funda o social geral, enquanto a mercadoria fundamenta o capitalismo. O dom engloba assim logicamente a mercadoria, ainda que haja momentos em que seja destruído por ela (por exemplo, quando se escravizam índios). Posteriormente, Lévi-Strauss dará estatutos diferentes a cada uma destas formas: haveria por trás de instituições concretas particulares como as várias formas dom e mercadoria, um princípio abstrato universal de reciprocidade.

Como a mercadoria, também o Estado seria uma instituição que se forma a partir de um tipo particular de dom, os tributos. É interessante salientar este ponto de concordância entre Mauss, Malinowski (1922) e Polanyi (1980): os três usam a palavra "tributo" para se referir aos dons dados aos chefes melanésios; falam assim em tributos em sociedades que só aparentemente seriam sem Estado. É a partir destas três fontes que minha pesquisa assume a definição da figura do Estado pela prerrogativa de tributar, como se o germe do Estado estivesse na capacidade de chefes primitivos para tributar. Em resumo, tributo e mercadoria são formas possíveis de dom; há várias manifestações institucionais, concretas e particulares do dom enquanto princípio abstrato universal. As formas institucionais, concretas e particulares são transformações lógicas e históricas umas das outras, não do princípio universal, que estaria presente em todas elas. Repito que este entendimento, a partir do Lévi-Strauss das *Mitológicas*, não é o de Mauss. O fato é que além de um certo "sociologismo"que reduz tudo a contratos, instituições, há evolucionismo no entendimento deste da mercadoria e do Estado como transformações do dom. Entretanto, ao contrário de outros evolucionistas mais vulgares (mais "conjeturais", para usar a expressão de Radcliffe-Brown), o evolucionismo de Mauss não é uma condenação

Antigos e modernos 431

moral, e seus *a priori* deveriam ser sempre checados por investigações empíricas que ele sabia seriam feitas logo a seguir, inclusive por seus alunos.

É importante notar que, como o dom, a mercadoria não assume apenas formas materiais: ambos podem ser objetos, mas também reputações, títulos, imagens, canções, visitas, serviços etc.. Em *A Ética protestante e o espírito do capitalismo*, Weber oferece a sugestão de que o trabalho é, além da sua forma concreta, também um "espírito". Este, como o dom, a mercadoria e o Estado, se revela de modo específico em diferentes tempos e locais. O trabalho do protestante difere não só do católico como também do indiano, indonésio ou polinésio. Há neste sentido um nítido caminho de Marx e Weber e deste a Mauss, a meu ver infinitamente mais interessante do que conceitos tipológicos como o de "trabalho imaterial" de Antonio Negri e Michael Hardt, caros ao utopismo pós-moderno atualmente em voga.

Mencionei a crítica de Mauss a noções de Adam Smith. A Escola Sociológica Francesa se contrapôs de modo radical – e até hoje não devidamente avaliado –, aos liberais da época. Como Marx criticara as "robinsonadas" dos economistas políticos, que generalizavam o homem burguês em figuras como a de Robson Crusoé, Mauss critica o paradigma liberal por reduzir a vida social a interesses, competições econômicas e/ou manipulações políticas. Sua crítica parece-me mais radical do que a marxista.

Este aspecto da escola sociológica francesa tem sido muito obscurecido, especialmente no Brasil. Em primeiro lugar, o ensino tradicional das ciências humanas, especialmente nas terras paulistas de Florestan Fernandes, propunha mais uma crítica marxista a Durkheim do que o inverso. Em segundo lugar, Mauss é, ao menos até recentemente, menos conhecido no Brasil do que Durkheim. Em terceiro lugar, este foi – erroneamente, a meu ver –, mais associado aqui ao positivismo de Augusto Comte do que a uma tradição socialista. Esta tradição francesa de crítica ao pensamento liberal foi prolongada recentemente por Louis Dumont (1977), demonstrando a proximidade entre marxismo e liberalismo, ambos entendidos como paradigmas individualistas, colados à perspectiva da sociedade capitalista, cada um revelando uma faceta desta sociedade, ora a proletária, ora a burguesa.

Ao fazer do dom nexo social por excelência, Mauss se contrapõe à noção liberal de contrato social, tido como um acordo entre "instintos", "sentimentos" ou "vontades" individuais. Estes sentimentos, vontades e a própria agência individual não são para Mauss anteriores ao social, mas por ele determinados. Assim, tanto para Durkheim como para Mauss, o homem não é (apenas) o lobo dos homens e a vida social não se reduz a ganhos e à busca de interesses políticos ou materiais. Entretanto, os interesses, individuais ou coletivos, não deixam de estar sempre presentes em qualquer dom, assim como na identificação ou manifestação da piedade rousseuísta que estaria por trás dele. A presença universal dos interesses foi salientada por outro herdeiro de Mauss, Pierre Bourdieu, em sua ênfase nas "estratégias" como contraponto às estruturas.

Mas o dom, ou as prestações não mercantis, nos levam além dos interesses e das estratégias; ele nos remete à constituição destes interesses. A antropologia de Lévi-Strauss fará do dom fundamento das linguagens. Na versão de Lévi-Strauss da antropologia maussiana, mais do que na de Louis Dumont, o dom nos remete a uma ontologia, como fonte da vida social. As diferentes manifestações institucionais desta vida social, por sua vez, são entendidas, por toda esta tradição, como diferentes formas de solidariedade. Como para Durkheim, para estes autores franceses do século XX a vida social é simultaneamente fato e ideia, objetiva e subjetiva, concreta e mental, externa e interna, empírica e categorial. Isto é, os fatos sociais são "coisas", mas também são símbolos, no sentido que dá a esta noção Ferdinand de Saussure. Devemos então abandonar a noção de representação de Durkheim, assim como da oposição desta a uma morfologia; de certo modo a representação de Durkheim se substitui em Lévi-Strauss pela noção de símbolo de Saussure, tido como união de som e sentido, logo, simultaneamente concretude e significação.

Outra transformação conceitual importante operada por substituição é a feita por Mauss, da "coerção" durkheimiana à "obrigação". Ao fazê-la, Mauss enfatiza o aspecto mental, interno, subjetivo, categórico e simbólico da vida social. Já Durkheim privilegiava os aspectos opostos, o rito, a efervescência coletiva, em relação ao que ele chama "representações coletivas" (cf. Lévi-Strauss 1962:137-140). Mauss a princípio, em 1898, seguiu o tio, ao escolher um rito sacrificial como tema do "Ensaio sobre o sacrifício", escrito em co-autoria com o católico Henri Hubert.

Mas a influência é mútua, o que se evidencia no importante ensaio que Mauss e Durkheim escrevem juntos logo a seguir, já em 1903, "Algumas formas primitivas de classificação – contribuição para o estudo das representações coletivas". Pouco a pouco Mauss transcende a questão do rito, se aproxima do mito, da ideia, do conceito, como demonstra sua escolha da prece como tema de sua tese de doutorado (aliás inacabada, cuja primeira parte hoje conhecida foi retirada pelo autor da editora Felix Alcan em 1909). Pois a prece se caracteriza por ser simultaneamente rito e mito, uma narrativa préestabelecida que exige ser "colocada para fora". Seu estudo da prece se revela importante para o conhecimento da história dos povos indo-europeus, sendo ela (com o sacrifício, o dom, a pessoa) um elo entre a Índia védica e a Europa cristã.

Este tipo de preocupação com a grande história, dos indo-europeus aos nossos dias, permanece nos ensaios posteriores, exemplarmente naqueles sobre o dom e sobre a noção de pessoa. Mas há na obra de Mauss uma passagem do ato sacrificial à noção de pessoa, através do dom e da prece. Como a prece, o dom é simultaneamente uma ideia e um ato. Já a noção de pessoa é mais explicitamente uma ideia, uma "categoria do espírito

Antigos e modernos 433

humano". Este percurso de Mauss do ato à ideia, do sacrifício à pessoa, passando pela prece e o dom, mas sempre com preocupações históricas, não foi devidamente compreendido pelos britânicos (de Radcliffe-Brown a Mary Douglas). Estes se deixaram muito mais influenciar por Durkheim, a meu ver justamente pelo interesse deste pelos ritos e pelas práticas, pela exterioridade do fato social. No mundo anglófono, Mauss jamais foi ignorado, mas vem sendo criticado desde os estudos de Raymond Firth sobre os maori no final da década de 1920. Apesar do crédito que lhe deu Evans-Pritchard e de releituras recentes (James & Allen 1998, entre outras), a influência de seu tio Durkheim foi sempre e permanece mais profunda.

No *Ensaio sobre o dom* e naquele sobre a noção de pessoa, temos em ambos um tema constante que se institucionaliza, se manifesta diferentemente no tempo e no espaço. Este tema que perpassa a diversidade poderia ser tido como uma estrutura, mas Mauss não usa esta expressão e sim a de "noção" de pessoa. No caso do dom, temos uma noção e uma prática; mas além desta estaria aquilo que Mauss denomina "mecanismos de retribuição obrigatória". A palavra "mecanismos" trai certo funcionalismo da época, ainda que Mauss tanto tenha contribuído para a superação deste. Importa notar que não se trata de mecanismos do dom e sim "de retribuição", isto é, importa mais a ideia por trás do fato; tanto no texto sobre a pessoa quando naquele sobre o dom, o que é geral não é o fato social enquanto coisa ou mesmo alguma instituição e sim ideias. Por trás das trocas maoris, por exemplo, está a noção de *hau*. Ainda que Lévi-Strauss critique a generalização que faz Mauss de uma noção nativa como a de *hau*, há que se reconhecer a contribuição fundamental de Mauss para a posterior definição lévi-straussiana da estrutura como um universal formal.

Vimos que, ao contrário de Durkheim, Mauss não se limita a uma experiência empírica bem feita. O *Ensaio sobre o dom*, como tantos outros de Mauss, analisa sociedades de todos os continentes. Em todos os casos da circulação, dos cobres, máscaras e cobertores da Costa Noroeste da América à lei romana, "a pessoa é possuída pela coisa". Há um misto de alienação e inalienabilidade na troca: as pessoas vão com as coisas, a ponto de não ficar claro quem é o sujeito, quem é o objeto da troca, se é a pessoa que vai com a coisa ou vice-versa. Já a lei moderna, ao contrário, faz rígidas distinções entre pessoas e coisas; daí a ruptura importante entre as sociedades que Mauss chamava "as nossas" e as outras. A proposta de Mauss é investigarmos comparativa e empiricamente a distinção radical entre pessoas e coisas que poderia ser entendida como uma marca da modernidade.

Surgem aqui contrastes importantes entre Mauss e Marx. O primeiro implica ao mesmo tempo complementaridade: a inalienabilidade do dom é o oposto da alienação de Marx, já que pessoa e coisa estão amalgamadas no dom e separadas na mercadoria. Esta diferença é minimizada quando se afirma que o capitalismo "coisifica" a pessoa

434   Francisco Murari Pires (org.)

enquanto nas sociedades do dom as coisas e as relações seriam "personalizadas", logo há em toda parte algum tipo de junção entre pessoa e coisa. De todo modo, a diferença entre Marx e Mauss diminui se lembrarmos que para o primeiro a "coisificação" da pessoa no capitalismo pressupõe uma anterior alienação ou separação entre coisa e pessoa, ou seja, ambos reconhecem uma (relativa) alienação como marca da modernidade. Por outro lado, há diferença entre Marx e Mauss na medida que para este o tratamento das pessoas como coisas não seria nem perversão nem particularidade do capitalismo. O *Ensaio sobre o dom* mostra que a imbricação entre pessoa e coisas existiria em toda parte, inclusive na modernidade, ainda que em menor grau. Em resumo, não devemos nos contentar, como faz Dumont (1977) e tantos outros, em dizer que no capitalismo os homens se relacionam através de coisas e nas economias do dom as coisas se relacionam através dos homens. Para Mauss, a imbricação entre coisas e pessoas, além de universal, não é anomalia nem confusão, não se deve a algum tipo de incompreensão ou incapacidade da mente primitiva.

Há outras semelhanças entre Marx e Mauss; ambos se preocupam com o futuro desta sociedade corrompida pela produção das coisas visando o lucro. Parece-me que Mauss concordaria com a adjetivação que faz Marx do capitalismo como contraditório e autodestrutivo. Mas ressalta que alguma inalienabilidade ainda está presente mesmo na distinção mais radical entre pessoa e coisa feita pelo pensamento moderno. Para Mauss, as várias formas de circulação que compõem qualquer sociedade implicam diferentes graus de alienabilidade. Nomes, por exemplo, são tipicamente menos alienáveis. Sem algum grau de inalienabilidade, inexistirá significação; a vida social depende assim da presença de valores inalienáveis, independente de quanto estes circulam.

Parece evidente, assim, que a crítica de Marx ao fetichismo da mercadoria se manteve excessivamente presa à tradição ocidental ao tomar a distinção entre pessoa e coisa como ideal universal (*a priori*), que a pessoa alcance uma transcendente – e a meu ver, impossível e indesejável, ainda que realmente desejada por nós, modernos – libertação (cf. Dumont 1977). Tudo se passa como se a pessoa fosse o único sujeito legítimo e aquilo que se troca, ou melhor, que circula, que passa, mero bem, objeto. Assim, se Marx parece certo que realmente há no capitalismo fetiche da mercadoria, também poderíamos dizer, especialmente após os trabalhos de Louis Dumont, que a modernidade ocidental se caracteriza ainda por um outro fetiche, do próprio homem, uma noção de pessoa particular que se coloca como absoluta, definida psicologicamente a partir de motivações e "interesses próprios". Estes interesses seriam materiais, como o desejo de acumular bens e poder, mas também espirituais, como liberdade, realização psíquica, desejos de felicidade, e assim por diante. Este fetiche se expressa no chamado humanismo. Ao desafiar o conhecimento moderno, contrastando-o ao antigo e ao primitivo,

Mauss mostrou como as "nossas sociedades"ocidentais opõem radicalmente não apenas "pessoas" e "coisas", mas também egoísmo e altruísmo, corpo e alma, cultura e natureza, entre tantos outros dualismos. Ainda se seguirmos Dumont, estes dualismos modernos se caracterizam por ausência de hierarquia. Ao invés de, como os chineses, por exemplo, pensarmos em um contínuo englobamento entre ying e yang, reconhecendo os termos das relações como necessariamente diferentes, preferimos pensar em uma contínua luta, seja de classes, etnias, gêneros, partidos, indivíduos e muitas outras entidades que gostamos de pensar como iguais.

Ainda como Marx, Mauss tenta desvendar a especificidade da modernidade antes de criticá-la, ou para criticá-la; no seu caso, haveria que qualificar suas especificidades em um contexto etnográfico mais amplo do que aquele conhecido nos tempos de Marx; daí a importância da comparação entre civilizações. É assim que importa sua demonstração de que o ideal da dádiva pura e desinteressada não existe em qualquer outra sociedade, pois ele permite uma crítica à cristandade. Há assim uma particularidade da dádiva cristã, não em sua prática, que como todas as outras não exclui retribuição, mas em sua retórica. A retórica da caridade cristã é ideológica, no sentido marxista do termo, por obscurecer que, por trás da dádiva, da caridade cristã, há alguma reciprocidade, expectativa de retorno, que pode ser material (inclusive na forma de tributos) ou não, podendo tomar a forma de submissão, por exemplo.

Como vimos, o *Ensaio sobre o dom*, ou melhor, as sociedades lá analisadas, nos ensinam que se nem sempre a um dom corresponde um contra-dom exato, por outro lado todo ato de dar implica o de receber. Também ensinam que a ideia da direção que toma um dom implica, se não sempre retribuição material, ao menos a ideia de um circuito no sentido oposto; como na física, um movimento em um sentido implica outro em sentido oposto. Mas não estamos aqui falando apenas da massa ou da velocidade dos corpos. Esta reciprocidade também não é necessariamente a do olho por olho e dente por dente. Ela implica ainda desigualdade muito mais do que igualdade, desigualdade que pode se estabelecer no tempo da troca, na quantidade e qualidade do que é trocado. Pode haver troca de bens materiais por materiais, materiais por imateriais (recebimento de objetos contrabalançado por uma palavra) ou imateriais por imateriais (da graça por submissão, por exemplo). Mas há sempre assimetria, dado que a retribuição não é nunca exata. A nossa sociedade, porém, ou a ideologia cristã, ao contrário de todas as outras, postula o absurdo da "dádiva pura", algo que supostamente não exigiria retribuição da parte do recebedor inicial (de caridade) e ainda implica que o doador inicial deva renunciar ao posterior recebimento a que faria jus.

Importa a descrição, história ou etnográfica, de cada dom, cada circulação, se há ou não retribuição material; esta não deve necessariamente existir para que exista recipro-

436   Francisco Murari Pires (org.)

cidade: ela pode ser imaterial, um agradecimento após o recebimento de um objeto, por exemplo. Circuitos unilaterais e dívidas são fatos cotidianos e também são dons no sentido maussiano e lévistraussiano do termo. Como tento mostrar em outros trabalhos, a dívida é o dom paradigmático. É assim ampla a definição de dom de Mauss, não se restringindo a presentes, como a toma certo senso comum: ela implica festas, visitas, danças, músicas, nomes títulos, pessoas (cônjuges, escravos, crianças – adotadas ou no batismo – cf. Lanna 1995).

Em resumo, mesmo circuitos unilaterais não são sem reciprocidade. Esta está presente mesmo no roubo, isto é, quando algo é tomado sem que se dê nada em troca. O fato de haver roubos, a própria noção de roubo é mais uma manifestação da moral da reciprocidade; ao se tomar algo indevidamente, crio uma dívida tão ilegítima que é categorizada, como roubo. As dívidas assim podem ser mais ou menos legítimas. Isto demonstra que o que é universal não é a instituição do dom, pois este recebe diferentes institucionalizações em cada tempo e lugar, em cada tradição, em cada civilização assim como em cada momento da história de cada indivíduo. O que haveria de universal seria o que Lévi-Strauss chamou de "caráter sintético do dom", ou o princípio de reciprocidade.

Não devemos assim confundir troca e circulação. O contra-dom pode ocorrer ou não, mas a moral da reciprocidade existe sempre que algo é dado ou recebido, circula. Ou por outra, para haver dom, basta haver recebimento, mas este recebimento não implica necessariamente retribuição material, mas sim produção de subjetividade, laço social, "nexum".

Ao dizer obrigado a algum oferecimento, já estou de alguma forma retribuindo, trocando objeto por palavra. Ao invés de pensar em troca de qualquer oferta por palavra, prefiro pensar em dois circuitos de dívidas em sentidos opostos. A palavra "obrigado" é sugestiva por indicar o aspecto sacrificial de todo dom, que a retribuição adequada seria o oferecimento da minha pessoa, aquela que se obriga na relação. Nesta expressão verbal, a pessoa se obriga retoricamente, coloca-se em posição de inferioridade em relação ao doador, aquele que iniciou a relação. Em suma, se algo de mim vai com meu dom, como enfatiza Mauss, ele é sacrifício de mim mesmo e deve ser idealmente retribuído com algo da pessoa do receber, que então se "obriga". Este aspecto inalienável do dom é fundamental para entendermos tantas coisas, como o fenômeno da escravidão. Por exemplo, não se entende o sentido de qualquer escravidão se não se inclui a alforria, que, evidentemente, é um dom.

* * *

Assim, no dom, "a pessoa é possuída pela coisa", mas este fetichismo não é criticado por Mauss e sim aceito como inescapável, inexorável, característica da vida em socie-

Antigos e modernos   437

dade. Isto levou a antropologia a renovar o estudo das relações entre pessoas e coisas. A rígida distinção entre elas feita pela lei moderna deve ser relacionada a teorias de autores da escola britânica (como o polonês Malinowski, Radcliffe-Brown, Raymond Firth, Mary Douglas, mencionados aqui, entre outros), que têm uma noção psicológica – a não sociológica - de pessoa, definida a partir de motivações e "interesses próprios", como o desejo de acumulação (cf. Lanna 1994). Vimos que, ainda que criticasse noções como a de *homo economicus*, Marx não escapou deste fetiche do homem moderno, dele criando sua própria variante. Já Mauss, com base no que aprendia com as sociedades antigas e primitivas, desafiou este conhecimento moderno, no que foi seguido especialmente por Louis Dumont.

Mas eu dizia que o *Ensaio sobre o dom* também foi concebido como contribuição à teoria socialista. Mauss nunca publicou um livro; seus trabalhos eram esboços preliminares ou projetos incompletos. Só publicava quando solicitado ou sentia alguma razão urgente; vimos que, no caso do *Ensaio*, esta razão também seria política. O início dos anos 1920, quando escrevia o *Ensaio*, foi para ele também um período de intensa participação política. Eram os anos seguintes à revolução russa, que causou a cisão na Internacional Francesa em partidos comunista e socialista. Mauss nunca foi comunista, mas adepto de um socialismo criado de baixo para cima, através de cooperativas e sindicatos. Não deixou, entretanto, de contemplar a abolição do sistema salarial. Por isto salientei o fato, frequentemente omitido, de haver para ele não apenas descontinuidades mas continuidades lógicas e históricas entre os sistemas de dom e os de assalariamento; para ele, isto significaria que a superação da compra e venda do trabalho só poderia ser em direção a um "retorno" a um sistema de dons. O mesmo poderia ser dito de outro socialista, K. Polanyi, ainda que para este o retorno seria à "redistribuição", não entendida por ele como forma do dom. Evidentemente, para Mauss como para Polanyi, este retorno não seria uma volta a qualquer instituição primitiva, mas sim a recriação de "mecanismos", que, no caso de Mauss, seriam universais. Vinte e cinco anos depois do *Ensaio sobre o dom*, Lévi-Strauss (1949) substituirá este "mecanismo" institucional e sociológico por um princípio abstrato, o princípio de reciprocidade.

Também fundamental para o socialismo de Mauss seria a capacidade do dom para englobar o mercado e o assalariamento. Diferencia-se assim dos comunistas por não crer no fim do mercado e do assalariamento. Por isto a NEP causou-lhe tanto impacto, imaginando que, confrontados pela própria realidade soviética, os comunistas poderiam pouco a pouco se aproximar de suas opiniões. O caso do comunismo soviético, como já disse, pareceu-lhe, como aliás também para Karl Polanyi (1980), um exemplo de convivência entre o mercado e um mecanismo de retribuição (Mauss) ou redistribuição (Polanyi). Para ambos, este "mecanismo" seria mais perene do que arcaico, ou por outra, capaz de

438 Francisco Murari Pires (org.)

transformar-se, modernizar-se, mas não se poderia pensar, como fazia Marx, em seu fim. Isto vale, tanto para o mercado como para o Estado, este entendido como fundado na arrecadação de tributos e sua posterior redistribuição, o que vimos ser o caso de Mauss e Polanyi. Mais do que Estado e mercado, o dom seria arcaico não no sentido de ser superável, mas no de ser uma constante na história da humanidade. Ora, é exatamente isto que debatemos hoje quando falamos em regulamentação do mercado, reforma tributária, tarifas ao comércio internacional, subsídios estatais para a agricultura, privatização e assim por diante.

Mauss criticava tanto comunistas como social-democratas por "fetichizarem a política" e a função do Estado, que para ele deveria prover um quadro legal (ou no falar atual, regulatório) dentro do qual os trabalhadores poderiam trazer a lei de volta à coerência com a moralidade popular. Os eventos na Rússia nele repercutiram de modo ambivalente. Inicialmente entusiasta da revolução, que reconheceu com um experimento, tinha muitas suspeitas em relação aos bolcheviques. Godelier (1996) o descreve como um social democrata anti-bolchevique, mas escrevia um ano antes da republicação dos escritos políticos de Mauss. Para Mauss (1923), o projeto de impor o socialismo pela força era uma contradição em termos, além de taticamente desastroso. Dizia ele: "nunca foi a força tão mal usada como pelos bolcheviques. O que antes de tudo caracteriza seu terror é sua estupidez, sua loucura".

Mauss repudia a noção de uma linha do partido e apesar de reconhecer a situação difícil do regime soviético no pós-guerra, condena o desprezo do partido comunista pelas instituições democráticas e pela regra da lei. Mas, se havia um tema comum em suas objeções, era seu desgosto em relação ao utilitarismo dos bolcheviques. Disse ele: "sua noção cínica de que 'os fins justificam os meios' os fazem medíocres mesmo como políticos".

O interesse de Mauss se concentra nos procedimentos bolcheviques de administração das coisas e dos homens. Com a NEP, os bolcheviques abandonam tentativas de coletivitização, legalizam certo comércio e abrem parcialmente o país para o investimento estrangeiro. Mauss se opõe à abertura do país ao capital estrangeiro – a "venda da Rússia", como a denominou em artigo em *La Vie Socialiste*, para ele poderia marcar o começo do fim da revolução (Mauss 1922). Assim, em 1921, Mauss ora previa o colapso da revolução como eminente, ora se permitia reservado otimismo, sugerindo até que o regime soviético poderia finalmente se envolver na direção de um socialismo mais genuíno.

O filósofo Ruy Fausto (2005: 8) recentemente criticou proposta de "re-fundação da esquerda" que evite "pensar o que tem que ser pensado, a experiência revolucionária do século XX e seus terríveis resultados"; isto levaria ao "que há de mais velho e desastroso no discurso tradicional da extrema esquerda: o elogio da violência, o horror à democracia".

Ora, era exatamente esta a perspectiva que advogava Mauss há 88 anos e muitos filósofos e cientistas sociais ainda não conhecem este autor!

Voltando a 1917, dada a primeira grande tentativa de se criar uma alternativa moderna ao capitalismo, no *Ensaio sobre o dom* Mauss faz frutificar os resultados da etnografia comparativa – crús e pouco desenvolvidos como ele os sabia ser – , para esboçar ao menos os contornos de uma alternativa política tanto ao mercado quanto à revolução bolchevique. Preocupava-se particularmente com o significado lógico e histórico do mercado, especialmente depois de o experimento russo provar que não seria possível simplesmente abolir a compra e venda, de cima para baixo; no futuro próximo, conclui Mauss, estaremos de algum modo presos ao mercado (1992: 188-90).

De modo semelhante a Karl Polanyi, ainda que de maneira independente e escrevendo duas décadas antes, Mauss tenta explicitar a diferença entre o mercado como técnica para a alocação de alguns tipos de bens e o mercado do ocidente industrial, autorregulável, um princípio social básico, autônomo, determinante do valor. Como Polanyi, Mauss discorda da naturalização do mercado feita pelos liberais; para ambos os autores, a lógica do mercado autorregulável violentaria o senso de justiça e humanidade das pessoas comuns. Assim, por um lado, Mauss tenta entender o apelo popular dos partidos socialistas e programas de bem-estar social e por outro tenta examinar a etnografia disponível na época para revelar o que poderiam ser padrões universais de justiça. Estes, presentes em todas as sociedades, relegariam o mercado a sua função técnica para agrupar decisões descentralizadas. Mauss se perguntava ainda em que medida o mercado poderia conviver com instituições como as do dom.

O nexo entre a ambição socialista de Mauss e o *Ensaio* se evidencia assim pela reflexão sobre o mercado. O *Ensaio sobre o dom* salienta que em sociedades não-modernas, como a Roma e a Índia antigas, o mercado estava presente, mas como mera técnica e não princípio social básico; nestes casos e também no Brasil contemporâneo, como tentei mostrar em Lanna (1995), o mercado seria englobado pelo dom. O caso moderno apresentaria uma inversão, o mercado adquirindo precedência ou autonomia (Polanyi 1980, Dumont 1977). Na época de Lênin como nas dos czares, por mais diferentes que tenham sido, o mercado não foi esfera autônoma, mas englobado por uma centralização que Polanyi (1980) denomina redistributiva. No caso da NEP, aceitava-se o mercado apenas se reduzido à sua instrumentalidade.

Pouco se refletiu sobre o fato de *O Ensaio sobre o dom* não discutir as sociedades tipicamente mais igualitárias, como as australianas e melanésias, mas privilegiar as prestações agonísticas que encontramos em sociedades aristocráticas. Isto nos deixa a questão de como relacionar e compatibilizar o socialismo de Mauss e seu interesse nas diferentes expressões da aristocracia, como as maori, kwakiutl e romana. Relembrando o plano geral do *Ensaio,* Mauss começa com o que chama "prestação total", que caracterizaria,

440   Francisco Murari Pires (org.)

por exemplo, trocas entre metades em sociedades australianas e americanas, nas quais dois lados de uma aldeia dependem um do outro para comida, serviços militares e rituais, parceiros sexuais, danças, festas, gestos de respeitos e reconhecimento, etc.. A este "estágio primitivo"(a expressão não é de Mauss) se seguiria um "antigo" (relativo às prestações agonísticas) e posteriormente a modernidade.

Ora, uma década depois da publicação do *Ensaio*, Mauss retoma a noção de "prestação total", dando a ela um conteúdo mais empírico. Em aulas no *Institute d'Ethnologie* em Paris entre 1935 e 1938, fala em "prestações totais" ou "reciprocidade total" como direitos "comunistas", existentes em sociedades caçadoras como os Kurnais australianos, dando como exemplo as relações entre afins, especialmente a troca de alimentos (Mauss 1947: 104-105). Chama a atenção de Mauss, e de tantos antropólogos depois dele, a natureza das obrigações econômicas que acompanham o casamento. Um melanésio que precisasse de uma canoa nova poderia contar com o marido de sua irmã e o povo deste: como ele lhes havia dado uma mulher, estaria em crédito e seus devedores o retribuiriam. Assim, dez anos após a publicação do *Ensaio sobre o dom*, Mauss usa o termo comunismo para se referir a este tipo de obrigações, como se comunismo fosse uma modalidade de dom. Em termos evolucionistas, o comunismo seria um estágio anterior das prestações, equivalendo ao que o *Ensaio* denomina "prestações totais".

Para Mauss é um grande erro tomar o "comunismo primitivo"— ou qualquer outro tipo de comunismo — como uma questão de propriedade coletiva. Em primeiro lugar, porque propriedades pessoais de algum tipo sempre existiram e existirão; os revolucionários modernos cairiam no absurdo ao imaginavar poder abolir propriedades (cf. Mauss 1920:264; 1924:637). Em segundo lugar, mesmo quando alguma propriedade é possuída por um grupo, raramente é administrada democraticamente. Por isto o comunismo em que Mauss pensava teria "uma base individual, social e familiar" (Mauss 1947: 104-105). A meu ver, este comunismo não seria o reino da igualdade; Mauss se distingue assim de muitos autores que intuitivamente associam o comunismo primitivo à igualdade.

Há uma tendência ideológica para romantizarmos as sociedades do dom como tendo, além da igualdade, algum tipo de administração mais perfeita. Esta tendência, presente em antropólogos importantes, também aparece em noções como as de sociedade contra o Estado, de Pierre Clastres (cf. Lanna 2005). Já Mauss, com os dados históricos e etnográficos disponíveis na sua época, se perguntava qual a relação entre a prestação total e a formação das aristocracias locais e nos mostra como estas aristocracias se formavam a partir da circulação de dons. Vimos que estes dons não são simples "presentes" e sim nomes, títulos, princípios de acesso à terra e distribuição de bens, cônjuges, palavras, cerimônias, visitas, filhos adotivos, agregados etc.. Lévi-Strauss descobriu que onde há regras de casamentos preferenciais entre primos cruzados, estes circuitos seguem combinações

Antigos e modernos 441

finitas, as famosas estruturas elementares do parentesco. Este não é o caso das sociedades aristocráticas do *Ensaio sobre o dom,* que aliás são do tipo denominado por Lévi-Strauss "sociedades a casas", como Roma Antiga, Kwakiutl e Maori[1].

Ao falar nos kurnai, Mauss tentava mostrar que seria possível um sistema comunista, mas este se define pelas prestações totais e não pelas "necessidades" –, uma noção muito mais cara ao funcionalismo anglo-germânico. Como vimos, este comunismo não é imaginado como projeção futura; exemplifica-o o casamento kurnai, em que o grupo do marido tem direitos sobre o da esposa e vice-versa, entre outras desigualdades como o fato de os kurnai terem um tipo de "roubo legalizado", cuja legitimidade deriva de determinadas regras. Mauss não associa assim comunismo à igualdade, mas a uma certa administração das desigualdades.

Retornando à ênfase do *Ensaio* em sistemas aristocráticos de "troca agonística", Mauss os denomina, de modo inadequadamente generalizador, de sistemas de "potlatch", nome de trocas competitivas particularmente dramáticas que haviam sido documentadas na época por Franz Boas na costa noroeste da América do Norte. Estas diferiram da competição capitalista por aparentemente se basearem em premissas opostas, não acumular ou entesourar mas dar o máximo possível, destruir ou passar adiante riquezas. Não há espaço para mostrar que não podemos tomar este fato como expressão de desprezo indígena por posses materiais, mas sim prova de que o sentido da posse depende do contexto simbólico e sociológico (quanto a isto, cf, entre outros Weiner 1992).

De todo modo, esta forma agonística de dom dominou inúmeras sociedades nos cinco continentes; além das já citadas, o *Ensaio* menciona os celtas antigos, os germânicos e a Índia Védica. Gradualmente, entretanto, ainda que de modo diferente em cada caso, o dinheiro, ou aquilo que o próprio Marx define no primeiro capítulo de *O Capital* como troca mercantil (envolvendo a venda definitiva e assim, a alienação de bens), levaram a troca agonística a ser eclipsada por um etos de acumulação pela acumulação (M-D-M e depois D-M-D). Desejos e tendências aquisitivas poderiam ter se desenvolvido paralelamente ao incremento das trocas, ou melhor, da circulação. Este incremento redundaria assim tanto em maior divisão do trabalho (como pressupunham Adam Smith e Jean-Jacques Rousseau, entre outros) como no desenvolvimento de sentimentos aquisitivos, do individualismo possessivo. A um incremento quantitativo da circulação corresponderia uma transformação qualitativa, da forma agonística à troca mercantil.

A alienação de bens e pessoas aumentaria na mesma medida que sua circulação, assim como a mercantilização de pessoas, bens, relações e até mesmo objetos naturais. Exempli-

---

1 O caso trobriandês não está distante destes três, pois como mostra Viveiros de Castro (1990, 1993), seu casamento patrilateral é uma abertura a uma possível transformação na direção do cognatismo.

442   Francisco Murari Pires (org.)

fica esta tendência o fato de quase não termos mais jogadores de futebol que ficam mais de dez anos no mesmo time. Como indica Polanyi, de modo mais explícito que Mauss, todas as sociedades – como a Rússia czarista ou o comunismo soviético ou a China imperial ou mesmo o Brasil contemporâneo, com sua república muito peculiar – articulam de algum modo estas modalidades de troca mercantil e não mercantil. Mauss é evolucionista ao postular uma série das sociedades comunistas das prestações totais às sociedades antigas e destas às "nossas". Mas não há aqui "história conjetural" ou julgamentos morais e sim contrastes lógicos fundamentando descontinuidades históricas. Nas sociedades antigas, mercadores que acumulavam fortunas não deixavam de ser considerados "os tesoureiros de seus concidadãos" (Mauss 2003:298), de quem se esperava – ou se exigia, nas liturgias gregas, por exemplo – a distribuição de sua riqueza em projetos civis.

Aristocratas e grandes homens romanos ainda mantinham um etos de generosidade magnificente: doavam prédios e jardins públicos, disputavam para patrocinar jogos e competições etc.. Mas qual o sentido desta assistência? Um hábito aristocrático em Roma, por exemplo, era o de espargir moedas de ouro e joias para uma multidão, divertindo-se com a correria que se seguia. Teorias cristãs da dádiva se desenvolveram em parte como reação a práticas como estas. A verdadeira caridade, na doutrina cristã, não poderia se basear em estabelecimento de superioridade, nem na obtenção de favores; a doutrina proíbe o desejo de ser superior e, em última análise, qualquer motivação egoísta.

Mas do ponto de vista da teoria da reciprocidade, os cristãos são mais difíceis de entender do que os romanos: negam a reciprocidade ao mesmo tempo que pregam uma dádiva imaginada, acreditando deixarem de lado práticas redistributivas mas não a ideologia da generosidade. Seus sacerdotes se assemelham aos brâmanes, tal como caracterizados no *Ensaio*: doadores de serviços religiosos e recebedores de prestações materiais. Ora, tal semelhança não é acaso; há continuidade lógica e histórica do sacerdote brâmane ao senhor cristão, das oferendas às igrejas (evangélicas inclusive) aos variados tipos de senhores cristãos, como os padrinhos (cf. Lanna 1995). Sacerdotes distribuem acima de tudo palavras e graças, enquanto senhores distribuem palavras na sua "política" e salários subsidiados pelo dom da graça (id., ib.).

Desde seu trabalho sobre a prece Mauss nota serem os cristãos herdeiros dos brâmanes: desenvolvem uma retórica da caridade e da pureza relacionada a trocas desiguais. Por outro lado, as sociedades cristãs divergem das dos brâmanes, dos aristocratas romanos, dos Kurnai e de todas as outras exatamente por sua proposta de caridade absoluta, que não requereria qualquer retribuição. A "pura caridade" cristã difere assim da "caridade pura" brâmane, fundada na ideologia da pureza, vital ainda hoje na Índia, segundo a qual os brâmanes se assumem como superiores e em boa medida, ordenadores das trocas de palavras, bens e mulheres (cf, por exemplo, Dumont 1983[1961]). Já a pura caridade

Antigos e modernos 443

cristã é aquela em que se imagina que o dar e receber não estabelece superioridade, em que o dar não implica receber nem retribuir. Por isto os brâmanes me parecem não só mais compreensíveis, mas por vezes mais responsáveis do que os senhores cristãos.

Entende-se melhor porque a ideia do dom que não requer retribuição é um fantasma que persegue antropólogos ocidentais. Pierre Clastres é um exemplo eloquente, ao falar em "não troca" de palavras, mulheres e bens entre chefia e sociedade primitivas. Palavras, mulheres e bens, para Clastres, seriam dons unilaterais, as primeiras do chefe para a sociedade e as segundas da sociedade para o chefe; já a "sociedade" por ele imaginada se formaria a partir de uma troca sem desigualdade nem dívidas. Mas a ideologia cristã se expressa de forma mais direta na noção de "*free gift*", presente em Malinowski, entre tantos outros britânicos que têm problemas com as ideias de Mauss, especialmente com a crítica de Mauss a esta noção que lembra claramente algo como caridade absoluta. Ora, como vimos, mesmo quando há recebimento de algo sem retribuição material, esta existe do ponto de vista dos valores, imateriais, como ideia organizadora da relação. Dada esta postura de tantos antropólogos, devemos saudar Jacques Derrida por simplesmente repetir Mauss em *Donner le Temps*: atos de generosidade pura e desinteressada são logicamente impossíveis.

A demonstração de Mauss da universalidade da reciprocidade nega assim a possibilidade da caridade desinteressada pregada pela retórica cristã[2]. No mínimo, fazer uma boa ação coloca alguém em melhor posição aos olhos de deus e aumenta suas chances de obter a salvação eterna. Poderíamos comparar isto às observações de Jonathan Parry (1986) sobre a Índia, sugerindo que a emergência de religiões universalistas se liga à ideia de que existem dons impossíveis de serem retribuídos (o que, como insisti, não significa inexistência de reciprocidade). O ideal moderno-cristão da pura dádiva e o "*free gift*" dos antropólogos refletem assim, como um espelho, em negativo, o comportamento egoísta do homem no mercado.

Por outro lado, os membros do *Mouvement Anti-Utilitariste en Sciences Sociales* (M.A.U.S.S.) insistem que há uma infinidade de formas de dons praticadas no capitalismo; pessoas, bens e palavras estão constantemente circulando, mudando de mãos, sem

---

2   Isto talvez merecesse ser relacionado à importante sugestão de Dumont (1977:153), nisto seguindo Marx, de que "há uma afinidade profunda entre o Estado democrático moderno e a religião cristã ... Este Estado não reconhece a religião, mas a pressupõe... ao nível da sociedade civil... Isto é assim porque o Estado democrático, de um lado, e a religião cristã de outro, são expressões diferentes da mesma coisa, a saber uma certa etapa do desenvolvimento do espírito humano", na qual, segundo Marx, Cristo seria o mediador entre os homens e a divindade, enquanto o Estado o mediador entre os homens e sua não-divindade. Ou ainda, nas palavras de John Ashcroft, Ministro da Justiça norte-americano, para quem a "fonte do caráter norte-americano" é antes "divina e eterna" do que "cívica e temporal ... nosso único rei é Jesus" (citado por Banks 2004: 6).

444   Francisco Murari Pires (org.)

retorno explícito ou imediato e sem acordo quanto à futura retribuição. A sociedade capitalista não poderia funcionar ou existir sem estas circulações, sem a confiança entre as pessoas, por exemplo. Por outro lado, isto quase não é reconhecido pela "nossa sociedade"; o dom se tornou a "face oculta da modernidade" (Thomas 1991). Também na teoria social o dom é oculto, daí a posição marginal que nela ocupa a antropologia. Na economia, ele é relegado àquilo que os economistas chamam de "externalidades". O resultado, como coloca Godbout, é toda uma ciência social, da economia à sociologia, que "fala de laços sociais sem usar as palavras a eles associadas na vida cotidiana: entrega, perdão, renúncia, amor, respeito, dignidade, redenção, salvação, compaixão, tudo que está no âmago das relações entre pessoas e que é alimentado pelo dom" (Godbout & Caillé 1998: 220-21).

O movimento M.A.U.S.S., em boa medida liderado por Caillé e Godbout, deve ser saudado mas a ele escapa algo fundamental, que relações mercantis eram para Mauss formas ou transformações do dom (cf. Lanna 2000); como sugeri, o mesmo é válido para os tributos que formam o esqueleto do Estado. Isto é, o grupo do M.A.U.S.S. realiza um programa importante, dedicado a mostrar como o dom não está apenas nas margens da nossa sociedade. Mas mais importante do que estudar os dons paralelos ao mercado e ao Estado seria estudar manifestações do mercado e do Estado como formas de dons. A meu ver, é esta a proposição da Conclusão do *Ensaio*. Por que Mauss não estudou fenômenos como o natal ou o consumo conspícuo burguês, as festas, a hospitalidade e as formas de dons de sua sociedade nativa, enfim? A meu ver, não porque não estivesse cônscio de sua presença nem porque preferisse denunciar alguma relativa falta de importância dos "mecanismos" do dom no capitalismo, mas porque privilegiava a continuidade lógica e histórica entre dom e mercadoria.

Mauss tentava descrever como a lógica do mercado, com suas distinções rígidas entre pessoas e coisas, interesse e altruísmo, liberdade e obrigação, se tornou característica das sociedades modernas. Vimos que tentava fazer isto antropologicamente, no sentido de fazê-lo a partir de uma compreensão de princípios morais presentes em *todas* as sociedades. Aqui o contraste com Marx é novamente relevante. Se Marx buscava explicar a alienação e porque tantas pessoas, particularmente os menos privilegiados na sociedade capitalista, não condenavam as relações mercantis, Mauss tentava explicar exatamente o contrário: porque e até que ponto haveria repúdio moral às relações mercantis, ainda que não a ponto de termos as revoluções e transformações radicais propugnadas por Marx. Para tanto, Mauss buscava desvendar o "fundamento moral", como dizia, da nossa e de qualquer outra sociedade. A conclusão do *Ensaio* fala em conflito entre uma moralidade universal e o desenvolvimento do comércio, da indústria e da lei. Mauss supõe que "os produtores" desejariam seguir a coisa que produzem, como se reconhecessem que vendem

Antigos e modernos 445

seu trabalho sem partilhar dos lucros, o que para Marx não necessariamente ocorreria, ainda que fosse desejável, como desenvolvimento da consciência do trabalhador. Mauss e Marx se complementam, assim, mas há que se deixar claras as diferenças entre eles.

A visão maussiana vai, a meu ver, além de Marx quando considera que o reconhecimento das injustiças da parte dos produtores não se deve a uma tomada de consciência da especificidade do capitalismo em si mesmo, mas a um fato inconsciente, o de que a dádiva de trabalho é inerente à venda de trabalho. Para Mauss não importa se este fato permanece inconsciente, sua perspectiva não é a de uma vanguarda. O convívio entre as formas elementares de dom e mercadoria se expressa no próprio trabalho assalariado, entre tantos outros fatos.

Temos aqui duas teorias diferentes da alienação, mas ambas se colocam a questão de como poderia, seja o "produtor" de Mauss, seja o trabalhador de Marx, ter seu trabalho apropriado pelo capitalista. Para ambos esta apropriação transcende a esfera econômica, tem sentidos ideológicos, nos remete a fetichismos (Marx) ou valores morais (Mauss). Marx vai além de Mauss ao oferecer uma resposta de porque não se generaliza o reconhecimento da exploração capitalista, isto é, como ela é muito efetivamente acobertada. Mas ambos autores se revelam excessivamente otimistas quanto à possibilidade de superação, ideológica e prática, desta exploração. Para Mauss esta exploração pode ser superada através do incremento do dom, da redistribuição estatal e da previdência; para Marx, através de uma tomada de consciência.

Há nas relações mercantis maior alienabilidade (Mauss) assim como maior alienação (Marx). Assim, ao contrário das outras formas de trabalho e do que afirma a Conclusão do *Ensaio*, no capitalismo os operários não desejam ir com a mercadoria que produzem. Esta lição de Marx não foi totalmente aprendida por Mauss. Ao invés de ingenuamente supor que os produtores capitalistas "desejem" ir com a mercadoria, Marx se pergunta quais forças sociais moldam o desejo do operário, de tal forma que ele não sente como seu o fruto de seu próprio trabalho e a existência desta alienação do trabalho marca a circulação mercantil em relação à não mercantil. Esta pergunta de Marx, aliás, poderia mesmo ser qualificada de maussiana se lembrarmos que foi Mauss quem se colocou explicitamente a tarefa de desvendar as leis (a princípio tidas como sociológicas) por trás da "expressão obrigatória dos sentimentos" (título de uma das suas publicações mais conhecidas) e das realidades psicológicas em geral (como os desejos).

O *Ensaio sobre o dom* é, assim, uma reflexão sobre a inalienabilidade entre bens e pessoas implicada no "mecanismo dos dons", mais do que uma reflexão sobre a alienabilidade entre bens e pessoas nas sociedades mercantis, capitalistas ou de mercado, reflexão esta que seria a marca de Marx. De todo modo, a teoria de Mauss deriva de uma tradição diferente da dialética hegeliana, a da história jurídica clássica, segundo a qual

446   Francisco Murari Pires (org.)

uma propriedade é alienada quando todos os direitos nela incorporados são desligados de um possuidor e incorporados em outro. Para os franceses, que não haviam se afastado totalmente de uma condição na qual a terra não circulava tanto como mercadoria (cf. Polanyi 1980), haveria algo profundamente errado nesta alienação mercantil.

Do mesmo modo, para Mauss a legislação da previdência social estaria correta porque "inspira-se no seguinte princípio: o trabalhador deu sua vida e seu trabalho à coletividade, de um lado, a seus patrões, de outro" (1925b [2003:296]); assim, o trabalhador merece mais do que o salário, merece também "uma seguridade em vida contra o desemprego, a doença, a velhice e a morte". Isto por pelo menos dois motivos: por dar algo mais valioso que o aspecto mercantil de seu trabalho, o sacrifício de (parte da) sua própria pessoa e por dar algo que não beneficiara só o patrão, mas toda a sociedade. O patrão, aliás, deve colaborar no seu pecúlio; Mauss é a favor da previdência privada aliada à pública. A primeira se justifica pelo sacrifício do trabalhador, a segunda pelo fruto do trabalho ser apropriado socialmente. Há responsabilidade não apenas do patrão, de um lado, mas de toda a comunidade, de outro, representada pelo Estado, em retribuir ao trabalhador. A previdência caracterizaria assim "um socialismo de Estado já realizado" (ib.).

Vimos que há semelhanças e diferenças entre Mauss e Marx; elas se refletem tanto em relação à alienação quanto ao assalariamento. Ambos ambicionam criticar esta forma de contrato em sua especificidade. Marx conclui que a relação salarial é uma forma de troca desigual que parece justa do ponto de vista dos trabalhadores, que não poderiam captar a visão global; daí a eficácia ideológica do capitalismo. Mauss se interessa pela questão de os salários não necessariamente parecerem moralmente justos aos produtores enquanto participantes dos contratos. Marx salienta como o contrato particular do assalariamento, ou mesmo todos os contratos, derivam da lógica burguesa, e toma os adeptos de Proudhon – que desejavam criar contratos livres, comunistas ou anárquicos –, como indulgentes em relação à lógica pequeno-burguesa, a qual ele tão consistentemente se opôs.

Sabemos agora, após Marx e Mauss, que na relação salarial o trabalhador dá parte dele mesmo, mas recebe em troca dinheiro, algo sem a mesma qualidade "total". Por isto devemos, com Mauss, nos permitir voltar o olhar para a realidade capitalista, após todo o esforço etnográfico empreendido pela antropologia, especialmente na segunda metade do século XX. Dada a inalienabilidade da circulação não mercantil, haveria algo inerentemente sacrificial não apenas em todo dom (cf. Lanna 2000), mas também no assalariamento, na compra e venda de trabalho. Os comentadores e os antropólogos em geral não salientaram suficientemente a relação entre dom e sacrifício. Fica aqui a indicação de que ela se expressa também no assalariamento.

Alguns comentadores de Mauss tomaram a conclusão do *Ensaio* como inconsistente em relação ao resto do texto. Outros, como Mary Douglas (1990), chegaram a descartá-la. É verdade que a Conclusão soa tentativa, em parte porque Mauss aborda ali a política, mas não para a audiência proletária com a qual estava acostumado. A Conclusão é um dos poucos momentos em que Mauss se sente obrigado a combinar seu lado acadêmico e o engajado, algo que sempre evitara cuidadosamente. Realmente, há ali sugestões idiossincráticas, como o chamado de volta a um etos em que o sentido da acumulação de riquezas seria sua redistribuição, ou o pedido para que os burgueses fizessem como os aristocratas de outras sociedades e passassem a se considerar "tesoureiros da comunidade" – uma sugestão que interessantemente não aparece em seus escritos políticos.

Ao mesmo tempo, o tema da inalienabilidade traz uma crítica fundamental ao marxismo. Afinal, a alienação combina-se universalmente com a inalienabilidade, e logo não ocorre apenas no capitalismo, mas ambas ocorrem cada vez que um objeto muda de mãos. Realmente há na Conclusão do *Ensaio* a sugestão implícita de que mistificação e exploração estejam presentes, em algum grau, em qualquer processo social. Ora, parece-me que isto é muito menos perigoso do que seu oposto, a redução das relações sociais a algum tipo de cálculo objetivo. Vimos que este cálculo não é privilégio dos liberais; em seus escritos políticos, da mesma época em que escrevia o *Ensaio,* Mauss criticava reduções deste tipo feitas pelos marxistas, chegando até mesmo a vislumbrar o fim do regime soviético em seu utilitarismo extremo. Como Polanyi, Mauss percebeu que este regime se caracterizava por uma combinação específica entre redistribuições não mercantis centralizadoras e a lógica do mercado. Neste sentido, é profundamente maussiano o projeto de Louis Dumont (1977) ao buscar semelhanças entre marxistas e liberais. Seria possível argumentar que a Escola Sociológica Francesa é a mais importante alternativa a ambos.

Assim, se Marx faz brilhantes crítica e etnografia do capitalismo, seu trabalho se complementa pelo de Mauss. Este apresenta um outro socialismo, menos utópico e mais baseado no conhecimento empírico, aquele a antropologia obteve após a morte de Marx. É evidente que o socialismo de Mauss é, como o de Marx ou o de Polanyi, passível de críticas. O que me parece impossível descartar é o ensinamento, já presente em Marx, aliás, de que, para pensarmos o mercado, o Estado e o trabalho assalariado, devemos necessariamente dirigir o olhar para dinâmicas não-capitalistas. Isto foi captado por Polanyi, sem que este precisasse ler Mauss (bastou-lhe Malinowski). Mais ainda, há que se relevar a proposição de que mercado, Estado e trabalho assalariado são transformações lógicas e históricas do dom.

Como Marx, Mauss também tentava decifrar relações sociais que pudessem existir além do capitalismo, mas ele só o pode fazer de modo mais tentativo, pré-antropológico. Cada um tentou seu "olhar distanciado", comparativo. Marx via o proletariado como a

448 Francisco Murari Pires (org.)

"verdadeira" classe revolucionária exatamente por ser negada pelo capitalismo; ela só poderia se libertar[3] negando a totalidade como um todo, criando algo radicalmente novo que não poderia ser imaginado ou descrito de dentro do sistema atual. Neste sentido, a posição de Marx seria mais interior ao modo de produção capitalista do que a de Mauss, ao contrário do que afirma Graeber (2001). Mauss não pretendeu entender o sistema capitalista como totalidade, mas alcança as formas elementares de toda a vida social, subjacentes a ele. Dá assim sentido mais amplo à contribuição de Marx, que encontrou, em seu conceito de mercadoria e em seu entendimento do processo de acumulação de capital, as formas elementares da vida capitalista. Com Lévi-Strauss, vemos que tanto a mercadoria como os "mecanismos do dom" não são universais, mas particularidades institucionais, como eram as formas elementares da vida religiosa de Durkheim.

A obra de Lévi-Strauss contrasta com a de Durkheim ao entender as formas elementares da vida religiosa como particularidades institucionais, e não realidades universais. Para ele o universal estaria não em quaisquer realidade empírica em si mesma mas em estruturas, como o pensamento totêmico (metafórico), a prática sacrificial (metonímica), o pensamento selvagem, os modelos reduzidos da arte, a bricolagem, a ciência. Do mesmo modo que Lévi-Strauss contrapôs as formas elementares da vida religiosa a algo mais universal, haveríamos que contrapor tanto a forma mercadoria (Marx) como os mecanismos do dom (Mauss) aos aspectos mais universais da reciprocidade. Este é o convite que tentei fazer aqui.

Se as conclusões do *Ensaio* são tentativas, por outro lado, Mauss trabalhava com material inadequado, dado que a prática sistemática da etnografia apenas surgia. Mauss foi extremamente bem-sucedido ao estimular seus alunos na tarefa desta sistematização. Fora da França, a etnografia também se desenvolveu enormemente; o problema hoje parece ser o oposto: a literatura sobre Melanésia, Polinésia ou a costa noroeste da América tornou-se tão vasta que é impossível para um não-especialista retratá-la com justiça. Mas isto não deve impedir e sim estimular novas reavaliações das conclusões de Mauss. Resta-nos repetir as perguntas de Mauss, debruçando-nos agora sobre material etnográfico muito mais rico.

Referências bibliográficas

BANKS, Russel. "O Deus das pequenas coisas". *Mais, Folha de S.Paulo*, 31 de out, 2004.

---

3   Mais uma vez remeto o leitor a Dumont (1977), para a demonstração do aspecto individualista de noções importantes da teoria de Marx, como esta de liberdade.

DOUGLAS, Mary. "Forward: No Free Gifts." In *The Gift: The Form and Reason for Exchange in Archaic Societies*. (translated by W.D.Halls), p. xii-xviii. NewYork: Norton, 1990.

DUMONT, Louis. *Homo aequalis*. Paris: Gallimard, 1977.

DUMONT, Louis. "Nayar marriages as Indian facts". In *Affinity as a value*. Chicago: The University of Chicago Press, 1983[1961].

FAUSTO, Ruy. "Gangrena na esquerda". *Folha de S.Paulo, Mais*, 16/10/2005:8.

FOURNIER, Marcel. "Marcel Mauss ou a dádiva de si", *Revista Brasileira de Ciências Sociais*, no.21, ano 8, fevereiro.1994.

FOURNIER, Marcel. *Marcel Mauss*. Paris: Fayard. 2003.

FOURNIER, Marcel. "Para reescrever a biografia de Marcel Mauss", *Revista Brasileira de Ciências Sociais*, vol.18, no. 52, junho.

GODBOUT, Jacques T. & Caillé, Allan. *The World of the Gift*. Montreal: McGill - Queen´s University Press, 1998.

GODELIER, Maurice. *L´énigme du don*, Paris: Fayard, 1996.

GRAEBER, David. *Toward an anthropological theory of value. The false coin of our own dreams*. New York: Plagrave, 2001.

JAMES, W. & N.J. Allen, (eds.). 1998. *Marcel Mauss: a centenary tribute*. Oxford: Berghahn Books.

LANNA, Marcos. "A categoria 'indivíduo' na obra de Malinowski". *Revista Brasileira de Ciências Sociais*, vol.24. 1995.

LANNA, Marcos. *A Dívida divina. Troca e patronagem no Nordeste brasileiro*, Campinas: Ed.Unicamp. 1996.

LANNA, Marcos. "Reciprocidade e hierarquia". *Revista de Antropologia*, vol.31(1), USP. 2000.

LANNA, Marcos. "Nota sobre Marcel Mauss e o Ensaio sobre a dádiva", *Revista de Sociologia e política*, no.14, UFPR. 2000.

LANNA, Marcos. "As sociedades contra o Estado existem? Reciprocidade e poder em Pierre Clastres". *Mana. Estudos de Antropologia Social* 11(2). Rio de Janeiro: Contracapa, 2005.

LÉVI-STRAUSS, Claude. "La Sociologie française", in G. Gurvitch (ed.), *La sociologie au XXeme siècle*. Paris:PUF, p.513-545, 1944.

LÉVI-STRAUSS, Claude. *Les Structures élémentaires de la parenté*. Paris:PUF, 1949.

LÉVI-STRAUSS, Claude. *Le totémisme aujourd´hui*. Paris:PUF, 1962.

MALINOWSKI, Bronislaw. *Argonauts of the Western Pacific*. London: Routledge & Kegan Paul, 1922.

MAUSS, Marcel. "Les idées socialistes. Le principe de la nationalisation". In *Écrits Politiques: Textes réunis et présentés par Marcel Fournier*. Paris: Fayard, 1923, p. 249-266.

MAUSS, Marcel. "L'obligation à rendre les présents." Compte rendu d'une communication présentée à l'Institut français de l'anthropologie. *Anthropologie* 33:193-194, 1924.

450   Francisco Murari Pires (org.)

MAUSS, Marcel. "Réponse a A. Aftalion, 'Les fondements du socialisme'". *Bulletin de la Sociéte française de philosophie*, 24. In Ouevres III:634-38. *Manuel d'ethnographie*. Paris: Payot, 1947.

MAUSS, Marcel. "A sociological assessment of Bolshevism". In *The Radical Sociology of Durkheim and Mauss* (Mike Gane, ed.). New York:Routledge, 1992[1925].

MAUSS, Marcel. "Ensaio sobre a dádiva. Forma e razão da troca nas sociedades arcaicas". In. *Sociologia e antropologia*, Cosac& Naify, 2003.

PARRY, Jonathan. "*The gift*, the Indian gift and the 'Indian gift'", *Man*, vol. 21(3):453-73, 1986.

POLANYI, Karl. 1980[1944]. *A Grande Transformação*. R. de Janeiro: Ed. Campus.

SAHLINS, Marshall. "Cosmologies of capitalism: the Trans-Pacific sector of the 'World System'", *Proceedings of the British Academy*, LXXIV:1-51. (Publicado e traduzido para o português em *Cultura na prática*), 1988.

THOMAS, Nicolas. *Entangled Objects. Exchange, Material Culture and Colonialism in the Pacific*. Cambridge/London:Harvard University Press, 1991.

VIVEIROS DE CASTRO, Eduardo. "Princípios e parâmetros: um comentário a *L´Exercise de la parenté*". Rio de Janeiro: Comunicação do PPGAS, 17, p.1-100, 1990.

VIVEIROS DE CASTRO, Eduardo. "Structures, régimes, stratégies", *L´Homme*, XXXIII(1):117-137, 1993.

WEINER, Annette. *Inalienable possessions*. Berkeley :University of California Press, 1992.

Antigos e Modernos na historiografia acadêmica portuguesa e brasílica

cronografias e representações do passado (1720-1724)

Íris Kantor (DH/FFLCH/USP)

Este artigo faz parte de uma pesquisa mais ampla sobre as controvérsias intelectuais que marcaram um campo de reflexão comum entre os eruditos do Novo e do Velho Mundo no século das Luzes. Especialmente no mundo ibero-americano, tais polêmicas expressaram o desejo de afirmação das vertentes americanistas no interior de uma cultura histórica cada vez mais eurocêntrica e cosmopolita.[1] O inventário dessas disputas intelectuais, que se manifestaram em diferentes locais, momentos e de formas diferenciadas, permite captar matizes significativos do discurso historiográfico elaborado na primeira metade do século XVIII.

Para tanto, vou me concentrar nos debates acadêmicos realizados em duas instituições eruditas, confrontando as formas de representar o tempo e o passado na Academia Real de História Portuguesa, em Lisboa, e na Academia Brasílica dos Esquecidos, reunida em Salvador no ano de 1724. Em 1720, D. João V fundou a Academia Real de História com o objetivo de escrever a história eclesiástica e civil da monarquia e do império lusitano. A iniciativa pode ser atribuída ao acirramento da concorrência inter-imperial deflagrada pela assinatura do Tratado de Utrecht (1713-15). Desde então, os diplomatas portugueses alertavam para necessidade de escrever a história do império ultramarino, visando (entre

---

1 CAÑIZARES-ESGUERRA, Jorge. How to write the history of the new world: histories, epistemologies, and identities in the eighteenth-century Atlantic World, California, Stanford University Press, 2001.

452   Francisco Murari Pires (org.)

outras motivações de glorificação da dinastia brigantina) o reconhecimento internacional da soberania lusa nos territórios de conquista. A Academia Real foi então incumbida desta tarefa, responsabilizando-se pelo levantamento e cópia de toda documentação existente em todos os cartórios da administração civil e eclesiástica no reino e no ultramar. Neste contexto, a criação da Academia Brasílica dos Esquecidos, em Salvador, representa um desdobramento de uma vasta rede institucional de comunicação política estabelecida pela Academia Real, a partir de Lisboa[2].

Vertentes ibéricas da querela dos Antigos e Modernos

Paul Hazard em sua clássica obra, *A Crise da Consciência Europeia* (1961), sugeriu que a querela literária entre Perrault e Fontenelle marcou o nascimento de uma nova modalidade de consciência crítica. Segundo sua análise, entre os anos de 1680-1715, houve uma transformação decisiva nas formas de autocompreensão das elites letradas europeias. Na virada do século XVII-XVIII, seria possível observar uma mudança de atitude perante a tradição herdada da Antiguidade, que colocou em suspenso a autoridade dos textos clássicos e os princípios de imitação dos Antigos. A periodização proposta por Hazard tornou-se praticamente canônica para datar o início do movimento iluminista na Europa central.

Neste artigo, procurarei explorar a vertente ibérica da querela entre Antigos e Modernos e suas repercussões no ambiente erudito português e luso-brasileiro[3]. Como é sabido, a expansão ultramarina e a colonização do Novo Mundo criaram um problema inteiramente novo para a historiografia renascentista[4]. Os modelos da historiografia medieval passaram a não mais atender à curiosidade etnográfica despertada pelo fluxo de populações, mercadorias e saberes entre os quatro continentes[5]. A descoberta da América desafiou teólogos, juristas e cosmógrafos a encontrar uma solução de continuidade – humana e natural – entre o Velho e o Novo Mundo. As realidades criadas pela expansão europeia obrigavam à reconfiguração dos paradigmas geográficos, cronográficos e etno-

---

2   Botelho, José Justino Teixeira. "Os propósitos colonialistas da Academia Real da Historia Portuguesa", *Anais da Academia Portuguesa de Historia*, 2 série, 1949 (455-467).

3   José António Maravall. *Antiguos y modernos: vision de la historia e idea de progreso hasta el renascimiento*, Madrid, Alianza Editorial, (1a. ed. 1986) 1998.

4   Menendez y Pelayo. *Los historiadores de Colon*, (Estudos de Critica Literaria, 1895); FUETER, Edward. *Historia de la Historiografia Moderna*, trad. Ana Maria Ripulone, Buenos Aires, Editorial Nova, 2 volumes, 1953, p. 320-337.

5   Antonello Gerbi. *La natureza de las Índias Nuevas*, México, Fondo de Cultura, 1975; José S. da Silva Dias. *Os descobrimentos e a problemática cultural do século XVI*, Coimbra, Universidade de Coimbra, 1973; Serge Gruzinski. *Les Quatre Parties du Monde*, Paris, Èditions de La Martinière, 2004, 203-207.

Antigos e modernos 453

gráficos herdados da Antiguidade.[6] A descoberta da América motivara o sentimento de superioridade dos humanistas ibéricos em relação ao passado[7].

Os historiadores da Academia Real de História Portuguesa compartilhavam esse sentimento de superioridade frente aos textos clássicos, e defenderam o partido dos modernos, sobretudo, no âmbito dos conhecimentos geográficos, embora não tivessem a mesma atitude nas matérias teológicas e literárias. Com relação à geografia, por exemplo, consideraram que a crítica aos textos greco-latinos já tinha sido realizada pelos cronistas portugueses quinhentistas, embora admitissem a necessidade de fazer novas correções e conciliar o que se sabia com o que diziam os pares estrangeiros.

Numa das sessões da Academia Real, Manoel Dias de Lima argumentava que não era possível "valer-se dos geógrafos antigos que tiveram tanta autoridade nos séculos passados", porque já os cronistas quinhentistas portugueses tinham observado a falta de documentação comprobatória. Na mesma ocasião, um outro acadêmico, observava que a geografia apresentada por Ptolomeu e Estrabão era totalmente contrária às experiências modernas, escrevendo: "não só em coisas que podiam alterar o tempo, mas naquelas que permanecem pela sua duração, pois até nos princípios sem controvérsia se descuidou Ptolomeu, negando a continuação dos mares Índico e Atlântico, como também Plínio na *História Natural*. E assim que é forçoso recorrer aos que descreveram aquelas terras e mares depois de serem navegados pelos portugueses e outras nações que se introduziram no Oriente".[8]

Concluindo seu raciocínio, Manoel Dias de Lima enumera as correções do padre jesuíta Francisco de Sousa nos mapas do Japão e da China, alertando para necessidade de recorrer a autores mais autorizados. Acrescentou ainda que, escrevia a memória do reinado de D. Manoel tentando "conciliar o antigo com o moderno". Esta passagem ilustra bem o modo como os acadêmicos se apropriavam da famosa querela, para constituir a sua própria mitografia dos Descobrimentos portugueses. Os historiadores régios pretendiam o reconheci-

---

6   Lewis Hanke. "The theological significance of the discovery of America" in *Revista de História*, vol. L, n. 100. São Paulo, 1974, p. 133-146; Laura de Mello e Souza. "Os Novos Mundos e o Velho Mundo", in M. Lígia Prado e Diana Gonçalves (org.). *Reflexões Irreverentes*, São Paulo, Edusp, 2002, p.151-169; Rolena Adorno. "La discussión sobre la naturaleza del índio", in Ana Pizarro. *América Latina: palavra, literatura e cultura*, Campinas/São Paulo, Editora da Unicamp, volume 1, p. 173-192; Laura de Melo e Souza. *O diabo e a terra de Santa Cruz*, São Paulo, Cia das Letras, 1986, primeiro capítulo; Manuela Carneiro da Cunha. "Imagens de Índios do Brasil: o século XVI", in Ana Pizarro. *América Latina: palavra, literatura e cultura*, Campinas/São Paulo, Editora da Unicamp, volume 1, p. 151-173, 1993; Carmem Bernand e Serge Gruzinski. *História do Novo Mundo*, São Paulo, Edusp, 2001.

7   José Antonio Maravall. *op. cit.*, p.442.

8   Manoel Dias de Lima. Conferência de 27 de agosto, Collecção dos Documentos, Estatutos e mais Memórias da Academia Real da História Portuguesa, Lisboa Occidental, Officina de Pascoal da Sylva, 1722.

454   Francisco Murari Pires (org.)

mento intelectual dos eruditos estrangeiros, principalmente, no que tocava aos saberes geográficos, cronográficos e etnográficos adquiridos pela experiência da expansão e conquista ultramarina. Consideravam imprescindível destacar o pioneirismo nessas matérias, mesmo quando os portugueses tivessem descoberto terras a serviço de outras Coroas.

De fato, não encontraremos uma polarização entre o partido dos modernos e o dos antigos nos debates acadêmicos, de uma ou de outra academia. Mas convém chamar atenção para as diferentes formas de manipulação retórica da querela. Com efeito, os discursos parecem variar segundo oposições simetricamente invertidas: os metropolitanos faziam a defesa dos modernos, contestando os paradigmas veiculados de além Pirineus. Enquanto que os brasílicos buscavam fundar a autoridade de suas dissertações nos textos antigos, embora não recusassem a contribuição dos modernos. Obviamente, esses jogos retóricos variavam conforme o campo de conhecimento que se procurava apreender. Se em matérias literárias os acadêmicos portugueses tendiam a estar mais próximos dos Antigos, no campo da geografia e, até mesmo, da erudição, eles defendiam as regras da "boa e pia" crítica documental. Os acadêmicos brasílicos, por outro lado, faziam reverência aos textos antigos e à tradição bíblica como fundamento de suas concepções sobre a geografia e a história do continente americano. Assim, os brasílicos preferiram manter o paradigma da geografia e da história sagradas para descrever o passado e o presente do novo mundo; re-significando, por essa via, as visões do paraíso terreal fixadas nas crônicas quinhentistas. O aparente anacronismo, porém, expressava uma reivindicação de natureza política.

Vejamos agora alguns exemplos das discussões realizadas na Academia Brasílica dos Esquecidos. O desembargador do Tribunal da Relação da Bahia, Caetano de Brito e Figueiredo, apresentou aos seus colegas uma dissertação sobre a História Natural do Brasil. Nela advogava a utilização de um duplo sistema para apreender as especificidades do mundo natural americano. Reconhecia a importância dos autores modernos, elogiava os métodos experimentais de Bacon, Fromond, Harvey, entre outros; defendia a utilização de microscópios e outros tipos de instrumentos, mas ponderava que esses recursos nem sempre eram capazes de captar a "multidão dos átomos viventes", e, por isso, era sempre preciso recorrer aos "arcanos da providência para decifrar a natureza"[9]. Embora defendesse a necessidade de estabelecer uma taxionomia especificamente brasílica para descrever o mundo natural americano, inspirava-se livremente em Lucrécio e Plínio.

O magistrado naturalista utilizou, simultânea e complementarmente, dois modelos explicativos: o alegórico político e o analógico descritivo. Segundo sua percepção, a

---

9   Caetano de Brito e Figueiredo. "Aparato Isagógico às Dissertações Acadêmicas nas quais se descreve a natureza das coisas principais do Brasil que somente pertence à História Natural", in José Aderaldo Castello, *O movimento academicista no Brasil*, São Paulo, Secretaria de Cultura, 1969, p.146.

Antigos e modernos 455

conceituação teológica política da natureza permitia universalizar as particularidades do Novo Mundo. Contudo, considerava inadmissível aceitar as teses da inferioridade natural da América: "destes autores uns não conheceram a primeira causa, e outros não alcançaram quanto com testemunhas irrefragáveis têm comprovado a experiência: asseveraram alguns ser esta zona tórrida inabitável, estes mares inavegáveis, não haver antípodas, e ser também este hemisfério tão pobre, e indigente, que nem de seu possuía esse célebre luminoso pavilhão, que a todos cobre; com outras semelhanças fantasias, e quimeras, as quais se a reverente veneração, devida à antiguidade, não chama ignorâncias, a sempre douta experiência dá a conhecer por delírios".[10] Sustentava ser necessário recuar 5.926 anos para "fabricar" a história do continente. Diante do assombro provocado por "um novo céu, um novo mar, uma nova região com tantas particularidades e circunstâncias", considerava as dificuldades de descrever a realidade sem "degenerar da história à fábula", ou mesmo de introduzir no sistema retórico clássico "os nomes próprios de tão novas regiões".[11] Nessa perspectiva, advogava o método experimental para dirimir possíveis incompreensões. Com alguma perplexidade, escreveu: "mas este amplíssimo globo dos antigos e modernos serve mais para confusão que para o desígnio...".[12]

Em contrapartida, os historiadores portugueses da Academia Real julgavam não ser adequado ater-se à cronologia bíblica, nem mesmo para elaboração da história eclesiástica do reino. A história de Portugal e seu império iniciava-se a partir de Afonso Henriques, sem a necessidade de repertoriar a longa genealogia de reis legendários – descendentes de Tubal, neto de Noé – presentes, sobretudo, nas narrativas dos cronistas alcobacenses do século anterior.

Os acadêmicos régios debateram longamente sobre a introdução e uso de novas palavras na versão em latim da história de Portugal que a Academia pretendia publicar. O padre Luís de Lima emitiu um longo parecer sobre a matéria. Advogava que se devia adotar um meio-termo, ponderava a necessidade de "usar de certa liberdade que não seria permitida no século de Augusto". Para tanto, advertia para necessidade de distinguir o latim gentílico do latim cristão; o primeiro, ele considerava uma língua morta, mas a língua latina cristã era guardiã do mistério da continuidade e eternidade da verdadeira Igreja, e, por isso, merecia ser adaptada e atualizada conforme os tempos: "se os romanos entre as suas máquinas militares não conheceram os inventos da artilharia, das bombas e mais instrumentos de fogo; se a sua fortificação não contava com meias-luas... se entre

---

10   Caetano de Brito e Figueiredo. "Aparato Isagógico às Dissertações Acadêmicas nas quais se descreve a natureza das coisas principais do Brasil que somente pertence à História Natural", *op. cit.*, p. 142.

11   *Idem*, p.146.

12   *Idem, ibidem*, p.146.

456   Francisco Murari Pires (org.)

as artes, e manufaturas do seu tempo se não compreendiam as fábricas dos açúcares, tabacos, e outros gêneros modernos: se na sua História, ou Geografia não entrou uma das partes do mundo, e das outras lhe faltaram porções muito consideráveis: se na sua navegação se servirão pouco mais que de barcos, e de galés, se finalmente para facilitar os seus estudos lhes faltou o papel, e a impressão; também não é possível explicar com palavras puramente latinas as partes, de que se compõem às ditas artes...". E, continua: "deste discurso se vê com evidência a necessidade, em que se acham os escritores modernos de introduzir algumas palavras novas na História". Assim, dizia que era preciso usar palavras novas que não foram ouvidas da boca dos romanos, conforme autorizavam alguns autores contemporâneos, citados por ele em uma longa lista[13].

Enfim, esses são apenas dois breves exemplos de como os eruditos lusos e brasílicos reagiram ao debate sobre os antigos e modernos de maneira inversamente simétrica. Em comum, tanto os portugueses, quanto os eruditos brasílicos esforçavam-se por não radicalizar suas opções. No que toca à escrita da história, os acadêmicos portugueses prefeririam adotar o partido dos modernos, advogando o uso da crítica documental conforme estava sendo difundida pelos beneditinos de Santo Mauro e pelos jesuítas da Antuérpia. Contudo, na perspectiva dos eruditos brasílicos, a adoção do novo método crítico implicava num rebaixamento da experiência americana no âmbito da história da cristandade europeia, como veremos mais adiante.

Método crítico e razão de Estado

Desde fins do século XVII, práticas de investigação eruditas, desenvolvidas no interior das corporações religiosas, foram gradualmente incorporadas pelas academias eruditas[14]. Segundo Marc Bloch, o nascimento da história erudita remonta à passagem do século XVII para o XVIII, quando o método crítico de pesquisa consolidou-se nas academias e sociedades literárias, difundindo-se pelas redes epistolares e pelas gazetas eruditas em toda a Europa. Formava-se, então, um novo campo intelectual, delimitado por regras específicas para a constituição dos objetos históricos e pela necessidade de legitimação coletiva do discurso historiográfico no interior de uma "comunidade" ou "república" de homens cultos regida por estatutos próprios[15].

---

13   Luis de Lima, conferência em 1 abril, Collecção dos Documentos, Estatutos e mais Memorias da Academia Real da História Portuguesa, Lisboa Occidental, Officina de Pascoal da Sylva, 1721.

14   Marc Bloch, *Introdução à História*, Lisboa, Publicações Europa América, (1ª ed. 1949) 1997, p. 122-129/143-159.

15   Isabel Ferreira da Mota, *A Academia Real de História: os intelectuais, o poder cultural e o poder monárquico no século XVIII*, Coimbra, Minerva, 2003, p. 29-76; Eva Velasco Moreno, *La Real Academia de la Historia en el siglo*

Antigos e modernos 457

As novas técnicas de autenticação da documentação levavam à fixação de fronteiras entre a narrativa histórica e a ficcional. O método crítico procurava apartar a "verdade histórica" da "verdade revelada", distinguia os fatos da percepção dos mesmos[16]. As polêmicas sobre as fábulas, lançadas pelos escritos de Fontenelle (*Histoire des Oracles*, 1686), suscitaram um novo debate acerca de credulidade e incredulidade, distinção entre o falso e o verdadeiro, entre documento e autoridade, entre a representação ficcional e a realidade. A fidedignidade das obras literárias passou a ser questionada em favor da utilização de fontes primárias e de testemunhos contemporâneos e autênticos.

Desde então, o discurso historiográfico foi adquirindo regras próprias de validação dos testemunhos. Ao contrário da atitude dos antiquários e colecionadores renascentistas, cabia aos historiadores classificar os documentos em séries, extirpando as fábulas e as tradições fabulosas sem documentação autêntica[17]. Era imprescindível separar as fontes primárias das secundárias, hierarquizar testemunhos, avaliar sua autoridade, certificar a autenticidade do documento e identificar a autoria. O ofício requeria o desvendamento das intenções ocultas por meio do confronto de fontes contemporâneas, da identificação dos silêncios e contradições e, principalmente, da autenticação legal da documentação tratada.

A heurística moderna transformou o modelo de organização dos arquivos, cartórios e bibliotecas conforme os novos procedimentos de classificação, tabulação e colação das fontes, tratadas como séries de conjuntos orgânicos.[18] A Academia Real adotou as novas regras do método crítico, sem, no entanto, invalidar a produção dos cronistas do século XVI, inspiradores do seu programa historiográfico. Em seus discursos, invocavam, constantemente, a concepção arquitetônica formulada por João de Barros:[19]

> (...) sempre entendi que a arquitetura ou foi a mestra da história, ou que ambas têm os mesmos princípios, pois observando-as muito de perto, não posso divisar alguma diferença nos seus preceitos. Em qualquer delas se acha o segredo de dar vida ao que já perdeu, ou nunca teve espírito, pois se a História anima os cadáveres daqueles heróis, que já floresceram há muitos séculos no

---

XVIII: una instituición de sociabilidad, Madri, Centro de Estudios Políticos e Constitucionales, 2000, p. 17-41; Pierre Bourdieu, *A economia das trocas simbólicas*, São Paulo, Perspectiva, 1974.

16   Blandine Kriegel. *L'histoire à l'âge classique: la défaite de l'érudition*. Paris: PUF, 1988. v. 3/4, *passim*.

17   Arnaldo Dante Momigliano, *Problemes d'historiographie ancienne et moderne*, Paris, Gallimard, 1983, p. 243-293.

18   Fernanda Cândida Antunes Ribeiro, *O acesso à informação nos arquivos*, Doutoramento, Porto, 1998; José Mattoso. *A escrita da história: teoria e métodos*, Lisboa, Editorial Estampa, 1997, p. 95.

19   *Colleção dos documentos, estatutos e mais memórias da Academia..., op. cit.*, 1727.

458 Francisco Murari Pires (org.)

Mundo, também a arquitetura anima as toscas pedras, dando-lhes alentos, e formosura, e à formosura mistério em cômodo da posteridade.

A construção de uma história imperial exigia a adoção de um sistema unificado:

(...) sendo uma só obra, e fabricada por muitos artífices, assim esta História há de ser composta por muitos escritores. Para que um edifício seja construído segundo as regras da arte, por todos os que trabalham nele, se faz primeiro a planta de toda a obra.[20]

Contudo, a grande obra deveria ser precedida pela preparação de instrumentos heurísticos próprios, tais como memórias, aparatos críticos das fontes documentais e bibliográficas, tabuadas cronológicas, cartas geográficas, descrições geográficas, genealogias, catálogo de autoridades etc. Enfim, instrumentos de pesquisa que constituíam uma pré-condição para a elaboração de uma história verossímil.

Os historiadores eruditos tratavam de averiguar a autoridade das interpretações e das "conjecturas". As regras da "boa crítica" pressupunham uma dimensão construtiva e cumulativa do conhecimento histórico, tornando possível a coletivização dos resultados no interior das academias. A metáfora arquitetônica prestava-se tanto à reflexão sobre os procedimentos metodológicos, quanto ao caráter coletivo da empreitada historiográfica.

Os acadêmicos régios faziam distinção entre o discurso panegírico e os procedimentos técnicos exigidos nas narrativas históricas. O diplomata português José da Cunha Brochado lembrava os colegas da Academia Real de que os panegíricos talvez fossem mais úteis que as obras históricas, porque os primeiros incitavam à virtude, enquanto a história pintava os defeitos: "(...) a história instrui lentamente e com maior estudo, o panegírico com mais pressa, com mais veemência e suavidade".[21]

Desde fins do século XVII, uma verdadeira cruzada contra a utilização dos chamados "falsos cronicões" e "milagres fabulosos", veiculados em textos considerados apócrifos (mas até então amplamente utilizados em narrativas sobre a fundação dos reinos ibéricos) desenvolveram-se nos círculos literários eruditos. Instruídos pelas leis da "boa crítica" – não admitir o falso e não afirmar o duvidoso –, os historiadores régios estabeleceram o seu repertório bibliográfico de autores considerados fidedignos, insuspeitos de usar fon-

---

20   Manoel Telles da Sylva. *História da Academia Real da História Portuguesa*, Oficina de Joseph Antonio da Sylva, 1727. (ver Sistema da História Eclesiástica & Secular de Portugal)

21   BNL Mss. Fundo Geral Cód. 9889. Correspondência de Cunha Brochado: Censura ao Marquez de Valença na tradução do panegírico de Plínio.

Antigos e modernos   459

tes inautênticas ou notícias fabulosas.[22] A mesa censória da Academia definiu os critérios de autoridade que deveriam orientar a formação do novo cânon historiográfico.[23]

O padre Manoel Caetano de Sousa recorreu a imagem de uma carroça com quatro rodas para expor os critérios da "boa crítica" histórica: autoridade, tradição, razão e conjectura[24]. Em sua visão, cabia à erudição crítica introduzir limites entre as diversas áreas de conhecimento. Haveria três espécies de Crítica: a primeira, louvável e pia; a segunda, tolerável e indiferente; a terceira, condenável e ímpia. Caetano de Sousa discorre ainda sobre os princípios que deveriam orientar o ofício do historiador:

> não dar crédito algum na história a autor moderno contra o antigo, senão quando provar o seu dito com instrumento mais antigo que o autor autêntico, sincero e sem vício e mais antigo que o autor impugnado; não dar crédito a autores que levemente crêem tudo e muito menos aos que temerariamente negão tudo; e, finalmente, não seguir ao menor número dos autores se não só quando os poucos mostrarem a falsidade de muitos.[25]

Muito embora essas regras manifestem uma atitude razoavelmente conservadora, o ambiente acadêmico era propício ao debate e às controvérsias. O IV conde da Ericeira insistia, por exemplo, na necessidade de discutir o Breviário Romano, lembrando os colegas de que a *república das letras* deveria proporcionar liberdade aos seus membros.[26]

A pregação de São Tiago na Península Ibérica, por exemplo, foi objeto de prolongadas discussões nas sessões da Academia Real. Em fins do século XVI, o Cardeal Baronio (1538-1607) havia recomendado ao Papa a supressão, no Breviário Romano, das referências às predicações do apóstolo São Tiago na Espanha, por considerá-las improváveis, uma vez que não havia documentação contemporânea que atestasse tais fatos.[27]

---

22   Antonio Mestre Sachis. *Apologia y critica de Espana en el siglo XVIII*, Madrid, Marcial Pons, 2003, p. 239-265.

23   Assento que o diretor e os censores da Academia Real de História Portuguesa tomaram sobre o crédito que deviam ter alguns autores. *Colleção dos documentos, estatutos e mais memórias da Academia..., op. cit.*, 1721.

24   Manoel Caetano de Sousa, Conferência de 7 de setembro, CDMARHP, 1728.

25   Manoel Caetano de Sousa, Conferência de 9 de outubro, CDMARHP, 1721.

26   Ofélia M.C. Paiva Monteiro. No alvorecer do Iluminismo em Portugal: D. Francisco Xavier de Menezes, IV Conde de Ericeira. Separata da *Revista de História Literária de Portugal*, Coimbra, v. 1, 1963, p. 64.

27   O Cardeal Baronio recomendava a supressão das predicações de São Tiago em Espanha nas festas do apóstolo. O rei espanhol chegou a intervir junto ao Papa. DUBUIS, Michel. Les bénédictins de la congrégation d'Espagne et les débuts de l'historiographie scientifique. In: GRELL, Chantal, DUFAYS, Jean-Michel (Orgs.). *Pratiques et concepts de l'histoire en Europe*. Paris: Sorbonne, PUF, 1990, p. 101.

460 Francisco Murari Pires (org.)

O Marquês de Abrantes lembrava os colegas de que os monarcas ibéricos tinham estabelecido uma posição favorável à tese da vinda de São Tiago.[28] As polêmicas em torno do apóstolo, padroeiro da Reconquista[29], ameaçavam os privilégios de antiguidade dos arcebispados de Compostela e Braga, direitos de primazia no interior da hierarquia católica apostólica romana que remontavam ao período de dominação romana e visigótica.[30] A jurisdição dos territórios sob a tutela do padroado português, pertencentes à Ordem de São Tiago (no Algarve e Alentejo), atingia a nobreza mais antiga do Reino. A polêmica historiográfica unia, assim, as duas monarquias ibéricas contra as demais monarquias católicas.[31]

Em relação a São Tiago, vale registrar que não havia uma opinião consensual entre os historiadores régios. O IV Conde da Ericeira posicionou-se favoravelmente à tese sobre a passagem do apóstolo pela Espanha[32]. O diplomata José da Cunha Brochado era cético, mas considerava que a Academia Real não devia proibir a impressão das dissertações que questionassem a vinda de São Tiago à Espanha[33]. Embora, reconhecesse a utilidade de certas fábulas, reafirmava a liberdade crítica dos companheiros:

> Vossa reverendíssima sabe e ensina que dissentir nem sempre é separar, o dissentido não é hum vicio que nasceu do homem, é uma qualidade que nasceu com o melhor que seria do mundo se não houvesse dissentimento, todos os homens seriam um só homem todos os outros correriam

---

28   Em Conferência de 2 de maio de 1725, *Colleção dos documentos, estatutos e mais memórias da Academia, op. cit.*, 1725.

29   Segundo a tradição, o apóstolo teria aparecido na batalha de Clavijo para ajudar a vitória dos cristãos contra os mouros. Note-se a homologia entre a batalha de Ourique e a de Clavijo. João Francisco Marques, A tutela do sagrado: a proteção sobrenatural dos santos padroeiros no período da Restauração, in Francisco Bethencourt e Diogo Ramada Curto (orgs.), *A memória da Nação, op. cit.*, p. 267-293.

30   O acadêmico português João Álvares da Costa, por exemplo, defendia que o direito dos reis de eleger os bispos e arcebispos derivava do tempo dos reis visigodos. Conferência de 19 de janeiro de 1731. *Colleção dos documentos, estatutos e mais memórias da Academia..., op.cit.*, 1731.

31   Michel Dubuis, Les bénédictins de la congrégation d'Espagne et les débuts de l'historiographie scientifique, in Chantal Grell e Jean-Michel Dufays (orgs.), *Pratiques et concepts de l'histoire en Europe*, Paris, Sorbonne, PUF, 1990, p. 100.

32   Marie Hélène Piwnik, L'historiographie portugaise du XVIIII siècle et la critique des textes fondateurs, in Claude Gilbert Dubois (org.), *L'imaginaire de la nation (1792-1992)*, Bordeaux, Universite Michel de Montaigne, 1994, p. 296.

33   Conferência de 22 de fevereiro de 1722. *Colleção dos documentos, estatutos e mais memórias da Academia..., op. cit.*, 1722.

Antigos e modernos   461

para a mesma parte. O sol e a Lua se não encontrariam nunca. O dissentir é comum aos homens e aos anjos.[34]

Como leitor assíduo das obras de Pascal, Arnauld e Leibniz, José da Cunha Brochado opinava: "não se escrevem as cousas como elas foram, mas como o historiador percebe que podiam ser, ou como lhe convém que fossem".[35] Tal perspectiva permitia uma interpretação alternativa acerca das polêmicas historiográficas travadas em torno da pregação dos apóstolos, porque o diplomata considerava preferível optar conscientemente por algumas fábulas que não ofendiam a verdade e, ao contrário, podiam ter um sentido patriótico, como era caso da peregrinação do apóstolo na Península Ibérica.

Curiosamente, as polêmicas acerca da vinda de São Tiago correram em paralelo ao debate que se travava na Academia Brasílica dos Esquecidos sobre a passagem ou não do apóstolo São Tomé pela América do Sul[36]. A peregrinação de São Tomé, no entanto, nunca chegou a ser objeto de preocupação entre os portugueses. Tal questão era fundamental para a afirmação da identidade brasílica, uma vez que a peregrinação do apóstolo do Oriente sugeria a possibilidade de cristianização dos povos ameríndios em tempos remotos, colocando-os numa posição ainda mais vulnerável perante o cativeiro forçado. Deixavam de ser pagãos, passando a serem considerados como infiéis.

Com relação ao uso livre de fábulas e tradições indocumentadas, alguns acadêmicos consideravam natural "enobrecer a origem dos Impérios" com fábulas, porque "é certo, que as tradições que se perpetuam nas nações sobre a sua primeira origem, têm ordinariamente um fundamento real".[37] De modo que, certos fatos históricos foram considerados infalíveis e indisputáveis: Ourique, as cortes de Lamego e a Primazia de Braga eram assuntos proibidos na Academia Real.

A Lusitânia e o império ultramarino

Em discurso de abertura do ano acadêmico de 1731, o IV Conde da Ericeira provocou a audiência, questionando se os varões portugueses seriam ou não perfeitíssimas cópias

---

34   Carta de José Cunha Brochado a D. Manoel Caetano de Sousa, Madri, 24 de agosto de 1725. Mss I-14, 2, n. 32, Biblioteca Nacional do Rio de Janeiro, Memória da negociação de José da Cunha Brochado à Corte de Hespanha, no ano de 1725.

35   José da Cunha Brochado, CDMARHP, 1730; Norberto Ferreira da Cunha. *Elites e acadêmicos na cultura portuguesa setecentista*. Lisboa: Casa da Moeda/Imprensa Nacional, 2001, p. 39-43

36   Sérgio Buarque de Holanda. *Visão do paraíso*. São Paulo: Nacional, 1985, p. 105.

37   Diogo de Mendonça Corte Real, Conferência de 7 de junho, , CDMARHP, *op. cit.* 1731.

462 Francisco Murari Pires (org.)

dos romanos. Em seu entender, a superioridade dos modernos em relação aos antigos era mais do que evidente. Os portugueses tinham descoberto para o mundo regiões desconhecidas pelos antigos. Dessa vantagem comparativa resultavam as possibilidades de aprimoramento da experiência imperial portuguesa.

O sistema jurídico-político romano estava no horizonte dos historiadores e reformadores políticos do reinado joanino, na primeira metade do século XVIII. O desembargador João Álvares da Silva, em sua dissertação sobre as origens do direito imperial romano, insistia que o estudo da história portuguesa na época da ocupação romana poderia servir de modelo para reformar a legislação portuguesa ultramarina contemporânea.[38] Crítico das interpretações que levavam em conta o fundamento sobrenatural de constituição da Monarquia lusitana, ele preparou um estudo sobre os diferentes estatutos jurídicos dos territórios ibéricos durante a dominação romana.

Paradoxalmente, embora o método crítico tenha sido consolidado no interior das congregações religiosas, as regras de investigação histórica terminaram por estimular uma nova modalidade de consciência do tempo – passível de mensuração e quantificação – promovendo, por essa via, a secularização das concepções de história. Os historiadores da Academia Real esforçavam-se por imprimir uma visão mais civil e secularizada da sua experiência imperial, sem, no entanto, questionar as mitologias fundadoras da nacionalidade: como Ourique, São Tiago etc. Com efeito, uma ruptura radical do modelo historiográfico teológico-político colocaria em risco os privilégios estabelecidos pelo Padroado (aliança entre Coroa e o Papado nos domínios ultramarinos). De modo que, tanto os historiadores da academia real, como os da academia brasílica, mantiveram-se próximos dos paradigmas do *Aufklärung* católico: modernização sem ruptura com a matriz teológico-política de interpretação da História.[39]

Cabe agora, destacar o modo como os eruditos, de ambas as academias, atribuíram diferentes significados à disputa entre Antigos e Modernos, transformando a querela num instrumento retórico que permitiu afirmar as diferenças e afinidades de perspectiva com relação às representações do tempo e do espaço geográfico. Vejamos alguns exemplos das controvérsias que atingiram as mentes e corações dos eruditos brasílicos.

---

38   João Álvares da Silva, Conferência de 21 de julho. *Colleção dos documentos, estatutos e mais memórias da Academia..., op. cit.*, 1729.

39   Fernando A. Novais, *Portugal e Brasil na crise do antigo sistema colonial (1777-1808)*. São Paulo: Hucitec, 1979, p. 219; Bernard Plongeron, L'Aufklärung catholique en Europe occidentale: 1770-1830, *Revue d'Histoire Moderne et Contemporaine*, Paris, v. 16, p. 555-605, 1969. A esse respeito, ver as reflexões de Norberto Ferreira da Cunha (*op. cit.*, p. 11-49) sobre a desdivinização do mundo histórico, promovida pela ARHP, e a opção por uma "ilustração de compromisso".

O cânon historiográfico brasílico: polêmicas cronológicas

Um dos princípios cruciais para a fixação do cânon historiográfico brasílico era o estabelecimento de uma cronologia comum ao Velho e ao Novo Mundo. Por isso, perguntavam-se os Acadêmicos Renascidos se o dilúvio universal tinha compreendido ou não grande parte do Novo Mundo, ou se dele tinham escapado os seus habitantes. Aparentemente arcaizante, o problema do dilúvio universal tinha um significado político estratégico: recuando as origens do continente até o momento da Criação do Mundo, era possível relativizar as teorias que propunham a existência de distintos regimes de temporalidade para o Velho e o Novo Mundo. Nesse quesito, os acadêmicos brasílicos responderam às proposições defendidas por Francis Bacon (*Nova Atlântida*, 1627), segundo o qual a América não teria sido atingida pelo dilúvio universal, como também, aliás, advogaria o jesuíta José Acosta.[40] Os brasílicos defenderam que os primeiros habitantes do continente americano eram, como os europeus, descendentes diretos de Noé, transmigrados imediatamente após o dilúvio primordial.

Embora reconhecessem as numerosas dificuldades de estabelecer uma cronologia desses tempos imemoriais, os eruditos adotaram a contagem bíblica do tempo, apropriando-se, nessa medida, das controvérsias cronológicas que, também, se desenvolviam nas mais diferentes academias e centros de cultura religiosa europeus. Como se sabe, a impossibilidade de harmonização das cronologias tornou-se objeto de grandes controvérsias e investigação entre os eruditos das diferentes congregações religiosas na Europa, sobretudo entre os beneditinos de Santo Mauro (em Paris) e os jesuítas bolandistas (na Antuérpia).

A identificação da dispersão geográfica dos povos após o dilúvio representava um enorme desafio intelectual: primeiro, porque facilitaria o ordenamento cronológico das diferentes civilizações descritas no texto bíblico; em segundo lugar, por reiterar o pressuposto da origem comum do gênero humano. O empenho desses eruditos religiosos dirigia-se à criação de uma metodologia que permitisse fixar uma escala universalizadora da contagem do tempo.

O padre baiano Gonçalo Soares da Franca, por exemplo, criticava a opinião dos cronistas hispano americanos que consideravam que a versão do dilúvio referida nas tradições orais ameríndias não era verdadeiramente universal, mas apenas particular. A

---

40   O cronista José Acosta e Francis Bacon defenderam a tese de que o Dilúvio Universal não teria atingido o Novo Mundo. Francis Bacon. "Nova Atlântida" (1627), trad. José A. Reis de Andrade, *Bacon: Os Pensadores*, São Paulo, Abril, 1973, p. 256; Antonello Gerbi. *La disputa del Nuevo Mundo: história de una polémica* 1750-1900, México, Fondo de Cultura, 1955, p. 78.

464   Francisco Murari Pires (org.)

experiência do erudito o levaria a valorizar a contribuição das "fabulações" indígenas para a formação do cânon histórico: "(...) porque nem tem tomos, nem conservam arquivos em que depositem memórias, e as verdades duram menos nas tradições que nas estampas (...) nem se julgue menos acreditada a verdade das tradições quando concorrem as circunstâncias necessárias, e conducentes para ela. De outra sorte deixaríamos de crer tudo o que não está escrito só porque não está escrito, ou seria falso tudo o que só escutamos dos acontecimentos humanos; e se nem a Igreja se pode reger sem tradições, como duvidaremos absolutamente do que ouvimos, só porque o não lemos; também nas memórias se imprimem os sucessos, donde nem todos se transferem às estampas, e muito menos poderiam passar da reminiscência ao papel casos, que sucederam entre nações, que totalmente ignoravam os primeiros princípios de ler e escrever".[41]

Embora estivesse ciente da necessidade de comprovação documental dos acontecimentos e tradições orais, Soares da Franca questionava o estatuto da "fonte escrita". Com agudeza e alguma ironia, sugeria: "Ouçamos, porém, antes que aos autores, aos mesmos índios, que como partes tão interessadas nesta antiguidade, ainda que em causa própria é certo que cada um sabe mais de si que os outros dele".[42]

A reflexão do acadêmico, que, tal como Sebastião da Rocha Pita, pertencera à Academia Real, tocava no desafio central da historiografia luso-americana: como incorporar as tradições orais, raramente fixadas em manuscritos antigos? Naturalmente, a mesma problemática atravessava as historiografias europeia e portuguesa naquele momento, mas a desqualificação das tradições populares tinha peso diferente nas sociedades americanas, onde ainda não havia uma tradição escrita e documental consolidada.

Na Europa a polêmica contra os falsos cronicões tinha dado lugar a uma cruzada contra as impurezas documentais. Na Espanha, Nicolas Antonio, o Marquês de Mondejar, Gregorio Mayans y Siscar; em Portugal, o IV Conde da Ericeira e Antônio Caetano de Sousa representaram essa linhagem de historiadores ibéricos engajados na autenticação das tradições populares.

Gonçalo Soares da Franca procurava relativizar a ideia de "notícias fabulosas", dignificando a memória oral dos habitantes nativos. Em sua dissertação sobre a história eclesiástica do Brasil, refutou a maior parte dos autores portugueses. Fazia ressalvas às fontes usadas por João de Barros e pelos demais autores portugueses para estabelecer o dia e o local da descoberta do Brasil: "escreveram mal informados nesta matéria", comentava ele.[43] Baseando-se em um manuscrito da época dos Descobrimetnos, Soares da

---

41   Gonçalo Soares da Franca, "Dissertações da História Eclesiástica do Brasil", *op. cit.*, p. 250 e 261.

42   *Idem*, p. 248.

43   Gonçalo Soares da Franca, "Dissertações da História Eclesiástica do Brasil", *op. cit.*, p. 232.

Franca calculava que a esquadra de Pedro Álvares Cabral teria feito o primeiro desembarque no dia 14 de abril, em Ilhéus, não em Porto Seguro, conforme rezava a tradição historiográfica portuguesa. Os reparos técnicos não desautorizavam a obra de João de Barros, porém advertiam quanto à utilização de fontes duvidosas e à inconsistência dos cálculos de medição referidos nos cronistas da época: "reconheço todavia muito bem, que a autoridade de João de Barros entre os nossos é tanta, que não sofre ser impugnada com uma relação manuscrita; e suposto que a esta pudéramos defender com muitos, e mui próprios exemplos, de nenhum quero usar, mas só concluir que bem ponderada a sentença do nosso historiador, parece mais conjectura alheia, que opinião própria pois a indiferença com que fala dá lugar a que a Relação e a Década possam ser verdadeiras".[44]

Por sua vez, Caetano de Brito e Figueiredo considerava que as declarações de autores venerados como João de Barros, Jerônimo Osório, Damião de Gois, Pedro Mariz, contemporâneos aos eventos, não eram verossímeis. Advertia que, se fossem admitidas as "inculcações" de seu colega baiano, as opiniões de autores estrangeiros – como a tese de que a descoberta teria ocorrido em 3 de maio de 1501 – poderiam tornar-se verdadeiras.

> (...) além de que se a um mesmo tempo, e em umas mesmas conferências se inovarem, e seguirem diversas opiniões, com mais razão os Estrangeiros não só duvidaram, mas assinaram diverso tempo as principais ações.[45]

A escrita da História não devia comprometer a soberania portuguesa, por isso o acadêmico Inácio Barbosa Machado foi particularmente veemente na crítica às visões estrangeiras que procuravam depreciar as glórias portuguesas: "pegaram da pena escrevendo e produzindo inumeráveis livros, em que trataram de nossa guerra e de nossas viagens... sendo alguns parciais das potências a quem serviam, e não da verdade histórica com escândalo e não pequena injúria de nossa Monarquia".[46] E, na sequência, nomeava os autores que teriam ofendido o orgulho português.

Os membros da Academia dos Esquecidos estavam fixando o cânon factual da história luso-americana, por isso mesmo foram os primeiros a questionar a datação da Descoberta do Brasil. Nessa polêmica sobre as datas e a primazia portuguesa do descobrimento do Brasil, Sérgio Buarque de Holanda chegou a perceber o despontar de uma mitologia

---

44 *Idem*, p. 235.

45 Caetano de Brito e Figueiredo, "Dissertações Acadêmicas nas quais se trata da História Natural das Coisas do Brasil", in José Aderaldo Castello, *op. cit.*, v. 1, t. 5, p. 169.

46 BNL. Cod. 367. Mss. Inácio Barbosa Machado, "Exercícios de Marte Nova Escola de Belona, Guerra Brasílica", fl. 11.

466 Francisco Murari Pires (org.)

americanista.[47] Com alguma ironia, os acadêmicos brasílicos tenderam a enfatizar o aspecto casual da descoberta da América, negando a participação da Coroa no episódio.

Para concluir, penso que os eruditos de ambas as academias (colonial e metropolitana) adotaram de maneiras diversas os novos princípios da crítica documental europeia. Enquanto os portugueses abandonaram a cronologia bíblica definitivamente, procurando, até onde era possível, imprimir uma visão mais secularizante da história imperial, os eruditos lusoamericanos, por seu turno, preferiam recuperar o passado imemorial do continente americano até os tempos bíblicos, no intento de dignificar a experiência civilizacional americana. Assim procedendo, adotaram uma estratégia discursiva eclética que permitia sincronizar as temporalidades do Novo e do Velho Mundo. Como escreveu Domingos Loreto Couto: "constituem nossas terras um *segundo* Paraíso terreal".[48] A tentativa de escrever a História da América portuguesa constituiu um exercício de dupla natureza: de ocidentalização (desejo de integração), mas também de afirmação americanista (ressignificação local) das elites intelectuais no âmbito do Império português.

---

47 Segundo Sérgio Buarque, o Padre Gonçalo Soares da Franca teria escrito um longo poema épico intitulado *Brasília ou a Descoberta do Brasil*, para ser recitado na Academia dos Esquecidos. Sérgio Buarque de Holanda, *Capítulos de literatura..*, *op. cit.*, 1991, p. 81.

48 Domingos Loreto Couto, *Desagravos do Brasil e Glórias de Pernambuco* (1757)..., Recife, Fundação Joaquim Nabuco, 1981, p. 37.

A recuperação da antiguidade clássica e a instalação da república nos Estados Unidos da América

(fins do século XVIII e início do XIX)

Mary A. Junqueira (DH/FFLCH/USP
e Instituto de Relações Internacionais - USP)

É sabido que os norte-americanos, ao instituírem a primeira república moderna bem sucedida do ocidente em 1776, procuraram legitimar tal experiência recorrendo ao pensamento político e a uma série de artefatos culturais que circulavam à época. A experiência, hoje considerada vitoriosa e modelo a ser seguido, era vista com desconfiança em fins do século XVIII e início do XIX[1]. No período, e de acordo com pensadores como Montesquieu, vigorava a ideia de que a república era um regime de governo ideal a ser instalado em pequenos territórios. Já a monarquia era recomendada para o exercício do poder em grandes áreas, a fim de manter a unidade e o controle da sociedade. Ardorosamente discutida, a proposta dos norte-americanos em estabelecer uma república em grande extensão de terra contou com a disposição de homens que se valeram das armas e das letras para atingir os seus objetivos[2].

---

1 Consultar Wood, Gordon. Republicanism in *The creation of the American republic 1776-1787*. Chapel Hill: University of North Carolina Press, 1998.

2 Anteriores à implantação da república moderna norte-americana em 1776, são conhecidas as experiências republicanas da Antiguidade romana (509 A.C. a 27 D.C.) e as repúblicas italianas estabelecidas em cidades durante a Idade Média. Sobre esse tema, consultar Skinner, Quentin. The Italian city-republics, in Dunn, John (org). *Democracy. The unfinished journey 508 BC to AD 1993*. Oxford, Oxford University Press, 2000. Sobre a Revolução Inglesa no século XVII e a tentativa de implantação de uma república moderna na ilha, o *Commonwealth of England* (1649 e 1653), ver Hill, Christopher. *O eleito de Deus: Oliver Cronwell e a Revolução Inglesa*. São Paulo,

468 Francisco Murari Pires (org.)

Busco aqui discutir como, além de outras tradições, elementos da Antiguidade e aspectos do puritanismo foram recuperados e utilizados pelos norte-americanos, a fim de
refletir sobre as vicissitudes do momento em que viviam – além de justificar e legitimar
os projetos políticos que propunham, entre fins do século XVIII e início do XIX.

Alguns aspectos da recuperação da Antiguidade clássica

A retomada e utilização de elementos históricos e da mitologia tanto dos gregos
quanto dos romanos é visível ainda hoje nos Estados Unidos. Basta percorrer os monumentos da capital do país, Washington D.C., para que se observe, particularmente na
arquitetura, a referência aos clássicos. Entre os edifícios públicos, destaca-se a arquitetura do Capitólio, baseada no neoclássico dos séculos XVIII e XIX. Além da capital, muitos
dos edifícios públicos do estado da Virgínia – uma das colônias a liderar o processo de
independência e a mais rica da parte continental do império inglês – foram construídos
a partir da mesma concepção.[3]

Houve, no entanto, muitos outros usos dos clássicos quando dos debates que levaram
treze das colônias inglesas no Novo Mundo a pegarem em armas por independência e
construírem o seu Estado nacional.[4] Ainda que a ampla recuperação de pensadores e
temas vinculados ao Ocidente não se circunscrevesse exclusivamente ao mundo antigo,
Grécia e particularmente Roma ocuparam um espaço considerável na argumentação
dos líderes do período. Segundo Bernard Baylin, os colonos se serviram de várias fontes
e tradições que circulavam entre a Europa e as colônias. Além dos antigos, se utilizaram
amplamente do direito consuetudinário inglês, dos autores do Iluminismo europeu, dos
escritores radicais ingleses do século XVIII (muitos desconhecidos nos dias atuais) e, em
menor grau, de elementos das "seitas religiosas puritanas".[5]

Companhia das Letras, 1988 e *O mundo de ponta-cabeça. Ideias radicais durante a Revolução Inglesa de 1640*. São
Paulo, Companhia das Letras, 1987.

3   Sobre o projeto e a posterior construção da capital do país, ver Arnebeck, Bob. *Through a fiery trial. Building
Washington 1790-1800*. Nova York: Madison Books, 1991. Sobre a arquitetura clássica tanto na Virgínia como em
Washington D.C., consultar Craven, Wayne. Architeture: 1785-1830, in *American art. History and culture*. Nova
York: Harry N. Abrams, In., Publishers, 1994.

4   Após o término da guerra-franco-índia em 1767, o império britânico era constituído por 27 colônias: as treze que
deram origem aos Estados Unidos da América e outras quatorze que se espalhavam do Canadá ao Caribe. Sobre
o tema, consultar O'Shaugnessy, Andrew *An empire divided. The American Revolution and the British Caribbean*.
Philadelphia: University of Pennsylvania Press, 2000.

5   Baylin, Bernard. Fontes e tradições, in *As origens ideológicas da Revolução Americana*. Bauru: Edusc, 2003.

Baylin analisou as fontes e tradições que deram corpo aos inúmeros panfletos sediciosos que inflamaram as colônias continentais inglesas do Novo Mundo. O autor considera que a influência mais notória nos escritos do período revolucionário foi o da Antiguidade greco-romana. Isso se explica devido ao fato da educação nas colônias privilegiar em grande medida os clássicos. Das escolas primárias aos *Colleges,* passando por tutores e professores particulares, era comum o conhecimentos de heróis do mundo antigo, de personalidades, dos eventos e da mitologia.[6] Embora nos textos dos panfletos, o conhecimento dos clássicos se revelasse superficial, mesmo ilustrativa, esse fato não impediu que fosse utilizado para os mais diversos fins.[7]

A elite colonial, por outro lado, conhecia os pensadores da Antiguidade e referiam-se a eles com cuidado. Nesse tópico, destaca-se Thomas Jefferson, um dos autores da Declaração de Independência e depois presidente do país. Jefferson era um entusiasta da arquitetura neoclássica, tendo sido um dos homens a influenciar a construção dos edifícios públicos tanto na Virgínia, quanto em Washington D.C. Além disso, reformou a sua casa, conhecida como *Monticello,* adotando o mesmo estilo.[8]

Embora as citações dos clássicos fossem muitas, interessava aos homens daquela época um tema em particular: a república romana. Discutiam sobre o que levou à sua constituição em 509 a. C., enalteciam a sua consolidação, exaltavam os homens públicos que lutaram por ela, procuravam compreender as causas do declínio e mostravam-se contrafeitos com o estabelecimento do Império em 27 d.C. Em outras palavras, os norte-americanos estavam particularmente interessados em pensar a república que queriam construir.

Contudo, uma república construída em outros moldes. Desta vez, não mais aquela defendida por Montesquieu e que governasse uma sociedade em pequenos territórios ou cidades, mas uma república instalada numa grande extensão territorial, baseada na representatividade política e pela instituição de um chefe de governo que exercesse o poder que lhe cabia por tempo limitado.

A utilização de nomes e termos romanos da Antiguidade era na maioria das vezes simbólica, como afirma Carl J. Richard. Sendo uma das mais comuns, os usos de pseudônimos em textos políticos. O exemplo mais claro desse procedimento foi o debate

---

6   Sobre a educação no período colonial, ver Ziobro, William J. Classical education in colonial America, in Meckler, Michael. *Classical antiquity and the politics of America. From George Washington to George W. Bush.* WACO: Baylor University Press, 2006.

7   *Idem*, p. 42-43

8   Consta que Thomas Jefferson dava nomes aos seus cavalos inspirado no mundo antigo. Além disso, Júpiter – nome baseado na mitologia romana - foi um dos escravos que o acompanhou da adolescência à maturidade. Ver Ellis, Joseph. Prologue, in *American Sphinx. The Character of Thomas Jefferson.* Nova York: Vintage Books, 1998.

470   Francisco Murari Pires (org.)

que se travou entre federalistas e antifederalistas, quando se discutiu a construção do Estado nacional.[9]

Devido à contumaz crítica realizada à concentração de poder e aos desmandos da monarquia inglesa, os líderes da independência decidiram pelo estabelecimento de uma Confederação – tendo o Congresso continental como árbitro e poder superior aos treze estados autônomos, que deliberava por interesses comuns, como as guerras e os impostos. O próprio nome do país – Estados Unidos da América – é herança do período de existência da Confederação, entre 1776-1789. Os historiadores classificam esses anos como período crítico, em razão dos problemas que surgiram devido à fragmentação e ao fato de alguns estados se negarem a cumprir deliberações devidamente votadas, alegando que o legislativo estadual não permitia cumprir as exigências impostas pelo Congresso Continental.[10] A situação chegou ao ponto crítico quando alguns dos estados recusaram-se a pagar os impostos deliberados pela instância superior.

Em 1787, alguns líderes estaduais decidiram pela instalação de uma Convenção com o objetivo de revisar os Artigos da Confederação. Discutiram por quatro meses e o produto de tal reunião não foi propriamente uma proposta de reforma da Confederação recém instituída, mas, para o sobressalto de muitos, um projeto de construção de uma Federação, na qual se propunha o governo centralizado em detrimento da autonomia dos estados. Propunha-se que fosse regulada por uma Constituição e, para surpresa de outros tantos, já devidamente elaborada pelos membros da Convenção. Mas o texto necessitava ser aprovado pela maioria dos estados para garantir legitimidade ao Estado central. Com a perspectiva de aprovação da Constituição, a verdade é que muitos dos que haviam pegado em armas pela independência interpretaram a Convenção de 1787 como um verdadeiro golpe.

O problema estava colocado: a Confederação carregava problemas, considerados por alguns críticos como insolúveis, os quais impediam que os Estados Unidos se consolidassem como um país soberano a ser respeitado internacionalmente; por outro lado, a instituição de um Estado centralizado era vista com desconfiança por outros tantos, pois se acreditava que tal fato relaxaria os propósitos colocados durante a independência, quando a "tirania e os desmandos" da monarquia inglesa foram duramente criticados. O debate que se travou foi vigoroso e crucial para a constituição do país que conhecemos hoje.

---

9   Ver Richard. Carl J. *The founders and the classics. Greece, Rome, and the American enlightment.* Cambridge/ Massachusetts: Harvard University Press, 1994.

10   Ver Wood, Gordon S. The Critical period, in *op. cit.*, 1998 e Beeman, Richard; Botein, Stephen e Carter II, Edward (org.) *Beyond Confederation. Origins of the constitution and American national identity.* Chapell Hill: University of Carolina Press, 1987.

Alexander Hamilton, John Jay e James Madison – líderes que participaram da Convenção de 1787 e, portanto, entusiastas da Federação - partiram para ofensiva, com o intuito de que os 13 estados da Confederação aprovassem a Constituição por eles elaborada. Os jornais de Nova York publicaram os artigos daqueles homens, autonomeados como federalistas, os quais argumentaram ardorosamente a defesa da Federação. Para os meus propósitos aqui, e fato relevante a destacar, é que eles decidiram usar pseudônimos nos artigos – e escolherem assinar como *Publius*. Esses textos passaram para a História como um dos clássicos do pensamento político moderno, conhecidos como *The Federalist Papers* (Os Artigos Federalistas).[11]

Os federalistas discutiam com os que lutavam pela consolidação da Confederação, muitos dos quais desgostosos com os que participaram da Convenção. Como já mencionado, os federalistas debateram ardorosamente com os antiferalistas – e estes do mesmo modo adotaram um pseudônimo nos seus escritos políticos – escolheram assinar como *Brutus*.

A referência é claramente a *Publius Valerius*, a *Lucius Brutus* e ao início da república romana em 509 a.C. Ao lançarem mão desses pseudônimos, ambos os lados se posicionavam como defensores da república, sendo que cada um defendia um formato diferente. E cada qual julgava as posições do outro como restritivas para o pleno desenvolvimento do regime que pretendiam instituir. O debate dividiu o jovem país, sendo que havia federalistas e antifederalistas em todos os treze estados. Ao fim, a Constiuição foi aprovada pela maioria deles, o que fez com que muitos antifederalistas, melancólicos e desgostosos, maldissessem a Convenção de 1787 e os seus entusiastas até o fim de suas vidas.[12]

Todavia, nunca é demais repetir que a república moderna e liberal a que muitos se dedicaram, insistindo na autonomia contra a "tirania imposta à servidão das colônias"; e, por outro lado, enaltecendo a virtudes do regime em detrimento da monarquia – conviveu por 87 anos, entre 1776 e 1863, com o regime de escravidão que tomou conta do país de norte a sul. Muitos dos líderes do processo de independência que clamavam por liberdade, como George Washington (presidente do país entre 1789-1797), Thomas Jefferson (presidente entre 1801-1809) e James Maison (um dos teóricos da Constituição

---

11 Ver Krammick, Isaac. Apresentação, in Madison, James; Hamilton, Alexander e Jay, John. *Os Artigos Federalistas*. Rio de Janeiro: Nova Fronteira, 1987.

12 Os antifederalistas são considerados como fundadores de uma tradição de dissenso nos Estados Unidos. A sua oposição aos federalistas foi crucial para que se incluísse à constituição norte-americana a famosa *Bill of Rights* (Carta de Direitos). Ver Storing, Herbert H. *What the anti-federalists were for. The political thought of the opponents of the Constitution*. Chicago: The University of Chicago Press, 1981. Cornell, Saul. *The other founders. Antifederalism & the dissenting tradition in America, 1788-1828*. Chapell Hill: University of Carolina Press, 1999.

472 Francisco Murari Pires (org.)

do país e presidente entre 1809 e 1817) eram virginianos, grandes proprietários de terra e donos de escravos.[13]

Pais peregrinos, pais fundadores e a mitologia da nação nos Estados Unidos

Como dito anteriormente, Bernard Baylin afirmou que a utilização do puritanismo foi uma das tradições recuperadas nos panfletos sediciosos, mas menos utilizada que os clássicos da Antiguidade e as outras já tradições mencionadas. Trabalhos que tiveram como objeto de investigação outras fontes, que não propriamente os panfletos, afirmam que o puritanismo foi amplamente utilizado no período revolucionário e no início da república, constituindo-se numa espécie de narrativa da nação norte-americana.[14]

Sacvan Bercovitch, no trabalho clássico de título *The American Jeremiad*, indica que a tradição puritana foi e é uma poderosa referência para a cultura norte-americana, criadora de uma cosmogonia, a qual foi adaptada pelos homens que construíam a nação, transformando-se numa poderosa mitologia nacional.[15]

A história é conhecida e tem suas origens no século XVII, quando da chegada dos primeiros peregrinos à região da Nova Inglaterra. Em 1620, baixava âncoras em Plymouth, na região onde hoje é o estado de Massachusetts, o navio *Mayflower*, trazendo um grupo de descontentes com a Coroa inglesa e os rumos da igreja anglicana. Conhecidos como *Separatists* (Separatistas), essa seita radical de ingleses cruzou o Atlântico rumo a uma terra desconhecida, tendo como referência principal o Antigo Testamento e a comparação da sua difícil jornada com a travessia do Mar Vermelho. Atravessar o Atlântico era firmar não só um rompimento com a Inglaterra anglicana, mas uma ruptura com a História, penetrando assim numa espécie de tempo mítico.[16]

Em 1830, uma outra seita radical inglesa, os *Puritans* (Puritanos), a bordo do navio *Arbella*, aportou também na baía de Massachusetts. O grupo reafirmou a ideia de

---

13   Sobre o tema ver Greene, Jack. *Pursuits of happiness: The social development of early modern British colonies and the formation of American culture.* Chapell Hill: University of Carolina Press, 1988 e o clássico artigo de Morgan, Edmund S. Slavery and freedom: the American paradox, in *The Journal of American History,* vol. 59, n. 1, jun., 1972, p. 5-29.

14   Referi-me à mitologia da nação norte-americana em outro texto com o objetivo de compreender os discursos de George W. Bush, justificando a ação externa norte-americana após os ataques de 11 de setembro. Ver Junqueira, Mary A. "Os discursos de George W. Bush e o excepcionalismo norte-americano", in *Revista Margem.* Faculdade de Ciências Sociais PUC-SP, n. 17, 2004, p. 163-171.

15   Ver Bercovitch, Sacvan. *The American jeremiad.* Madison: The University of Wisconsin Press, 1978.

16   Sobre esse tema, ver Marientras, Elise. *Les mythes foundateurs de la nation Americaine.* Belgique: Editions Complexe, 1992.

Antigos e modernos 473

povo eleito já professada pelos *Separatists* e acrescentou novos elementos à narrativa. John Winthrop, líder dos puritanos, e mais tarde o primeiro governador da Colônia de Massachusetts, afirmou que o tipo de sociedade que ali construíam deveria ser como uma *City Upon a Hill* (cidade sobre a colina). Em outras palavras, deveria tornar-se uma espécie de farol, um modelo de ética, moral e virtude a serem seguidos. Por outro lado, o líder puritano recomendava o cuidado e a eterna vigilância desse mundo, pois deslizes e corrupções não seriam aceitas pelo Deus que muito os havia dado e deles esperava a realização de uma missão: construir uma comunidade baseada na ética e virtude religiosa.

Isso posto, voltemos ao período da formação do Estado nacional. Com a declaração de Independência em 1776, a ideia de que todos os norte-americanos descendiam dos peregrinos – ou das seitas protestantes radicais – surgiu em sermões, discursos políticos, em jornais do período e essas comunidades religiosas passaram a ser conhecidas como *pilgrim fathers* (pais peregrinos). Se antes eram os peregrinos o povo eleito, agora todos os norte-americanos passavam a ter uma missão a cumprir e um destino a realizar. O mundo que construíam devia ser resguardado e servir de modelo para o universo corrupto e tirano das monarquias. Cabe perguntar, a qual mundo eles estavam se remetendo? Certamente referiam-se à república moderna que construíam baseada em referências da Antiguidade clássica.

Para Bercovitch, o legado dos puritanos aos norte-americanos não está relacionada às práticas puritanas propriamente ditas, mas à retórica. Para ele, os Estados Unidos herdaram dos puritanos uma espécie de retórica bíblica, oferecendo a uma sociedade diversificada a ideia de nacionalidade e identidade.[17]

Segundo Elyse Marientras, os Estados Unidos se constituíram desde os seus primórdios como um país exclusivo e excludente. Mais do que isso: um país que, com a sua independência, decreta na sua narrativa da nação uma ruptura com a História, transformando a Independência de 1776 em marco zero da sua jornada. Em outras palavras, surgia na época da emancipação política e durante a formação inicial do Estado nacional a ideia de excepcionalidade norte-americana.[18]

O historiador inglês Philip John Davies argumenta que todas as nações ocidentais construíram suas próprias narrativas. São versões da História nas quais o conflito está ausente e onde, em geral, se estabelece um espécie de consenso, com o objetivo de construir uma unidade. Mas considera que, provavelmente mais do que qualquer nação ocidental,

---

17   Conforme Bercovitch, Sacvan. *op. cit.*, 1978.

18   Ver Marientras, Elise. *op. cit.*

474 Francisco Murari Pires (org.)

realidade, lenda e mito se sobrepõem na História e sociedade norte-americana.[19] Com razão, tal particularidade salta aos olhos do historiador estrangeiro que pretende compreender a História e a cultura daquele país.

Para Nicholas Shumway, a narrativa da nação norte-americana é consideravelmente "bem-sucedida", devido à vitalidade e aos amplos significados do mito para a sociedade. O autor sustenta que a persistência dos muitos usos da narrativa da nação não significa que todos os norte-americanos acreditem, de fato, que descendem dos pais peregrinos, mas sim que se deve ver tal mitologia como uma espécie de código cultural compartilhado pela sociedade, o qual demonstra um grau de eficiência considerável, pois é funcional em termos culturais.[20]

Quando o presidente Ronald Reagan (1981-1989), no seu discurso de despedida em 1989, se referiu a John Winthrop, colocando-se como um líder que dera seguimento ao trabalho do puritano, queria dizer que transformava o seu legado, *a city upon a hill*, em um mundo mais forte, não significava que os norte-americanos concordavam com Reagan; mesmo porque – embora eleito por duas vezes – a Reagan se contrapôs uma organizada oposição durante os seus dois mandatos. Contudo, as citações aos peregrinos na retórica política norte-americana sugerem que a sociedade em geral reconhece aquele código cultural. Ou seja, compreendia ao que Ronald Reagan se referia, concordassem com ele ou não.[21]

Note-se que a utilização da narrativa da nação não é privilégio dos conservadores ou simpatizantes e membros do Partido Republicano. Democratas e progressistas lançaram mão da mitologia para denunciar aspectos da sociedade norte-americana que repudiavam ou mesmo propor novas políticas para o país. Exemplo sempre citado de líder progressista que recorreu à mitologia dos Estados Unidos é o de Martin Luther King, nas décadas de 1950 e 1960. King se valeu da sua condição de pastor batista e inflamou multidões com uma retórica baseada na ideia de que os negros eram sim norte-americanos e deveriam ser incluídos àquela sociedade como cidadãos com direitos iguais aos dos brancos.

A mitologia norte-americana é assim uma espécie de bem simbólico da nação e pode ser utilizada por este ou aquele. O que importa ao historiador é perceber a sua permanência por mais de dois séculos e o fato dessa narrativa estar introjetada na sociedade

---

19   Conferir Davies, Philip John (org.). Representing and imagining America, in *Representing and imagining America*. Keele: Keele University Press, 1996.

20   Ver Shumway, Nicolas. Estados Unidos da América. Alegorias do apocalipse no discurso sobre a nação, in Prado, Maria Ligia Coelho e VIDAL, Diana Gonçalves (org). *À margem dos 500 anos. Reflexões irreverentes*. São Paulo, Edusp, 2002.

21   É possível consultar o discurso de Ronald Reagan no site da Casa Branca, ver www.whitehouse.gov.

Antigos e modernos 475

norte-americana de forma muito consistente. Por outro lado, deve-se procurar entender os significados de tal utilização. A quem interessa e o que se pretende com os muitos usos que se faz da narrativa da nação nos Estados Unidos.

Embora extraordinariamente vigorosa e persistente, o seu poder nem sempre foi o mesmo. Em determinados momentos, e devido a alguns acontecimentos que abalaram a nação, a narrativa da nação sofreu profunda crítica, advinda de pensadores, homens públicos, intelectuais ou formadores de opinião norte-americanos. Apenas para citar um exemplo recente: após a Segunda Guerra, os *beatniks*, a contracultura, o movimento *hippie*, entre outros, se opuseram de forma veemente à versão da História que colocava os Estados Unidos em posição excepcional com relação às outras culturas.[22]

O lugar dos clássicos na mitologia da nação norte-americana

Creio que duas das mais poderosas tradições utilizadas durante o processo de independência e início da formação do Estado nacional são as fundadoras da nação norte-americana, e por isso devem ser vistas conjuntamente: a Antiguidade clássica e a mitologia de base puritana. A partir da confluência e interpenetração das duas fontes podemos compreender melhor os significados de alguns *blockbusters* produzidos por Hollywood, programas de televisão e opiniões deste ou daquele comentarista norte-americano sobre assuntos dentro ou fora do país.

Voltemos à recuperação dos clássicos entre finais do XVIII e início do XIX. Ao trazer a república romana da Antiguidade para o final do século XVIII, aqueles homens se viam como portadores de uma tarefa especial: recuperavam as virtudes da república que a Europa havia perdido. Acreditavam dessa forma que retomavam qualidades ocidentais há muito perdidas. O mundo que criavam era compreendido por eles como algo universal e não propriamente como um dos regimes de governo possíveis – e ainda "em teste".

É possível perceber a interpenetração entre a retórica puritana e a recuperação dos clássicos gregos e romanos, pois o excepcionalismo norte-americano está vinculado à construção da república moderna da época. Eles procuraram, tanto nos clássicos quanto nos puritanos, os modelos de virtude, ética e moral que necessitavam para construir o seu Estado nacional.

Muitas vezes a relação entre a república moderna que constituíam era clara em pequenas citações ou referências aos líderes da época. Os líderes antifederalistas do estado

---

22 A ação norte-americana na guerra do Vietnã favoreceu os movimentos de contestação, alcançando inclusive alguns diretores de Hollywood. Ver SPINI, Ana Paula. *Ritos de guerra em Hollywood*. Rio de Janeiro: Departamento de História da UFF – Universidade Federal Fluminense. Tese de doutorado, 2005 (mimeo).

476   Francisco Murari Pires (org.)

da Virgínia, os irmãos Patrick Henry e Richard Henry Lee, foram apontados como "*o Demóstenes*" e "*o Cícero*" da Revolução Americana, numa clara referência a dois ardorosos defensores da república romana e grega da Antiguidade.

George Washington, líder das guerras de independência, comandante do exército continental que derrotou os ingleses, e primeiro presidente do país entre 1789 e 1797, foi apontado como "*o Cincinnatus*" americano. Aqui a citação é ainda mais carregada de simbolismos. O lendário *Cincinnatus* era admirado devido ao fato de ser um homem que não pretendia se perpetuar no poder, pois o seu grande objetivo era voltar "para casa", para "a sua plantação". Após dois mandatos, é sabido que George Washington voltou a morar na sua propriedade, conhecida como *Mont Vernon,* retirando-se de Washington D.C. e imprimindo uma marca e um tipo de conduta ao governo civil do país.

Se quando pensavam a república, eles se voltaram para Roma, durante as guerras de independência, se viraram para Esparta. Samuel Adams, um dos líderes radicais do estado de Massachusetts, considerou que a população de Boston era como uma espécie de "Esparta cristã", devido às demonstrações de "frugalidade, generosidade, patriotismo" e à sua resistência e rebelião às cobranças de impostos ingleses:

> Eles (os bostonianos) são tão maravilhosos quanto o foram os antigos espartanos, tão bravos e livres como nunca existiu um povo, inspirado por sua alma contente que rejeitava mesmo em suas batalhas o uso de trombetas e outros instrumentos para excitar a paixão e a fúria. Eles marcharam sobre a cenário de estragos e horror, com o som das flautas, no ritmo dos passos, exibindo como Plutarco disse "um terrível e delicioso espetáculo" e procedendo com valor, repletos de esperanças e boa autoconfiança, como se alguma divindade os tivesse assistido.[23]

Samuel Adams evidenciava o valor da população de Boston que se organizara em milícias contra os ingleses, ao mesmo tempo em que exortava as outras colônias a fazerem o mesmo. Recuperações como a citada criaram atmosferas culturais nas quais os homens que defendiam a república – e os propósitos como a recusa em se perpetuar no poder – eram valorizados e, sobretudo, forneciam imagens que deveriam ser compreendidas como exemplos ou modelos de conduta, por todos os norte-americanos, e particularmente pelos candidatos ao poder.

As referências às virtudes da república romana são evidentes no período. Todavia, mais do que estas, os norte-americanos frisaram os perigos que poderiam acometer o universo que construíam. Se as referências à defesa da república da Antiguidade eram

---

23   Carta de Samuel Adams a John Dickson, líder da Pensilvânia. Citado por Richard, Carl J. *op. cit.*, p. 73. Tradução minha.

muitas, eram inúmeras as que se preocupavam com o declínio e o fim do regime em Roma. John Adams, primo de Samuel Adams, líder político do estado de Massachusetts, e presidente do país entre 1797 e 1801, escreveu comparando a tirania do império britânico à do império romano:

> Não sei o que eles (os romanos) consideravam uma virtude, ou real liberdade. Os patrícios eram em geral usurários e tirânicos credores. Orgulho, força e coragem eram virtudes que compunham o caráter nacional. Pouco interesse os romanos tinham quanto à simplicidade, frugalidade e piedade, talvez até as possuíssem realmente, conquistaram popularidade entre os plebeus e ampliaram o poder e os domínios da República e avançaram em glórias até que ricos e tomados pela luxúria fizeram sucumbir à república.

John Adams funde secular e sagrado, se utilizando das tradições dos clássicos, permeada por considerações puritanas, constituindo a narrativa da nação norte-americana. Se havia virtudes em Roma havia também o que evitar. Para o bem ou para o mal, Roma serviu aos homens da época como modelo a ser seguido ou rechaçado. A recomendação de John Adams é clara: era necessário resguardar, cuidar do mundo que construíam, a fim de evitar a decadência e o fim da república que apenas dava os primeiros passos.

É interessante notar que os antigos eram também lembrados quando a questão era a defesa da escravidão, devido aos discursos abolicionistas que vinham preocupando a elite escravocrata durante as guerras de independência. Thomas Jefferson foi um dos que se pronunciou sobre o assunto:

> Há, apesar de tudo, estas e outras circunstâncias desencorajadoras entre os romanos, seus escravos eram frequentemente artistas dos mais raros. Eles se sobressaiam nas ciências, de tal forma que foram utilmente empregados como tutores dos filhos dos seus senhores... Mas eles eram da raça branca. Não estavam na condições desta natureza (escravos africanos), o qual se resulta a distinção.[24]

Para Jefferson havia uma distinção natural entre negros e brancos. Condenava os romanos por tratarem os seus escravos com severidade, enquanto justificava a escravidão nos Estados Unidos, afirmando que os negros, vindos da África viviam em estágio primitivos de "estupidez", além se serem "feios, lascivos, mal-cheirosos e indolentes no trabalho". Para ele os negros não apresentavam qualquer distinção intelectual, eram incapazes de "traçar e compreender as investigações de Euclides".[25]

---

24 Citado por Richard, Carl J. op. cit., p. 96.

25 *Idem, ibidem.*

478   Francisco Murari Pires (org.)

Os clássicos da Antiguidade serviram aos norte-americanos para discutir a sua época, desde a república moderna que instituíam, passando pelos modelos de homens públicos que queriam forjar, até refletir sobre a permanência da escravidão. Aos clássicos, interpenetrava a ideia de que descendiam das seitas radicais puritanas. Segundo Cecília Azevedo, interessa ao historiador perceber como secular e sagrado são continuamente reposicionados nos discursos políticos nos Estados Unidos. Evidenciavam-se projetos políticos, exemplos e temores dos norte-americanos com relação ao regime político que escolheram e às virtudes necessárias para fazer valer os seus projetos vistos em geral como universais.[26] Interessa sobretudo perceber que "o elemento central, que permite a conexão entre religião e política, puritanismo e liberalismo político, é justamente um forte sentido de missão" presente naquela cultura.[27]

Azevedo lembra ainda que autores como Sacvan Bercovitch e Robert Bellah[28] não consideram a narrativa da nação como negativa, porque esta carrega a ideia de ética na política, embora os dois concordem que a ideia de excepcionalismo norte-americano legitimou e justificou ações agressivas no interior do país e aos excessos da política externa. Os exemplos são atuais, a invasão do Afeganistão e a argumentação do atual presidente George Bush para justificar a invasão do Afeganistão e Iraque após os ataques de 11 de setembro de 2001, foram amplamente baseados na narrativa da nação norte-americana.

---

26   Ver Azevedo, Cecília. A Santificação pelas obras: experiências do protestantismo nos EUA, in *Revista Tempo*, Rio de Janeiro, Universidade Federal Fluminense, vol. 6, no 11, jul/2001.

27   Conferir *idem*, p. 119.

28   Robert Bellah recupera o termo "religião civil" para se referir a alguns dos aspectos da narrativa norte-americana. Ver Bellah, Robert. "Civil Religion in America", in *Daedalus, v.* 96, n. 1, Winter, p. 1-21.

"Wie es eigentlich gewesen ist", "Wie es eigentlich geschehen ist"

a percepção rankeana da história frente às vicissitudes da subjetividade em Freud

Ana Lucia Mandacarú Lobo
(doutoranda, EPHE Sorbonne, Paris)

Em nosso trabalho anterior[1], no qual a relação de Freud com a Antiguidade foi amplamente analisada, as conclusões alcançadas permitiram compreender que o conhecimento de Freud acerca da Antiguidade se estabeleceu como um pano de fundo de sua obra, sem relevância específica, espelhando uma formação cultural ampla e difusa do autor sobre o tema. A diversidade das referências à Antiguidade presentes em sua obra, a ausência de uma linha definida quanto ao aporte bibliográfico por ele referenciado e as inúmeras expressões por ele utilizadas, as quais revelam ser ele portador de uma cultura geral clássica e vasta, encontram-se espelhadas e espalhadas tanto em seu trabalho como em sua correspondência.

Ao buscarmos definir as características mais gerais do quadro histórico-social no qual Freud se formou – metade final do século XIX – alcançamos de imediato a ideia de *Fin de siècle* vienense. Este termo, "*Fin de Siècle*", era (e ainda o é) utilizado para caracterizar esse período, ainda que seu significado fosse mais genérico que preciso: refere-se ao final de um ciclo de vida e à chegada de um mundo novo, com novos pensamentos, hábitos, modas, interesses etc. Atualmente, porém, se pode afirmar que *fin de siècle* alude à ambivalência característica daquele momento, uma vez que a transição do mundo "antigo" para o "novo" não descarta a presença de características determinantes

---

1 Lobo, Ana Lucia. *Freud: A presença da Antiguidade Clássica.* Ed. Humanitas/FAPESP, 2004.

480   Francisco Murari Pires (org.)

do primeiro no segundo. *Fin de siècle* descreve esta forma imperfeita, desajeitada, de unir o passado ao futuro.

Há, porém, um outro termo que vem definir um pouco mais e, de certa forma, circunscrever este contingente já caracteristicamente difuso. Trata-se da percepção bastante específica deste movimento, denominado então de "*erudição antiquário-filológica*", que surge na Alemanha em fins do século XVIII e começo do século XIX , estruturando-se de modo distinto a qualquer outra forma de erudição. Benedetto Bravo o descreve de modo bastante elucidativo:

> *Les termes qu'on emploi alors pour exprimer ce concept, ce sont les mot "philologie", "Altertumwissenschaft" (mot fabriqué par F.A. Wolf), très souvent aussi "Gelehrsamkeit" tout court, par excellence. Ce concept d'une "érudition" par excellence, d'une "philologie" qui étudie à la fois les textes littéraires du passé et les "antiquités" de tout genre, a pu naître à une époque où, d'un coté, les sciences de la nature étaient désormais nettement dégagées de "l'érudition" (la physique, la médecine, la biologie savaient désormais depuis longtemps se passer totalement des textes de Aristote, de Théophraste, de Pline, de Galène, pour ne pas parler de Ptolémée), et où, de l'autre coté, il se formaient ces concepts de "Volk", de "Volkgeist", de "Weltgeist", que nous pouvons dans une certaine mesure rapprocher de nos concepts de civilisation, de culture, de société, et qui ont constitué un concept général de "Geschichte" , de "geschichtliche Welt", déjà partiellement semblable à notre concept de réalité historique.*
>
> *Le concept "d'érudition philologico-antiquaire" par lequel nous discriminons et groupons certains aspects de l'érudition indifférencié de l'antiquité et de la culture européenne des siècles XVe – XVIIIe, ressemble beaucoup au concept de "Philologie", de "Gelehrsamkeit" par excellence, fabriqué de certains savants allemands du début du XIXe siècle, qui, tout en étant enracinés dans la vielle tradition de l'érudition, l'ont cependant transformée de façon radicale, ont contribué de façon décisive à sa dissolution[2].*

A relação mais direta e objetiva a ser feita é a de que Freud se encaixa dentro desta condição de homem envolto pela erudição "antiquário-filológica", dentro deste ideal de conhecimento cujas raízes encontram-se no universo romântico alemão. Será também por conta desta formação que, provavelmente, torna-se quase impossível depreender com exatidão qual é o diálogo que Freud estabelece com a Antiguidade e, com isto, confundem-se aos nossos olhos os conceitos de história, de memória e da própria Antiguidade

---

2   Bravo, Benedetto. *Philologie, Histoire et Philosophie de l'Histoire*. George Olms, 1988. O paralelo traçado entre os conceitos de "erudição filológico-antiquária" e o de "filologia" propriamente dito, contrapõe-se ao posicionamento de Momigliano (Momigliano, Arnaldo. "L´eredità della filologia antica e il método storico", in *Secondo Contributo*, p.463-480), que distingue a erudição filológico-antiquária da erudição filológica. De toda maneira, trata-se de uma discussão interessante, uma vez que envolve a cultura e o modo de expressão cultural alemã dentro no período aqui estudado.

Antigos e modernos 481

dentro da obra. As teorias relativas à cultura, a noção de civilização, as matrizes históricas que serviram de base à ideia de Antiguidade, a influência estética e a constituição ética de seu trabalho são alguns dos densos vetores que permanecem ainda sem direção, e que se abrem para novas análises de melhor conceituação.

Na verdade, podemos dizer que esta forma específica de diversidade, a da "erudição antiquário-filológica", presente em sua obra e, por que não dizer, parte marcante de seu modo de compreender o mundo, abre campo para novas investigações. Em sua definição e composição, encontram-se conceitos associados ao estudo da História e, mais do que isto, conceitos diretamente relacionados aos diferentes modos de escrita e compreensão da História.

A partir desta primeira associação, um dos primeiros pontos que poderiam ser analisados seria o da relação mesma entre História e Psicanálise. Uma breve avaliação bibliográfica da composição de sua biblioteca prova a pertinência desta relação, e mesmo dentro de sua obra vários são os historiadores e obras de conteúdo histórico às quais ele faz referência. Apesar de aparentemente instigante, sem dúvida o tema termina por se compor por elementos de tão variados conteúdos e linhas de pensamento que implicariam ou em uma enorme gama de possibilidades de análise ou na impossibilidade de exercer uma verdadeira análise sobre o tema, não permitindo a composição de uma pesquisa a eles diretamente voltada. Voltamos ao tema anterior quando percebemos que as referências à História ou aos historiadores por ele apresentadas não seguem qualquer padrão e são utilizadas quase que de forma especulativa. Encontramos desde referências a historiadores da Antiguidade, como Heródoto e Flávio Josefo, a historiadores modernos como Bourke, Reinhardt e Breasted, passando ainda por Bachofen, Burckhardt e Sir James George Frazer. Várias obras da Antiguidade, como a obra de Homero, de Hesíodo, de Horácio, de Ovídio, de Sófocles, Epicuro, Ésquilo e Esopo, são comentadas. Vários personagens históricos são também citados dentro do mesmo amplo espectro: Alexandre, Aníbal, Tito, dentre tantos outros. Deuses, heróis e diferentes personagens da mitologia grega, romana e egípcia espalham-se em diferentes citações e situações ao longo da obra: Hermes, Hércules, Júpiter, Juno, Minos e Midas, Osíris, Nefertiti, Narciso, Zeus, Cleópatra e Clitemnestra, Tutankhamon e Tutankhaton e podemos prosseguir com uma lista de considerável tamanho.

A biblioteca de Freud pode ser considerada como mais uma referência ilustrativa deste amplo domínio, bem como de seu interesse pelo tema. Assim como grande parte das bibliotecas particulares da época, ela foi construída ao longo dos anos, sendo ampliada de acordo com seus interesses intelectuais. Ao todo, e até onde se sabe, sua biblioteca contava com cerca de 2.500 volumes em seus últimos dias em Viena, antes de partir definitivamente para Londres, número bastante substancial para a época em que foram adquiridos.

482   Francisco Murari Pires (org.)

Sem dúvida, este fato exprime a devoção e interesse de Freud com relação aos livros e à aquisição de conhecimento. Basicamente, sua biblioteca era composta de livros referentes à arqueologia, história geral e história antiga, mitologia grega, romana, egípcia e chinesa, literatura clássica e geral, antropologia, filosofia, medicina e arte, além de publicações suas e outros escritos publicados por seus discípulos.

No mais, sabemos que, em sua biblioteca particular, dentre os livros relacionados à arqueologia e história antiga que a compunham, vários são os volumes que apresentam marcas e grifos, feitos provavelmente por ele na época de sua leitura ou, talvez, durante o período de elaboração de algum trabalho[3]. O fato é que essas obras relacionadas à história foram estudadas por ele e a relevância do tema levou-o a fazer esse tipo de marcação. Uma característica interessante a respeito das marcações é o fato de elas nem sempre terem sido feitas com lápis grafite preto. Vários livros foram marcados com lápis de cor vermelho, laranja escuro, marrom ou verde. Há alguns livros cujas marcas foram feitas com duas cores diferentes de lápis. Penso que isso significa que ou Freud pretendia discriminar dois temas diferentes entre si dentro do livro como um todo, ou então o livro pode ter sido lido mais de uma vez. A utilização de lápis de cor na marcação de textos constitui atualmente prática bastante comum; talvez esse tipo de discriminação não tenha nenhum significado especial, senão o de tornar a marcação mais evidente, de mais fácil visualização em um posterior manuseio do livro[4].

---

3   Em pesquisa realizada no Museu de Freud, em Londres, durante o mês de julho de 1998, alguns dos livros referentes às áreas de arqueologia e história antiga que continham marcas, grifos e pequenas anotações de Freud foram compilados e analisados. Todo o material reunido e apresentado foi elaborado por meio do trabalho de cópia manuscrita e transcrição direta dos parágrafos, frases ou palavras que se encontravam sublinhados, ou com marcas laterais na margem das páginas, ou, ainda, com pontos de interrogação ou de exclamação ao lado. A relação geral dos livros, portfólios e manuais que fazem parte da biblioteca de Freud, relação esta estritamente ligada às áreas de arqueologia e história antiga, encontra-se na "Relação geral dos livros relacionados à Antiguidade da biblioteca de Freud" do livro *Freud. A Presença da Antiguidade clássica*, Editora Humanitas/FAPESP, São Paulo, 2004.

4   No artigo "Neurose e Psicose", por ele escrito em 1923 e publicado no ano seguinte, uma interessante referência a Goethe é feita logo no início do trabalho. Ao tratar do modo, aparentemente simples, com o qual organizou e apresentou suas ideias a respeito da dinâmica do aparato psíquico, ele afirma que: "Por otra parte, es probable que tal aplicación conllevara el benefício de retrotraernos de la gris teoria a la experiência que reverdece eternamente". (vol. XIX, p.155). Nesta frase, ele ressalta a obra de Goethe, através das palavras pronunciadas por Mefistófeles na parte I, cena 4, de Fausto: *"Gris es toda teoria, caro amigo, y eternamente verde el arbol de la vida"*. Sem dúvida, tal frase não elucida explicitamente o significado do uso das cores, mas nos permite pensar que, dentro desta perspectiva, cada traço colorido poderia significar uma nova percepção do que por ele foi lido: a vida, enquanto psiquismo, nos permite ir além da teoria. E, do ponto de vista de análise histórica, tal frase supõe, ainda, o desejo e a expectativa de encontrar nas linhas e nas ideias a ponte para o reconhecimento científico – a árvore da vida – por ele tão almejado, bem como o sentido de eternidade de suas ideias.

Antigos e modernos 483

Assim, com o objetivo e a obrigatoriedade de reduzir o campo de análise e pesquisa a fim de torná-lo plausível, nos aproximamos de temas ligados à concepção ou estruturação da História, os quais poderiam associar-se também à teoria psicanalítica. Dentre as diversas possibilidades que se formam, um tema que se delineia com certa evidência é o da relação entre *Tempo* e *Psicanálise*. As relações de temporalidade, sejam elas objetivas ou subjetivas, estejam elas agregadas a condições cronológicas ou da atemporalidade, tal como Freud formulou em sua teoria, encontram-se associadas tanto à teoria por ele criada quanto ao campo da *História*, como suponho aqui.

Do ponto de vista da teoria psicanalítica, podemos considerar o conceito de "tempo" como um de seus elementos determinantes, que se estende e se encontra em seu campo básico estrutural: de modo engenhoso, e sem dúvida, constante, será a relação temporal do homem com a sua própria experiência de vida – e com todos os elementos significativos que dela derivem - o principal parâmetro para a composição da psicanálise.

A relação que Freud estabelece entre o passado e o presente é, não apenas elementar e fundamental, como inerente ao universo psíquico. Vemos sua teoria surgir a partir da ideia do "passado-presente": a base dos traumas psíquicos se encontraria no passado histórico do sujeito – na infância - e tais fatos traumáticos do passado somente seriam compreendidos com posterioridade temporal – na vida adulta. Esta ideia tem início em um período de sua obra denominado de pré-psicanalítico e denomina-se "Teoria da lembrança":[5] "O conteúdo constante e essencial de um ataque histérico é o retorno de um estado psíquico que o doente já vivenciou anteriormente; em outras palavras, é o retorno de uma lembrança".[6] São os fatos do passado que trazem significado ao presente. Vários serão os desdobramentos desta visão inicial.

A percepção do período da infância como um período "pré-histórico" ou como "berço das neuroses" será por ele utilizado em uma clara analogia aos períodos arcaicos da história da humanidade. A primeira vez que este paralelo foi traçado encontra-se na carta nº 84, escrita a seu colega W. Fliess, em 1898:

> Biologicamente, me parece que a vida onírica deriva por inteiro dos restos da época pré-histórica da vida (de um a três anos), a mesma que é a fonte do inconsciente e a única em que se adquire a etiologia de todas as psiconeuroses, ... Vislumbro esta fórmula: o que na época pré-histórica é

---

5   Esta expressão encontra-se em uma carta escrita a Josef Breuer, na qual entende-se que pretendiam escrever conjuntamente um artigo relativo às recentes descobertas acerca da etiologia da histeria. Freud, 1892, p.183.

6   Freud, 1892, p.188.

484   Francisco Murari Pires (org.)

visto, resulta no sonho; o que nela é ouvido, nas fantasias; e o que nela é vivenciado sexualmente, nas psiconeuroses. (Freud, 1898, p.316)[7]

Esta ideia se solidifica ainda mais em seu livro *A interpretação dos Sonhos*, escrito em 1899. Neste, várias são as passagens que tratam da atualidade das lembranças inconscientes do período da infância. Ao longo de sua obra, vemos que Freud utilizará o próprio termo *história* para denominar o modo de interpretação dos conteúdos psíquicos de um paciente – *interpretação histórica* e *recondução histórica* são os termos exatos – para tratar do movimento de compreensão e resolução do presente através da recondução ao passado proposto pela técnica psicanalítica, como encontra-se claramente exposto na 17ª conferência de Introdução à Psicanálise, intitulada "*O sentido dos Sintomas*".[8]

De todo modo, a importância das experiências vividas na infância encontra-se claramente expressa na seguinte afirmação, escrita por ele anos depois: "A Psicanálise teve que derivar a vida anímica do adulto, da criança, e levar a sério o aforismo 'A criança é o pai do homem'".[9] Esta frase, ao ser analisada por outra via de interpretação, também pode ser compreendida como um modo de (re)formulação do enigma da esfinge, tanto analisada por Freud em seus trabalhos sobre o complexo de Édipo. Ela representaria a questão da (con)fusão das três idades: a da criança, a do adulto e a do idoso. "Assim se corroborou o que amiúde se havia vislumbrado anteriormente: a extraordinária significatividade que para toda a posterior orientação de um homem possui as impressões de sua infância, em particular as de sua primeira infância[10]." Sem dúvida, o próprio Complexo de Édipo traz e explora, em si mesmo, o inexorável jogo da temporalidade.

O entrelaçamento do passado ao presente vai derivar, ainda, na ideia da repetição e, nesta, a determinante função das lembranças e da memória no contexto psicanalítico. A

---

7   Inúmeras referências à Antiguidade, pré-história, historiografia e história antiga encontram-se difusamente espalhadas por toda a obra, desde o primeiro até o último volume. Em vários momentos, a pré-história é diretamente relacionada ao período da infância – infância como pré-história da humanidade e infância como pré-história do sujeito – como já foi citado anteriormente; porém, em muitos outros momentos ela refere-se diretamente ao período histórico propriamente dito: "Dos estágios de desenvolvimento pelos quais atravessou o homem da pré-história, temos conhecimento através dos monumentos e utensílios inanimados que chegaram a nós;..." (Freud, 1913, p.11). Posteriormente, chega inclusive a estabelecer que, dentro de seu ponto de vista, o termo pré-história possui um duplo-sentido: "A pré-história a qual o trabalho do sonho nos reconduz é dupla: em primeiro lugar, a pré-história individual, a infância; e por outra parte, na medida em que cada indivíduo repete abreviadamente em sua infância, de alguma maneira, todo o desenvolvimento da espécie humana, é também esta a outra pré-história, a filogenética" (Freud, 1915, p.182).

8   Freud, 1916, p. 247-248.

9   Freud, 1913, p.185-186.

10   Freud, 1913, p.185-186.

Antigos e modernos   485

memória servirá, para Freud, como instrumento de trabalho historiográfico: a narrativa do paciente será o elemento de ligação entre os tempos psíquico e histórico[11].

Sem abrir mão do enlace temporal, ele ainda expressa, em alguns poucos textos dentro de sua obra, uma relação objetiva com a história e com a historiografia, como por exemplo em seu trabalho de 1910, onde discorre sobre uma lembrança da infância de Leonardo da Vinci :

> As lembranças infantis dos seres humanos não podem ter outra origem; em geral não são fixados por uma vivência e repetidos a partir dela, como lembranças conscientes da maturidade, mas são coletados, e assim alterados, falseados, postos a serviço de tendências mais tardias, em uma época posterior, quando a infância já passou, de modo que não é possível diferenciá-los, com rigor, de suas fantasias. Não há como clarear melhor sua natureza do que evocando o modo como nasceu a historiografia entre os povos antigos. Enquanto o povo era pequeno e débil, não se pensava em escrever sua história; as pessoas cultivavam o solo, defendiam sua existência contra o vizinho, procurava arrebatar-lhes as terras e adquirir riquezas. Era uma época heroica e ahistórica. ... A Historiografia, que havia começado por registrar as vivências do presente, arrojou seu olhar também para trás, para o passado, recolheu tradições e sagas, interpretou os resquícios de antigas épocas em usos e costumes e criou desta maneira uma história da pré-história. ... Era inevitável que esta última fosse mais uma expressão das opiniões e desejos do presente do que uma cópia do passado, pois muitas coisas se eliminaram da memória do povo, outras se desfiguraram, numerosas ondas do passado foram objeto de um mal-entendido ao interpretá-las no sentido do presente, e ademais, a história não era escrita pelo motivo de um apetite de saber, mas sim porque alguns queriam in-

---

11   Esta ideia encontra algum respaldo em Paul Ricoeur, quando este traça alguns elementos de grande importância para o embasamento da relação entre historioriografia e psicanálise. A partir da comparação – absolutamente coerente e interessante – entre o mito de origem da escrita, segundo Platão em *Fedro*, e o mito de origem da história, Ricoeur tece a ideia de que os dois mitos nos falam do destino da memória. Segundo o autor, a historiografia pode ser compreendida como uma "herdeira" da "ars memoriae" (p.176; ref. *Fedro* 275a). Esta ideia torna-se também significativa para a psicanálise : a arte da escrita produzirá (ou permitirá) o esquecimento e seu remédio – pharmakon – não será a memória, mas sim a rememoração. A reminiscência será o remédio, tanto para Platão quanto para Freud: "De la métaphore de l'empreinte on était passé en effet à celle du graphisme, autre variété d'inscription. (...) On le dira assez quand on confrontera récit et tableau au niveau proprement littéraire de l'historiographie: le tableau fait croire à la réalité par ce que Rolland Barthes appelle effet de réel. (...) C'est bien le case avec les discours écrits: Qu'on les interroge, ils restent figés dans une pose solennelle et gardent le silence. (...) C'est aussi le cas du récit historique écrit et publié: il est jeté à tous vents; il s'adresse, comme dit Gadamer de la Schriftlichkeit – de la scripturalité – à quiconque sait lire. (...) C'est bien le cas du livre d'histoire, comme de tout livre: il a rompu les amarres avec son énonciateur; (...) le secours dont cette autonomie le prive ne peut venir que du travail interminable de contextualisation et de recontextualisation en quoi consiste la lecture." (Ricoeur, *La mémoire, l'histoire, l'oubli*, p.177)

486 Francisco Murari Pires (org.)

fluenciar seus contemporâneos, animá-los, edificá-los, ou colocá-los diante de um espelho. Agora bem, a memória consciente de um homem sobre as vivências de sua maturidade é, sob todos os pontos, comparável àquela atividade historiográfica, e suas lembranças da infância correspondem, de fato, por sua origem e confiabilidade, com a história da época primordial de um povo, recomposta tardia e tendenciosamente. ... Se alguém pudesse desfazer estas desfigurações – para o qual deveria conhecer todas as forças eficazes – não poderia descobrir nada mesmo do que a verdade histórica [historisch] por detrás deste material fabuloso. O mesmo vale para as lembranças da infância ou fantasias dos indivíduos.[12]

Freud não nos dá nenhuma pista a respeito da origem desta sua concepção de história, mas podemos, de antemão, observar que ele se utiliza da relação com a história quando pretende ressaltar o caráter universal ou social de sua teoria, apoiando-se em pressupostos teóricos desta outra ciência.

De modo um pouco menos objetivo, Freud ainda irá escrever alguns trabalhos nos quais se utilizará deste modelo de análise historiográfica como elemento de ligação entre o pensamento psicanalítico e um fato relatado: "*Grande é Diana Efésia*", escrito em 1911, e "*Um caso de uma neurose demoníaca do século XVII*", escrito em 1922, são dois textos extremamente interessantes deste ponto de vista. No primeiro, ele faz referência ao reconhecido trabalho arqueológico austríaco efetuado nas ruínas de Éfeso para discorrer, ainda que de modo bastante sintético, acerca do desenvolvimento histórico desta antiga cidade grega, segundo sua cronologia e destacando a relevância da figura feminina. O segundo artigo é de grande interesse para este trabalho não tanto por seu conteúdo, mas sobretudo por sua forma e seu objeto de análise. Freud se utiliza de um documento histórico antigo – um documento da Idade Média ao qual ele teve acesso – para realizar um estudo historiográfico: há uma reconstituição cronológica das datas apresentadas no documento seguida de uma comparação das mesmas, assegurando o leitor da veracidade do documento que ele tem em mãos e será com base em todos os elementos historiográficos apresentados no texto que ele irá compor a ideia de que a figura do diabo – aspecto central analisado através do documento – representaria, na verdade, a figura do pai. É um artigo que apresenta, por si, uma mescla entre historiografia e psicanálise, que tenta unir ou aliar a técnica de investigação historiográfica com a teoria psicanalítica. Vale ainda salientar que, no referido artigo, o termo pré-história é por diversas vezes utilizado com um significado equivalente à infância ou passado do personagem ali analisado. Não poderíamos deixar de comentar aqui seu último artigo, "*O Homem Moisés*", o qual foi elaborado em forma de pesquisa histórico-antropológica, ainda que para servir ou con-

---

12 Freud, *Uma lembrança infantil de Leonardo da Vinci*, 1910, p.78-80.

Antigos e modernos 487

tribuir à psicanálise, em última instância. Sua proposição principal, esboçada na introdução do referido livro, é a de buscar conhecer a nacionalidade de Moisés, trabalho que os historiadores até então não haviam conseguido realizar devido à ausência de fontes ou reverência religiosa. Ele se coloca, então, neste momento, a par e passo com o trabalho de um historiador.

Podemos ainda verificar que, contrapondo-se aos parâmetros da temporalidade inevitavelmente presentes na memória, encontramos a ideia de atemporalidade do inconsciente, a qual, enquanto portadora de uma lógica própria, será determinante da diferença existente entre verdade histórica e verdade psíquica.

A relevância dada até aqui aos elementos associados à questão do uso dos conceitos de "tempo" e "História" em Psicanálise justificaria, por si, a pertinência de sua pesquisa dentro da obra. Porém, tal pesquisa não terá sentido se não estiver voltada às particularidades do contexto no qual a psicanálise se ergueu. Neste caso, torna-se cativante a possibilidade de perseguir os indícios que nos levem de encontro à compreensão da origem de tais conceitos dentro de sua obra. Isto equivale a dizer de onde – dentro do panorama da ciência histórica – Freud retirou os elementos necessários para compor os conceitos relativos à questão do tempo em psicanálise. Todas estas citações nos levam a pensar e a buscar no solo cultural de sua formação o elo de ligação que permitiu que tais associações, relações e analogias entre o psiquismo humano e o passado histórico fossem feitas.

A princípio, podemos supor que tais fundamentos – os quais encontram-se tanto distribuídos ao longo da obra de Freud como imbricados na concepção e na metodologia da *História* enquanto ciência – tenham encontrado esteio nas teorias e ideias que embasam as noções de *tempo* e *História* tal como lhe foram apresentadas ao longo do percurso de sua formação cultural, tenham sido elas no Gymnasium, na Universidade, através da literatura e da leitura de livros de história e historiografia de modo geral. Seriam, assim, conceitos extraídos do campo da História, aplicados à teoria psicanalítica.

Para que o conceito de *tempo* possa ser pesquisado dentro deste espectro – em sua relação com a *História* e com a Psicanálise - é preciso que se delimite o período no qual este tipo de análise será feito. Partindo do princípio que este conceito será analisado em sua relação com a obra de Freud, será necessária a sustentação das ideias e do modo como se apresentaram os conceitos de *tempo* e de *História* no decorrer do século XVIII e XIX, particularmente na Alemanha, de modo a conhecer mais profundamente o universo científico-historiográfico que permeou a formação de Freud. Certo é que, a partir do conceito de "erudição filológico-antiquária", pode-se supor que a densidade das informações que compunham o imaginário sociocultural da época com relação ao universo histórico era rarefeita e, sobretudo, vasta. Este detalhe acrescenta, a bem da verdade, uma maior complexidade frente às possibilidades de pormenorizar e deslindar a hipótese proposta,

488   Francisco Murari Pires (org.)

uma vez que as relações de subjetividade conceitual demonstram que, *a priori*, não serão poucas e tampouco simples. Porém, é também este o aspecto que permite e justifica buscar a fonte conceitual através da qual poderemos melhor compreender o pensamento freudiano e, consequentemente, a especificidade do uso de tal conceito dentro de sua obra.

Encontramos, no período acima descrito, dois grandes nomes da historiografia alemã: Leopold von Ranke e Gustav Droysen representam de modo significativo e determinante o campo da escrita e da pesquisa histórica na Alemanha. O primeiro, considerado o criador do método crítico, ocupa lugar de destaque por haver elevado a História ao nível de disciplina e ciência independente e autônoma, desligando-a definitivamente da área da teologia, do Direito e da filosofia, criando sua doutrina – ou como denominamos atualmente, sua escola – o método crítico de análise documental em historiografia. O segundo firma seu lugar exatamente por criar outra escola, opondo-se a algumas ideias de Ranke e aproximando-se das ideias de Hegel. A influência de ambos foi determinante para o desenvolvimento da História como ciência. Iremos, porém, nos ater aqui somente a uma breve análise de uma pequena parcela da obra de Ranke.

Apesar de, em um primeiro momento, esta hipótese demonstrar ser plausível, ela encontra desde já algumas dificuldades, uma vez que os traços da presença de Ranke dentro do universo científico de Freud são praticamente inexistentes. Além de Freud nunca o haver citado em toda sua obra – quando cita vários outros – também não encontramos nenhum indício de que seus livros tenham feito parte de sua biblioteca particular. Assim sendo, o fato de não contarmos com provas mais objetivas do conhecimento de Freud das obras de Ranke, nos leva ao processo de análise dos traços ou elementos subjetivos que possam vir a sustentar esta tese. Assim, qualquer hipótese de uma relação direta entre o conceito de *tempo* e *História* em Psicanálise, tal como exposta até aqui e dentro do que nos apresentam os dois historiadores, se torna excessivamente frágil: a similitude de ideias ou de conceitos dentro do universo teórico dos três autores, nos permite somente visualizar o modo como os textos e as ideias interagem entre si. As questões iniciais se traduzem na análise de possíveis diálogos entre Freud e Ranke, de modo a tecer considerações dentro de uma perspectiva histórica da concepção de *tempo* no pensamento freudiano. Mas, é fato e premissa deste trabalho considerar que a História, pelo próprio modo com o qual se constitui – uma intervenção do passado ou sobre o passado – permite a composição de uma dimensão imaginária da própria história, com relação ao passado.

Bildung, Bildungsburgerthum e Wissenschaft

O primeiro aspecto que compõe o panorama subjetivo – e subjacente – de consolidação das ideias aqui levantadas atém-se a todo o aparato estrutural da *Bildung* austríaca,

Antigos e modernos   489

na qual se baseou todo o processo educacional e de formação cultural ao qual Freud se submeteu em sua infância em juventude e, talvez de modo menos proeminente, mas não menos importante, em sua formação universitária: a *bourgeoisie* formada pelo aprendizado das humanidades greco-latinas. A ideia, ou conceito de *Bildung*, não deve aqui passar desapercebidamente. Trata-se de um complexo por vezes difícil de ser traduzido, uma vez que representa toda uma sociedade, toda uma época, toda uma ideologia de formação sociocultural. É uma expressão que caracteriza um período, ou um movimento social característico de uma época. Dentro de um senso genérico, *Bildung* refere-se diretamente à educação, desde que compreendida dentro de uma composição entre *Erziehung, Kultur* e *Humanität*.[13] Resume-se por ser um termo de significativa importância para a compreensão da época exatamente por ser constitutivo da cultura.

Todo um complexo viés relacionado à Antiguidade grega transpassava a configuração da *Bildung* neo-humanista do século XIX na Alemanha e na Áustria, de modo a influenciar diretamente o modo de organização e propagação do sistema educativo: no início do século, o valor dado à Antiguidade clássica expressava-se através da intensa carga horária escolar voltada ao estudo das línguas clássicas, grego e latim. Este fato se deve à imensa influência de Wilhelm von Humboldt que, em torno de 1810,[14] imprimiu novas diretrizes ao sistema de educação. Estas diretrizes priorizavam a aquisição do grego e do latim enquanto formas básicas de constituição e transmissão de cultura, com o objetivo maior de facilitar o aprendizado de História das civilizações e da literatura. Humboldt estabelece quatro disciplinas centrais dentro do ensino secundário: a filosofia, a matemática, a filologia e a história. Visível é, aqui, que ele dispõe a um outro nível, notadamente inferior, a ciência natural, fato compreensível dentro de seus princípios. Apesar de fundar-se sobretudo na filologia, Humboldt visava alcançar a formação moral, a formação de caráter, daí o significado da palavra *Bildung* encontrar-se diretamente associada a seu pensamento e à sua concepção. Será em Humboldt ou através dele que a

---

13   Sthal, no livro *Die Religiöse und die humanitätsphilosophische Bildungsidee und die Entstehung des deutschen Bildungsroman im 18ten Jahrhundert* (1934) perfaz o traçado da evolução da palavra *Bildung*, trazendo à luz alguns aspectos remarcáveis. De modo resumido, ela teria suas raízes em *Bild* (imagem, figura, quadro) e de *bilden* (representar, formar, modelar, constituir), o que sugere, portanto, que *Bildung* possuía, a princípio, o sentido de "formação", de " elaboração de uma forma". E será este o cerne conceitual a partir do qual a *Bildung* se constituirá, passando por Herder, que acrescentará a ideia da diversidade das culturas dentro de um espírito de "Bildung da humanidade", sendo contrário portanto à ideia de uma uniformidade histórica ou cultural e Humboldt, que irá incutir as ideias de formação, desenvolvimento e aperfeiçoamento de si, através da tradição grega clássica.

14   No período de 1802 a 1819 Humboldt trabalha para o Estado prussiano e é na qualidade de subministro que ele promove uma grande reforma no ensino. As bases educacionais por ele lançadas servirão de referência para a composição do ensino austríaco durante todo o século XIX.

490   Francisco Murari Pires (org.)

Bildung alcançará um valor moral, influenciando ao mesmo tempo que compondo todo o cenário da época e, consequentemente, de períodos subsequentes. Em linhas gerais, a *Bildung* encontrará sua via de expressão através da dinâmica da formação escolar, a qual termina por se caracterizar como um ensino humanista. Caberá aqui ainda acrescentar que a educação vienense ainda agregava a este quadro as bases da propedêutica filosófica, mais especificamente de acordo com o pensamento de Leibniz e Bolzano, de modo a permitir a propagação da tradição científica, lógica e psicológica, assegurando ainda mais a transmissão dos valores éticos e morais que sustentavam a *Bildung*. O ideal desta *Bildung* residia, afinal, na ideia de conjugação entre a particularidade e a totalidade, entre o individualismo universalista e a exigência de uma totalidade social.[15] Le Rider, no livro *Freud: le l'Acropole au Mont Sinaï* aponta para o fato de que iremos observar o desdobramento deste tipo de ensino através da divisão dos intelectuais ao longo do século XX: dois grandes grupos que correspondem, na verdade, a duas culturas diferentes. Por um lado, vemos a cultura científica, *"le plus souvent indifférente, voire allergique aux constructions intellectuelles spéculatives"* e, por outro lado, a cultura literária, *"le plus souvent ignorante des rudiments du savoir scientifique et technique, mais pétrie des valeurs esthétiques et éthiques de la Bildung classique"*. Na verdade, este cientificismo apoiava-se integralmente no positivismo, que, por sua vez, insistia na percepção de que, quanto mais distantes do misticismo, da subjetividade extrema – incluindo-se aí as práticas religiosas – mais próximos estariam da percepção objetiva, da verdadeira cientificidade. Tudo, dentro do campo científico, deveria derivar da matéria, do conhecimento positivo dos fenômenos.[16]

---

15   Louis Dumont, no livro "L'idéologie Allemande", Paris, Editions Gallimard, 1991, explora profundamente a ideia de que a *Bildung* forma-se com base na comparação de pares antagônicos, os quais terminam por se harmonizar dinamicamente na composição de um todo.

16   Seguindo estes parâmetros, compreende-se a dificuldade encontrada por Freud quando da publicação do livro *A Interpretação dos sonhos*, assim como a estrutura do mesmo: sua cuidadosa introdução que visa a diferenciar o sonho tal como seria analisado ali – cientificamente – e o sonho tal como era interpretado na Antiguidade. Um campo delicado de trabalho, difícil de ser explorado segundo as exigências da época. A Universidade de Viena era notadamente sustentada pelo viés positivista em todas as áreas de estudo, pesquisa e formação. A faculdade de medicina, totalmente voltada para a elaboração de diagnósticos corretos e precisos, preocupava-se mais em encontrar causas e origens, em estabelecer dogmas científicos a serem seguidos. Everdell, no livro *Os primeiros modernos* traça uma interessante, e talvez até um tanto pitoresca, imagem da época, a partir da qual podemos ter uma ideia do ambiente vivido por Freud naquele momento. "O Professor Doutor Carls von Rokitansky se tornara famoso na escola médica por executar cerca de 85 mil autópsias. Theodor Meynert, professor de doenças mentais, empenhou seu tempo tentando localizar as funções psicológicas da rede contínua que, segundo ele, constituía o cérebro. Embora seu livro se chamasse Psyquiatrie, ele passou pouquíssimo tempo com os loucos verdadeiros porque não acreditava no funcionamento de nenhuma terapia. Richard von Kraft-Ebing, que ocuparia por fim a cadeira de Meynert, era apenas um pouco mais preocupado com o tratamento. Ele começara a formar seu catálogo definitivo de doenças mentais em 1879, sete anos antes de seu famoso tomo sobre os desvios sexuais, Psychopatia Sexualis. O professor Josef

Freud, pelo fato de haver estudado em uma escola experimental de vanguarda para a época, o *Realgymnasium* de Leopoldstadt, terminou por receber uma educação que desde então o situou entre estes dois mundos. Ainda que o ginásio se voltasse grandemente ao ensino e estudo científico e apresentasse uma carga horária do estudo de línguas clássicas um pouco menor, é bastante sabido que no exame final, intitulado Matura, em torno de quarenta versos da peça Édipo Rei, de Sófocles, tiveram que por ele ser traduzidos do grego para o alemão, fato que nos exprime a valoração dada ao conhecimento da língua grega na época. De algum modo, Freud vai oscilar entre estes dois mundos durante toda a sua vida,[17] e talvez mesmo dentro da composição de sua obra, a qual ora tende para a vertente científica, ora literária: os escritos técnicos e metapsicológicos, versus os relatos de casos clí-

---

Hirschl demonstrara, em 1895, que a loucura e o tecido degenerado do cérebro de alguns pacientes mais antigos, como Hans Makart, o grande pintor de Viena (e também Nietzsche, que ainda vivo, delirava) eram o resultado de ação terciária da sífilis, mas neste caso específico não havia muito o que fazer. [...] De uma estutura quase divina era Ernst Wilhelm von Brucke, que aprendera materialismo em Berlim como amigo e colega do próprio Helmholtz. Du Bois Reymond, outro amigo, lembrava-se de que, quando jovens estudantes, ele e Brucke 'fizeram um juramento solene de colocar em vigos essa verdade: Nenhuma outra força, além das físico-químicas, é ativa no organismo'. Brucke dominara a escola médica, desde a década de 1850, com a sua insistência de que todas as doenças eram físico-químicas e que até a psiquiatria era uma extensão de sua especialidade, a fisiologia. Em seus momentos de lazer, Brucke pintava e, por isso, escreveu dois livros para mostrar que também a arte era completamente explicável pela ciência material"(p.33).

17   Vale notar que Freud explorou muito bem este viés metodológico científico no início de sua carreira profissional, haja vista os mais de duzentos artigos que foram por ele escritos na área da neurobiologia, dos quais quarenta são inéditos e seis deles são monografias. Ele chegou inclusive a criar métodos de pesquisa dentro da área, como por exemplo, a de criar uma coloração que permitia visualizar as células nervosas ao microscópio. Na verdade, seu trabalho nesta área consistia em traçar metodicamente observações de elementos evolutivos, a fim de ordenar, sistematicamente, os dados apenas visíveis a microscópio. Apesar destes trabalhos se distanciarem em muito da perspectiva histórica, podemos observar uma postura científica que, de uma certa maneira, podemos considerar como próxima da historiografia: ele não pretendia dizer nada que fosse além do que os fatos poderiam mostrar. Não se tratam de trabalhos "originais" no sentido criativo do termo, mas sem dúvida demonstrativos de grande postura científica de observação, notação e avaliação dos fenômenos em questão. Esta postura exclusivamente voltada ao cientificismo será abalada, em um primeiro momento, através de seu contato com Charcot. Este lhe abrirá uma nova porta que é a da observação dos fenômenos clínicos: "Tant pis pour la théorie", dirá Charcot a Freud, "les faits de la clinique ont la préséance". E concluindo seu modo de pensar, dirá em seguida: "La théorie, c'est bon, mais ça n'empêche pas d'exister" (Freud, 1893, p. 13). A abertura que este viés clínico vai lhe proporcionar será absolutamente determinante de seu modo de pensar e compor sua obra, uma vez que lhe permite reconsiderar, a partir daí, as regras impostas pela cientificidade. Entretanto, não aniquilará o desejo de ser reconhecido dentro do meio científico, fato um tanto contraditório, ainda que perceptível dentro de sua teoria, quando o vemos oscilando entre a via clínica, a via científica ou histórico-literária. De qualquer maneira, a necessidade de comprovação científica de suas ideias será praticamente uma constante ao longo de sua obra.

492   Francisco Murari Pires (org.)

nicos, cuja forma literária é evidente e os textos e livros nos quais ele se aventura no campo da história da cultura ou antropologia. De qualquer forma, vale frisar aqui que a filologia ainda possuía aqui lugar de destaque dentro da composição geral de interesses da sociedade da época e, de modo destacado no meio científico ao qual ela se encontrava inserida.

Um aspecto de importante consideração é o de que Humboldt cria a Universidade de Berlim, instituição pública que servirá como modelo do que virá a significar uma universidade moderna, e isto ocorre praticamente ao mesmo tempo em que estruturava as novas bases do ensino primário e secundário. Apesar de não poder se utilizar diretamente da conceitualização da *Bildung* na composição da universidade, o *rapport* derivado de seus estudos comparados de antropologia em muito influenciarão a estrutura universitária por ele proposta. O Gymnasium dedicava-se à educação geral, à formação pessoal do estudante dentro do sentido mais amplo e profundo do termo. À universidade caberia a formação profissional superior, na qual a ciência e a pesquisa recobrariam seu posto. Falamos, portanto, de *Wissenschaft*. Note-se bem que, na época, o sentido de *Wissenschaft* não era exatamente o mesmo de que dispomos hoje. Tratava-se de um conceito muito mais amplo e nitidamente associado tanto às características humanistas – uma vez que a formação promovida pela *Bildung* era um fato – quanto a um positivismo de extremo peso e presença naquele período, como já foi dito anteriormente. *Wissenschaft* seria, portanto, todo saber do qual ou ao qual se aporta uma metodologia própria e definida, sendo muito mais uma categoria histórico-cultural ou sócio-profissional, como bem denomina Catherine Devulder. A Universidade de Berlim apresenta, portanto, uma combinação equilibrada entre ensino e pesquisa, ou almeja a isto. É evidente que as bases lançadas permitirão o enquadre daquilo que hoje podemos chamar de pesquisa científica na área de ciências humanas, dentro de um largo parâmetro.

Assim, nos deparamos aqui com um ambiente absolutamente promissor e estimulante para o ensino e aprendizagem da cultura humanista, ambiente este que, sendo promulgado anos a fio através da formação escolar de seus próprios cidadãos, termina por se tornar reflexo de suas próprias tendências, criando valores bastante peculiares e expandindo os mesmos, a ponto destes se tornarem referência da própria *Bildung*. Assim, ao mesmo tempo em que o ensino de humanidades fazia parte de todo o complexo escolar, seu conteúdo era também parte do imaginário e da ideologia sociocultural. E, enquanto classe social, intitulada *Bildungsburgertum*, tratar-se-á de um grupo social que se define por seu estatuto cultural, estruturado pela competitividade entre as "diferentes burguesias" que terminaram por se formar, a saber, aquela mais voltada à formação cultural , outra mais voltada à consolidação financeira familiar, outra voltada à formação científica ou à técnica. Há, portanto, uma modificação de valores e de conceitos no que diz respeito à essência ideológica da Bildung e a constituição da *Bildungburgertum*. De qualquer forma, esta intricada dualidade de conceitos marca todo o período aqui abordado, nos levando

Antigos e modernos   493

a considerar como inevitável e justificada não apenas a formação como o interesse de Freud pela história, pelo mundo antigo e suas representações.

> *Pour la moyenne bourgeoisie (qui se plaît à se considérer comme supérieure à la petite bourgeoisie, Kleinburgertum), la Bildung acquise au lycée est le "capital symbolique" qui permet de se rattacher à la bourgeoisie et de se distinguer des couches populaires. [...] Pour les juifs assimilés, l'acquisition de la Bildung est censée confirmer l'appartenance à la bourgeoisie allemande. Rappelant la formule de Berthold Auerbach en 1843, "l'ancienne vie religieuse se fondait sur la Révélation, la nouvelle, sur la Bildung". George Mosse soulignait que la notion d'éducation et de culture dans le sens de Goethe et de Humboldt faisait partie de la définition de l'identité juive allemande. [...] Si l'on admet qu'en Allemagne, la bourgeoisie cultivée (Bildungsburgertum) est un modèle à l'origine indissociable de la culture protestante, on peu dire qu'à Vienne, ce Bildungsburgertum fut en grande partie un phénomène lié à l'importance des classes moyennes juives, assimilées. (Le Rider, 2002, p. 64)*

Ranke e a Biblioteca de Freud

Dentro de toda esta complexa configuração sociocultural que bem caracteriza a força da *Bildung*, seja na Áustria ou na Alemanha, e que traz em si a força do positivismo, é importante citar que Leopold von Ranke (1795-1886), além de ser um bom representante deste complexo, ocupou lugar de destaque dentro da Universidade de Berlim. Naquele período, os professores eram escolhidos pelo Estado e ele conquista este lugar graças ao seu primeiro trabalho, publicado em 1824, *História dos povos latinos e germânicos*.

O método histórico-crítico, tal como apresentado e exaustivamente trabalhado por Ranke tanto em seus seminários como em seus livros, possui antecedentes que perfazem um trajeto histórico que merece atenção e que, antes de tudo, ilustra e esclarece a importância de seu trabalho dentro da ciência histórica. Este trajeto remonta, portanto à 1566, quando Jean Bodin (1530-1596) escreve um tratado intitulado *Methodus ad facilem Historiarum cognotionem*, ou seja, *Método para uma fácil compreensão da História*. Neste tratado, percebemos não apenas o intuito do autor em ordenar o conhecimento histórico, como fazê-lo de modo a torná-lo acessível. Porém, a técnica de escrita da história não será, ainda, bem explicitada. Esta particularidade encontrará lugar anos mais tarde, na França, com o trabalho de Mabillon, monge beneditino do século XVII. Não podemos considerá-lo de fato como um historiador, mas suas obras são consideradas bastante significativas do ponto de vista da historiografia, haja vista que ele trabalhava diretamente com os dados extraídos de fontes históricas, as quais, desde aquele período, se viam aliadas a um método crítico, uma vez que buscavam discerni-las conforme sua veracidade documental, sua datação e sua cronologia.

494   Francisco Murari Pires (org.)

Mabillon escreve, em 1681, *De Re Diplomatica*, trabalho no qual estabelece as regras de escrita da história e expõe critérios para tal. Sem dúvida, o viés teológico é evidente, o qual impregnava toda a direção e constituição do trabalho, os quais se voltavam, por exemplo, aos relatos e descrições de milagres. Mas, ainda assim, os anais da ordem dos beneditinos podem ser considerados uma obra historiográfica erudita. A obra de Mabillon – e as regras por ele criadas para a verificação da legitimidade dos documentos – influenciou, sem sombra de dúvida, a produção histórica alemã, especialmente a Universidade de Göttingen, bem como foi referência a todos os que voltavam-se a este tipo de estudo ao longo do século XVIII, como Voltaire e Gibbon. O apuro à crítica das fontes encontra suas origens, pois, no trabalho de Mabillon. Depois dele, vários outros trabalhos foram feitos levando-se em conta a origem das fontes documentais e buscando-se estabelecer critérios de verificação e avaliação da pertinência ou veracidade da evidência histórica dos mesmos. A título de exemplificação, podemos citar *A arte de verificar as datas*, escrito em 1750 pelos monges beneditinos; Spinoza, no *Tratado Teológico-político*, escrito em 1632, no qual apresenta sua crítica filológico-histórica, e ainda os jesuítas Sirmond, Labbe, Hardonin e Bolland, que voltaram-se à escrita da vida dos santos, dentro de uma esfera historiográfica.

Ranke irá, portanto, retomar em seu trabalho o método histórico tal como traçado inicialmente por Mabillon. Mas o fará seguindo os passos de Niebuhr[18], historiador que influenciará profundamente sua linha de trabalho: a constante leitura e releitura de sua obra fez com que ele tivesse a convicção de que a História pudesse também existir na idade moderna. Foi através de Niebuhr que Ranke apercebeu-se da possibilidade de existência do campo da historiografia moderna.

Sua insatisfação face às leituras e acompanhamento de cursos de história ao longo de seus estudos de filologia em Leipzig – "massas de notas, textos e fatos mal compreendidos e mal escritos" – o levaram, de certo modo, a buscar uma nova forma de compor o conhecimento histórico. Os trabalhos de Jovius e Guicciardini, considerados os mais bem reputados escritores do início da história moderna, apresentaram, a seus olhos,

---

18   O livro *Römische Geschichte*, publicado em 1810, vem contribuir consideravelmente para a evolução e crescimento do campo de pesquisa histórica. Ele apresenta um pensamento ainda ligado à filosofia iluminista e bastante vinculado ao Romantismo. Em uma introdução a um de seus cursos na Universidade de Berlim, ele expõe seu modo de compreensão do trabalho de interpretação filológica da história: caso as obras escritas pelos historiadores antigos tivessem sido integralmente conservadas, não haveria nenhuma razão para (re)escrevê-las e qualquer tentativa resultaria num trabalho significativamente menor do que aquele já feito, apenas pelo fato destes estarem efetivamente mais próximos do fato histórico, podendo então descrevê-lo com maior precisão. Mas, ainda que tais obras estivessem verdadeiramente ao alcance, seria preciso interpretá-las filologicamente, a fim de que fosse possível compreender seu real significado, ou seja, alcançar a compreensão de tudo aquilo que não é familiar, que é distante do presente. Será com Niebuhr que a história da Antiguidade será prestigiada e o domínio da filologia e da erudição será fortalecido. (Devulder, *L'histoire en Allemagne*, p. 47-51)

Antigos e modernos   495

discrepâncias que o levaram a buscar uma outra forma de compor e compreender esta história. Sua formação, desde o princípio voltada à história, engloba o conhecimento das Sagradas Escrituras em hebraico, bem como de toda a obra dos historiadores greco-romanos, fato observado através das dissertações por ele escritas acerca de Heródoto, Tito Lívio e Tucídides.

Mas o fato é que, ao interessar-se pela história europeia do século XV e, ao buscar a bibliografia existente relacionada ao tema, ele decide, por conta da impropriedade do que lê, de escrever, ele próprio, esta história, a fim de conseguir obter uma visão geral das nações com base em tudo o que já havia sido escrito. Nascerá daí, em 1824, um de seus mais importantes livros – seja por ter sido o primeiro, seja por apresentar as bases da historiografia moderna e do método crítico – *História dos povos romanos germânicos*. Este livro o elevará ao posto de professor da Universidade de Berlim, como já comentado, a qual era concebida como uma das mais importantes de toda a Europa, considerada um centro de excelência no âmbito do ensino e da investigação ou pesquisa científica.

Na época em que Ranke começou a dar aulas na Universidade de Berlim, esta já se encontrava dividida em dois campos distintos: o primeiro, centrado em torno de Hegel e, o segundo, em torno dos juristas. Friedrich Carl von Savigny e Karl Friedrich Eichhorn, fundadores da Escola de História (*Historische Schule*) pertenciam ao segundo grupo, assim como os filólogos Böckh, Bopp e Lachmann e o teólogo Schleiermacher. O pomo da discórdia entre as duas escolas eram as diferentes concepções de verdade e realidade que orientavam suas direções.

Como professor, Ranke não dispunha de grandes atributos: tinha uma voz apagada e suas exposições eram impregnadas de monotonia, apesar dele pesquisar, preparar e revisar suas aulas com perceptível acuidade. A falta de interesse dos alunos por seu curso mostra-se evidente pelo próprio percurso dos inscritos: em 1841-1842, seu curso começa com 153 alunos; em 1860 este número chegava a apenas 20 e, em 1871, seu curso foi cancelado por ausência de inscritos. Contrariamente ao insucesso de suas aulas, seus seminários, que tiveram início em 1835 – e organizados de modo a levar os inscritos à prática da pesquisa historiográfica – eram bastante concorridos entre os alunos. Neles, Ranke visava a desenvolver as atividades de pesquisa com base no tratamento crítico das fontes e, por vezes, na teoria da história. O número de seminaristas restringia-se a um máximo de dez e, uma vez que o enfoque era dado ao método, o tema pesquisado era de livre escolha. Dentre seus alunos seminaristas, encontramos Watz, Sybel, Giesebrecht, Köpke, Hirsch, Stenzel, Donniger, Dunker, Wilman, Schmidt, Burckhardt, Roscher e Pauli, todos nomes que tornaram-se mais tarde reconhecidos por seus aportes na área da pesquisa histórica.

De um modo geral, as diretrizes sinalizadas por Ranke em seu trabalho repousam na ideia de que os fatos devem ser apresentados tal como realmente aconteceram – "*Wie es*

496   Francisco Murari Pires (org.)

eigentlich gewesen ist", uma das frases mais amplamente conhecidas com relação à sua obra e certamente a mais emblemática de suas ideias e de seu método – ainda que sejam carentes de beleza ou de romantismo; os documentos utilizados devem ser originais, assim como o uso de relatos devem ser restritos aos das testemunhas oculares do fato analisado; a imparcialidade deve ser uma característica predominantemente marcante do historiador, a qual deve marchar juntamente com o relato daquilo que de fato ocorreu:

> Antes de usar um livro, devemos nos perguntar se suas informações são originais, se tendem para algum lado e de que modo fazem isto e qual foi a forma de investigação que as reuniu. No caso dos historiadores documentais, os quais convencionamos denominar fontes, devemos perguntar primeiro se foram copartícipes e testemunhas presenciais ou simplesmente contemporâneos.[19]

Na verdade, dirá Ranke, a justaposição de diferentes elementos extraídos de diferentes fontes é que permite alcançar, ou mesmo verificar, a pertinência e a visível necessidade da imparcialidade. Vários serão os momentos, ao longo de toda sua vasta obra, em que ele irá salientar a importância da imparcialidade, assim como da verdade histórica.

O método crítico de Ranke vai promover, dentro do contexto histórico no qual se inseriu, dada a importância do estudo científico dos materiais e da investigação crítica das fontes (ou seja, a preocupação com relação à origem dos dados), a supremacia da erudição histórica alemã. Porém, é importante ressaltar aqui mais uma de suas proposições ideais metodológicas, dentro do que nos propomos a aqui analisar, que é a ideia de que quanto mais próximo no tempo e no espaço estiver o testemunho, maior será a possibilidade de se alcançar a verdade histórica. É Ranke quem instaura, deliberadamente, a distinção entre Filosofia e História, sendo considerado por muitos como aquele que imprimiu o caráter científico à historiografia, exatamente por haver estabelecido considerações objetivas acerca dos fatos históricos, de modo absolutamente livre das considerações filosóficas, área à qual a história esteve até então diretamente associada. Em um fragmento por ele escrito em 1817, várias indicações são feitas no sentido de reafirmar esta diferença. Para ele, as ideias que o historiador persegue ou busca são de natureza totalmente divergente daquelas do filósofo: enquanto este último busca a abstração, o primeiro busca aquilo que é concreto e circunscrito dentro de uma temporalidade. Devulder exprime tal formulação de Ranke da seguinte maneira:

---

19   "Vor allem Gebrauch des Buches muss man fragen, ob seine Nachrichten ursprunglich, und wenn entlehnt, auf welche Weise sie entlehnt, durch welche Art von Forschung sie zusammengebracht sind. Bei den urkundlichen Geschichtschreibern, die wir Quelle zu nenen ubereingekommen, ist die erste Frage, ob sie Teilnehmer und Augenzeugen, oder ob sie nur zeitgenossen gewesen sind." *Ranke, p.*

Antigos e modernos   497

> A história deve se diferenciar da filosofia uma vez que o objeto de trabalho da história é a realidade histórica, o que vem a distanciá-la, em absoluto, do ideal filosófico. Assim ele distingue as ciências entre aquelas que se pautam em elementos reais e aquelas que se pautam em elementos ideais.O historiador busca "a vida passada do gênero humano", tal como surgiu no decorrer do tempo.

Com efeito, Ranke apresenta um novo modelo de escrita e de pesquisa da história, sem almejar aproximá-la de ideias ou objetivos filosóficos, sem almejar instâncias morais, mas apenas e simplesmente relatar os fatos históricos tal como realmente aconteceram. Para tanto, o foco de seu trabalho volta-se quase que integralmente à técnica de pesquisa e análise crítica das fontes documentais e será esta doutrina – o método crítico – que irá influenciar toda uma geração de historiadores, à exceção de Droysen, que por sua vez irá retomar as bases teóricas da prática histórica, tal como veremos mais adiante.

A história, tal como trabalhada em Ranke, possui uma dupla identidade, segundo a qual ele próprio afirma reunir ciência e arte, fato que lhe dá uma certa maleabilidade que possibilita diferenciá-las tanto em suas particularidades quanto em sua totalidade. Por um lado, ela é real e não fictícia, caracterizada por sua própria extensão de campo e de (re)conhecimento: ela envolve "*tout, elle est l'évolution de toutes les tendances humaines jusqu'à nos jours*"; por outro lado, ela reproduz uma dimensão criadora do homem. Será o critério de cientificidade à ela empregado que a distanciará da forma da arte. Dentro desta sua concepção de historiografia, Ranke propõe e acredita na reconstrução factual dos eventos do passado (p.liii), sem com isto transformar o trabalho do historiador em um trabalho mecânico de cópia de documentações ou de transcrição de relatos, por mais que esta tenha sido a mais comum e constante das críticas feitas ao seu trabalho. Na verdade, ele bem explicita a importância da percepção interpretativa dos fatos, por parte do historiador: a História não seria composta apenas por fatos, mas sim pela compreensão destes fatos. É deste modo que "*wie*", ou "como", expõe verdadeiramente o seu propósito: será a partir da compreensão dos elementos que compõem um fato que se alcançará a compreensão do todo. A ideia de "reconstrução do passado" torna-se viável, nas mãos de Ranke, através de seu método: como bem afirma Krieger, "Ranke buscava nos documentos não apenas a sua veracidade, mas essencialmente a sua vitalidade"[20]. E com isto, a tarefa do historiador seria não apenas a de reconstruir este passado, como transmitir, de modo elucidativo, "*como* realmente aconteceu".

A importância desta máxima é perceptível dentro da análise geral da obra de Ranke: certo é que com algumas modificações, as quais relacionam-se diretamente ao momento

---

20   Krieger, 1977, p .3.

498   Francisco Murari Pires (org.)

no qual ele, Ranke, se encontrava ou, conforme o olhar com o qual se debruçava sobre um determinado tema, esta diretriz foi uma constante apresentada ao longo de toda sua obra.

"Wirklich geschehener Geshichte" ou, a história, como realmente aconteceu; "Wie es eigentlich geschehen ist", onde a palavra "geschehen" refere-se mais à ideia de processo do que de "fatos" (é importante salientar aqui também que, segundo análise de Koseleck, Geschehen possui a mesma raiz semântica que *Geschichte*). Assim sendo, será a busca da verdade histórica o ícone representativo da maior obrigação ou dever de todo historiador: o conhecimento das fontes não levaria o historiador ao esclarecimento do "como" a história se passou. Para Ranke, o fato passado, tal como realmente ocorreu, ainda não foi escrito, está dentro dos documentose ainda não veio à tona, não alcançou a luz. Podemos conhecer "o quê" se passou, mas o trabalho do historiador será o de traçar a conexão entre os fatos, ir além do que sugere aquilo que se vê apenas na superfície. Será com a finalidade de sustentar esta ideia de "descoberta" e de "reconstrução" que a "Intuição" (Ahnung) servirá de sustentação ao trabalho de composição historiográfica: "Intuição e Pesquisa: intuição voltada para captar o fenômeno da particularidade de nossa ciência; a pesquisa servirá para compor a sua conexão com o todo."(*Deutsche Geschichte*) . À coerência, vincula-se a postura de pesquisa; a seleção dos fatos a serem analisados dentro deste todo que deverá tornar-se coerente é associada à condição pessoal do historiador – sua intuição, sua identificação com o tema, a subjetividade, enfim.

Apesar dele se reportar com uma certa frequência à "tarefa do historiador" e de tratar com uma certa clareza e objetividade a respeito do "*métier*" no qual ele se insere, ele acrescenta a questão da "empatia", do desejo do historiador de conhecer verdadeiramente o tema sobre o qual ele se debruça e de se identificar com o mesmo. É com o intuito de expressar esta identificação do historiador com relação ao objeto estudado que o vemos utilizar-se de termos muito singulares – arriscaria aqui dizer que bastante "sexualizados" ou impregnados de um sentido amoroso ou de paixão. Excitação, dedicação, prazer, paixão, são as palavras que ele utiliza para descrever o sentido "afetivo" do trabalho do historiador, os quais se contrapõem nitidamente à postura que ele próprio demanda e nomeia de "neutralidade".

Objetivo final do trabalho do historiador seria, portanto, "*l'identification de la réflexion avec les faits. C'est que la vision subjective doive s'éclipser devant la vérité objective. L'histoire este ce qui est devenue, l'Histoire, la science. Celle-là a un contenu objectif (...) Celle-ci doit atteindre celle-là.)*[21].

No que diz respeito ao perfil do historiador, Ranke pontua certas características como determinantes – e de certa forma filosóficas – como o amor pela verdade; a elaboração

---

21   Devulder, 1990, p. 413.

de um estudo profundo, documentado e minucioso sobre o tema escolhido; um interesse universal (e não particular, consequentemente); o aprofundamento, ou a compreensão do "nexo causal" de todo o complexo analisado e, finalmente, a concepção de uma totalidade, segundo esta ordem de importância. *"Le but est de mettre en évidence chaque passé comme un présent"*, diz Ranke. Mas, para alcançar tal objetivo, o historiador deve possuir certas características subjetivas bem definidas, dentre as quais poder manter-se distante de qualquer julgamento pessoal e ser apartidário neste sentido, distante de seus interesses pessoais, sejam eles políticos ou de qualquer outra ordem. *"Le historien doit choisir son point de vue non dans l'instant présent, mais au-dessus de tous"*. Interessante é também seu ponto de vista com relação à verdade histórica e historiográfica:

> *L'histoire nous conduit dans la vérité de l'existence humaine, elle nous fait connaître la nature spirituelle dans la tendance continue de l'humanité vers le perfectionnement. [...] et élève notre propre tendance spirituelle, rend notre regard plus libre et moins partisan, nous renvoie des soucis et des tempêtes du présent aux phénomènes grandioses des temps passés, et fixe dans nos cœurs des résultats.*

A questão do olhar e do ponto de vista são bastante instigantes em Ranke. O olhar seria, na verdade, o maior instrumento do historiador. Segundo Ranke, o espírito se fixa sobre o objeto com cuidado, minúcia, constata as particularidades na medida em que o contempla como se fosse um médico ou um astrônomo, de modo a discernir tanto as particularidades como o todo. O exame crítico compõe a pesquisa histórica: o olhar interrogador, aberto e crítico do historiador, releva o que possa ser negativo, as fraquezas, fatores que indiquem crise, e busca, dentre os mesmos elementos observados, aqueles que são decisivos. *"L'éclaircissement de ce qui est déjà connu est la plus belle affaire de l'historien dans cette découverte continue de la nouveauté"*. E é deste modo que, para Ranke *"uberblicken, ins Augen Fassen, umfassen"*, vale dizer, a história deve ser concebida como uma imagem visível e clara de um fato. E, com isto, termina por fundar o significado do objeto analisado. O olhar do historiador é que preencherá de sentido o fato histórico.

Seu empenho, seu trabalho, seu reconhecimento e a vastidão da sua obra marcarão sobremaneira a constituição da historiografia, tornando-se um referencial obrigatório para a época e um marco dentro da própria ciência histórica. É fato, porém, que Ranke não deixa nenhum trabalho no qual apresente, sistematicamente, o seu método. Suas diretrizes encontram-se espalhadas por sua obra, de modo esparso. Ele realmente se utilizava dos seminários para transmitir as bases que empregava na pesquisa historiográfica, fato que dificulta a pesquisa em torno de seu trabalho.

Dentro desta breve exposição dos pensamentos e diretrizes do trabalho de pesquisa histórica em Ranke, exposição esta que tem por objetivo apenas situar o leitor dentro do

500   Francisco Murari Pires (org.)

universo da historiografia alemã no século XIX e situá-lo também dentro do percurso de pesquisa aqui desenvolvido, nos revela de antemão algo bastante significativo e que deve ser levado em consideração dentro das análises que aqui serão feitas. As concepções de tempo, de passado-presente, de interpretação do passado dentro do presente, a empatia, a identidade, a linguagem como representação, mostra uma proximidade linguística e semântica entre Freud e Ranke. Este fato demonstra, inevitavelmente, que tais palavras, assim como tais ideias, deveriam fazer parte do vocabulário corrente da época e, de modo mais específico, deveriam fazer parte do mundo acadêmico no qual estavam inseridos.

O percurso seguinte irá se deter na análise da função e significado da "narrativa auto-biográfica" proposta por Freud, através da elaboração e exigência do uso e compreensão da "regra fundamental" da psicanálise – na qual o paciente é orientado a dizer tudo o que pensa, tudo o que se passa em sua mente naquele momento, sem se preocupar com o seu sentido ou coerência – em comparação à "regra fundamental", se é que podemos chamá-la assim, da escola de Ranke, que seria o já comentado e emblemático *"Wie es eigentlich gewesen ist"*, ou seja, a exigência feita ao historiador para que este consiga relatar aquilo que realmente aconteceu. "Diga, pois, tudo o que se passa em sua mente. Aja como o faria, por exemplo, um viajante sentado na janela de um trem, e que descrevesse o que via naquele instante para o passageiro ao lado",[22] escreve Freud em seus *Trabalhos sobre Técnica Psicanalítica*. E com o intuito de complementar aquilo que ele denomina como regra fundamental da psicanálise, ele ainda vai mais além:

> Em nenhum momento deve-se esperar um relato sistemático, e nem devemos fazer nada para propiciar isto. Cada pequeno fragmento da história – os fatos – deverão ser narrados novamente, e com estas repetições sugirão complementos que nos permitirão obter os nexos importantes, desconhecidos para o doente, aquilo que ainda não veio à luz.[23]

É necessário ainda acrescentar que junto a estas disposições, Freud ainda acrescenta – algo que estava presente desde os seus trabalhos sobre os sonhos – que o psicanalista deve evitar todo o contato com familiares ou conhecidos do paciente, a fim de que o relato possa ser "puro" e verdadeiro no que diz respeito às "fontes". Somente o paciente é capaz de relatar o seu próprio sonho.

A análise comparativa destas duas proposições nos levará, essencialmente, a um estudo mais aprofundado acerca dos conceitos de Verdade Histórica e Verdade Psíquica, envolvendo, portanto, como um desdobramento de tais conceitos, os aspectos que compõem

---

22   Freud, 1912, p.136.

23   *Idem, ibidem*, p.137.

Antigos e modernos 501

e caracterizam a função da memória, tanto para a psicanálise quanto para a História. A narrativa será aqui o elo de ligação entre o tempo psíquico e o tempo histórico, nos permitindo observar o percurso de Freud, do positivismo à subjetividade, ao mesmo tempo em que compreendemos o esforço de Ranke para manter-se fiel ao positivismo, buscando justificativas para a estruturação da pesquisa histórica.

> Não interessa com qual material se comece – a biografia, o historial clínico ou as lembranças da infância do paciente – desde que se deixe o próprio paciente fazer o seu relato e escolher o ponto de partida.[24]

---

24 Freud, 1913, p.135.

Este livro foi impresso na gráfica Bartira no inverno de 2009.